Schwerbehindertengesetz
Bundesversorgungsgesetz

dtv

Schnellübersicht

Ausgleichsabgabeverordnung SchwbG 2b
Ausweisverordnung SchwbG 2d
Bundes-SeuchenG (Auszug) 5
BundesversorgungsG 3
Eingliederungszuschußverordnung SGB III 7a
Einkommensteuer DVO (Auszug) 10a
EinkommensteuerG (Auszug) 10
GdB/MdE-Tabelle 13
KraftfahrzeughilfeVO 6a
Kraftfahrzeugsteuer DVO (Auszug) 12a
KraftfahrzeugsteuerG (Auszug) 12
Nahverkehrszügeverordnung SchwbG 2e
OpferentschädigungsG 4
Rehabilitation-AngleichungsG 6
SchwerbehindertenG 1
   SchwerbehindertenG 1. DVO 2a
   SchwerbehindertenG 2. DVO 2b
   SchwerbehindertenG 3. DVO 2c
   SchwerbehindertenG 4. DVO 2d
   SchwerbehindertenG 5. DVO 2e
   Schwerbehindertenrecht – WeiterentwicklungsG 1b
SozialgerichtsG 9
Sozialgesetzbuch III (Auszug) 7
Sozialgesetzbuch VI (Auszug) 8
UmsatzsteuerG (Auszug) 11
Unentgeltliche Beförderung Schwerbehinderter im öffentlichen
   Personenverkehr 1a
Wahlordnung SchwbG 2a
Werkstättenverordnung SchwbG 2c

Schwerbehindertengesetz
Bundesversorgungsgesetz

Durchführungsverordnungen zum
Schwerbehindertengesetz,
Opferentschädigungsgesetz,
GdB/MdE-Tabelle
Steuervergünstigungen für Behinderte

Textausgabe mit Sachverzeichnis
und einer Einführung von Dr. Dirk Neumann,
Vizepräsident des Bundesarbeitsgerichts a.D.

22., neubearbeitete Auflage
Stand 1. Januar 2001

Deutscher Taschenbuch Verlag

Sonderausgabe
Deutscher Taschenbuch Verlag GmbH & Co. KG,
Friedrichstraße 1 a, 80801 München
© 2001. Redaktionelle Verantwortung: Verlag C. H. Beck oHG
Gesamtherstellung: Druckerei C. H. Beck, Nördlingen
(Adresse der Druckerei: Wilhelmstraße 9, 80801 München)
Umschlagtypographie auf der Grundlage
der Gestaltung von Celestino Piatti
ISBN 3 423 05035 7 (dtv)
ISBN 3 406 47655 4 (C. H. Beck)

Inhaltsübersicht

Abkürzungsverzeichnis VII

Einführung von Dr. Dirk Neumann, Vizepräsident des Bundesarbeitsgerichts a. D. IX

1. Gesetz zur Sicherung der Eingliederung Schwerbehinderter in Arbeit, Beruf und Gesellschaft **(Schwerbehindertengesetz – SchwbG)** 1

1a. Gesetz über die unentgeltliche Beförderung Schwerbehinderter im öffentlichen Personenverkehr 50

1b. Gesetz zur Weiterentwicklung des Schwerbeschädigtenrechts 53

2a. Erste Verordnung zur Durchführung des Schwerbehindertengesetzes (Wahlordnung Schwerbehindertengesetz – SchwbWO) 55

2b. Zweite Verordnung zur Durchführung des Schwerbehindertengesetzes (Schwerbehinderten-Ausgleichsabgabeverordnung – SchwbAV) 66

2c. Dritte Verordnung zur Durchführung des Schwerbehindertengesetzes (Werkstättenverordnung Schwerbehindertengesetz – SchwbWV) 81

2d. Vierte Verordnung zur Durchführung des Schwerbehindertengesetzes (Ausweisverordnung Schwerbehindertengesetz – SchwbAwV) 89

2e. Fünfte Verordnung zur Durchführung des Schwerbehindertengesetzes (Nahverkehrszügeverordnung – SchwbNV) 94

3. Gesetz über die Versorgung der Opfer des Krieges **(Bundesversorgungsgesetz – BVG)** 95

4. Gesetz über die Entschädigung für Opfer von Gewalttaten **(Opferentschädigungsgesetz – OEG)** 174

5. Gesetz zur Verhütung und Bekämpfung übertragbarer Krankheiten beim Menschen **(Bundes-Seuchengesetz)** (Auszug) 180

6. Gesetz über die Angleichung der Leistungen zur Rehabilitation . 182

6a. Verordnung über Kraftfahrzeughilfe zur beruflichen Rehabilitation (Kraftfahrzeughilfe-Verordnung – KfzHV) 195

7. **Sozialgesetzbuch (SGB) III** Arbeitsförderung (Auszug) 200

7a. Verordnung über die Altersgrenze beim Eingliederungszuschuß für ältere Arbeitnehmer (Eingliederungszuschußverordnung) 213

8. **Sozialgesetzbuch (SGB) VI** Gesetzliche Rentenversicherung (Auszug) 214

9. **Sozialgerichtsgesetz (SGG)** (Auszug) 220

10. **Einkommensteuergesetz** (Auszug) 252

10a. Einkommensteuer-Durchführungsverordnung (Auszug) 257

Inhalt

11. **Umsatzsteuergesetz** (Auszug) 258
12. **Kraftfahrzeugsteuergesetz** (Auszug) 260
12a. Kraftfahrzeugsteuer-Durchführungsverordnung (Auszug) 261
13. **GdB/MdE-Tabelle** 262

Sachverzeichnis 335

Abkürzungsverzeichnis

Abs.	Absatz
Anm.	Anmerkung
AO	Abgabenordnung
BA	Bundesanstalt für Arbeit
BAnz.	Bundesanzeiger
BGBl. I, II	Bundesgesetzblatt Teil I, Teil II
BMA	Bundesministerium für Arbeit und Sozialordnung
BT-Drucks.	Bundestags-Drucksache
BVG	Bundesversorgungsgesetz
DV(O)	Durchführungsverordnung
EStG	Einkommensteuergesetz
EStDV	Einkommensteuer-Durchführungsverordnung
FNA	Fundstellennachweis A – Bundesrecht
GdB	Grad der Behinderung
HEZG	Hinterbliebenenrenten- und Erziehungszeiten-Gesetz
i. d. F.	in der Fassung
KfzHV	Kraftfahrzeughilfe-Verordnung
KraftStG	Kraftfahrzeugsteuergesetz
KraftStDV	Kraftfahrzeugsteuer-Durchführungsverordnung
MdE	Minderung der Erwerbsfähigkeit
mWv.	mit Wirkung vom
OEG	Gesetz über die Entschädigung für Opfer von Gewalttaten
s.	siehe
SchwbAV	Ausgleichsabgabeverordnung Schwerbehindertengesetz
SchwbAwV	Ausweisverordnung Schwerbehindertengesetz
SchwbG	Schwerbehindertengesetz
SchwbNV	Nahverkehrszügeverordnung Schwerbehindertengesetz
SchwbWO	Wahlordnung Schwerbehindertengesetz
SchwbWV	Werkstättenverordnung Schwerbehindertengesetz
SGB	Sozialgesetzbuch
SGG	Sozialgerichtsgesetz

Abkürzungsverzeichnis

UStG	Umsatzsteuergesetz
UStDV	Umsatzsteuer-Durchführungsverordnung
vgl.	vergleiche
v. H.	vom Hundert
VO	Verordnung

Einführung

von Dr. Dirk Neumann, Vizepräsident des Bundesarbeitsgerichts a. D.

I. Entwicklung des Versorgungsrechts

1. Bis zum Ersten Weltkrieg

„Der Krieg ist der Vater aller Dinge" könnte man auch dem Behinderten- und Versorgungsrecht voraussstellen. Beginnt doch die staatliche Fürsorge für den behinderten Menschen als Ausdruck dafür, daß die Allgemeinheit und damit der Staat für die Kriegsbeschädigten und Hinterbliebenen sorgen muß. Schon aus dem alten Ägypten läßt sich 4000 v. Chr. belegen, daß die Priester für die Witwen und Waisen gefallener Krieger zu sorgen hatten. Das Gesetz Hammurapis von Babylonien (um 1700 v. Chr.) sah eigene Bestimmungen mit besonderen Rechten früherer Krieger vor, und Peisistratos bestimmte 560 v. Chr. im alten Griechenland, daß Kriegsbeschädigte und Hinterbliebene Anspruch auf freie Unterkunft und Unterhalt hatten. Der „Dank des Vaterlandes" war also schon in grauer Vorzeit gewiß. In der Neuzeit war das nicht anders. Immer sorgte der Staat in Form von Unterbringung, Sachleistungen oder Unterstützung für Kriegsbeschädigte. Das galt auch für die Söldnerheere bis hin zum Mittelalter und der Neuzeit. Die Römer siedelten ihre Krieger auf Ländereien vor allem nahe den Grenzen an, und noch der Große Kurfürst gab seinen Kriegsversehrten Land für Siedlungszwecke, Bauholz für den Hausbau und Freiheit von Steuern. Andere Soldaten wurden in besonderen (vor allem Wach-) Kompanien untergebracht, Offiziere erhielten Pensionen, die der Kurfürst selbst nach seinem Ermessen je nach Verdienst, Würdigkeit und Bedürftigkeit festsetzte. Sein Nachfolger Friedrich I. errichtete eine eigene Invalidenkasse, und der Soldatenkönig Friedrich Wilhelm I. schuf den bis in unsere Zeit bekannten Zivildienstschein, der die Unterbringung in den Behörden des Staates und der Gemeinden sicherstellte. Friedrich Wilhelm II. führte dann 1789 eine gesetzliche Grundlage für die Versorgung und Pensionierung invalider Offiziere ein, nach der ein Berechtigter nach 20jähriger Dienstzeit Anspruch auf Anstellung im Zivildienst oder auf eine Pension hatte, die allerdings bei schlechter Lage der Staatsfinanzen auch herabgesetzt werden konnte – und nach den napoleonischen Kriegen auch einmal herabgesetzt wurde. Zu dieser Pension mußten die Offiziere selbst Beiträge von ihrem Gehalt leisten. Der Beitritt zu einer 1792 gegründeten Witwenkasse war dagegen freiwillig. Soweit der Staat die Versorgung nicht ausreichend sicherstellen konnte, waren die Gemeinden aufgrund Kabinettsorder von 1807 verpflichtet, Bedürftige und Invaliden zu unterstützen, wobei seit 1811 genau zwischen Ganz- und Halbinvaliden unterschieden wurde – eine Unterscheidung, die das deutsche Versorgungsrecht bis 1906 entscheidend beherrscht hat.

Die allgemeine Wehrpflicht (in Frankreich seit 1793, in Preußen seit 1814/15 eingeführt) machte den Wehrdienst zur Staatsbürgerpflicht, dem die Staatspflicht zur Versorgung der Kriegsopfer entsprach. In Preußen geschah das durch das Militär-Pensions-Reglement von 1825, durch das der Bedürf-

Einführung

tigkeitsnachweis entfiel. Das Militärpensionsgesetz von 1871 schuf für Offiziere, Unteroffiziere und Mannschaften des Reichsheeres und der Kaiserlichen Marine sowie ihre Hinterbliebenen Versorgungsansprüche reichseinheitlich. Damals ging man aber immer noch von dem Fürsorgegedanken aus, und wenn auch das Wort „Gnadengehalt" schon 1848 durch die „Invalidenpension" ersetzt wurde, bestand doch ein Anspruch nur bei Hilfsbedürftigkeit.

In anderen Staaten war die Entwicklung ähnlich, setzte aber teilweise noch früher ein. So wurde in den Vereinigten Staaten von Amerika den Soldaten des Befreiungskrieges schon durch das 1. Nationale Pensionsgesetz von 1776 ein Versorgungsanspruch eingeräumt, in England setzte dagegen diese Entwicklung überhaupt erst während des Ersten Weltkrieges 1915 ein. Besonders weitgehend ist das Versorgungsrecht in Frankreich, das Renten schon bei Gesundheitsschädigungen ab 10% gewährt. Ein Rechtsanspruch wird aber auch dort erst seit 1919 gegeben, bis dahin bestand nur ein Gnadenrecht.

Bei Beginn des Ersten Weltkrieges bestand die Kriegsopferversorgung in Deutschland neben dem Militärpensionsgesetz vom 27. 6. 1871 vor allem aus dem Mannschaftsversorgungsgesetz und dem Offizierspensionsgesetz, beide vom 31. 5. 1906. Auf dem Gebiet der Unfallversicherung war das Unfallversicherungsgesetz vom 6. 7. 1884 maßgeblich, das am 30. 6. 1900 wesentlich verbessert und neu gefaßt worden war. Militärversorgung und gesetzliche Unfallversicherung sollten vor allem die Geschädigten gegen finanzielle Not schützen.

2. Nach dem Ersten Weltkrieg

Der Gedanke, daß für den Beschädigten die wirtschaftliche Eingliederung in das Erwerbsleben mehr im Vordergrund stehen muß, wurde erst nach dem Ersten Weltkrieg verwirklicht. Im Rahmen der Demobilmachungsbestimmungen erging zunächst die VO über die Beschäftigung Schwerbeschädigter vom 9. 1. 1919. Damals wurden Einstellungszwang und Kündigungsverbot für Schwerbeschädigte einschl. der Schwerunfallverletzten festgelegt. Dem folgten dann das Schwerbeschädigtengesetz vom 6. 4. 1920, neu gefaßt am 12. 1. 1923. Dazu kam dann auch das Reichsversorgungsgesetz vom 12. 5. 1920, wodurch die Versorgung Schwerbeschädigter für die 900 000 Kriegsbeschädigten des 1. Weltkrieges geregelt wurde. Zur Ausführung dieser Grundbestimmungen waren dann von besonderer Bedeutung die VO über Fürsorgepflicht vom 13. 2. 1924, wodurch die Kriegsfolgenhilfe der Hauptfürsorgestelle übertragen wurde, und die VO über Krankenbehandlung und Berufsfürsorge in der Unfallversicherung vom 12. 11. 1928, die den Berufsgenossenschaften die Berufsfürsorge für Unfallbeschädigte zur Pflicht machte.

Das Reichsversorgungsgesetz gewährte erstmals einen gesetzlichen Anspruch auf Heilbehandlung und rückte damit den Gedanken der Wiederherstellung oder doch wenigstens Besserung der Beschädigung in den Vordergrund. Gleichzeitig wurden frühere Unterschiede in der Behandlung von Offizieren und Mannschaften und in den verschiedenen Rangstufen beseitigt, ebenso die Unterscheidung zwischen Dienst- und Kriegsbeschädigung. Ein Rechtsanspruch bestand auf Heilbehandlung, Rente, Krankenhaus- und Sterbegeld, Körperersatzstücke, Beamtenschein und Witwenabfindung auf kostenlose Berufsausbildung. Als Kannleistungen wurden ohne Rechtsanspruch gewährt: Übergangsgeld zur Eingliederung ins Erwerbsleben, Wit-

Einführung

wen-, Waisen- und Elternbeihilfe, Verschollenheitsrente und Kapitalabfindung.

Nach dem Schwerbeschädigtengesetz waren alle öffentlichen und privaten Arbeitgeber verpflichtet, 2% der Arbeitsplätze mit Schwerbeschädigten zu besetzen, die einen besonderen Kündigungsschutz hatten, indem ihnen nur mit Zustimmung der Hauptfürsorgestelle gekündigt werden durfte.

3. Nach 1945

Im Zweiten Weltkrieg fielen 3,2 Millionen deutsche Soldaten. Mehr als 500 000 Zivilpersonen fielen Luftangriffen u. ä. zum Opfer. Allein auf dem Gebiet der Bundesrepublik lebten 1,5 Millionen Kriegsbeschädigte, von denen etwa die Hälfte um mindestens 50% in der Erwerbsfähigkeit gemindert waren. Die Versorgungsregelungen konnten dem aber nur schrittweise und zunächst überhaupt nur in den einzelnen Ländern angepaßt werden. Die Versorgungsrenten wurden dabei teilweise von dem Vorliegen einer Bedürftigkeit abhängig gemacht, die Versorgungsämter sogar aufgelöst. Die medizinische Versorgung und die Sicherung der Schwerbeschädigten und ihrer Arbeitsplätze konnten dagegen weiter ausgebaut und den erhöhten Anforderungen angepaßt werden. Erst nach einigen Jahren gab es dazu zunächst bescheidene Rechtsansprüche auch auf Versorgung.

a) Der neu zusammengetretene Bundestag hat dann am 27. 3. 1950 ein Gesetz von Leistungen an Kriegsopfer erlassen, das Überbrückungsmaßnahmen bis zum Inkrafttreten eines Bundesversorgungsgesetzes für Kriegsopfer in der britischen und amerikanischen Zone festlegte und einen Teuerungszuschlag von 20% für Kriegsopfer und Hinterbliebene ohne sonstiges Einkommen gewährte. Mit dem Gesetz über die Versorgung der Opfer des Krieges vom 20. 12. 1950, dem **Bundesversorgungsgesetz,** war diese Entwicklung zunächst abgeschlossen. Damit erhielten alle Personen (deutscher und ausländischer Staatsangehörigkeit) mit Wohnsitz in der Bundesrepublik, die durch unmittelbare Kriegseinwirkungen Gesundheitsschädigungen erlitten hatten, und deren Hinterbliebene Anspruch auf Versorgungsleistungen. Die Rechtseinheit war wiederhergestellt.

b) Das Schwerbeschädigtenrecht hatte eine ähnliche Rechtszersplitterung nach 1945 zu verzeichnen. Teilweise wurden nur Kriegs- und Unfallgeschädigte als Schwerbeschädigte anerkannt; andere Länder sprachen Erweiterungen um die Opfer nationalsozialistischer Verfolgung aus (amerikanische Zone). In der britischen Zone wurden alle um mindestens 50% Erwerbsgeminderten als Schwerbeschädigte angesehen (ebenso in der sowjetischen Besatzungszone). Die Pflichtsätze, nach denen Schwerbeschädigte auf Arbeitsplätzen unterzubringen waren, schwankten zwischen 10 und 2%. Seit 1947 begannen hier die Versuche zur Vereinheitlichung, die Auffassungen gingen jedoch so weit auseinander, daß erst am 16. 6. 1953 das neue Gesetz über die Beschäftigung Schwerbeschädigter, das **Schwerbeschädigtengesetz,** verabschiedet werden konnte. Der Streit ging vor allem darum, ob alle Schwerbehinderten oder nur diejenigen den Schutz des Gesetzes erhalten sollten, die einen Körperschaden im Dienste der Allgemeinheit erlitten hatten, weiter der Umfang der Beschäftigungspflicht und die Art der Durchführung durch Hauptfürsorgestelle und/oder Bundesanstalt für Arbeit. Nach dem Gesetz vom 16. 6. 1953 wurden dann nur diejenigen als Schwerbeschädigte anerkannt, die im Dienste der Allgemeinheit Gesundheitsschäden erlitten hatten, also vor allem Kriegs- und

Einführung

Arbeitsunfallgeschädigte. Die Beschäftigungspflicht betraf 10% der Arbeitsplätze im öffentlichen Dienst, bei Banken, Versicherungen und Bausparkassen, in der privaten Wirtschaft 6% der Arbeitsplätze und begann bei 7 Arbeitsplätzen. Die Verwaltung teilte sich zwischen den Hauptfürsorgestellen und der Bundesanstalt für Arbeit auf. Damit war auch auf diesem Gebiet die Rechtseinheit wiederhergestellt.

4. Gesetzesänderungen

a) Das **Versorgungsrecht** der Opfer des Krieges hatte mit dem Bundesversorgungsgesetz vom 20. 12. 1950 im wesentlichen seine endgültige Gestaltung gefunden. Trotzdem wurden mehrere Änderungsgesetze erforderlich (1. Änderungsgesetz vom 19. 3. 1952, 2. Änderungsgesetz vom 7. 8. 1953, 3. Änderungsgesetz vom 19. 1. 1955, 4. Änderungsgesetz vom 3. 11. 1955, 5. Änderungsgesetz vom 6. 6. 1956, 6. Änderungsgesetz vom 1. 7. 1957), bis das 1. Neuordnungsgesetz vom 27. 6. 1960 manche Lücke und Zweifelsfrage beseitigte. Es folgten dann das 2. Neuordnungsgesetz vom 21. 2. 1964 und das 3. Neuordnungsgesetz vom 28. 12. 1966, mit dem das Bundesversorgungsgesetz am 20. 1. 1967 neu bekanntgemacht wurde (BGBl. I S. 142). Die letzte Neufassung beruht auf der Bekanntmachung vom 22. 1. 1982 (BGBl. I S. 21). Dem folgten dann regelmäßig die Anpassungsgesetze bis hin zum 20. Anpassungsgesetz vom 21. 6. 1991 (BGBl. I S. 1310), mit denen jeweils die Leistungen der Kriegsopferversorgung der allgemeinen Einkommensentwicklung und Teuerung angepaßt werden und ab 1. 1. 1987 die Pflege-, Haushalts- und Altenhilfe neu geregelt und stark verbessert worden ist. Nach der Änderung durch das KOV-Strukturgesetz 1990 vom 23. 3. 1990 (BGBl. I S. 582) erfolgten weitere Anpassungen bereits durch die Erste KOV-Anpassungsverordnung 1992 vom 17. 6. 1992 (BGBl. I S. 1078) und dann jährlich fortlaufend bis hin zuletzt zur Neunten KOV-Anpassungsverordnung 2000 vom 21. 6. 2000 (BGBl. I S. 916). Mit dem Haushaltbegleitgesetz 1983 (BGBl. I S. 1857) wurde eine allgemeine Erhöhung für das Bundesversorgungsanpassungsgesetz 1983 auf 1,9 v. H. festgestellt. Das Haushaltbegleitgesetz 1984 (BGBl. I S. 1532) hat nur noch Anpassungen, z.T. auch Beschränkungen (z.B. für das Übergangsgeld) vorgenommen, die dann aber auch wieder aufgehoben wurden (Gesetz vom 20. 12. 1985, BGBl. I S. 2484). Das Haushaltssanierungsgesetz vom 22. 12. 1999 (BGBl. I S. 2534) brachte dann die Anpassung der Versorgungsrenten an die Erhöhung der gesetzlichen Rentenversicherung (Art. 18). Einige Verbesserungen sind aber auch in den Anpassungsgesetzen noch enthalten, so daß auch noch nach 1950 eine stetige Verbesserung der Grundlagen und der Leistungen der Versorgung verzeichnet werden kann. Die Verbesserungen betrafen vor allem den Berufsschadenausgleich, die Ausgleichs- und Elternrenten, Ansprüche für Großeltern, Witwen und Waisen, Beihilfe für Selbständige, Wegeunfälle, Kinderzuschläge, Gleichstellung der früheren Ehefrau mit der Witwe und natürlich die Dynamisierung der Kriegsopferrenten, allerdings zuletzt auch nur in Höhe der Teuerungsrate.

Eine einschneidende Verbesserung und zugleich Vereinheitlichung brachte dann das Gesetz über die Angleichung der Leistungen zur Rehabilitation vom 7. 8. 1974 (BGBl. I S. 1881). Damit wurde für die gesetzliche Kranken-, Unfall- und Rentenversicherung, die Altershilfe für Landwirte, die gesamte Kriegsopferversorgung einschl. der Kriegsopferfürsorge und die Arbeitsför-

Einführung

derung die medizinische, berufsfördernde und ergänzende Rehabilitation neu geregelt. Bis zum 31. 12. 1975 sollte außerdem geprüft werden, in welchem Umfang auch die Sozialhilfe einbezogen werden kann. In der zutreffenden Erkenntnis, daß vor allem die Erwerbsfähigkeit der Behinderten wiederherzustellen oder zu bessern ist, werden hier Leistungen vorgesehen, die es dem Betroffenen ermöglichen sollen, wieder und in möglichst vollem Umfange am Erwerbsleben teilzunehmen und damit auch sich selbst wieder als vollgültiges Mitglied der Gemeinschaft zu fühlen. Zu diesem Zweck werden medizinische Leistungen in Form von ärztlicher und zahnärztlicher Behandlung, von Arznei- und Verbandsmitteln, Heilmitteln einschl. von Körperersatzstükken, orthopädischen und anderen Hilfsmitteln, Belastungserprobungen und Arbeitstherapie gewährt. Einen besonderen Rang nehmen die berufsfördernden Leistungen ein, nach denen Hilfe zur Erhaltung oder Erlangung eines Arbeitsplatzes, zur Berufsfindung und Arbeitserprobung, beruflichen Anpassung, Fortbildung, Ausbildung und Umschulung gewährt wird. Dazu kommen Übergangs- und Krankengeld, Übernahme von Kosten bis hin zu Prüfungsgebühren und Lernmitteln, Reisekosten, Behindertensport und Haushaltshilfen. Das Bundesversorgungsgesetz wurde dem angepaßt, ebenso die Verweisungen im Soldatenversorgungs-, Zivildienst-, Häftlingshilfe-, Bundesseuchen- und Wiedergutmachungsgesetz, die alle auf das Bundesversorgungsgesetz Bezug nehmen. Damit ist ein einheitliches Recht der Rehabilitation auch für die Versorgungsberechtigten entstanden. Einen gewissen Abschluß fand diese Entwicklung zunächst durch die Verkündung einer weiteren Neufassung des Bundesversorgungsgesetzes vom 16. 6. 1975 (BGBl. I S. 1365) und zuletzt mit der Bekanntmachung der Neufassung vom 22. 1. 1982 (BGBl. I S. 21). Änderungen traten dann noch ein durch das Zehnte Buch zum Sozialgesetzbuch i.d.F. vom 4. 11. 1982 (BGBl. I S. 1450) und das Haushaltbegleitgesetz vom 20. 12. 1982 (BGBl. I S. 1857). Das Haushaltbegleitgesetz 1984 (BGBl. I S. 1532) und das Haushaltssanierungsgesetz vom 22. 12. 1999 (BGBl. I S. 2534) brachten dann wieder Beschränkungen, insbesondere zuletzt durch Anpassung an die Erhöhung der gesetzlichen Rentenversicherung nur in Höhe der Teuerungsrate.

Allgemeine Vorschriften, wie etwa Pfändbarkeit und Verpfändung, Entziehung des Schutzes oder Umfang und Art der Leistungen bei einer Unterbringung sind jetzt nicht mehr im BVG, sondern im Allgemeinen Teil des Sozialgesetzbuches enthalten und dort für alle Sozialleistungen vereinheitlicht. Das gilt vor allem auch für das Recht auf Auskunft und Unterrichtung, aber auch für den Datenschutz und andere Verfahrensbestimmungen. Die Sparmaßnahmen in den Haushaltsstrukturgesetzen brachten einige Leistungsbeschränkungen mit sich. So sollen weitere Kuren nicht vor Ablauf von 3 Jahren möglich sein, Familienkosten bleiben unberücksichtigt, Erholungsaufenthalte werden auf 3 Wochen im Regelfall beschränkt, häusliche Ersparungen angerechnet. Auf das Versorgungskrankengeld werden Arbeitslosengeld, Arbeitslosenhilfe, Unterhaltsgeld, Kurzarbeitergeld oder Schlechtwettergeld angerechnet. Das Übergangsgeld wurde durch das Haushaltbegleitgesetz 1984 (BGBl. I S. 1532) auf 75 bzw. 65 v.H. des früheren Nettoentgelts gesenkt und durch Gesetz vom 20. 12. 1985 (BGBl. I S. 2484) wieder auf 80 bzw. 70 v.H. erhöht. Eine Anpassung mußte für den Vorruhestand erfolgen (Gesetz vom 13. 4. 1984, BGBl. I S. 601, 608), der wiederum durch den gleitenden Übergang älterer Arbeitnehmer in den Ruhestand abgelöst wurde (Altersteilzeitgesetz vom 20. 12. 1988, BGBl. I S. 2348, abgelöst durch Gesetz vom

Einführung

23. 7. 1996, BGBl. I S. 1078, zuletzt geändert vom 20. 12. 1999, BGBl. I S. 2494). Außerdem erfolgten Anpassungen an die erhöhten Leistungen (zuletzt durch die 9. KOVAnpV 2000 vom 21. 6. 2000 (BGBl. I S. 916) und für die anzurechnenden Einkommen (35. Anrechnungs-Verordnung 2000/2001 vom 21. 6. 2000, BGBl. I S. 969 und die entsprechende 16. VO über das anzurechnende Einkommen in dem in Art. 3 des Einigungsvertrages genannten Gebiet vom 21. 6. 2000, BGBl. I S. 975). Zusammengefaßt wurden die Leistungen zur Beschaffung, Zusatzausstattung und Benutzung von Kraftfahrzeugen durch die Kraftfahrzeughilfe-Verordnung vom 28. 9. 1987 (BGBl. I S. 2251). Zahlreichen Änderungen erfolgten auf Grund Art. 37 des Gesundheitsreformgesetzes vom 20. 12. 1988 (BGBl. I S. 2477). Weitere größere Änderungen erhielt das BVG durch das Rentenreformgesetz 1992 vom 18. 12. 1989 (BGBl. I S. 2261), das in Art. 39 vor allem die §§ 16 bis 30 mit Wirkung vom 1. Januar 1992 an das SGB VI anpaßt und durch die Verbesserungen des 20. KOV-Anpassungsgesetzes vom 21. 6. 1991 (BGBl. I S. 1310).

Eine weitere Änderung des BVG mit wieder erheblich verbesserten Leistungen, insbesondere auch für Heil- und Krankenbehandlung, Kuren, Pflegezulage u. ä., erfolgte mit Wirkung vom 1. 4. 1990 durch Gesetz vom 23. 3. 1990 (BGBl. I S. 582). Diese letzten Änderungen wurden teilweise rückwirkend zum 1. 1. 1989 eingeführt. In dem Gebiet der DDR gilt nach dem Einigungsvertrag vom 31. 8. 1990 (BGBl. II S. 889) das BVG ab 1. 1. 1991 mit den dort bestimmten Maßgaben. Eine Angleichung der Renten erfolgte durch das Renten-Überleitungsgesetz vom 25. 7. 1991 (BGBl. I S. 1606), das dem BVG einen § 86 anfügte, mit dem die Versorgungsbezüge vereinheitlicht wurden, indem Abschläge und Zuschläge vorgesehen sind. Diese Vorschrift wurde am 24. 6. 1993 (BGBl. I S. 1038) wieder geändert, nachdem in Änderungen am 20. 12. 1991 (BGBl. I S. 2325) § 11 um nichtamtliche sozialpädagogische Leistungen ergänzt wurde und die §§ 25 ff. geändert worden waren (Gesetz vom 7. 7. 1992, BGBl. I S. 1225; vom 23. 6. 1993, BGBl. I S. 944) sowie Spätaussiedler gleichgestellt wurden (vom 21. 12. 1992, BGBl. I S. 2094). Das BVG wurde weiter geändert durch die Einführung der Förderung eines ökologischen Jahres durch Gesetz vom 17. 12. 1993 (BGBl. I S. 2118), durch die Umsetzung des Spar-, Konsolidierungs- und Wachstumsprogramms (Gesetz vom 21. 12. 1993, BGBl. I S. 2353), vor allem aber durch die Anpassung an die neue Pflegeversicherung (Gesetz vom 26. 5. 1994, BGBl. I S. 1014). Änderungen des § 26c über die Hilfe zur Pflege nahm das Erste SGB XI-Änderungsgesetz vom 14. 6. 1996 (BGBl. I S. 830) vor, womit die Pflege von Behinderten neu geregelt wurde. Zusätzliche Anpassungen erfolgten weiter durch die 3. KOV-Anpassung vom 1. 6. 1994 (BGBl. I S. 1204), durch die Verpflichtung zur Weitergabe von Daten in § 18c Abs. 6 durch Gesetz vom 13. 6. 1994 (BGBl. I S. 1229), durch die Anpassung an die Neuregelung der agrarsozialen Sicherung (Gesetz vom 29. 7. 1994, BGBl. I S. 1890) und zuletzt durch die weiteren KOV-Anpassungsverordnungen bis hin zur Neunten KOV Anpassungsverordnung 2000 vom 21. 6. 2000 (BGBl. I S. 916). Die Kindrechtsreform vom 19. 12. 1997 (BGBl. I S. 2942) erforderte die Streichung der Vorschrift von § 45 Abs. 2 über nichteheliche Kinder. Das 1. Änderungsgesetz zum SGB III regelte die Leistungen in den Werkstätten für Behinderte und das Übergangsgeld (Art. 24 Gesetz vom 16. 12. 1997, BGBl. I S. 2970). Das Rentenreformgesetz 1999 vom 16. 12. 1997 (BGBl. I S. 2998) erforderte die Anpassung an die Neure-

Einführung

gelung der Erwerbsminderung. Durch Gesetz vom 14. 1. 1998 (BGBl. I S. 66) wurden die Ansprüche bei Verstoß gegen die Menschlichkeit, insbes. bei freiwilliger Mitgliedschaft in der SS ausgeschlossen (neuer § 1 a BVG). Die sozialversicherungsrechtliche Regelung zur Absicherung flexibler Arbeitszeitregelungen (Gesetz vom 6. 4. 1998, BGBl. I S. 688) paßte die Berechnung des Regelentgelts (§ 16a Abs. 2) an die Wertguthabenregelung des § 7 Abs. 1 a SGB IV an, das Haushaltssanierungsgesetz vom 22. 12. 1999 (BGBl. I S. 2534) brachte in Art. 18 die Anpassung der Rentenerhöhung an die gesetzliche Rentenversicherung.

Ergänzt wird das BVG durch das Gesetz über die Entschädigung für Opfer von Gewalttaten (OEG) in der Fassung der Bekanntmachung vom 7. 1. 1985 (BGBl. I S. 1). Danach werden Opfer von Gewalttaten, auch von Verbrechern gleichgestellt. Durch Gesetz zur Änderung des Gesetzes über die Entschädigung für Opfer von Gewalttaten vom 20. 12. 1984 (BGBl. I S. 1723) wurden auch bedürftige Geschädigte durch Gewalttaten der Zeit ab 23. Mai 1949 mit einbezogen. Durch Art. 6 des 19. KOV-Anpassungsgesetzes vom 26. 6. 1990 (BGBl. I S. 1211) wurden Schädigungen auch von Pflege- und Begleitpersonen sowie von Hilfsmitteln, Brillen, Zahnersatz mit einbezogen. Weitere Änderungen erfolgten am 21. 6. 1991 (BGBl. I S. 1310) durch Änderungen im Bundesversorgungsgesetz und vor allem durch das 2. Änderungsgesetz vom 21. 7. 1993 (BGBl. I S. 1262) mit der Einbeziehung von Ausländern nicht nur der EG und bei Gegenseitigkeit sondern auch nach 3jährigem rechtmäßigen Aufenthalt in der Bundesrepublik. Die letzte Änderung erfolgte durch das Erstattungsänderungsgesetz vom 25. 7. 1996 (BGBl. I S. 1118), das die Kostenerstattung in abgewandelter Anpassung an § 20 BVG regelt. Die Änderung vom 7. 8. 1996 (BGBl. I S. 1254) betraf nur die Umstellung von der RVO auf das neue SGB VII.

b) Im **Schwerbeschädigtenrecht** stellte sich bald nach Verabschiedung des Gesetzes am 16. 6. 1953 heraus, daß nicht zu viele Schwerbeschädigte dem Arbeitsmarkt zur Verfügung standen wie Pflichtplätze vorhanden waren. Schon Anfang 1955 waren von den 670 432 Pflichtplätzen nur 389 302 besetzt. 1957 standen 306 000 offenen Pflichtplätzen nur 18 700 arbeitslose Schwerbeschädigte gegenüber. Ende 1960 waren es bei 320 000 unbesetzten Pflichtplätzen nur 6000 arbeitslose Schwerbeschädigte. Das machte eine erste gründliche Novellierung des Schwerbeschädigtenrechts erforderlich, die durch das Änderungsgesetz vom 3. 7. 1961 erfolgte. Am 14. 8. 1961 (BGBl. I S. 1233) wurde das Schwerbeschädigtengesetz neu bekanntgemacht. Schon bei diesen Novellierungen waren Bestrebungen im Gange, den Kreis der Schwerbeschädigten auf alle um wenigstens 50% erwerbsgeminderten Personen auszudehnen, wie das in Berlin und der DDR schon immer der Fall war. Da jedoch der dann erfaßte Personenkreis nicht ohne weiteres zu übersehen war und mit dem Gesetz vor allem Kriegsfolgelasten beseitigt werden sollten, blieb es damals bei einer Anpassung an die Arbeitsmarktlage durch eine Herabsetzung der Pflichtquoten auf 6% für die gesamte Privatwirtschaft und eine Erhöhung der Mindestgrenzen; im öffentlichen Dienst begann die Einstellungspflicht bei mehr als 9 Arbeitsplätzen, in der Privatwirtschaft erst bei mehr als 15 Arbeitsplätzen.

Allerdings ist das Hauptziel der Neufassung von 1961, die Zahl der offenen Pflichtplätze zu vermindern, nicht erreicht worden. 1961 wurden zwar 517 773 Schwerbeschädigte beschäftigt, trotzdem standen für 7783 arbeitslose Schwerbeschädigte 299 118 offene Pflichtplätze zur Verfügung. Bis zum Jahre

Einführung

1971 wuchs die Zahl der unbesetzten Pflichtplätze für Schwerbeschädigte auf 337 358 an; insgesamt waren zu dieser Zeit nur noch 450 573 Pflichtplätze besetzt, und zwar nicht nur durch Schwerbeschädigte, sondern auch von Gleichgestellten, Inhabern von Bergmannsversorgungsscheinen und Witwen und Ehefrauen. Durch diese Entwicklung war der Weg frei für einen neuen Anfang zur Weiterentwicklung des Schwerbeschädigtenrechts. Der Zweck des seit 1953 geltenden Schwerbeschädigtenrechts, nämlich die Folgen des Krieges zu überwinden und vor allem denen zu helfen, die im Dienst der Allgemeinheit Gesundheitsschädigungen erlitten hatten, war weitgehend erfüllt. Die neue Aufgabe bestand nunmehr vor allem darin, im Sinne einer modernen Auffassung von den Aufgaben der Gesellschaft allen Behinderten ohne Rücksicht auf die Ursache der Schädigung die Möglichkeit einer umfassenden Rehabilitation zu gewährleisten. Die Vorbereitungen dazu begannen bereits während des 6. Bundestages, wie das in der Regierungserklärung vom 28. 10. 1969 angekündigt wurde, konnten aber wegen dessen vorzeitiger Auflösung nicht mehr fortgeführt werden.

Das Schwerbehindertengesetz war in der Neufassung am 29. 4. 1974 (BGBl. I S. 1005) neu bekannt gemacht worden. Durch die Änderung des Strafrechts wurde es mit dem Änderungsgesetz zum Einführungsgesetz zum Strafgesetzbuch durch dessen Art. 251 in den Strafbestimmungen geändert (EGStGB vom 2. 3. 1974 i. d. F. vom 15. 8. 1974 BGBl. I S. 469, 1942). Das Gesetz zur Änderung des Heimarbeitsgesetzes und anderer arbeitsrechtlicher Vorschriften vom 29. 10. 1974 (BGBl. I S. 2879, berichtigt BGBl. I 1975 S. 1010) hat § 46 (jetzt: § 49) SchwbG geändert und an das neue Heimarbeitsrecht angepaßt. Danach können auch in Heimarbeit Beschäftigte als Schwerbehinderte anerechnet werden und erhalten den vollen Schutz des Gesetzes; allerdings sind auch danach Ausgeber von Heimarbeit nicht zur Beschäftigung Schwerbehinderter verpflichtet. Das 8. Anpassungsgesetz der Leistungen des BVG vom 14. 6. 1976 (BGBl. I S. 1481) änderte die Vorschriften über Feststellung und Nachweis der Schwerbehinderteneigenschaft (§§ 4, 37, 40, 48 SchwbG) und paßte die Regelungen dem Versorgungsrecht an.

Das Gesetz über die unentgeltliche Beförderung Schwerbehinderter im öffentlichen Personenverkehr vom 9. 7. 1979 (BGBl. I S. 989) stellte den Elften Abschnitt neu in das SchwbG ein. Es löste das Gesetz über die unentgeltliche Beförderung von Kriegs- und Wehrdienstbeschädigten sowie anderen Behinderten im Nahverkehr vom 27. 8. 1965 (BGBl. I S. 978) ab und brachte auch für die Beförderung im Nah- und Fernverkehr eine einheitliche Regelung der unentgeltlichen Beförderung besonders Gehbehinderter sowie um 80 v.H. Erwerbsgeminderter im Nahverkehr und der notwendigen Begleitpersonen im Fernverkehr. Die Neuregelung führt auch auf diesem Gebiet die finale Betrachtung der Behinderung ohne Rücksicht auf die Ursache ein und trägt damit auch den Bedenken nach Art. 3 GG Rechnung, die das BVerfG in seiner Entscheidung vom 11. 3. 1975 (BGBl. I S. 1074) geäußert hatte. Der Begriff des Nahverkehrs wurde gleichzeitig den modernen Erfordernissen (Verbundverkehr) angepaßt und auf Nahverkehr im Umkreis von 50 km um den Wohnort ausgedehnt. Gleichzeitig wurde die Anfechtungsmöglichkeit der Kriegsopferversorgung angepaßt (§ 4 Abs. 6) und die Zustimmung zur Beendigung auf die Erwerbsunfähigkeit auf Zeit ausgedehnt (§ 22).

Weitere Änderungen brachte das 1. Statistikbereinigungsgesetz vom 14. 3. 1980 (BGBl. I S. 294), das § 53 SchwbG neu faßte; danach wird alle 2 Jahre,

Einführung

erstmals zum 31. 12. 1979 eine Bundesstatistik über die Behinderten geführt. Das 10. Buch SGB (vom 18. 8. 1980, BGBl. I S. 1469) paßt die Vollstreckung von Bußgeldern dem SGB an. Die Vollstreckung erfolgt jetzt nach dem Verwaltungs-Vollstreckungsgesetz. Das 2. Haushaltsstrukturgesetz vom 22. 12. 1981 (BGBl. I S. 1523) hat in § 42 (jetzt § 45) SchwbG die Worte „aus einem bestehenden Beschäftigungsverhältnis" eingefügt. Dadurch sollte nach der Gesetzesbegründung erreicht werden, daß entgegen der bisherigen höchstrichterlichen Rechtsprechung (BAG, AP Nr. 1 zu § 33 SchwBeschG, AP Nr. 1, 2 zu § 42 SchwbG) auf ein nach dem Ausscheiden gezahltes Übergangsgeld die Versorgungsbezüge eines Schwerbehinderten angerechnet werden.

Einschränkungen erfolgten dann aber im Zuge der Sparmaßnahmen durch das Haushaltbegleitgesetz 1984 (BGBl. I S. 1532). Eine unentgeltliche Beförderung erhielten nur noch Blinde, Arbeitslosenhilfe- oder Sozialhilfeempfänger sowie gehbehinderte Kriegs- und Wehrdienstbeschädigte. Alle anderen Schwerbehinderten haben jährlich 120,- DM zu zahlen. Die Ausweise mußten dem entsprechen, so daß die Änderung und Neufassung der Ausweisverordnung notwendig wurden (VO vom 4. 4. 1984, BGBl. I S. 505, 509). Diese Einschränkungen der unentgeltlichen Beförderung wurden dann mit Wirkung vom 1. Oktober 1985 teilweise wieder rückgängig gemacht (Gesetz zur Erweiterung der unentgeltlichen Beförderung Schwerbehinderter im öffentlichen Personenverkehr vom 18. Juli 1985, BGBl. I S. 1516). Wertmarken gelten auch für ein halbes Jahr, eine Rückerstattung ist möglich, die unentgeltliche Beförderung gilt wieder im Nahverkehr im Umkreis von 50 km um den Wohnort und für Gehörlose. Durch Gesetz vom 27. 12. 1993 über die Privatisierung der Bundesbahn zur Bahn AG (BGBl. I S. 2378) mußte die Ausweisverordnung durch Art. 6 Abs. 104 an die neue Rechtslage ohne inhaltliche Veränderung angepaßt werden.

Um die Beschäftigung Schwerbehinderter zu fördern, wurde am 24. 7. 1986 das Erste Gesetz zur Änderung des SchwbG erlassen (BGBl. I S. 1110). Die Minderung der Erwerbsfähigkeit wurde durch den „Grad der Behinderung" (GdB) ersetzt, der nach § 3 zu beurteilen ist. Schwerbehinderte werden bis 31. 12. 1989 in der Ausbildung auf 2, ggf. sogar auf 3 Arbeitsplätze angerechnet (§ 10). Die Ausgleichsabgabe wird auf 150 DM erhöht (§ 11). Der Kündigungsschutz beginnt erst nach 6 Monaten (§ 20). Die Rechte der Schwerbehindertenvertretung wurden erweitert. Der Zusatzurlaub wird ab 1. 1. 1987 auf 1 Woche festgelegt (§ 47). Eine Fülle von Vorschriften (insgesamt 40 Änderungen!) enthält Klarstellungen, Verbesserungen und Änderungen der bisherigen Regelungen, die sich vor allem aus der Praxis, aber auch im Verfolg der bisherigen Rechtsprechung ergaben. Die Kraftfahrzeugsteuerbefreiung wird allen hilflosen, blinden und außergewöhnlich gehbehinderten Schwerbehinderten jetzt ohne Rücksicht darauf gewährt, ob sie das Recht zur unentgeltlichen Beförderung in Anspruch nehmen, nur die Kraftfahrzeugsteuerermäßigung kann nicht neben der unentgeltlichen Beförderung in Anspruch genommen werden (§ 3a KraftStG, jetzt i. d. F. des Haushaltbegleitgesetzes 1989 mit der Verweisung auf die neue Paragraphenfolge des SchwbG vom 20. 12. 1988, BGBl. I S. 2262, zuletzt geändert vom 21. 12. 1992, BGBl. I S. 2150). Die Neufassung des Gesetzes wurde am 26. 8. 1986 bekanntgemacht (BGBl. I S. 1421, 1550). Eine geringfügige Änderung erfolgte durch das 8. Gesetz zur Änderung des AFG vom 14. 12. 1987 (BGBl. I S. 2602). Für Teilzeitbeschäftigte wurde die Grenze in § 9 von 19

Einführung

auf 18 Stunden herabgesetzt. Das Postreformgesetz vom 8. Juni 1989 (BGBl I S. 1026) fügte durch Art. 4 den § 27a über die Stufenvertretung bei der Deutschen Bundespost ein. Die Beteiligungsrechte waren durch die Aufgliederung der Bundespost entsprechend neu zu verteilen. Eine Änderung erfolgte weiter durch das Rechtsbereinigungsgesetz vom 28. 6. 1990 (BGBl. I S. 1221), das § 66 Satz 4 neu faßte. Der Einigungsvertrag vom 31. 8. 1990 (BGBl. II S. 889) hat dann die Ausgleichsabgabe einheitlich auf 200,– DM festgesetzt, die Länderzahlen erhöht, die Postvorschriften angeglichen und Übergangsregelungen für das Gebiet der früheren DDR geschaffen. Eine weitere Änderung vom 21. 6. 1991 (BGBl. I S. 1310) betrifft ebenfalls die neuen Bundesländer mit der Festlegung der Gebühren für die Wertmarken bei der Beförderung und die Geltung der Ausweise. Das Verfahren wurde gestrafft durch das Gesetz zur Entlastung der Rechtspflege vom 11. 1. 1993 (BGBl. I S. 50): Die Ausnahmen in § 4 Abs. 6 zu §§ 78, 148 SGG wurden gestrichen. Änderungen ergaben sich noch aus der Privatisierung der Bundesbahn durch Gesetz vom 27. 12. 1993 (BGBl. I S. 2378) in Art. 6 Abs. 103, durch Regelung für Arbeitsbeschaffungsmaßnahmen gemäß § 33 Abs. 1 Nr. 4 mit Gesetz vom 13. 6. 1994 (BGBl. I S. 1229) und die Ausdehnung der bis 1995 befristeten Regelungen in §§ 8 und 10 bis zum Jahre 2000 durch Gesetz vom 26. 7. 1994 (BGBl. I S. 1792) mit Anpassungen an die Arbeitsförderung. Die Postneuordnung vom 14. 9. 1994 (BGBl. I S. 2325) hob § 27a auf und strich die Deutsche Bundespost. Das Insolvenzgesetz vom 5. 10. 1994 (BGBl. I S. 2911) enthält ab dem Inkrafttreten eine Neuregelung der Zustimmung bei Insolvenz in § 19 Abs. 3. Das ist nach dem Arbeitsrechtlichen Beschäftigungsförderungsgesetz vom 25. 9. 1996 (BGBl. I S. 1476) bereits ab 1. 10. 1996 zu berücksichtigen. Bedeutsam ist die Erweiterung des Rechts der Werkstatt für Behinderte durch das Gesetz zur Reform des Sozialhilferechts vom 23. 7. 1996 (BGBl. I S. 1088), womit gleichzeitig ein Mitwirkungsrecht durch den Werkstattrat eingeführt wird. Das Gesetz zur Reform der Arbeitsförderung vom 24. 3. 1997 (BGBl. I S. 594) gliedert das Arbeitsförderungsgesetz ab 1. 1. 1998 als SGB III in das Sozialgesetzbuch ein. Alle Bezugnahmen auf das AFG in §§ 7, 13, 33, 34, 35 mußten auf das neue SGB III umgestellt werden. Letzte Änderungen ergaben sich aus dem Rentenreformgesetz 1999, das ab 1. 1. 2000 die teilweise und volle Erwerbsminderung einführt, was in § 22 zu berücksichtigen ist. Die Statistikerhebungen wurden in § 53 durch das Gesetz vom 19. 12. 1997 (BGBl. I S. 3158) vereinfacht. Das Zweite Zuständigkeits-Lockerungsgesetz vom 3. 5. 2000 (BGBl. I S. 632) erlaubte dann den Ländern, die nach §§ 32, 41, 42, 62 zuständigen Behörden vereinfacht zu bestimmen (Art. 23a).

Sozusagen als Vorläufer für ein beabsichtigtes SGB IX, das alle Behinderten- und Rehabilitationsvorschriften vereinheitlichen soll, erging am 29. 9. 2000 mit Wirkung ab 1. 10. 2000 und (teilweise) 1. 1. 2001 das Gesetz zur Bekämpfung der Arbeitslosigkeit Schwerbehinderter (BGBl. I S. 1394). Damit wurde das Schwerbehindertengesetz den Erfordernissen der Eingliederung und Beschäftigung Schwerbehinderter in den gegenwärtigen Zeiten hoher Arbeitslosigkeit angepaßt und durch Maßnahmen zur Integration erheblich ergänzt. Gleichzeitig wurden Wahlordnung, Werkstättenverordnung und Ausgleichsabgabenverordnung angepaßt. Die bedeutsamsten Änderungen sind die Herabsetzung der Pflichtquote und die Veränderung der Ausgleichsabgabe. Die Pflichtquote beträgt nur noch 5%, allerdings mit dem Vorbehalt, dass sie ab 1. 1. 2003 wieder auf 6% angehoben wird, wenn sich die Zahl der

Einführung

arbeitslosen Schwerbehinderten im Oktober 2002 nicht um mindestens 25 v. H. gegenüber Oktober 1999 (mit 189766 arbeitslosen Schwerbehinderten) verringert hat. Im öffentlichen Dienst bleibt die Pflichtquote bei 6%, wenn am 31. 10. 1999 schon mehr als 6% erfüllt wurden. Die Grenze für die Beschäftigungspflicht wurde von 16 auf 20 Arbeitnehmer heraufgesetzt. Die Ausgleichsabgabe wird gestaffelt und nach der jahresdurchschnittlichen Beschäftigungsquote festgesetzt. Bei Erfüllung zwischen 3% und 5% beträgt sie DM 200,–, zwischen 2% und 3% DM 350,– und unter 2% DM 500,– monatlich. Erleichterungen bestehen für Betriebe bis zu 39 Arbeitsplätzen. Die Höhe der Ausgleichsabgabe wird dynamisiert. Maßgeblich ist die Bezugsgröße von § 18 SGB IV, die sich am 1. 1. eines jeden Kalenderjahres um wenigstens 10% erhöht haben muß und dann entsprechend dieser Veränderung die Ausgleichsabgabe bei Abrundung auf durch 10 teilbare Beträge nach sich zieht (§ 11 b). Die Pflichten des Arbeitgebers werden verstärkt (§ 14–14 c). Der Arbeitgeber ist danach verpflichtet, für freie Arbeitsplätze Bewerber sich vorstellen zu lassen, die Schwerbehindertenvertretung zu beteiligen und die Entscheidung nachprüfbar festzulegen, er muß eine Integrationsvereinbarung mit der Schwerbehindertenvertretung treffen, hat eine Berichtspflicht und muß präventiv bei Schwierigkeiten im Arbeitsverhältnis in Verbindung mit der Schwerbehindertenvertretung tätig werden. Der Beauftragte des Arbeitgebers (§ 28) muß personalverantwortlich und soll nach Möglichkeit selbst schwerbehindert sein. Teilzeitarbeitsplätze sind zu fördern (§ 14 Abs. 4). Die bisherigen Pflichten des Arbeitgebers nach Beschäftigung entsprechend ihrer Fähigkeiten sind (entsprechend der bisherigen Rechtsprechung BAG v. 12. 11. 1980, AP Nr. 3 zu 11 SchwbG, v. 10. 7. 1991, AP Nr. 1 zu 14 SchwbG 1986) nunmehr auch gesetzestechnisch als Ansprüche des Schwerbehinderten ausgestaltet und nur bei Unzumutbarkeit oder Unverhältnismäßigkeit der Aufwendungen eingeschränkt.

Eingeführt wurde eine Konzernschwerbehindertenvertretung. Neu geregelt ist auch die Teilnahme der Stellvertreter auf Schulungs- und Bildungsmaßnahmen, deren Beauftragung mit bestimmten Aufgaben sowie der Anspruch auf Freistellung mit genereller Freistellung ab 200 Schwerbehinderten im Betrieb. Die Aufgaben der Schwerbehindertenvertretung beziehen sich ausdrücklich jetzt auch auf die Unterstützung bei Anträgen an die Versorgungsverwaltung für den Grad der Behinderung und an das Arbeitsamt wegen einer Gleichstellung.

Völlig neu sind die besonderen Integrationsfachdienste (§§ 37 a–g) und die Integrationsprojekte (§§ 53 a–d). Integrationsfachdienste werden aus den Mitteln der Ausgleichsabgabe finanziert und sollen für jeden Arbeitsamtsbezirk eingerichtet werden. Sie sollen sowohl Arbeitsämter, Reha-Träger und Hauptfürsorgestellen beraten als auch die Behinderten und Betriebe bei der Eingliederung unterstützen. Zweck ist, vor allem Schwerbehinderte und schwer vermittelbare Behinderte mit einem besonderen Bedarf an arbeits- und berufsbegleitender Betreuung zu unterstützen. Das Ziel soll die verstärkte Unterbringung Schwerbehinderter im ersten Arbeitsmarkt sein. Die Integrationsprojekte sind eine gesetzliche Regelung der schon 1997 im BMA ausgearbeiteten Förderrichtlinien für Modellvorhaben von Integrationsbetrieben und -abteilungen für sonst schwer vermittelbare Schwerbehinderte. Sie sollen mindestens 25 v. H. und höchstens 50 v. H. Schwerbehinderte beschäftigen und dienen auch der Vorbereitung von bisher in Werkstätten für Behinderte Beschäftigten für den allgemeinen Arbeitsmarkt. Damit in Verbindung steht

Einführung

auch der neue Anspruch der Schwerbehinderten auf Kostenübernahme für eine notwendige Arbeitsassistenz, deren Höhe und Dauer noch durch RechtsVO geregelt wird (§ 31 Abs. 3a). Durch Einfügen von § 222a SGB III in Verbindung mit § 33 Abs. 1 Nr. 3 SchwbG werden auch die Eingliederungszuschüsse für Schwerbehinderte besonders geregelt. Sie dürfen bis zu 70% des Arbeitsentgelts betragen, sind nach 12 Monaten um wenigstens 10% herabzusetzen und dürfen 30% nicht unterschreiten. Nach dem 55. Lebensjahr tritt die Verminderung erst nach 24 Monaten ein. Die Förderdauer beträgt 36 Monate und für mehr als 55-Jährige 96 Monate. Ebenso können Zuschüsse zur Ausbildungsvergütung Schwerbehinderter gezahlt werden (§ 235a SGB III).

Als erste Durchführungsverordnung ist am 22. 7. 1975 die Wahlordnung Schwerbehindertengesetz – SchwbWO – ergangen (BGBl. I S. 1965), die die Wahl der Vertrauensmänner bzw. Vertrauensfrauen (Schwerbehindertenvertretung) regelt. Sie gilt jetzt in der Fassung vom 23. 4. 1990 (BGBl. I S. 808, neubekanntgemacht S. 811) mit den Änderungen vom 29. 9. 2000 (BGBl. I S. 1394: Einfügen der Konzernvertrauensleute). Die zweite Durchführungsverordnung vom 8. 8. 1978 (BGBl. I S. 1228) wurde am 28. 3. 1988 neugefaßt (BGBl. I S. 484). Sie enthält die früher in Sonderprogrammen niedergelegten Grundsätze über die Förderung der Einstellung und Beschäftigung Schwerbehinderter durch die Bundesanstalt für Arbeit und betrifft die Ausgleichsabgabe (§§ 11, 12 SchwbG). Dazu trifft sie nähere Bestimmungen über die Verwendung der Ausgleichsabgabe von der behindertengerechten Einrichtung und Ausstattung von Arbeits-, Ausbildungs- und Teilarbeitsplätzen über Hilfen bei Existenz und Wohnung bis zur Durchführung von Aufklärungs-, Schulungs- und Bildungsmaßnahmen. Eine Änderung durch Verbesserung der Leistungen an über 55 Jahre alte Schwerbehinderte erfolgte durch Gesetz vom 26. 7. 1994 (BGBl. I S. 1792) und die Gesetze vom 16. 12. 1997 (BGBl. I S. 2998) und 19. 12. 1998 (BGBl. I S. 3843). Das Gesetz zur Bekämpfung der Arbeitslosigkeit Schwerbehinderter vom 29. 9. 2000 (BGBl. I S. 1394) hat die Mittelverwendung (z. B. für Arbeitsassistenz) und Mittelverteilung angepaßt (§ 41 Abs. 1 SchwbAV unten Nr. 2b). Besondere Bedeutung hat die dritte DVO (Werkstättenverordnung Schwerbehindertengesetz – SchwbWV) vom 13. 8. 1980 (BGBl. I S. 1365). Sie entstand aus einer Vorlage der Bundesregierung vom 7. 11. 1979 an den Bundesrat (BR-Drucks. 554/79), zu der zahlreiche Änderungsvorschläge gemacht wurden (Beschluß des Bundesrates vom 8. 2. 1980 zu BR-Drucks. 554/79). Umstritten waren bes. Umfang der begleitenden Dienste, Dauer des Arbeitstrainings und der Abschluß schriftlicher Verträge. Die Werkstatt muß wirtschaftliche Ergebnisse anstreben. Neu gefaßt wurde die Werkstättenverordnung mit der Ersten Änderungsverordnung vom 14. 12. 1992 (BGBl. I S. 2013), um Übergangsregelungen für die neuen Bundesländer zu erhoffen, die vor allem auch die sozialpädagogische Zusatzqualifikation und die Anerkennung der Werkstätten betreffen (§§ 17, 20 3. DVO). Nachdem das Gesetz zur Reform des Sozialhilferechts vom 23. 7. 1996 (BGBl. I S. 1088) wichtige Vorschriften über den Anspruch auf Aufnahme in die Werkstätten, die Rechtsstellung der Behinderten und die Mitwirkungsrechte in das SchwbG selbst als §§ 54a–c übernahm, wurde auch die dritte DVO durch Art. 13 dieses Gesetzes der neuen Rechtslage angepaßt. Das Gesetz zur Bekämpfung der Arbeitslosigkeit Schwerbehinderter vom 29. 9. 2000 (BGBl. I S. 1394) erbringt in Art. 4 die Anpassung auch der SchwbWV. Die Aufgaben wurden durch die Einrich-

Einführung

tung einer Übergangsstufe, die Entwicklung von Förderplänen sowie die Bereitstellung von Trainingsmaßnahmen und Praktiken erweitert. Die Entgeltregelung wurde angepaßt. Die vierte DVO (Ausweisverordnung Schwerbehindertengesetz – SchwbAwV) vom 15. 5. 1981 (BGBl. I S. 431) regelt Gestaltung, Gültigkeit und Verfahren für die Ausweise Schwerbehinderter. Die Zugehörigkeit zu Sondergruppen wird besonders einheitlich gekennzeichnet. Nach dem Haushaltbegleitgesetz 1984 mußten neue Vorschriften über die Wertmarken und den Ausschluß der gleichzeitigen Kfz-Steuererleichterungen eingefügt werden, die zum Teil ab 1. 8. 1986 wieder aufgehoben wurde (§ 3a KraftStG). Durch das KOV-Anpassungsgesetz vom 21. 6. 1991 (BGBl. I S. 1310) und die 2. VO zur Änderung der Ausweisverordnung vom 26. 6. 1991 (BGBl. I S. 1398) wurde die 4. DVO an das neue Recht angepaßt. Die gesamte VO wurde dann am 25. 7. 1991 neu bekannt gemacht und gilt jetzt als Ausweisverordnung Schwerbehindertengesetz – SchwbAwV vom 25. 7. 1991, BGBl. I S. 1739 mit den Änderungen durch die Bundesbahnprivatisierung gemäß Art. 6 Abs. 104 des Gesetzes vom 27. 12. 1993 (BGBl. I S. 2378). Die zusätzlichen Leistungen nach § 11 SchwbG für die Beschaffung, Zusatzausstattung und Benutzung von Kraftfahrzeugen richten sich jetzt nach der einheitlichen Kraftfahrzeughilfe-Verordnung vom 28. 9. 1987 (BGBl. I S. 1987). Die fünfte DVO (Nahverkehrszügeverordnung – SchwbNV) vom 30. 9. 1994 (BGBl. I S. 2962) bestimmte für §§ 59, 61 den Begriff der Nahverkehrszüge aufgrund der neuen Bahnordnung.

Im Gesetz zur Bekämpfung der Arbeitslosigkeit Schwerbehinderter vom 29. 9. 2000 (BGBl. I S. 1394) ist das Inkrafttreten der Vereinfachung vor allem der jahresdurchschnittlichen Berechnung der Ausgleichsabgabe und der entsprechenden Beschäftigungspflicht auf den 1. 1. 2001 festgesetzt. Die Senkung der Beschäftigungsquote erfolgt nur bis zum 31. 12. 2002 unter dem Vorbehalt der Senkung der Zahl der arbeitslosen Schwerbehinderten um 25 v.H. Die bisherigen Begrenzungen der Nichtzählung Auszubildender und deren Anrechnung auf 3 Pflichtplätze (§§ 8, 10) wurden ersatzlos gestrichen, gelten also unbegrenzt fort. Nach § 73 muss die Bundesregierung bis zum 30. 6. 2003 einen Bericht über die Beschäftigungssituation erstatten und Vorschläge für weitere Maßnahmen dem Gesetzgeber unterbreiten. Für die Integrationsfachdienste und Integrationsprojekte sowie die Arbeitsassistenz sind weitere Durchführungsbestimmungen zu erwarten.

5. Gebiet der früheren DDR

Im Gebiet der früheren DDR galt für den Schutz der Schwerbeschädigten § 28 des Gesetzes der Arbeit vom 19. 4. 1950 (GBl. Nr. 46/1950 S. 349). Das Gesetzbuch der Arbeit vom 12. 4. 1961 (GBl. I S. 27) hatte dann in §§ 35, 82 Abs. 2 Sondervorschriften über den Kündigungsschutz und den Zusatzurlaub Schwerbeschädigter aufgenommen. Alle öffentlichen und privaten Betriebe waren verpflichtet, freie oder frei werdende Arbeitsplätze mit Schwerbeschädigten zu besetzen, solange sie ihre Pflichtzahl von 10 Prozent noch nicht erfüllt hatten. Nach dem Arbeitsgesetzbuch der DDR vom 16. 6. 1977 (GBl. I S. 185) galt nichts anderes. Das Arbeitsverhältnis mit einem Schwerbeschädigten konnte danach nur mit vorheriger schriftlicher Zustimmung des für den Betrieb zuständigen Rates des Kreises bzw. des Stadtbezirks unter Einhaltung einer Frist von 1 Monat gekündigt werden. Bei fristloser Entlassung eines Schwerbeschädigten war die Zustimmung ausnahmsweise inner-

Einführung

halb einer Woche nachholbar (§ 59 Arbeitsgesetzbuch vom 16. 6. 1977). Der Zusatzurlaub betrug danach für Schwerbeschädigte 3 Tage und für Blinde 6 Tage (§ 10 des Einführungsgesetzes zum Arbeitsgesetzbuch vom 16. 6. 1977, GBl. I S. 228). Diese Regelungen wurden nach der Wende abgelöst durch das Schwerbehindertengesetz vom 21. 6. 1990 (GBl. I S. 381). Dieses Gesetz entsprach im materiellen Teil vollständig dem in der Bundesrepublik geltenden SchwbG. Insbesondere die Beschäftigungspflicht und der Kündigungsschutz enthielt dieselben Vorschriften wie das SchwbG. Lediglich die Ausgleichsabgabe war auf DM 250 heraufgesetzt. Außerdem wurden die formellen Bestimmungen der in der früheren DDR noch bestehenden Rechtslage angepaßt. Die Ausweise und Feststellungen trifft die zuständige Behörde noch aufgrund einer Anordnung vom 10. 6. 1971 (GBl. II S. 493). Auch die unentgeltliche Beförderung Schwerbehinderter richtete sich nach dem bis dahin geltenden Recht (Anordnung vom 5. Januar 1984 über die öffentliche Personen- und Gepäckbeförderung, GBl. I S. 44). Obwohl in dem Gesetz aufgrund der Übernahme des SchwbG Hauptfürsorgestellen ausdrücklich genannt sind, werden deren Aufgaben bis zu ihrer Bildung von den zuständigen Arbeitsämtern wahrgenommen. Dieses im vollen Wortlaut im GBl. der früheren DDR veröffentlichte Gesetz trat am 1. Juli 1990 in Kraft. Es galt aber nur bis zur Wiedervereinigung am 3. 10. 1990. Durch den Einigungsvertrag vom 31. 8. 1990 (BGBl. II S. 889) wurde das SchwbG einheitlich eingeführt, die Ausgleichsabgabe auf nunmehr 200,– DM festgesetzt und die Zahl der Länder entsprechend erhöht. Übergangsregelungen ermäßigten insbesondere die Wertmarken bis zum 31. 12. 1992. Ausweise galten bis längstens 31. 12. 1993 weiter.

II. Grundgedanken des neuen Schwerbehindertenrechts

Das Behindertenrecht gehört teils zum öffentlichen Recht und teils zum Arbeitsrecht. Während das Versorgungsrecht vor allem den Kriegsopfern sowie gleichgestellten Personenkreisen (z. B. Opfern von Impfschäden) einen finanziellen Ausgleich für die Beschädigungen, Erschwernisse und zusätzlichen Aufwendungen gewährleistet, dient das Behindertenrecht der Bemühung, allen Behinderten jede mögliche Chance zur Eingliederung in Gesellschaft und Beruf zu eröffnen und gesetzlich zu verankern. Die Eingliederung der Behinderten wurde in der Regierungserklärung vom 18. 1. 1973 dementsprechend an erster Stelle der sozialpolitischen Aufgaben genannt und sollte damit einen wichtigen Teil des Aktionsprogramms zur Förderung der Rehabilitation der Behinderten vom 14. 4. 1970 erfüllen (BTDrucks. VI/643 S. 22 ff.). Die Verbesserung der Chancengleichheit Schwerbehinderter im Arbeitsleben und die Beseitigung der besonders hohen Arbeitslosigkeit ist auch das Ziel des Gesetzes zur Bekämpfung der Arbeitslosigkeit Schwerbehinderter vom 29. 9. 2000 (vgl. BT-Drucks. 14/3372 und 14/3799).

1. Geschützter Personenkreis

Schon in der Überschrift des Gesetzes kommt das Hauptziel der Novellierung seit 1974 zum Ausdruck: Statt Schwerbeschädigtengesetz heißt es nunmehr Schwerbehindertengesetz oder – im vollen Wortlaut – Gesetz zur Sicherung der Eingliederung Schwerbehinderter in Arbeit, Beruf und Gesell-

Einführung

schaft. Damit kommt zum Ausdruck, daß nunmehr der frühere Grundgedanke des Ausgleiches von Folgen des Krieges und der Arbeitsunfälle endgültig verlassen worden ist und nunmehr **alle Behinderten** einen Anspruch auf die besonderen gesetzlichen Schutzmaßnahmen haben. Art und Ursache der Behinderung sind dabei sämtliche gleichgestellt, mag es sich um körperliche, geistige, seelische Behinderungen handeln, seien sie angeboren, erworben, durch Unfall oder andere Schädigungen oder durch besondere altersmäßige Verschleißerscheinungen bedingt. Maßgeblich ist nur, daß der Grad der Behinderung wenigstens 50 beträgt.

Die Feststellung dieses Grades der Behinderung treffen die Versorgungsbehörden, also die Versorgungsämter, Landesversorgungsämter oder die im Rahmen der Versorgungsverwaltung errichteten versorgungsärztlichen Untersuchungsstellen. Sofern jedoch eine andere Stelle (z. B. Träger der Unfallversicherung, Kriegsopferbehörden, Entschädigungsbehörde oder der Dienstherr bei Dienstunfall im öffentlichen Dienst) schon die entsprechende Erwerbsminderung festgestellt hat, bleibt es dabei; trotzdem kann aber der Behinderte eine Neufestsetzung des Grades der Behinderung durch die Versorgungsbehörden verlangen, wenn dafür ein besonderes Interesse besteht, etwa weil andere Schädigungen noch nicht einbezogen wurden oder die Gesamterwerbsminderung – etwa auch aus Altersgründen – nunmehr ggf. höher anzusetzen ist.

2. Gleichstellung

Behinderte, deren Grad der Behinderung zwischen 30 und 50 liegt, können den Schwerbehinderten **gleichgestellt** werden, wenn sie wegen ihrer Behinderung einen geeigneten Arbeitsplatz nicht erhalten oder behalten können. Diese Gleichstellung erfolgt nicht mehr wie früher durch die Hauptfürsorgestelle, sondern jetzt durch das Arbeitsamt, weil dieses als Vermittlungsbehörde am ehesten beurteilen kann, ob die Unterbringung solcher Behinderter auf dem Arbeitsmarkt auf Schwierigkeiten stößt, die durch eine Gleichstellung behoben oder gemildert werden können. Die Gleichstellung kann befristet werden und wird mit dem Tag des Einganges des Antrags wirksam. Bestrebungen, eine solche Gleichstellung auch auf bestimmte Betriebe beschränken zu können oder davon abhängig zu machen, daß die Unterbringung Schwerbehinderter nicht beeinträchtigt werden dürfe, sind nicht in das Gesetz aufgenommen worden.

3. Umfang der Beschäftigungspflicht

Das System der Beschäftigungspflicht ist neu geordnet worden. Grundsätzlich gilt nunmehr eine einheitliche Beschäftigungsgrenze und ein einheitlicher Pflichtsatz. Jeder Arbeitgeber mit 20 oder mehr Arbeitsplätzen ist verpflichtet, 5% der Arbeitsplätze mit Schwerbehinderten oder Gleichgestellten zu besetzen. Die Zahlen der Pflichtplätze im öffentlichen Dienst und in der Privatwirtschaft sowie in den verschiedenen Industriezweigen sind grundsätzlich einheitlich. Die Beschäftigungspflicht gilt einheitlich und kann auch nicht mehr unterschiedlich für einzelne Verwaltungen, Wirtschaftszweige oder Betriebsarten oder für bestimmte Arbeitgeber durch die Verwaltung festgesetzt werden. Dabei werden verschiedene Betriebe und Verwaltungen eines Arbeitgebers kraft Gesetzes zusammengefaßt. Der Arbeitgeber ist dann frei, welche Schwerbehinderten und welche Arbeitsplätze in welchen Betrieben er

Einführung

einsetzen will, er muß nur insgesamt die Beschäftigungspflicht erfüllen. Allerdings gibt es auch keinen Zwang zur Einstellung durch behördlichen Zwangsvertrag mehr; vielmehr wird die Beschäftigungspflicht nur indirekt durch die sonst zu zahlende Ausgleichsabgabe erzwungen.

4. Ausgleichsabgabe

Wer seine Pflicht zur Beschäftigung Schwerbehinderter nicht erfüllt, hat eine Ausgleichsabgabe von mindestens 200,– DM monatlich für jeden nicht besetzten Pflichtplatz zu bezahlen. Diese Verpflichtung trifft auch den öffentlichen Dienst. Jeder Arbeitgeber soll einen Beitrag zur Rehabilitation Schwerbehinderter leisten. In erster Linie soll das durch die Beschäftigung von Behinderten geschehen, andernfalls aber ist ein bestimmter Beitrag zur Förderung der Rehabilitation zu zahlen. Das Verfahren ist gleichzeitig vereinfacht worden. 45 v.H. des Aufkommens ist an den sog. Ausgleichsfonds abzuführen, um die Mittel auch für überregionale Zwecke einsetzen zu können. Früher hatte der Bundesausschuß der Kriegsbeschädigten- und Kriegshinterbliebenenfürsorge den Ausgleichsfonds verwaltet; diese Aufgabe ist nun auf den Bundesminister für Arbeit übergegangen, dem ein Beirat für die Rehabilitation der Behinderten beigegeben wurde, der gerade bei der Vergabe der Mittel des Ausgleichsfonds mitzuwirken hat. Umstritten war dabei außer dem Verhältnis der den Hauptfürsorgestellen verbleibenden Mittel zu den an den Ausgleichsfonds abzuführenden Aufkommensteile vor allem auch die Art der Verwendung der Ausgleichsabgabe. Insbesondere ging es auch um die Frage, ob sie auch zur Finanzierung selbständiger Maßnahmen der Eingliederung in die Gesellschaft und losgelöst von der besonderen Zweckbestimmung der beruflichen Eingliederung verwendet werden sollte. Nach den Beratungen im Gesetzgebungsverfahren ist dann aber entschieden worden, daß die Mittel unmittelbar oder wenigstens mittelbar dem Hauptzweck des Gesetzes dienen sollen, dem Schwerbehinderten einen Arbeitsplatz zu beschaffen und zu erhalten. Da dieses Ziel in erster Linie durch Beschäftigungspflicht erreicht werden soll, muß auch die dafür nur subsidiär zu zahlende Ausgleichsabgabe für denselben Zweck verwendet werden. Durch das Gesetz zur Bekämpfung der Arbeitslosigkeit Schwerbehinderter vom 29. 9. 2000 sind auch die Aufgaben der Bundesanstalt für Arbeit erweitert worden. Dementsprechend legt § 41 SchwbAV zahlenmäßig fest, daß für die Zeit vom Oktober bis Dezember 2000 87,5 Mill DM und für 2001 und 2002 jeweils 350 Mill. DM zu überweisen sind.

5. Kündigungsschutz

Neben der Beschäftigungspflicht und der damit eng zusammenhängenden Förderung der Behinderten nach ihrem Können und ihren Fähigkeiten ist der Kündigungsschutz der Schwerbehinderten von entscheidender Bedeutung zur Erhaltung des Arbeitsplatzes. Die Kündigung ist nach Ablauf der ersten 6 Monate des Arbeitsverhältnisses grundsätzlich nur mit Zustimmung der Hauptfürsorgestelle möglich, wobei diese Zustimmung vor Ausspruch der Kündigung vorliegen muß. Auch bei einer außerordentlichen Kündigung muß die vorherige Zustimmung der Hauptfürsorgestelle eingeholt werden, die die Zustimmung dann erteilen soll, wenn die Kündigung aus einem Grunde erfolgt, der nicht im Zusammenhang mit der Behinderung steht.

Einführung

Auch ist die Zustimmung dann erforderlich, wenn das Arbeitsverhältnis wegen Berufsunfähigkeit oder Erwerbsunfähigkeit auf Zeit ohne Kündigung endet. Damit hat der Kündigungsschutz eine Verstärkung erfahren, die sich auch auf die fristlose Entlassung auswirkt. Während früher die außerordentliche Kündigung grundsätzlich frei war und nur bei Zusammenhang mit der Behinderung der Zustimmung der Hauptfürsorgestelle bedurfte, ist jetzt jede Kündigung zustimmungspflichtig. Das bewirkt gleichzeitig eine Verlängerung der eventuellen Streitigkeiten. Nach wie vor besteht nämlich die – häufig kritisierte – doppelte Zuständigkeit der Gerichte, die gegenüber der Hauptfürsorgestelle im Rechtszug vor den Verwaltungsgerichten über die Wirksamkeit der Zustimmung angerufen werden können und dann nochmal im Rechtszug vor den Gerichten für Arbeitssachen über die allgemeine Berechtigung zur Kündigung aus arbeitsrechtlichen Gründen angerufen werden können. Das bedeutet bis zu 9 Instanzen bei jeder Kündigung und damit jahrelanges Prozessieren. Man kann nur hoffen, daß diese Auswirkungen bald ausgeräumt werden. Das Landesarbeitsgericht Hamm hatte diese doppelte Zuständigkeit für verfassungswidrig gehalten und die Sache nach Art. 100 GG dem Bundesverfassungsgericht vorgelegt (Beschluß vom 19. 12. 1985 – 8 Ta 9/85, BB 1986 S. 670). Einheitlich ist jetzt auch festgelegt, daß Widerspruch und Anfechtungsklage gegen eine Zustimmung keine aufschiebende Wirkung haben (§ 18 Abs. 4).

6. Verstärkte Stellung der Schwerbehindertenvertretung

Die Aufgaben und die Stellung der Schwerbehindertenvertretung (einschl. der Stellvertreter im Verhinderungsfall) sind sehr stark ausgebaut worden. Sie werden in einem eigenen Abschnitt behandelt. In jedem Betrieb mit mindestens 5 Schwerbehinderten ist ein Vertrauensmann oder eine Vertrauensfrau zu wählen, die die Interessen der Schwerbehinderten für die Dauer von 4 Jahren vertreten. Die Schwerbehindertenvertretung ist über alle Angelegenheiten, die Schwerbehinderte berühren, zu unterrichten, vor einer Entscheidung zu hören, und die Entscheidung ist ihr mitzuteilen. Eine ohne Anhörung getroffene Maßnahme ist auszusetzen; die Beteiligung muß dann innerhalb von 7 Tagen nachgeholt werden. Der Vertrauensmann oder die Vertrauensfrau haben das Recht, an allen Sitzungen des Betriebs-, Personal-, Richter-, Staatsanwalts- oder Präsidialrats teilzunehmen, und sind für die Durchführung ihrer Aufgaben freizustellen. Bei mehreren Betrieben oder Verwaltungen eines Arbeitgebers wird eine Konzern-, Gesamt-, Haupt- oder Bezirksschwerbehindertenvertretung gewählt. Die Stellung des Vertrauensmannes bzw. der Vertrauensfrau ist ebenso geschützt wie die eines Mitgliedes des Betriebs- oder Personalrates. Betriebs- und Personalrat sowie die Hauptfürsorgestelle können und sollen dabei auf die Wahl einer Schwerbehindertenvertretung hinwirken. Die Wahl der Vertrauensleute richtet sich nach der 1. DVO zum Schwerbehindertengesetz, der Wahlordnung (SchwbWO) vom 22. 7. 1975 (BGBl. I S. 1965) i. d. F. vom 23. 4. 1990 (BGBl. I S. 811, zuletzt geändert am 29. 9. 2000, BGBl. I S. 1394).

7. Vereinfachung des Verwaltungsverfahrens

Sieht man von der unglücklichen doppelten Zuständigkeit der Verwaltungs- und Arbeitsgerichte in Kündigungsstreitigkeiten ab, ist das Verwaltungsverfahren neu geordnet und gestrafft worden. Das beginnt mit der ein-

Einführung

heitlichen Beschäftigungsgrenze und dem einheitlichen Pflichtsatz, der Zusammenfassung aller Betriebe eines Arbeitgebers, setzt sich fort über die Vereinfachung der Berechnung der Beschäftigungspflicht und der Ausgleichsabgabe durch Selbstveranlagung der Arbeitgeber und endet mit der Bereinigung der Zuständigkeiten zwischen der Bundesanstalt für Arbeit und den Hauptfürsorgestellen bei der Gesetzesdurchführung. Auf der einen Seite wurde die Gleichstellung nunmehr allein den Arbeitsämtern übertragen, die an ihrer Entscheidung nicht die Hauptfürsorgestelle zu beteiligen brauchen. Die Hauptfürsorgestellen haben demgegenüber die Aufgabe der begleitenden Hilfe im Arbeitsleben, die vor allem für eine den Kenntnissen und Fähigkeiten des Behinderten entsprechende Beschäftigung Sorge zu tragen hat. Durch die Zuständigkeit für die Durchführung von Schulungs- und Bildungsveranstaltungen für alle am Behindertenrecht beteiligten Personen und die Befugnis, bei ungeklärter Zuständigkeit oder Gefahr einer Verzögerung vorläufige Leistungen für die begleitende Hilfe zu erbringen, wird die Stellung der Hauptfürsorgestelle erheblich gestärkt. Damit kann die berufliche Eingliederung der Schwerbehinderten erheblich verbessert werden.

Zur sachgemäßen Erledigung der Aufgaben wird bei den Hauptfürsorgestellen und bei der Bundesanstalt für Arbeit ein Beratender Ausschuß für Behinderte und beim Bundesminister für Arbeit ein Beirat für die Rehabilitation der Behinderten gebildet. Die zusätzliche Einschaltung von Integrationsfachdiensten durch das Gesetz vom 29. 9. 2000 könnte allerdings zu Abgrenzungsschwierigkeiten führen.

Integrationsprojekte und Arbeitsassistenz dienen zwar sehr zu Recht der besseren Eingliederung und Schaffung von Arbeitsplätzen für Schwerbehinderte, können aber ebenfalls zu Überschneidungen der Zuständigkeiten führen.

8. Förderung von Behindertenwerkstätten

Trotz des allgemeinen Schutzes der Behinderten am Arbeitsplatz wird es auch mit Hilfe aller Eingliederungshilfen nicht möglich sein, Schwerbehinderte stets auf dem Arbeitsmarkt unterzubringen. Für viele Schwerstbehinderte bleibt nur die Möglichkeit einer Beschäftigung in einer besonderen Werkstatt für Behinderte. Deshalb werden diese Werkstätten in den Anwendungsbereich des Gesetzes einbezogen; das gilt auch für die Vergabe von Aufträgen der öffentlichen Hand an solche Werkstätten zur Sicherung ihres laufenden Betriebes und für die Anrechnung von Aufträgen an Werkstätten für Behinderte auf die Ausgleichsabgabe, um solche Aufträge anzuregen. Damit wird ein wichtiges Gebiet der Fürsorge für Behinderte jetzt in das Gesetz aufgenommen, das bisher unterschiedlich durch Erlaß, Sozialhilfe oder Arbeitsförderung geregelt war. Schon bisher gab es in größerem Umfang beschützende Werkstätten, Behinderten- und Blindenbetriebe. Vom Standpunkt der Arbeitsförderung aus gesehen waren die fachlichen Anforderungen an solche Werkstätten aber relativ hoch. Man ist deshalb nunmehr von einem einheitlichen, umfassenden Begriff der Werkstätten für Behinderte ausgegangen, der für alle Bereiche, also auch für die Sozialhilfe und die Arbeitsförderung Geltung hat. Diese Vorschriften wurden entsprechend geändert und verweisen nun auf das Schwerbehindertengesetz. Die Reform des Sozialhilferechts durch Gesetz vom 23. 7. 1996 (BGBl. I S. 1088) hat nicht nur für das Sozialhilferecht die Hilfe zur Beschäftigung in einer Behindertenwerkstatt in

Einführung

§ 41 BSHG neu geregelt, sondern auch §§ 54 bis 54 c im Schwerbehindertengesetz neu gefaßt und eingeführt. Das Gesetz zur Bekämpfung der Arbeitslosigkeit Schwerbehinderter vom 29. 9. 2000 (BGBl. I S. 1394) fügte § 54 Abs. 1 Satz 2 als Aufgabe die Änderung des Übergangs in den allgemeinen Arbeitsmarkt hinzu. Die seit 1997 als Förderrichtlinien bestehenden Integrationsprojekte nach §§ 53 a–d bestärken diesen Übergang. Die Entgeltregelung in den SchwbWV wurde ebenfalls präzisiert. Der Begriff dieser Werkstätten war nicht unumstritten. Zweck ist die Eingliederung Behinderter in das Arbeitsleben. Voraussetzung für eine solche Werkstatt sind: Breites Angebot an Arbeitsplätzen, Plätze für Arbeitstraining, qualifiziertes Personal und Ausstattung mit begleitenden Diensten. Damit soll ermöglicht werden, die Leistungsfähigkeit des Behinderten zu entwickeln, zu erhöhen oder wiederzugewinnen und ein angemessenes Arbeitsentgelt zu erzielen. Behinderte sind aber nicht in jedem Fall in eine solche Werkstatt aufzunehmen, sondern nur dann, wenn erwartet werden kann, daß sie spätestens nach Teilnahme an Maßnahmen im Arbeitstrainingsbereich in der Lage sind, ein Mindestmaß an wirtschaftlich verwertbarer Arbeitsleistung zu erbringen. Auf der einen Seite wird also nicht ein auf Gewinn ausgerichteter Betrieb angestrebt, andererseits soll aber auch das wirtschaftliche Ergebnis nicht außer Betracht bleiben. Man sieht, daß hier Bestrebungen der Arbeitsverwaltung, der Sozialhilfe und der Betreuung Behinderter ineinander übergehen. Nimmt man hinzu, daß Arbeitsplätze der verschiedensten Art dabei angeboten werden müssen, bietet sich hier ein breites Feld für den Ausbau solcher Werkstätten. Die dafür aufzuwendenden Mittel werden nicht unerheblich sein, zumal die bisher bestehenden Werkstätten dieser Art weder nach Zahl noch nach Qualität ausreichen. Es muß aber festgehalten werden, daß ein gewisses Übergewicht der arbeitsmarktpolitischen Seite nicht zu verkennen ist. Das zeigt sich bereits darin, daß die Anerkennung solcher Werkstätten der Bundesanstalt für Arbeit übertragen wurde, vor allem aber in der Zielsetzung der Eingliederung der Behinderten in das Erwerbsleben mit dem Ziel, dauerhaft ein Mindestmaß an wirtschaftlich verwertbarer Arbeitsleistung zu erreichen. Damit sind diese Werkstätten für Behinderte zunächst nur zur Erhöhung, Entwicklung und Wiedergewinnung der Leistungsfähigkeit gedacht. Kann das wegen erheblicher Fremd- oder Selbstgefährdung, wegen des Ausmaßes der erforderlichen Betreuung und Pflege nicht erreicht werden, sollen die Behinderten in Gruppen betreut und gefördert werden, die der Werkstatt angegliedert werden sollen. Es besteht ein Anspruch auf Aufnahme in die Werkstatt. Die Rechtsstellung als arbeitnehmerähnlich und die Mitwirkung eines besonderen Werkstattrates sind ab 1. 8. 1996 in den neu eingefügten §§ 54 b, c gesetzlich geregelt.

Näheres über die fachlichen Anforderungen an eine Werkstatt für Behinderte und über das Anerkennungsverfahren, an dem auch die überörtlichen Träger der Sozialhilfe beteiligt sind, ergibt sich aus der 3. DVO, der Werkstättenverordnung Schwerbehindertengesetz vom 13. 8. 1980 (BGBl. I S. 1365) i. d. F. vom 19. 12. 1992 (BGBl. I S. 2013), des Art. 13 des Sozialhilfereformgesetzes vom 23. 7. 1996 (BGBl. I S. 1088), und des Art. 4 des Gesetzes zur Bekämpfung der Arbeitslosigkeit Schwerbehinderter vom 29. 9. 2000 (BGBl. I S. 1394, vgl. unten 2c). Ein Verzeichnis der anerkannten Werkstätten für Behinderte unter Berücksichtigung der neuen Bundesländer ist zuletzt nach dem Stand vom 1. November 1999 in den Amtlichen Nachrichten der Bundesanstalt für Arbeit vom Januar 2000 (ANBA 2000 S. 1) be-

Einführung

kannt gemacht worden. Als Anlage dazu sind auch die Blindenwerkstätten veröffentlicht (Anlage S. 198 ff.). Für die neuen Bundesländer galten Übergangsregelungen nach § 17 Werkstättenverordnung i. d. F. vom 14. 12. 1992 (BGBl. I S. 2013).

9. Unentgeltliche Beförderung im Personenverkehr

Die bisher auf bestimmte Gruppen von Schwerbeschädigten beschränkte unentgeltliche Beförderung im Nahverkehr (Gesetz vom 27. 8. 1965, BGBl. I S. 978) wurde durch Gesetz vom 9. 7. 1979 mit Wirkung vom 1. 10. 1979 (BGBl. I S. 989) auf alle Schwerbehinderten ausgedehnt, die entweder in ihrer Bewegungsfreiheit eingeschränkt oder hilflos oder gehörlos sind. Damit gilt die finale Betrachtung der Behinderung ohne Rücksicht auf deren Ursache auch für die unentgeltliche Beförderung im Nahverkehr und für die unentgeltliche Beförderung einer notwendigen Begleitperson im Nah- und Fernverkehr. Dabei wurde auch der Begriff des Nahverkehrs den inzwischen eingetretenen Veränderungen angepaßt. Insbesondere gehören dazu Straßenbahnen, Omnibusse, U- und S-Bahnen, aber auch Eisenbahnen eines Verkehrverbundes. Im Fernverkehr muß zwar der Schwerbehinderte selbst den vollen Fahrpreis bezahlen. Eine erforderliche Begleitperson sowie Handgepäck und auch evtl. Krankenfahrstühle, orthopädische Hilfsmittel oder Blindenhunde werden jedoch kostenfrei befördert. Einkommensgrenzen gibt es nicht, so daß die kostenfreie Beförderung allein von der Schwere der Behinderung abhängt. Im Fahrplan ist jeweils darauf hinzuweisen, wenn eine Pflicht zur unentgeltlichen Beförderung nicht besteht. Darüber hinaus wird geregelt, wie die Fahrgeldausfälle erstattet werden. Die Vorschriften über die unentgeltliche Beförderung gelten auch für im Ausland und außerhalb des Geltungsbereichs des Gesetzes lebende Deutsche. Durch das Haushaltbegleitgesetz 1984 (BGBl. I S. 1532) wurde dann allerdings eine Kostenbeteiligung von 120,– DM jährlich eingeführt. Nur noch Blinde, Empfänger von Arbeitslosen- oder Sozialhilfe und gehbehinderte Kriegs- oder Wehrdienstbeschädigte erhielten die erforderliche Wertmarken kostenlos. Die Erweiterung der unentgeltlichen Beförderung bezog dann wieder Gehörlose ein und erstreckte den Geltungsbereich erneut auf den Nahverkehr (Gesetz vom 18. 7. 1985, BGBl. I S. 1516). Dabei wurde auch eine halbjährliche Zahlung von 60,– DM und eine Rückerstattung bei Rückgabe der Wertmarke vor Ablauf der Gültigkeitsdauer ermöglicht. Für die neuen Bundesländer wurden die Kosten für die Wertmarken bis 31. 12. 1992 auf die Hälfte ermäßigt (60,– DM für ein Jahr, 30,– DM für ein halbes Jahr, für 1991 galt ein noch niedrigerer Satz, vgl. Einigungsvertrag vom 31. 8. 1990, BGBl. II S. 889, Anlage I Kapitel VIII, Sachgebiet E Abschnitt III Nr. 1 Buchst. f; KOV-Anpassungsgesetz 1991, BGBl. I S. 1310 Art. 7). Eine Anpassung an die Bundesbahnprivatisierung erfolgte durch Gesetz vom 27. 12. 1993 (BGBl. I S. 2378) in Art. 6 Abs. 104.

III. Auswirkungen des Schwerbehindertengesetzes

1. Geschützte Personen und Pflichtplätze

Durch die Ausdehnung des geschützten Personenkreises auf alle Schwerbehinderten ohne Rücksicht auf Art und Ursache der Behinderung wurde zunächst ungewiß, wieviele Personen von dem neuen Gesetz überhaupt er-

Einführung

faßt werden. Es bestanden nämlich keine genauen Unterlagen über die Zahl der Schwerbehinderten, die einen Arbeitsplatz suchen. Alle bisherigen Unterlagen beziehen sich auf die Schwerbeschädigten im Sinne des früheren Rechts, wobei Erhebungen zuletzt zum 1. November 1971 durch die Bundesanstalt für Arbeit nach den Meldungen gemäß § 11 Schwerbeschädigtengesetz gemacht wurden. Danach betrug zu diesem Zeitpunkt die Zahl der Arbeitsplätze in Betrieben und Verwaltungen 16 373 000. Daraus errechneten sich nach damaligem Recht 763 338 Pflichtplätze, von denen 450 573 mit Schwerbeschädigten, Gleichgestellten oder anzurechnenden Witwen und Ehefrauen besetzt waren, während 337 558 Pflichtplätze unbesetzt blieben.

Die letzten ausgewerteten gesamtdeutschen Zahlen vom Oktober 1997 ergaben 1 237 395 Pflichtplätze (6 v. H. von 20 623 257 Arbeitsplätzen bei 189 254 Arbeitgebern). Darauf waren 683 992 Schwerbehinderte, 68 585 Gleichgestellte, 8613 sonstige, 34 914 Mehrfachanrechnungen, insgesamt also 795 104 Plätze besetzt und 520 031 unbesetzt. Die Besetzungsquote betrug nur 3,9 v. H. Aufgeteilt betrug die Quote 3,4 v. H. in der Privatwirtschaft und 5,2 v. H. im öffentlichen Dienst. Die niedrigste Quote zeigten sich in Sachsen und Sachsen-Anhalt mit 2,9 v. H., die höchsten in Bremen und Nordrhein-Westfalen mit 4,5 v. H. Im August 2000 waren 181 673 Schwerbehinderte arbeitslos. Diese Aufgliederung nach Strukturen findet sich in ANBA 2000 S. 1015 ff. Die Unterbringungsschwierigkeiten bestehen nicht nach der Zahl, sondern vor allem nach der Art der Arbeitsplätze und der Behinderung. Es wird geschätzt, daß allein bis zu 300 000 Schwerstbehinderte nicht auf den allgemeinen Arbeitsmarkt einen angemessenen Arbeitsplatz einnehmen können, sondern nur in einer Werkstatt für Behinderte unterzubringen sind. Dafür stehen bei weitem noch nicht genug solche Werkstätten zur Verfügung. Trotz Herabsetzung der Quote auf 5 v. H. und Erhöhung der Mindestzahl auf 20 Arbeitsplätze werden immer noch erhebliche Aufkommen aus der Ausgleichsabgabe entstehen, die für die Integration der Schwerbehinderten bis hin zur Arbeitsassistenz zur Verfügung stehen.

2. Kosten

Die Erweiterung des Begriffs der Behinderten, die Ausdehnung des Zusatzurlaubs auf alle Schwerbehinderten, die Ausgleichsabgabe – auch für die öffentliche Hand – und die Erhöhung der Ausgleichsabgabe bringen für die Privatwirtschaft und den öffentlichen Dienst Mehrausgaben mit sich. Nach der Darstellung der Bundesregierung halten sie sich jedoch in verhältnismäßig engen Grenzen. Für die Ausgleichsabgabe mußten auf Grund der unbesetzten Pflichtplätze 1986 insgesamt etwa 245,3 Millionen DM aufgebracht werden, davon etwas über 200 Millionen DM von der privaten Wirtschaft, der Rest von Staat und Gemeinden. Die Verwendung der Ausgleichsabgabe richtet sich nach der 2. DVO. Zum Anreiz einer erhöhten Beschäftigung von Schwerbehinderten wurde die Ausgleichsabgabe zunächst auf 150 DM und seit der Wiedervereinigung auf 200 DM erhöht, nachdem entgegen früheren Zweifeln (VerwG Aachen vom 6. 4. 1978, DB 1978 S. 1353) das Bundesverfassungsgericht die Erhebung der Ausgleichsabgabe als verfassungsgemäß erklärt hat (BVerfG v. 26. 5. 1981, BVerfGE Bd. 57 S. 139). Die weitere Staffelung der Ausgleichsabgabe und ihre Dynamisierung durch das Gesetz zur Bekämpfung der Arbeitslosigkeit Schwerbehinderter vom 29. 9. 2000 (BGBl. I S. 1394) wird weiterhin für ein ausreichendes Aufkommen aus der

Einführung

Ausgleichsabgabe sorgen und bietet gleichzeitig einen zusätzlichen Anreiz zur Beschäftigung Schwerbehinderter.

Für den erweiterten Zusatzurlaub waren nach dem sich ergebenden Bruttoeinkommen nach 5 bzw. 6 Arbeitstagen berechnet insgesamt etwa über 60 Millionen DM jährlich mehr aufzuwenden, wenn man davon ausgeht, daß der Tageslohn ohne entsprechende Dienstleistung der Aufwand pro Urlaubstag ist und die Zahl der vom Gesetz geschützten Schwerbehinderten gegenüber dem früheren Recht um etwa 40% steigt. Von diesen erhöhten Aufwendungen werden die Wirtschaft mit etwa 45 Millionen DM, Staat und Gemeinden mit etwas mehr als 15 Millionen DM betroffen sein. Gleichgestellte Minderbeschädigte erhalten keinen Zusatzurlaub. Dagegen kommt ein zusätzliches Urlaubsgeld ggf. noch hinzu, weil der Zusatzurlaub nach denselben Grundsätzen zu behandeln ist wie der Grundurlaub, der in vielen Wirtschaftszweigen ein solches weiteres Entgelt vorsieht. Durch die Neuregelung ab 1. 8. 1986 sollte sich nach den Vorstellungen des Gesetzesentwurfs sogar noch eine gewisse Kostenentlastung ergeben, insbesondere durch Mehrfachanrechnungen und Begrenzung des Zusatzurlaubs auf 1 Woche. In der Praxis wird sich das mit der Erhöhung der Ausgleichsabgabe aber nur ausgleichen.

IV. Gesamtwürdigung des neuen Schwerbehinderten- und Versorgungsrechts

Zu dem neuen Schwerbehindertenrecht ist vor allem zu begrüßen, daß endlich der bisherige Zustand beseitigt wurde, im Schwerbeschädigtenrecht ein Kriegsfolgengesetz zu sehen. Das Schwerbehindertenrecht erfüllt jetzt allgemeine Aufgaben der Rehabilitation für alle Behinderten wie früher nur in Berlin. Mit Recht sind deshalb alle Bestrebungen zurückgewiesen worden, zwischen Schwerbeschädigten mit Rücksicht auf bestimmte Gründe der Gesundheitsschädigung und sonstigen, nur Schwerbehinderten auch künftig zu unterscheiden. Die Rechte der Schwerbeschädigten, insbesondere der Schwerkriegsbeschädigten werden dadurch heute nicht mehr beeinträchtigt, wie sich aus der großen Zahl der immer noch unbesetzten Pflichtplätze zeigt. Damit wird auch eine Angleichung an internationale Maßstäbe der Rehabilitation, besonders der Internationalen Arbeitsorganisation und der Westeuropäischen Union erreicht, die ebenfalls nur die Tatsache der Behinderung als Voraussetzung für die Rehabilitation ansehen.

Dabei ist folgerichtig, die bisherige Beschränkung auf Deutsche fallen zu lassen, und auch in der Bundesrepublik lebende oder arbeitende Ausländer oder Staatenlose mit einzubeziehen. Das entspricht überdies insoweit dem bisherigen Rechtszustand, als nach den EG-Bestimmungen über ein Diskriminierungsverbot von Angehörigen anderer Staaten der Wirtschaftsgemeinschaft ohnehin schon alle Staatsangehörigen aus den EG-Staaten mit den Deutschen auch im Schwerbeschädigtenrecht gleichbehandelt werden mußten. Jetzt gilt das mit Recht für alle Behinderten ohne Rücksicht auf Herkunft und Staatsangehörigkeit.

Die Ausweitung des Rechts und des Schutzes der Schwerbehindertenvertretung entspricht dem heutigen Verständnis von der Beteiligung der Arbeitnehmer an den Entscheidungen in Verwaltung und Betrieb und ist damit eine konsequente Übertragung des erweiterten Betriebsverfassungs- und Personalvertretungsrechts auf das Schwerbehindertenrecht.

Einführung

Besonders zu begrüßen ist die Einbeziehung und Vereinheitlichung der nachgehenden Fürsorge sowie der Werkstätten für Behinderte und die Ausweitung der Integrationsmöglichkeiten durch das Gesetz zur Bekämpfung der Arbeitslosigkeit Schwerbehinderter. Schon immer mußte auf die wirkliche, sachgerechte, fördernde und sogar bevorzugende Eingliederung von Behinderten in das Arbeits- und Wirtschaftsleben der entscheidende Wert gelegt werden. Es ist nicht damit getan, Stellen von Boten, Pförtnern und Fahrstuhlführern, Telefonisten und Wächtern sowie Stellen mit ähnlichen einfachen Arbeiten durch Behinderte zu besetzen. Entscheidend für das Gelingen der Rehabilitation ist vielmehr die Durchsetzung einer angemessenen Beschäftigung nach Fähigkeiten und Kenntnissen. Beides ist nicht an dem Erreichten zu messen, sondern muß gefördert werden. Nur so kann es gelingen, die Behinderten ins Arbeitsleben einzugliedern, ihnen das Gefühl sinnvoller Tätigkeit und damit Befriedigung und zugleich ein entsprechendes Verdienst zu beschaffen. Hier entsprechende Kräfte und Mittel einzusetzen, ist damit für das Gelingen der Rehabilitation besonders entscheidend.

Ein weiterer bedeutender Fortschritt ist die Vereinheitlichung der unentgeltlichen Beförderung Schwerbehinderter und notwendiger Begleitpersonen im Nah- und Fernverkehr. Sie trägt auch den Bedenken Rechnung, nach denen eine Unterscheidung nach der Ursache der Behinderung gegen Art. 3 GG verstoßen könnte (BVerfGE 39, 148). Vielmehr ist es richtig, auch hier die Behinderung nur final zu beurteilen. Mit Recht ist dazu weiter auch der Begriff des Nahverkehrs nach den heutigen Umständen neu gefaßt und entsprechend den Wohn- und Siedlungsverhältnissen erweitert worden. Die aus Ersparnisgründen eingeführte Kostenbeteiligung ist mit 10,– DM monatlich insoweit ein (allerdings erträglicher) Rückschritt. Ob die Einführung des Begriffes „Grad der Behinderung" und der Wegfall des Kündigungsschutzes in den ersten 6 Monaten wirklich eine Erleichterung für die Beschäftigung Schwerbehinderter bringt, muß die Erfahrung in der Praxis zeigen.

Ob es dabei gelungen ist, auch eine Verwaltungsvereinfachung in wirklich nennenswertem Umfang durchzuführen, muß allerdings bezweifelt werden. Im Prinzip sind die Doppelzuständigkeiten von Arbeits- und Fürsorgeverwaltung, die gerichtlichen Zuständigkeiten von Verwaltungs-, Sozial- und Arbeitsgerichtsweg nebeneinander bestehen geblieben. Besondere Ausschüsse sind bei allen Gelegenheiten einzuschalten. Damit beschränkt sich die Vereinfachung auf die Pflichtsätze und die Ausgleichsabgabe, soweit sie das Schwerbehindertenrecht betrifft. Trotzdem kann ausdrücklich begrüßt werden, daß im Verhältnis zu anderen Rechtsgebieten auch hier eine Vereinheitlichung vor allem bei den so wichtigen Werkstätten für Behinderte und den Integrationseinrichtungen verwirklicht worden ist. Man kann also insgesamt von einem sehr bedeutenden Fortschritt auf dem Gebiet der Rehabilitation Behinderter sprechen.

Wenn demgegenüber das Versorgungsrecht auf Deutsche und deutsche Volkszugehörige abstellt, liegt das in der Natur der Ansprüche auf Versorgung für Schäden wegen des Dienstes für die Allgemeinheit. Jedoch nehmen zahlreiche andere Gesetze auf das Bundesversorgungsgesetz Bezug und schaffen damit eine einheitliche Grundlage für das Versorgungswesen insgesamt. Das Gesetz über die Entschädigung von Opfern von Gewalttaten verweist für Deutsche auf das Versorgungsrecht und bezieht Ausländer ein, wenn die Gegenseitigkeit gewährleistet ist, es sich um EG-Angehörige handelt oder sie sich längere Zeit in der Bundesrepublik rechtmäßig aufhalten. Nachdem bei

Einführung

den Rehabilitationsleistungen eine allgemeine Regelung getroffen worden ist, kann man auch für dieses große sozialpolitische Gebiet einen bedeutenden Fortschritt verzeichnen. Es ist außerordentlich zu begrüßen, daß wie im Schwerbehindertenrecht auf dem Gebiet des Versorgungsrechts, der Kranken-, Unfall- und Rentenversicherung und der Arbeitsförderung nunmehr entscheidender Wert auf die Rehabilitation und die Wiedereingliederung aller Geschädigter in Gesellschaft, Arbeit und Erwerbsleben gelegt wird. Nur durch Besserung und Anpassung der Situation von Behinderten wird das Ziel ihrer Eingliederung erreicht, Fürsorgegesichtspunkte sind deshalb nicht aufgehoben, sie sollen aber nur das Mindestmaß materieller Sicherung gewähren. Eine wirkliche Befriedigung findet sich nur bei entsprechender aktiver Betätigung im Rahmen des Möglichen. Dazu sollen alle gesetzlichen Regelungen gleichermaßen beitragen.

1. Gesetz zur Sicherung der Eingliederung Schwerbehinderter in Arbeit, Beruf und Gesellschaft (Schwerbehindertengesetz – SchwbG)

In der Fassung der Bekanntmachung vom 26. August 1986
(BGBl. I S. 1421, ber. S. 1550)

Zuletzt geändert durch Gesetz vom 20. Dezember 2000 (BGBl. I S. 1827)[1]

BGBl. III/FNA 871-1

Inhaltsübersicht

	§§
Erster Abschnitt. Geschützter Personenkreis	
Schwerbehinderte	1
Gleichgestellte	2
Behinderung	3
Feststellung der Behinderung, Ausweise	4
Zweiter Abschnitt. Beschäftigungspflicht der Arbeitgeber	
Umfang der Beschäftigungspflicht	5
Beschäftigung besonderer Gruppen Schwerbehinderter	6
Begriff des Arbeitsplatzes	7
Berechnung der Mindestzahl von Arbeitsplätzen und der Pflichtplatzzahl	8
Anrechnung auf Pflichtplätze	9
Mehrfachanrechnung	10
Ausgleichsabgabe	11
Ausgleichsfonds	12
Dritter Abschnitt. Sonstige Pflichten der Arbeitgeber; Rechte der Schwerbehinderten	
Pflichten der Arbeitgeber gegenüber der Bundesanstalt für Arbeit und den Hauptfürsorgestellen	13
Pflichten des Arbeitgebers und Rechte des Schwerbehinderten	14
Besondere Pflichten der öffentlichen Arbeitgeber im Bundesbereich	14a
Integrationsvereinbarung	14b
Prävention	14c
Vierter Abschnitt. Kündigungsschutz	
Erfordernis der Zustimmung	15
Kündigungsfrist	16
Antragsverfahren	17
Entscheidung der Hauptfürsorgestelle	18

---

[1] Für das Gebiet der ehem. DDR gilt folgendes:
Soweit im Schwerbehindertengesetz auf Vorschriften des Bundespersonalvertretungsgesetzes Bezug genommen ist, finden diese Anwendung, soweit nicht das Gesetz zur sinngemäßen Anwendung des Bundespersonalvertretungsgesetzes vom 22. Juli 1990 (GBl. I Nr. 52 S. 1014) Abweichendes bestimmt.
Vorschriften dieses Gesetzes oder auf Grund dieses Gesetzes, die die Deutsche Bundesbahn betreffen, sind auf die Deutsche Reichsbahn entsprechend anwendbar.
Vgl. Einigungsvertrag vom 31. 8. 1990 (BGBl. II S. 889/1040).

	§§
Einschränkungen der Ermessensentscheidung	19
Ausnahmen	20
Außerordentliche Kündigung	21
Erweiterter Beendigungsschutz	22

Fünfter Abschnitt. Betriebs-, Personal-, Richter-, Staatsanwalts- und Präsidialrat. Schwerbehindertenvertretung. Beauftragter des Arbeitgebers

Aufgaben des Betriebs-, Personal-, Richter-, Staatsanwalts- und Präsidialrates	23
Wahl und Amtszeit der Schwerbehindertenvertretung	24
Aufgaben der Schwerbehindertenvertretung	25
Persönliche Rechte und Pflichten der Vertrauensmänner und Vertrauensfrauen der Schwerbehinderten	26
Konzern-, Gesamt-, Bezirks-, und Hauptschwerbehindertenvertretung	27
(aufgehoben)	27a
Beauftragter des Arbeitgebers	28
Zusammenarbeit	29

Sechster Abschnitt. Durchführung des Gesetzes

Zusammenarbeit der Hauptfürsorgestellen und der Bundesanstalt für Arbeit	30
Aufgaben der Hauptfürsorgestelle	31
Beratender Ausschuß für Behinderte bei der Hauptfürsorgestelle	32
Aufgaben der Bundesanstalt für Arbeit	33
Beratender Ausschuß für Behinderte bei der Bundesanstalt für Arbeit	34
Beirat für die Rehabilitation der Behinderten	35
Gemeinsame Vorschriften	36
Übertragung von Aufgaben	37

Siebter Abschnitt. Integrationsfachdienste

Begriff und Personenkreis	37a
Aufgaben	37b
Beauftragung und Verantwortlichkeit	37c
Fachliche Anforderungen	37d
Finanzielle Leistungen	37e
Ergebnisbeobachtung	37f
Verordnungsermächtigung	37g

Achter Abschnitt. Fortfall des Schwerbehindertenschutzes

Erlöschen des Schwerbehindertenschutzes	38
Entziehung des Schwerbehindertenschutzes	39

Neunter Abschnitt. Widerspruchsverfahren

Widerspruch	40
Widerspruchsausschuß bei der Hauptfürsorgestelle	41
Widerspruchsausschuß beim Landesarbeitsamt	42
Verfahrensvorschriften	43

Schwerbehindertengesetz **SchwbG 1**

Zehnter Abschnitt. Sonstige Vorschriften §§

Vorrang der Schwerbehinderten	44
Arbeitsentgelt und Dienstbezüge	45
Mehrarbeit	46
Zusatzurlaub	47
Nachteilsausgleich	48
Beschäftigung Schwerbehinderter in Heimarbeit	49
Schwerbehinderte Beamte, Richter und Soldaten	50
Unabhängige Tätigkeit	51
Geheimhaltungspflicht	52
Statistik	53

Elfter Abschnitt. Integrationsprojekte

Begriff und Personenkreis	53 a
Aufgaben	53 b
Finanzielle Leistungen	53 c
Verordnungsermächtigung	53 d

Zwölfter Abschnitt. Förderung von Werkstätten für Behinderte

Begriff der Werkstatt für Behinderte	54
Verrechnung von Aufträgen auf die Ausgleichsabgabe	55
Vergabe von Aufträgen durch die öffentliche Hand	56
Anerkennungsverfahren	57
Blindenwerkstätten	58

Dreizehnter Abschnitt. Unentgeltliche Beförderung Schwerbehinderter im öffentlichen Personenverkehr

Pflicht zur unentgeltlichen Beförderung, Anspruch auf Erstattung der Fahrgeldausfälle	59
Persönliche Voraussetzungen	60
Nah- und Fernverkehr	61
Erstattung der Fahrgeldausfälle im Nahverkehr	62
Erstattung der Fahrgeldausfälle im Fernverkehr	63
Erstattungsverfahren	64
Kostentragung	65
Einnahmen aus Wertmarken	66
Erfassung der Ausweise	67

Vierzehnter Abschnitt. Ordnungswidrigkeiten. Straf- und Schlußvorschriften

Ordnungswidrigkeiten	68
Strafvorschrift	69
Stadtstaatenklausel	70
Sonderregelung für den Bundesnachrichtendienst	71
Übergangsregelung	72
Überprüfungsregelung	73

Erster Abschnitt. Geschützter Personenkreis

§ 1 Schwerbehinderte. Schwerbehinderte im Sinne dieses Gesetzes sind Personen mit einem Grad der Behinderung von wenigstens 50, sofern sie ihren Wohnsitz, ihren gewöhnlichen Aufenthalt oder ihre Beschäftigung auf einem Arbeitsplatz im Sinne des § 7 Abs. 1 rechtmäßig im Geltungsbereich dieses Gesetzes haben.

§ 2 Gleichgestellte. (1) Personen mit einem Grad der Behinderung von weniger als 50, aber wenigstens 30, bei denen im übrigen die Voraussetzungen des § 1 vorliegen, sollen auf Grund einer Feststellung nach § 4 auf ihren Antrag vom Arbeitsamt Schwerbehinderten gleichgestellt werden, wenn sie infolge ihrer Behinderung ohne die Gleichstellung einen geeigneten Arbeitsplatz im Sinne des § 7 Abs. 1 nicht erlangen oder nicht behalten können. Die Gleichstellung wird mit dem Tag des Eingangs des Antrages wirksam. Sie kann befristet werden.

(2) Auf Gleichgestellte ist dieses Gesetz mit Ausnahme des § 47 und des Elften Abschnitts anzuwenden.

§ 3 Behinderung. (1) Behinderung im Sinne dieses Gesetzes ist die Auswirkung einer nicht nur vorübergehenden Funktionsbeeinträchtigung, die auf einem regelwidrigen körperlichen, geistigen oder seelischen Zustand beruht. Regelwidrig ist der Zustand, der von dem für das Lebensalter typischen abweicht. Als nicht nur vorübergehend gilt ein Zeitraum von mehr als 6 Monaten. Bei mehreren sich gegenseitig beeinflussenden Funktionsbeeinträchtigungen ist deren Gesamtauswirkung maßgeblich.

(2) Die Auswirkung der Funktionsbeeinträchtigung ist als Grad der Behinderung (GdB), nach Zehnergraden abgestuft, von 20 bis 100 festzustellen.

(3) Für den Grad der Behinderung gelten die im Rahmen des § 30 Abs. 1 des Bundesversorgungsgesetzes festgelegten Maßstäbe entsprechend.

§ 4 Feststellung der Behinderung, Ausweise. (1) Auf Antrag des Behinderten stellen die für die Durchführung des Bundesversorgungsgesetzes zuständigen Behörden das Vorliegen einer Behinderung und den Grad der Behinderung fest. Das Gesetz über das Verwaltungsverfahren der Kriegsopferversorgung ist entsprechend anzuwenden, soweit nicht das Sozialgesetzbuch Anwendung findet.

(2) Eine Feststellung nach Absatz 1 ist nicht zu treffen, wenn eine Feststellung über das Vorliegen einer Behinderung und den Grad einer auf ihr beruhenden Minderung der Erwerbsfähigkeit schon in einem Rentenbescheid, einer entsprechenden Verwaltungs- oder Gerichtsentscheidung oder einer vorläufigen Bescheinigung der für diese Entscheidungen zuständigen Dienststellen getroffen worden ist, es sei denn, daß der Behinderte ein Interesse an anderweitiger Feststellung nach Absatz 1 glaubhaft macht. Eine Feststellung nach Satz 1 gilt zugleich als Feststellung des Grades der Behinderung.

(3) Liegen mehrere Funktionsbeeinträchtigungen vor, so ist der Grad der Behinderung nach den Auswirkungen der Funktionsbeeinträchtigungen in ihrer Gesamtheit unter Berücksichtigung ihrer wechselseitigen Beziehungen

Schwerbehindertengesetz § 5 SchwbG 1

festzustellen. Für diese Entscheidung gilt Absatz 1, es sei denn, daß in einer Entscheidung nach Absatz 2 eine Gesamtbeurteilung bereits getroffen worden ist.

(4) Sind neben dem Vorliegen der Behinderung weitere gesundheitliche Merkmale Voraussetzung für die Inanspruchnahme von Nachteilsausgleichen, so treffen die für die Durchführung des Bundesversorgungsgesetzes zuständigen Behörden die erforderlichen Feststellungen im Verfahren nach Absatz 1.

(5) Auf Antrag des Behinderten stellen die für die Durchführung des Bundesversorgungsgesetzes zuständigen Behörden auf Grund einer Feststellung nach den Absätzen 1, 2, 3 oder 4 einen Ausweis über die Eigenschaft als Schwerbehinderter, den Grad der Behinderung sowie im Falle des Absatzes 4 über weitere gesundheitliche Merkmale aus. Der Ausweis dient dem Nachweis für die Inanspruchnahme von Rechten und Nachteilsausgleichen, die Schwerbehinderten nach diesem Gesetz oder nach anderen Vorschriften zustehen. Die Gültigkeitsdauer des Ausweises ist zu befristen. Er ist einzuziehen, sobald der gesetzliche Schutz Schwerbehinderter erloschen ist; im übrigen ist er zu berichtigen, sobald eine Neufeststellung unanfechtbar geworden ist. Die Bundesregierung wird ermächtigt, durch Rechtsverordnung[1]) mit Zustimmung des Bundesrates nähere Vorschriften über die Gestaltung der Ausweise, ihre Gültigkeitsdauer und das Verwaltungsverfahren zu erlassen.

(6) Für die Streitigkeiten über Feststellungen nach den Absätzen 1 und 4 und die Ausstellung, Berichtigung und Einziehung der Ausweise nach Absatz 5 ist der Rechtsweg zu den Gerichten der Sozialgerichtsbarkeit gegeben. Soweit das Sozialgerichtsgesetz besondere Vorschriften für die Kriegsopferversorgung enthält, gelten diese auch für Streitigkeiten nach Satz 1.

Zweiter Abschnitt. Beschäftigungspflicht der Arbeitgeber

§ 5 Umfang der Beschäftigungspflicht.
(1) Private Arbeitgeber und Arbeitgeber der öffentlichen Hand (Arbeitgeber), die über mindestens 20 Arbeitsplätze im Sinne des § 7 Abs. 1 verfügen, haben auf wenigstens 5 vom Hundert der Arbeitsplätze Schwerbehinderte zu beschäftigen. Dabei sind schwerbehinderte Frauen besonders zu berücksichtigen.

(1a) Der Pflichtsatz nach Absatz 1 beträgt vom 1. Januar 2003 an 6 vom Hundert, wenn die Zahl der arbeitslosen Schwerbehinderten im Monat Oktober 2002 nicht um mindestens 25 vom Hundert geringer ist als die Zahl der arbeitslosen Schwerbehinderten im Monat Oktober 1999. In die Zahl der im Oktober 2002 arbeitslosen Schwerbehinderten ist die Zahl der Schwerbehinderten einzubeziehen, um die die im Monat Oktober 2002 in Arbeitsbeschaffungsmaßnahmen nach den §§ 260 bis 271 des Dritten Buches Sozialgesetzbuch und in Strukturanpassungsmaßnahmen nach den §§ 272 bis 279 des Dritten Buches Sozialgesetzbuch beschäftigten Schwerbehinderten die Zahl der im Oktober 1999 in solchen Maßnahmen beschäftigten Schwerbehinderten übersteigt. Das Bundesministerium für Arbeit und Sozialordnung gibt die Veränderungsrate nach Satz 1 und den ab 1. Januar 2003 geltenden Pflichtsatz im Bundesanzeiger bekannt.

---

[1]) Vgl. Ausweis-VO SchwbG (Nr. **2 d**).

(2) Die Bundesregierung wird ermächtigt, den Pflichtsatz nach Absatz 1 durch Rechtsverordnung mit Zustimmung des Bundesrates nach dem jeweiligen Bedarf an Pflichtplätzen für Schwerbehinderte zu ändern, jedoch auf höchstens 10 vom Hundert zu erhöhen oder bis auf 4 vom Hundert herabzusetzen; dabei kann der Pflichtsatz für Arbeitgeber der öffentlichen Hand höher festgesetzt werden als für private Arbeitgeber.

(3) Als Arbeitgeber der öffentlichen Hand im Sinne des Absatzes 1 gelten

1. jede oberste Bundesbehörde mit ihren nachgeordneten Dienststellen, das Bundespräsidialamt, die Verwaltungen des Deutschen Bundestages und Bundesrates, das Bundesverfassungsgericht, die obersten Gerichtshöfe des Bundes, der Bundesgerichtshof jedoch zusammengefaßt mit dem Generalbundesanwalt, sowie das Bundeseisenbahnvermögen,
2. jede oberste Landesbehörde und die Staats- und Präsidialkanzleien mit ihren nachgeordneten Dienststellen, die Verwaltungen der Landtage, die Rechnungshöfe (Rechnungskammern), die Organe der Verfassungsgerichtsbarkeit der Länder und jede sonstige Landesbehörde, zusammengefaßt jedoch diejenigen Behörden, die eine gemeinsame Personalverwaltung haben,
3. jede sonstige Gebietskörperschaft und jeder Verband von Gebietskörperschaften,
4. jede sonstige Körperschaft, Anstalt oder Stiftung des öffentlichen Rechts.

§ 6 Beschäftigung besonderer Gruppen Schwerbehinderter. (1) Arbeitgeber haben im Rahmen der Erfüllung der Beschäftigungspflicht in angemessenem Umfang zu beschäftigen

1. Schwerbehinderte, die nach Art oder Schwere ihrer Behinderung im Arbeits- und Berufsleben besonders betroffen sind, insbesondere solche,
    a) die zur Ausübung der Beschäftigung wegen ihrer Behinderung nicht nur vorübergehend einer besonderen Hilfskraft bedürfen oder
    b) deren Beschäftigung infolge ihrer Behinderung nicht nur vorübergehend mit außergewöhnlichen Aufwendungen für den Arbeitgeber verbunden ist oder
    c) die infolge ihrer Behinderung nicht nur vorübergehend offensichtlich nur eine wesentlich verminderte Arbeitsleistung erbringen können oder
    d) bei denen ein Grad der Behinderung von wenigstens 50 allein infolge geistiger oder seelischer Behinderung oder eines Anfallsleidens vorliegt oder
    e) die wegen Art oder Schwere der Behinderung keine abgeschlossene Berufsbildung im Sinne des Berufsbildungsgesetzes haben,
2. Schwerbehinderte, die das 50. Lebensjahr vollendet haben.

(2) Arbeitgeber, die über Stellen zur beruflichen Bildung, insbesondere für Auszubildende, verfügen, haben im Rahmen der Erfüllung der Beschäftigungspflicht einen angemessenen Anteil dieser Stellen mit Schwerbehinderten zu besetzen.

§ 7 Begriff des Arbeitsplatzes. (1) Arbeitsplätze im Sinne dieses Gesetzes sind alle Stellen, auf denen Arbeiter, Angestellte, Beamte, Richter sowie Auszubildende und andere zu ihrer beruflichen Bildung Eingestellte beschäftigt werden.

Schwerbehindertengesetz **§§ 8, 9 SchwbG 1**

(2) Als Arbeitsplätze gelten nicht die Stellen, auf denen beschäftigt werden
1. Behinderte, die an Maßnahmen zur Rehabilitation in Betrieben oder Dienststellen teilnehmen, einschließlich Behinderter im Arbeitstrainings- und Arbeitsbereich von Werkstätten (§ 54),
2. Personen, deren Beschäftigung nicht in erster Linie ihrem Erwerb dient, sondern vorwiegend durch Beweggründe karitativer oder religiöser Art bestimmt ist, und Geistliche öffentlich-rechtlicher Religionsgesellschaften,
3. Personen, deren Beschäftigung nicht in erster Linie ihrem Erwerb dient und die vorwiegend zu ihrer Heilung, Wiedereingewöhnung oder Erziehung beschäftigt werden,
4. Teilnehmer an Arbeitsbeschaffungsmaßnahmen und Strukturanpassungsmaßnahmen nach dem Dritten Buch Sozialgesetzbuch,
5. Personen, die nach ständiger Übung in ihre Stellen gewählt werden,
6. Personen, die nach § 19 des Bundessozialhilfegesetzes in Arbeitsverhältnissen beschäftigt werden,
7. Personen, deren Arbeits-, Dienst- oder sonstiges Beschäftigungsverhältnis wegen Wehr- oder Zivildienst, Erziehungsurlaub, unbezahltem Urlaub oder wegen Bezug einer Rente auf Zeit ruht, solange für sie ein Vertreter eingestellt ist.

(3) Als Arbeitsplätze gelten ferner nicht Stellen, die nach der Natur der Arbeit oder nach den zwischen den Parteien getroffenen Vereinbarungen nur auf die Dauer von höchstens 8 Wochen besetzt sind, Stellen, auf denen Arbeitnehmer weniger als 18 Stunden wöchentlich, sowie Stellen, auf denen Personen beschäftigt werden, die einen Rechtsanspruch auf Einstellung haben.

§ 8 Berechnung der Mindestzahl von Arbeitsplätzen und der Pflichtplatzzahl. Bei der Berechnung der Mindestzahl von Arbeitsplätzen und der Zahl der Pflichtplätze nach § 5 zählen Stellen, auf denen Auszubildende beschäftigt werden, nicht mit. Bei der Berechnung sich ergebende Bruchteile von 0,50 und mehr sind aufzurunden, bei Arbeitgebern mit jahresdurchschnittlich bis zu 59 Arbeitsplätzen abzurunden.

§ 9 Anrechnung auf Pflichtplätze. (1) Ein Schwerbehinderter, der auf einem Arbeitsplatz im Sinne des § 7 Abs. 1 beschäftigt wird, wird auf einen Pflichtplatz angerechnet. Das gleiche gilt für einen Schwerbehinderten auf einer Stelle im Sinne des § 7 Abs. 2 Nr. 1, 4 oder 6.

(2) Ein teilzeitbeschäftigter Schwerbehinderter, der kürzer als betriebsüblich, aber nicht weniger als 18 Stunden wöchentlich beschäftigt wird, wird auf einen Pflichtplatz angerechnet. Wird ein Schwerbehinderter weniger als 18 Stunden wöchentlich beschäftigt, hat das Arbeitsamt die Anrechnung auf einen Pflichtplatz zuzulassen, wenn die kürzere Arbeitszeit wegen Art oder Schwere der Behinderung notwendig ist.

(3) Ein schwerbehinderter Arbeitgeber wird auf einen Pflichtplatz angerechnet.

(4) Der Inhaber eines Bergmannsversorgungsscheins wird, auch wenn er nicht Schwerbehinderter im Sinne des § 1 ist, auf einen Pflichtplatz angerechnet.

§ 10 Mehrfachanrechnung. (1) Das Arbeitsamt kann die Anrechnung eines Schwerbehinderten, besonders eines Schwerbehinderten im Sinne des § 6 Abs. 1, auf mehr als einen Pflichtplatz, höchstens 3 Pflichtplätze, zulassen, wenn dessen Eingliederung in das Arbeits- oder Berufsleben auf besondere Schwierigkeiten stößt. Satz 1 gilt auch für teilzeitbeschäftigte Schwerbehinderte im Sinne des § 9 Abs. 2.

(2) Ein Schwerbehinderter, der zur Ausbildung beschäftigt wird, wird auf 2 Pflichtplätze angerechnet. Das Arbeitsamt kann die Anrechnung auf 3 Pflichtplätze zulassen, wenn die Vermittlung in eine berufliche Ausbildungsstelle wegen Art oder Schwere der Behinderung auf besondere Schwierigkeiten stößt.

(3) Bescheide über die Anrechnung eines Schwerbehinderten auf mehr als 3 Pflichtplätze, die vor dem 1. August 1986 erlassen worden sind, gelten fort.

§ 11 Ausgleichsabgabe. (1) Solange Arbeitgeber die vorgeschriebene Zahl Schwerbehinderter nicht beschäftigen, haben sie für jeden unbesetzten Pflichtplatz monatlich eine Ausgleichsabgabe zu entrichten. Die Zahlung der Ausgleichsabgabe hebt die Pflicht zur Beschäftigung Schwerbehinderter nicht auf. Die Ausgleichsabgabe wird auf der Grundlage einer jahresdurchschnittlichen Beschäftigungsquote ermittelt, indem aus den monatlichen Beschäftigungsdaten der Mittelwert der Beschäftigungsquote eines Kalenderjahres gebildet wird.

(1a) Die Ausgleichsabgabe beträgt je Monat und unbesetzten Pflichtplatz

1. 200 Deutsche Mark bei einer jahresdurchschnittlichen Beschäftigungsquote von 3 vom Hundert bis weniger als dem geltenden Pflichtsatz,
2. 350 Deutsche Mark bei einer jahresdurchschnittlichen Beschäftigungsquote von 2 vom Hundert bis weniger als 3 vom Hundert,
3. 500 Deutsche Mark bei einer jahresdurchschnittlichen Beschäftigungsquote von 0 vom Hundert bis weniger als 2 vom Hundert.

Abweichend von Satz 1 beträgt die Ausgleichsabgabe je Monat und unbesetzten Pflichtplatz

1. für Arbeitgeber mit jahresdurchschnittlich bis zu 39 zu berücksichtigenden Arbeitsplätzen bei einer jahresdurchschnittlichen Beschäftigung von weniger als einem Schwerbehinderten 200 Deutsche Mark und
2. für Arbeitgeber mit jahresdurchschnittlich bis zu 59 zu berücksichtigenden Arbeitsplätzen bei einer jahresdurchschnittlichen Beschäftigung von weniger als zwei Schwerbehinderten 200 Deutsche Mark und bei einer jahresdurchschnittlichen Beschäftigung von weniger als einem Schwerbehinderten 350 Deutsche Mark.

(1b) Die Ausgleichsabgabe erhöht sich entsprechend der Veränderung der Bezugsgröße nach § 18 Abs. 1 des Vierten Buches Sozialgesetzbuch. Sie erhöht sich zum 1. Januar eines Kalenderjahres, wenn sich die Bezugsgröße seit der letzten Neubestimmung um wenigstens 10 vom Hundert erhöht hat. Die Erhöhung der Ausgleichsabgabe erfolgt, indem der Faktor für die Veränderung der Bezugsgröße mit dem jeweiligen Betrag der Ausgleichsabgabe vervielfältigt wird. Die sich ergebenden Beträge sind auf den nächsten durch zehn teilbaren Betrag abzurunden. Das Bundesministerium für Arbeit und Sozialordnung gibt den Erhöhungsbetrag und die sich nach Satz 3 ergebenden Beträge der Ausgleichsabgabe im Bundesanzeiger bekannt.

(2) Die Ausgleichsabgabe ist vom Arbeitgeber jährlich zugleich mit der Erstattung der Anzeige nach § 13 Abs. 2 an die für seinen Sitz zuständige Hauptfürsorgestelle abzuführen. Ist ein Arbeitgeber mehr als 3 Monate im Rückstand, erläßt die Hauptfürsorgestelle einen Feststellungsbescheid über die rückständigen Beträge und betreibt die Einziehung. Für rückständige Beträge der Ausgleichsabgabe erhebt die Hauptfürsorgestelle nach dem 31. März Säumniszuschläge nach Maßgabe des § 24 des Vierten Buches Sozialgesetzbuch; für ihre Verwendung gilt Absatz 3 entsprechend. Widerspruch und Anfechtungsklage gegen den Feststellungsbescheid haben keine aufschiebende Wirkung. Gegenüber privaten Arbeitgebern ist die Zwangsvollstreckung nach den Vorschriften über das Verwaltungszwangsverfahren durchzuführen. Bei Arbeitgebern der öffentlichen Hand hat sich die Hauptfürsorgestelle an die Aufsichtsbehörde zu wenden, gegen deren Entscheidung sie die Entscheidung der obersten Bundes- oder Landesbehörde anrufen kann. Nachforderungen und Erstattungen von Ausgleichsabgabe sind nach Ablauf des Kalenderjahres, das auf den Eingang der Anzeige beim Arbeitsamt folgt, ausgeschlossen.

(3) Die Ausgleichsabgabe darf nur für Zwecke der Arbeits- und Berufsförderung Schwerbehinderter sowie für Leistungen zur begleitenden Hilfe im Arbeits- und Berufsleben (§ 31 Abs. 1 Nr. 3) verwendet werden, soweit Mittel für denselben Zweck nicht von anderer Seite zu gewähren sind oder gewährt werden. Aus dem Aufkommen an Ausgleichsabgabe dürfen persönliche und sächliche Kosten der Verwaltung und Kosten des Verfahrens nicht bestritten werden. Die Bundesregierung wird ermächtigt, durch Rechtsverordnung[1]) mit Zustimmung des Bundesrates nähere Vorschriften über die Verwendung der Ausgleichsabgabe zu erlassen; § 12 Abs. 2 bleibt unberührt. Die Hauptfürsorgestelle hat dem Beratenden Ausschuß für Behinderte bei der Hauptfürsorgestelle (§ 32) auf dessen Verlangen eine Übersicht über die Verwendung der Ausgleichsabgabe zu geben.

(4) Die Hauptfürsorgestellen haben 45 vom Hundert des Aufkommens an Ausgleichsabgabe an den Ausgleichsfonds (§ 12) weiterzuleiten. Zwischen den Hauptfürsorgestellen wird ein Ausgleich herbeigeführt. Der auf die einzelne Hauptfürsorgestelle entfallende Anteil am Aufkommen an Ausgleichsabgabe bemißt sich nach dem Mittelwert aus dem Verhältnis der Wohnbevölkerung im Zuständigkeitsbereich der Hauptfürsorgestelle zur Wohnbevölkerung im Geltungsbereich dieses Gesetzes und dem Verhältnis der Zahl der im Zuständigkeitsbereich der Hauptfürsorgestelle in den Betrieben und Dienststellen beschäftigungspflichtiger Arbeitgeber auf Arbeitsplätzen im Sinne des § 7 Abs. 1 beschäftigten und der bei den Arbeitsämtern arbeitslos gemeldeten Schwerbehinderten und Gleichgestellten zur entsprechenden Zahl der Schwerbehinderten und Gleichgestellten im Geltungsbereich dieses Gesetzes.

(5) Die bei den Hauptfürsorgestellen verbleibenden Mittel der Ausgleichsabgabe sind von diesen gesondert zu verwalten. Die Rechnungslegung und

---

[1]) Vgl. Ausgleichsabgabe-VO (Nr. 2 b).

die formelle Einrichtung der Rechnungen und Belege regeln sich nach den Bestimmungen, die für diese Stellen allgemein maßgebend sind.

(6) Bei Arbeitgebern, die über weniger als 30 Arbeitsplätze verfügen, kann die Bundesregierung durch Rechtsverordnung mit Zustimmung des Bundesrates die Ausgleichsabgabe für einen bestimmten Zeitraum allgemein oder für einzelne Landesarbeitsamtsbezirke herabsetzen oder erlassen, wenn die Zahl der unbesetzten Pflichtplätze die Zahl der unterzubringenden Schwerbehinderten so erheblich übersteigt, daß die Pflichtplätze dieser Arbeitgeber nicht in Anspruch genommen zu werden brauchen.

(7) Für die Verpflichtung, eine Ausgleichsabgabe zu entrichten (Absatz 1), gelten hinsichtlich der in § 5 Abs. 3 Nr. 1 genannten Stellen der Bund und hinsichtlich der in § 5 Abs. 3 Nr. 2 genannten Stellen das Land als ein Arbeitgeber.

§ 12 Ausgleichsfonds. (1) Zur besonderen Förderung der Einstellung und Beschäftigung Schwerbehinderter auf Arbeitsplätzen und zur Förderung von Einrichtungen und Maßnahmen, die den Interessen mehrerer Länder auf dem Gebiet der Arbeits- und Berufsförderung Schwerbehinderter dienen, wird mit dem Tage des Inkrafttretens dieses Gesetzes beim Bundesminister für Arbeit und Sozialordnung als zweckgebundene Vermögensmasse ein „Ausgleichsfonds für überregionale Maßnahmen zur Eingliederung Schwerbehinderter in Arbeit, Beruf und Gesellschaft" gebildet. Der Bundesminister für Arbeit und Sozialordnung verwaltet den Ausgleichsfonds.

(2) Die Bundesregierung wird ermächtigt, durch Rechtsverordnung[1]) mit Zustimmung des Bundesrates Vorschriften über die Gestaltung des Ausgleichsfonds, die Verwendung der Mittel und das Vergabe- und Verwaltungsverfahren zu erlassen.

Dritter Abschnitt. Sonstige Pflichten der Arbeitgeber; Rechte der Schwerbehinderten

§ 13 Pflichten der Arbeitgeber gegenüber der Bundesanstalt für Arbeit und den Hauptfürsorgestellen. (1) Die Arbeitgeber haben, gesondert für jeden Betrieb und jede Dienststelle, ein Verzeichnis der bei ihnen beschäftigten Schwerbehinderten, Gleichgestellten und sonstigen anrechnungsfähigen Personen laufend zu führen und den Vertretern des Arbeitsamtes und der Hauptfürsorgestelle, die für den Sitz des Betriebes oder der Dienststelle zuständig sind, auf Verlangen vorzuzeigen.

(2) Die Arbeitgeber haben dem für ihren Sitz zuständigen Arbeitsamt unter Beifügung einer Durchschrift für die Hauptfürsorgestelle einmal jährlich bis spätestens 31. März für das vorangegangene Kalenderjahr, aufgegliedert nach Monaten, anzuzeigen
1. die Zahl der Arbeitsplätze nach § 7 Abs. 1, darunter die nach § 8 Satz 1, sowie der Stellen nach § 7 Abs. 2 und 3, gesondert für jeden Betrieb und jede Dienststelle,

---

[1]) Vgl. Ausgleichsabgabe-VO (Nr. 2 b).

Schwerbehindertengesetz § 14 SchwbG 1

2. die Zahl der in den einzelnen Betrieben und Dienststellen beschäftigten Schwerbehinderten, Gleichgestellten und sonstigen anrechnungsfähigen Personen, darunter die Zahlen der zur Ausbildung und der zur sonstigen beruflichen Bildung eingestellten Schwerbehinderten und Gleichgestellten, gesondert nach ihrer Zugehörigkeit zu einer dieser Gruppen,
3. Mehrfachanrechnungen und
4. den Gesamtbetrag der geschuldeten Ausgleichsabgabe.

Hat ein Arbeitgeber die vorgeschriebene Anzeige bis zum 30. Juni nicht, nicht richtig oder nicht vollständig erstattet, erläßt das Arbeitsamt einen Feststellungsbescheid über die nach Satz 1 Nr. 1 bis 3 anzuzeigenden Verhältnisse. Die Arbeitgeber haben den Anzeigen 2 Abschriften des nach Absatz 1 zu führenden Verzeichnisses beizufügen, sofern die Bundesanstalt für Arbeit nicht zuläßt, daß sie nur die im Berichtszeitraum eingetretenen Veränderungen anzeigen. Die Arbeitgeber haben dem Betriebs-, Personal-, Richter-, Staatsanwalts- und Präsidialrat, der Schwerbehindertenvertretung (§ 24) und dem Beauftragten des Arbeitgebers (§ 28) je eine Abschrift der Anzeige und des Verzeichnisses auszuhändigen. Die Arbeitgeber, die zur Beschäftigung Schwerbehinderter nicht verpflichtet sind, haben die Anzeige nach Satz 1 nur nach Aufforderung durch die Bundesanstalt für Arbeit im Rahmen einer repräsentativen Teilerhebung zu erstatten, die mit dem Ziel der Erfassung der in Satz 1 Nr. 2 genannten Personengruppen, aufgegliedert nach Landesarbeitsamtsbezirken, alle 5 Jahre durchgeführt wird. Die Bundesanstalt für Arbeit erstellt und veröffentlicht alljährlich eine Übersicht über die Beschäftigungsquote der einzelnen öffentlichen Arbeitgeber.

(3) Die Arbeitgeber haben der Bundesanstalt für Arbeit und der Hauptfürsorgestelle die Auskünfte zu erteilen, die zur Durchführung des Gesetzes notwendig sind.

(4) Die Arbeitgeber haben den Vertretern der Bundesanstalt für Arbeit und der Hauptfürsorgestelle Einblick in ihren Betrieb oder ihre Dienststelle zu gewähren, soweit es im Interesse der Schwerbehinderten erforderlich ist und Betriebs- oder Dienstgeheimnisse nicht gefährdet werden.

(5) Die Arbeitgeber haben den Vertrauensmann oder die Vertrauensfrau der Schwerbehinderten (§§ 24 und 27) unverzüglich nach der Wahl und ihren Beauftragten für die Angelegenheiten der Schwerbehinderten (§ 28) unverzüglich nach seiner Bestellung dem für den Sitz des Betriebes oder der Dienststelle zuständigen Arbeitsamt und der Hauptfürsorgestelle zu benennen.

(6) *(aufgehoben)*

§ 14 Pflichten des Arbeitgebers und Rechte des Schwerbehinderten. (1) Die Arbeitgeber sind verpflichtet zu prüfen, ob freie Arbeitsplätze mit Schwerbehinderten, insbesondere mit beim Arbeitsamt gemeldeten Schwerbehinderten, besetzt werden können. Sie haben frühzeitig Verbindung mit dem Arbeitsamt aufzunehmen. Das Arbeitsamt hat den Arbeitgebern geeignete Schwerbehinderte vorzuschlagen. Über die Vermittlungsvorschläge des Arbeitsamtes und vorliegende Bewerbungen von Schwerbehinderten haben die Arbeitgeber die Schwerbehindertenvertretung und die in § 23 genannten Vertretungen unmittelbar nach Eingang zu unterrichten. Bei Bewerbungen schwerbehinderter Richter ist der Präsidialrat zu unterrichten und zu hören, soweit dieser an der Ernennung zu beteiligen ist. Bei der Prüfung nach Satz 1 haben die Arbeitgeber die Schwerbehindertenvertretung gemäß § 25 Abs. 2 zu beteiligen sowie die in § 23 genannten Vertretungen zu hören. Erfüllt der Arbeitgeber seine Beschäftigungspflicht nicht und ist die Schwerbehindertenvertretung oder eine in § 23 genannte Vertretung mit der beabsichtigten Entscheidung nicht einverstanden, ist diese unter Darlegung der Gründe mit ihnen zu erörtern. Dabei ist der betroffene Schwerbehinderte zu hören. Alle Beteiligten sind vom Arbeitgeber über die getroffene Entscheidung unter Darlegung der Gründe unverzüglich zu unterrichten. Bei Bewerbungen Schwerbehinderter ist die Schwerbehindertenvertretung nicht zu beteiligen, wenn der Schwerbehinderte die Beteiligung der Schwerbehindertenvertretung ausdrücklich ablehnt.

(2) Die Arbeitgeber sind verpflichtet, durch geeignete Maßnahmen sicherzustellen, dass in ihren Betrieben und Dienststellen wenigstens die vorgeschriebene Zahl Schwerbehinderter eine möglichst dauerhafte behinderungsgerechte Beschäftigung finden kann. Absatz 3 Satz 2 und 3 gilt entsprechend.

(3) Die Schwerbehinderten haben gegenüber ihrem Arbeitgeber Anspruch auf
1. Beschäftigung, bei der sie ihre Fähigkeiten und Kenntnisse möglichst voll verwerten und weiterentwickeln können,
2. bevorzugte Berücksichtigung bei innerbetrieblichen Maßnahmen der beruflichen Bildung zur Förderung ihres beruflichen Fortkommens,
3. Erleichterungen im zumutbaren Umfang zur Teilnahme an außerbetrieblichen Maßnahmen der beruflichen Bildung,
4. behinderungsgerechte Einrichtung und Unterhaltung der Arbeitsstätten, einschließlich der Betriebsanlagen, Maschinen und Geräte sowie der Gestaltung der Arbeitsplätze, des Arbeitsumfeldes, der Arbeitsorganisation und der Arbeitszeit, unter besonderer Berücksichtigung der Unfallgefahr,
5. Ausstattung ihres Arbeitsplatzes mit den erforderlichen technischen Arbeitshilfen

unter Berücksichtigung der Behinderung und ihrer Auswirkungen auf die Beschäftigung. Bei Durchführung der Maßnahmen der Nummern 1, 4 und 5 haben die Arbeitsämter und die Hauptfürsorgestellen die Arbeitgeber unter Berücksichtigung der für die Beschäftigung wesentlichen Eigenschaften der Schwerbehinderten zu unterstützen. Ein Anspruch nach Satz 1 besteht nicht, soweit seine Erfüllung für den Arbeitgeber nicht zumutbar oder mit unverhältnismäßigen Aufwendungen verbunden wäre oder soweit die staatlichen oder berufsgenossenschaftlichen Arbeitsschutzvorschriften oder beamtenrechtliche Vorschriften entgegenstehen.

(4) Die Arbeitgeber haben die Einrichtung von Teilzeitarbeitsplätzen zu fördern. Sie sind dabei von den Hauptfürsorgestellen zu unterstützen. Schwerbehinderte haben einen Anspruch auf Teilzeitbeschäftigung, wenn die kürzere Arbeitszeit wegen Art oder Schwere der Behinderung notwendig ist; Absatz 3 Satz 3 gilt entsprechend.

§ 14 a Besondere Pflichten der öffentlichen Arbeitgeber im Bundesbereich. Die Dienststellen der in § 5 Abs. 3 Nr. 1 und 4 genannten öffentlichen Arbeitgeber des Bundes melden den Arbeitsämtern frühzeitig freiwerdende und neuzubesetzende sowie neue Arbeitsplätze (§ 7 Abs. 1). Haben Schwerbehinderte sich um einen solchen Arbeitsplatz beworben oder sind sie vom Arbeitsamt vorgeschlagen worden, werden sie zu einem Vorstellungsgespräch eingeladen. Eine Einladung ist entbehrlich, wenn ein Bewerber offensichtlich fachlich ungeeignet ist. Einer Integrationsvereinbarung nach § 14b bedarf es nicht, wenn für die Dienststellen dem § 14b entsprechende Regelungen bereits bestehen und durchgeführt werden.

§ 14b Integrationsvereinbarung. (1) Die Arbeitgeber treffen mit der Schwerbehindertenvertretung und den in § 23 genannten Vertretungen in Zusammenarbeit mit dem Beauftragten des Arbeitgebers (§ 28) eine verbindliche Integrationsvereinbarung. Auf Antrag der Schwerbehindertenvertretung wird unter Beteiligung der in § 23 genannten Vertretungen hierüber verhandelt. Der Arbeitgeber oder die Schwerbehindertenvertretung können die Hauptfürsorgestelle einladen, sich an den Verhandlungen über die Integrationsvereinbarung zu beteiligen. Dem Arbeitsamt, das für den Sitz des Arbeitgebers zuständig ist, wird die Vereinbarung übermittelt. In Betrieben und Dienststellen, in denen keine Schwerbehindertenvertretung vorhanden ist, wird eine Integrationsvereinbarung auf Antrag der in § 23 genannten Vertretungen getroffen.

(2) Die Vereinbarung enthält Regelungen im Zusammenhang mit der Eingliederung Schwerbehinderter, insbesondere zur Personalplanung, Arbeitsplatzgestaltung, Gestaltung des Arbeitsumfelds, Arbeitsorganisation, Arbeitszeit sowie Regelungen über die Durchführung in den Betrieben und Dienststellen. Bei der Personalplanung sind besondere Regelungen zur Beschäftigung eines angemessenen Anteils von schwerbehinderten Frauen vorzusehen.

(3) In den Versammlungen der Schwerbehinderten berichtet der Arbeitgeber über alle Angelegenheiten im Zusammenhang mit der Eingliederung Schwerbehinderter.

§ 14c Prävention. Der Arbeitgeber schaltet bei Eintreten von personen-, verhaltens- oder betriebsbedingten Schwierigkeiten im Arbeitsverhältnis, die zur Gefährdung des Arbeitsverhältnisses führen können, möglichst frühzeitig die Schwerbehindertenvertretung und die in § 23 genannten Vertretungen ein, um mit ihnen alle Möglichkeiten und alle zur Verfügung stehenden Hilfen zur Beratung und mögliche finanzielle Leistungen zu erörtern, mit denen die Schwierigkeiten beseitigt werden können und das Arbeitsverhältnis möglichst dauerhaft fortgesetzt werden kann.

Vierter Abschnitt. Kündigungsschutz

§ 15 Erfordernis der Zustimmung. Die Kündigung des Arbeitsverhältnisses eines Schwerbehinderten durch den Arbeitgeber bedarf der vorherigen Zustimmung der Hauptfürsorgestelle.

§ 16 Kündigungsfrist. Die Kündigungsfrist beträgt mindestens 4 Wochen.

§ 17 Antragsverfahren. (1) Die Zustimmung zur Kündigung hat der Arbeitgeber bei der für den Sitz des Betriebes oder der Dienststelle zuständigen Hauptfürsorgestelle schriftlich, und zwar in doppelter Ausfertigung zu beantragen. Der Begriff des Betriebes und der Begriff der Dienststelle im Sinne dieses Gesetzes bestimmen sich nach dem Betriebsverfassungsgesetz und dem Personalvertretungsrecht.

(2) Die Hauptfürsorgestelle holt eine Stellungnahme des zuständigen Arbeitsamtes, des Betriebsrates oder Personalrates und der Schwerbehindertenvertretung ein. Sie hat ferner den Schwerbehinderten zu hören.

(3) Die Hauptfürsorgestelle hat in jeder Lage des Verfahrens auf eine gütliche Einigung hinzuwirken.

§ 18 Entscheidung der Hauptfürsorgestelle. (1) Die Hauptfürsorgestelle soll die Entscheidung, falls erforderlich auf Grund mündlicher Verhandlung, innerhalb eines Monats vom Tage des Eingangs des Antrages an treffen.

(2) Die Entscheidung ist dem Arbeitgeber und dem Schwerbehinderten zuzustellen. Dem Arbeitsamt ist eine Abschrift der Entscheidung zu übersenden.

(3) Erteilt die Hauptfürsorgestelle die Zustimmung zur Kündigung, kann der Arbeitgeber die Kündigung nur innerhalb eines Monats nach Zustellung erklären.

(4) Widerspruch und Anfechtungsklage gegen die Zustimmung der Hauptfürsorgestelle zur Kündigung haben keine aufschiebende Wirkung.

§ 19 Einschränkungen der Ermessensentscheidung. (1) Die Hauptfürsorgestelle hat die Zustimmung zu erteilen bei Kündigungen in Betrieben und Dienststellen, die nicht nur vorübergehend eingestellt oder aufgelöst werden, wenn zwischen dem Tage der Kündigung und dem Tage, bis zu dem Gehalt oder Lohn gezahlt wird, mindestens 3 Monate liegen. Unter der gleichen Voraussetzung soll sie die Zustimmung auch bei Kündigungen in Betrieben und Dienststellen erteilen, die nicht nur vorübergehend wesentlich eingeschränkt werden, wenn die Gesamtzahl der verbleibenden Schwerbehinderten zur Erfüllung der Verpflichtung nach § 5 ausreicht. Die Sätze 1 und 2 gelten nicht, wenn eine Weiterbeschäftigung auf einem anderen Arbeitsplatz desselben Betriebes oder derselben Dienststelle oder auf einem freien Arbeitsplatz in einem anderen Betrieb oder einer anderen Dienststelle desselben Arbeitgebers mit Einverständnis des Schwerbehinderten möglich und für den Arbeitgeber zumutbar ist.

(2) Die Hauptfürsorgestelle soll die Zustimmung erteilen, wenn dem Schwerbehinderten ein anderer angemessener und zumutbarer Arbeitsplatz gesichert ist.

(3) Ist das Insolvenzverfahren über das Vermögen des Arbeitgebers eröffnet, soll die Hauptfürsorgestelle die Zustimmung erteilen, wenn

1. der Schwerbehinderte in einem Interessenausgleich namentlich als einer der zu entlassenden Arbeitnehmer bezeichnet ist (§ 125 der Insolvenzordnung),
2. die Schwerbehindertenvertretung beim Zustandekommen des Interessenausgleichs gemäß § 25 Abs. 2 beteiligt worden ist,

3. der Anteil der nach dem Interessenausgleich zu entlassenden Schwerbehinderten an der Zahl der beschäftigten Schwerbehinderten nicht größer ist als der Anteil der zu entlassenden übrigen Arbeitnehmer an der Zahl der beschäftigten übrigen Arbeitnehmer und
4. die Gesamtzahl der Schwerbehinderten, die nach dem Interessenausgleich bei dem Arbeitgeber verbleiben sollen, zur Erfüllung der Verpflichtung nach § 5 ausreicht.

§ 20 Ausnahmen. (1) Die Vorschriften dieses Abschnitts gelten nicht für Schwerbehinderte,
1. deren Arbeitsverhältnis im Zeitpunkt des Zugangs der Kündigungserklärung ohne Unterbrechung noch nicht länger als 6 Monate besteht oder
2. die auf Stellen im Sinne des § 7 Abs. 2 Nr. 2 bis 6 beschäftigt werden oder
3. deren Arbeitsverhältnis durch Kündigung beendet wird, sofern sie
    a) das 58. Lebensjahr vollendet haben und Anspruch auf eine Abfindung, Entschädigung oder ähnliche Leistung auf Grund eines Sozialplanes haben oder
    b) Anspruch auf Knappschaftsausgleichsleistung nach dem Sechsten Buch Sozialgesetzbuch oder auf Anpassungsgeld für entlassene Arbeitnehmer des Bergbaus haben,
wenn der Arbeitgeber ihnen die Kündigungsabsicht rechtzeitig mitgeteilt hat und sie der beabsichtigten Kündigung bis zu deren Ausspruch nicht widersprechen.

(2) Die Vorschriften dieses Abschnitts finden ferner bei Entlassungen, die aus Witterungsgründen vorgenommen werden, keine Anwendung, sofern die Wiedereinstellung der Schwerbehinderten bei Wiederaufnahme der Arbeit gewährleistet ist.

(3) Der Arbeitgeber hat Einstellungen auf Probe und die Beendigung von Arbeitsverhältnissen Schwerbehinderter in den Fällen des Absatzes 1 Nr. 1 unabhängig von der Anzeigepflicht nach anderen Gesetzen der Hauptfürsorgestelle innerhalb von 4 Tagen anzuzeigen.

§ 21 Außerordentliche Kündigung. (1) Die Vorschriften dieses Abschnitts gelten mit Ausnahme von § 16 auch bei außerordentlicher Kündigung, soweit sich aus den folgenden Bestimmungen nichts Abweichendes ergibt.

(2) Die Zustimmung zur Kündigung kann nur innerhalb von 2 Wochen beantragt werden; maßgebend ist der Eingang des Antrages bei der Hauptfürsorgestelle. Die Frist beginnt mit dem Zeitpunkt, in dem der Arbeitgeber von den für die Kündigung maßgebenden Tatsachen Kenntnis erlangt.

(3) Die Hauptfürsorgestelle hat die Entscheidung innerhalb von 2 Wochen vom Tage des Eingangs des Antrages an zu treffen. Wird innerhalb dieser Frist eine Entscheidung nicht getroffen, gilt die Zustimmung als erteilt.

(4) Die Hauptfürsorgestelle soll die Zustimmung erteilen, wenn die Kündigung aus einem Grunde erfolgt, der nicht im Zusammenhang mit der Behinderung steht.

(5) Die Kündigung kann auch nach Ablauf der Frist des § 626 Abs. 2 Satz 1 des Bürgerlichen Gesetzbuchs erfolgen, wenn sie unverzüglich nach Erteilung der Zustimmung erklärt wird.

(6) Schwerbehinderte, denen lediglich aus Anlaß eines Streiks oder einer Aussperrung fristlos gekündigt worden ist, sind nach Beendigung des Streiks oder der Aussperrung wieder einzustellen.

§ 22 Erweiterter Beendigungsschutz. Die Beendigung des Arbeitsverhältnisses eines Schwerbehinderten bedarf auch dann der vorherigen Zustimmung der Hauptfürsorgestelle, wenn sie im Falle des Eintritts der teilweisen Erwerbsminderung, der vollen Erwerbsminderung auf Zeit, der Berufsunfähigkeit oder der Erwerbsunfähigkeit auf Zeit ohne Kündigung erfolgt. Die Vorschriften dieses Abschnitts über die Zustimmung zur ordentlichen Kündigung gelten entsprechend.

Fünfter Abschnitt. Betriebs-, Personal-, Richter-, Staatsanwalts- und Präsidialrat. Schwerbehindertenvertretung. Beauftragter des Arbeitgebers

§ 23 Aufgaben des Betriebs-, Personal-, Richter-, Staatsanwalts- und Präsidialrates. Betriebs-, Personal-, Richter-, Staatsanwalts- und Präsidialrat haben die Eingliederung Schwerbehinderter zu fördern. Sie haben insbesondere darauf zu achten, daß die dem Arbeitgeber nach den §§ 5, 6 und 14 bis 14c obliegenden Verpflichtungen erfüllt werden; sie wirken auf die Wahl der Schwerbehindertenvertretung hin.

§ 24 Wahl und Amtszeit der Schwerbehindertenvertretung. (1) In Betrieben und Dienststellen, in denen wenigstens 5 Schwerbehinderte nicht nur vorübergehend beschäftigt sind, werden ein Vertrauensmann oder eine Vertrauensfrau und wenigstens ein Stellvertreter gewählt, der den Vertrauensmann oder die Vertrauensfrau im Falle der Verhinderung durch Abwesenheit oder Wahrnehmung anderer Aufgaben vertritt. Ferner wählen bei Gerichten, denen mindestens 5 schwerbehinderte Richter angehören, diese einen Richter zu ihrer Schwerbehindertenvertretung. Satz 2 gilt entsprechend für Staatsanwälte, soweit für sie eine besondere Personalvertretung gebildet wird. Betriebe oder Dienststellen, die die Voraussetzungen des Satzes 1 nicht erfüllen, können für die Wahl mit räumlich naheliegenden Betrieben des Arbeitgebers oder gleichstufigen Dienststellen derselben Verwaltung zusammengefaßt werden; soweit erforderlich, können Gerichte unterschiedlicher Gerichtszweige und Stufen zusammengefaßt werden. Über die Zusammenfassung entscheidet der Arbeitgeber im Benehmen mit der für den Sitz der Betriebe oder Dienststellen einschließlich Gerichten zuständigen Hauptfürsorgestelle.

(2) Wahlberechtigt sind alle in dem Betrieb oder der Dienststelle beschäftigten Schwerbehinderten.

(3) Wählbar sind alle in dem Betrieb oder der Dienststelle nicht nur vorübergehend Beschäftigten, die am Wahltage das 18. Lebensjahr vollendet haben und dem Betrieb oder der Dienststelle seit 6 Monaten angehören; besteht der Betrieb oder die Dienststelle weniger als ein Jahr, so bedarf es für die Wählbarkeit nicht der sechsmonatigen Zugehörigkeit. Nicht wählbar ist, wer

Schwerbehindertengesetz § 24 **SchwbG 1**

kraft Gesetzes dem Betriebs-, Personal-, Richter- oder Staatsanwaltsrat nicht angehören kann.

(4) Bei Dienststellen der Bundeswehr, bei denen eine Vertretung der Soldaten nach dem Bundespersonalvertretungsgesetz zu wählen ist, sind auch schwerbehinderte Soldaten wahlberechtigt und auch Soldaten wählbar.

(5) Die regelmäßigen Wahlen finden alle 4 Jahre in der Zeit vom 1. Oktober bis 30. November statt. Außerhalb dieser Zeit finden Wahlen statt, wenn

1. das Amt der Schwerbehindertenvertretung vorzeitig erlischt und kein Stellvertreter nachrückt,
2. die Wahl mit Erfolg angefochten worden ist oder
3. eine Schwerbehindertenvertretung noch nicht gewählt ist.

Hat außerhalb des für die regelmäßigen Wahlen festgelegten Zeitraumes eine Wahl der Schwerbehindertenvertretung stattgefunden, so ist die Schwerbehindertenvertretung in dem auf die Wahl folgenden nächsten Zeitraum der regelmäßigen Wahlen neu zu wählen. Hat die Amtszeit der Schwerbehindertenvertretung zum Beginn des für die regelmäßigen Wahlen festgelegten Zeitraumes noch nicht ein Jahr betragen, so ist die Schwerbehindertenvertretung in dem übernächsten Zeitraum der regelmäßigen Wahlen neu zu wählen. Die erstmaligen regelmäßigen Wahlen finden im Jahre 1986 statt; Vertrauensmänner und Vertrauensfrauen, die am 1. August 1986 im Amt sind, verbleiben bis zur Bekanntgabe des Wahlergebnisses der Neuwahl im Amt; hat ihre Amtszeit noch nicht ein Jahr betragen, findet die erstmalige regelmäßige Wahl im Jahre 1990 statt; sie verbleiben bis zur Bekanntgabe des Wahlergebnisses im Amt.

(6) Der Vertrauensmann oder die Vertrauensfrau und der Stellvertreter werden in geheimer und unmittelbarer Wahl nach den Grundsätzen der Mehrheitswahl gewählt. Im übrigen sind die Vorschriften über die Wahlanfechtung, den Wahlschutz und die Wahlkosten bei der Wahl des Betriebs-, Personal-, Richter- oder Staatsanwaltsrates sinngemäß anzuwenden. In Betrieben und Dienststellen mit weniger als 50 wahlberechtigten Schwerbehinderten sind der Vertrauensmann oder die Vertrauensfrau und der Stellvertreter im vereinfachten Wahlverfahren zu wählen, sofern der Betrieb oder die Dienststelle nicht aus räumlich weit auseinander liegenden Teilen besteht. Ist in einem Betrieb oder einer Dienststelle eine Schwerbehindertenvertretung nicht gewählt, so kann die für den Betrieb oder die Dienststelle zuständige Hauptfürsorgestelle zu einer Versammlung der Schwerbehinderten zum Zwecke der Wahl eines Wahlvorstandes einladen.

(7) Die Bundesregierung wird ermächtigt, durch Rechtsverordnung[1]) mit Zustimmung des Bundesrates nähere Vorschriften über die Vorbereitung und Durchführung der Wahl der Schwerbehindertenvertretung zu erlassen.

(8) Die Amtszeit der Schwerbehindertenvertretung beträgt 4 Jahre. Sie beginnt mit der Bekanntgabe des Wahlergebnisses oder, wenn die Amtszeit der bisherigen Schwerbehindertenvertretung noch nicht beendet ist, mit deren Ablauf. Das Amt erlischt vorzeitig, wenn der Vertrauensmann oder die Vertrauensfrau es niederlegt, aus dem Arbeits-, Dienst- oder Richterverhältnis

---

[1]) Vgl. Wahlordnung SchwbG (Nr. 2 a).

ausscheidet oder die Wählbarkeit verliert. Scheidet der Vertrauensmann oder die Vertrauensfrau vorzeitig aus dem Amt aus, rückt der mit der höchsten Stimmenzahl gewählte Stellvertreter für den Rest der Amtszeit nach; dies gilt für Stellvertreter entsprechend. Auf Antrag eines Viertels der wahlberechtigten Schwerbehinderten kann der Widerspruchsausschuß bei der Hauptfürsorgestelle (§ 41) das Erlöschen des Amtes eines Vertrauensmannes oder einer Vertrauensfrau wegen gröblicher Verletzung ihrer Pflichten beschließen.

(9) Wird die Schwerbehindertenvertretung von einer Frau wahrgenommen, führt sie die Bezeichnung Vertrauensfrau; wird die Schwerbehindertenvertretung von einem Mann wahrgenommen, führt er die Bezeichnung Vertrauensmann.

§ 25 Aufgaben der Schwerbehindertenvertretung. (1) Die Schwerbehindertenvertretung hat die Eingliederung Schwerbehinderter in den Betrieb oder die Dienststelle zu fördern, die Interessen der Schwerbehinderten in dem Betrieb oder der Dienststelle zu vertreten und ihnen beratend und helfend zur Seite zu stehen. Sie hat vor allem

1. darüber zu wachen, daß die zugunsten der Schwerbehinderten geltenden Gesetze, Verordnungen, Tarifverträge, Betriebs- oder Dienstvereinbarungen und Verwaltungsanordnungen durchgeführt, insbesondere auch die dem Arbeitgeber nach den §§ 5, 6 und 14 bis 14c obliegenden Verpflichtungen erfüllt werden,
2. Maßnahmen, die den Schwerbehinderten dienen, insbesondere auch präventive Maßnahmen, bei den zuständigen Stellen zu beantragen,
3. Anregungen und Beschwerden von Schwerbehinderten entgegenzunehmen und, falls sie berechtigt erscheinen, durch Verhandlung mit dem Arbeitgeber auf eine Erledigung hinzuwirken; sie hat die Schwerbehinderten über den Stand und das Ergebnis der Verhandlungen zu unterrichten.

Sie hat Beschäftigte auch bei Anträgen an die Versorgungsverwaltung auf Feststellung des Vorliegens einer Behinderung und ihres Grades sowie der Schwerbehinderteneigenschaft sowie bei Anträgen auf Gleichstellung an das Arbeitsamt zu unterstützen. In Betrieben und Dienststellen mit in der Regel mehr als 200 Schwerbehinderten kann sie nach Unterrichtung des Arbeitgebers den mit der höchsten Stimmenzahl gewählten Stellvertreter zu bestimmten Aufgaben heranziehen.

(2) Die Schwerbehindertenvertretung ist vom Arbeitgeber in allen Angelegenheiten, die einen einzelnen Schwerbehinderten oder die Schwerbehinderten als Gruppe berühren, rechtzeitig und umfassend zu unterrichten und vor einer Entscheidung zu hören; die getroffene Entscheidung ist ihr unverzüglich mitzuteilen. Die Durchführung oder Vollziehung einer ohne Beteiligung gemäß Satz 1 getroffenen Entscheidung ist auszusetzen; die Beteiligung ist innerhalb von 7 Tagen nachzuholen; sodann ist endgültig zu entscheiden. Die Schwerbehindertenvertretung hat das Recht auf Beteiligung am Verfahren nach § 14 Abs. 1.

(3) Der Schwerbehinderte hat das Recht, bei Einsicht in die über ihn geführte Personalakte die Schwerbehindertenvertretung hinzuziehen. Die Schwerbehindertenvertretung hat über den Inhalt der Personalakte Stillschweigen zu bewahren, soweit sie vom Schwerbehinderten nicht von dieser Verpflichtung entbunden wird.

(4) Die Schwerbehindertenvertretung hat das Recht, an allen Sitzungen des Betriebs-, Personal-, Richter-, Staatsanwalts- oder Präsidialrates und deren Ausschüssen sowie des Arbeitsschutzausschusses beratend teilzunehmen; sie kann beantragen, Angelegenheiten, die einzelne Schwerbehinderte oder die Schwerbehinderten als Gruppe besonders betreffen, auf die Tagesordnung der nächsten Sitzung zu setzen. Erachtet sie einen Beschluß des Betriebs-, Personal-, Richter-, Staatsanwalts- oder Präsidialrates als eine erhebliche Beeinträchtigung wichtiger Interessen der Schwerbehinderten oder ist sie entgegen Absatz 2 Satz 1 nicht beteiligt worden, so ist auf ihren Antrag der Beschluß auf die Dauer von einer Woche vom Zeitpunkt der Beschlußfassung an auszusetzen; die Vorschriften des Betriebsverfassungsgesetzes und des Personalvertretungsrechtes über die Aussetzung von Beschlüssen gelten entsprechend. Die Aussetzung hat keine Verlängerung einer Frist zur Folge. In den Fällen des § 21 e Abs. 1 und 3 des Gerichtsverfassungsgesetzes ist die Schwerbehindertenvertretung, außer in Eilfällen, auf Antrag eines betroffenen schwerbehinderten Richters vor dem Präsidium des Gerichtes zu hören.

(5) Die Schwerbehindertenvertretung ist zu Besprechungen nach § 74 Abs. 1 des Betriebsverfassungsgesetzes, § 66 Abs. 1 des Bundespersonalvertretungsgesetzes sowie den entsprechenden Vorschriften des sonstigen Personalvertretungsrechtes zwischen dem Arbeitgeber und den in Absatz 4 genannten Vertretungen hinzuziehen.

(6) Die Schwerbehindertenvertretung hat das Recht, mindestens einmal im Kalenderjahr eine Versammlung der Schwerbehinderten im Betrieb oder in der Dienststelle durchzuführen. Die für Betriebs- und Personalversammlungen geltenden Vorschriften finden entsprechende Anwendung.

(7) Sind in einer Angelegenheit sowohl die Schwerbehindertenvertretung der Richter als auch die Schwerbehindertenvertretung der übrigen Bediensteten beteiligt, so handeln sie gemeinsam.

§ 26 Persönliche Rechte und Pflichten der Vertrauensmänner und Vertrauensfrauen der Schwerbehinderten. (1) Die Vertrauensmänner und Vertrauensfrauen führen ihr Amt unentgeltlich als Ehrenamt.

(2) Sie dürfen in der Ausübung ihres Amtes nicht behindert oder wegen ihres Amtes nicht benachteiligt oder begünstigt werden; dies gilt auch für ihre berufliche Entwicklung.

(3) Sie besitzen gegenüber dem Arbeitgeber die gleiche persönliche Rechtsstellung, insbesondere den gleichen Kündigungs-, Versetzungs- und Abordnungsschutz wie ein Mitglied des Betriebs-, Personal-, Staatsanwalts- oder Richterrates. Stellvertreter besitzen während der Dauer der Vertretung und der Heranziehung nach § 25 Abs. 1 Satz 3 die gleiche persönliche Rechtsstellung wie der Vertrauensmann oder die Vertrauensfrau, im übrigen die gleiche Rechtsstellung wie Ersatzmitglieder der in Satz 1 genannten Vertretungen.

(4) Sie sind von ihrer beruflichen Tätigkeit ohne Minderung des Arbeitsentgelts oder der Dienstbezüge zu befreien, wenn und soweit es zur Durchführung ihrer Aufgaben erforderlich ist. Sind in den Betrieben und Dienststellen in der Regel wenigstens 200 Schwerbehinderte beschäftigt, sind die Vertrauensmänner und Vertrauensfrauen auf ihren Wunsch freizustellen; weitergehende Vereinbarungen sind zulässig. Satz 1 gilt entsprechend für die

Teilnahme an Schulungs- und Bildungsveranstaltungen, soweit diese Kenntnisse vermitteln, die für die Arbeit der Schwerbehindertenvertretung erforderlich sind. Satz 3 gilt auch für den mit der höchsten Stimmenzahl gewählten Stellvertreter, wenn wegen

1. seiner ständigen Heranziehung nach § 25,
2. häufiger Vertretung des Amtsinhabers für längere Zeit,
3. absehbaren Nachrückens in das Amt der Schwerbehindertenvertretung in kurzer Frist

die Teilnahme an Bildungs-Schulungsveranstaltungen erforderlich ist.

(5) Freigestellte Vertrauensmänner und Vertrauensfrauen dürfen von inner- oder außerbetrieblichen Maßnahmen der Berufsförderung nicht ausgeschlossen werden. Innerhalb eines Jahres nach Beendigung ihrer Freistellung ist ihnen im Rahmen der Möglichkeiten des Betriebes oder der Dienststelle Gelegenheit zu geben, eine wegen der Freistellung unterbliebene berufliche Entwicklung in dem Betrieb oder der Dienststelle nachzuholen. Für Vertrauensmänner und Vertrauensfrauen, die 3 volle aufeinanderfolgende Amtszeiten freigestellt waren, erhöht sich der genannte Zeitraum auf 2 Jahre.

(6) Zum Ausgleich für ihre Tätigkeit, die aus betriebsbedingten oder dienstlichen Gründen außerhalb der Arbeitszeit durchzuführen ist, haben die Vertrauensmänner und Vertrauensfrauen Anspruch auf entsprechende Arbeits- oder Dienstbefreiung unter Fortzahlung des Arbeitsentgelts oder der Dienstbezüge.

(7) Sie sind verpflichtet,

1. über ihnen wegen ihres Amtes bekanntgewordene persönliche Verhältnisse und Angelegenheiten von Beschäftigten im Sinne des § 7, die ihrer Bedeutung oder ihrem Inhalt nach einer vertraulichen Behandlung bedürfen, Stillschweigen zu bewahren und
2. ihnen wegen ihres Amtes bekanntgewordene und vom Arbeitgeber ausdrücklich als geheimhaltungsbedürftig bezeichnete Betriebs- oder Geschäftsgeheimnisse nicht zu offenbaren und nicht zu verwerten.

Diese Pflichten gelten auch nach dem Ausscheiden aus dem Amt. Sie gelten nicht gegenüber der Bundesanstalt für Arbeit und den Hauptfürsorgestellen, soweit deren Aufgaben den Schwerbehinderten gegenüber es erfordern, gegenüber den Vertrauensmännern und Vertrauensfrauen in den Stufenvertretungen (§ 27) sowie gegenüber den in § 79 Abs. 1 des Betriebsverfassungsgesetzes und den in den entsprechenden Vorschriften des Personalvertretungsrechtes genannten Vertretungen, Personen und Stellen.

(8) Die durch die Tätigkeit der Schwerbehindertenvertretung entstehenden Kosten trägt der Arbeitgeber. Das gleiche gilt für die durch die Teilnahme des mit der höchsten Stimmenzahl gewählten Stellvertreters an Schulungs- und Bildungsveranstaltungen gemäß Absatz 4 Satz 3 entstehenden Kosten.

(9) Die Räume und der Geschäftsbedarf, die der Arbeitgeber dem Betriebs-, Personal-, Richter-, Staatsanwalts- oder Präsidialrat für dessen Sitzungen, Sprechstunden und laufende Geschäftsführung zur Verfügung stellt, stehen für die gleichen Zwecke auch der Schwerbehindertenvertretung zur Verfügung, soweit ihr hierfür nicht eigene Räume und sächliche Mittel zur Verfügung gestellt werden.

Bezirksschwerbehindertenvertretungen in der Zeit vom 1. Dezember bis 31. Januar, die der Konzern- und Hauptschwerbehindertenvertretungen in der Zeit vom 1. Februar bis 31. März stattfindet.

(7) § 25 Abs. 6 gilt für die Durchführung von Versammlungen der Vertrauensmänner und Vertrauensfrauen und der Bezirksvertrauensmänner und Bezirksvertrauensfrauen durch die Gesamt-, Bezirks- oder Hauptschwerbehindertenvertretung entsprechend.

§ 27 a. *(aufgehoben)*

§ 28 Beauftragter des Arbeitgebers. Der Arbeitgeber hat einen Beauftragten zu bestellen, der ihn in Angelegenheiten der Schwerbehinderten verantwortlich vertritt; falls erforderlich, können mehrere Beauftragte bestellt werden. Der Beauftragte sollte nach Möglichkeit selbst schwerbehindert sein. Der Beauftragte hat vor allem darauf zu achten, daß die dem Arbeitgeber obliegenden Verpflichtungen aus diesem Gesetz erfüllt werden.

§ 29 Zusammenarbeit. (1) Arbeitgeber, Beauftragter des Arbeitgebers, Schwerbehindertenvertretung und Betriebs-, Personal-, Richter-, Staatsanwalts- oder Präsidialrat arbeiten zur Eingliederung Schwerbehinderter in den Betrieb oder die Dienststelle eng zusammen.

(2) Die in Absatz 1 genannten Personen und Vertretungen, die mit der Durchführung dieses Gesetzes beauftragten Stellen und die Rehabilitationsträger unterstützen sich gegenseitig bei der Erfüllung ihrer Aufgaben. Vertrauensmann oder Vertrauensfrau und Beauftragter des Arbeitgebers sind Verbindungsleute zur Bundesanstalt für Arbeit und zur Hauptfürsorgestelle.

Sechster Abschnitt. Durchführung des Gesetzes

§ 30 Zusammenarbeit der Hauptfürsorgestellen und der Bundesanstalt für Arbeit. (1) Soweit die Verpflichtungen aus diesem Gesetz nicht durch freie Entschließung der Arbeitgeber erfüllt werden, wird dieses Gesetz von den Hauptfürsorgestellen und der Bundesanstalt für Arbeit in enger Zusammenarbeit durchgeführt.

(2) Die den Trägern der Rehabilitation nach den geltenden Vorschriften obliegenden Aufgaben bleiben unberührt.

§ 31 Aufgaben der Hauptfürsorgestelle. (1) Der Hauptfürsorgestelle obliegt

1. die Erhebung und Verwendung der Ausgleichsabgabe,
2. der Kündigungsschutz,
3. die begleitende Hilfe im Arbeits- und Berufsleben,
4. die zeitweilige Entziehung des Schwerbehindertenschutzes (§ 39).

(2) Die begleitende Hilfe im Arbeits- und Berufsleben ist in enger Zusammenarbeit mit der Bundesanstalt für Arbeit und den übrigen Trägern der Rehabilitation durchzuführen. Sie soll dahin wirken, daß die Schwerbehinderten in ihrer sozialen Stellung nicht absinken, auf Arbeitsplätzen beschäftigt werden, auf denen sie ihre Fähigkeiten und Kenntnisse voll verwerten und wei-

Schwerbehindertengesetz **§ 31 SchwbG 1**

terentwickeln können sowie durch Leistungen der Rehabilitationsträger und Maßnahmen der Arbeitgeber befähigt werden, sich am Arbeitsplatz und im Wettbewerb mit Nichtbehinderten zu behaupten. Dabei gelten als Arbeitsplätze auch Stellen, auf denen Beschäftigte befristet oder als Teilzeitbeschäftigte in einem Umfang von mindestens 15 Stunden wöchentlich beschäftigt werden. Die begleitende Hilfe im Arbeits- und Berufsleben umfaßt auch die nach den Umständen des Einzelfalles notwendige psychosoziale Betreuung Schwerbehinderter; die Hauptfürsorgestelle kann bei der Durchführung dieser Aufgabe psychosoziale Dienste freier gemeinnütziger Einrichtungen und Organisationen beteiligen. Die Hauptfürsorgestelle soll außerdem darauf Einfluß nehmen, daß Schwierigkeiten bei der Beschäftigung verhindert oder beseitigt werden; sie hat hierzu auch Schulungs- und Bildungsmaßnahmen für Vertrauensmänner und Vertrauensfrauen, Beauftragte der Arbeitgeber, Betriebs-, Personal-, Richter-, Staatsanwalts- und Präsidialräte durchzuführen.

(3) Die Hauptfürsorgestelle kann im Rahmen ihrer Zuständigkeit für die begleitende Hilfe im Arbeits- und Berufsleben aus den ihr zur Verfügung stehenden Mitteln auch Geldleistungen erbringen, insbesondere

1. an Schwerbehinderte
   a) für technische Arbeitshilfen,
   b) zum Erreichen des Arbeitsplatzes,
   c) zur Gründung und Erhaltung einer selbständigen beruflichen Existenz,
   d) zur Beschaffung, Ausstattung und Erhaltung einer behinderungsgerechten Wohnung,
   e) zur Erhaltung der Arbeitskraft,
   f) zur Teilnahme an Maßnahmen zur Erhaltung und Erweiterung beruflicher Kenntnisse und Fertigkeiten und
   g) in besonderen Lebenslagen,
2. an Arbeitgeber
   a) zur behinderungsgerechten Einrichtung von Arbeitsplätzen für Schwerbehinderte und
   b) für außergewöhnliche Belastungen, die mit der Beschäftigung Schwerbehinderter im Sinne des § 6 Abs. 1 Nr. 1 Buchstaben a bis d oder des § 9 Abs. 2 verbunden sind, vor allem, wenn ohne diese Leistungen das Beschäftigungsverhältnis gefährdet würde,
3. an freie gemeinnützige Einrichtungen und Organisationen zu den Kosten in den Fällen des Absatzes 2 Satz 4 sowie an Träger von Integrationsunternehmen nach dem Elften Abschnitt.

Sie kann ferner Leistungen zur Durchführung von Aufklärungs-, Schulungs- und Bildungsmaßnahmen erbringen.

(3a) Schwerbehinderte haben im Rahmen der Zuständigkeit der Hauptfürsorgestelle für die begleitende Hilfe im Arbeits- und Berufsleben aus den ihr aus der Ausgleichsabgabe zur Verfügung stehenden Mitteln Anspruch auf Übernahme der Kosten einer notwendigen Arbeitsassistenz. Die Bundesregierung wird ermächtigt, durch Rechtsverordnung mit Zustimmung des Bundesrates das Nähere über die Voraussetzungen des Anspruchs sowie Höhe und Dauer der Leistungen zu regeln.

(4) Verpflichtungen anderer werden durch Absatz 3 nicht berührt. Leistungen der Rehabilitationsträger dürfen, auch wenn auf sie ein Rechtsanspruch nicht besteht, nicht deshalb versagt werden, weil nach diesem Gesetz entspre-

1 SchwbG §§ 32, 33 Schwerbehindertengesetz

chende Leistungen vorgesehen sind; eine Aufstockung durch Leistungen der Hauptfürsorgestelle findet nicht statt.

(5) Ist ungeklärt, welcher Träger Leistungen zur begleitenden Hilfe im Arbeits- und Berufsleben zu gewähren hat, oder ist die unverzügliche Einleitung der erforderlichen Maßnahmen aus anderen Gründen gefährdet, so soll die Hauptfürsorgestelle vorläufig Leistungen gewähren. Hat die Hauptfürsorgestelle Leistungen erbracht, für die ein anderer Träger zuständig ist, so hat dieser die Leistungen zu erstatten. Der Erstattungsanspruch verjährt in 2 Jahren nach Ablauf des Kalenderjahres, in dem zuletzt vorläufig Leistungen erbracht worden sind.

§ 32 Beratender Ausschuß für Behinderte bei der Hauptfürsorgestelle. (1) Bei jeder Hauptfürsorgestelle wird ein Beratender Ausschuß für Behinderte gebildet, der die Eingliederung der Behinderten in das Arbeitsleben zu fördern, die Hauptfürsorgestelle bei der Durchführung dieses Gesetzes zu unterstützen und bei der Vergabe der Mittel der Ausgleichsabgabe mitzuwirken hat. Soweit die Mittel der Ausgleichsabgabe zur institutionellen Förderung verwendet werden, hat der Beratende Ausschuß Vorschläge für die Entscheidungen der Hauptfürsorgestelle zu unterbreiten.

(2) Der Ausschuß besteht aus 10 Mitgliedern, und zwar aus
2 Vertretern der Arbeitnehmer,
2 Vertretern der Arbeitgeber, davon 1 Vertreter der öffentlichen Hand,
4 Vertretern der Organisationen der Behinderten,
1 Vertreter des Landes,
1 Vertreter des Landesarbeitsamtes.
Für jedes Mitglied ist ein Stellvertreter zu berufen. Mitglieder und Stellvertreter sollen im Bezirk der Hauptfürsorgestelle ihren Wohnsitz haben.

(3) Die Hauptfürsorgestelle beruft
die Arbeitnehmervertreter auf Vorschlag der Gewerkschaften des jeweiligen Landes,
einen Vertreter der privaten Arbeitgeber auf Vorschlag der Arbeitgeberverbände des jeweiligen Landes,
einen Vertreter der Arbeitgeber der öffentlichen Hand auf Vorschlag der zuständigen obersten Landesbehörde,
die Vertreter der Organisationen der Behinderten auf Vorschlag der Behindertenverbände des jeweiligen Landes, die nach der Zusammensetzung ihrer Mitglieder dazu berufen sind, die Behinderten in ihrer Gesamtheit zu vertreten.
Die zuständige oberste Landesbehörde oder die von ihr bestimmte Behörde beruft den Vertreter des Landes. Der Präsident des Landesarbeitsamtes beruft den Vertreter des Landesarbeitsamtes.

§ 33 Aufgaben der Bundesanstalt für Arbeit. (1) Der Bundesanstalt für Arbeit obliegen

1. die Berufsberatung, Ausbildungsvermittlung und Arbeitsvermittlung Schwerbehinderter einschließlich der Vermittlung von in Werkstätten beschäftigten Behinderten auf den allgemeinen Arbeitsmarkt,

2. die Beratung der Arbeitgeber bei der Besetzung von Ausbildungs- und Arbeitsplätzen mit Schwerbehinderten,
3. die Förderung der Eingliederung Schwerbehinderter auf den allgemeinen Arbeitsmarkt, insbesondere von Schwerbehinderten,
   a) die wegen Art oder Schwere ihrer Behinderung oder sonstiger Umstände im Arbeits- und Berufsleben besonders betroffen sind (§ 6 Abs. 1),
   b) die langzeitarbeitslos im Sinne des § 18 des Dritten Buches Sozialgesetzbuch sind,
   c) die im Anschluss an eine Beschäftigung in einer anerkannten Werkstatt für Behinderte oder einem Integrationsprojekt nach dem Elften Abschnitt eingestellt werden,
   d) die als Teilzeitbeschäftigte eingestellt werden oder
   e) die zur Aus- oder Weiterbildung eingestellt werden,
4. im Rahmen von Arbeitsbeschaffungsmaßnahmen und Strukturanpassungsmaßnahmen die besondere Förderung von Arbeitsplätzen für Schwerbehinderte,
5. die Gleichstellung, deren Widerruf und Rücknahme,
6. die Durchführung des Anzeigeverfahrens (§ 13 Abs. 2),
7. die Überwachung der Erfüllung der Beschäftigungspflicht,
8. die Zulassung der Anrechnung und der Mehrfachanrechnung (§ 9 Abs. 2, § 10 Abs. 1 und 2),
9. die Erfassung der Werkstätten für Behinderte, ihre Anerkennung und die Aufhebung der Anerkennung nach dem Zwölften Abschnitt,
10. die Erfassung der Integrationsfachdienste nach dem Siebten Abschnitt sowie die Erbringung finanzieller Leistungen aus den Mitteln der Ausgleichsabgabe an diese Dienste.

(2) Die Bundesanstalt für Arbeit übermittelt dem Bundesministerium für Arbeit und Sozialordnung jährlich die Ergebnisse ihrer Förderung der Eingliederung Schwerbehinderter in den allgemeinen Arbeitsmarkt nach dessen näherer Bestimmung und fachlicher Weisung. Zu den Ergebnissen gehören Angaben über die Zahl der geförderten Arbeitgeber und Schwerbehinderten, die insgesamt aufgewandten Mittel und die durchschnittlichen Förderungsbeträge. Die Bundesanstalt für Arbeit veröffentlicht diese Ergebnisse.

(3) Die Bundesanstalt für Arbeit führt befristete überregionale und regionale Arbeitsmarktprogramme zum Abbau der Arbeitslosigkeit Schwerbehinderter, besonderer Gruppen Schwerbehinderter oder schwerbehinderter Frauen sowie zur Förderung des Ausbildungsplatzangebots für Schwerbehinderte durch, die ihr durch Verwaltungsvereinbarung gemäß § 370 Abs. 2 Satz 2 und Abs. 3 des Dritten Buches Sozialgesetzbuch unter Zuweisung der entsprechenden Mittel übertragen werden.

(4) Die Bundesanstalt für Arbeit richtet zur Durchführung der ihr in diesem Gesetz übertragenen Aufgaben und der im Dritten Buch des Sozialgesetzbuches zur beruflichen Eingliederung Behinderter und Schwerbehinderter übertragenen Aufgaben in allen Arbeitsämtern besondere Stellen ein; bei der personellen Ausstattung dieser Stellen ist dem besonderen Aufwand bei der Beratung und Vermittlung des zu betreuenden Personenkreises sowie der Durchführung der sonstigen Aufgaben nach Absatz 1 Rechnung zu tragen.

1 SchwbG §§ 34, 35 Schwerbehindertengesetz

Soweit in Geschäftsstellen solche besonderen Stellen nicht gebildet werden können, soll dort für die Beratung und Vermittlung eine fachliche Schwerpunktbildung erfolgen.

(5) Im Rahmen der Beratung der Arbeitgeber nach Absatz 1 Nr. 2 hat die Bundesanstalt für Arbeit

1. dem Arbeitgeber zur Besetzung von Arbeitsplätzen geeignete arbeitslose oder arbeitsuchende Schwerbehinderte unter Darlegung der Leistungsfähigkeit und der Auswirkungen der jeweiligen Behinderung auf die angebotene Stelle vorzuschlagen,
2. ihre Fördermöglichkeiten aufzuzeigen, so weit wie möglich und erforderlich, auch die entsprechenden Hilfen der Rehabilitationsträger und der begleitenden Hilfe im Arbeits- und Berufsleben durch die Hauptfürsorgestellen.

§ 34 Beratender Ausschuß für Behinderte bei der Bundesanstalt für Arbeit. (1) Bei der Hauptstelle der Bundesanstalt für Arbeit wird ein Beratender Ausschuß für Behinderte gebildet, der die Eingliederung der Behinderten in das Arbeitsleben durch Vorschläge zu fördern und die Bundesanstalt für Arbeit bei der Durchführung dieses Gesetzes und der beruflichen Eingliederung Behinderter nach dem Dritten Buch Sozialgesetzbuch zu unterstützen hat.

(2) Der Ausschuß besteht aus 11 Mitgliedern, und zwar aus

2 Vertretern der Arbeitnehmer,
2 Vertretern der Arbeitgeber, davon 1 Vertreter der öffentlichen Hand,
5 Vertretern der Organisationen der Behinderten,
1 Vertreter der Hauptfürsorgestellen,
1 Vertreter des Bundesministers für Arbeit und Sozialordnung.

Für jedes Mitglied ist ein Stellvertreter zu berufen.

(3) Der Präsident der Bundesanstalt für Arbeit beruft

die Vertreter der Arbeitnehmer und der Arbeitgeber auf Vorschlag ihrer Gruppenvertreter im Verwaltungsrat der Bundesanstalt für Arbeit,

die Vertreter der Organisationen der Behinderten auf Vorschlag der Behindertenverbände, die nach der Zusammensetzung ihrer Mitglieder dazu berufen sind, die Behinderten in ihrer Gesamtheit auf Bundesebene zu vertreten,

den Vertreter der Hauptfürsorgestellen auf Vorschlag der Arbeitsgemeinschaft der Deutschen Hauptfürsorgestellen,

den Vertreter des Bundesministers für Arbeit und Sozialordnung auf dessen Vorschlag.

§ 35 Beirat für die Rehabilitation der Behinderten. (1) Bei dem Bundesminister für Arbeit und Sozialordnung wird ein Beirat für die Rehabilitation der Behinderten gebildet, der ihn in Fragen der Arbeits- und Berufsförderung der Behinderten berät, ihn bei den Aufgaben der Koordinierung nach § 8a des Gesetzes über die Angleichung der Leistungen zur Rehabilitation unterstützt, insbesondere auch bei der Förderung von Rehabilitationseinrichtungen, und bei der Vergabe der Mittel des Ausgleichsfonds mitwirkt. Der Bundesminister für Arbeit und Sozialordnung trifft Entscheidungen über die Vergabe der Mittel des Ausgleichsfonds nur auf Grund von Vorschlägen des Beirates.

(2) Der Beirat besteht aus 38 Mitgliedern, und zwar aus
2 Vertretern der Arbeitnehmer,
2 Vertretern der Arbeitgeber,
6 Vertretern der Organisationen der Behinderten,
16 Vertretern der Länder,
1 Vertreter der kommunalen Selbstverwaltungskörperschaften,
1 Vertreter der Hauptfürsorgestellen,
1 Vertreter der Bundesanstalt für Arbeit,
3 Vertretern der gesetzlichen Rentenversicherungen,
1 Vertreter der gesetzlichen Unfallversicherung,
1 Vertreter der Sozialhilfe,
1 Vertreter der freien Wohlfahrtspflege,
3 Vertretern der Einrichtungen der beruflichen Rehabilitation.
Für jedes Mitglied ist ein Stellvertreter zu berufen.

(3) Der Bundesminister für Arbeit und Sozialordnung beruft

die Vertreter der Arbeitnehmer und Arbeitgeber auf Vorschlag ihrer Gruppenvertreter im Verwaltungsrat der Bundesanstalt für Arbeit,

die Vertreter der Organisationen der Behinderten auf Vorschlag der Behindertenverbände, die nach der Zusammensetzung ihrer Mitglieder dazu berufen sind, die Behinderten in ihrer Gesamtheit auf Bundesebene zu vertreten,

die Vertreter der Länder auf deren Vorschlag,

den Vertreter der kommunalen Selbstverwaltungskörperschaften auf Vorschlag der Bundesvereinigung der kommunalen Spitzenverbände,

den Vertreter der Hauptfürsorgestellen auf Vorschlag der Arbeitsgemeinschaft der Deutschen Hauptfürsorgestellen,

den Vertreter der Bundesanstalt für Arbeit auf Vorschlag ihres Präsidenten,

die Vertreter der gesetzlichen Rentenversicherungen auf Vorschlag des Verbandes Deutscher Rentenversicherungsträger,

den Vertreter der gesetzlichen Unfallversicherung auf Vorschlag der Spitzenvereinigungen der Träger der gesetzlichen Unfallversicherung,

den Vertreter der Sozialhilfe auf Vorschlag der Bundesarbeitsgemeinschaft der überörtlichen Träger der Sozialhilfe,

den Vertreter der freien Wohlfahrtspflege auf Vorschlag der Bundesarbeitsgemeinschaft der Freien Wohlfahrtspflege,

die Vertreter der Einrichtungen der beruflichen Rehabilitation auf Vorschlag der Arbeitsgemeinschaften der Berufsförderungswerke, der Berufsbildungswerke und der Werkstätten für Behinderte.

(4) Der Bundesminister für Arbeit und Sozialordnung wird ermächtigt, durch Rechtsverordnung mit Zustimmung des Bundesrates Vorschriften über die Geschäftsführung und das Verfahren des Beirates zu erlassen.

§ 36 Gemeinsame Vorschriften. (1) Die Beratenden Ausschüsse für Behinderte (§§ 32, 34) und der Beirat für die Rehabilitation der Behinderten (§ 35) wählen aus den ihnen angehörenden Gruppen der Vertreter der Arbeitnehmer, Arbeitgeber und Organisationen der Behinderten jeweils für die

Dauer eines Jahres einen Vorsitzenden und dessen Stellvertreter. Der Vorsitzende und der Stellvertreter dürfen nicht derselben Gruppe angehören. Die Gruppen stellen in regelmäßig jährlich wechselnder Reihenfolge den Vorsitzenden und den Stellvertreter. Die Reihenfolge wird durch die Beendigung der Amtszeit der Mitglieder nicht unterbrochen. Scheidet der Vorsitzende oder der Stellvertreter aus, so wird der Ausscheidende für den Rest seiner Amtszeit durch Neuwahl ersetzt.

(2) Die Beratenden Ausschüsse und der Beirat sind beschlußfähig, wenn wenigstens die Hälfte der Mitglieder anwesend ist. Die Beschlüsse und Entscheidungen werden mit einfacher Stimmenmehrheit getroffen.

(3) Die Mitglieder der Beratenden Ausschüsse und des Beirates üben ihre Tätigkeit ehrenamtlich aus. Ihre Amtszeit beträgt 4 Jahre.

§ 37 Übertragung von Aufgaben. (1) Die Landesregierung oder die von ihr bestimmte Stelle kann die Verlängerung der Gültigkeitsdauer der Ausweise nach § 4 Abs. 5, für die eine Feststellung nach § 4 Abs. 1 nicht zu treffen ist, auf andere Behörden übertragen. Im übrigen kann sie andere Behörden zur Aushändigung der Ausweise heranziehen.

(2) Die Landesregierung oder die von ihr bestimmte Stelle kann Aufgaben und Befugnisse der Hauptfürsorgestelle nach diesem Gesetz auf örtliche Fürsorgestellen übertragen oder die Heranziehung örtlicher Fürsorgestellen zur Durchführung der der Hauptfürsorgestelle obliegenden Aufgaben bestimmen.

(3) Die Bundesanstalt für Arbeit kann Aufgaben, die nach diesem Gesetz den Landesarbeitsämtern obliegen, mit Ausnahme der Aufgaben nach § 68, ganz oder teilweise den Arbeitsämtern übertragen.

Siebter Abschnitt. Integrationsfachdienste

§ 37 a Begriff und Personenkreis. (1) Die Bundesanstalt für Arbeit kann bei der Durchführung ihrer Aufgaben gegenüber Schwerbehinderten Integrationsfachdienste nach Maßgabe der folgenden Vorschriften unter Verwendung von Mitteln der Ausgleichsabgabe aus dem Ausgleichsfonds beteiligen.

(2) Schwerbehinderte im Sinne des Absatzes 1 sind insbesondere

1. Schwerbehinderte mit einem besonderen Bedarf an arbeits- und berufsbegleitender Betreuung,
2. Schwerbehinderte, die nach zielgerichteter Vorbereitung durch die Werkstatt für Behinderte auf dem allgemeinen Arbeitsmarkt eingegliedert werden sollen und dabei auf aufwendige personalintensive individuelle arbeitsbegleitende Hilfen angewiesen sind, sowie
3. schwerbehinderte Schulabgänger, die für die Aufnahme einer Beschäftigung auf dem allgemeinen Arbeitsmarkt auf die Unterstützung eines Integrationsfachdienstes angewiesen sind.

Ein besonderer Bedarf an arbeits- und berufsbegleitender Betreuung nach Nummer 1 ist insbesondere gegeben bei Schwerbehinderten mit geistiger oder psychischer Behinderung oder mit einer schweren Körper-, Sinnes- oder Mehrfachbehinderung, die sich im Arbeitsleben besonders nachteilig auswirkt und allein oder zusammen mit weiteren vermittlungshemmenden

Umständen (Alter, Langzeitarbeitslosigkeit, unzureichende Qualifikation, Leistungsminderung) die Eingliederung auf dem allgemeinen Arbeitsmarkt erschwert.

(3) Der Integrationsfachdienst kann im Rahmen der Aufgabenstellung nach Absatz 1 auch zur beruflichen Eingliederung von Behinderten, die nicht Schwerbehinderte sind, tätig werden.

§ 37b Aufgaben. (1) Die Integrationsfachdienste können bei der Eingliederung Schwerbehinderter in das Arbeitsleben (Aufnahme, Ausübung und Sicherung einer möglichst dauerhaften Beschäftigung) beteiligt werden, indem sie

1. die Schwerbehinderten beraten, unterstützen und auf geeignete Arbeitsplätze vermitteln,
2. die Arbeitgeber informieren, beraten und Hilfe leisten.

(2) Zu den Aufgaben des Integrationsfachdienstes gehört es,

1. die Fähigkeiten der zugewiesenen Schwerbehinderten zu bewerten und einzuschätzen und dabei ein individuelles Fähigkeits-, Leistungs- und Interessenprofil zur Vorbereitung auf den allgemeinen Arbeitsmarkt in enger Kooperation mit den Schwerbehinderten, dem Auftraggeber und der abgebenden Einrichtung der schulischen oder beruflichen Bildung, Rehabilitation oder Eingliederung zu erarbeiten,
2. geeignete Arbeitsplätze (§ 7 Abs. 1) auf dem allgemeinen Arbeitsmarkt zu erschließen,
3. die Schwerbehinderten auf die vorgesehenen Arbeitsplätze vorzubereiten,
4. die Schwerbehinderten solange erforderlich am Arbeitsplatz oder beim Training der berufspraktischen Fähigkeiten am konkreten Arbeitsplatz zu begleiten,
5. die Mitarbeiter im Betrieb oder in der Dienststelle über Art und Auswirkungen der Behinderung und über entsprechende Verhaltensregeln zu informieren und zu beraten,
6. eine Nachbetreuung, Krisenintervention oder psychosoziale Betreuung durchzuführen sowie
7. als Ansprechpartner für die Arbeitgeber zur Verfügung zu stehen.

§ 37c Beauftragung und Verantwortlichkeit. (1) Die Integrationsfachdienste werden im Verwaltungsauftrag tätig. Der Auftraggeber bleibt für die Durchführung der ihm obliegenden Aufgaben verantwortlich.

(2) Im Auftrag legt der Auftraggeber in Abstimmung mit dem Integrationsfachdienst Art, Umfang und Dauer des im Einzelfall notwendigen Einsatzes des Integrationsfachdienstes sowie das Entgelt fest.

(3) Der Integrationsfachdienst arbeitet insbesondere mit

1. den zuständigen Stellen im Arbeitsamt,
2. der Hauptfürsorgestelle,
3. dem zuständigen Rehabilitationsträger, insbesondere den Berufshelfern der gesetzlichen Unfallversicherung,
4. dem Arbeitgeber, der Schwerbehindertenvertretung und den anderen betrieblichen Interessenvertretungen,

1 SchwbG §§ 37d, 37e Schwerbehindertengesetz

5. der abgebenden Einrichtung der schulischen oder beruflichen Bildung, Rehabilitation oder Eingliederung mit ihren begleitenden Diensten und internen Integrationsfachkräften oder -diensten zur Unterstützung von Absolventen von beruflichen Rehabilitations- oder Eingliederungsmaßnahmen

bei der Eingliederung auf dem allgemeinen Arbeitsmarkt, wenn notwendig auch mit anderen Stellen und Personen, eng zusammen.

(4) Näheres zur Beauftragung, Zusammenarbeit, fachlichen Leitung, Aufsicht sowie zur Qualitätssicherung und Ergebnisbeobachtung ist zwischen Auftraggeber und dem Träger des Integrationsfachdienstes unter Berücksichtigung der Grundsätze des § 93 des Dritten Buches Sozialgesetzbuch auf der Grundlage einer bundesweiten Mustervereinbarung, die die Bundesanstalt für Arbeit zu entwickeln und im Rahmen der nach § 30 gebotenen Zusammenarbeit mit der Arbeitsgemeinschaft der Deutschen Hauptfürsorgestellen unter Beteiligung der maßgeblichen Verbände, darunter der Bundesarbeitsgemeinschaft, in der sich die Integrationsfachdienste zusammengeschlossen haben, abzustimmen hat, vertraglich zu regeln.

(5) Die Bundesanstalt für Arbeit hat darauf hinzuwirken, dass Integrationsfachdienste in ausreichender Zahl eingerichtet werden. Sie soll grundsätzlich in jedem Arbeitsamtsbezirk nur einen Integrationsfachdienst eines Trägers oder eines Verbundes verschiedener Träger beauftragen, der berufsbegleitende und psychosoziale Dienste umfasst, trägerübergreifend tätig wird und auch von der regional zuständigen Hauptfürsorgestelle beauftragt ist.

§ 37d Fachliche Anforderungen. (1) Die Integrationsfachdienste müssen

1. nach der personellen, räumlichen und sächlichen Ausstattung in der Lage sein, ihre gesetzlichen Aufgaben wahrzunehmen,
2. über Erfahrungen mit dem zu unterstützenden Personenkreis (§ 37 a Abs. 2) verfügen,
3. mit Fachkräften ausgestattet sein, die über eine geeignete Berufsqualifikation, eine psychosoziale oder arbeitspädagogische Zusatzqualifikation und ausreichende Berufserfahrung verfügen sowie
4. rechtlich oder organisatorisch und wirtschaftlich eigenständig sein.

(2) Der Personalbedarf eines Integrationsfachdienstes richtet sich nach den konkreten Bedürfnissen unter Berücksichtigung der Zahl der Betreuungs- und Beratungsfälle, des durchschnittlichen Betreuungs- und Beratungsaufwands, der Größe des regionalen Einzugsbereichs und der Zahl der zu beratenden Arbeitgeber. Den besonderen Bedürfnissen besonderer Gruppen unter den Schwerbehinderten, insbesondere der Gruppen der Frauen, und der Notwendigkeit einer psychosozialen Betreuung soll durch eine Differenzierung innerhalb des Integrationsfachdienstes Rechnung getragen werden.

(3) Bei der Stellenbesetzung des Integrationsfachdienstes sind Schwerbehinderte bevorzugt zu berücksichtigen. Dabei ist ein angemessener Anteil der Stellen mit schwerbehinderten Frauen zu besetzen.

§ 37e Finanzielle Leistungen. Die Inanspruchnahme von Integrationsfachdiensten ist vom Auftraggeber zu vergüten. Die Vergütung für die Eingliederung Schwerbehinderter kann aus den Mitteln der Ausgleichsabgabe erbracht werden.

§ 37f Ergebnisbeobachtung. Der Integrationsfachdienst hat Verlauf und Ergebnis der jeweiligen Eingliederungsbemühungen ausreichend zu dokumentieren. Eine zusammenfassende Darstellung der Ergebnisse ist jährlich zu erstellen und dem Auftraggeber nach dessen näherer Maßgabe vorzulegen. Diese Zusammenstellung soll insbesondere geschlechtsdifferenzierte Angaben enthalten zu

1. den Zu- und Abgängen an Betreuungsfällen im Kalenderjahr,
2. dem Bestand an Betreuungsfällen,
3. der Zahl der abgeschlossenen Fälle, differenziert nach Aufnahme einer Ausbildung, einer befristeten oder unbefristeten Beschäftigung, einer Beschäftigung in einem Integrationsprojekt nach dem Elften Abschnitt oder in einer Werkstatt für Behinderte.

§ 37g Verordnungsermächtigung. Das Bundesministerium für Arbeit und Sozialordnung wird ermächtigt, durch Rechtsverordnung mit Zustimmung des Bundesrates das Nähere über den Begriff und die Aufgaben des Integrationsfachdienstes, die für sie geltenden fachlichen Anforderungen und die finanziellen Leistungen zu regeln.

Achter Abschnitt. Fortfall des Schwerbehindertenschutzes

§ 38 Erlöschen des Schwerbehindertenschutzes. (1) Der gesetzliche Schutz Schwerbehinderter erlischt mit dem Wegfall der Voraussetzungen nach § 1; wenn sich der Grad der Behinderung auf weniger als 50 verringert, jedoch erst am Ende des dritten Kalendermonats nach Eintritt der Unanfechtbarkeit des die Verringerung feststellenden Bescheides.

(2) Der gesetzliche Schutz Gleichgestellter erlischt mit dem Widerruf oder der Rücknahme der Gleichstellung. Der Widerruf der Gleichstellung ist zulässig, wenn die Voraussetzungen nach § 2 weggefallen sind. Er wird erst am Ende des dritten Kalendermonats nach Eintritt seiner Unanfechtbarkeit wirksam.

(3) Bis zum Erlöschen des gesetzlichen Schutzes werden die Behinderten dem Arbeitgeber auf die Pflichtplatzzahl angerechnet.

§ 39 Entziehung des Schwerbehindertenschutzes. (1) Einem Schwerbehinderten, der einen zumutbaren Arbeitsplatz ohne berechtigten Grund zurückweist oder aufgibt oder sich ohne berechtigten Grund weigert, an einer berufsfördernden Maßnahme zur Rehabilitation teilzunehmen, oder sonst durch sein Verhalten seine Eingliederung in Arbeit und Beruf schuldhaft vereitelt, kann die Hauptfürsorgestelle im Benehmen mit dem Landesarbeitsamt die Vorteile dieses Gesetzes zeitweilig entziehen. Dies gilt auch für Gleichgestellte.

(2) Vor der Entscheidung nach Absatz 1 muß der Schwerbehinderte gehört werden. In der Entscheidung muß die Frist bestimmt werden, für die sie gilt.

Die Frist läuft vom Tage der Entscheidung an und darf nicht mehr als 6 Monate betragen. Die Entscheidung ist dem Schwerbehinderten bekanntzugeben.

Neunter Abschnitt. Widerspruchsverfahren

§ 40 Widerspruch. (1) Den Widerspruchsbescheid nach § 73 der Verwaltungsgerichtsordnung erläßt bei Verwaltungsakten der Hauptfürsorgestellen und bei Verwaltungsakten der örtlichen Fürsorgestellen (§ 37 Abs. 2) der Widerspruchsausschuß bei der Hauptfürsorgestelle (§ 41). Des Vorverfahrens bedarf es auch, wenn den Verwaltungsakt eine Hauptfürsorgestelle erlassen hat, die bei einer obersten Landesbehörde besteht.

(2) Den Widerspruchsbescheid nach § 85 des Sozialgerichtsgesetzes erläßt bei Verwaltungsakten, welche die Arbeitsämter und Landesarbeitsämter auf Grund dieses Gesetzes erlassen, der Widerspruchsausschuß beim Landesarbeitsamt.

§ 41 Widerspruchsausschuß bei der Hauptfürsorgestelle. (1) Bei jeder Hauptfürsorgestelle ist ein Widerspruchsausschuß zu bilden, der aus 7 Mitgliedern besteht, und zwar aus

2 schwerbehinderten Arbeitnehmern,
2 Arbeitgebern,
1 Vertreter der Hauptfürsorgestelle,
1 Vertreter des Landesarbeitsamtes,
1 Vertrauensmann oder Vertrauensfrau der Schwerbehinderten.

Für jedes Mitglied ist ein Stellvertreter zu berufen.

(2) Die Hauptfürsorgestelle beruft

die Arbeitnehmervertreter und deren Stellvertreter auf Vorschlag der Behindertenverbände des jeweiligen Landes,

die Arbeitgebervertreter und deren Stellvertreter auf Vorschlag der jeweils für das Land zuständigen Arbeitgeberverbände,

den Vertrauensmann oder die Vertrauensfrau und den Stellvertreter.

Die zuständige oberste Landesbehörde oder die von ihr bestimmte Behörde beruft den Vertreter der Hauptfürsorgestelle und dessen Stellvertreter.

Der Präsident des Landesarbeitsamtes beruft den Vertreter des Landesarbeitsamtes und dessen Stellvertreter.

(3) In Kündigungsangelegenheiten Schwerbehinderter, die bei einer Dienststelle oder in einem Betrieb beschäftigt sind, der zum Geschäftsbereich des Bundesministers der Verteidigung gehört, treten an die Stelle der Arbeitgeber nach Absatz 1 Angehörige des öffentlichen Dienstes. Der Hauptfürsorgestelle werden ein Angehöriger des öffentlichen Dienstes und sein Stellvertreter von den von der Landesregierung bestimmten Landesbehörden und ein Angehöriger des öffentlichen Dienstes und sein Stellvertreter von den von der Bundesregierung bestimmten Bundesbehörden benannt. Ein schwerbehinderter Arbeitnehmervertreter muß dem öffentlichen Dienst angehören.

(4) Die Amtszeit der Mitglieder der Widerspruchsausschüsse beträgt 4 Jahre. Die Mitglieder der Ausschüsse üben ihre Tätigkeit unentgeltlich aus.

§ 42 Widerspruchsausschuß beim Landesarbeitsamt. (1) Bei jedem Landesarbeitsamt ist ein Widerspruchsausschuß zu bilden, der aus 7 Mitgliedern besteht, und zwar aus
2 schwerbehinderten Arbeitnehmern,
2 Arbeitgebern,
1 Vertreter der Hauptfürsorgestelle,
1 Vertreter des Landesarbeitsamtes,
1 Vertrauensmann oder Vertrauensfrau der Schwerbehinderten.
Für jedes Mitglied ist ein Stellvertreter zu berufen.

(2) Der Präsident des Landesarbeitsamtes beruft
die Arbeitnehmervertreter und deren Stellvertreter auf Vorschlag der Behindertenverbände des jeweiligen Landesarbeitsamtsbezirkes, der im Benehmen mit den für den Landesarbeitsamtsbezirk jeweils zuständigen Gewerkschaften, die für die Vertretung der Arbeitnehmerinteressen wesentliche Bedeutung haben, zu machen ist,
die Arbeitgebervertreter und deren Stellvertreter auf Vorschlag der jeweils für den Landesarbeitsamtsbezirk zuständigen Arbeitgeberverbände, soweit sie für die Vertretung von Arbeitgeberinteressen wesentliche Bedeutung haben,
den Vertreter des Landesarbeitsamtes und dessen Stellvertreter,
den Vertrauensmann oder die Vertrauensfrau und den Stellvertreter.
Die zuständige oberste Landesbehörde oder die von ihr bestimmte Behörde beruft den Vertreter der Hauptfürsorgestelle und dessen Stellvertreter.

(3) § 41 Abs. 4 gilt entsprechend.

§ 43 Verfahrensvorschriften. (1) Für den Widerspruchsausschuß bei der Hauptfürsorgestelle (§ 41) und den Widerspruchsausschuß beim Landesarbeitsamt (§ 42) gilt § 36 Abs. 1 und 2 entsprechend.

(2) Im Widerspruchsverfahren sind der Arbeitgeber und der Schwerbehinderte vor der Entscheidung zu hören.

(3) Die Mitglieder der Ausschüsse können wegen Besorgnis der Befangenheit abgelehnt werden. Über die Ablehnung entscheidet der Ausschuß, dem das Mitglied angehört.

Zehnter Abschnitt. Sonstige Vorschriften

§ 44 Vorrang der Schwerbehinderten. Verpflichtungen zur bevorzugten Einstellung und Beschäftigung bestimmter Personenkreise nach anderen Gesetzen entbinden den Arbeitgeber nicht von der Verpflichtung zur Beschäftigung Schwerbehinderter nach diesem Gesetz.

§ 45 Arbeitsentgelt und Dienstbezüge. (1) Bei der Bemessung des Arbeitsentgelts und der Dienstbezüge aus einem bestehenden Beschäftigungsverhältnis dürfen Renten und vergleichbare Leistungen, die wegen der Behinderung bezogen werden, nicht berücksichtigt werden. Vor allem ist es unzulässig, sie ganz oder teilweise auf das Arbeitsentgelt oder die Dienstbezüge anzurechnen.

(2) Absatz 1 gilt nicht für Zeiträume, in denen die Beschäftigung tatsächlich nicht ausgeübt wird und die Vorschriften über die Gewährung der Rente oder der vergleichbaren Leistung eine Anrechnung oder ein Ruhen vorsehen, wenn Arbeitsentgelt oder Dienstbezüge gezahlt werden.

§ 46 Mehrarbeit. Schwerbehinderte sind auf ihr Verlangen von Mehrarbeit freizustellen.

§ 47 Zusatzurlaub. Schwerbehinderte haben Anspruch auf einen bezahlten zusätzlichen Urlaub von 5 Arbeitstagen im Urlaubsjahr; verteilt sich die regelmäßige Arbeitszeit des Schwerbehinderten auf mehr oder weniger als 5 Arbeitstage in der Kalenderwoche, erhöht oder vermindert sich der Zusatzurlaub entsprechend. Soweit tarifliche, betriebliche oder sonstige Urlaubsregelungen für Schwerbehinderte einen längeren Zusatzurlaub vorsehen, bleiben sie unberührt.

§ 48 Nachteilsausgleich. (1) Die Vorschriften über Hilfen für Behinderte zum Ausgleich behinderungsbedingter Nachteile oder Mehraufwendungen (Nachteilsausgleich) sind so zu gestalten, daß sie der Art oder Schwere der Behinderung Rechnung tragen, und zwar unabhängig von der Ursache der Behinderung.

(2) Nachteilsausgleiche, die auf Grund bisher geltender Rechtsvorschriften gewährt werden, bleiben unberührt.

§ 49 Beschäftigung Schwerbehinderter in Heimarbeit. (1) Schwerbehinderte, die in Heimarbeit beschäftigt oder diesen gleichgestellt sind (§ 1 Abs. 1 und 2 des Heimarbeitsgesetzes) und in der Hauptsache für den gleichen Auftraggeber arbeiten, werden auf die Pflichtplätze dieses Auftraggebers angerechnet.

(2) Für in Heimarbeit beschäftigte und diesen gleichgestellte Schwerbehinderte wird die in § 29 Abs. 2 des Heimarbeitsgesetzes festgelegte Kündigungsfrist von 2 Wochen auf 4 Wochen erhöht; die Vorschrift des § 29 Abs. 7 des Heimarbeitsgesetzes ist sinngemäß anzuwenden. Der besondere Kündigungsschutz der Schwerbehinderten im Sinne des Vierten Abschnitts gilt auch für die in Satz 1 genannten Personen.

(3) Die Bezahlung des zusätzlichen Urlaubs der in Heimarbeit beschäftigten oder diesen gleichgestellten Schwerbehinderten erfolgt nach den für die Bezahlung ihres sonstigen Urlaubs geltenden Berechnungsgrundsätzen. Sofern eine besondere Regelung nicht besteht, erhalten die Schwerbehinderten als zusätzliches Urlaubsgeld 2 vom Hundert des in der Zeit vom 1. Mai des vergangenen bis zum 30. April des laufenden Jahres verdienten Arbeitsentgelts ausschließlich der Unkostenzuschläge.

(4) Schwerbehinderte, die als fremde Hilfskräfte eines Hausgewerbetreibenden oder eines Gleichgestellten beschäftigt werden (§ 2 Abs. 6 des Heimarbeitsgesetzes) können auf Antrag eines Auftraggebers auch auf dessen Pflichtplätze angerechnet werden, wenn der Arbeitgeber in der Hauptsache für diesen Auftraggeber arbeitet. Wird einem Schwerbehinderten im Sinne des Satzes 1, dessen Anrechnung das Arbeitsamt zugelassen hat, durch seinen Arbeitgeber gekündigt, weil der Auftraggeber die Zuteilung von Arbeit ein-

Schwerbehindertengesetz §§ 50–52 SchwbG 1

gestellt oder die regelmäßige Arbeitsmenge erheblich herabgesetzt hat, so ist der Auftraggeber verpflichtet, dem Arbeitgeber die Aufwendungen für die Zahlung des regelmäßigen Arbeitsverdienstes an den Schwerbehinderten bis zur rechtmäßigen Lösung seines Arbeitsverhältnisses zu erstatten.

(5) Werden fremde Hilfskräfte eines Hausgewerbetreibenden oder eines Gleichgestellten (§ 2 Abs. 6 des Heimarbeitsgesetzes) einem Auftraggeber gemäß Absatz 4 auf seine Pflichtplätze angerechnet, so hat der Auftraggeber die dem Arbeitgeber nach Absatz 3 entstehenden Aufwendungen zu erstatten.

(6) Die den Arbeitgeber nach § 13 Abs. 1 und 3 treffenden Verpflichtungen gelten auch für Personen, die Heimarbeit ausgeben.

§ 50 Schwerbehinderte Beamte, Richter und Soldaten. (1) Die besonderen Vorschriften und Grundsätze für die Besetzung der Beamtenstellen sind unbeschadet der Geltung dieses Gesetzes auch für schwerbehinderte Beamte so zu gestalten, daß die Einstellung und Beschäftigung Schwerbehinderter gefördert und ein angemessener Anteil Schwerbehinderter unter den Beamten erreicht wird.

(2) Sollen schwerbehinderte Beamte vorzeitig in den Ruhestand versetzt oder entlassen werden, so ist vorher die Hauptfürsorgestelle zu hören, die für die Dienststelle zuständig ist, die den Beamten beschäftigt, es sei denn, der schwerbehinderte Beamte hat die vorzeitige Versetzung in den Ruhestand oder die Entlassung selbst beantragt. Die Beteiligung der Schwerbehindertenvertretung gemäß § 25 Abs. 2 bleibt unberührt.

(3) Die Vorschriften der Absätze 1 und 2 finden auf Richter entsprechende Anwendung.

(4) Für die persönliche Rechtsstellung schwerbehinderter Soldaten gelten die §§ 1, 3, 4, 23 bis 29 und 38 Abs. 1 sowie die §§ 45, 47, 48 und 59 bis 61. Im übrigen gelten für Soldaten die Vorschriften über die persönliche Rechtsstellung der Schwerbehinderten, soweit sie mit den Besonderheiten des Dienstverhältnisses vereinbar sind.

§ 51 Unabhängige Tätigkeit. Soweit zur Ausübung einer unabhängigen Tätigkeit eine Zulassung erforderlich ist, soll Schwerbehinderten, die eine Zulassung beantragen, bei fachlicher Eignung und Erfüllung der sonstigen gesetzlichen Voraussetzungen die Zulassung bevorzugt erteilt werden.

§ 52 Geheimhaltungspflicht. Die Vertreter der Hauptfürsorgestellen und der Bundesanstalt für Arbeit, die Mitglieder der Ausschüsse (§§ 32, 34, 41 und 42) und des Beirates für die Rehabilitation der Behinderten (§ 35) und ihre Stellvertreter sowie zur Durchführung ihrer Aufgaben hinzugezogene Sachverständige sind verpflichtet,
1. über ihnen wegen ihres Amtes oder Auftrages bekanntgewordene persönliche Verhältnisse und Angelegenheiten von Beschäftigten im Sinne des § 7, die ihrer Bedeutung oder ihrem Inhalt nach einer vertraulichen Behandlung bedürfen, Stillschweigen zu bewahren, und
2. ihnen wegen ihres Amtes oder Auftrages bekanntgewordene und vom Arbeitgeber ausdrücklich als geheimhaltungsbedürftig bezeichnete Betriebs- oder Geschäftsgeheimnisse nicht zu offenbaren und nicht zu verwerten.

Diese Pflichten gelten auch nach dem Ausscheiden aus dem Amt oder nach Beendigung des Auftrages. Sie gelten nicht gegenüber der Bundesanstalt für Arbeit und den Hauptfürsorgestellen, soweit deren Aufgaben gegenüber den Schwerbehinderten es erfordern, gegenüber der Schwerbehindertenvertretung sowie gegenüber den in § 79 Abs. 1 des Betriebsverfassungsgesetzes und den in den entsprechenden Vorschriften des Personalvertretungsrechts genannten Vertretungen, Personen und Stellen.

§ 53 Statistik. (1) Über die Schwerbehinderten wird alle 2 Jahre, erstmals zum 31. Dezember 1985, eine Bundesstatistik durchgeführt. Sie umfaßt folgende Tatbestände:

1. die Zahl der Schwerbehinderten mit gültigem Ausweis,
2. persönliche Merkmale der Schwerbehinderten, wie Alter, Geschlecht, Staatsangehörigkeit, Wohnort,
3. Art, Ursache und Grad der Behinderung.

(2) Für die Erhebung besteht Auskunftspflicht. Auskunftspflichtig sind die nach § 4 Abs. 1 und 5 zuständigen Behörden.

Elfter Abschnitt. Integrationsprojekte

§ 53a Begriff und Personenkreis. (1) Integrationsprojekte sind rechtlich und wirtschaftlich selbständige Unternehmen (Integrationsunternehmen) oder unternehmensinterne Betriebe (Integrationsbetriebe) oder Abteilungen (Integrationsabteilungen) zur Beschäftigung von Schwerbehinderten auf dem allgemeinen Arbeitsmarkt, deren Eingliederung in eine sonstige Beschäftigung auf dem allgemeinen Arbeitsmarkt auf Grund von Art oder Schwere der Behinderung oder wegen sonstiger Umstände voraussichtlich trotz Ausschöpfens aller Fördermöglichkeiten und des Einsatzes von Integrationsfachdiensten nach dem Siebten Abschnitt auf besondere Schwierigkeiten stößt.

(2) Schwerbehinderte nach Absatz 1 sind insbesondere

1. Schwerbehinderte mit geistiger oder psychischer Behinderung oder mit einer schweren Körper-, Sinnes- oder Mehrfachbehinderung, die sich im Arbeits- oder Berufsleben besonders nachteilig auswirkt und allein oder zusammen mit weiteren vermittlungshemmenden Umständen die Eingliederung auf dem allgemeinen Arbeitsmarkt außerhalb eines Integrationsprojekts erschwert oder verhindert,
2. Schwerbehinderte, die nach zielgerichteter Vorbereitung in einer Werkstatt für Behinderte oder einer psychiatrischen Einrichtung für den Übergang in einen Betrieb oder eine Dienststelle auf dem allgemeinen Arbeitsmarkt in Betracht kommen und auf diesen Übergang vorbereitet werden sollen sowie
3. schwerbehinderte Schulabgänger, die nur dann Aussicht auf eine Beschäftigung auf dem allgemeinen Arbeitsmarkt haben, wenn sie zuvor in einem Integrationsprojekt an berufsvorbereitenden Bildungsmaßnahmen teilnehmen und dort beschäftigt und weiterqualifiziert werden.

(3) Integrationsunternehmen müssen mindestens 25 vom Hundert Schwerbehinderte im Sinne von Absatz 1 beschäftigen. Der Anteil der Schwerbehinderten soll in der Regel 50 vom Hundert nicht übersteigen.

§ 53 b **Aufgaben.** Die Integrationsprojekte bieten den Schwerbehinderten Beschäftigung und arbeitsbegleitende Betreuung, soweit erforderlich auch Maßnahmen der beruflichen Weiterbildung oder Gelegenheit zur Teilnahme an entsprechenden außerbetrieblichen Maßnahmen und Unterstützung bei der Vermittlung in eine sonstige Beschäftigung in einem Betrieb oder einer Dienststelle auf dem allgemeinen Arbeitsmarkt an.

§ 53 c **Finanzielle Leistungen.** Integrationsprojekte können aus Mitteln der Ausgleichsabgabe Leistungen für Aufbau, Erweiterung, Modernisierung und Ausstattung einschließlich einer betriebswirtschaftlichen Beratung und besonderen Aufwand erhalten.

§ 53 d **Verordnungsermächtigung.** Das Bundesministerium für Arbeit und Sozialordnung wird ermächtigt, durch Rechtsverordnung mit Zustimmung des Bundesrates das Nähere über den Begriff und die Aufgaben der Integrationsprojekte, die für sie geltenden fachlichen Anforderungen, die Aufnahmevoraussetzungen und die finanziellen Leistungen zu regeln.

Zwölfter Abschnitt. Förderung von Werkstätten für Behinderte

§ 54 **Begriff der Werkstatt für Behinderte.** (1) Die Werkstatt für Behinderte ist eine Einrichtung zur Eingliederung Behinderter in das Arbeitsleben. Sie hat denjenigen Behinderten, die wegen Art oder Schwere der Behinderung nicht, noch nicht oder noch nicht wieder auf dem allgemeinen Arbeitsmarkt beschäftigt werden können,
1. eine angemessene berufliche Bildung und eine Beschäftigung zu einem ihrer Leistung angemessenen Arbeitsentgelt aus dem Arbeitsergebnis anzubieten und
2. zu ermöglichen, ihre Leistungsfähigkeit zu entwickeln, zu erhöhen oder wiederzugewinnen und dabei ihre Persönlichkeit weiterzuentwickeln.

Sie hat den Übergang geeigneter Bewerber auf den allgemeinen Arbeitsmarkt durch geeignete Maßnahmen zu fördern. Sie muß über ein möglichst breites Angebot an Arbeitstrainings- und Arbeitsplätzen sowie über qualifiziertes Personal und einen begleitenden Dienst verfügen.

(2) Die Werkstatt steht allen Behinderten im Sinne des Absatzes 1 unabhängig von Art oder Schwere der Behinderung offen, sofern erwartet werden kann, daß sie spätestens nach Teilnahme an Maßnahmen im Arbeitstrainingsbereich wenigstens ein Mindestmaß wirtschaftlich verwertbarer Arbeitsleistung erbringen werden. Dies ist nicht der Fall bei Behinderten, bei denen trotz einer der Behinderung angemessenen Betreuung eine erhebliche Selbst- oder Fremdgefährdung zu erwarten ist oder das Ausmaß der erforderlichen Betreuung und Pflege die Teilnahme an Maßnahmen im Arbeitstrainingsbereich oder sonstige Umstände ein Mindestmaß wirtschaftlich verwertbarer Arbeitsleistung im Arbeitsbereich dauerhaft nicht zulassen.

(3) Behinderte, die die Voraussetzungen für eine Beschäftigung in einer Werkstatt nicht erfüllen, sollen in Einrichtungen oder Gruppen betreut und gefördert werden, die der Werkstatt angegliedert sind.

1 SchwbG §§ 54a–54c

§ 54 a Aufnahme in die Werkstatt für Behinderte. (1) Anerkannte Werkstätten haben diejenigen Behinderten aus ihrem Einzugsgebiet, die die Aufnahmevoraussetzungen gemäß § 54 Abs. 2 erfüllen, aufzunehmen, wenn Leistungen durch die Sozialleistungsträger gewährleistet sind oder die Behinderten die Kosten selbst übernehmen; die Möglichkeit zur Aufnahme in eine andere anerkannte Werkstatt nach Maßgabe des § 3 des Bundessozialhilfegesetzes oder entsprechenden Regelungen bleibt unberührt. Die Verpflichtung zur Aufnahme gilt unabhängig von

1. der Ursache der Behinderung,
2. der Art der Behinderung, wenn in dem Einzugsgebiet keine besondere Werkstatt für Behinderte für diese Behinderungsart vorhanden ist, und
3. der Schwere der Behinderung, der Minderung der Leistungsfähigkeit und einem besonderen Bedarf an Förderung, begleitender Betreuung oder Pflege.

(2) Die Verpflichtung, die Behinderten in der Werkstatt zu beschäftigen, besteht, solange die Aufnahmevoraussetzungen nach Absatz 1 vorliegen.

§ 54 b Rechtsstellung und Arbeitsentgelt Behinderter. (1) Behinderte im Arbeitsbereich anerkannter Werkstätten stehen, wenn sie nicht Arbeitnehmer sind, zu den Werkstätten in einem arbeitnehmerähnlichen Rechtsverhältnis, soweit sich aus dem zugrundeliegenden Sozialleistungsverhältnis nichts anderes ergibt.

(2) Die Werkstätten sind verpflichtet, aus ihrem Arbeitsergebnis an die im Arbeitsbereich beschäftigten Behinderten ein Arbeitsentgelt zu zahlen. Das Arbeitsentgelt soll sich aus einem Grundbetrag in Höhe des Ausbildungsgeldes, das die Bundesanstalt für Arbeit nach den für sie geltenden Vorschriften Behinderten im Arbeitstrainingsbereich zuletzt leistet, und, soweit das Arbeitsergebnis die Zahlung zuläßt, einem leistungsangemessenen Steigerungsbetrag zusammensetzen. Der Steigerungsbetrag ist nach der individuellen Arbeitsleistung der Behinderten zu bemessen, insbesondere unter Berücksichtigung von Arbeitsmenge und Arbeitsgüte.

(3) Der Inhalt des arbeitnehmerähnlichen Rechtsverhältnisses ist unter Berücksichtigung des zwischen den Behinderten und dem Sozialleistungsträger bestehenden Sozialleistungsverhältnisses durch Werkstattverträge zwischen den Behinderten und dem Träger der Werkstatt näher zu regeln.

§ 54 c Mitwirkung. (1) Die in § 54 b Abs. 1 genannten Behinderten wirken unabhängig von ihrer Geschäftsfähigkeit durch Werkstatträte in den ihre Interessen berührenden Angelegenheiten der Werkstatt mit.

(2) Ein Werkstattrat wird in Werkstätten sowie in Zweigwerkstätten mit mehr als 20 wahlberechtigten Behinderten gewählt; er setzt sich aus mindestens drei Mitgliedern zusammen. In Zweigwerkstätten mit bis zu 20 wahlberechtigten Behinderten tritt an die Stelle des Werkstattrates ein Sprecher oder eine Sprecherin.

(3) Wahlberechtigt zum Werkstattrat sind alle in § 54 b Abs. 1 genannten Behinderten; von ihnen sind die Behinderten wählbar, die am Wahltag seit mindestens sechs Monaten in der Werkstatt beschäftigt sind.

(4) Das Bundesministerium für Arbeit und Sozialordnung bestimmt durch Rechtsverordnung mit Zustimmung des Bundesrates im einzelnen die Fra-

gen, auf die sich die Mitwirkung erstreckt, die Zusammensetzung und die Amtszeit des Werkstattrates, die Durchführung der Wahl, insbesondere die Feststellung der Wahlberechtigung und der Wählbarkeit, sowie Art und Umfang der Mitwirkung.

(5) Die Werkstätten für Behinderte unterrichten die gesetzlichen Vertreter und Betreuer von Behinderten im Arbeitsbereich einmal im Kalenderjahr in einer Eltern- und Betreuerversammlung in angemessener Weise über die Angelegenheiten der Werkstatt, auf die sich die Mitwirkung erstreckt, und hören sie dazu an.

§ 55 Anrechnung von Aufträgen auf die Ausgleichsabgabe. (1) Arbeitgeber, die durch Aufträge an anerkannte Werkstätten für Behinderte zur Beschäftigung Behinderter beitragen, können 50 vom Hundert des auf die Arbeitsleistung der Werkstatt entfallenden Rechnungsbetrages solcher Aufträge (Gesamtrechnungsbetrag abzüglich Materialkosten) auf die Ausgleichsabgabe anrechnen. Bei Weiterveräußerung von Erzeugnissen anderer anerkannter Werkstätten für Behinderte ist die von diesen erbrachte Arbeitsleistung zu berücksichtigen. Die Werkstätten haben das Vorliegen der Anrechnungsvoraussetzungen in der Rechnung zu bestätigen.

(2) Voraussetzung für die Anrechnung ist, daß

1. die Aufträge innerhalb des Jahres, in dem die Verpflichtung zur Zahlung der Ausgleichsabgabe entsteht, von der Werkstatt für Behinderte ausgeführt und vom Auftraggeber bis spätestens 31. März des Folgejahres vergütet werden und
2. es sich nicht um Aufträge handelt, die Träger einer Gesamteinrichtung an Werkstätten für Behinderte vergeben, die rechtlich unselbständige Teile dieser Einrichtung sind.

(3) Bei der Vergabe von Aufträgen an Zusammenschlüsse anerkannter Werkstätten für Behinderte gilt Absatz 2 entsprechend.

§ 56 Vergabe von Aufträgen durch die öffentliche Hand. (1) Aufträge der öffentlichen Hand, die von den Werkstätten für Behinderte ausgeführt werden können, sind bevorzugt diesen Werkstätten anzubieten.

(2) Der Bundesminister für Wirtschaft erläßt hierzu im Einvernehmen mit dem Bundesminister für Arbeit und Sozialordnung allgemeine Richtlinien.

§ 57 Anerkennungsverfahren. (1) Werkstätten für Behinderte, die eine Vergünstigung im Sinne dieses Abschnitts in Anspruch nehmen wollen, bedürfen der Anerkennung. Die Entscheidung über die Anerkennung trifft auf Antrag der Bundesanstalt für Arbeit im Einvernehmen mit dem überörtlichen Träger der Sozialhilfe. Die Bundesanstalt für Arbeit führt ein Verzeichnis der anerkannten Werkstätten für Behinderte. In dieses Verzeichnis sind auch Zusammenschlüsse anerkannter Werkstätten für Behinderte aufzunehmen.

(2) Die Bundesregierung bestimmt durch Rechtsverordnung[1]) mit Zustimmung des Bundesrates das Nähere über den Begriff und die Aufgaben der Werkstatt für Behinderte, die für sie geltenden fachlichen Anforderungen, die

---

[1]) Vgl. Werkstätten-VO (Nr. **2 c**).

1 SchwbG §§ 58, 59 Schwerbehindertengesetz

Aufnahmevoraussetzungen, den Begriff und die Verwendung des Arbeitsergebnisses und das Verfahren zur Anerkennung als Werkstatt für Behinderte.

§ 58 Blindenwerkstätten. Die §§ 55 und 56 sind auch zugunsten von Blindenwerkstätten im Sinne des Blindenwarenvertriebsgesetzes vom 9. April 1965 (BGBl. I S. 311), zuletzt geändert durch Gesetz vom 23. November 1994 (BGBl. I S. 3475), anzuwenden.

Dreizehnter Abschnitt. Unentgeltliche Beförderung Schwerbehinderter im öffentlichen Personenverkehr

§ 59 Pflicht zur unentgeltlichen Beförderung, Anspruch auf Erstattung der Fahrgeldausfälle. (1) Schwerbehinderte, die infolge ihrer Behinderung in ihrer Bewegungsfähigkeit im Straßenverkehr erheblich beeinträchtigt oder hilflos oder gehörlos sind, sind von Unternehmern, die öffentlichen Personenverkehr betreiben, gegen Vorzeigen eines entsprechend gekennzeichneten Ausweises nach § 4 Abs. 5 im Nahverkehr im Sinne des § 61 Abs. 1 unentgeltlich zu befördern; das Recht zur unentgeltlichen Beförderung entbindet nicht von der Zahlung eines tarifmäßigen Zuschlages bei der Benutzung zuschlagpflichtiger Züge des Nahverkehrs. Voraussetzung ist, daß der Ausweis mit einer gültigen Wertmarke versehen ist. Sie wird gegen Entrichtung eines Betrages von 120 Deutsche Mark für ein Jahr oder 60 Deutsche Mark für ein halbes Jahr ausgegeben. Wird sie vor Ablauf der Gültigkeitsdauer zurückgegeben, ist auf Antrag für jeden vollen Kalendermonat ihrer Gültigkeit nach Rückgabe ein Betrag von 10 Deutsche Mark zu erstatten, sofern der zu erstattende Betrag 30 Deutsche Mark nicht unterschreitet. Auf Antrag wird eine für ein Jahr gültige Wertmarke, ohne daß der Betrag nach Satz 3 zu entrichten ist, an Schwerbehinderte ausgegeben,

1. die blind im Sinne des § 76 Abs. 2a Nr. 3a des Bundessozialhilfegesetzes oder entsprechender Vorschriften oder hilflos im Sinne des § 33b des Einkommensteuergesetzes oder entsprechender Vorschriften sind oder

2. die Arbeitslosenhilfe oder für den Lebensunterhalt laufende Leistungen nach dem Bundessozialhilfegesetz, dem Achten Buch Sozialgesetzbuch oder den §§ 27a und 27d des Bundesversorgungsgesetzes erhalten oder

3. die am 1. Oktober 1979 die Voraussetzungen nach § 2 Abs. 1 Nr. 1 bis 4 und Abs. 3 des Gesetzes über die unentgeltliche Beförderung von Kriegs- und Wehrdienstbeschädigten sowie von anderen Behinderten im Nahverkehr vom 27. August 1965 (BGBl. I S. 978), zuletzt geändert durch Artikel 41 des Zuständigkeitsanpassungsgesetzes vom 18. März 1975 (BGBl. I S. 705), erfüllten, solange der Grad der Minderung der Erwerbsfähigkeit infolge der anerkannten Schädigung auf wenigstens 70 vom Hundert festgestellt ist oder auf wenigstens 50 vom Hundert festgestellt ist und sie infolge der Schädigung erheblich gehbehindert sind; das gleiche gilt für Schwerbehinderte, die diese Voraussetzungen am 1. Oktober 1979 nur deshalb nicht erfüllt haben, weil sie ihren Wohnsitz oder ihren gewöhnlichen Aufenthalt zu diesem Zeitpunkt in dem in Artikel 3 des Einigungsvertrages genannten Gebiet hatten.

Schwerbehindertengesetz §§ 60, 61 **SchwbG 1**

Sie wird nicht ausgegeben, solange der Ausweis einen gültigen Vermerk über die Inanspruchnahme von Kraftfahrzeugsteuerermäßigung trägt. Die Ausgabe der Wertmarken erfolgt auf Antrag durch die nach § 4 Abs. 5 zuständigen Behörden. Die Landesregierung oder die von ihr bestimmte Stelle kann die Aufgaben nach den Sätzen 3 bis 5 ganz oder teilweise auf andere Behörden übertragen. Die Bundesregierung wird ermächtigt, in der Rechtsverordnung auf Grund des § 4 Abs. 5 Satz 5 nähere Vorschriften über die Gestaltung der Wertmarken, ihre Verbindung mit dem Ausweis und Vermerke über ihre Gültigkeitsdauer zu erlassen. Für Streitigkeiten in Zusammenhang mit der Ausgabe der Wertmarke gilt § 4 Abs. 6 entsprechend.

(2) Das gleiche gilt im Nah- und Fernverkehr im Sinne des § 61, ohne daß die Voraussetzung des Absatzes 1 Satz 2 erfüllt sein muß, für die Beförderung

1. einer Begleitperson eines Schwerbehinderten im Sinne des Absatzes 1, sofern eine ständige Begleitung notwendig und dies im Ausweis des Schwerbehinderten eingetragen ist, und
2. des Handgepäcks, eines mitgeführten Krankenfahrstuhles, soweit die Beschaffenheit des Verkehrsmittels dies zuläßt, sonstiger orthopädischer Hilfsmittel und eines Führhundes.

(3) Die durch die unentgeltliche Beförderung nach den Absätzen 1 und 2 entstehenden Fahrgeldausfälle werden nach Maßgabe der §§ 62 bis 64 erstattet.

§ 60 Persönliche Voraussetzungen. (1) In seiner Bewegungsfähigkeit im Straßenverkehr erheblich beeinträchtigt ist, wer infolge einer Einschränkung des Gehvermögens, auch durch innere Leiden, oder infolge von Anfällen oder von Störungen der Orientierungsfähigkeit nicht ohne erhebliche Schwierigkeiten oder nicht ohne Gefahren für sich oder andere Wegstrecken im Ortsverkehr zurückzulegen vermag, die üblicherweise noch zu Fuß zurückgelegt werden. Der Nachweis der erheblichen Beeinträchtigung in der Bewegungsfähigkeit im Straßenverkehr kann bei Schwerbehinderten mit einem Grad der Behinderung von wenigstens 80 nur mit einem Ausweis mit halbseitigem orangefarbenen Flächenaufdruck und eingetragenem Merkzeichen G geführt werden, dessen Gültigkeit frühestens mit dem 1. April 1984 beginnt, oder auf dem ein entsprechender Änderungsvermerk eingetragen ist.

(2) Ständige Begleitung ist bei Schwerbehinderten notwendig, die bei Benutzung von öffentlichen Verkehrsmitteln infolge ihrer Behinderung zur Vermeidung von Gefahren für sich oder andere regelmäßig auf fremde Hilfe angewiesen sind.

§ 61 Nah- und Fernverkehr. (1) Nahverkehr im Sinne dieses Gesetzes ist der öffentliche Personenverkehr mit

1. Straßenbahnen und Obussen im Sinne des Personenbeförderungsgesetzes,
2. Kraftfahrzeugen im Linienverkehr nach den §§ 42 und 43 des Personenbeförderungsgesetzes auf Linien, bei denen die Mehrzahl der Beförderungen eine Strecke von 50 km nicht übersteigt, es sei denn, daß bei den Verkehrsformen nach § 43 des Personenbeförderungsgesetzes die Genehmigungsbehörde auf die Einhaltung der Vorschriften über die Beförderungsentgelte gemäß § 45 Abs. 4 des Personenbeförderungsgesetzes ganz oder teilweise verzichtet hat,

3. S-Bahnen in der 2. Wagenklasse,
4. Eisenbahnen in der 2. Wagenklasse in Zügen und auf Strecken und Streckenabschnitten, die in ein von mehreren Unternehmern gebildetes, mit den unter den Nummern 1, 2 oder 7 genannten Verkehrsmitteln zusammenhängendes Liniennetz mit einheitlichen oder verbundenen Beförderungsentgelten einbezogen sind,
5. Eisenbahnen des Bundes in der 2. Wagenklasse in Zügen, die überwiegend dazu bestimmt sind, die Verkehrsnachfrage im Nahverkehr zu befriedigen (Züge des Nahverkehrs), im Umkreis von 50 km um den Wohnsitz oder gewöhnlichen Aufenthalt des Schwerbehinderten,
6. sonstigen Eisenbahnen des öffentlichen Verkehrs im Sinne der § 2 Abs. 1 und § 3 Abs. 1 des Allgemeinen Eisenbahngesetzes in der 2. Wagenklasse auf Strecken, bei denen die Mehrzahl der Beförderungen eine Strecke von 50 km nicht überschreiten,
7. Wasserfahrzeugen im Linien-, Fähr- und Übersetzverkehr, wenn dieser der Beförderung von Personen im Orts- und Nachbarschaftsbereich dient und Ausgangs- und Endpunkt innerhalb dieses Bereiches liegen; Nachbarschaftsbereich ist der Raum zwischen benachbarten Gemeinden, die, ohne unmittelbar aneinandergrenzen zu müssen, durch einen stetigen, mehr als einmal am Tag durchgeführten Verkehr wirtschaftlich und verkehrsmäßig verbunden sind.

(2) Fernverkehr im Sinne dieses Gesetzes ist der öffentliche Personenverkehr mit
1. Kraftfahrzeugen im Linienverkehr nach § 42 des Personenbeförderungsgesetzes,
2. Eisenbahnen, ausgenommen den Sonderzugverkehr,
3. Wasserfahrzeugen im Fähr- und Übersetzverkehr, sofern keine Häfen außerhalb des Geltungsbereiches dieses Gesetzes angelaufen werden,

soweit der Verkehr nicht Nahverkehr im Sinne des Absatzes 1 ist.

(3) Die Unternehmer, die öffentlichen Personenverkehr betreiben, haben im öffentlichen Personenverkehr nach Absatz 1 Nr. 2, 5, 6 und 7 im Fahrplan besonders darauf hinzuweisen, inwieweit eine Pflicht zur unentgeltlichen Beförderung nach § 59 Abs. 1 nicht besteht.

(4) Der Bundesminister für Arbeit und Sozialordnung und der Bundesminister für Verkehr werden ermächtigt, durch Rechtsverordnung[1]) festzulegen, welche Zuggattungen bei Eisenbahnen des Bundes zu den Zügen des Nahverkehrs im Sinne des § 61 Abs. 1 Nr. 5 und zu den zuschlagpflichtigen Zügen des Nahverkehrs im Sinne des § 59 Abs. 1 Satz 1 zweiter Halbsatz zählen.

§ 62 Erstattung der Fahrgeldausfälle im Nahverkehr. (1) Die Fahrgeldausfälle im Nahverkehr werden nach einem Vomhundertsatz der von den Unternehmern nachgewiesenen Fahrgeldeinnahmen im Nahverkehr erstattet.

(2) Fahrgeldeinnahmen im Sinne dieses Gesetzes sind alle Erträge aus dem Fahrkartenverkauf zum genehmigten Beförderungsentgelt; sie umfassen auch

---

[1]) Vgl. Nahverkehrszüge-VO (Nr. **2 e**).

Schwerbehindertengesetz § 63 **SchwbG 1**

Erträge aus der Beförderung von Handgepäck, Krankenfahrstühlen, sonstigen orthopädischen Hilfsmitteln, Tieren sowie aus erhöhten Beförderungsentgelten.

(3) Werden in einem von mehreren Unternehmern gebildeten zusammenhängenden Liniennetz mit einheitlichen oder verbundenen Beförderungsentgelten die Erträge aus dem Fahrkartenverkauf zusammengefaßt und dem einzelnen Unternehmer anteilmäßig nach einem vereinbarten Verteilungsschlüssel zugewiesen, so ist der zugewiesene Anteil Ertrag im Sinne des Absatzes 2.

(4) Der Vomhundertsatz im Sinne des Absatzes 1 wird für jedes Land von der Landesregierung oder der von ihr bestimmten Behörde für jeweils ein Jahr bekanntgemacht. Bei der Berechnung des Vomhundertsatzes ist von folgenden Zahlen auszugehen:

1. der Zahl der in dem Land in dem betreffenden Kalenderjahr ausgegebenen Wertmarken zuzüglich 20 vom Hundert und der Zahl der in dem Land am Jahresende in Umlauf befindlichen gültigen Ausweise im Sinne des § 59 Abs. 1 Satz 1 von Schwerbehinderten, die das 6. Lebensjahr vollendet haben und bei denen die Notwendigkeit einer ständigen Begleitung im Ausweis eingetragen ist; Wertmarken mit einer Gültigkeitsdauer von einem halben Jahr werden zur Hälfte, zurückgegebene Wertmarken für jeden vollen Kalendermonat vor Rückgabe zu einem Zwölftel gezählt,
2. der in den jährlichen Veröffentlichungen des Statistischen Bundesamtes zum Ende des Vorjahres nachgewiesenen Zahl der Wohnbevölkerung in dem Land abzüglich der Zahl der Kinder, die das 6. Lebensjahr noch nicht vollendet haben, und der Zahlen nach Nummer 1.

Der Vomhundertsatz ist nach folgender Formel zu berechnen:

$$\frac{\text{Nach Nummer 1 errechnete Zahl}}{\text{Nach Nummer 2 errechnete Zahl}} \times 100.$$

Bei der Festsetzung des Vomhundertsatzes sich ergebende Bruchteile von 0,005 und mehr werden auf ganze Hundertstel aufgerundet, im übrigen abgerundet.

(5) Weist ein Unternehmer durch Verkehrszählung nach, daß das Verhältnis zwischen den nach diesem Gesetz unentgeltlich beförderten Fahrgästen und den sonstigen Fahrgästen den nach Absatz 4 festgesetzten Vomhundertsatz um mindestens $33^{1}/_{3}$ vom Hundert übersteigt, ist der Berechnung des Erstattungsbetrages auf Antrag der nachgewiesene Vomhundertsatz zugrunde zu legen.

§ 63 Erstattung der Fahrgeldausfälle im Fernverkehr. (1) Die Fahrgeldausfälle im Fernverkehr werden nach einem Vomhundertsatz der von den Unternehmern nachgewiesenen Fahrgeldeinnahmen im Fernverkehr erstattet.

(2) Der maßgebende Vomhundertsatz wird vom Bundesminister für Arbeit und Sozialordnung im Einvernehmen mit dem Bundesminister der Finanzen und dem Bundesminister für Verkehr für jeweils 2 Jahre bekanntgemacht. Bei der Berechnung des Vomhundertsatzes ist von folgenden, für das letzte Jahr vor Beginn des Zweijahreszeitraumes vorliegenden Zahlen auszugehen:

1 SchwbG § 64   Schwerbehindertengesetz

1. der Zahl der im Geltungsbereich dieses Gesetzes am Jahresende in Umlauf befindlichen gültigen Ausweise nach § 59 Abs. 1, auf denen die Notwendigkeit ständiger Begleitung eingetragen ist, abzüglich 25 vom Hundert,
2. der in den jährlichen Veröffentlichungen des Statistischen Bundesamtes zum Jahresende nachgewiesenen Zahl der Wohnbevölkerung im Geltungsbereich dieses Gesetzes abzüglich der Zahl der Kinder, die das 4. Lebensjahr noch nicht vollendet haben, und der nach Nummer 1 ermittelten Zahl.

Der Vomhundertsatz ist nach folgender Formel zu errechnen:

$$\frac{\text{Nach Nummer 1 ermittelte Zahl}}{\text{Nach Nummer 2 ermittelte Zahl}} \times 100.$$

§ 62 Abs. 4 letzter Satz gilt entsprechend.

§ 64 Erstattungsverfahren. (1) Die Fahrgeldausfälle werden auf Antrag des Unternehmers erstattet. Bei einem von mehreren Unternehmern gebildeten zusammenhängenden Liniennetz mit einheitlichen oder verbundenen Beförderungsentgelten können die Anträge auch von einer Gemeinschaftseinrichtung dieser Unternehmer für ihre Mitglieder gestellt werden. Der Antrag ist bis zum 31. Dezember für das vorangegangene Kalenderjahr zu stellen, und zwar für den Nahverkehr nach § 65 Abs. 1 Satz 1 Nr. 1 und für den Fernverkehr an das Bundesverwaltungsamt, für den übrigen Nahverkehr bei den in Absatz 4 bestimmten Behörden.

(2) Die Unternehmer erhalten auf Antrag Vorauszahlungen für das laufende Kalenderjahr in Höhe von insgesamt 80 vom Hundert des zuletzt für ein Jahr festgesetzten Erstattungsbetrages. Die Vorauszahlungen werden je zur Hälfte am 15. Juli und am 15. November gezahlt. Der Antrag auf Vorauszahlungen gilt zugleich als Antrag im Sinne des Absatzes 1. Die Vorauszahlungen sind zurückzuzahlen, wenn Unterlagen, die für die Berechnung der Erstattung erforderlich sind, nicht bis zum 31. Dezember des auf die Vorauszahlung folgenden Kalenderjahres vorgelegt sind.

(3) Unternehmer, soweit sie Nahverkehr im Sinne des § 61 Abs. 1 Satz 1 Nr. 4 bis 6 betreiben, erhalten auf Antrag im Kalenderjahr 1986 am 15. Februar, 15. Juli und 15. November Vorauszahlungen in Höhe von je 20 vom Hundert des zuletzt für ein Jahr nach dem bis zum 31. März 1984 geltenden Recht für die unentgeltliche Beförderung im Nahverkehr festgesetzten Erstattungsbetrages.

(4) Die Landesregierung oder die von ihr bestimmte Stelle legt die Behörden fest, die über die Anträge auf Erstattung und Vorauszahlung entscheiden und die auf den Bund und das Land entfallenden Beträge auszahlen. § 11 Abs. 2 bis 4 des Personenbeförderungsgesetzes gilt entsprechend.

(5) Erstreckt sich der Nahverkehr auf das Gebiet mehrerer Länder, entscheiden die nach Landesrecht zuständigen Landesbehörden dieser Länder darüber, welcher Teil der Fahrgeldeinnahmen jeweils auf den Bereich ihres Landes entfällt.

(6) Die Unternehmen im Sinne des § 65 Abs. 1 Satz 1 Nr. 1 haben ihren Anträgen an das Bundesverwaltungsamt den Anteil der nachgewiesenen Fahrgeldeinnahmen im Nahverkehr zugrunde zu legen, der auf den Bereich des jeweiligen Landes entfällt; für den Nahverkehr von Eisenbahnen des Bundes

Schwerbehindertengesetz § 65 **SchwbG 1**

im Sinne des § 61 Abs. 1 Satz 1 Nr. 5 bestimmt sich dieser Teil nach dem Anteil der Zugkilometer, die von einer Eisenbahn des Bundes mit Zügen des Nahverkehrs im jeweiligen Land erbracht werden.

(7) Hinsichtlich der Erstattungen gemäß § 62 für den Nahverkehr nach § 65 Abs. 1 Satz 1 Nr. 1 und gemäß § 63 sowie der entsprechenden Vorauszahlungen nach Absatz 2 wird dieses Gesetz in bundeseigener Verwaltung ausgeführt. Die Verwaltungsaufgaben des Bundes erledigt das Bundesverwaltungsamt nach fachlichen Weisungen des Bundesministers für Arbeit und Sozialordnung in eigener Zuständigkeit.

(8) In Streitigkeiten über die Erstattungen und die Vorauszahlungen ist der Verwaltungsrechtsweg gegeben. Die Berufung bedarf der Zulassung in dem Urteil des Verwaltungsgerichts. Für die Zulassung und die Beschwerde gilt § 131 der Verwaltungsgerichtsordnung.

§ 65 Kostentragung. (1) Der Bund trägt die Aufwendungen für die unentgeltliche Beförderung

1. im Nahverkehr, soweit Unternehmen, die sich überwiegend in der Hand des Bundes oder eines mehrheitlich dem Bund gehörenden Unternehmens befinden (auch in Verkehrsverbünden), erstattungsberechtigte Unternehmer sind,

2. im übrigen Nahverkehr für
   a) Schwerbehinderte im Sinne des § 59 Abs. 1, die wegen einer Minderung der Erwerbsfähigkeit um wenigstens 50 vom Hundert Anspruch auf Versorgung nach dem Bundesversorgungsgesetz oder nach anderen Bundesgesetzen in entsprechender Anwendung der Vorschriften des Bundesversorgungsgesetzes haben oder Entschädigung nach § 28 des Bundesentschädigungsgesetzes erhalten und
   b) ihre Begleitperson im Sinne des § 59 Abs. 2 Nr. 1,
   c) die mitgeführten Gegenstände im Sinne des § 59 Abs. 2 Nr. 2 sowie

3. im Fernverkehr für die Begleitperson und die mitgeführten Gegenstände im Sinne des § 59 Abs. 2.

Die Länder tragen die Aufwendungen für die unentgeltliche Beförderung der übrigen Personengruppen und der mitgeführten Gegenstände im Nahverkehr.

(2) Die nach Absatz 1 Satz 1 Nr. 2 auf den Bund und nach Absatz 1 Satz 2 auf die einzelnen Länder entfallenden Aufwendungen für die unentgeltliche Beförderung im Nahverkehr errechnen sich aus dem Anteil der in dem betreffenden Kalenderjahr ausgegebenen Wertmarken und der am Jahresende in Umlauf befindlichen gültigen Ausweise im Sinne des § 59 Abs. 1 Satz 1 von Schwerbehinderten, die das 6. Lebensjahr vollendet haben und bei denen die Notwendigkeit einer ständigen Begleitung im Ausweis eingetragen ist, der jeweils auf die in Absatz 1 genannten Personengruppen entfällt. Wertmarken mit einer Gültigkeitsdauer von einem halben Jahr werden zur Hälfte, zurückgegebene Wertmarken für jeden vollen Kalendermonat vor Rückgabe zu einem Zwölftel gezählt.

(3) Die auf den Bund entfallenden Ausgaben für die unentgeltliche Beförderung im Nahverkehr sind für Rechnung des Bundes zu leisten. Die damit zusammenhängenden Einnahmen sind an den Bund abzuführen. Persönliche und sächliche Verwaltungskosten werden nicht erstattet.

(4) Auf die für Rechnung des Bundes geleisteten Ausgaben und die mit ihnen zusammenhängenden Einnahmen ist § 4 Abs. 2 des Ersten Überleitungsgesetzes in der im Bundesgesetzblatt Teil III, Gliederungsnummer 603-3, veröffentlichten bereinigten Fassung, zuletzt geändert durch Gesetz vom 8. Juni 1977 (BGBl. I S. 801) nicht anzuwenden.

§ 66 Einnahmen aus Wertmarken. Von den durch die Ausgabe der Wertmarke erzielten jährlichen Einnahmen sind an den Bund abzuführen:
1. die Einnahmen aus der Ausgabe von Wertmarken an Schwerbehinderte im Sinne des § 65 Abs. 1 Satz 1 Nr. 2,
2. ein bundeseinheitlicher Anteil der übrigen Einnahmen, der vom Bundesminister für Arbeit und Sozialordnung im Einvernehmen mit dem Bundesminister der Finanzen und dem Bundesminister für Verkehr für jeweils ein Jahr bekanntgemacht wird. Er errechnet sich aus dem Anteil der § 65 Abs. 1 Satz 1 Nr. 1 vom Bund zu tragenden Aufwendungen an den Gesamtaufwendungen von Bund und Ländern für die unentgeltliche Beförderung im Nahverkehr, abzüglich der Aufwendungen für die unentgeltliche Beförderung der in § 65 Abs. 1 Satz 1 Nr. 2 genannten Personengruppen.

Die durch Ausgabe von Wertmarken an Schwerbehinderte im Sinne des § 65 Abs. 1 Satz 1 Nr. 2 erzielten Einnahmen sind zum 15. Juli und zum 15. November an den Bund abzuführen. Von den eingegangenen übrigen Einnahmen sind zum 15. Juli und zum 15. November Abschlagszahlungen in Höhe des Vomhundertsatzes, der für das jeweilige Vorjahr nach Satz 1 Nr. 2 bekanntgemacht wird, an den Bund abzuführen. Die auf den Bund entfallenden Einnahmen sind für jedes Haushaltsjahr abzurechnen.

§ 67 Erfassung der Ausweise. Die für die Ausstellung der Ausweise nach § 4 Abs. 5 zuständigen Behörden erfassen
1. die am Jahresende in Umlauf befindlichen gültigen Ausweise, getrennt nach
   a) Art,
   b) besonderen Eintragungen und
   c) Zugehörigkeit zu einer der in § 65 Abs. 1 Satz 1 genannten Gruppen,
2. die im Kalenderjahr ausgegebenen Wertmarken, unterteilt nach der jeweiligen Gültigkeitsdauer, und die daraus erzielten Einnahmen, getrennt nach Zugehörigkeit zu einer der in § 65 Abs. 1 Satz 1 genannten Gruppen

als Grundlage für die nach § 62 Abs. 4 Nr. 1 und § 63 Abs. 2 Nr. 1 zu ermittelnde Zahl der Ausweise und Wertmarken, für die nach § 65 Abs. 2 zu ermittelnde Höhe der Aufwendungen sowie für die nach § 66 vorzunehmende Aufteilung der Einnahmen aus der Ausgabe von Wertmarken. Die zuständigen obersten Landesbehörden teilen dem Bundesminister für Arbeit und Sozialordnung das Ergebnis der Erfassung nach Satz 1 spätestens bis zum 31. März des Jahres mit, in dem die Vomhundertsätze festzusetzen sind.

Vierzehnter Abschnitt. Ordnungswidrigkeiten Straf- und Schlußvorschriften

§ 68 Ordnungswidrigkeiten. (1) Ordnungswidrig handelt, wer vorsätzlich oder fahrlässig

1. entgegen § 5 Abs. 1, auch in Verbindung mit einer Rechtsverordnung nach § 5 Abs. 2, Schwerbehinderte nicht nach dem festgesetzten Pflichtsatz beschäftigt,

2. entgegen § 13 Abs. 1 das Verzeichnis nicht, nicht richtig, nicht vollständig oder nicht in der vorgeschriebenen Form führt oder dort bezeichneten Personen auf Verlangen nicht vorzeigt,

3. entgegen § 13 Abs. 2 Satz 1, 3, 4 oder 5 eine Anzeige nicht, nicht richtig, nicht vollständig, nicht rechtzeitig oder nicht in der vorgeschriebenen Form erstattet,

4. entgegen § 13 Abs. 3 eine Auskunft nicht oder nicht richtig erteilt oder entgegen § 13 Abs. 4 den Einblick in den Betrieb nicht gewährt,

5. entgegen § 13 Abs. 5 eine dort bezeichnete Person der zuständigen Stelle nicht oder nicht rechtzeitig benennt,

6. entgegen § 14 Abs. 1 Satz 4 oder 9 eine dort bezeichnete Vertretung oder einen Beteiligten nicht, nicht richtig, nicht vollständig oder nicht rechtzeitig unterrichtet,

7. entgegen § 14 Abs. 1 Satz 7 eine Entscheidung nicht erörtert,

8. entgegen § 25 Abs. 2 die Schwerbehindertenvertretung in einer dort bezeichneten Angelegenheit nicht, nicht richtig, nicht umfassend oder nicht rechtzeitig unterrichtet oder vor einer Entscheidung nicht hört.

(2) Die Ordnungswidrigkeit kann mit einer Geldbuße bis zu fünftausend Deutsche Mark geahndet werden.

(3) Verwaltungsbehörde im Sinne des § 36 Abs. 1 Nr. 1 des Gesetzes über Ordnungswidrigkeiten ist das Landesarbeitsamt.

(4) § 66 des Zehnten Buches Sozialgesetzbuch gilt entsprechend.

(5) Die Geldbuße ist an die Hauptfürsorgestelle abzuführen. Für ihre Verwendung gilt § 11 Abs. 3.

§ 69 Strafvorschrift. (1) Wer unbefugt ein fremdes Geheimnis, namentlich ein zum persönlichen Lebensbereich gehörendes Geheimnis oder ein Betriebs- oder Geschäftsgeheimnis offenbart, das ihm als Vertrauensmann oder als Vertrauensfrau der Schwerbehinderten anvertraut worden oder sonst bekanntgeworden ist, wird mit Freiheitsstrafe bis zu einem Jahr oder mit Geldstrafe bestraft.

(2) Handelt der Täter gegen Entgelt oder in der Absicht, sich oder einen anderen zu bereichern oder einen anderen zu schädigen, so ist die Strafe Freiheitsstrafe bis zu 2 Jahren oder Geldstrafe. Ebenso wird bestraft, wer unbefugt ein fremdes Geheimnis, namentlich ein Betriebs- oder Geschäftsgeheimnis, zu dessen Geheimhaltung er nach Absatz 1 verpflichtet ist, verwertet.

(3) Die Tat wird nur auf Antrag des Verletzten verfolgt.

§ 70 Stadtstaatenklausel. (1) Der Senat der Freien und Hansestadt Hamburg wird ermächtigt, die Schwerbehindertenvertretung für Angelegenheiten, die mehrere oder alle Dienststellen betreffen, in der Weise zu regeln, daß die Schwerbehindertenvertretungen aller Dienststellen eine Gesamtschwerbehindertenvertretung wählen. Für die Wahl gilt § 24 Abs. 2, 3, 6 und 7 entsprechend.

(2) § 27 Abs. 5 Satz 1 gilt entsprechend.

§ 71 Sonderregelung für den Bundesnachrichtendienst. Für den Bundesnachrichtendienst gilt dieses Gesetz mit folgenden Abweichungen:

1. Der Bundesnachrichtendienst gilt vorbehaltlich der Nummer 3 als einheitliche Dienststelle.
2. Für den Bundesnachrichtendienst gelten die Pflichten zur Vorlage des nach § 13 Abs. 1 zu führenden Verzeichnisses, zur Anzeige nach § 13 Abs. 2 und zur Gewährung von Einblick nach § 13 Abs. 4 nicht. Die Anzeigepflicht nach § 20 Abs. 3 gilt nur für die Beendigung von Probearbeitsverhältnissen.
3. Als Dienststelle im Sinne des Fünften Abschnitts gelten auch Teile und Stellen des Bundesnachrichtendienstes, die nicht zu seiner Zentrale gehören. § 24 Abs. 1 Satz 4 und 5 sowie § 27 sind nicht anzuwenden. In den Fällen des § 27 Abs. 5 ist die Schwerbehindertenvertretung der Zentrale des Bundesnachrichtendienstes zuständig. Im Falle des § 24 Abs. 6 Satz 4 lädt der Leiter der Dienststelle ein. Die Schwerbehindertenvertretung ist in den Fällen nicht zu beteiligen, in denen die Beteiligung der Personalvertretung nach dem Bundespersonalvertretungsgesetz ausgeschlossen ist. Der Leiter des Bundesnachrichtendienstes kann anordnen, daß die Schwerbehindertenvertretung nicht zu beteiligen ist, Unterlagen nicht vorgelegt oder Auskünfte nicht erteilt werden dürfen, wenn und soweit dies aus besonderen nachrichtendienstlichen Gründen geboten ist. Die Rechte und Pflichten der Schwerbehindertenvertretung ruhen, wenn die Rechte und Pflichten der Personalvertretung ruhen. § 26 Abs. 7 Satz 3 ist nach Maßgabe der Sicherheitsbestimmungen des Bundesnachrichtendienstes anzuwenden. § 29 Abs. 2 gilt nur für die in § 29 Abs. 1 genannten Personen und Vertretungen der Zentrale des Bundesnachrichtendienstes.
4. Im Widerspruchsausschuß bei der Hauptfürsorgestelle (§ 41) und im Widerspruchsausschuß beim Landesarbeitsamt (§ 42) treten in Angelegenheiten Schwerbehinderter, die bei dem Bundesnachrichtendienst beschäftigt sind, an die Stelle der Arbeitnehmer und Arbeitgeber nach § 41 Abs. 1 und § 42 Abs. 1 Angehörige des Bundesnachrichtendienstes, an die Stelle der Schwerbehindertenvertretung die Schwerbehindertenvertretung der Zentrale des Bundesnachrichtendienstes. Sie werden der Hauptfürsorgestelle und dem Präsidenten des Landesarbeitsamtes vom Leiter des Bundesnachrichtendienstes benannt.
Die Mitglieder der Ausschüsse müssen nach den dafür geltenden Bestimmungen ermächtigt sein, Kenntnis von Verschlußsachen des in Betracht kommenden Geheimhaltungsgrades zu erhalten.
5. Über Rechtsstreitigkeiten, die auf Grund dieses Gesetzes im Geschäftsbereich des Bundesnachrichtendienstes entstehen, entscheidet im ersten und letzten Rechtszug der oberste Gerichtshof des zuständigen Gerichtszweiges.

§ 72 Übergangsregelung. (1) Abweichend von § 5 Abs. 1 beträgt der Pflichtsatz für die in § 5 Abs. 3 Nr. 1 und 4 genannten öffentlichen Arbeitgeber des Bundes weiterhin 6 vom Hundert, wenn sie am 31. Oktober 1999 auf mehr als 6 vom Hundert der Arbeitsplätze Schwerbehinderte beschäftigen. § 11 ist mit der Maßgabe anzuwenden, dass bei einer jahresdurchschnittlichen Beschäftigungsquote von 5 vom Hundert bis weniger als 6 vom Hundert die Ausgleichsabgabe je Monat und unbesetzten Pflichtplatz 200 Deutsche Mark beträgt.

(2) Auf Leistungen nach § 33 Abs. 2 in Verbindung mit dem Ersten Abschnitt der Schwerbehinderten-Ausgleichsabgabeverordnung jeweils in der bis zum 30. September 2000 geltenden Fassung sind die zu diesem Zeitpunkt geltenden Rechtsvorschriften weiter anzuwenden, wenn die Entscheidung über die beantragten Leistungen vor dem 30. September 2000 getroffen worden ist.

§ 73 Überprüfungsregelung. Die Bundesregierung hat den gesetzgebenden Körperschaften des Bundes bis zum 30. Juni 2003 über die Beschäftigungssituation Schwerbehinderter zu berichten und Vorschläge für die danach zu treffenden Maßnahmen zu machen.

1a. Gesetz über die unentgeltliche Beförderung Schwerbehinderter im öffentlichen Personenverkehr

Vom 9. Juli 1979 (BGBl. I S. 989)

Geändert durch Gesetz vom 22. Dezember 1983 (BGBl. I S. 1532)

BGBl. III/FNA 871-3

Art. 1. Änderung des Schwerbehindertengesetzes (unter **Nr. 1** berücksichtigt)

Art. 2 Besitzstand. (1) Der Elfte Abschnitt des Schwerbehindertengesetzes in der durch Artikel 1 geänderten Fassung, geändert durch Artikel 20 des Haushaltsbegleitgesetzes 1984 vom 22. Dezember 1983 (BGBl. I S. 1532), gilt auch für Personen, die

1. bei Inkrafttreten dieses Gesetzes die Voraussetzungen nach § 2 Abs. 1 Nr. 1 und 3 und Abs. 3 des Gesetzes über die unentgeltliche Beförderung von Kriegs- und Wehrdienstbeschädigten sowie von anderen Behinderten im Nahverkehr vom 27. August 1965 (BGBl. I S. 978), zuletzt geändert durch Artikel 41 des Zuständigkeitsanpassungsgesetzes vom 18. März 1975 (BGBl. I S. 705), erfüllten, solange der Grad der Minderung der Erwerbsfähigkeit infolge der anerkannten Schädigung auf wenigstens 70 vom Hundert festgestellt ist,

2. ihren Wohnsitz oder gewöhnlichen Aufenthalt außerhalb des Geltungsbereichs dieses Gesetzes haben und
   a) bei Inkrafttreten dieses Gesetzes die Voraussetzungen nach § 2 Abs. 1 Nr. 2 und 4 und Abs. 3 des Gesetzes über die unentgeltliche Beförderung von Kriegs- und Wehrdienstbeschädigten sowie von anderen Behinderten im Nahverkehr vom 27. August 1965 (BGBl. I S. 978), zuletzt geändert durch Artikel 41 des Zuständigkeitsanpassungsgesetzes vom 18. März 1975 (BGBl. I S. 705), erfüllten, solange der Grad der Minderung der Erwerbsfähigkeit infolge der anerkannten Schädigung auf wenigstens 50 vom Hundert festgestellt ist und sie infolge der Schädigung erheblich gehbehindert sind, oder
   b) Deutsche im Sinne des Artikels 116 des Grundgesetzes sind, die körperlich, geistig oder seelisch behindert und infolge ihrer Behinderung in ihrer Erwerbsfähigkeit nicht nur vorübergehend um wenigstens 50 vom Hundert gemindert sind sowie die weiteren Merkmale nach § 57 Abs. 1 des Schwerbehindertengesetzes in der durch Artikel 1 geänderten Fassung erfüllen.

(2) In den Fällen des Absatzes 1 gilt § 3 des Schwerbehindertengesetzes in der durch Artikel 1 geänderten Fassung entsprechend. In Fällen des Absatzes 1 Nr. 2 Buchstabe b kann abweichend hiervon ein Ausweis ausgestellt werden, wenn die gesundheitlichen Voraussetzungen offensichtlich sind, durch geeignete Beweismittel nachgewiesen werden oder auf sonstige Weise glaubhaft gemacht werden können; die Gültigkeit eines solchen Ausweises ist auf die Dauer des Besuchs zu befristen; der Ausweis wird unentgeltlich mit einer Wertmarke versehen.

Unentgeltl. Beförderung im öff. Personenverkehr   Art. 3, 4   1 a

(3) Örtlich zuständige Verwaltungsbehörde ist
1. für Personen im Sinne des Absatzes 1 Nr. 1, die ihren Wohnsitz oder gewöhnlichen Aufenthalt außerhalb des Geltungsbereichs dieses Gesetzes haben, und für Personen im Sinne des Absatzes 1 Nr. 2 Buchstabe a die auf Grund des § 3 Abs. 5 des Gesetzes über das Verwaltungsverfahren der Kriegsopferversorgung in der Fassung der Bekanntmachung vom 6. Mai 1976 (BGBl. I S. 1169) durch Rechtsverordnung bestimmte Verwaltungsbehörde,
2. für Personen im Sinne des Absatzes 1 Nr. 2 Buchstabe b die für die Durchführung des Bundesversorgungsgesetzes zuständige Behörde, in deren Bereich sich der Behinderte während seines Besuchs im Geltungsbereich dieses Gesetzes tatsächlich aufhält.

(4) Ausweise für Personen, die außerhalb des Geltungsbereichs dieses Gesetzes wohnen, werden bei Festsetzung der Vomhundertsätze nach §§ 60 und 61 in der durch Artikel 1 geänderten Fassung zu einem Zwölftel gezählt.

Art. 3 Frühere Ausweise. (1) Als Ausweise im Sinne des § 57 Abs. 1 des Schwerbehindertengesetzes in der durch Artikel 1 geänderten Fassung und des Artikels 2 genügen auch Ausweise, die gemäß den Richtlinien über Ausweise für Schwerbeschädigte und Schwerbehinderte vom 11. Oktober 1965 ausgestellt worden sind, und zwar bis zum Ablauf ihrer derzeitigen Geltungsdauer.

(2) Ausweise, die nicht mit einem orangefarbenen Flächenaufdruck gekennzeichnet, auf denen aber die Merkzeichen „G", „aG" oder „Blind" oder der Grad der Minderung der Erwerbsfähigkeit um wenigstens 80 vom Hundert eingetragen sind, werden auf Antrag des Behinderten von den für die Durchführung des Bundesversorgungsgesetzes zuständigen Behörden durch einen mit orangefarbenem Flächenaufdruck gekennzeichneten Ausweis ersetzt.

Art. 4 Erstattungsregelungen für die Jahre 1979 und 1980. (1) Für die Jahre 1979 und 1980 werden die Vomhundertsätze der nachgewiesenen Fahrgeldeinnahmen auf der Grundlage der Ende 1979 vorliegenden Zahlen festgelegt.

(2) Für die unentgeltliche Beförderung im Nahverkehr erhalten die Unternehmer im Jahre 1979 auf Antrag Vorauszahlungen für jeden Monat des Jahres 1979 nach Inkrafttreten dieses Gesetzes
1. zu Lasten der Länder in Höhe von 0,161 vom Hundert,
2. zu Lasten des Bundes in Höhe von 0,161 vom Hundert für den Nahverkehr nach § 63 Abs. 1 Satz 1 Nr. 1 sowie für die übrigen und den Bund gemäß § 63 Abs. 1 Satz 1 des Schwerbehindertengesetzes in der durch Artikel 1 geänderten Fassung entfallenden Aufwendungen in Höhe von 0,035 vom Hundert der für 1978 nachgewiesenen Fahrgeldeinnahmen im Nahverkehr.

(3) Für die unentgeltliche Beförderung im Fernverkehr erhalten die Unternehmer im Jahre 1979 auf Antrag Vorauszahlungen für jeden Monat des Jahres 1979 nach Inkrafttreten dieses Gesetzes in Höhe von 0,025 vom Hundert der für 1978 nachgewiesenen Fahrgeldeinnahmen im Fernverkehr.

(4) Für jeden Monat in der Zeit vom 1. Januar 1979 bis zum Letzten des Monats vor Inkrafttreten dieses Gesetzes erhalten die nach § 1 des Gesetzes über die unentgeltliche Beförderung von Kriegs- und Wehrdienstbeschädigten sowie von anderen Behinderten im Nahverkehr vom 27. August 1965 (BGBl. I S. 978), zuletzt geändert durch Artikel 41 des Zuständigkeitsanpassungsgesetzes vom 18. März 1975 (BGBl. I S. 705), verpflichteten Unternehmen auf Antrag Abschlagszahlungen in Höhe von 6,7 vom Hundert der vom Bund und von den Ländern zuletzt für ein Jahr festgesetzten Erstattungsbeträge.

(5) Die Vorauszahlungen nach den Absätzen 2 und 3 werden am 15. November 1979, die Abschlagszahlungen nach Absatz 4 innerhalb von vier Wochen nach Inkrafttreten dieses Gesetzes gezahlt.

Art. 5–8. (Ermächtigung zur Neufassung des Schwerbehindertengesetzes und Änderung von Gesetzen)

Art. 9 Berlin-Klausel. *(gegenstandslos)*

Art. 10 Inkrafttreten. (1) Dieses Gesetz tritt am 1. Oktober 1979 in Kraft.

(2) Mit dem Inkrafttreten dieses Gesetzes tritt das Gesetz über die unentgeltliche Beförderung von Kriegs- und Wehrdienstbeschädigten sowie von anderen Behinderten im Nahverkehr vom 27. August 1965 (BGBl. I S. 978), zuletzt geändert durch Artikel 41 des Zuständigkeitsanpassungsgesetzes vom 18. März 1975 (BGBl. I S. 705), außer Kraft. Ansprüche der Unternehmen daraus bleiben bestehen; hierfür gelten die Verfahrensvorschriften des bisherigen Rechts.

1b. Gesetz zur Weiterentwicklung des Schwerbeschädigtenrechts

Vom 24. April 1974 (BGBl. I S. 981)

Geändert durch Gesetz vom 14. Juni 1976 (BGBl. I S. 1481)

BGBl. III/FNA 871-2

– Auszug –

Artikel I. Änderung des Schwerbeschädigtengesetzes

Artikel II. Änderung anderer Gesetze

Artikel III. Übergangs- und Schlußvorschriften

§§ 1–4. ...

§ 5 Gleichstellungsbescheide und Ausweise. (1) Als Verwaltungsentscheidungen über das Vorliegen einer Behinderung und den Grad einer auf ihr beruhenden Minderung der Erwerbsfähigkeit im Sinne des Artikels I Nr. 4 (§ 2a Abs. 2) gelten auch Gleichstellungsbescheide der Hauptfürsorgestellen, die vor Inkrafttreten dieses Gesetzes erlassen worden sind.

(2) Behinderte, die nach § 2 Abs. 1 Buchstabe a des Schwerbeschädigtengesetzes einem Schwerbeschädigten gleichgestellt worden sind, gelten auch weiterhin als Gleichgestellte, solange die Voraussetzungen der Gleichstellung vorliegen.

(3) Bis zum Inkrafttreten der Rechtsverordnung nach § 3 Abs. 5 letzter Satz des Schwerbehindertengesetzes stellen die in § 3 Abs. 5 Satz 1 und nach § 34 Abs. 1 des Schwerbehindertengesetzes bestimmten Behörden die Ausweise gemäß den Richtlinien über die Ausweise für Schwerbeschädigte und Schwerbehinderte vom 11. Oktober 1965 (GMBl. S. 402) aus. Als Nachweis über das Vorliegen einer Behinderung und über den Grad der auf ihr beruhenden Minderung der Erwerbsfähigkeit genügen auch amtliche Ausweise, die von anderen Behörden gemäß den Richtlinien vom 11. Oktober 1965 ausgestellt worden sind, und zwar bis zum Ablauf ihres derzeitigen Geltungszeitraums. Entsprechendes gilt für die nach § 3 Abs. 4 des Schwerbehindertengesetzes in der Fassung der Bekanntmachung vom 29. April 1974 (Bundesgesetzbl. I S. 1005) ausgestellten Bescheinigungen.

§ 6 Aussetzung der Ausgleichsabgabe. Die Erhebung der Ausgleichsabgabe wird bis zum Inkrafttreten einer Rechtsverordnung über den Pflichtsatz nach Artikel I Nr. 5 (§ 3 Abs. 2), längstens jedoch für die Dauer vom Inkrafttreten dieses Gesetzes bis zum 31. Dezember 1974, ausgesetzt. Bei der Festsetzung des Pflichtsatzes werden Anzeigen zugrunde gelegt, die von allen Arbeitgebern auf Erhebungsvordrucken der Bundesanstalt für Arbeit entsprechend Artikel I Nr. 14 (§ 11 Abs. 2) unverzüglich nach Zusendung zu erstatten sind.

§ 7 Schwerbeschädigtenbetriebe. Betriebe, denen bei Inkrafttreten dieses Gesetzes die Eigenschaft als Schwerbeschädigtenbetrieb im Sinne des § 9 Abs. 4 des Schwerbeschädigtengesetzes zuerkannt ist, werden für eine Übergangszeit von 5 Jahren, gerechnet vom Zeitpunkt des Inkrafttretens dieses Gesetzes an, hinsichtlich der in Artikel I Nr. 56 (§ 38 c) dieses Gesetzes genannten Vergünstigung den Werkstätten für Behinderte gleichgestellt. Das gilt auch für Einrichtungen, die überwiegend Schwerbehinderte zum Zwecke der Eingliederung in Arbeit, Beruf und Gesellschaft beschäftigen, jedoch nicht die Voraussetzungen nach Artikel I Nr. 56 erfüllen, wenn die Bundesanstalt für Arbeit im Benehmen mit dem überörtlichen Träger der Sozialhilfe die Gleichbehandlung mit einer Werkstatt für Behinderte zuläßt.

§ 8 Witwen und Ehefrauen. (1) Eine nach § 8 Abs. 4 und 5 des Schwerbeschädigtengesetzes zugelassene Anrechnung gilt auch nach Inkrafttreten dieses Gesetzes bis zum Wegfall ihrer Voraussetzungen fort.

(2) Witwen und Ehefrauen im Sinne des § 8 Abs. 1 des Schwerbeschädigtengesetzes können aus den Mitteln der Ausgleichsabgabe, die beim Inkrafttreten dieses Gesetzes bei den Hauptfürsorgestellen vorhanden sind, Leistungen im bisherigen Rahmen (§ 9 Abs. 5 des Schwerbeschädigtengesetzes) gewährt werden, längstens jedoch bis zum 31. Dezember 1980.

§ 9 Neuwahl der Vertrauensmänner. (1) Die erstmaligen Wahlen der Vertrauensmänner nach Artikel I Nr. 25 (§§ 19 c und 19 f) sind unverzüglich, spätestens innerhalb von 6 Monaten nach Inkrafttreten dieses Gesetzes, durchzuführen.

(2) Vertrauensmänner, Haupt- und Bezirksvertrauensmänner, die bei Inkrafttreten dieses Gesetzes im Amt sind, verbleiben bis zur Neuwahl nach Absatz 1 im Amt. Ihre Rechte und Pflichten bestimmen sich nach diesem Gesetz.

§§ 10, 11. ...

2a. Erste Verordnung zur Durchführung des Schwerbehindertengesetzes (Wahlordnung Schwerbehindertengesetz – SchwbWO)

In der Fassung der Bekanntmachung vom 23. April 1990 (BGBl. I S. 811)

Geändert durch Gesetz vom 29. September 2000 (BGBl. I S. 1394)

BGBl. III/FNA 871-1-5

Inhaltsübersicht

Erster Teil. Wahl der Schwerbehindertenvertretung in Betrieben und Dienststellen

	§§
Erster Abschnitt. Vorbereitung der Wahl	
Bestellung des Wahlvorstandes	1
Aufgaben des Wahlvorstandes	2
Wählerliste	3
Einspruch gegen die Wählerliste	4
Wahlausschreiben	5
Wahlvorschläge	6
Nachfrist für Wahlvorschläge	7
Bekanntmachung der Bewerber	8
Zweiter Abschnitt. Durchführung der Wahl	
Stimmabgabe	9
Wahlvorgang	10
Schriftliche Stimmabgabe	11
Behandlung der schriftlich abgegebenen Stimmen	12
Feststellung des Wahlergebnisses	13
Benachrichtigung der Gewählten und Annahme der Wahl	14
Bekanntmachung der Gewählten	15
Aufbewahrung der Wahlunterlagen	16
Nachwahl des Stellvertreters	17
Dritter Abschnitt. Vereinfachtes Wahlverfahren	
Voraussetzungen	18
Vorbereitung der Wahl	19
Durchführung der Wahl	20
Nachwahl des Stellvertreters	21

Zweiter Teil. Wahl der Konzern-, Gesamt-, Bezirks- und Hauptschwerbehindertenvertretung in Betrieben und Dienststellen

Wahlverfahren	22

Dritter Teil. Wahl der Schwerbehindertenvertretung, Bezirks- und Hauptschwerbehindertenvertretung der schwerbehinderten Staatsanwälte

Wahlverfahren	23

Vierter Teil. Wahl der Schwerbehindertenvertretung, Bezirks- und Hauptschwerbehindertenvertretung der schwerbehinderten Richter

	§§
Vorbereitung der Wahl der Schwerbehindertenvertretung der Richter	24
Durchführung der Wahl	25
Nachwahl des Stellvertreters	26
Wahl der Bezirks- und Hauptschwerbehindertenvertretung der schwerbehinderten Richter	27

Fünfter Teil. Schlußvorschriften

Berlin-Klausel	28
Inkrafttreten	29

Erster Teil. Wahl der Schwerbehindertenvertretung in Betrieben und Dienststellen

Erster Abschnitt. Vorbereitung der Wahl

§ 1 Bestellung des Wahlvorstandes. (1) Spätestens acht Wochen vor Ablauf ihrer Amtszeit bestellt die Schwerbehindertenvertretung einen Wahlvorstand aus drei volljährigen in dem Betrieb oder der Dienststelle Beschäftigten und einen von ihnen als Vorsitzenden.

(2) Ist in dem Betrieb oder der Dienststelle eine Schwerbehindertenvertretung nicht vorhanden, werden der Wahlvorstand und dessen Vorsitzender in einer Versammlung der Schwerbehinderten und Gleichgestellten (Wahlberechtigte) gewählt. Zu dieser Versammlung können drei Wahlberechtigte oder der Betriebs- oder Personalrat einladen. Das Recht der Hauptfürsorgestelle, zu einer solchen Versammlung einzuladen (§ 24 Abs. 6 Satz 4 des Schwerbehindertengesetzes), bleibt unberührt.

§ 2 Aufgaben des Wahlvorstandes. (1) Der Wahlvorstand bereitet die Wahl vor und führt sie durch. Er kann volljährige in dem Betrieb oder der Dienststelle Beschäftigte als Wahlhelfer zu seiner Unterstützung bei der Durchführung der Stimmabgabe und bei der Stimmenzählung bestellen.

(2) Die Beschlüsse des Wahlvorstandes werden mit einfacher Stimmenmehrheit seiner Mitglieder gefaßt. Über jede Sitzung des Wahlvorstandes ist eine Niederschrift aufzunehmen, die mindestens den Wortlaut der gefaßten Beschlüsse enthält. Die Niederschrift ist vom Vorsitzenden und einem weiteren Mitglied des Wahlvorstandes zu unterzeichnen.

(3) Der Wahlvorstand hat die Wahl unverzüglich einzuleiten; sie soll innerhalb von sechs Wochen, spätestens jedoch eine Woche vor dem Tage stattfinden, an dem die Amtszeit der Schwerbehindertenvertretung abläuft.

(4) Der Wahlvorstand beschließt nach Erörterung mit der Schwerbehindertenvertretung, dem Betriebs- oder Personalrat und dem Arbeitgeber, wie viele Stellvertreter der Schwerbehindertenvertretung in dem Betrieb oder der Dienststelle zu wählen sind.

(5) Der Wahlvorstand soll dafür sorgen, daß ausländische Wahlberechtigte rechtzeitig über das Wahlverfahren, die Aufstellung der Wählerliste, die

Schwerbehindertengesetz §§ 3–5 SchwbWO 2a

Wahlvorschläge, den Wahlvorgang und die Stimmabgabe in geeigneter Weise unterrichtet werden.

(6) Der Arbeitgeber unterstützt den Wahlvorstand bei der Erfüllung seiner Aufgaben. Er gibt ihm insbesondere alle für die Anfertigung der Wählerliste erforderlichen Auskünfte und stellt die notwendigen Unterlagen zur Verfügung.

§ 3 Wählerliste. (1) Der Wahlvorstand stellt eine Liste der Wahlberechtigten auf. Die Wahlberechtigten sollen mit Familienname, Vorname, erforderlichenfalls Geburtsdatum sowie Betrieb oder Dienststelle in alphabetischer Reihenfolge aufgeführt werden.

(2) Die Wählerliste oder eine Abschrift ist unverzüglich nach Einleitung der Wahl bis zum Abschluß der Stimmabgabe an geeigneter Stelle zur Einsicht auszulegen.

§ 4 Einspruch gegen die Wählerliste. (1) Jeder Wahlberechtigte sowie jeder Beschäftigte, der ein berechtigtes Interesse an einer ordnungsgemäßen Wahl glaubhaft macht, kann innerhalb von zwei Wochen seit Erlaß des Wahlausschreibens beim Wahlvorstand schriftlich Einspruch gegen die Richtigkeit der Wählerliste einlegen.

(2) Über Einsprüche nach Absatz 1 hat der Wahlvorstand unverzüglich zu entscheiden. Wird der Einspruch für begründet erachtet, ist die Wählerliste zu berichtigen. Die Entscheidung ist dem Beschäftigten, der den Einspruch eingelegt hat, unverzüglich mitzuteilen; die Entscheidung muß dem Beschäftigten spätestens am Tage vor dem Beginn der Stimmabgabe zugehen.

(3) Nach Ablauf der Einspruchsfrist soll der Wahlvorstand die Wählerliste nochmals auf ihre Vollständigkeit hin überprüfen. Im übrigen kann nach Ablauf der Einspruchsfrist die Wählerliste nur bei Schreibfehlern, offenbaren Unrichtigkeiten, in Erledigung rechtzeitig eingelegter Einsprüche oder bei Eintritt oder Ausscheiden eines Wahlberechtigten bis zum Tage vor dem Beginn der Stimmabgabe berichtigt oder ergänzt werden.

§ 5 Wahlausschreiben. (1) Spätestens sechs Wochen vor dem Wahltage erläßt der Wahlvorstand ein Wahlausschreiben, das vom Vorsitzenden und mindestens einem weiteren Mitglied des Wahlvorstandes zu unterschreiben ist. Es muß enthalten:

1. das Datum seines Erlasses,
2. die Namen der Mitglieder des Wahlvorstandes,
3. die Voraussetzungen der Wählbarkeit zur Schwerbehindertenvertretung,
4. den Hinweis, wo und wann die Wählerliste und diese Verordnung zur Einsicht ausliegen,
5. den Hinweis, daß nur der Beschäftigte wählen kann, der in die Wählerliste eingetragen ist, und daß Einsprüche gegen die Wählerliste nur vor Ablauf von zwei Wochen seit dem Erlaß des Wahlausschreibens beim Wahlvorstand schriftlich eingelegt werden können; der letzte Tag der Frist ist anzugeben,
6. die Zahl der zu wählenden Stellvertreter,

7. den Hinweis, daß Schwerbehindertenvertretung und Stellvertreter in zwei getrennten Wahlgängen gewählt werden und daß sich aus den Wahlvorschlägen ergeben muß, wer als Schwerbehindertenvertretung und wer als Stellvertreter vorgeschlagen wird,
8. den Hinweis, daß Wahlberechtigte sowohl einen Wahlvorschlag für die Wahl der Schwerbehindertenvertretung als auch für die Wahl des Stellvertreters unterzeichnen können und daß ein Bewerber sowohl als Schwerbehindertenvertretung als auch als Stellvertreter vorgeschlagen werden kann,
9. die Aufforderung, Wahlvorschläge innerhalb von zwei Wochen nach Erlaß des Wahlausschreibens beim Wahlvorstand einzureichen; der letzte Tag der Frist ist anzugeben,
10. die Mindestzahl von Wahlberechtigten, von denen ein Wahlvorschlag unterzeichnet sein muß (§ 6 Abs. 2 Satz 1),
11. den Hinweis, daß die Stimmabgabe an die Wahlvorschläge gebunden ist und daß nur solche Wahlvorschläge berücksichtigt werden dürfen, die fristgerecht (Nummer 9) eingereicht sind,
12. die Bestimmung des Ortes, an dem die Wahlvorschläge bis zum Abschluß der Stimmabgabe durch Aushang oder in sonst geeigneter Weise bekanntgegeben werden,
13. Ort, Tag und Zeit der Stimmabgabe,
14. den Hinweis auf die Möglichkeit der schriftlichen Stimmabgabe (§ 11 Abs. 1), falls der Wahlvorstand nicht die schriftliche Stimmabgabe beschlossen hat (§ 11 Abs. 2),
15. den Ort und die Zeit der Stimmauszählung und der Sitzung des Wahlvorstandes, in der das Wahlergebnis abschließend festgestellt wird,
16. den Ort, an dem Einsprüche, Wahlvorschläge und sonstige Erklärungen gegenüber dem Wahlvorstand abzugeben sind (Anschrift des Wahlvorstandes).

(2) Eine Abschrift oder ein Abdruck des Wahlausschreibens ist vom Tage seines Erlasses bis zum Wahltag an einer oder mehreren geeigneten, den Wahlberechtigten zugänglichen Stellen vom Wahlvorstand auszuhängen und in gut lesbarem Zustand zu erhalten.

§ 6 Wahlvorschläge. (1) Die Wahlberechtigten können innerhalb von zwei Wochen seit Erlaß des Wahlausschreibens schriftliche Vorschläge beim Wahlvorstand einreichen. Es können ein Bewerber als Schwerbehindertenvertretung und ein Bewerber als Stellvertreter vorgeschlagen werden. Hat der Wahlvorstand die Wahl mehrerer Stellvertreter beschlossen, können entsprechend viele Bewerber dafür benannt werden. Ein Bewerber kann sowohl als Schwerbehindertenvertretung als auch als Stellvertreter vorgeschlagen werden.

(2) Jeder Wahlvorschlag muß von einem Zwanzigstel der Wahlberechtigten, mindestens jedoch von drei Wahlberechtigten unterzeichnet sein. Familienname, Vorname, Geburtsdatum, Art der Beschäftigung sowie erforderlichenfalls Betrieb oder Dienststelle der Bewerber sind anzugeben. Dem Wahlvorschlag ist die schriftliche Zustimmung der Bewerber beizufügen.

(3) Ein Bewerber kann nur auf einem Wahlvorschlag benannt werden, es sei denn, daß er in dem einen Wahlvorschlag als Schwerbehindertenvertretung, in dem anderen als Stellvertreter vorgeschlagen wird. Der Wahlvorstand hat einen Bewerber, der mit seiner schriftlichen Zustimmung auf mehreren Wahlvorschlägen für dasselbe Amt benannt ist, aufzufordern, binnen drei Arbeitstagen zu erklären, auf welchem Wahlvorschlag er benannt bleiben will. Gibt der Bewerber diese Erklärung nicht fristgerecht ab, wird er von sämtlichen Wahlvorschlägen gestrichen.

(4) Die Unterschrift eines Wahlberechtigten zählt nur auf einem Wahlvorschlag. Der Wahlvorstand hat einen Wahlberechtigten, der mehrere Wahlvorschläge unterzeichnet hat, schriftlich gegen Empfangsbestätigung aufzufordern, binnen drei Arbeitstagen seit dem Zugang der Aufforderung zu erklären, welche Unterschrift er aufrechterhält. Gibt der Wahlberechtigte diese Erklärung nicht fristgerecht ab, zählt seine Unterschrift auf keinem Wahlvorschlag.

§ 7 Nachfrist für Wahlvorschläge. (1) Ist nach Ablauf der in § 6 Abs. 1 genannten Frist kein gültiger Wahlvorschlag für die Wahl der Schwerbehindertenvertretung eingegangen, hat dies der Wahlvorstand sofort in der gleichen Weise bekanntzumachen wie das Wahlausschreiben und eine Nachfrist von einer Woche für die Einreichung von Wahlvorschlägen zu setzen. In der Bekanntmachung ist darauf hinzuweisen, daß die Wahl nur stattfinden kann, wenn innerhalb der Nachfrist mindestens ein gültiger Wahlvorschlag eingereicht wird.

(2) Gehen innerhalb der Nachfrist gültige Wahlvorschläge für die Wahl der Schwerbehindertenvertretung nicht ein, hat der Wahlvorstand sofort bekanntzumachen, daß die Wahl nicht stattfindet.

(3) Absatz 1 Satz 1 gilt entsprechend, wenn für die Wahl des Stellvertreters kein gültiger Wahlvorschlag eingeht oder wenn die Zahl der für dieses Amt gültig vorgeschlagenen Bewerber nicht der vom Wahlvorstand beschlossenen Zahl der Stellvertreter entspricht.

§ 8 Bekanntmachung der Bewerber. Spätestens eine Woche vor Beginn der Stimmabgabe hat der Wahlvorstand die Namen der Bewerber aus gültigen Wahlvorschlägen, getrennt für das Amt der Schwerbehindertenvertretung und des Stellvertreters, jeweils in alphabetischer Reihenfolge bis zum Abschluß der Stimmabgabe in gleicher Weise bekanntzumachen wie das Wahlausschreiben (§ 5 Abs. 2).

Zweiter Abschnitt. Durchführung der Wahl

§ 9 Stimmabgabe. (1) Der Wähler kann seine Stimme nur für einen rechtswirksam vorgeschlagenen Bewerber abgeben.

(2) Das Wahlrecht wird durch Abgabe eines Stimmzettels in einem Wahlumschlag ausgeübt. Auf dem Stimmzettel sind die Bewerber, getrennt für das Amt der Schwerbehindertenvertretung und des Stellvertreters, in alphabetischer Reihenfolge unter Angabe von Familienname, Vorname, Geburtsdatum und Art der Beschäftigung aufzuführen. Die Stimmzettel müssen sämtlich die gleiche Größe, Farbe, Beschaffenheit und Beschriftung haben. Das gleiche gilt für die Wahlumschläge.

(3) Werden mehrere Stellvertreter gewählt, soll der Stimmzettel einen Hinweis darauf enthalten, wie viele Bewerber im Höchstfall angekreuzt werden dürfen.

(4) Der Wähler kennzeichnet den von ihm gewählten Bewerber für das Amt der Schwerbehindertenvertretung und das des Stellvertreters durch Ankreuzen an der jeweils hierfür im Stimmzettel vorgesehenen Stelle. Sind mehrere Stellvertreter zu wählen, so können Bewerber in entsprechender Anzahl angekreuzt werden.

(5) Stimmzettel, auf denen mehr als die zulässige Anzahl der Bewerber angekreuzt oder die mit einem besonderen Merkmal versehen sind oder aus denen sich der Wille des Wählers nicht zweifelsfrei ergibt, sind ungültig.

§ 10 Wahlvorgang.

(1) Der Wahlvorstand hat geeignete Vorkehrungen für die unbeobachtete Kennzeichnung der Stimmzettel im Wahlraum zu treffen und für die Bereitstellung einer Wahlurne oder mehrerer Wahlurnen zu sorgen. Die Wahlurne muß vom Wahlvorstand verschlossen und so eingerichtet sein, daß die eingeworfenen Wahlumschläge nicht herausgenommen werden können, ohne daß die Urne geöffnet wird.

(2) Während der Wahl müssen immer mindestens zwei Mitglieder des Wahlvorstandes im Wahlraum anwesend sein; sind Wahlhelfer bestellt (§ 2 Abs. 1 Satz 2), genügt die Anwesenheit eines Mitgliedes des Wahlvorstandes und eines Wahlhelfers.

(3) Der Wähler händigt den Wahlumschlag, in den der Stimmzettel eingelegt ist, dem mit der Entgegennahme der Wahlumschläge betrauten Mitglied des Wahlvorstandes aus, wobei er seinen Namen angibt. Der Wahlumschlag ist in Gegenwart des Wählers in die Wahlurne einzuwerfen, nachdem die Stimmabgabe in der Wählerliste vermerkt worden ist.

(4) Ein Wähler, der infolge seiner Behinderung in der Stimmabgabe beeinträchtigt ist, bestimmt eine Person seines Vertrauens, deren er sich bei der Stimmabgabe bedienen will, und gibt dies dem Wahlvorstand bekannt. Wahlbewerber, Mitglieder des Wahlvorstandes und Wahlhelfer dürfen nicht zur Hilfeleistung herangezogen werden. Die Hilfeleistung hat sich auf die Erfüllung der Wünsche des Wählers zur Stimmabgabe zu beschränken; die Vertrauensperson darf gemeinsam mit dem Wähler die Wahlzelle aufsuchen. Die Vertrauensperson ist zur Geheimhaltung der Kenntnisse verpflichtet, die sie bei der Hilfeleistung von der Wahl eines anderen erlangt hat. Die Sätze 1 bis 4 gelten entsprechend für Wähler, die des Lesens unkundig sind.

(5) Nach Abschluß der Wahl ist die Wahlurne zu versiegeln, wenn die Stimmenzählung nicht unmittelbar nach Beendigung der Wahl durchgeführt wird.

§ 11 Schriftliche Stimmabgabe.

(1) Der Wahlvorstand hat einem Wahlberechtigten, der an seiner persönlichen Stimmabgabe verhindert ist, auf sein Verlangen

1. das Wahlausschreiben,
2. den Stimmzettel und den Wahlumschlag,
3. eine vorgedruckte, vom Wähler abzugebende Erklärung, in der dieser gegenüber dem Wahlvorstand versichert, daß er den Stimmzettel persönlich

Schwerbehindertengesetz **§§ 12, 13 SchwbWO 2a**

gekennzeichnet hat oder unter den Voraussetzungen des § 10 Abs. 4 durch eine Person seines Vertrauens hat kennzeichnen lassen, sowie

4. einen größeren Freiumschlag, der die Anschrift des Wahlvorstandes und als Absender Namen und Anschrift des Wahlberechtigten sowie den Vermerk „Schriftliche Stimmabgabe" trägt,

auszuhändigen oder zu übersenden. Der Wahlvorstand soll dem Wähler ferner ein Merkblatt über die Art und Weise der schriftlichen Stimmabgabe aushändigen oder übersenden. Der Wahlvorstand hat die Aushändigung oder die Übersendung der Unterlagen in der Wählerliste zu vermerken.

(2) Der Wahlvorstand kann die schriftliche Stimmabgabe beschließen. Für diesen Fall sind die in Absatz 1 bezeichneten Unterlagen den Wahlberechtigten unaufgefordert zu übersenden.

(3) Der Wähler gibt seine Stimme in der Weise ab, daß er

1. den Stimmzettel unbeobachtet persönlich kennzeichnet und in den Wahlumschlag einlegt,
2. die vorgedruckte Erklärung unter Angabe des Ortes und des Datums unterschreibt und
3. den Wahlumschlag und die unterschriebene, vorgedruckte Erklärung in dem Freiumschlag verschließt und diesen so rechtzeitig an den Wahlvorstand absendet oder übergibt, daß er vor Abschluß der Wahl vorliegt.

Der Wähler kann unter den Voraussetzungen des § 10 Abs. 4 die in den Nummern 1 bis 3 bezeichneten Tätigkeiten durch eine Person seines Vertrauens verrichten lassen.

§ 12 Behandlung der schriftlich abgegebenen Stimmen. (1) Unmittelbar vor Abschluß der Wahl öffnet der Wahlvorstand in öffentlicher Sitzung die bis zu diesem Zeitpunkt eingegangenen Freiumschläge und entnimmt ihnen die Wahlumschläge sowie die vorgedruckten Erklärungen. Ist die schriftliche Stimmabgabe ordnungsgemäß erfolgt (§ 11), legt der Wahlvorstand die Wahlumschläge nach Vermerk der Stimmabgabe in der Wählerliste ungeöffnet in die Wahlurne.

(2) Verspätet eingehende Freiumschläge hat der Wahlvorstand mit einem Vermerk über den Zeitpunkt des Eingangs ungeöffnet zu den Wahlunterlagen zu nehmen. Sie sind einen Monat nach Bekanntgabe des Wahlergebnisses ungeöffnet zu vernichten, wenn die Wahl nicht angefochten ist.

§ 13 Feststellung des Wahlergebnisses. (1) Unverzüglich nach Abschluß der Wahl nimmt der Wahlvorstand öffentlich die Auszählung der Stimmen vor und stellt das Ergebnis fest.

(2) Gewählt für das Amt der Schwerbehindertenvertretung und das Amt des Stellvertreters ist der Bewerber, der jeweils die meisten Stimmen erhalten hat. Bei Stimmengleichheit entscheidet das Los.

(3) Werden mehrere Stellvertreter gewählt, ist als zweiter Stellvertreter der Bewerber mit der nächsthöchsten Stimmenzahl gewählt; entsprechendes gilt für die Wahl weiterer Stellvertreter. Für die Wahl und die Reihenfolge der Stellvertreter gilt Absatz 2 Satz 2 entsprechend.

(4) Der Wahlvorstand hat über das Ergebnis eine Niederschrift zu fertigen, die vom Vorsitzenden und mindestens einem weiteren Mitglied des Wahl-

vorstandes zu unterschreiben ist. Die Niederschrift muß die Zahl der abgegebenen gültigen und ungültigen Stimmzettel, die auf jeden Bewerber entfallenen Stimmenzahlen sowie die Namen der gewählten Bewerber enthalten.

§ 14 Benachrichtigung der Gewählten und Annahme der Wahl.
(1) Der Wahlvorstand hat den als Vertrauensmann oder als Vertrauensfrau und die als Stellvertreter Gewählten unverzüglich schriftlich gegen Empfangsbestätigung von ihrer Wahl zu benachrichtigen. Erklärt ein Gewählter nicht innerhalb von drei Arbeitstagen nach Zugang der Benachrichtigung dem Wahlvorstand, daß er die Wahl ablehne, gilt die Wahl als angenommen.

(2) Lehnt ein Gewählter für das Amt der Schwerbehindertenvertretung oder das Amt des Stellvertreters die Wahl ab, tritt an seine Stelle jeweils der Bewerber mit der nächsthöchsten Stimmenzahl. Satz 1 gilt für die Wahl mehrerer Stellvertreter mit der Maßgabe, daß der durch das Nachrücken freigewordene Stellvertreter-Sitz auf den Bewerber mit der nächsthöchsten Stimmenzahl entfällt.

§ 15 Bekanntmachung der Gewählten. Sobald die Namen des Vertrauensmannes oder der Vertrauensfrau und seiner oder ihrer Stellvertreter endgültig feststehen, hat der Wahlvorstand sie durch zweiwöchigen Aushang in gleicher Weise wie das Wahlausschreiben bekanntzumachen (§ 5 Abs. 2) sowie unverzüglich dem Arbeitgeber und dem Betriebs- oder Personalrat mitzuteilen.

§ 16 Aufbewahrung der Wahlunterlagen. Die Wahlunterlagen, insbesondere die Niederschriften, Bekanntmachungen und Stimmzettel, werden von der Schwerbehindertenvertretung mindestens bis zur Beendigung der Wahlperiode aufbewahrt.

§ 17 Nachwahl des Stellvertreters. Scheidet der einzige Stellvertreter vorzeitig aus dem Amt aus oder ist ein Stellvertreter noch nicht gewählt, bestellt die Schwerbehindertenvertretung unverzüglich einen Wahlvorstand. Der Wahlvorstand hat die Wahl eines oder mehrerer Stellvertreter für den Rest der Amtszeit der Schwerbehindertenvertretung unverzüglich einzuleiten. Im übrigen gelten die §§ 1 bis 16 entsprechend.

Dritter Abschnitt. Vereinfachtes Wahlverfahren

§ 18 Voraussetzungen. Besteht der Betrieb oder die Dienststelle nicht aus räumlich weiter auseinanderliegenden Teilen und sind dort weniger als fünfzig Wahlberechtigte beschäftigt, ist die Schwerbehindertenvertretung in einem vereinfachten Wahlverfahren nach Maßgabe der folgenden Vorschriften zu wählen.

§ 19 Vorbereitung der Wahl. (1) Spätestens drei Wochen vor Ablauf ihrer Amtszeit lädt die Schwerbehindertenvertretung die Wahlberechtigten durch Aushang oder sonst in geeigneter Weise zur Wahlversammlung ein.

(2) Ist in dem Betrieb oder der Dienststelle eine Schwerbehindertenvertretung nicht vorhanden, können drei Wahlberechtigte, der Betriebs- oder Personalrat oder die Hauptfürsorgestelle zur Wahlversammlung einladen.

Schwerbehindertengesetz   §§ 20–22   SchwbWO 2a

§ 20 Durchführung der Wahl. (1) Die Wahlversammlung wird von einem Wahlleiter geleitet, der mit einfacher Stimmenmehrheit gewählt wird. Im Bedarfsfalle kann die Wahlversammlung zu seiner Unterstützung Wahlhelfer bestimmen.

(2) Die Wahlversammlung beschließt mit einfacher Stimmenmehrheit, wie viele Stellvertreter zu wählen sind. Die Schwerbehindertenvertretung und ein oder mehrere Stellvertreter werden in getrennten Wahlgängen gewählt; mehrere Stellvertreter werden in einem gemeinsamen Wahlgang gewählt. Jeder Wähler kann Kandidaten zur Wahl der Schwerbehindertenvertretung und ihrer Stellvertreter vorschlagen.

(3) Das Wahlrecht wird durch Abgabe eines Stimmzettels in einem Wahlumschlag ausgeübt. Auf dem Stimmzettel sind vom Wahlleiter die Kandidaten in alphabetischer Reihenfolge unter Angabe von Familienname und Vorname auszuführen; die Stimmzettel und Wahlumschläge müssen sämtlich die gleiche Größe, Farbe, Beschaffenheit und Beschriftung haben. Der Wahlleiter verteilt die Stimmzettel und trifft Vorkehrungen, daß die Wähler ihre Stimme unbeobachtet abgeben können; § 9 Abs. 4 gilt entsprechend. Der Wähler übergibt den Wahlumschlag, in den der Stimmzettel eingelegt ist, dem Wahlleiter. Dieser legt den Wahlumschlag in Gegenwart des Wählers ungeöffnet in einen dafür bestimmten Behälter und hält den Namen des Wählers in einer Liste fest. Unverzüglich nach Beendigung der Wahlhandlung zählt er öffentlich die Stimmen aus und stellt das Ergebnis fest.

(4) § 13 Abs. 2 und 3 sowie die §§ 14 bis 16 gelten entsprechend.

§ 21 Nachwahl des Stellvertreters. Scheidet der einzige Stellvertreter vorzeitig aus dem Amt aus oder ist ein Stellvertreter noch nicht gewählt, lädt die Schwerbehindertenvertretung die Wahlberechtigten unverzüglich zur Wahlversammlung zur Wahl eines oder mehrerer Stellvertreter für den Rest ihrer Amtszeit ein. Im übrigen gelten die §§ 18 bis 20 entsprechend.

Zweiter Teil. Wahl der Konzern-, Gesamt-, Bezirks- und Hauptschwerbehindertenvertretung in Betrieben und Dienststellen

§ 22 Wahlverfahren. (1) Konzern-, Gesamt-, Bezirks- und Hauptschwerbehindertenvertretung werden durch schriftliche Stimmabgabe gewählt (§§ 11, 12). Im übrigen sind § 1 Abs. 1, §§ 2 bis 5, 7 bis 10 und 13 bis 17 sinngemäß anzuwenden. § 1 Abs. 2 findet sinngemäß mit der Maßgabe Anwendung, daß sich die Wahlberechtigten auch in sonst geeigneter Weise über die Bestellung eines Wahlvorstandes einigen können. § 6 findet sinngemäß mit der Maßgabe Anwendung, daß bei weniger als fünf Wahlberechtigten die Unterzeichnung eines Wahlvorschlages durch einen Wahlberechtigten ausreicht.

(2) Bei nur zwei Wahlberechtigten bestimmen diese im beiderseitigen Einvernehmen abweichend von Absatz 1 die Konzern-, Gesamt-, Bezirks- oder Hauptschwerbehindertenvertretung. Kommt eine Einigung nicht zustande, entscheidet das Los.

(3) Sofern rechtzeitig vor Ablauf der Amtszeit der Konzern-, Gesamt-, Bezirks- oder Hauptschwerbehindertenvertretung eine Versammlung nach § 27 Abs. 7 des Schwerbehindertengesetzes stattfindet, kann die Wahl abweichend von Absatz 1 im Rahmen dieser Versammlung durchgeführt werden. § 20 findet entsprechende Anwendung.

Dritter Teil. Wahl der Schwerbehindertenvertretung, Bezirks- und Hauptschwerbehindertenvertretung der schwerbehinderten Staatsanwälte

§ 23 Wahlverfahren. Für die Wahl der Schwerbehindertenvertretung, der Bezirks- und Hauptschwerbehindertenvertretung der schwerbehinderten Staatsanwälte in den Fällen des § 24 Abs. 1 Satz 3 des Schwerbehindertengesetzes gelten die Vorschriften des Ersten und Zweiten Teils entsprechend.

Vierter Teil. Wahl der Schwerbehindertenvertretung, Bezirks- und Hauptschwerbehindertenvertretung der schwerbehinderten Richter

§ 24 Vorbereitung der Wahl der Schwerbehindertenvertretung der Richter. (1) Spätestens acht Wochen vor Ablauf ihrer Amtszeit lädt die Schwerbehindertenvertretung der schwerbehinderten Richter die Wahlberechtigten schriftlich oder durch Aushang zu einer Wahlversammlung ein. Die Einladung muß folgende Angaben enthalten:
1. die Voraussetzungen der Wählbarkeit zur Schwerbehindertenvertretung,
2. den Hinweis über eine für Zwecke der Wahl erfolgte Zusammenfassung von Gerichten,
3. den Hinweis, wo und wann die Wählerliste und diese Verordnung zur Einsicht ausliegen,
4. Ort, Tag und Zeit der Wahlversammlung.

(2) Ist in dem Gericht eine Schwerbehindertenvertretung der schwerbehinderten Richter nicht vorhanden, laden drei wahlberechtigte Richter, der Richterrat oder der Präsidialrat zu der Wahlversammlung ein. Das Recht der Hauptfürsorgestelle, zu einer solchen Versammlung einzuladen (§ 24 Abs. 6 Satz 4 des Schwerbehindertengesetzes), bleibt unberührt.

§ 25 Durchführung der Wahl. (1) Die Wahlversammlung beschließt unter dem Vorsitz des lebensältesten Wahlberechtigten das Wahlverfahren und die Anzahl der Stellvertreter der Schwerbehindertenvertretung.

(2) Der Leiter der Wahlversammlung hat die Gewählten unverzüglich von ihrer Wahl zu benachrichtigen. § 14 Abs. 1 Satz 2 und Abs. 2 sowie die §§ 15 und 16 gelten entsprechend.

§ 26 Nachwahl des Stellvertreters. Scheidet der einzige Stellvertreter vorzeitig aus dem Amt aus oder ist ein Stellvertreter noch nicht gewählt, lädt die Schwerbehindertenvertretung der schwerbehinderten Richter die Wahlberechtigten unverzüglich zur Wahlversammlung zur Wahl eines oder mehrerer Stellvertreter für den Rest ihrer Amtszeit ein. Im übrigen gelten die §§ 24 und 25 entsprechend.

§ 27 Wahl der Bezirks- und Hauptschwerbehindertenvertretung der schwerbehinderten Richter. Für die Wahl der Bezirks- und Hauptschwerbehindertenvertretung der schwerbehinderten Richter gelten die §§ 24 bis 26 entsprechend.

Fünfter Teil. Schlußvorschriften

§ 28 Berlin-Klausel. *(gegenstandslos)*

§ 29. (Inkrafttreten)[1]

---

[1] Diese Verordnung ist am 1. Mai 1990 in Kraft getreten.

2b. Zweite Verordnung zur Durchführung des Schwerbehindertengesetzes (Schwerbehinderten-Ausgleichsabgabeverordnung – SchwbAV)

Vom 28. März 1988 (BGBl. I S. 484)

Zuletzt geändert durch Gesetz vom 29. September 2000 (BGBl. I S. 1394)

BGBl. III/FNA 871-1-14

Inhaltsübersicht

Erster Abschnitt. *(weggefallen)* §§

(weggefallen) 1–13

Zweiter Abschnitt. Förderung der Eingliederung Schwerbehinderter in das Arbeits- und Berufsleben aus Mitteln der Ausgleichsabgabe durch die Hauptfürsorgestellen

Verwendungszwecke 14

1. Unterabschnitt. Leistungen zur Förderung des Arbeits- und Ausbildungsplatzangebots für Schwerbehinderte

Leistungen an Arbeitgeber zur Schaffung von Arbeits- und Ausbildungsplätzen für Schwerbehinderte 15
Schwerbehinderten-Sonderprogramme 16

2. Unterabschnitt. Leistungen zur begleitenden Hilfe im Arbeits- und Berufsleben

Leistungsarten 17
Leistungsvoraussetzungen 18

I. Leistungen an Schwerbehinderte

Technische Arbeitshilfen 19
Hilfen zum Erreichen des Arbeitsplatzes 20
Hilfen zur Gründung und Erhaltung einer selbständigen beruflichen Existenz 21
Hilfen zur Beschaffung, Ausstattung und Erhaltung einer behinderungsgerechten Wohnung 22
Hilfen zur Erhaltung der Arbeitskraft 23
Hilfen zur Teilnahme an Maßnahmen zur Erhaltung und Erweiterung beruflicher Kenntnisse und Fertigkeiten 24
Hilfen in besonderen Lebenslagen 25

II. Leistungen an Arbeitgeber

Leistungen zur behinderungsgerechten Einrichtung von Arbeits- und Ausbildungsplätzen für Schwerbehinderte 26
Leistungen bei außergewöhnlichen Belastungen 27

III. Sonstige Leistungen	§§
Leistungen zur Durchführung der psychosozialen Betreuung Schwerbehinderter	28
Leistungen zur Durchführung von Aufklärungs-, Schulungs- und Bildungsmaßnahmen	29

3. Unterabschnitt. Leistungen für Einrichtungen zur Eingliederung Schwerbehinderter in das Arbeits- und Berufsleben

Förderungsfähige Einrichtungen	30
Förderungsvoraussetzungen	31
Förderungsgrundsätze	32
Art und Höhe der Leistungen	33
Tilgung und Verzinsung von Darlehen	34

Dritter Abschnitt. Ausgleichsfonds

1. Unterabschnitt. Gestaltung des Ausgleichsfonds

Rechtsform	35
Weiterleitung der Mittel an den Ausgleichsfonds	36
Anwendung der Vorschriften der Bundeshaushaltsordnung	37
Aufstellung eines Wirtschaftsplans	38
Feststellung des Wirtschaftsplans	39
Ausführung des Wirtschaftsplans	40

2. Unterabschnitt. Förderung der Eingliederung Schwerbehinderter in das Arbeits- und Berufsleben aus Mitteln des Ausgleichsfonds

Verwendungszwecke	41

3. Unterabschnitt. Verfahren zur Vergabe der Mittel des Ausgleichsfonds

Anmeldeverfahren und Anträge	42
Vorschlagsrecht des Beirates	43
Entscheidung	44
Vorhaben des Bundesministers für Arbeit und Sozialordnung	45

Vierter Abschnitt. Schlußvorschriften

(aufgehoben)	46
Inkrafttreten, Außerkrafttreten	47

Auf Grund des § 11 Abs. 3 Satz 3, § 12 Abs. 2 und § 33 Abs. 2 Satz 5 des Schwerbehindertengesetzes in der Fassung der Bekanntmachung vom 26. August 1986 (BGBl. I S. 1421) sowie des Artikels 12 Abs. 2 des Gesetzes zur Erleichterung des Übergangs vom Arbeitsleben in den Ruhestand vom 13. April 1984 (BGBl. I S. 601) verordnet die Bundesregierung mit Zustimmung des Bundesrates:

Erster Abschnitt. Besondere Förderung der Einstellung und Beschäftigung Schwerbehinderter aus Mitteln der Ausgleichsabgabe durch die Bundesanstalt für Arbeit

§§ 1–13 *(aufgehoben)*

Zweiter Abschnitt. Förderung der Eingliederung Schwerbehinderter in das Arbeits- und Berufsleben aus Mitteln der Ausgleichsabgabe durch die Hauptfürsorgestellen

§ 14 Verwendungszwecke. (1) Die Hauptfürsorgestellen haben die ihnen zur Verfügung stehenden Mittel der Ausgleichsabgabe einschließlich der Zinsen, der Tilgungsbeträge aus Darlehen, der zurückgezahlten Zuschüsse sowie der unverbrauchten Mittel des Vorjahres zu verwenden für folgende Leistungen:
1. Leistungen zur Förderung des Arbeits- und Ausbildungsplatzangebots für Schwerbehinderte,
2. Leistungen zu begleitenden Hilfe im Arbeits- und Berufsleben, einschließlich der Durchführung von Aufklärungs-, Schulungs- und Bildungsmaßnahmen,
3. Leistungen für Einrichtungen zur Eingliederung Schwerbehinderter in das Arbeits- und Berufsleben und
4. Leistungen zur Durchführung von Forschungs- und Modellvorhaben auf dem Gebiet der Eingliederung Schwerbehinderter in das Arbeits- und Berufsleben, sofern ihnen ausschließlich oder überwiegend regionale Bedeutung zukommt oder beim Bundesminister für Arbeit und Sozialordnung beantragte Mittel aus dem Ausgleichsfonds nicht erbracht werden konnten.

(2) Die Mittel der Ausgleichsabgabe sind vorrangig für die Förderung nach Absatz 1 Nr. 1 und 2 zu verwenden.

(3) Die Hauptfürsorgestellen können sich an der Förderung von Vorhaben nach § 41 Abs. 2 durch den Ausgleichsfonds beteiligen.

1. Unterabschnitt. Leistungen zur Förderung des Arbeits- und Ausbildungsplatzangebots für Schwerbehinderte

§ 15 Leistungen an Arbeitgeber zur Schaffung von Arbeits- und Ausbildungsplätzen für Schwerbehinderte. (1) Arbeitgeber können Darlehen oder Zuschüsse bis zur vollen Höhe der entstehenden notwendigen Kosten zu den Aufwendungen für folgende Maßnahmen erhalten:
1. die Schaffung neuer geeigneter, erforderlichenfalls behinderungsgerecht ausgestatteter Arbeitsplätze in Betrieben oder Dienststellen für Schwerbehinderte,
   a) die ohne Beschäftigungspflicht oder über die Beschäftigungspflicht hinaus (§ 5 des Schwerbehindertengesetzes) eingestellt werden sollen,
   b) die im Rahmen der Erfüllung der besonderen Beschäftigungspflicht gegenüber im Arbeits- und Berufsleben besonders betroffenen Schwerbehinderten (§ 5 Abs. 1 Satz 2 und § 6 des Schwerbehindertengesetzes) eingestellt werden sollten,
   c) die nach einer längerfristigen Arbeitslosigkeit von mehr als 12 Monaten eingestellt werden sollen,
   d) die im Anschluß an eine Beschäftigung in einer anerkannten Werkstatt für Behinderte eingestellt werden sollen oder

Ausgleichsabgabeverordnung §§ 16, 17 SchwbAV 2 b

e) die zur Durchführung von Maßnahmen der besonderen Fürsorge und Förderung nach § 14 Abs. 2 Satz 1, Abs. 3 Satz 1 Nr. 1, 4 und 5 und Abs. 4 Satz 1 des Schwerbehindertengesetzes auf einen neu zu schaffenden Arbeitsplatz umgesetzt werden sollen oder deren Beschäftigungsverhältnis ohne Umsetzung auf einen neu zu schaffenden Arbeitsplatz enden würde,

2. die Schaffung neuer geeigneter, erforderlichenfalls behinderungsgerecht ausgestatteter Ausbildungsplätze und Plätze zur sonstigen beruflichen Bildung für Schwerbehinderte, insbesondere zur Teilnahme an Maßnahmen zur beruflichen Rehabilitation, in Betrieben oder Dienststellen,

wenn gewährleistet wird, daß die geförderten Plätze für einen nach Lage des Einzelfalles zu bestimmenden langfristigen Zeitraum Schwerbehinderten vorbehalten bleiben. Leistungen können auch zu den Aufwendungen erbracht werden, die durch die Ausbildung Schwerbehinderter im Gebrauch der nach Satz 1 geförderten Gegenstände entstehen.

(2) Leistungen sollen nur erbracht werden, wenn sich der Arbeitgeber in einem angemessenen Verhältnis an den Gesamtkosten beteiligt. Sie können nur erbracht werden, soweit Mittel für denselben Zweck nicht von anderer Seite zu erbringen sind oder erbracht werden. Art und Höhe der Leistung bestimmen sich nach den Umständen des Einzelfalles. Darlehen sollen mit jährlich 10 vom Hundert getilgt werden; von der Tilgung kann im Jahr der Auszahlung und dem darauf folgenden Kalenderjahr abgesehen werden. Auch von der Verzinsung kann abgesehen werden.

(3) Die behinderungsgerechte Ausstattung von Arbeits- und Ausbildungsplätzen und die Einrichtung von Teilzeitarbeitsplätzen können, wenn Leistungen nach Absatz 1 nicht erbracht werden, nach den Vorschriften über die begleitende Hilfe im Arbeits- und Berufsleben (§ 26) gefördert werden.

§ 16 Schwerbehinderten-Sonderprogramme. (1) Die Hauptfürsorgestellen können der Bundesanstalt für Arbeit Mittel der Ausgleichsabgabe zur Durchführung befristeter regionaler Sonderprogramme gemäß § 33 Abs. 3 des Schwerbehindertengesetzes zuweisen.

(2) *(aufgehoben)*

2. Unterabschnitt. Leistungen zur begleitenden Hilfe im Arbeits- und Berufsleben

§ 17 Leistungsarten. (1) Leistungen zur begleitenden Hilfe im Arbeits- und Berufsleben können erbracht werden

1. an Schwerbehinderte
   a) für technische Arbeitshilfen (§ 19),
   b) zum Erreichen des Arbeitsplatzes (§ 20),
   c) zur Gründung und Erhaltung einer selbständigen beruflichen Existenz (§ 21),
   d) zur Beschaffung, Ausstattung und Erhaltung einer behinderungsgerechten Wohnung (§ 22),
   e) zur Erhaltung der Arbeitskraft (§ 23),
   f) zur Teilnahme an Maßnahmen zur Erhaltung und Erweiterung beruflicher Kenntnisse und Fertigkeiten (§ 24) und
   g) in besonderen Lebenslagen (§ 25),

2. an Arbeitgeber
   a) zur behinderungsgerechten Einrichtung von Arbeits- und Ausbildungsplätzen für Schwerbehinderte (§ 26) und
   b) bei außergewöhnlichen Belastungen (§ 27),
3. an freie gemeinnützige Einrichtungen und Organisationen zu den Kosten einer psychosozialen Betreuung Schwerbehinderter (§ 28) sowie an Träger von Integrationsunternehmen nach dem Elften Abschnitt des Schwerbehindertengesetzes,
4. zur Durchführung von Aufklärungs-, Schulungs- und Bildungsmaßnahmen (§ 29).

Daneben können solche Leistungen unter besonderen Umständen an Träger sonstiger Maßnahmen erbracht werden, die dazu dienen und geeignet sind, die Eingliederung Schwerbehinderter in das Arbeits- und Berufsleben auf dem allgemeinen Arbeitsmarkt (Aufnahme, Ausübung oder Sicherung einer möglichst dauerhaften Beschäftigung) zu ermöglichen, zu erleichtern oder zu sichern.

(1 a) Schwerbehinderte haben im Rahmen der Zuständigkeit der Hauptfürsorgestelle für die begleitende Hilfe im Arbeits- und Berufsleben aus den ihr aus der Ausgleichsabgabe zur Verfügung stehenden Mitteln Anspruch auf Übernahme der Kosten einer notwendigen Arbeitsassistenz.

(2) Andere als die in Absatz 1 genannten Leistungen, die der Arbeits- und Berufsförderung Schwerbehinderter nicht oder nur mittelbar dienen, können nicht erbracht werden. Insbesondere können medizinische Maßnahmen sowie Urlaubs- und Freizeitmaßnahmen nicht gefördert werden.

§ 18 Leistungsvoraussetzungen. (1) Leistungen nach § 17 Abs. 1 dürfen nur erbracht werden, soweit Leistungen für denselben Zweck nicht von einem Rehabilitationsträger, vom Arbeitgeber oder von anderer Seite zu erbringen sind oder, auch wenn auf sie ein Rechtsanspruch nicht besteht, erbracht werden. Der Nachrang der Träger der Sozialhilfe gemäß § 2 des Bundessozialhilfegesetzes, das Verbot der Aufstockung von Leistungen der Rehabilitationsträger durch Leistungen der Hauptfürsorgestellen (§ 31 Abs. 4 Satz 2 letzter Halbsatz des Schwerbehindertengesetzes) und die Pflicht der Hauptfürsorgestellen, Leistungen zur begleitenden Hilfe im Arbeits- und Berufsleben vorläufig zu erbringen (§ 31 Abs. 5 Satz 1 des Schwerbehindertengesetzes), bleiben unberührt.

(2) Leistungen an Schwerbehinderte zur begleitenden Hilfe im Arbeits- und Berufsleben können erbracht werden,
1. wenn die Eingliederung in das Arbeits- und Berufsleben auf dem allgemeinen Arbeitsmarkt unter Berücksichtigung von Art oder Schwere der Behinderung auf besondere Schwierigkeiten stößt und durch die Leistungen ermöglicht, erleichtert oder gesichert werden kann und
2. wenn es dem Schwerbehinderten wegen des behinderungsbedingten Bedarfs nicht zuzumuten ist, die erforderlichen Mittel selbst aufzubringen. In den übrigen Fällen sind seine Einkommensverhältnisse zu berücksichtigen.

(3) Die Leistungen können als einmalige oder laufende Leistungen erbracht werden. Laufende Leistungen können in der Regel nur befristet erbracht werden. Leistungen können wiederholt erbracht werden.

I. Leistungen an Schwerbehinderte

§ 19 Technische Arbeitshilfen. Für die Beschaffung technischer Arbeitshilfen, ihre Wartung, Instandsetzung und die Ausbildung des Schwerbehinderten im Gebrauch können die Kosten bis zur vollen Höhe übernommen werden. Gleiches gilt für die Ersatzbeschaffung und die Beschaffung zur Anpassung an die technische Weiterentwicklung.

§ 20 Hilfen zum Erreichen des Arbeitsplatzes. Schwerbehinderte können Leistungen zum Erreichen des Arbeitsplatzes nach Maßgabe der Kraftfahrzeughilfe-Verordnung vom 28. September 1987 (BGBl. I S. 2251) erhalten.

§ 21 Hilfen zur Gründung und Erhaltung einer selbständigen beruflichen Existenz. (1) Schwerbehinderte können Darlehen oder Zinszuschüsse zur Gründung und zur Erhaltung einer selbständigen beruflichen Existenz erhalten, wenn

1. sie die erforderlichen persönlichen und fachlichen Voraussetzungen für die Ausübung der Tätigkeit erfüllen,
2. sie ihren Lebensunterhalt durch die Tätigkeit voraussichtlich auf Dauer im wesentlichen sicherstellen können und
3. die Tätigkeit unter Berücksichtigung von Lage und Entwicklung des Arbeitsmarkts zweckmäßig ist.

(2) Darlehen sollen mit jährlich 10 vom Hundert getilgt werden. Von der Tilgung kann im Jahr der Auszahlung und dem darauffolgenden Kalenderjahr abgesehen werden. Satz 2 gilt, wenn Darlehen verzinslich gegeben werden, für die Verzinsung.

(3) Sonstige Leistungen zur Deckung von Kosten des laufenden Betriebs können nicht erbracht werden.

(4) Die §§ 17 bis 20 und die §§ 22 bis 25 sowie § 27 sind zugunsten von Schwerbehinderten, die eine selbständige Tätigkeit ausüben oder aufzunehmen beabsichtigen, entsprechend anzuwenden.

§ 22 Hilfen zur Beschaffung, Ausstattung und Erhaltung einer behinderungsgerechten Wohnung. (1) Schwerbehinderte können Leistungen erhalten

1. zur Beschaffung von behinderungsgerechten Wohnraum im Sinne des § 2 Abs. 2 des Zweiten Wohnungsbaugesetzes,
2. zur Anpassung von Wohnraum und seiner Ausstattung an die besonderen behinderungsbedingten Bedürfnisse und
3. zum Umzug in eine behinderungsgerechte oder erheblich verkehrsgünstiger zum Arbeitsplatz gelegene Wohnung.

(2) Leistungen können als Zuschüsse, Zinszuschüsse oder Darlehen erbracht werden. Höhe, Tilgung und Verzinsung bestimmen sich nach den Umständen des Einzelfalls.

(3) Leistungen von anderer Seite sind nur insoweit anzurechnen, als sie Schwerbehinderten für denselben Zweck wegen der Behinderung zu erbringen sind oder erbracht werden.

§ 23 Hilfen zur Erhaltung der Arbeitskraft. Schwerbehinderte, die wegen Art oder Schwere der Behinderung übliche Erholungsmöglichkeiten nicht nutzen können, sondern zur Erhaltung ihrer Arbeitskraft auf besondere, personell, räumlich und sächlich behinderungsgerecht ausgestattete Einrichtungen angewiesen sind, können Zuschüsse bis zur Höhe der ihnen durch die Inanspruchnahme dieser Einrichtungen entstehenden Aufwendungen erhalten.

§ 24 Hilfen zur Teilnahme an Maßnahmen zur Erhaltung und Erweiterung beruflicher Kenntnisse und Fertigkeiten. Schwerbehinderte, die an inner- oder außerbetrieblichen Maßnahmen der beruflichen Bildung zur Erhaltung und Erweiterung ihrer beruflichen Kenntnisse und Fertigkeiten oder zur Anpassung an die technische Entwicklung teilnehmen, vor allem an besonderen Fortbildungs- und Anpassungsmaßnahmen, die nach Art, Umfang und Dauer den Bedürfnissen dieser Schwerbehinderten entsprechen, können Zuschüsse bis zur Höhe der ihnen durch die Teilnahme an diesen Maßnahmen entstehenden Aufwendungen erhalten. Hilfen können auch zum beruflichen Aufstieg erbracht werden.

§ 25 Hilfen in besonderen Lebenslagen. Andere Leistungen zur begleitenden Hilfe im Arbeits- und Berufsleben als die in den §§ 19 bis 24 geregelten Leistungen können an Schwerbehinderte erbracht werden, wenn und soweit sie unter Berücksichtigung von Art oder Schwere der Behinderung erforderlich sind, um die Eingliederung in das Arbeits- und Berufsleben auf dem allgemeinen Arbeitsmarkt zu ermöglichen, zu erleichtern oder zu sichern.

II. Leistungen an Arbeitgeber

§ 26 Leistungen zur behinderungsgerechten Einrichtung von Arbeits- und Ausbildungsplätzen für Schwerbehinderte. (1) Arbeitgeber können Darlehen oder Zuschüsse bis zur vollen Höhe der entstehenden notwendigen Kosten für folgende Maßnahmen erhalten:

1. die behinderungsgerechte Einrichtung und Unterhaltung der Arbeitsstätten einschließlich der Betriebsanlagen, Maschinen und Geräte,
2. die Einrichtung von Teilzeitarbeitsplätzen für Schwerbehinderte, insbesondere wenn eine Teilzeitbeschäftigung mit einer Dauer auch von weniger als 18 Stunden wöchentlich wegen Art oder Schwere der Behinderung notwendig ist,
3. die Ausstattung von Arbeits- oder Ausbildungsplätzen mit notwendigen technischen Arbeitshilfen, deren Wartung und Instandsetzung sowie die Ausbildung des Schwerbehinderten im Gebrauch der nach den Nummern 1 bis 3 geförderten Gegenstände,
4. sonstige Maßnahmen, durch die eine möglichst dauerhafte behinderungsgerechte Beschäftigung Schwerbehinderter in Betrieben oder Dienststellen ermöglicht, erleichtert oder gesichert werden kann.

Gleiches gilt für Ersatzbeschaffungen oder Beschaffungen zur Anpassung an die technische Weiterentwicklung.

(2) Art und Höhe der Leistung bestimmen sich nach den Umständen des Einzelfalls, insbesondere unter Berücksichtigung, ob eine Verpflichtung des

Arbeitgebers zur Durchführung von Maßnahmen nach Absatz 1 gemäß § 14 Abs. 2 Satz 1, Abs. 3 Satz 1 Nr. 4 und 5 und Abs. 4 Satz 1 des Schwerbehindertengesetzes besteht und erfüllt wird sowie ob Schwerbehinderte ohne Beschäftigungspflicht oder über die Beschäftigungspflicht hinaus (§ 5 des Schwerbehindertengesetzes) oder im Rahmen der Erfüllung der besonderen Beschäftigungspflicht gegenüber im Arbeits- und Berufsleben besonders betroffenen Schwerbehinderten (§ 5 Abs. 1 Satz 2 und § 6 des Schwerbehindertengesetzes) beschäftigt werden.

(3) § 15 Abs. 2 Satz 1 und 2 gilt entsprechend.

§ 27 Leistungen bei außergewöhnlichen Belastungen. (1) Arbeitgeber können Zuschüsse zur Abgeltung außergewöhnlicher Belastungen erhalten, die mit der Beschäftigung eines Schwerbehinderten verbunden sind, der nach Art oder Schwere seiner Behinderung im Arbeits- und Berufsleben besonders betroffen ist (§ 6 Abs. 1 Nr. 1 Buchstaben a bis d des Schwerbehindertengesetzes) oder in Teilzeit (§ 9 Abs. 2 des Schwerbehindertengesetzes) beschäftigt wird, vor allem, wenn ohne diese Leistungen das Beschäftigungsverhältnis gefährdet würde.

(2) Außergewöhnliche Belastungen sind überdurchschnittlich hohe finanzielle Aufwendungen oder sonstige Belastungen, die einem Arbeitgeber bei der Beschäftigung eines Schwerbehinderten auch nach Ausschöpfung aller Möglichkeiten entstehen und für die die Kosten zu tragen für den Arbeitgeber nach Art oder Höhe unzumutbar ist.

(3) Für die Zuschüsse zu notwendigen Kosten nach Absatz 2 gilt § 26 Abs. 2 entsprechend.

(4) Die Dauer des Zuschusses bestimmt sich nach den Umständen des Einzelfalls.

III. Sonstige Leistungen

§ 28 Leistungen zur Durchführung der psychosozialen Betreuung Schwerbehinderter. (1) Freie gemeinnützige Träger psychosozialer Dienste, die die Hauptfürsorgestelle an der Durchführung der ihr obliegenden Aufgabe der im Einzelfall erforderlichen psychosozialen Betreuung Schwerbehinderter unter Fortbestand ihrer Verantwortlichkeit beteiligt, können Leistungen zu den daraus entstehenden notwendigen Kosten erhalten.

(2) Leistungen nach Absatz 1 setzen voraus, daß

1. der psychosoziale Dienst nach seiner personellen, räumlichen und sächlichen Ausstattung zur Durchführung von Maßnahmen der psychosozialen Betreuung geeignet ist, insbesondere mit Fachkräften ausgestattet ist, die über eine geeignete Berufsqualifikation, eine psychosoziale Zusatzqualifikation und ausreichende Berufserfahrung verfügen, und
2. die Maßnahmen
    a) nach Art, Umfang und Dauer auf die Aufnahme, Ausübung oder Sicherung einer möglichst dauerhaften Beschäftigung Schwerbehinderter auf dem allgemeinen Arbeitsmarkt ausgerichtet und dafür geeignet sind,
    b) nach den Grundsätzen der Wirtschaftlichkeit und Sparsamkeit durchgeführt werden, insbesondere die Kosten angemessen sind, und
    c) aufgrund einer Vereinbarung zwischen der Hauptfürsorgestelle und dem Träger des psychosozialen Dienstes durchgeführt werden.

Leistungen können gleichermaßen für Maßnahmen für Schwerbehinderte erbracht werden, die diesen Dienst unter bestimmten, in der Vereinbarung näher zu regelnden Voraussetzungen im Einvernehmen mit der Hauptfürsorgestelle unmittelbar in Anspruch nehmen.

(3) Leistungen sollen in der Regel bis zur vollen Höhe der notwendigen Kosten erbracht werden, die aus der Beteiligung an den im Einzelfall erforderlichen Maßnahmen entstehen. Das Nähere über die Höhe der zur übernehmenden Kosten, ihre Erfassung, Darstellung und Abrechnung bestimmt sich nach der Vereinbarung zwischen der Hauptfürsorgestelle und dem Träger des psychosozialen Dienstes gemäß Absatz 2 Satz 1 Nr. 2 Buchstabe c.

§ 29 Leistungen zur Durchführung von Aufklärungs-, Schulungs- und Bildungsmaßnahmen. (1) Die Durchführung von Schulungs- und Bildungsmaßnahmen für Vertrauensmänner und Vertrauensfrauen der Schwerbehinderten, Beauftragte der Arbeitgeber, Betriebs-, Personal-, Richter-, Staatsanwalts- und Präsidialräte sowie die Mitglieder der Stufenvertretungen wird gefördert, wenn es sich um Veranstaltungen der Hauptfürsorgestellen im Sinne des § 31 Abs. 2 Satz 5 des Schwerbehindertengesetzes handelt. Die Durchführung von Maßnahmen im Sinne des Satzes 1 durch andere Träger kann gefördert werden, wenn die Maßnahmen erforderlich und die Hauptfürsorgestellen an ihrer inhaltlichen Gestaltung maßgeblich beteiligt sind.

(2) Aufklärungsmaßnahmen sowie Schulungs- und Bildungsmaßnahmen für andere als in Absatz 1 genannte Personen, die die Eingliederung Schwerbehinderter in das Arbeits- und Berufsleben zum Gegenstand haben, können gefördert werden. Dies gilt auch für notwendige Informationsschriften und -veranstaltungen über Rechte, Pflichten, Leistungen und sonstige Eingliederungshilfen sowie Nachteilsausgleiche nach dem Schwerbehindertengesetz und anderen Vorschriften.

3. Unterabschnitt. Leistungen für Einrichtungen zur Eingliederung Schwerbehinderter in das Arbeits- und Berufsleben

§ 30 Förderungsfähige Einrichtungen. (1) Leistungen können für die Schaffung, Erweiterung, Ausstattung und Modernisierung folgender Einrichtungen erbracht werden:
1. betriebliche, überbetriebliche und außerbetriebliche Einrichtungen zur Vorbereitung von Behinderten auf eine berufliche Bildung oder die Eingliederung in das Arbeits- und Berufsleben,
2. betriebliche, überbetriebliche und außerbetriebliche Einrichtungen zur beruflichen Bildung Behinderter,
3. Einrichtungen, soweit sie während der Durchführung medizinischer Rehabilitationsmaßnahmen Behinderte auf eine berufliche Bildung oder die Eingliederung in das Arbeits- und Berufsleben vorbereiten,
4. Werkstätten für Behinderte im Sinne des § 54 des Schwerbehindertengesetzes,
5. Blindenwerkstätten im Sinne des Blindenwarenvertriebsgesetzes vom 9. April 1965 (BGBl. I S. 311), zuletzt geändert durch Artikel 2 des Gesetzes vom 23. November 1994 (BGBl. I S. 3475),

6. Wohnstätten für Behinderte, die auf dem allgemeinen Arbeitsmarkt, in Werkstätten für Behinderte oder in Blindenwerkstätten tätig sind,
7. besondere Einrichtungen zur Erhaltung der Arbeitskraft für Behinderte, die auf dem allgemeinen Arbeitsmarkt, in Werkstätten für Behinderte oder in Blindenwerkstätten tätig sind, aber wegen Art oder Schwere ihrer Behinderung übliche Erholungseinrichtungen in zumutbarer Weise nicht nutzen können.

(2) Öffentliche oder gemeinnützige Träger eines besonderen Beförderungsdienstes für Behinderte können Leistungen zur Beschaffung und behinderungsgerechten Ausstattung von Kraftfahrzeugen erhalten. Die Höhe der Leistung bestimmt sicht nach dem Umfang, in dem der besondere Beförderungsdienst für Fahrten Schwerbehinderter von und zur Arbeitsstätte benutzt wird.

(3) Leistungen zur Deckung von Kosten des laufenden Betriebs dürfen nur ausnahmsweise erbracht werden, wenn hierdurch der Verlust bestehender Beschäftigungsmöglichkeiten für Behinderte abgewendet werden kann.

§ 31 Förderungsvoraussetzungen. (1) Die Einrichtungen im Sinne des § 30 Abs. 1 können gefördert werden, wenn sie
1. ausschließlich oder überwiegend Behinderte aufnehmen, die Leistungen eines Rehabilitationsträgers oder eines Trägers der Sozialhilfe in Anspruch nehmen,
2. Behinderten unabhängig von der Ursache der Behinderung und unabhängig von der Mitgliedschaft in der Organisation des Trägers der Einrichtung offenstehen und
3. nach ihrer personellen, räumlichen und sächlichen Ausstattung die Gewähr dafür bieten, daß die Rehabilitationsmaßnahmen nach zeitgemäßen Erkenntnissen durchgeführt werden und einer dauerhaften Eingliederung in das Arbeits- und Berufsleben dienen.

(2) Darüber hinaus setzt die Förderung voraus bei
1. Einrichtungen im Sinne des § 30 Abs. 1 Nr. 1:
Die in diesen Einrichtungen durchzuführenden Maßnahmen sollen den individuellen Belangen der Behinderten Rechnung tragen und sowohl eine werkpraktische wie fachtheoretische Unterweisung umfassen. Eine begleitende Betreuung entsprechend den Bedürfnissen der Behinderten muß sichergestellt sein. Maßnahmen zur Vorbereitung auf eine berufliche Bildung sollen sich auf mehrere Berufsfelder erstrecken und Aufschluß über Neigung und Eignung der Behinderten geben.
2. Einrichtungen im Sinne des § 30 Abs. 1 Nr. 2:
a) Die Eignungsvoraussetzungen nach den §§ 20 bis 22 des Berufsbildungsgesetzes oder nach den §§ 21 bis 23 der Handwerksordnung zur Ausbildung in anerkannten Ausbildungsberufen müssen erfüllt sein. Dies gilt auch für Ausbildungsgänge, die nach § 44 in Verbindung mit § 48 des Berufsbildungsgesetzes oder nach § 41 in Verbindung mit § 42b der Handwerksordnung durchgeführt werden.
b) Außer- oder überbetriebliche Einrichtungen sollen unter Einbeziehung von Plätzen für berufsvorbereitende Maßnahmen über in der Regel mindestens 200 Plätze für die berufliche Bildung in mehreren Berufsfel-

dern verfügen. Sie müssen in der Lage sein, Behinderte mit besonderer Art oder Schwere der Behinderung beruflich zu bilden. Sie müssen über die erforderliche Zahl von Ausbildern und die personellen und sächlichen Voraussetzungen für eine begleitende ärztliche, psychologische und soziale Betreuung entsprechend den Bedürfnissen der Behinderten verfügen. Bei Unterbringung im Internat muß die behinderungsgerechte Betreuung sichergestellt sein. Die Einrichtungen sind zur vertrauensvollen Zusammenarbeit insbesondere untereinander und mit den für die Rehabilitation zuständigen Behörden verpflichtet.

3. Einrichtungen im Sinne des § 30 Abs. 1 Nr. 3:
Die in diesen Einrichtungen in einem ineinandergreifenden Verfahren durchzuführenden medizinischen und berufsfördernden Maßnahmen zur Rehabilitation müssen entsprechend den individuellen Gegebenheiten so ausgerichtet sein, daß nach Abschluß dieser Maßnahmen ein möglichst nahtloser Übergang in eine berufliche Bildungsmaßnahme oder in das Arbeits- oder Berufsleben gewährleistet ist. Für die Durchführung der Maßnahmen müssen besondere Fachdienste zur Verfügung stehen.

4. Werkstätten für Behinderte im Sinne des § 30 Abs. 1 Nr. 4:
Sie müssen gemäß § 57 des Schwerbehindertengesetzes anerkannt sein oder voraussichtlich anerkannt werden.

5. Blindenwerkstätten im Sinne des § 30 Abs. 1 Nr. 5:
Sie müssen gemäß § 5 des Blindenwarenvertriebsgesetzes anerkannt sein oder voraussichtlich anerkannt werden.

6. Wohnstätten im Sinne des § 30 Abs. 1 Nr. 6:
Sie müssen hinsichtlich ihrer baulichen Gestaltung, Wohnflächenbemessung und Ausstattung den besonderen Bedürfnissen der Behinderten entsprechen. Die Aufnahme auch von Behinderten, die nicht im Arbeits- oder Berufsleben stehen, schließt eine Förderung entsprechend dem Anteil der im Arbeits- oder Berufsleben stehenden Schwerbehinderten nicht aus. Der Verbleib von Schwerbehinderten, die nicht mehr im Arbeits- oder Berufsleben stehen, insbesondere von Schwerbehinderten nach dem Ausscheiden aus einer Werkstatt für Behinderte, beeinträchtigt nicht die zweckentsprechende Verwendung der eingesetzten Mittel.

7. Einrichtungen im Sinne des § 30 Abs. 1 Nr. 7:
Sie müssen nach ihrer personellen, räumlichen und sächlichen Ausstattung darauf ausgerichtet sein, Schwerbehinderte aufzunehmen, die wegen Art oder Schwere der Behinderung sonst übliche Erholungsmöglichkeiten in zumutbarer Weise nicht nutzen können. Nummer 6 Satz 2 findet Anwendung.

§ 32 Förderungsgrundsätze. (1) Leistungen sollen nur erbracht werden, wenn sich der Träger der Einrichtung in einem angemessenen Verhältnis an den Gesamtkosten beteiligt und alle anderen Finanzierungsmöglichkeiten aus Mitteln der öffentlichen Hände und aus privaten Mitteln in zumutbarer Weise in Anspruch genommen worden sind.

(2) Leistungen dürfen nur erbracht werden, soweit Leistungen für denselben Zweck nicht von anderer Seite zu erbringen sind oder erbracht werden. Werden Einrichtungen aus Haushaltsmitteln des Bundes oder anderer öffentlicher Hände gefördert, ist eine Förderung aus Mitteln der Ausgleichs-

abgabe nur zulässig, wenn der Förderungszweck sonst nicht erreicht werden kann.

(3) Leistungen können nur erbracht werden, wenn ein Bedarf an entsprechenden Einrichtungen festgestellt und die Deckung der Kosten des laufenden Betriebs gesichert ist.

(4) Eine Nachfinanzierung aus Mitteln der Ausgleichsabgabe ist nur zulässig, wenn eine Förderung durch die gleiche Stelle vorangegangen ist.

§ 33 Art und Höhe der Leistungen. (1) Leistungen können als Zuschüsse oder Darlehen erbracht werden. Zuschüsse sind auch Zinszuschüsse zur Verbilligung von Fremdmitteln.

(2) Art und Höhe der Leistung bestimmen sich nach den Umständen des Einzelfalls, insbesondere nach dem Anteil der Schwerbehinderten an der Gesamtzahl des aufzunehmenden Personenkreises, nach der wirtschaftlichen Situation der Einrichtung und ihres Trägers sowie nach Bedeutung und Dringlichkeit der beabsichtigten Rehabilitationsmaßnahmen.

§ 34 Tilgung und Verzinsung von Darlehen. (1) Darlehen nach § 33 sollen jährlich mit 2 vom Hundert getilgt und mit 2 vom Hundert verzinst werden; bei Ausstattungsinvestitionen beträgt die Tilgung 10 vom Hundert. Die durch die fortschreitende Tilgung ersparten Zinsen wachsen den Tilgungsbeträgen zu.

(2) Von der Tilgung und Verzinsung von Darlehen kann bis zum Ablauf von zwei Jahren nach Inbetriebnahme abgesehen werden.

Dritter Abschnitt. Ausgleichsfonds

1. Unterabschnitt. Gestaltung des Ausgleichsfonds

§ 35 Rechtsform. Der Ausgleichsfonds für überregionale Maßnahmen zur Eingliederung Schwerbehinderter in Arbeit, Beruf und Gesellschaft (Ausgleichsfonds) ist ein nicht rechtsfähiges Sondervermögen des Bundes mit eigener Wirtschafts- und Rechnungsführung. Er ist von den übrigen Vermögen des Bundes, seinen Rechten und Verbindlichkeiten getrennt zu halten. Für Verbindlichkeiten, die der Bundesminister für Arbeit und Sozialordnung als Verwalter des Ausgleichsfonds eingeht, haftet nur der Ausgleichsfonds; der Ausgleichsfonds haftet nicht für die sonstigen Verbindlichkeiten des Bundes.

§ 36 Weiterleitung der Mittel an den Ausgleichsfonds. (1) Die Hauptfürsorgestellen haben bis zum 31. Januar das Aufkommen an Ausgleichsabgabe für das vorangegangene Rechnungsjahr dem Bundesminister für Arbeit und Sozialordnung mitzuteilen und den dem Ausgleichsfonds zuzuführenden Anteil zu überweisen. Der Mitteilung ist das Aufkommen an Ausgleichsabgabe zugrunde zu legen, das bis zum 31. Dezember tatsächlich an die Hauptfürsorgestellen abgeführt worden ist.

(2) Die Hauptfürsorgestellen haben zum 30. Juni eines jeden Jahres Abschlagszahlungen in Höhe von 45 vom Hundert der bis zum 31. Mai eingegangenen Beträge, zum 30. November eines jeden Jahres Abschlagszahlungen

in Höhe von 45 vom Hundert der zwischen dem 1. Juni und 31. Oktober eingegangenen Beträge zu leisten.

§ 37 Anwendung der Vorschriften der Bundeshaushaltsordnung. Für den Ausgleichsfonds gelten die Bundeshaushaltsordnung sowie die zu ihrer Ergänzung und Durchführung erlassenen Vorschriften entsprechend, soweit die Vorschriften dieser Verordnung nichts anderes bestimmen.

§ 38 Aufstellung eines Wirtschaftsplans. (1) Für jedes Kalenderjahr (Wirtschaftsjahr) ist ein Wirtschaftsplan aufzustellen.

(2) Der Wirtschaftsplan enthält alle im Wirtschaftsjahr

1. zu erwartenden Einnahmen,
2. voraussichtlich zu leistenden Ausgaben und
3. voraussichtlich benötigten Verpflichtungsermächtigungen.

Zinsen, Tilgungsbeträge aus Darlehen, zurückgezahlte Zuschüsse sowie unverbrauchte Mittel des Vorjahres fließen dem Ausgleichsfonds als Einnahmen zu.

(3) Der Wirtschaftsplan ist in Einnahmen und Ausgaben auszugleichen.

(4) Die Ausgaben sind gegenseitig deckungsfähig.

(5) Die Ausgaben sind übertragbar.

§ 39 Feststellung des Wirtschaftsplans. Der Bundesminister für Arbeit und Sozialordnung stellt im Benehmen mit dem Bundesminister der Finanzen und im Einvernehmen mit dem Beirat für die Rehabilitation der Behinderten (Beirat) den Wirtschaftsplan fest. § 1 der Bundeshaushaltsordnung findet keine Anwendung.

§ 40 Ausführung des Wirtschaftsplans. (1) Bei der Vergabe der Mittel des Ausgleichsfonds sind die jeweils gültigen Allgemeinen Nebenbestimmungen für Zuwendungen des Bundes zugrunde zu legen. Von ihnen kann im Einvernehmen mit dem Bundesminister der Finanzen abgewichen werden.

(2) Verpflichtungen, die in Folgejahren zu Ausgaben führen, dürfen nur eingegangen werden, wenn die Finanzierung der Ausgaben durch das Aufkommen an Ausgleichsabgabe gesichert ist.

(3) Überschreitungen der Ausgabeansätze sind nur zulässig, wenn

1. hierfür ein unvorhergesehenes und unabweisbares Bedürfnis besteht und
2. entsprechende Einnahmeerhöhungen vorliegen.

Außerplanmäßige Ausgaben sind nur zulässig, wenn

1. hierfür ein unvorhergesehenes und unabweisbares Bedürfnis besteht und
2. Beträge in gleicher Höhe bei anderen Ausgabeansätzen eingespart werden oder entsprechende Einnahmeerhöhungen vorliegen.

Die Entscheidung hierüber trifft der Bundesminister für Arbeit und Sozialordnung im Benehmen mit dem Bundesminister der Finanzen und im Einvernehmen mit dem Beirat.

(4) Bis zur bestimmungsmäßigen Verwendung sind die Ausgabemittel verzinslich anzulegen.

2. Unterabschnitt. Förderung der Eingliederung Schwerbehinderter in das Arbeits- und Berufsleben aus Mitteln des Ausgleichsfonds

§ 41 Verwendungszwecke. (1) Die Mittel aus dem Ausgleichsfonds sind zu verwenden

1. für Zuweisungen an die Bundesanstalt für Arbeit zur Verwendung bei der Förderung besonders betroffener Schwerbehinderter nach den §§ 222a und 235a des Dritten Buches Sozialgesetzbuch und zur Erfüllung der Verbindlichkeiten aus der Durchführung des § 33 Abs. 2 des Schwerbehindertengesetzes und des Ersten Abschnitts dieser Verordnung in der bis zum 1. Oktober 2000 geltenden Fassung, und zwar in Höhe von 87,5 Millionen Deutsche Mark für die Monate Oktober bis Dezember 2000 sowie 350 Millionen Deutsche Mark für das Jahr 2001 und der entsprechend auf Euro umgestellte Betrag für das Jahr 2002,

2. zur Durchführung befristeter überregionaler Arbeitsmarktprogramme zum Abbau der Arbeitslosigkeit Schwerbehinderter, besonderer Gruppen von Schwerbehinderten (§ 6 des Schwerbehindertengesetzes) oder schwerbehinderter Frauen sowie zur Förderung des Ausbildungsplatzangebots für Schwerbehinderte und

3. zum Aufbau und zur Förderung von Integrationsfachdiensten nach dem Siebten Abschnitt des Schwerbehindertengesetzes und zur Förderung von Integrationsbetrieben und -abteilungen nach dem Elften Abschnitt des Schwerbehindertengesetzes.

Der Betrag von 350 Millionen Deutsche Mark nach Satz 1 Nr. 1 verändert sich vom Jahre 2003 an für jedes Kalenderjahr in dem Verhältnis, in dem sich die Einnahmen des Ausgleichsfonds aus der Ausgleichsabgabe für das jeweils vorangegangene Kalenderjahr gegenüber den entsprechenden Einnahmen für das jeweils vorvergangene Kalenderjahr verändert haben.

(2) Sie sind ferner zu verwenden für Leistungen für:

1. Einrichtungen nach § 30, soweit sie den Interessen mehrerer Länder dienen; Einrichtungen dienen den Interessen mehrerer Länder auch dann, wenn sie Bestandteil eines abgestimmten Plans sind, der ein länderübergreifendes Netz derartiger Einrichtungen zum Gegenstand hat,

2. überregionale Modellvorhaben zur Weiterentwicklung der Arbeits- und Berufsförderung Schwerbehinderter,

3. die Entwicklung technischer Arbeitshilfen,

4. Aufklärungs-, Fortbildungs- und Forschungsmaßnahmen auf dem Gebiet der Eingliederung Schwerbehinderter in das Arbeits- und Berufsleben, sofern diesen Maßnahmen überregionale Bedeutung zukommt.

(3) Die Mittel des Ausgleichsfonds sind vorrangig für die Eingliederung Schwerbehinderter auf den allgemeinen Arbeitsmarkt zu verwenden.

(4) Der Ausgleichsfonds kann sich an der Förderung von Forschungs- und Modellvorhaben durch die Hauptfürsorgestellen nach § 14 Abs. 1 Nr. 4 beteiligen, sofern diese Vorhaben auch für andere Länder oder den Bund von Bedeutung sein können.

(5) Die §§ 31 bis 34 gelten entsprechend.

3. Unterabschnitt. Verfahren zur Vergabe der Mittel des Ausgleichsfonds

§ 42 Anmeldeverfahren und Anträge. Der Bedarf an Zuweisungen aus dem Ausgleichsfonds gemäß § 33 Abs. 1 Nr. 3 des Schwerbehindertengesetzes ist von der Bundesanstalt für Arbeit rechtzeitig anzumelden. Leistungen aus dem Ausgleichsfonds sind vom Träger der Maßnahme schriftlich beim Bundesminister für Arbeit und Sozialordnung zu beantragen, in den Fällen des § 41 Abs. 2 Nr. 1 nach vorheriger Abstimmung mit dem Land, in dem die Einrichtung ihren Sitz hat oder haben soll. Der Bundesminister für Arbeit und Sozialordnung leitet die Anträge mit seiner Stellungnahme dem Beirat zu.

§ 43 Vorschlagsrecht des Beirats. (1) Der Beirat nimmt zu den Anträgen Stellung. Die Stellungnahme hat einen Vorschlag zu enthalten, ob, in welcher Art und Höhe sowie unter welchen Bedingungen und Auflagen Mittel des Ausgleichsfonds vergeben werden sollen.

(2) Der Beirat kann unabhängig vom Vorliegen oder in Abwandlung eines schriftlichen Antrags Vorhaben zur Förderung vorschlagen.

§ 44 Entscheidung. (1) Der Bundesminister für Arbeit und Sozialordnung entscheidet über die Anträge aufgrund der Vorschläge des Beirats durch schriftlichen Bescheid.

(2) Der Beirat ist über die getroffene Entscheidung zu unterrichten.

§ 45 Vorhaben des Bundesministers für Arbeit und Sozialordnung. Für Vorhaben des Bundesministers für Arbeit und Sozialordnung, die dem Beirat zur Stellungnahme zuzuleiten sind, gelten die §§ 43 und 44 entsprechend.

Vierter Abschnitt. Schlußvorschriften

§ 46 *(aufgehoben)*

§ 47 Inkrafttreten, Außerkrafttreten. Diese Verordnung tritt am Tage nach der Verkündung in Kraft. Gleichzeitig tritt die Ausgleichsabgabeverordnung Schwerbehindertengesetz vom 8. August 1978 (BGBl. I S. 1228), zuletzt geändert durch § 12 der Kraftfahrzeughilfe-Verordnung vom 28. September 1987 (BGBl. I S. 2251), außer Kraft.

2c. Dritte Verordnung zur Durchführung des Schwerbehindertengesetzes (Werkstättenverordnung Schwerbehindertengesetz – SchwbWV)

Vom 13. August 1980 (BGBl. I S. 1365)

Zuletzt geändert durch Gesetz vom 29. September 2000 (BGBl. I S. 1394)

BGBl. III/FNA 871-1-7

Auf Grund des § 55 Abs. 3 des Schwerbehindertengesetzes in der Fassung der Bekanntmachung vom 8. Oktober 1979 (BGBl. I S. 1649)[1]) verordnet die Bundesregierung mit Zustimmung des Bundesrates:

Erster Abschnitt. Fachliche Anforderungen an die Werkstatt für Behinderte

§ 1 Grundsatz der einheitlichen Werkstatt. (1) Die Werkstatt für Behinderte (Werkstatt) hat zur Erfüllung ihrer gesetzlichen Aufgaben die Voraussetzungen dafür zu schaffen, daß sie die Behinderten im Sinne des § 54 Abs. 2 des Schwerbehindertengesetzes aus ihrem Einzugsgebiet aufnehmen kann.

(2) Der unterschiedlichen Art der Behinderung und ihren Auswirkungen soll innerhalb der Werkstatt durch geeignete Maßnahmen, insbesondere durch Bildung besonderer Gruppen im Arbeitstrainings- und Arbeitsbereich, Rechnung getragen werden.

§ 2 Fachausschuß. Bei jeder Werkstatt ist ein Fachausschuß zu bilden. Ihm gehören in gleicher Zahl an

1. Vertreter der Werkstatt,
2. Vertreter der Bundesanstalt für Arbeit,
3. Vertreter des überörtlichen Trägers der Sozialhilfe.

Kommt die Zuständigkeit eines anderen Sozialleistungsträgers zur Gewährung von berufsfördernden oder ergänzenden Leistungen zur Rehabilitation in Betracht, soll der Fachausschuß zur Mitwirkung an der Stellungnahme auch Vertreter dieses Trägers hinzuziehen. Er kann auch andere Personen zur Beratung hinzuziehen und soll, soweit erforderlich, Sachverständige hören.

§ 3 Eingangsverfahren. (1) Die Werkstatt hat im Benehmen mit dem zuständigen Rehabilitationsträger und dem überörtlichen Träger der Sozialhilfe Eingangsverfahren durchzuführen. Aufgabe des Eingangsverfahrens ist es, in Zweifelsfällen festzustellen, ob die Werkstatt die geeignete Einrichtung für die Eingliederung des Behinderten in das Arbeitsleben im Sinne des § 54 des Schwerbehindertengesetzes ist, sowie welche Bereiche der Werkstatt und

---

[1]) Vgl. heute § 57 Abs. 2 (Nr. 1).

welche berufsfördernden und ergänzenden Maßnahmen zur Rehabilitation für den Behinderten in Betracht kommen.

(2) Das Eingangsverfahren dauert bis zu vier Wochen.

(3) Zum Abschluß des Eingangsverfahrens gibt der Fachausschuß auf Vorschlag des Trägers der Werkstatt und nach Anhörung des Behinderten, gegebenenfalls auch seines gesetzlichen Vertreters, unter Würdigung aller Umstände des Einzelfalles, insbesondere der Persönlichkeit des Behinderten und seines Verhaltens während des Eingangsverfahrens, eine Stellungnahme gemäß Absatz 1 gegenüber dem zuständigen Sozialleistungsträger ab. Das Eingangsverfahren endet frühestens mit Ablauf des Tages, an dem die Werkstatt von der Entscheidung des zuständigen Sozialleistungsträgers Kenntnis erhält.

(4) Kommt der Fachausschuß zu dem Ergebnis, daß die Werkstatt für Behinderte nicht geeignet ist, soll er zugleich eine Empfehlung aussprechen, welche andere Einrichtung oder sonstige Maßnahmen für den Behinderten in Betracht kommen. Er soll sich auch dazu äußern, nach welcher Zeit eine Wiederholung des Eingangsverfahrens zweckmäßig ist und welche Maßnahmen in der Zwischenzeit durchgeführt werden sollen.

§ 4 Arbeitstrainingsbereich. (1) Die Werkstatt hat im Benehmen mit dem zuständigen Rehabilitationsträger und dem zuständigen überörtlichen Träger der Sozialhilfe berufsfördernde Bildungsmaßnahmen (Einzelmaßnahmen und Lehrgänge) zur Verbesserung der Eingliederungsmöglichkeiten in das Arbeitsleben unter Einschluß angemessener Maßnahmen zur Weiterentwicklung der Persönlichkeit des Behinderten durchzuführen. Sie hat die Behinderten so zu fördern, daß sie spätestens nach Teilnahme an Maßnahmen des Arbeitstrainingsbereichs in der Lage sind, wenigstens ein Mindestmaß wirtschaftlich verwertbarer Arbeitsleistung im Sinne des § 54 Abs. 2 des Schwerbehindertengesetzes zu erbringen.

(2) Das Angebot an berufsfördernden Maßnahmen soll möglichst breit sein, um Art und Schwere der Behinderung, der unterschiedlichen Leistungsfähigkeit, Entwicklungsmöglichkeit sowie Eignung und Neigung der Behinderten soweit wie möglich Rechnung zu tragen.

(3) Die Lehrgänge sind in einen Grund- und einen Aufbaukurs von in der Regel je zwölfmonatiger Dauer zu gliedern.

(4) Im Grundkurs sollen Fertigkeiten und Grundkenntnisse verschiedener Arbeitsabläufe vermittelt werden, darunter manuelle Fertigkeiten im Umgang mit verschiedenen Werkstoffen und Werkzeugen und Grundkenntnisse über Werkstoffe und Werkzeuge. Zugleich sollen das Selbstwertgefühl des Behinderten und die Entwicklung des Sozial- und Arbeitsverhaltens gefördert sowie Schwerpunkte der Eignung und Neigung festgestellt werden.

(5) Im Aufbaukurs sollen Fertigkeiten mit höherem Schwierigkeitsgrad, insbesondere im Umgang mit Maschinen, und vertiefte Kenntnisse über Werkstoffe und Werkzeuge vermittelt sowie die Fähigkeit zu größerer Ausdauer und Belastung und zur Umstellung auf unterschiedliche Beschäftigungen im Arbeitsbereich geübt werden.

(6) Rechtzeitig vor Beendigung einer berufsfördernden Bildungsmaßnahme hat der Fachausschuß gegenüber dem zuständigen Sozialleistungsträger eine Stellungnahme dazu anzugeben, ob

Schwerbehindertengesetz §§ 5, 6 SchwbWV 2 c

1. die Teilnahme an einer anderen oder weiterführenden berufsfördernden Bildungsmaßnahme oder
2. eine Wiederholung der Bildungsmaßnahme oder
3. eine Beschäftigung im Arbeitsbereich der Werkstatt oder auf dem allgemeinen Arbeitsmarkt

zweckmäßig erscheint. Das gleiche gilt im Falle des vorzeitigen Abbruchs oder Wechsels der Bildungsmaßnahme sowie des Ausscheidens aus der Werkstatt. Im übrigen gilt § 3 Abs. 3 entsprechend.

§ 5 Arbeitsbereich. (1) Die Werkstatt soll über ein möglichst breites Angebot an Arbeitsplätzen verfügen, um Art und Schwere der Behinderung, der unterschiedlichen Leistungsfähigkeit, Entwicklungsmöglichkeit sowie Eignung und Neigung der Behinderten soweit wie möglich Rechnung zu tragen.

(2) Die Arbeitsplätze sollen in ihrer Ausstattung soweit wie möglich denjenigen auf dem allgemeinen Arbeitsmarkt entsprechen. Bei der Gestaltung der Plätze und der Arbeitsabläufe sind die besonderen Bedürfnisse der Behinderten soweit wie möglich zu berücksichtigen, um sie in die Lage zu versetzen, wirtschaftlich verwertbare Arbeitsleistungen zu erbringen. Die Erfordernisse zur Vorbereitung für eine Vermittlung auf den allgemeinen Arbeitsmarkt sind zu beachten.

(3) Zur Erhaltung und Erhöhung der im Arbeitstrainingsbereich erworbenen Leistungsfähigkeit und zur Weiterentwicklung der Persönlichkeit der Behinderten sind arbeitsbegleitend geeignete Maßnahmen durchzuführen.

(4) Der Übergang von Behinderten auf den allgemeinen Arbeitsmarkt ist durch geeignete Maßnahmen zu fördern, insbesondere auch durch die Einrichtung einer Übergangsgruppe mit besonderen Förderangeboten, Entwicklung individueller Förderpläne sowie Ermöglichung von Trainingsmaßnahmen, Betriebspraktika und durch eine zeitweise Beschäftigung auf ausgelagerten Arbeitsplätzen. Dabei hat die Werkstatt die notwendige arbeitsbegleitende Betreuung in der Übergangsphase sicherzustellen und darauf hinzuwirken, daß der zuständige Sozialleistungsträger seine Leistungen und nach dem Ausscheiden des Behinderten aus der Werkstatt die Hauptfürsorgestellen, gegebenenfalls unter Beteiligung eines Integrationsfachdienstes, die begleitende Hilfe im Arbeits- und Berufsleben einbringen. Die Werkstatt hat die Bundesanstalt für Arbeit bei der Durchführung der vorbereitenden Maßnahmen in die Bemühungen zur Vermittlung auf den allgemeinen Arbeitsmarkt einzubeziehen.

§ 6 Beschäftigungszeit. (1) Die Werkstatt hat sicherzustellen, daß die Behinderten im Arbeitstrainings- und Arbeitsbereich wenigstens 35 und höchstens 40 Stunden wöchentlich beschäftigt werden können. Die Stundenzahlen umfassen Erholungspausen und Zeiten der Teilnahme an Maßnahmen im Sinne des § 5 Abs. 3.

(2) Einzelnen Behinderten ist eine kürzere Beschäftigungszeit zu ermöglichen, wenn es wegen Art oder Schwere der Behinderung notwendig erscheint.

§ 7 Größe der Werkstatt. (1) Die Werkstatt soll in der Regel über mindestens 120 Plätze verfügen.

(2) Die Mindestzahl nach Absatz 1 gilt als erfüllt, wenn der Werkstattverbund im Sinne des § 15, dem die Werkstatt angehört, über diese Zahl von Plätzen verfügt.

§ 8 Bauliche Gestaltung, Ausstattung, Standort. (1) Die bauliche Gestaltung und die Ausstattung der Werkstatt müssen der Aufgabenstellung der Werkstatt als einer Einrichtung zur Eingliederung Behinderter in das Arbeitsleben und den in § 54 des Schwerbehindertengesetzes und im Ersten Abschnitt dieser Verordnung gestellten Anforderungen Rechnung tragen. Die Erfordernisse des Arbeitsschutzes und der Unfallverhütung sowie zur Vermeidung baulicher und technischer Hindernisse sind zu beachten.

(2) Bei der Wahl des Standorts ist auf die Einbindung in die regionale Wirtschafts- und Beschäftigungsstruktur Rücksicht zu nehmen.

(3) Das Einzugsgebiet muß so bemessen sein, daß die Werkstatt für die Behinderten mit öffentlichen oder sonstigen Verkehrsmitteln in zumutbarer Zeit erreichbar ist.

(4) Die Werkstatt hat im Benehmen mit den zuständigen Sozialleistungsträgern, soweit erforderlich, einen Fahrdienst zu organisieren.

§ 9 Werkstattleiter, Fachpersonal zur Arbeits- und Berufsförderung.
(1) Die Werkstatt muß über die Fachkräfte verfügen, die erforderlich sind, um ihre Aufgaben entsprechend den jeweiligen Bedürfnissen der Behinderten, insbesondere unter Berücksichtigung der Notwendigkeit einer individuellen Förderung von Behinderten, erfüllen zu können.

(2) Der Werkstattleiter soll in der Regel über einen Fachhochschulabschluß im kaufmännischen oder technischen Bereich oder einen gleichwertigen Bildungsstand, über ausreichende Berufserfahrung und die sonderpädagogische Zusatzqualifikation verfügen. Entsprechende Berufsqualifikationen aus dem sozialen Bereich reichen aus, wenn die zur Leitung einer Werkstatt erforderlichen Kenntnisse und Fähigkeiten im kaufmännischen und technischen Bereich anderweitig erworben worden sind. Die sonderpädagogische Zusatzqualifikation kann in angemessener Zeit durch Teilnahme an geeigneten Fortbildungsmaßnahmen nachgeholt werden.

(3) Die Zahl der Fachkräfte zur Arbeits- und Berufsförderung im Arbeitstrainings- und Arbeitsbereich richtet sich nach der Zahl und der Zusammensetzung der Behinderten sowie der Art der Beschäftigung und der technischen Ausstattung des Arbeitsbereichs. Das Zahlenverhältnis von Fachkräften zu Behinderten soll im Arbeitstrainingsbereich 1:6, im Arbeitsbereich 1:12 betragen. Die Fachkräfte sollen in der Regel Facharbeiter, Gesellen oder Meister mit einer mindestens zweijährigen Berufserfahrung in Industrie oder Handwerk sein; sie müssen pädagogisch geeignet sein und über eine sonderpädagogische Zusatzqualifikation verfügen. Entsprechende Berufsqualifikationen aus dem pädagogischen oder sozialen Bereich reichen aus, wenn die für eine Tätigkeit als Fachkraft erforderlichen sonstigen Kenntnisse und Fähigkeiten für den Arbeitstrainings- und Arbeitsbereich anderweitig erworben worden sind. Absatz 2 Satz 3 gilt entsprechend.

(4) Zur Durchführung des Eingangsverfahrens sollen Fachkräfte des Arbeitstrainingsbereichs und der begleitenden Dienste eingesetzt werden, sofern der zuständige Sozialleistungsträger keine höheren Anforderungen stellt.

§ 10 Begleitende Dienste. (1) Die Werkstatt muß zur pädagogischen, sozialen und medizinischen Betreuung der Behinderten über begleitende Dienste verfügen, die den Bedürfnissen der Behinderten gerecht werden. Eine erforderliche psychologische Betreuung ist sicherzustellen. § 9 Abs. 1 gilt entsprechend.

(2) Für je 120 Behinderte sollen in der Regel ein Sozialpädagoge oder ein Sozialarbeiter zur Verfügung stehen, darüber hinaus im Einvernehmen mit den zuständigen Sozialleistungsträgern pflegerische, therapeutische und nach Art und Schwere der Behinderung sonst erforderliche Fachkräfte.

(3) Die besondere ärztliche Betreuung der Behinderten in der Werkstatt und die medizinische Beratung des Fachpersonals der Werkstatt durch einen Arzt, der möglichst auch die an einen Betriebsarzt zu stellenden Anforderungen erfüllen soll, müssen vertraglich sichergestellt sein.

§ 11 Fortbildung. Die Werkstatt hat dem Fachpersonal nach den §§ 9 und 10 Gelegenheit zur Teilnahme an Fortbildungsmaßnahmen zu geben.

§ 12 Wirtschaftsführung. (1) Die Werkstatt muß nach betriebswirtschaftlichen Grundsätzen organisiert sein. Sie hat nach kaufmännischen Grundsätzen Bücher zu führen und eine Betriebsabrechnung in Form einer Kostenstellenrechnung zu erstellen. Sie soll einen Jahresabschluß erstellen. Zusätzlich sind das Arbeitsergebnis und seine Verwendung auszuweisen. Die Buchführung, die Betriebsabrechnung und der Jahresabschluß einschließlich der Ermittlung des Arbeitsergebnisses und seiner Verwendung sind in angemessenen Zeitabständen in der Regel von einer Person zu prüfen, die als Prüfer bei durch Bundesgesetz vorgeschriebenen Prüfungen des Jahresabschlusses (Abschlußprüfer) juristischer Personen zugelassen ist. Weitergehende handelsrechtliche und abweichende haushaltsrechtliche Vorschriften über Rechnungs-, Buchführungs- und Aufzeichnungspflichten sowie Prüfungspflichten bleiben unberührt. Über den zu verwendenden Kontenrahmen, die Gliederung des Jahresabschlusses, die Kostenstellenrechnung und die Zeitabstände zwischen den Prüfungen der Rechnungslegung ist mit den zuständigen Sozialleistungsträgern Einvernehmen herzustellen.

(2) Die Werkstatt muß über einen Organisations- und Stellenplan mit einer Funktionsbeschreibung des Personals verfügen.

(3) Die Werkstatt muß wirtschaftliche Arbeitsergebnisse anstreben, um an die im Arbeitsbereich beschäftigten Behinderten ein ihrer Leistung angemessenes Arbeitsentgelt im Sinne des § 54 Abs. 1 Satz 2 und § 54 b des Schwerbehindertengesetzes zahlen zu können.

(4) Arbeitsergebnis im Sinne des § 54 b des Schwerbehindertengesetzes und der Vorschriften dieser Verordnung ist die Differenz aus den Erträgen und den notwendigen Kosten des laufenden Betriebs der Werkstatt. Die Erträge setzen sich zusammen aus den Umsatzerlösen, Zins- und sonstigen Erträgen aus der wirtschaftlichen Tätigkeit und den von den Sozialleistungsträgern erbrachten Kostensätzen. Zu den notwendigen Kosten des laufenden Betriebs

zählen nicht die Kosten für die Arbeitsentgelte nach § 54b Abs. 2 des Schwerbehindertengesetzes.

(5) Das Arbeitsergebnis darf nur für Zwecke der Werkstatt verwendet werden, und zwar für
1. die Zahlung der Arbeitsentgelte nach § 54b Abs. 2 des Schwerbehindertengesetzes, in der Regel im Umfang von mindestens 70 vom Hundert des Arbeitsergebnisses,
2. die Bildung einer zum Ausgleich von Ertragsschwankungen notwendigen Rücklage, höchstens eines Betrages, der zur Zahlung der Arbeitsentgelte nach § 54b des Schwerbehindertengesetzes für drei Monate erforderlich ist,
3. Ersatz- und Modernisierungsinvestitionen in der Werkstatt, soweit diese Kosten nicht aus den Rücklagen auf Grund von Abschreibung des Anlagevermögens für solche Investitionen, aus Leistungen der Sozialleistungsträger oder aus sonstigen Einnahmen zu decken sind oder gedeckt werden. Kosten für die Schaffung und Ausstattung neuer Werk- und Wohnstättenplätze dürfen aus dem Arbeitsergebnis nicht bestritten werden.

Abweichende handelsrechtliche Vorschriften über die Bildung von Rücklagen bleiben unberührt.

§ 13 Abschluß von schriftlichen Verträgen. (1) Die Werkstätten haben den im Arbeitsbereich beschäftigten Behinderten, soweit auf sie die für einen Arbeitsvertrag geltenden Rechtsvorschriften oder Rechtsgrundsätze nicht anwendbar sind, Werkstattverträge in schriftlicher Form abzuschließen, in denen das arbeitnehmerähnliche Rechtsverhältnis zwischen der Werkstatt und dem Behinderten näher geregelt wird. Die Vereinbarungen bedürfen der vorherigen Zustimmung der zuständigen Sozialleistungsträger.

(2) In den Verträgen nach Absatz 1 ist auch die Zahlung des Arbeitsentgelts im Sinne des § 54 Abs. 1 Satz 2 und § 54b des Schwerbehindertengesetzes an die im Arbeitsbereich beschäftigten Behinderten aus dem Arbeitsergebnis näher zu regeln.

§ 14 Mitwirkung. Die Werkstatt hat den Behinderten im Sinne des § 13 Abs. 1 Satz 1 eine angemessene Mitwirkung in den ihre Interessen berührenden Angelegenheiten der Werkstatt nach § 54c des Schwerbehindertengesetzes zu ermöglichen.

§ 15 Werkstattverbund. (1) Mehrere Werkstätten desselben Trägers oder verschiedener Träger innerhalb eines Einzugsgebietes im Sinne des § 8 Abs. 3 oder mit räumlich zusammenhängenden Einzugsgebieten können zur Erfüllung der Aufgaben einer Werkstatt und der an sie gestellten Anforderungen eine Zusammenarbeit vertraglich vereinbaren (Werkstattverbund).

(2) Ein Werkstattverbund ist anzustreben, wenn im Einzugsgebiet einer Werkstatt zusätzlich eine besondere Werkstatt im Sinne des § 54a Abs. 1 Satz 2 Nr. 2 des Schwerbehindertengesetzes für Behinderte mit einer bestimmten Art der Behinderung vorhanden ist.

§ 16 Formen der Werkstatt. Die Werkstatt kann eine teilstationäre Einrichtung oder ein organisatorisch selbständiger Teil einer stationären Einrichtung (Anstalt, Heim oder gleichartige Einrichtung) oder eines Unternehmens sein.

Zweiter Abschnitt. Verfahren zur Anerkennung als Werkstatt für Behinderte

§ 17 Anerkennungsfähige Einrichtungen. (1) Als Werkstätten können nur solche Einrichtungen anerkannt werden, die die im § 54 des Schwerbehindertengesetzes und im Ersten Abschnitt dieser Verordnung gestellten Anforderungen erfüllen. Von Anforderungen, die nicht zwingend vorgeschrieben sind, sind Ausnahmen zuzulassen, wenn ein besonderer sachlicher Grund im Einzelfall eine Abweichung rechtfertigt.

(2) Als Werkstätten können auch solche Einrichtungen anerkannt werden, die Teil eines Werkstattverbundes sind und die Anforderungen nach Absatz 1 nicht voll erfüllen, wenn der Werkstattverbund die Anforderungen erfüllt.

(3) Werkstätten im Aufbau, die die Anforderungen nach Absatz 1 noch nicht voll erfüllen, aber bereit und in der Lage sind, die Anforderungen in einer vertretbaren Anlaufzeit zu erfüllen, können unter Auflagen befristet anerkannt werden. Abweichend von § 7 genügt es, wenn im Zeitpunkt der Entscheidung über den Antrag auf Anerkennung wenigstens 60 Plätze vorhanden sind, sofern gewährleistet ist, daß die Werkstatt im Endausbau, spätestens nach 5 Jahren, die Voraussetzungen des § 7 erfüllt.

§ 18 Antrag. (1) Die Anerkennung ist vom Träger der Werkstatt schriftlich zu beantragen. Der Antragsteller hat nachzuweisen, daß die Voraussetzungen für die Anerkennung vorliegen.

(2) Der Präsident der Bundesanstalt für Arbeit kann die Befugnis nach § 57 Abs. 1 Satz 2 des Schwerbehindertengesetzes zur Entscheidung über Anträge auf Anerkennung sowie über Aufhebung und Verlängerung von Befristungen der Anerkennung sowie Widerruf und Rücknahme der Anerkennung nach einer Übergangszeit von 3 Jahren auf die Präsidenten der Landesarbeitsämter übertragen.

(3) Die Entscheidung über den Antrag bedarf der Schriftform. Eine Entscheidung soll innerhalb von 3 Monaten seit Antragstellung getroffen werden.

(4) Die Anerkennung erfolgt mit der Auflage, im Geschäftsverkehr auf die Anerkennung als Werkstatt für Behinderte hinzuweisen.

Dritter Abschnitt. Schlußvorschriften

§ 19 Vorläufige Anerkennung. Vorläufige Anerkennungen, die vor Inkrafttreten dieser Verordnung von der Bundesanstalt für Arbeit ausgesprochen worden sind, behalten ihre Wirkung bis zur Unanfechtbarkeit der Entscheidung über den neuen Antrag auf Anerkennung, wenn dieser Antrag innerhalb von 3 Monaten nach Inkrafttreten dieser Verordnung gestellt wird.

§ 20 Abweichende Regelungen für Werkstätten im Beitrittsgebiet. Für Werkstätten in dem in Artikel 3 des Einigungsvertrages genannten Gebiet gilt diese Verordnung mit folgenden Abweichungen:

1. Die Vorschriften des § 9 Abs. 2 Satz 3 und Abs. 3 Satz 5 gelten für die von dem Bundesland für die Aufgabenerfüllung in dem betreffenden Einzugsgebiet vorgesehene anerkannte Werkstatt (Werkstatt des Einzugsgebietes mit der Maßgabe, daß der Werkstattleiter und wenigstens ein Drittel der Fachkräfte zur Arbeits- und Berufsförderung bis 31. Dezember 1995, ein weiteres Drittel bis zum 31. Dezember 1998 und das letzte Drittel spätestens bis zum 31. Dezember 2001 über die sonderpädagogische Zusatzqualifikation verfügen müssen.
2. Die sonderpädagogische Zusatzqualifikation nach § 9 Abs. 2 und 3 braucht nicht nachgeholt zu werden von Personen, die vor dem 1. Januar 1993
   a) das 50. Lebensjahr vollendet haben und
   b) zehn Jahre in einer Werkstatt für Behinderte oder einer anderen Einrichtung für Behinderte in entsprechender Funktion tätig waren.
3. § 17 ist mit folgenden Maßgaben anzuwenden:
   a) Werkstätten, die in der Zeit vom 1. Juli 1990 bis 31. Dezember 1992 unter Auflagen befristet bis zum 31. Dezember 1992 anerkannt worden sind, bleiben bis zum 30. Juni 1993 vorläufig anerkannt, wenn der Antrag auf Verlängerung der Anerkennung unter Darlegung, inwieweit die Anforderungen und erteilten Auflagen inzwischen erfüllt werden, spätestens bis zum 31. Dezember 1992 gestellt wird und über diesen Antrag vor dem 30. Juni 1993 nicht unanfechtbar entschieden worden ist.
   b) Werkstätten im Sinne des Buchstabens a können, auch wenn die Voraussetzungen nach Absatz 3 nicht erfüllt werden, über den 30. Juni 1993 hinaus vorrübergehend unter Auflagen befristet anerkannt werden, bis die von dem Bundesland für die Aufgabenerfüllung in dem betreffenden Einzugsgebiet vorgesehene anerkannte Werkstatt (Werkstatt des Einzugsgebietes) die Behinderten der vorübergehend anerkannten Werkstatt voraussichtlich aufnehmen kann, längstens aber bis zum 30. Juni 1995. Durch die Auflagen ist sicherzustellen, daß die in § 54 des Schwerbehindertengesetzes und im Ersten Abschnitt dieser Verordnung gestellten Anforderungen soweit wie in der Übergangszeit möglich und wirtschaftlich vertretbar erfüllt werden.
   c) Werkstätten im Sinne des Buchstabens a, die nach Buchstabe b vorübergehend anerkannt worden sind, können über den 30. Juni 1995 hinaus um jeweils ein weiteres Jahr vorläufig anerkannt werden, wenn die Werkstatt des Einzugsgebietes die Behinderten der vorübergehend anerkannten Werkstatt zu diesem Zeitpunkt noch nicht aufnehmen kann.
   d) Bei der Verlängerung der Anerkennung von Werkstätten im Sinne des Buchstabens a nach § 17 Abs. 3 rechnet die in dem dortigen Satz 2 bestimmte Fünfjahresfrist vom Erlaß der Entscheidung über den Verlängerungsantrag an.

§ 21 Inkrafttreten. Diese Verordnung tritt am Tage nach der Verkündung in Kraft.

2d. Vierte Verordnung zur Durchführung des Schwerbehindertengesetzes (Ausweisverordnung Schwerbehindertengesetz – SchwbAwV)

In der Fassung der Bekanntmachung vom 25. Juli 1991
(BGBl. I S. 1739)

Geändert durch Gesetz vom 27. Dezember 1993 (BGBl. I S. 2378)

BGBl. III/FNA 871-1-9

Erster Abschnitt. Ausweis für Schwerbehinderte

§ 1 Gestaltung des Ausweises. (1) Der Ausweis im Sinne des § 4 Abs. 5 des Schwerbehindertengesetzes über die Eigenschaft als Schwerbehinderter, den Grad der Behinderung und weitere gesundheitliche Merkmale, die Voraussetzung für die Inanspruchnahme von Rechten und Nachteilsausgleichen nach dem Schwerbehindertengesetz oder nach anderen Vorschriften sind, wird nach dem in der Anlage zu dieser Verordnung abgedruckten Muster 1[1]) ausgestellt. Der Ausweis ist mit einem fälschungssicheren Aufdruck in der Grundfarbe grün versehen.

(2) Der Ausweis für Schwerbehinderte, die das Recht auf unentgeltliche Beförderung im öffentlichen Personenverkehr in Anspruch nehmen können, ist durch einen halbseitigen orangefarbenen Flächenaufdruck gekennzeichnet.

(3) Der Ausweis für Schwerbehinderte, die zu einer der in § 65 Abs. 1 Satz 1 Nr. 2 Buchstabe a des Schwerbehindertengesetzes genannten Gruppen gehören, ist nach § 2 zu kennzeichnen.

(4) Der Ausweis für Schwerbehinderte mit weiteren gesundheitlichen Merkmalen im Sinne des Absatzes 1 ist durch Merkzeichen nach § 3 zu kennzeichnen.

§ 2 Zugehörigkeit zu Sondergruppen. (1) Im Ausweis ist auf der Vorderseite unter dem Wort „Schwerbehindertenausweis" die Bezeichnung „Kriegsbeschädigt" einzutragen, wenn der Schwerbehinderte wegen einer Minderung der Erwerbsfähigkeit um wenigstens 50 vom Hundert Anspruch auf Versorgung nach dem Bundesversorgungsgesetz hat.

(2) Im Ausweis sind auf der Vorderseite folgende Merkzeichen einzutragen:

1. **VB** wenn der Schwerbehinderte wegen einer Minderung der Erwerbsfähigkeit um wenigstens 50 vom Hundert Anspruch auf Versorgung nach anderen Bundesgesetzen in entsprechender Anwendung der Vorschriften des Bundesversorgungsgesetzes hat oder wenn die Minderung der

---

[1]) Die Muster sind hier nicht abgedruckt.

Erwerbsfähigkeit wegen des Zusammentreffens mehrerer Ansprüche auf Versorgung nach dem Bundesversorgungsgesetz, nach Bundesgesetzen in entsprechender Anwendung der Vorschriften des Bundesversorgungsgesetzes oder nach dem Bundesentschädigungsgesetz in ihrer Gesamtheit wenigstens 50 vom Hundert beträgt und nicht bereits die Bezeichnung nach Absatz 1 oder ein Merkzeichen nach Nummer 2 einzutragen ist,

2. **EB** wenn der Schwerbehinderte wegen einer Minderung der Erwerbsfähigkeit um wenigstens 50 vom Hundert Entschädigung nach § 28 des Bundesentschädigungsgesetzes erhält.

Beim Zusammentreffen der Voraussetzungen für die Eintragung der Bezeichnung nach Absatz 1 und des Merkzeichens nach Satz 1 Nr. 2 ist die Bezeichnung „Kriegsbeschädigt" einzutragen, es sei denn, der Schwerbehinderte beantragt die Eintragung des Merkzeichens „EB".

§ 3 Weitere Merkzeichen. (1) Im Ausweis sind auf der Rückseite folgende Merkzeichen einzutragen:

1. **aG** wenn der Schwerbehinderte außergewöhnlich gehbehindert im Sinne des § 6 Abs. 1 Nr. 14 des Straßenverkehrsgesetzes oder entsprechender straßenverkehrsrechtlicher Vorschriften ist,

2. **H** wenn der Schwerbehinderte hilflos im Sinne des § 33b des Einkommensteuergesetzes oder entsprechender Vorschriften ist,

3. **Bl** wenn der Schwerbehinderte blind im Sinne des § 24 Abs. 1 des Bundessozialhilfegesetzes oder entsprechender Vorschriften ist,

4. **RF** wenn der Schwerbehinderte die landesrechtlich festgelegten gesundheitlichen Voraussetzungen für die Befreiung von der Rundfunkgebührenpflicht erfüllt,

5. **1.Kl.** wenn der Schwerbehinderte die im Verkehr mit Eisenbahnen tariflich festgelegten gesundheitlichen Voraussetzungen für die Benutzung der 1. Wagenklasse mit Fahrausweis der 2. Wagenklasse erfüllt.

(2) Im Ausweis mit orangefarbenem Flächenaufdruck sind folgende Eintragungen vorgedruckt:

1. auf der Vorderseite das Merkzeichen **B**

und der Satz: „Die Notwendigkeit ständiger Begleitung ist nachgewiesen",

2. auf der Rückseite
im ersten Feld das Merkzeichen

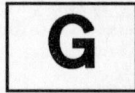

Ist nicht festgestellt, daß ständige Begleitung im Sinne des § 60 Abs. 2 des Schwerbehindertengesetzes notwendig ist, ist die vorgedruckte Eintragung nach Nummer 1 zu löschen. Das gleiche gilt für die vorgedruckte Eintragung nach Nummer 2, wenn bei einem Schwerbehinderten nicht festgestellt ist, daß er in seiner Bewegungsfähigkeit im Straßenverkehr erheblich beeinträchtigt im Sinne des § 60 Abs. 1 Satz 1 des Schwerbehindertengesetzes oder entsprechender Vorschriften ist.

§ 3a Beiblatt. (1) Zum Ausweis für Schwerbehinderte, die das Recht auf unentgeltliche Beförderung im öffentlichen Personenverkehr in Anspruch nehmen können, ist auf Antrag ein Beiblatt nach dem in der Anlage zu dieser Verordnung abgedruckten Muster 2[1)] in der Grundfarbe weiß auszustellen. Das Beiblatt ist Bestandteil des Ausweises und nur zusammen mit dem Ausweis gültig.

(2) Schwerbehinderte, die das Recht auf unentgeltliche Beförderung in Anspruch nehmen wollen, erhalten auf Antrag ein Beiblatt, das mit einer Wertmarke nach dem in der Anlage zu dieser Verordnung abgedruckten Muster 3[1)] versehen ist. Auf die Wertmarke werden eingetragen das Jahr und der Monat, von dem an die Wertmarke gültig ist, sowie das Jahr und der Monat, in dem ihre Gültigkeit abläuft. Sofern in Fällen des § 59 Abs. 1 Satz 3 des Schwerbehindertengesetzes der Antragsteller zum Gültigkeitsbeginn keine Angaben macht, wird der auf den Eingang des Antrages und die Entrichtung der Eigenbeteiligung folgende Monat auf der Wertmarke eingetragen. Spätestens mit Ablauf der Gültigkeitsdauer der Wertmarke wird das Beiblatt ungültig.

(3) Schwerbehinderte, die an Stelle der unentgeltlichen Beförderung die Kraftfahrzeugsteuerermäßigung in Anspruch nehmen wollen, erhalten auf Antrag ein Beiblatt ohne Wertmarke. Bei Einräumung der Kraftfahrzeugsteuerermäßigung wird das Beiblatt mit einem Vermerk des zuständigen Finanzamtes versehen. Die Gültigkeitsdauer des Beiblattes entspricht der des Ausweises.

(4) Schwerbehinderte, die zunächst die Kraftfahrzeugsteuerermäßigung in Anspruch genommen haben und statt dessen die unentgeltliche Beförderung in Anspruch nehmen wollen, haben das Beiblatt (Absatz 3) nach Löschung des Vermerks durch das Finanzamt bei Stellung des Antrags auf ein Beiblatt mit Wertmarke (Absatz 2) zurückzugeben. Entsprechendes gilt, wenn Schwerbehinderte vor Ablauf der Gültigkeitsdauer der Wertmarke an Stelle der unentgeltlichen Beförderung die Kraftfahrzeugsteuerermäßigung in Anspruch nehmen wollen. In diesem Fall ist das Datum der Rückgabe (Eingang beim Versorgungsamt) auf das Beiblatt nach Absatz 3 einzutragen.

(5) Bis zum 30. Juni 1991 ausgegebene Beiblätter und Wertmarken behalten ihre Gültigkeit.

§ 4 Sonstige Eintragungen. (1) Die Eintragung von Sondervermerken zum Nachweis von weiteren Voraussetzungen für die Inanspruchnahme von Rechten und Nachteilsausgleichen, die Schwerbehinderten nach landesrechtlichen Vorschriften zustehen, ist auf der Vorderseite des Ausweises zulässig.

[1)] Die Muster sind hier nicht abgedruckt.

(2) Die Eintragung von Merkzeichen oder sonstigen Vermerken, die in dieser Verordnung (§§ 2, 3, 4 Abs. 1 und § 5 Abs. 3) nicht vorgesehen sind, ist unzulässig.

§ 5 Lichtbild. (1) Der Ausweis für Schwerbehinderte, die das 10. Lebensjahr vollendet haben, ist mit dem Lichtbild des Ausweisinhabers in der Größe eines Paßbildes zu versehen. Das Lichtbild hat der Antragsteller beizubringen.

(2) Bei Schwerbehinderten, die das Haus nicht oder nur mit Hilfe eines Krankenwagens verlassen können, ist der Ausweis auf Antrag ohne Lichtbild auszustellen.

(3) In Ausweisen ohne Lichtbild ist in dem für das Lichtbild vorgesehenen Raum der Vermerk „Ohne Lichtbild gültig" einzutragen.

§ 6 Gültigkeitsdauer. (1) Auf der Rückseite des Ausweises ist als Beginn der Gültigkeit des Ausweises einzutragen:
1. in den Fällen des § 4 Abs. 1 und 4 des Schwerbehindertengesetzes der Tag des Eingangs des Antrags auf Feststellung nach diesen Vorschriften,
2. in den Fällen des § 4 Abs. 2 des Schwerbehindertengesetzes der Tag des Eingangs des Antrags auf Ausstellung des Ausweises nach § 4 Abs. 5 des Schwerbehindertengesetzes.

Ist auf Antrag des Schwerbehinderten nach Glaubhaftmachung eines besonderen Interesses festgestellt worden, daß die Eigenschaft als Schwerbehinderter, ein anderer Grad der Behinderung oder ein oder mehrere gesundheitliche Merkmale bereits zu einem früheren Zeitpunkt vorgelegen haben, ist zusätzlich das Datum einzutragen, von dem ab die jeweiligen Voraussetzungen mit dem Ausweis nachgewiesen werden können. Ist zu einem späteren Zeitpunkt in den Verhältnissen, die für die Feststellung und den Inhalt des Ausweises maßgebend gewesen sind, eine wesentliche Änderung eingetreten, ist die Eintragung auf Grund der entsprechenden Neufeststellung zu berichtigen und zusätzlich das Datum einzutragen, von dem ab die jeweiligen Voraussetzungen mit dem Ausweis nachgewiesen werden können, sofern der Ausweis nicht einzuziehen ist.

(2) Die Gültigkeit des Ausweises ist für die Dauer von längstens 5 Jahren vom Monat der Ausstellung an zu befristen. In den Fällen, in denen eine Neufeststellung wegen einer wesentlichen Änderung in den gesundheitlichen Verhältnissen, die für die Feststellung maßgebend gewesen sind, nicht zu erwarten und gewährleistet ist, daß die für den Ausweisinhaber jeweils örtlich zuständige, in § 4 Abs. 5 Satz 1 des Schwerbehindertengesetzes bestimmte Behörde regelmäßig über die persönlichen Verhältnisse des Ausweisinhabers unterrichtet ist, kann die Gültigkeitsdauer des Ausweises auf längstens 15 Jahre vom Monat der Ausstellung an befristet werden.

(3) Für Schwerbehinderte unter 10 Jahren ist die Gültigkeitsdauer des Ausweises bis längstens zum Ende des Kalendermonats zu befristen, in dem das 10. Lebensjahr vollendet wird.

(4) Für Schwerbehinderte im Alter zwischen 10 und 15 Jahren ist die Gültigkeitsdauer des Ausweises bis längstens zum Ende des Kalendermonats zu befristen, in dem das 20. Lebensjahr vollendet wird.

(5) Bei nichtdeutschen Schwerbehinderten, deren Aufenthaltsgenehmigung, Aufenthaltsgestattung oder Arbeitserlaubnis befristet ist, ist die Gültig-

keitsdauer des Ausweises längstens bis zum Ablauf des Monats der Frist zu befristen.

(6) Die Gültigkeitsdauer des Ausweises kann auf Antrag höchstens zweimal verlängert werden. Bei der Verlängerung eines nach Absatz 3 ausgestellten Ausweises über das 10. Lebensjahr des Ausweisinhabers hinaus, längstens bis zur Vollendung des 20. Lebensjahres, gilt § 5 Abs. 1.

(7) Der Kalendermonat und das Kalenderjahr, bis zu deren Ende der Ausweis gültig sein soll, sind auf der Vorderseite des Ausweises einzutragen.

§ 7 Verwaltungsverfahren. (1) Für die Ausstellung, Verlängerung, Berichtigung und Einziehung des Ausweises sind die für die Kriegsopferversorgung maßgebenden Verwaltungsverfahrensvorschriften entsprechend anzuwenden, soweit sich aus § 4 Abs. 5 des Schwerbehindertengesetzes nichts Abweichendes ergibt.

(2) Zum Beiblatt mit Wertmarke (§ 3a Abs. 1 und 2) ist ein von der Deutsche Bahn Aktiengesellschaft oder ihren Tochtergesellschaften aufgestelltes, für den Wohnsitz oder gewöhnlichen Aufenthalt des Ausweisinhabers maßgebendes Streckenverzeichnis nach dem in der Anlage abgedruckten Muster 5 auszuhändigen. Das Streckenverzeichnis ist mit einem fälschungssicheren halbseitigen orangefarbenen Flächenaufdruck gekennzeichnet.

(3) Ein Streckenverzeichnis gemäß Absatz 2 in der bis zum 31. Dezember 1993 geltenden Fassung ist auch nach dem 1. Januar 1994 noch auszuhändigen, wenn ein Streckenverzeichnis gemäß Absatz 2 in der ab 1. Januar 1994 geltenden Fassung noch nicht zur Verfügung steht. Ein bis zum 31. Dezember 1993 oder gemäß Satz 1 danach ausgehändigtes Streckenverzeichnis bleibt für den Ausweisinhaber gültig, bis ihm ein Streckenverzeichnis nach Absatz 2 ausgehändigt wird, längstens bis zum 31. Dezember 1994.

Zweiter Abschnitt. Ausweis für sonstige Personen zur unentgeltlichen Beförderung im öffentlichen Personenverkehr

§ 8 Ausweis für sonstige freifahrtberechtigte Personen. (1) Der Ausweis für Personen im Sinne des Artikels 2 Abs. 1 des Gesetzes über die unentgeltliche Beförderung Schwerbehinderter im öffentlichen Personenverkehr vom 9. Juli 1979 (BGBl. I S. 989), soweit sie nicht Schwerbehinderte im Sinne des § 1 des Schwerbehindertengesetzes sind, wird nach dem in der Anlage zu dieser Verordnung abgedruckten Muster 4[1]) ausgestellt. Der Ausweis ist mit einem fälschungssicheren Aufdruck in der Grundfarbe grün versehen und durch einen halbseitigen orangefarbenen Flächenaufdruck gekennzeichnet. Zusammen mit dem Ausweis ist ein Beiblatt auszustellen, das mit einer Wertmarke nach dem in der Anlage zu dieser Verordnung abgedruckten Muster 3 versehen ist.

(2) Für die Ausstellung des Ausweises nach Absatz 1 gelten die Vorschriften des § 1 Abs. 3, § 2, § 3 Abs. 1 Nr. 5 und Abs. 2 Satz 1 Nr. 1 und Satz 2, § 4 Abs. 2, § 5 und § 6 Abs. 2, 3, 4, 6 und 7 sowie des § 7 entsprechend, soweit sich aus Artikel 2 Abs. 2 und 3 des Gesetzes über die unentgeltliche Beförderung Schwerbehinderter im öffentlichen Personenverkehr nichts Besonderes ergibt.

---

[1]) Die Muster sind hier nicht abgedruckt.

2e. Fünfte Verordnung zur Durchführung des Schwerbehindertengesetzes (Nahverkehrszügeverordnung – SchwbNV)

Vom 30. September 1994 (BGBl. I S. 2962)

BGBl. III/FNA 871-1-15

Auf Grund des § 61 Abs. 4 des Schwerbehindertengesetzes, der durch Artikel 6 Abs. 103 Nr. 3 Buchstabe c des Gesetzes vom 27. Dezember 1993 (BGBl. I S. 2378, 2417) angefügt worden ist, verordnen das Bundesministerium für Arbeit und Sozialordnung und das Bundesministerium für Verkehr:

§ 1 Züge des Nahverkehrs. Züge des Nahverkehrs im Sinne des § 61 Abs. 1 Nr. 5 des Schwerbehindertengesetzes sind Züge mit folgenden Zuggattungsbezeichnungen:

1. Nahverkehrszug (N),
2. Citybahn (CB),
3. Regionalbahn (RB),
4. Eilzug (E),
5. Stadtexpress (SE),
6. Regionalexpress (RE),
7. Regionalschnellbahn (RSB),
8. Schnellzug (D),
9. InterRegio (IR).

§ 2 Zuschlagpflichtige Züge des Nahverkehrs. Zuschlagpflichtige Züge des Nahverkehrs im Sinne des § 59 Abs. 1 Satz 1 zweiter Halbsatz des Schwerbehindertengesetzes sind Züge mit folgenden Zuggattungsbezeichnungen:

1. Schnellzug (D),
2. InterRegio (IR),

soweit diese Züge nicht zuschlagfrei sind.

§ 3 Inkrafttreten. Diese Verordnung tritt am Tage nach der Verkündung in Kraft.[1]

---

[1] Verkündet am 21. 10. 1994.

3. Gesetz über die Versorgung der Opfer des Krieges (Bundesversorgungsgesetz – BVG)

In der Fassung der Neubekanntmachung vom 22. Januar 1982
(BGBl. I S. 21)

Zuletzt geändert durch Gesetz vom 21. Dezember 2000 (BGBl. I S. 1983)

BGBl. III/FNA 830-2

Anspruch auf Versorgung

§ 1 [**Voraussetzungen des Versorgungsanspruchs**] (1) Wer durch eine militärische oder militärähnliche Dienstverrichtung oder durch einen Unfall während der Ausübung des militärischen oder militärähnlichen Dienstes oder durch die diesem Dienst eigentümlichen Verhältnisse eine gesundheitliche Schädigung erlitten hat, erhält wegen der gesundheitlichen und wirtschaftlichen Folgen der Schädigung auf Antrag Versorgung.

(2) Einer Schädigung im Sinne des Absatzes 1 stehen Schädigungen gleich, die herbeigeführt worden sind durch

a) eine unmittelbare Kriegseinwirkung,
b) eine Kriegsgefangenschaft,
c) eine Internierung im Ausland oder in den nicht unter deutscher Verwaltung stehenden Gebieten wegen deutscher Staatsangehörigkeit oder deutscher Volkszugehörigkeit,
d) eine mit militärischem oder militärähnlichem Dienst oder mit den allgemeinen Auflösungserscheinungen zusammenhängende Straf- oder Zwangsmaßnahme, wenn sie den Umständen nach als offensichtliches Unrecht anzusehen ist,
e) einen Unfall, den der Beschädigte auf einem Hin- oder Rückweg erleidet, der notwendig ist, um eine Maßnahme der Heilbehandlung, eine Badekur, Versehrtenleibesübungen als Gruppenbehandlung oder berufsfördernde Maßnahmen zur Rehabilitation nach § 26 durchzuführen oder um auf Verlangen eines zuständigen Leistungsträgers oder eines Gerichts wegen der Schädigung persönlich zu erscheinen,
f) einen Unfall, den der Beschädigte bei der Durchführung einer der unter Buchstabe e aufgeführten Maßnahmen erleidet.

(3) Zur Anerkennung einer Gesundheitsstörung als Folge einer Schädigung genügt die Wahrscheinlichkeit des ursächlichen Zusammenhangs. Wenn die zur Anerkennung einer Gesundheitsstörung als Folge einer Schädigung erforderlicher Wahrscheinlichkeit nur deshalb nicht gegeben ist, weil über die Ursache des festgestellten Leidens in der medizinischen Wissenschaft Ungewißheit besteht, kann mit Zustimmung des Bundesministers für Arbeit und Sozialordnung die Gesundheitsstörung als Folge einer Schädigung anerkannt werden; die Zustimmung kann allgemein erteilt werden. Eine Anerkennung nach den Sätzen 1 und 2 und hierauf beruhende Verwaltungsakte können mit Wirkung für die Vergangenheit zurückgenommen werden, wenn unzweifel-

haft feststeht, daß die Gesundheitsstörung nicht Folge einer Schädigung ist; erbrachte Leistungen sind nicht zu erstatten.

(4) Eine vom Beschädigten absichtlich herbeigeführte Schädigung gilt nicht als Schädigung im Sinne dieses Gesetzes.

(5) Ist der Beschädigte an den Folgen der Schädigung gestorben, so erhalten seine Hinterbliebenen auf Antrag Versorgung. Absatz 3 gilt entsprechend.

§ 1a [Versorgungsanspruch] (1) Leistungen sind zu versagen, wenn der Berechtigte oder derjenige, von dem sich die Berechtigung ableitet, während der Herrschaft des Nationalsozialismus gegen die Grundsätze der Menschlichkeit oder Rechtsstaatlichkeit verstoßen hat und er nach dem 13. November 1997 einen Antrag auf Leistungen gestellt hat. Anhaltspunkte, die eine besonders intensive Überprüfung erforderlich machen, ob ein Berechtigter durch sein individuelles Verhalten gegen Grundsätze der Menschlichkeit oder Rechtsstaatlichkeit verstoßen hat, können sich insbesondere aus einer freiwilligen Mitgliedschaft des Berechtigten in der SS ergeben.

(2) Leistungen sind mit Wirkung für die Zukunft ganz oder teilweise zu entziehen, wenn ein Versagungsgrund im Sinne des Absatzes 1 vorliegt und das Vertrauen des Berechtigten auf eine fortwährende Gewährung der Leistungen im Einzelfall auch angesichts der Schwere der begangenen Verstöße nicht überwiegend schutzbedürftig ist.

(3) Soweit in den Fällen des Absatzes 2 die sofortige Entziehung oder Minderung der Leistungen zu unbilligen Härten führt, soll die Entziehung oder Minderung nach einer angemessenen Übergangsfrist erfolgen.

§ 2 [Militärischer Dienst] (1) Militärischer Dienst im Sinne des § 1 Abs. 1 ist
a) jeder nach deutschem Wehrrecht geleistete Dienst als Soldat oder Wehrmachtbeamter,
b) der Dienst im Deutschen Volkssturm,
c) der Dienst in der Feldgendarmerie,
d) der Dienst in den Heimatflakbatterien.

(2) Bei Vertriebenen im Sinne des § 1 des Bundesvertriebenengesetzes, die Deutsche oder deutsche Volkszugehörige sind, steht die Erfüllung der gesetzlichen Wehrpflicht nach den Vorschriften des Herkunftslands vor dem 9. Mai 1945 dem Dienst in der deutschen Wehrmacht gleich. Satz 1 gilt auch für Spätaussiedler im Sinne des § 4 des Bundesvertriebenengesetzes.

(3) Bei deutschen Staatsangehörigen steht der Dienst in der Wehrmacht eines dem Deutschen Reich verbündet gewesenen Staates während eines der beiden Weltkriege oder in der tschechoslowakischen oder österreichischen Wehrmacht dem Dienst nach deutschem Wehrrecht gleich, wenn der Berechtigte vor dem 9. Mai 1945 seinen Wohnsitz oder ständigen Aufenthalt im Gebiet des Deutschen Reiches nach dem Stand vom 31. Dezember 1937 hatte.

§ 3 [Militärähnlicher Dienst] (1) Als militärähnlicher Dienst im Sinne des § 1 Abs. 1 gelten
a) das von einer Dienststelle der Wehrmacht angeordnete Erscheinen zur Feststellung der Wehrtauglichkeit, zur Eignungsprüfung oder Wehrüberwachung,

b) der auf Grund einer Einberufung durch eine militärische Dienststelle oder auf Veranlassung eines militärischen Befehlshabers für Zwecke der Wehrmacht geleistete freiwillige oder unfreiwillige Dienst,
c) eine planmäßige oder außerplanmäßige Einschiffung von Zivilpersonen auf Schiffen oder Hilfsschiffen der Wehrmacht,
d) der Dienst der zur Wehrmacht abgeordneten Reichsbahnbediensteten und der Dienst der Beamten der Zivilverwaltung, die auf Befehl ihrer Vorgesetzten zur Unterstützung militärischer Maßnahmen verwendet und damit einem militärischen Befehlshaber unterstellt waren, sowie der Dienst der Militärverwaltungsbeamten,
e) der Dienst der Wehrmachthelfer und -helferinnen,
f) der Dienst des Personals der Freiwilligen Krankenpflege bei der Wehrmacht im Kriege,
g) der Dienst der Mitglieder von Pferdebeschaffungskommissionen der Wehrbezirkskommandos,
h) der Dienst der Jungschützen, Jungmatrosen und Unteroffizierschüler der Luftwaffe,
i) der Reichsarbeitsdienst,
k) der Dienst auf Grund der Dritten Verordnung zur Sicherstellung des Kräftebedarfs für Aufgaben von besonderer staatspolitischer Bedeutung (Notdienstverordnung) vom 15. Oktober 1938 (RGBl. I S. 1441),
l) der Dienst in Wehrertüchtigungslagern,
m) der Dienst in der Organisation Todt für Zwecke der Wehrmacht,
n) der Dienst im Baustab Speer/Osteinsatz für Zwecke der Wehrmacht,
o) der Dienst im Luftschutz auf Grund der Ersten Durchführungsverordnung zum Luftschutzgesetz in der seit dem 1. September 1939 im Zeitpunkt der Schädigung jeweils geltenden Fassung nach Aufruf des Luftschutzes.

(2) Als militärähnlicher Dienst gilt nicht der Zivildienst, der auf Grund einer Dienstverpflichtung oder eines Arbeitsvertrags bei der Wehrmacht geleistet worden ist, es sei denn, daß der Einsatz mit besonderen, kriegseigentümlichen Gefahren für die Gesundheit verbunden war.

§ 4 [Heimweg vom Dienst oder aus der Kriegsgefangenschaft]

(1) Zum militärischen oder militärähnlichen Dienst gehören auch
a) der Weg des Einberufenen zum Gestellungsort und der Heimweg nach Beendigung des Dienstverhältnisses,
b) Dienstreisen, Dienstgänge und die dienstliche Tätigkeit am Bestimmungsort,
c) das Zurücklegen des mit dem Dienst zusammenhängenden Weges nach und von der Dienststelle und
d) die Teilnahme an dienstlichen Veranstaltungen.
Hatte der Beschädigte wegen der Entfernung seiner ständigen Familienwohnung vom Dienstort an diesem oder in dessen Nähe eine Unterkunft, gilt Satz 1 Buchstabe c auch für den Weg von und nach der Familienwohnung.

(2) Absatz 1 gilt entsprechend für Kriegsgefangene, Internierte und Verschleppte.

(3) Für Entlassene, die innerhalb der jetzigen Grenzen des Bundesgebiets keine Wohnung haben, gilt der Entlassungsweg mit dem Eintreffen an dem vorläufig zugewiesenen Aufenthaltsort als beendet.

§ 5 [Unmittelbare Kriegseinwirkungen]

(1) Als unmittelbare Kriegseinwirkung im Sinne des § 1 Abs. 2 Buchstabe a gelten, wenn sie im Zusammenhang mit einem der beiden Weltkriege stehen,
a) Kampfhandlungen und damit unmittelbar zusammenhängende militärische Maßnahmen, insbesondere die Einwirkung von Kampfmitteln,
b) behördliche Maßnahmen in unmittelbarem Zusammenhang mit Kampfhandlungen oder ihrer Vorbereitung, mit Ausnahme der allgemeinen Verdunkelungsmaßnahmen,
c) Einwirkungen, denen der Beschädigte durch die besonderen Umstände der Flucht vor einer aus kriegerischen Vorgängen unmittelbar drohenden Gefahr für Leib oder Leben ausgesetzt war,
d) schädigende Vorgänge, die infolge einer mit der militärischen Besetzung deutschen oder ehemals deutsch besetzten Gebietes oder mit der zwangsweisen Umsiedlung oder Verschleppung zusammenhängenden besonderen Gefahr eingetreten sind,
e) nachträgliche Auswirkungen kriegerischer Vorgänge, die einen kriegseigentümlichen Gefahrenbereich hinterlassen haben.

(2) Als nachträgliche Auswirkungen kriegerischer Vorgänge (Absatz 1 Buchstabe e) gelten auch Schäden, die in Verbindung
a) mit dem zweiten Weltkrieg durch Angehörige oder sonstige Beschäftigte der Besatzungsmächte oder durch Verkehrsmittel (auch Flugzeuge) der Besatzungsmächte vor dem Tag verursacht worden sind, von dem an Leistungen nach anderen Vorschriften gewährt werden,
b) mit dem ersten Weltkrieg durch die in § 1 Nr. 1 des Gesetzes über den Ersatz der durch die Besetzung deutschen Reichsgebiets verursachten Personenschäden (Besatzungspersonenschädengesetz) in der Fassung der Bekanntmachung vom 12. April 1927 (RGBl. I S. 103) bezeichneten Ereignisse verursacht worden sind und zur Zuerkennung von Leistungen geführt hatten.

§ 6 [Anerkennung von Sonderfällen]

In anderen als den in den §§ 2, 3 und 5 bezeichneten, besonders begründeten Fällen kann mit Zustimmung des Bundesministers für Arbeit und Sozialordnung das Vorliegen militärischen oder militärähnlichen Dienstes oder unmittelbarer Kriegseinwirkung anerkannt werden.

§ 7 [Persönlicher Geltungsbereich]

(1) Das Gesetz wird angewendet auf
1. Deutsche und deutsche Volkszugehörige, die ihren Wohnsitz oder gewöhnlichen Aufenthalt im Geltungsbereich dieses Gesetzes haben,
2. Deutsche und deutsche Volkszugehörige, die ihren Wohnsitz oder gewöhnlichen Aufenthalt in den zum Staatsgebiet des Deutschen Reiches nach dem Stande vom 31. Dezember 1937 gehörenden Gebieten östlich der Oder-Neiße-Linie oder im Ausland haben,
3. andere Kriegsopfer, die ihren Wohnsitz oder gewöhnlichen Aufenthalt im Geltungsbereich dieses Gesetzes haben, wenn die Schädigung mit einem Dienst im Rahmen der deutschen Wehrmacht oder militärähnlichem Dienst für eine deutsche Organisation in ursächlichem Zusammenhang steht oder in Deutschland oder in einem zur Zeit der Schädigung von der deutschen Wehrmacht besetzten Gebiet durch unmittelbare Kriegseinwirkung eingetreten ist.

(2) Auf Kriegsopfer, die aus derselben Ursache einen Anspruch auf Versorgung gegen einen anderen Staat besitzen, wird das Gesetz nicht angewendet, es sei denn, daß zwischenstaatliche Vereinbarungen etwas anderes bestimmen.

§ 8 [Sonderfälle] In anderen als den in § 7 bezeichneten, besonders begründeten Fällen kann mit Zustimmung des Bundesministers für Arbeit und Sozialordnung Versorgung gewährt werden, außerhalb des Geltungsbereichs dieses Gesetzes jedoch nach Maßgabe der §§ 64 bis 64f. Die allgemeine Einbeziehung einer Kriegsopfergruppe in den Anwendungsbereich des Gesetzes bedarf auch der Zustimmung des Bundesministers der Finanzen.

§ 8a [Schädigung bei Krankenbehandlung, beruflichen Rehabilitationshilfen, von Pflege- und Begleitpersonen] (1) Einer Schädigung im Sinne des § 1 Abs. 1 steht eine Schädigung gleich, die ein Berechtigter oder Leistungsempfänger nach § 10 Abs. 4 oder 5 durch einen Unfall bei der Durchführung einer stationären Maßnahme nach § 12 Abs. 1 oder 4 oder § 26 oder auf dem notwendigen Hin- und Rückweg erleidet. Dies gilt entsprechend, wenn der Berechtigte oder Leistungsempfänger dem Verlangen eines zuständigen Leistungsträgers oder eines Gerichts, wegen der Versorgung persönlich zu erscheinen, folgt und dabei einen Unfall erleidet.

(2) Absatz 1 gilt entsprechend, wenn eine Pflegeperson bei einer Badekur nach § 12 Abs. 3 einen Unfall erleidet.

(3) Einer Schädigung im Sinne des § 1 Abs. 1 steht eine Schädigung gleich, die eine nicht nach § 2 Abs. 1 Nr. 1 oder 9 des Siebten Buches Sozialgesetzbuch versicherte Begleitperson durch einen Unfall bei einer wegen der Folgen der Schädigung notwendigen Begleitung des Beschädigten auf einem Weg im Sinne des § 1 Abs. 2 Buchstabe e oder bei der notwendigen Begleitung während der Durchführung einer dort aufgeführten Maßnahme erleidet. Dies gilt entsprechend, wenn der Beschädigte dem Verlangen eines Leistungsträgers, einer anderen Behörde oder eines Gerichts folgt, persönlich zu erscheinen.

§ 8b [Beschädigung von Hilfsmitteln] Einer gesundheitlichen Schädigung im Sinne des § 1 Abs. 1 steht die Beschädigung eines am Körper getragenen Hilfsmittels, einer Brille, von Kontaktlinsen oder von Zahnersatz gleich.

Umfang der Versorgung

§ 9. Die Versorgung umfaßt
1. Heilbehandlung, Versehrtenleibesübungen und Krankenbehandlung (§§ 10 bis 24a),
2. Leistungen der Kriegsopferfürsorge (§§ 25 bis 27i),
3. Beschädigtenrente (§§ 29 bis 34) und Pflegezulage (§ 35),
4. Bestattungsgeld (§ 36) und Sterbegeld (§ 37),
5. Hinterbliebenenrente (§§ 38 bis 52),
6. Bestattungsgeld beim Tode von Hinterbliebenen (§ 53).

Heilbehandlung, Versehrtenleibesübungen und Krankenbehandlung

§ 10 [Voraussetzungen und Zweck der Heil- oder Krankenbehandlung] (1) Heilbehandlung wird Beschädigten für Gesundheitsstörungen, die als Folge einer Schädigung anerkannt oder durch eine anerkannte Schädigungsfolge verursacht worden sind, gewährt, um die Gesundheitsstörungen oder die durch sie bewirkte Beeinträchtigung der Berufs- oder Erwerbsfähigkeit zu beseitigen oder zu bessern, eine Zunahme des Leidens zu verhüten, Pflegebedürftigkeit zu vermeiden, zu überwinden, zu mindern oder ihre Verschlimmerung zu verhüten, körperliche Beschwerden zu beheben, die Folgen der Schädigung zu erleichtern oder um die Beschädigten möglichst auf Dauer in Arbeit, Beruf und Gesellschaft einzugliedern. Ist eine Gesundheitsstörung nur im Sinne der Verschlimmerung als Folge einer Schädigung anerkannt, wird abweichend von Satz 1 Heilbehandlung für die gesamte Gesundheitsstörung gewährt, es sei denn, daß die als Folge einer Schädigung anerkannte Gesundheitsstörung auf den Zustand, der Heilbehandlung erfordert, ohne Einfluß ist.

(2) Heilbehandlung wird Schwerbeschädigten auch für Gesundheitsstörungen gewährt, die nicht als Folge einer Schädigung anerkannt sind.

(3) Versehrtenleibesübungen werden Beschädigten zur Wiedergewinnung und Erhaltung der körperlichen Leistungsfähigkeit gewährt.

(4) Krankenbehandlung wird
a) dem Schwerbeschädigten für den Ehegatten und für die Kinder (§ 33 b Abs. 1 bis 4) sowie für sonstige Angehörige, die mit ihm in häuslicher Gemeinschaft leben und von ihm überwiegend unterhalten werden,
b) dem Empfänger einer Pflegezulage für Personen, die seine unentgeltliche Wartung und Pflege nicht nur vorübergehend übernommen haben,
c) den Witwen (§§ 38, 42 bis 44 und 48), Waisen (§§ 45 und 48) und versorgungsberechtigten Eltern (§§ 49 bis 51)

gewährt, um Gesundheitsstörungen oder die durch sie bewirkte Beeinträchtigung der Berufs- oder Erwerbsfähigkeit zu beseitigen oder zu bessern, eine Zunahme des Leidens zu verhüten, Pflegebedürftigkeit zu vermeiden, zu überwinden, zu mindern oder ihre Verschlimmerung zu verhüten, körperliche Beschwerden zu beheben oder die Folgen der Behinderung zu erleichtern. Die unter Buchstabe c genannten Berechtigten erhalten Krankenbehandlung auch zu dem Zweck, sie möglichst auf Dauer in Arbeit, Beruf und Gesellschaft einzugliedern. Bisherige Leistungsempfänger (Satz 1 Buchstaben a und b), die nach dem Tode des Schwerbeschädigten nicht zu dem Personenkreis des Satzes 1 Buchstabe c gehören, können weiter Krankenbehandlung erhalten, wenn sie einen wirksamen Krankenversicherungsschutz unter zumutbaren Bedingungen nicht erreichen können.

(5) Krankenbehandlung wird ferner gewährt
a) den Beschädigten mit einer Minderung der Erwerbsfähigkeit um weniger als 50 vom Hundert für sich und für die in Absatz 4 Buchstabe a genannten Angehörigen,
b) den Witwen (§§ 38, 42 bis 44 und 48) für die in Absatz 4 Buchstabe a genannten Angehörigen,

sofern der Berechtigte an einer berufsfördernden Maßnahme zur Rehabilitation teilnimmt und Übergangsgeld oder Unterhaltsbeihilfe nach § 26 a erhält. Das gleiche gilt, wenn während einer vorübergehenden Unterbrechung der Teilnahme aus gesundheitlichen Gründen Übergangsgeld oder Unterhaltsbeihilfe nicht gezahlt wird.

(6) Berechtigten, die die Voraussetzungen der Absätze 2, 4 oder 5 erfüllen, werden für sich und die Leistungsempfänger Leistungen zur Förderung der Gesundheit und zur Verhütung und Früherkennung von Krankheiten sowie Leistungen bei Schwangerschaft und Mutterschaft gewährt. Für diese Leistungen gelten die Vorschriften über die Heil- und die Krankenbehandlung mit Ausnahme des Absatzes 1 entsprechend; für Kurleistungen gelten § 11 Abs. 2 und § 12 Abs. 3 und 4.

(7) Die Ansprüche nach den Absätzen 2, 4, 5 und 6 sind ausgeschlossen,
a) wenn der Berechtigte ein Einkommen hat, das die Jahresarbeitsentgeltgrenze der gesetzlichen Krankenversicherung übersteigt, es sei denn, daß der Berechtigte Anspruch auf Pflegezulage hat oder die Heilbehandlung wegen der als Folge einer Schädigung anerkannten Gesundheitsstörung nicht durch eine Krankenversicherung sicherstellen kann, oder
b) wenn der Berechtigte oder derjenige, für den Krankenbehandlung begehrt wird (Leistungsempfänger), nach dem 31. Dezember 1982 von der Versicherungspflicht in der gesetzlichen Krankenversicherung auf Antrag befreit worden ist oder
c) wenn der Leistungsempfänger ein Einkommen hat, das die Jahresarbeitsentgeltgrenze der gesetzlichen Krankenversicherung übersteigt, es sei denn, daß der Berechtigte Anspruch auf Pflegezulage hat, oder
d) wenn ein Sozialversicherungsträger zu einer entsprechenden Leistung verpflichtet ist oder
e) wenn Anspruch auf entsprechende Leistungen aus einem Vertrag, ausgenommen Ansprüche aus einer privaten Kranken- oder Unfallversicherung, besteht oder
f) wenn und soweit die Heil- oder Krankenbehandlung durch ein anderes Gesetz sichergestellt ist.

Entsprechende Leistungen im Sinne dieses Absatzes sind Leistungen, die nach ihrer Zweckbestimmung und der Art der Leistungserbringung übereinstimmen. Sachleistungen anderer Träger, die dem gleichen Zweck dienen wie Kostenübernahmen, Geldleistungen oder Zuschüsse nach diesem Gesetz, gelten im Verhältnis zu diesen Leistungen als entsprechende Leistungen. Die Ansprüche, die ein Berechtigter nach den Absätzen 2, 4, 5 und 6 für sich hat, werden nicht dadurch ausgeschlossen, daß er nach § 10 des Fünften Buches Sozialgesetzbuch versichert ist.

(8) Heil- oder Krankenbehandlung kann auch vor der Anerkennung eines Versorgungsanspruchs gewährt werden.

§ 11 [Umfang der Heilbehandlung] (1) Die Heilbehandlung umfaßt
1. ambulante ärztliche und zahnärztliche Behandlung,
2. Versorgung mit Arznei- und Verbandmitteln,
3. Versorgung mit Heilmitteln einschließlich Krankengymnastik, Bewegungstherapie, Sprachtherapie und Beschäftigungstherapie sowie mit Brillen und Kontaktlinsen,

3 BVG § 11 Bundesversorgungsgesetz

4. Versorgung mit Zahnersatz,
5. stationäre Behandlung in einem Krankenhaus (Krankenhausbehandlung),
6. stationäre Behandlung in einer Rehabilitationseinrichtung,
7. häusliche Krankenpflege,
8. Versorgung mit Hilfsmitteln,
9. Belastungserprobung und Arbeitstherapie,
10. nichtärztliche sozialpädiatrische Leistungen.

Die Vorschriften für die Leistungen, zu denen die Krankenkasse (§ 18 c Abs. 2 Satz 1) ihren Mitgliedern verpflichtet ist, gelten für die Leistungen nach Satz 1 entsprechend, soweit dieses Gesetz nichts anderes bestimmt.

(2) Stationäre Behandlung in einer Kureinrichtung (Badekur) kann Beschädigten unter den Voraussetzungen des § 10 Abs. 1, 2, 7 und 8 gewährt werden, wenn sie notwendig ist, um den Heilerfolg zu sichern oder um einer in absehbarer Zeit zu erwartenden Verschlechterung des Gesundheitszustands, einer Pflegebedürftigkeit oder einer Arbeitsunfähigkeit vorzubeugen. Die Leistung wird abweichend von § 10 Abs. 7 Buchstabe d nicht dadurch ausgeschlossen, daß eine Krankenkasse zu einer entsprechenden Leistung verpflichtet ist. Eine Badekur soll nicht vor Ablauf von drei Jahren nach Durchführung einer solchen Maßnahme oder einer Kurmaßnahme, deren Kosten auf Grund öffentlich-rechtlicher Vorschriften getragen oder bezuschußt worden sind, gewährt werden, es sei denn, daß eine vorzeitige Gewährung aus dringenden gesundheitlichen Gründen erforderlich ist. Wird die Badekur unter den Voraussetzungen des § 10 Abs. 1 gewährt, so sollen Gesundheitsstörungen, die den Erfolg der Badekur beeinträchtigen können, mitbehandelt werden.

(3) Zur Ergänzung der Versorgung mit Hilfsmitteln können Beschädigte unter den Voraussetzungen des § 10 Abs. 1, 2, 7 und 8 als Ersatzleistung Zuschüsse erhalten

1. zur Beschaffung, Instandhaltung und Änderung von Motorfahrzeugen oder Fahrrädern anstelle bestimmter Hilfsmittel und deren Instandsetzung,
2. für Abstellmöglichkeiten für Rollstühle und für Motorfahrzeuge, zu deren Beschaffung der Beschädigte einen Zuschuß erhalten hat oder hätte erhalten können,
3. zur Unterbringung von Blindenführhunden,
4. zur Beschaffung und Änderung bestimmter Geräte sowie
5. zu den Kosten bestimmter Dienst- und Werkleistungen.

Bei einzelnen Leistungen können auch die vollen Kosten übernommen werden. Empfänger einer Pflegezulage mindestens nach Stufe III können einen Zuschuß nach Satz 1 Nr. 1 auch erhalten, wenn er nicht anstelle eines Hilfsmittels beantragt wird.

(4) Beschädigte erhalten unter den Voraussetzungen des § 10 Abs. 1, 2, 7 und 8 Haushaltshilfe in entsprechender Anwendung der Vorschriften, die für die Krankenkasse (§ 18 c Abs. 2 Satz 1) gelten.

(5) Die Heilbehandlung umfaßt auch ergänzende Leistungen zur Rehabilitation, die nicht zu den Leistungen nach den §§ 11 a, 26 und 27 d gehören; für diese ergänzenden Leistungen gelten die Vorschriften für die entsprechenden Leistungen der Krankenkasse (§ 18 c Abs. 2 Satz 1).

Bundesversorgungsgesetz §§ 11a, 12 BVG 3

§ 11 a [Versehrtenleibesübungen] (1) Versehrtenleibesübungen werden in Übungsgruppen unter ärztlicher Betreuung und fachkundiger Leitung im Rahmen regelmäßiger örtlicher Übungsveranstaltungen geeigneter Sportgemeinschaften durchgeführt.

(2) Die Eignung einer Sportgemeinschaft setzt voraus, daß Größe, ärztliche Betreuung, sportliche Leitung und Übungsmöglichkeiten Gewähr für einen ordnungsgemäßen Ablauf der Übungsveranstaltungen bieten.

(3) Die Verwaltungsbehörde soll sich bei der Erbringung der Leistungen einer Sportorganisation bedienen, die in der Lage ist, durch geeignete Sportgemeinschaften ein ausreichendes Leistungsangebot im gesamten Landesbereich sicherzustellen. Mehrerer Sportorganisationen soll sie sich nur bedienen, wenn jede Organisation die Sicherstellung in einem bestimmten Gebiet übernimmt und wenn dadurch der gesamte Landesbereich erfaßt wird. Anstelle einer Sportorganisation kann sich die Verwaltungsbehörde geeigneter Sportgemeinschaften unmittelbar bedienen.

(4) Soweit sich die Verwaltungsbehörde bei der Erbringung der Leistungen geeigneter Sportorganisationen oder Sportgemeinschaften bedient, werden den organisatorischen Trägern die dadurch entstehenden Verwaltungskosten in angemessenem Umfang ersetzt.

§ 12 [Umfang der Krankenbehandlung] (1) Für die Krankenbehandlung gilt § 11 Abs. 1 mit Ausnahme von Satz 1 Nr. 4 entsprechend. Die Krankenbehandlung umfaßt auch medizinische und ergänzende Leistungen zur Rehabilitation; für diese Leistungen gelten die Vorschriften für die entsprechenden Leistungen der Krankenkasse (§ 18c Abs. 2 Satz 1).

(2) Zuschüsse zu den Kosten der Beschaffung von Zahnersatz können den Berechtigten unter den Voraussetzungen des § 10 Abs. 4, 5, 7 und 8 bis zur Höhe von 80 vom Hundert der notwendigen Kosten gewährt werden. § 10 Abs. 7 ist mit der Maßgabe anzuwenden, daß Leistungen der gesetzlichen Krankenversicherung zur Versorgung mit Zahnersatz die Leistung nach Satz 1 ausschließen; sofern solche Leistungen freiwillig Versicherten gewährt werden, die mehr als die Hälfte der Beiträge aus eigenen Mitteln tragen, sind diese Leistungen mit ihrem Wert oder Betrag auf die Gesamtaufwendungen anzurechnen.

(3) Ehegatten und Eltern von Pflegezulageempfängern sowie Personen, die die unentgeltliche Wartung und Pflege eines Pflegezulageempfängers übernommen haben, kann eine Badekur gewährt werden, wenn sie den Beschädigten mindestens seit zwei Jahren dauernd pflegen und die Badekur zur Erhaltung ihrer Fähigkeit, den Beschädigten zu pflegen, erforderlich ist. Diesen Personen kann auch während eines Zeitraums von fünf Jahren nach der Beendigung der Pflegetätigkeit eine Badekur gewährt werden, wenn sie notwendig ist, um den Heilerfolg zu sichern oder um einer in absehbarer Zeit zu erwartenden Verschlechterung des Gesundheitszustands, einer Pflegebedürftigkeit oder einer Arbeitsunfähigkeit vorzubeugen. Badekuren können bis zu zehn Jahre nach Beendigung der Pflegetätigkeit gewährt werden, wenn die Pflegetätigkeit länger als zehn Jahre gedauert hat. § 10 Abs. 7 und § 11 Abs. 2 Satz 2 und 3 gelten entsprechend. Berechtigte nach Satz 1 und 2 erhalten Haushaltshilfe entsprechend § 11 Abs. 4.

(4) Berechtigte und Leistungsempfänger erhalten unter den Voraussetzungen des § 10 Abs. 4, 5, 7 und 8 Leistungen zur Gesundheitsvorsorge in Form einer Kur in entsprechender Anwendung der Vorschriften, die für die Krankenkasse (§ 18 c Abs. 2 Satz 1) gelten.

(5) § 11 Abs. 4 gilt für Berechtigte oder Leistungsempfänger im Sinne des § 10 Abs. 4 und 5 entsprechend.

(6) *(aufgehoben)*

§ 13 [Orthopädische Versorgung] (1) Die Versorgung mit Hilfsmitteln umfaßt die Ausstattung mit Körperersatzstücken, orthopädischen und anderen Hilfsmitteln, Blindenführhunden und mit dem Zubehör der Hilfsmittel, die Instandhaltung und den Ersatz der Hilfsmittel und des Zubehörs sowie die Ausbildung im Gebrauch von Hilfsmitteln.

(2) Die Hilfsmittel sind in erforderlicher Zahl auf Grund fachärztlicher Verordnung in technisch-wissenschaftlich anerkannter, dauerhafter Ausführung und Ausstattung zu gewähren; sie müssen den persönlichen und beruflichen Bedürfnissen des Berechtigten oder Leistungsempfängers angepaßt sein und dem allgemeinen Entwicklungsstand der Technik entsprechen. Hilfsmittel, deren Neuwert 300 Deutsche Mark übersteigt, sind in der Regel nicht zu übereignen.

(3) Die Bewilligung der Hilfsmittel kann davon abhängig gemacht werden, daß der Berechtigte oder Leistungsempfänger sie sich anpassen läßt oder sich, um mit ihrem Gebrauch vertraut zu werden, einer Ausbildung unterzieht. Der Ersatz eines unbrauchbar gewordenen Hilfsmittels kann abgelehnt werden, wenn es nicht zurückgegeben wird.

(4) Der Berechtigte hat Anspruch auf Instandsetzung und Ersatz der Hilfsmittel, wenn ihre Unbrauchbarkeit oder ihr Verlust nicht auf Mißbrauch, Vorsatz oder grobe Fahrlässigkeit des Berechtigten oder Leistungsempfängers zurückzuführen ist.

§ 14 [Blindenführhund oder fremde Führung] Beschädigte, bei denen Blindheit als Folge einer Schädigung anerkannt ist, erhalten monatlich 263 Deutsche Mark zum Unterhalt eines Führhunds und als Beihilfe zu den Aufwendungen für fremde Führung.

§ 15 [Kleider- und Wäscheverschleiß] Verursachen die anerkannten Folgen der Schädigung außergewöhnlichen Verschleiß an Kleidung oder Wäsche, so sind die dadurch entstehenden Kosten mit einem monatlichen Pauschbetrag von 33 bis 214 Deutsche Mark zu ersetzen. Der Pauschbetrag ergibt sich aus der Multiplikation von 3,292 Deutsche Mark mit der auf Grund einer Rechtsverordnung nach § 24a Buchstabe d für den jeweiligen Verschleißtatbestand festgesetzten Bewertungszahl; Pfennigbeträge sind auf volle Deutsche Mark abzurunden, und zwar bis 0,49 Deutsche Mark nach unten und von 0,50 Deutsche Mark an nach oben. Übersteigen in besonderen Fällen die tatsächlichen Aufwendungen die höchste Stufe des Pauschbetrags, so sind sie erstattungsfähig.

§ 16 [Versorgungskrankengeld] (1) Versorgungskrankengeld nach Maßgabe der folgenden Vorschriften wird gewährt

a) Beschädigten, wenn sie wegen einer Gesundheitsstörung, die als Folge einer Schädigung anerkannt ist oder durch eine anerkannte Schädigungsfolge verursacht ist, arbeitsunfähig im Sinne der Vorschriften der gesetzlichen Krankenversicherung werden; bei Gesundheitsstörungen, die nur im Sinne der Verschlimmerung als Folge einer Schädigung anerkannt sind, tritt an deren Stelle die gesamte Gesundheitsstörung, es sei denn, daß die als Folge einer Schädigung anerkannte Gesundheitsstörung auf die Arbeitsunfähigkeit ohne Einfluß ist,
b) Beschädigten, wenn sie wegen anderer Gesundheitsstörungen arbeitsunfähig werden, sofern ihnen wegen dieser Gesundheitsstörungen Heil- oder Krankenbehandlung zu gewähren ist (§ 10 Abs. 2, 5 Buchstabe a und Absatz 7),
c) Witwen (§§ 38, 42 bis 44 und 48), Waisen (§§ 45 und 48) und versorgungsberechtigten Eltern (§§ 49 bis 51), wenn sie arbeitsunfähig werden, sofern ihnen Krankenbehandlung zu gewähren ist (§ 10 Abs. 4 Buchstabe c und Absatz 7).

(2) Als arbeitsunfähig im Sinne der §§ 16 bis 16f ist auch der Berechtigte anzusehen, der
a) wegen der Durchführung einer stationären Behandlungsmaßnahme der Heil- oder Krankenbehandlung, einer Badekur oder
b) ohne arbeitsunfähig zu sein, wegen einer anderen Behandlungsmaßnahme der Heil- oder Krankenbehandlung, ausgenommen die Anpassung und die Instandsetzung von Hilfsmitteln, oder
c) wegen Zubilligung einer an eine stationäre Behandlungsmaßnahme der Heil- oder Krankenbehandlung oder an eine Badekur anschließenden Schonungszeit
keine ganztägige Erwerbstätigkeit ausüben kann.

(3) Anspruch auf Versorgungskrankengeld besteht auch dann, wenn Heil- oder Krankenbehandlung vor Anerkennung des Versorgungsanspruchs nach § 10 Abs. 8 gewährt oder eine Badekur durchgeführt wird.

(4) Der Anspruch auf Versorgungskrankengeld ruht, solange der Berechtigte Arbeitslosengeld, Arbeitslosenhilfe, Unterhaltsgeld, Mutterschaftsgeld, Kurzarbeitergeld oder Winterausfallgeld bezieht. Das gilt nicht für die Dauer einer stationären Behandlungsmaßnahme der Heil- oder Krankenbehandlung oder einer Badekur sowie für die Dauer einer zugebilligten Schonungszeit, die sich an diese Behandlungsmaßnahmen anschließt.

(5) Der Anspruch auf Versorgungskrankengeld ruht während der Elternzeit nach dem Bundeserziehungsgeldgesetz. Dies gilt nicht, wenn die Arbeitsunfähigkeit vor Beginn der Elternzeit eingetreten ist oder das Versorgungskrankengeld aus dem Arbeitsentgelt zu berechnen ist, das durch Erwerbstätigkeit während der Elternzeit erzielt wurde.

§ 16a [**Höhe des Versorgungskrankengeldes**] (1) Das Versorgungskrankengeld beträgt 80 vom Hundert des erzielten regelmäßigen Entgelts (Regelentgelt) und darf das entgangene regelmäßige Nettoarbeitsentgelt nicht übersteigen. Das Regelentgelt wird nach den Absätzen 2 und 3 berechnet. Das Versorgungskrankengeld wird für Kalendertage gezahlt. Ist es für einen ganzen Kalendermonat zu zahlen, so ist dieser mit 30 Tagen anzusetzen.

(2) Für die Berechnung des Regelentgelts ist bei Berechtigten, die bis zum Beginn der Arbeitsunfähigkeit gegen Entgelt beschäftigt waren, das von dem Berechtigten im letzten vor Beginn der Arbeitsunfähigkeit abgerechneten Entgeltabrechnungszeitraum, mindestens während der letzten abgerechneten vier Wochen (Bemessungszeitraum) erzielte und um einmalig gezahltes Arbeitsentgelt verminderte Entgelt durch die Zahl der Stunden zu teilen, für die es gezahlt wurde. Das Ergebnis ist mit der Zahl der sich aus dem Inhalt des Arbeitsverhältnisses ergebenden regelmäßigen wöchentlichen Arbeitsstunden zu vervielfachen und durch sieben zu teilen. Ist das Entgelt nach Monaten bemessen oder ist eine Berechnung des Regelentgelts nach den Sätzen 1 und 2 nicht möglich, so gilt der 30. Teil des in dem letzten vor Beginn der Maßnahme abgerechneten Kalendermonat erzielten und um einmalig gezahltes Arbeitsentgelt verminderten Entgelts als Regelentgelt. Wenn mit einer Arbeitsleistung Arbeitsentgelt erzielt wird, das für Zeiten einer Freistellung vor oder nach dieser Arbeitsleistung fällig wird (Wertguthaben nach § 7 Abs. 1a des Vierten Buches Sozialgesetzbuch), ist für die Berechnung des Regelentgelts das im Bemessungszeitraum der Beitragsberechnung zugrundeliegende und um einmalig gezahltes Arbeitsentgelt verminderte Arbeitsentgelt maßgebend; Wertguthaben, die nicht gemäß einer Vereinbarung über flexible Arbeitszeitregelungen verwendet werden (§ 23b Abs. 2 des Vierten Buches Sozialgesetzbuch), bleiben außer Betracht. Bei der Anwendung des Satzes 1 gilt als regelmäßige wöchentliche Arbeitszeit die Arbeitszeit, die dem gezahlten Arbeitsentgelt entspricht.

(3) Das Regelentgelt wird bis zur Höhe der jeweils geltenden Leistungsbemessungsgrenze berücksichtigt. Leistungsbemessungsgrenze ist der 360. Teil der Beitragsbemessungsgrenze der Rentenversicherung der Arbeiter und Angestellten für Jahresbezüge.

§ 16b [Berechnung des Versorgungskrankengeldes] (1) Hat der Berechtigte unmittelbar vor Eintritt der Arbeitsunfähigkeit Einkünfte aus Land- und Forstwirtschaft (§§ 13 bis 14 des Einkommensteuergesetzes), aus Gewerbebetrieb (§§ 15 bis 17 des Einkommensteuergesetzes) oder aus selbständiger Arbeit (§ 18 des Einkommensteuergesetzes) erzielt, ist § 16a entsprechend anzuwenden.

(2) Bemessungszeitraum ist das letzte Kalenderjahr, für das ein Einkommensteuerbescheid vorliegt. Das Versorgungskrankengeld ist für Kalendertage zu zahlen. Als Regelentgelt gelten die Gewinne, die der Veranlagung zur Einkommensteuer zugrunde gelegt worden sind. Ein Verlustausgleich zwischen einzelnen Einkunftsarten ist nicht vorzunehmen. Den Gewinnen sind erhöhte Absetzungen nach den §§ 7b bis 7d und 7h bis 7k des Einkommensteuergesetzes, nach den §§ 82a, 82g und 82i der Einkommensteuer-Durchführungsverordnung, nach den §§ 14 bis 15 des Berlinförderungsgesetzes und nach den §§ 7 und 12 des Schutzbaugesetzes hinzuzurechnen, soweit sie die nach § 7 Abs. 1 oder 4 des Einkommensteuergesetzes zulässigen Absetzungen für Abnutzung übersteigen. Ferner sind Sonderabschreibungen nach den §§ 7e bis 7g des Einkommensteuergesetzes, § 3 des Zonenrandförderungsgesetzes, den §§ 76, 81, 82d und 82f der Einkommensteuer-Durchführungsverordnung, die Gewinnabzüge nach § 78 der Einkommensteuer-Durchführungsverordnung sowie die nach § 3 des Zonenrandförderungsgesetzes gebildeten Rücklagen hinzuzurechnen. Freibeträge für Veräußerungsgewinne nach den

§§ 14, 14a, 16 Abs. 4, § 17 Abs. 3 und § 18 Abs. 3 des Einkommensteuergesetzes und Freibeträge nach § 13 Abs. 3 des Einkommensteuergesetzes sind nicht zu berücksichtigen.

(3) Findet eine Veranlagung zur Einkommensteuer nicht statt, ist Bemessungszeitraum das letzte vor Beginn der Arbeitsunfähigkeit abgelaufene Kalenderjahr, für das der Berechtigte die Gewinne nachweisen kann; die nachgewiesenen Gewinne gelten als Regelentgelt.

(4) Kann ein Regelentgelt nach Absatz 2 oder 3 nicht festgestellt werden oder ergibt ein nach Absatz 2 oder 3 festgestelltes Regelentgelt wegen wesentlicher Änderungen nach Ende des Bemessungszeitraumes oder aus anderen Gründen keinen angemessenen Maßstab für den Einkommensverlust, so ist das Regelentgelt unter Berücksichtigung der Gesamtverhältnisse festzusetzen.

(5) Als Regelentgelt im Sinne des § 16a Abs. 1 gelten auch
a) bei Berechtigten, die die Voraussetzungen des § 30 Abs. 12 erfüllen, ein Betrag in Höhe von zehn Achtel der durch die Arbeitsunfähigkeit notwendigen Mehraufwendungen für die Haushaltsführung,
b) bei nicht erwerbstätigen Berechtigten, die durch Arbeitsunfähigkeit gehindert sind, eine bestimmte Erwerbstätigkeit aufzunehmen, das Bruttoeinkommen, das ihnen durchschnittlich entgeht, oder, sofern dieses Einkommen nicht ermittelt werden kann, das Durchschnittseinkommen der Berufs- oder Wirtschaftsgruppe, der der Berechtigte ohne die Arbeitsunfähigkeit angehörte,
c) bei Empfängern von Arbeitslosengeld, Arbeitslosenhilfe oder Unterhaltsgeld ein Betrag in Höhe von zehn Achtel dieser Leistungen, sofern die Voraussetzungen von Buchstabe b nicht vorliegen.

(6) Ist Versorgungskrankengeld nach § 16a und nach den Absätzen 1 bis 5 zu berechnen, so ist ein einheitliches kalendertägliches Versorgungskrankengeld festzusetzen.

§ 16c [**Erhöhung des Versorgungskrankengeldes**] (1) Das Versorgungskrankengeld erhöht sich jeweils nach Ablauf eines Jahres seit dem Ende des Bemessungszeitraums um den Vomhundertsatz, um den die Renten der gesetzlichen Rentenversicherungen zuletzt vor diesem Zeitpunkt ohne Berücksichtigung der Veränderung der Belastung bei Renten und der Veränderung der durchschnittlichen Lebenserwartung der 65jährigen anzupassen gewesen wären; es darf nach der Anpassung 80 vom Hundert der jeweils geltenden Leistungsbemessungsgrenze (§ 16a Abs. 3) nicht übersteigen. Bei Empfängern von Arbeitslosengeld, Arbeitslosenhilfe oder Unterhaltsgeld gilt der für die Bemessung dieser Leistungen maßgebende Zeitraum als Bemessungszeitraum im Sinne des Satzes 1.

(2) Der Bundesminister für Arbeit und Sozialordnung gibt die Vomhundertsätze jährlich im Bundesanzeiger bekannt.

§ 16d [**Berücksichtigung anderer Kostenträger**] Hat der Berechtigte von einem anderen Rehabilitationsträger Krankengeld, Verletztengeld oder Übergangsgeld bezogen und ist ihm im Anschluß daran Versorgungskrankengeld nach den §§ 16 bis 16f zu gewähren, so ist bei der Berechnung des Versorgungskrankengelds von dem bisher zugrunde gelegten Entgelt auszugehen.

§ 16e [Weitergewährung des Versorgungskrankengeldes] Sind nach Abschluß der Heil- oder Krankenbehandlung oder einer Badekur berufsfördernde Maßnahmen erforderlich und können diese aus Gründen, die der Berechtigte nicht zu vertreten hat, nicht unmittelbar anschließend durchgeführt werden, so ist das Versorgungskrankengeld für diese Zeit weiterzugewähren, wenn der Berechtigte arbeitsunfähig ist und ihm ein Anspruch auf Krankengeld nicht zusteht oder wenn ihm eine zumutbare Beschäftigung nicht vermittelt werden kann.

§ 16f [Kürzung des Versorgungskrankengeldes] (1) Erhält der Berechtigte während des Bezuges von Versorgungskrankengeld Arbeitsentgelt, so ist das Versorgungskrankengeld um das um die gesetzlichen Abzüge verminderte Arbeitsentgelt zu kürzen; einmalig gezahltes Arbeitsentgelt sowie Leistungen des Arbeitgebers zum Versorgungskrankengeld, soweit sie zusammen mit dem Versorgungskrankengeld das vor der Arbeitsunfähigkeit erzielte, um die gesetzlichen Abzüge verminderte Arbeitsentgelt nicht übersteigen, bleiben außer Ansatz. Erzielt der Berechtigte während des Bezuges von Versorgungskrankengeld Einkünfte aus Land- und Forstwirtschaft, aus Gewerbebetrieb oder aus selbständiger Arbeit, so ist das Versorgungskrankengeld um 80 vom Hundert des als Regelentgelt geltenden Betrages zu kürzen.

(2) Erhält der Berechtigte durch eine Tätigkeit während des Bezuges von Versorgungskrankengeld Arbeitseinkommen, so ist das Versorgungskrankengeld um 80 vom Hundert des erzielten Arbeitseinkommens zu kürzen.

(3) Das Versorgungskrankengeld ist ferner zu kürzen um den um gesetzliche Abzüge verminderten Betrag von

1. Geldleistungen, die eine öffentlich-rechtliche Stelle im Zusammenhang mit der Heil- und Krankenbehandlung oder Badekur gewährt,
2. Renten, wenn dem Versorgungskrankengeld ein vor Beginn der Rentengewährung erzieltes Arbeitsentgelt oder Arbeitseinkommen zugrunde liegt,
3. Renten, die aus demselben Anlaß wie die Maßnahmen zur Rehabilitation gewährt werden, wenn durch die Anrechnung eine unbillige Doppelleistung vermieden wird.

(4) Macht der Berechtigte Ansprüche auf Leistungen einer öffentlich-rechtlichen Stelle nicht geltend, so ist der ihm dadurch entgehende Betrag anzurechnen; das gilt nicht, soweit die Ansprüche nicht zu verwirklichen sind oder aus Unkenntnis oder aus einem verständigen Grund nicht geltend gemacht worden sind oder geltend gemacht werden.

(5) § 71b findet entsprechende Anwendung.

§ 16g [Erstattung von Aufwendungen des Arbeitgebers] (1) Ist ein Arbeitnehmer am Tag nach der Beendigung eines auf einer Dienstpflicht beruhenden Dienstverhältnisses nach dem Wehrpflichtgesetz, dem Zivildienstgesetz oder dem Bundesgrenzschutzgesetz vom 18. August 1972 (BGBl. I S. 1834), das zuletzt durch Artikel 3 des Gesetzes vom 19. Oktober 1994 (BGBl. I S. 2978) geändert worden ist, wegen einer Gesundheitsstörung arbeitsunfähig, so werden dem privaten Arbeitgeber, der auf Grund eines bereits vor dem Beginn des Dienstverhältnisses bestehenden Arbeitsverhältnisses zur Fortzahlung des Arbeitsentgelts im Krankheitsfall verpflichtet ist, das fortgezahlte Arbeitsentgelt, die darauf entfallenden, von dem Arbeitgeber zu tragenden und abgeführten Beiträge zur Sozialversicherung und zur Arbeitsförderung sowie zu Einrichtungen der zusätzlichen Alters- und Hinterbliebenenversorgung erstattet, wenn die Gesundheitsstörung durch eine Schädigung im Sinne der §§ 80 bis 81a des Soldatenversorgungsgesetzes, der §§ 47, 47a des Zivildienstgesetzes oder des § 59 des Bundesgrenzschutzgesetzes vom 18. August 1972 (BGBl. I S. 1834), das zuletzt durch Artikel 3 des Gesetzes vom 19. Oktober 1994 (BGBl. I S. 2978) geändert worden ist, verursacht worden ist. Den in Satz 1 bezeichneten Dienstverhältnissen steht ein Dienstverhältnis eines Soldaten auf Zeit gleich, für das die Dienstzeit zunächst auf sechs Monate oder endgültig auf insgesamt nicht mehr als zwei Jahre festgesetzt worden ist.

(2) Die Erstattung nach Absatz 1 ist auf den Zeitraum beschränkt, für den der Arbeitgeber zur Fortzahlung des Arbeitsentgelts im Krankheitsfall verpflichtet ist. Der Erstattungszeitraum endet schon früher, wenn die am Tage nach Beendigung des Dienstverhältnisses bestehende Arbeitsunfähigkeit entfällt oder nicht mehr durch die Folgen der Schädigung verursacht wird.

(3) Ist dem Arbeitnehmer ein Anspruch erwachsen, auf Grund gesetzlicher Vorschriften von einem Schädiger Ersatz wegen des Verdienstausfalls, der ihm durch die Arbeitsunfähigkeit entstanden ist, verlangen zu können, so kann der Arbeitgeber Erstattung nach Absatz 1 nur gegen Abtretung dieses Anspruchs im Umfang der nach Absatz 1 begründeten Leistungspflicht verlangen.

(4) Die Aufwendungen der Arbeitgeber werden auf Antrag erstattet. Die Erstattung wird erst nach der Entscheidung über den Versorgungsanspruch geleistet. Der Anspruch auf die Erstattung verjährt mit Ablauf von vier Jahren seit dem Ende des Jahres der Beendigung des Dienstverhältnisses.

§ 16h [Anspruchsübergang auf Kostenträger] Erfüllt der Arbeitgeber während der Arbeitsunfähigkeit des Berechtigten den Anspruch auf Fortzahlung des Arbeitsentgelts nicht, so geht der Anspruch des Berechtigten gegen den Arbeitgeber bis zur Höhe des gezahlten Versorgungskrankengelds auf den Kostenträger der Kriegsopferversorgung über. In dem Umfang, in dem der Arbeitgeber Erstattung nach § 16g Abs. 1 verlangen kann, ist dieser Anspruch nicht geltend zu machen.

§ 17 [Beihilfe bei Heilbehandlung] Führt eine notwendige Maßnahme der Behandlung einer anerkannten Schädigungsfolge (§ 10 Abs. 1, § 11 Abs. 1 und 2) zu einer erheblichen Beeinträchtigung der Erwerbsgrundlage des Beschädigten, so kann eine Beihilfe in angemessener Höhe gewährt werden; sie soll im allgemeinen 70 Deutsche Mark täglich nicht übersteigen. Die Beihilfe kann auch gewährt werden, wenn die Einkünfte einschließlich des Versorgungskrankengelds infolge bestehender, unabwendbarer finanzieller Verpflichtungen nicht ausreichen, den notwendigen Lebensunterhalt zu bestreiten. Die Beihilfe ist jedoch nicht zu gewähren, soweit die finanziellen Belastungen auf einer Verpflichtung beruhen, durch die die Grundsätze wirtschaftlicher Lebensführung verletzt worden sind.

§ 18 [Kostenersatz bei selbst durchgeführter Heil- oder Krankenbehandlung] (1) Die Leistungen nach den §§ 10 bis 24a werden als Sachleistungen erbracht, soweit sich aus diesem Gesetz nichts anderes ergibt. Sachleistungen sind Berechtigten und Leistungsempfängern ohne Beteiligung an den Kosten zu gewähren. Dasselbe gilt für den Ersatz der Fahrkosten im Rahmen der Heil- und Krankenbehandlung durch die Krankenkassen.

(2) Bei der Versorgung mit Zahnersatz (§ 11 Abs. 1 Satz 1 Nr. 4) oder mit Hilfsmitteln (§ 11 Abs. 1 Satz 1 Nr. 8, § 12 Abs. 1 Satz 1) dürfen Sachleistungen auf Antrag in Umfang, Material oder Ausführung über das Maß des Notwendigen hinaus erbracht werden, wenn auch dadurch der Versorgungszweck erreicht wird und der Berechtigte oder Leistungsempfänger die Mehrkosten übernimmt. Führt eine Mehrleistung nach Satz 1 bei Folgeleistungen zu Mehrkosten, hat diese der Berechtigte oder Leistungsempfänger zu übernehmen.

(3) Hat der Berechtigte eine Heilbehandlung, Krankenbehandlung oder Badekur vor der Anerkennung selbst durchgeführt, so sind die Kosten für die notwendige Behandlung in angemessenem Umfang zu erstatten. Dies gilt auch, wenn eine Anerkennung nicht möglich ist, weil nach Abschluß der Heilbehandlung keine Gesundheitsstörung zurückgeblieben ist, oder wenn ein Beschädigter die Heilbehandlung vor der Anmeldung des Versorgungsanspruchs in dem Zeitraum durchgeführt hat, für den ihm Beschädigtenversorgung gewährt werden kann oder wenn ein Beschädigter durch Umstände, die außerhalb seines Willens lagen, an der Anmeldung vor Beginn der Behandlung gehindert war.

(4) Hat der Berechtigte eine Heil- oder Krankenbehandlung nach der Anerkennung selbst durchgeführt, so sind die Kosten in angemessenem Umfang zu erstatten, wenn unvermeidbare Umstände die Inanspruchnahme der Krankenkasse (§ 18c Abs. 2 Satz 1) oder der Verwaltungsbehörde (§ 18c Abs. 1 Satz 2) unmöglich machten. Das gilt für Versorgungsberechtigte, die Mitglied einer Krankenkasse sind, jedoch nur, wenn die Kasse nicht zur Leistung verpflichtet ist, sowie hinsichtlich der Leistungen, die nach § 18c Abs. 1 Satz 2 von der Verwaltungsbehörde zu gewähren sind. Hat der Berechtigte oder Leistungsempfänger nach Wegfall des Anspruchs auf Heil- oder Krankenbehandlung eine Krankenversicherung abgeschlossen oder ist er einer Krankenkasse beigetreten, so werden ihm die Aufwendungen für die Versicherung in angemessenem Umfang ersetzt, wenn der Anspruch auf Heil- oder Krankenbehandlung im Vorverfahren oder im gerichtlichen Verfahren rechtsverbindlich rückwirkend wieder zuerkannt wird. Kosten für eine selbst durchgeführte Badekur werden nicht erstattet.

(5) Wird dem Berechtigten Kostenersatz nach Absatz 3 oder 4 gewährt, besteht auch Anspruch auf Versorgungskrankengeld.

(6) Anstelle der Leistung nach § 11 Abs. 1 Nr. 4 kann dem Beschädigten für die Beschaffung eines Zahnersatzes wegen Schädigungsfolgen ein Zuschuß in angemessener Höhe gewährt werden, wenn er wegen des Verlustes weiterer Zähne, für den kein Anspruch auf Heilbehandlung nach diesem Gesetz besteht, einen erweiterten Zahnersatz anfertigen läßt. Die Verwaltungsbehörde kann den Zuschuß unmittelbar an den Zahnarzt zahlen.

(7) Der Berechtigte kann den für die notwendige Krankenhausbehandlung erforderlichen Betrag als Zuschuß erhalten, wenn er oder der Leistungsempfänger wahlärztliche Leistungen in Anspruch nimmt. Die Verwaltungsbehörde kann den Zuschuß unmittelbar an das Krankenhaus zahlen.

(8) In besonderen Fällen können bei der stationären Behandlung eines Beschädigten auch die Kosten für Leistungen übernommen werden, die über die

Bundesversorgungsgesetz § 18a BVG 3

allgemeinen Krankenhausleistungen hinausgehen, wenn es nach den Umständen, insbesondere im Hinblick auf die anerkannten Schädigungsfolgen erforderlich erscheint.

(9) Stirbt der Berechtigte, so können den Erben die Kosten der letzten Krankheit in angemessenem Umfang erstattet werden.

§ 18a [Beginn, Dauer und Beendigung der Gewährung von Leistungen] (1) Die Leistungen nach den §§ 10 bis 24a werden auf Antrag gewährt; sie können auch von Amts wegen gewährt werden. Die Ausstellung eines Bundesbehandlungsscheins (§ 18b) gilt als Antrag. Ist der Berechtigte Mitglied einer Krankenkasse, gelten Anträge auf Leistungen nach diesem Gesetz zugleich als Anträge auf die entsprechenden Leistungen der gesetzlichen Krankenversicherung, Anträge auf Leistungen der Krankenkasse zugleich als Anträge auf die entsprechenden Leistungen nach diesem Gesetz.

(2) Die Leistungen nach den §§ 10 bis 24a werden, sofern im folgenden nichts anderes bestimmt ist, vom 15. des zweiten Monats des Kalendervierteljahrs, das der Antragstellung vorausgegangen ist, frühestens jedoch von dem Tage an gewährt, von dem an ihre Voraussetzungen erfüllt sind. Von Amts wegen werden die Leistungen von dem Tage an gewährt, an dem die anspruchsbegründenden Tatsachen der Krankenkasse oder Verwaltungsbehörde bekannt geworden sind.

(3) Versorgungskrankengeld ist von dem Tage an zu gewähren, von dem an seine Voraussetzungen erfüllt sind, wenn es innerhalb von zwei Wochen nach Eintritt der Arbeitsunfähigkeit oder nach dem Beginn der Behandlungsmaßnahme oder nach Wegfall des Anspruchs auf Fortzahlung des Lohnes oder Gehalts beantragt wird, sonst von dem Tage der Antragstellung an. Als Antrag gilt auch die Meldung der Arbeitsunfähigkeit. Ist der Antrag nicht fristgerecht gestellt, so ist das Versorgungskrankengeld für die zurückliegende Zeit zu gewähren, wenn unvermeidbare Umstände die Einhaltung der Frist unmöglich machten. Von Amts wegen wird Versorgungskrankengeld von dem Tage an gewährt, an dem die anspruchsbegründenden Tatsachen der Krankenkasse oder Verwaltungsbehörde bekannt geworden sind. Die Sätze 1 bis 4 gelten auch für die Beihilfe nach § 17.

(4) Für Leistungen nach den §§ 10 bis 24a, die in Monatsbeträgen zu gewähren sind, gilt § 60 sinngemäß.

(5) Leistungen nach den §§ 10 bis 24a, die in Jahresbeträgen zu gewähren sind, werden vom ersten Januar des Jahres der Antragstellung an, frühestens vom Ersten des Monats an, in dem die Voraussetzungen erfüllt sind, gewährt. Von Amts wegen werden diese Leistungen vom ersten Januar des Jahres an gewährt, in dem der Krankenkasse oder der Verwaltungsbehörde die anspruchsbegründenden Tatsachen bekannt geworden sind, frühestens vom Ersten des Monats an, in dem die Voraussetzungen erfüllt sind. Auf einmalige Geldleistungen besteht nur Anspruch, wenn sie vor Ablauf von zwölf Monaten nach Entstehen der Aufwendungen beantragt werden.

(6) Die Leistungen nach den §§ 10 bis 24a werden, sofern im folgenden nichts anderes bestimmt ist, bis zu dem Tage gewährt, an dem ihre Voraussetzungen entfallen. Sie werden bis zum Ablauf des Kalendervierteljahrs, in dem ihre Voraussetzungen entfallen sind, weiter gewährt, wenn die Behandlungsbedürftigkeit oder der regelwidrige Körperzustand fortbesteht. Tritt der Weg-

fall durch eine Einkommenserhöhung ein, gelten die Voraussetzungen als mit dem Zeitpunkt entfallen, in dem der Berechtigte Kenntnis von der Erhöhung erlangt hat. Beruht der Wegfall auf dem Tode des Schwerbeschädigten oder des Pflegezulageempfängers, enden die Leistungen mit Ablauf des sechsten auf den Sterbemonat folgenden Monats.

(7) Versorgungskrankengeld und Beihilfe nach § 17 enden mit dem Wegfall der Voraussetzungen für ihre Gewährung, dem Eintritt eines Dauerzustandes, der Bewilligung einer Altersrente aus der gesetzlichen Rentenversicherung oder der Zahlung von Vorruhestandsgeld. Ein Dauerzustand ist gegeben, wenn die Arbeitsunfähigkeit in den nächsten 78 Wochen voraussichtlich nicht zu beseitigen ist. Versorgungskrankengeld und Beihilfe werden bei Wegfall der Voraussetzungen für ihre Gewährung bis zu dem Tage gewährt, an dem diese Voraussetzungen entfallen. Bei Eintritt eines Dauerzustandes oder Bewilligung einer Altersrente werden Versorgungskrankengeld und Beihilfe, sofern sie laufend gewährt werden, bis zum Ablauf von zwei Wochen nach Feststellung des Dauerzustandes, bei Altersrentenbewilligung bis zu dem Tage gewährt, an dem der Berechtigte von der Bewilligung Kenntnis erhalten hat. Bei Zahlung von Vorruhestandsgeld enden Versorgungskrankengeld und Beihilfe nach § 17 mit dem Tag, der dem Beginn des Vorruhestandes vorausgeht. Werden die Leistungen nicht laufend gewährt, so werden sie bis zu dem Tage der Feststellung des Dauerzustandes oder des Beginns der Altersrente gewährt. Die Feststellung eines Dauerzustands ist ausgeschlossen, solange dem Berechtigten stationäre Behandlungsmaßnahmen gewährt werden oder solange er nicht seit mindestens 78 Wochen ununterbrochen arbeitsunfähig ist; Zeiten einer vorausgehenden, auf derselben Krankheit beruhenden Arbeitsunfähigkeit sind auf diese Frist anzurechnen, soweit sie in den letzten drei Jahren vor Eintritt der Arbeitsunfähigkeit liegen. Badekuren und Heilstättenbehandlungen enden mit Ablauf der für die Behandlung vorgesehenen Frist. Leistungen, die in Jahresbeträgen zuerkannt werden, enden mit Ablauf des Kalenderjahrs, in dem die Voraussetzungen für ihre Gewährung entfallen sind.

§ 18b [Bundesbehandlungsschein für Heil- oder Krankenbehandlung] (1) Berechtigte und Leistungsempfänger, die Leistungen nur auf Grund dieses Gesetzes erhalten, und Berechtigte, die nach § 10 des Fünften Buches Sozialgesetzbuch versichert sind, sollen dem Arzt bei der ersten Inanspruchnahme innerhalb des Kalendervierteljahrs einen Bundesbehandlungsschein vorlegen. Der Bundesbehandlungsschein gilt für das laufende Kalendervierteljahr. Wurde der behandelnde Arzt bereits im vorausgegangenen Kalendervierteljahr ohne Vorlage eines Bundesbehandlungsscheins in Anspruch genommen, ist ein weiterer Bundesbehandlungsschein auszustellen, dessen Geltungsdauer mit dem 15. des zweiten Monats dieses Kalendervierteljahrs beginnt. Bundesbehandlungsscheine dürfen nur für Zeiträume ausgestellt werden, in denen der Berechtigte Anspruch auf Heil- oder Krankenbehandlung hat.

(2) Berechtigte und Leistungsempfänger, die Leistungen nur auf Grund dieses Gesetzes erhalten, sowie die Berechtigten, die nach § 10 des Fünften Buches Sozialgesetzbuch versichert sind, haben sich bei Ärzten und anderen Leistungserbringern auszuweisen. § 15 des Fünften Buches Sozialgesetzbuch gilt entsprechend.

Bundesversorgungsgesetz § 18c BVG 3

§ 18c [Zuständigkeit der Verwaltungsbehörde oder der Krankenkasse] (1) Die §§ 10 bis 24a werden von der Verwaltungsbehörde durchgeführt. Im Rahmen dieser Zuständigkeit erbringen die Verwaltungsbehörden Zahnersatz, Versorgung mit Hilfsmitteln, Bewegungstherapie, Sprachtherapie, Beschäftigungstherapie, Belastungserprobung, Arbeitstherapie, Badekuren nach § 11 Abs. 2 und § 12 Abs. 3, Ersatzleistungen, Versehrtenleibesübungen, Zuschüsse zur Beschaffung von Zahnersatz, Führhundzulage, Beihilfe zu den Aufwendungen für fremde Führung, Pauschbetrag als Ersatz für Kleider- und Wäscheverschleiß, Erstattungen nach § 16g, Beihilfe nach § 17, Leistungen nach § 18 Abs. 3 bis 9 und § 24, Kostenerstattungen an Krankenkassen, Beiträge zur gesetzlichen Rentenversicherung für Zeiten des Bezugs von Versorgungskrankengeld, Ersatz der Aufwendungen für die Alterssicherung sowie Beiträge zur Arbeitsförderung. Die übrigen Leistungen werden von den Krankenkassen für die Verwaltungsbehörde erbracht. Insoweit sind die Berechtigten und Leistungsempfänger der Krankenordnung unterworfen.

(2) Sind die Krankenkassen nach Absatz 1 Satz 3 zur Erbringung der Leistungen verpflichtet, so obliegt diese Verpflichtung bei Berechtigten, die Mitglied einer Krankenkasse sind, und bei Berechtigten und Leistungsempfängern, die Familienangehörige eines Kassenmitglieds sind, dieser Krankenkasse, bei der Heilbehandlung der übrigen Beschädigten und der Krankenbehandlung der Berechtigten und der übrigen Leistungsempfänger der Allgemeinen Ortskrankenkasse des Wohnorts. Über Widersprüche gegen Verwaltungsakte, die im Rahmen der Leistungserbringung von Krankenkassen erlassen werden, entscheidet die für die Verwaltungsbehörde zuständige Widerspruchsbehörde.

(3) Anstelle der Krankenkasse kann die Verwaltungsbehörde die Leistungen erbringen. Die Krankenkassen sollen der Verwaltungsbehörde Fälle mitteilen, in denen die Erbringung der Leistungen durch die Verwaltungsbehörde angezeigt erscheint.

(4) Auch wenn die Heil- und Krankenbehandlung nur auf Grund dieses Gesetzes gewährt werden, haben Ärzte, Zahnärzte, Apotheker und andere der Heil- und Krankenbehandlung dienende Personen sowie Krankenanstalten und Einrichtungen nur auf die für Mitglieder der Krankenkasse zu zahlende Vergütung Anspruch. Bei der Beschaffung von Hilfsmitteln im Sinne des § 13 darf die von der Ortskrankenkasse für ihre Mitglieder am Sitz des Lieferers zu zahlende Vergütung nicht überschritten werden. Ausnahmen von dieser Vorschrift können zugelassen werden.

(5) Auf Rechtsvorschriften beruhende Leistungen öffentlich-rechtlicher Leistungsträger, auf die jedoch kein Anspruch besteht, dürfen nicht deshalb versagt oder gekürzt werden, weil nach den §§ 10 bis 24a Leistungen für denselben Zweck vorgesehen sind. Erbringt ein anderer öffentlich-rechtlicher Leistungsträger eine Sachleistung, eine Zuschuß- oder sonstige Geldleistung oder eine mit einer Zuschußleistung für den gleichen Leistungszweck verbundene Sachleistung nicht, weil bereits auf Grund dieses Gesetzes eine Sachleistung gewährt wird, ist er erstattungspflichtig, soweit er sonst Leistungen gewährt hätte. Die Erstattungspflicht besteht nicht, wenn die zu behandelnde Gesundheitsstörung als Folge einer Schädigung anerkannt ist oder durch eine anerkannte Schädigungsfolge verursacht worden ist oder wenn Leistungen für Berechtigte erbracht werden, die nach § 10 des Fünften Buches Sozialgesetzbuch versichert sind.

(6) Ärzte, Krankenhäuser und sonstige Leistungserbringer sind verpflichtet, der Verwaltungsbehörde und der Krankenkasse (Absatz 2 Satz 1) die in den §§ 294, 295, 298 und 301 bis 303 des Fünften Buches Sozialgesetzbuch bezeichneten Daten zu übermitteln, soweit dies zur Aufgabenerfüllung der Verwaltungsbehörde oder der Krankenkasse erforderlich ist.

§ 19 [**Kostenerstattung**] Den Krankenkassen werden Aufwendungen für Leistungen erstattet, die sie nach § 18 c erbracht haben. Aufwendungen für ihre Mitglieder werden ihnen nur erstattet, soweit diese Aufwendungen durch Behandlung anerkannter Schädigungsfolgen entstanden sind.

§ 20 [**Kostenerstattung für Leistungen der Krankenkassen**] (1) Die Erstattungsansprüche der Krankenkassen nach § 19 werden pauschal abgegolten. Grundlage für die Festsetzung des Pauschalbetrages eines Kalenderjahres ist die Erstattung des Vorjahres. Sie wird um den Vom-Hundert-Satz verändert, um den sich die Zahl der rentenberechtigten Beschädigten und Hinterbliebenen am 1. Juli des Jahres im Vergleich zum 1. Juli des Vorjahres verändert hat. Dieses Ergebnis wird dann um den Vom-Hundert-Satz verändert, um den sich die Ausgaben der Krankenkassen je Rentner für ärztliche und zahnärztliche Behandlung (ohne Zahnersatz und ohne kieferorthopädische Behandlung), für Arznei- und Verbandmittel, für Heilmittel, für Krankenhausbehandlung und für Fahrkosten jeweils im ersten Halbjahr gegenüber dem ersten Halbjahr des Vorjahres verändert haben. Mit der Zahlung dieses Pauschalbetrages sind die in § 19 genannten Aufwendungen der Krankenkassen abgegolten.

(2) Das Bundesministerium für Arbeit und Sozialordnung zahlt die Pauschalbeträge an den AOK-Bundesverband, der sie für die Krankenkassen in Empfang nimmt. Zum Ende jeden Kalendervierteljahres werden Teilbeträge gezahlt. Solange die in Absatz 1 genannten Vergleichsdaten noch nicht vorliegen, werden Abschlagszahlungen auf der Höhe des Pauschalbetrages des Vorjahres geleistet. Der AOK-Bundesverband verteilt die Beträge auf die Spitzenverbände der Krankenkassen mit deren Einvernehmen; die Verteilung soll sich nach dem Verhältnis der Anteile der einzelnen Krankenkassenarten an den Erstattungen nach den §§ 19 und 20 in der bis zum 31. Dezember 1993 geltenden Fassung zum Erstattungsvolumen aller Krankenkassen des Haushaltsjahres 1993 richten.

(3) Den Krankenkassen werden für die Erbringung von Leistungen nach § 18 c Verwaltungskosten in Höhe von 3,25 vom Hundert des Pauschalbetrages nach Absatz 1 erstattet. Die Aufteilung dieses Betrages auf die einzelnen Länder richtet sich nach der Zahl der rentenberechtigten Beschädigten und Hinterbliebenen jeweils am 1. Juli des Jahres. Das Bundesministerium für Arbeit und Sozialordnung gibt die von den Ländern zu zahlenden Anteile bekannt. Absatz 2 gilt entsprechend.

(4) Für von den Ländern zu tragende Aufwendungen nach Gesetzen, die eine entsprechende Anwendung dieses Gesetzes vorsehen, gelten die Absätze 1, 2 und 3 nur, soweit dies ausdrücklich vorgesehen ist.

§ 21 [**Verjährung des Erstattungsanspruchs**] Für die Erstattung nach § 18 c Abs. 5 gelten die §§ 107 bis 114 des Zehnten Buches Sozialgesetzbuch. Die Verjährung beginnt mit Ablauf des Jahres, in dem die Heil- oder Krankenbehandlung durchgeführt worden ist, frühestens jedoch mit der Anerkennung des Versorgungsanspruchs.

§ 22 [Beiträge für Ausfallzeiten und Aufwendungen für Alterssicherung] (1) Die Verwaltungsbehörde entrichtet für Berechtigte die Beiträge zur gesetzlichen Rentenversicherung für Zeiten des Bezugs von Versorgungskrankengeld sowie den Beitrag zur Arbeitsförderung.

(2) Nicht rentenversicherungspflichtigen Berechtigten, die Versorgungskrankengeld beziehen, werden auf Antrag die Aufwendungen für die Alterssicherung bis zur Höhe der Beiträge erstattet, die zur gesetzlichen Rentenversicherung für Zeiten des Bezugs von Versorgungskrankengeld zu entrichten wären. Aufwendungen für die Alterssicherung im Sinne des Satzes 1 sind freiwillige Beiträge zur gesetzlichen Rentenversicherung, Beiträge zu öffentlich-rechtlichen berufsständischen Versicherungs- und Versorgungseinrichtungen sowie Beiträge zu öffentlichen oder privaten Versicherungsunternehmen auf Grund von Lebensversicherungsverträgen.

(3) Die Krankenkasse benennt der Verwaltungsbehörde vierteljährlich die Bezieher von Versorgungskrankengeld, macht die für die Entrichtung der Beiträge erforderlichen Angaben und legt auf Anfrage der Verwaltungsbehörde entsprechende Unterlagen vor.

§ 23. *(weggefallen)*

§ 24 [Ersatz persönlicher Unkosten] (1) Wird die Heilbehandlung, Krankenbehandlung oder Badekur von der Verwaltungsbehörde durchgeführt, so sind dem Berechtigten für sich und eine notwendige Begleitung die hierdurch entstehenden notwendigen Reisekosten einschließlich des erforderlichen Gepäcktransports sowie die Kosten der Verpflegung und Unterkunft in angemessenem Umfang zu ersetzen. Dauert die Maßnahme länger als acht Wochen, so können auch die notwendigen Reisekosten für Familienheimfahrten oder für Fahrten eines Familienangehörigen zum Aufenthaltsort des Berechtigten oder Leistungsempfängers übernommen werden. Wird eine stationäre Behandlung ohne zwingenden Grund abgebrochen, besteht kein Anspruch auf Ersatz der Reisekosten.

(2) Ersatz für entgangenen Arbeitsverdienst wird in angemessenem Umfang gewährt
a) bei der Anpassung und der Instandsetzung von Hilfsmitteln,
b) bei notwendiger Begleitung, wenn der Berechtigte der Begleitperson zur Erstattung verpflichtet ist.
Satz 1 Buchstabe b gilt auch im Zusammenhang mit Leistungen, die die Krankenkasse zur Behandlung von Schädigungsfolgen erbringt.

(3) Ist ohne behördliche Zustimmung ein Hilfsmittel (§ 13 Abs. 1) angepaßt, geändert oder ausgebessert worden, so werden Ersatz der baren Auslagen und Entschädigung für entgangenen Arbeitsverdienst in angemessenem Umfang gewährt, wenn die Notwendigkeit der Maßnahme anerkannt wird.

§ 24a [Rechtsverordnungen der Bundesregierung] Die Bundesregierung wird ermächtigt, durch Rechtsverordnung mit Zustimmung des Bundesrats

a) Art, Umfang und besondere Voraussetzungen der Versorgung mit Hilfsmitteln einschließlich Zubehör sowie der Ersatzleistungen (§ 11 Abs. 3) näher zu bestimmen,
b) für Beschädigte nach dem Bundesversorgungsgesetz und den Gesetzen, die dieses Gesetz für anwendbar erklären, Art, Umfang und besondere Voraussetzungen der Versehrtenleibesübungen sowie die Sportarten, die als Versehrtenleibesübungen gelten, näher zu bestimmen, die Durchführung der Versehrtenleibesübungen, die Grundlagen und die Höchstbeträge der bei Sicherstellung der Versehrtenleibesübungen durch Sportorganisationen zu vereinbarenden pauschalen Vergütung der Aufwendungen festzulegen, sowie die Grundlagen für die mit Sportgemeinschaften zu vereinbarende anteilige Vergütung der Aufwendungen, die durch die Teilnahme der Beschädigten an den Übungsveranstaltungen entstehen, näher zu regeln,
c) die Bemessung des Pauschbetrags für Kleider- und Wäscheverschleiß für einzelne Gruppen von Schädigungsfolgen und die Bestimmung der besonderen Fälle im Sinne des § 15 zu regeln.

Kriegsopferfürsorge

§ 25 [Kriegsopferfürsorge für Beschädigte und Hinterbliebene]

(1) Leistungen der Kriegsopferfürsorge erhalten Beschädigte und Hinterbliebene zur Ergänzung der übrigen Leistungen nach diesem Gesetz als besondere Hilfen im Einzelfall (§ 24 Abs. 1 Nr. 2 des Ersten Buches Sozialgesetzbuch).

(2) Aufgabe der Kriegsopferfürsorge ist es, sich der Beschädigten und ihrer Familienmitglieder sowie der Hinterbliebenen in allen Lebenslagen anzunehmen, um die Folgen der Schädigung oder des Verlustes des Ehegatten, Elternteils, Kindes oder Enkelkinds angemessen auszugleichen oder zu mildern.

(3) Leistungen der Kriegsopferfürsorge erhalten nach Maßgabe der nachstehenden Vorschriften

1. Beschädigte, die Grundrente nach § 31 beziehen oder Anspruch auf Heilbehandlung nach § 10 Abs. 1 haben,
2. Hinterbliebene, die Hinterbliebenenrente, Witwen- oder Waisenbeihilfe nach diesem Gesetz beziehen, Eltern auch dann, wenn ihnen wegen der Höhe ihres Einkommens Elternrente nicht zusteht und die Voraussetzungen der §§ 49 und 50 erfüllt sind.

Leistungen der Kriegsopferfürsorge werden auch gewährt, wenn der Anspruch auf Versorgung nach § 65 ruht, der Anspruch auf Zahlung von Grundrente wegen Abfindung erloschen oder übertragen ist oder Witwenversorgung auf Grund der Anrechnung nach § 44 Abs. 5 entfällt.

(4) Beschädigte erhalten Leistungen der Kriegsopferfürsorge auch für Familienmitglieder, soweit diese ihnen nach den nachstehenden Vorschriften anzuerkennenden Bedarf nicht aus eigenem Einkommen und Vermögen decken können. Als Familienmitglieder gelten

1. der Ehegatte des Beschädigten,
2. die Kinder des Beschädigten,

3. die Kinder, die nach § 33 b Abs. 2 als Kinder des Beschädigten gelten, und seine Pflegekinder im Sinne des § 2 Abs. 1 Satz 1 Nr. 2 des Bundeskindergeldgesetzes,
4. sonstige Angehörige, die mit dem Beschädigten in häuslicher Gemeinschaft leben,
5. Personen, deren Ausschluß eine offensichtliche Härte bedeuten würde,

wenn der Beschädigte den Lebensunterhalt des Familienmitglieds überwiegend bestreitet, vor der Schädigung bestritten hat oder ohne die Schädigung wahrscheinlich bestreiten würde. Kinder gelten nach Satz 2 Nr. 2 und 3 über die Vollendung des 18. Lebensjahrs hinaus als Familienmitglieder, wenn sie mit dem Beschädigten in häuslicher Gemeinschaft leben oder die Voraussetzungen des § 33 b Abs. 4 Satz 2 bis 7 erfüllen.

(5) Leistungen der Kriegsopferfürsorge können auch gewährt werden, wenn über Art und Umfang der Versorgung noch nicht rechtskräftig entschieden, mit der Anerkennung eines Versorgungsanspruchs aber zu rechnen ist.

(6) Der Anspruch auf Hilfe in einer Einrichtung (§ 25 b Abs. 1 Satz 2) oder auf Pflegegeld (§ 26 c Abs. 8) steht, soweit die Leistung dem Hilfesuchenden gewährt worden wäre, nach seinem Tode demjenigen zu, der die Hilfe erbracht oder die Pflege geleistet hat.

§ 25 a [Leistungsvoraussetzungen] (1) Leistungen der Kriegsopferfürsorge werden gewährt, wenn und soweit die Beschädigten infolge der Schädigung und die Hinterbliebenen infolge des Verlustes des Ehegatten, Elternteils, Kindes oder Enkelkinds nicht in der Lage sind, den nach den nachstehenden Vorschriften anzuerkennenden Bedarf aus den übrigen Leistungen nach diesem Gesetz und dem sonstigen Einkommen und Vermögen zu decken.

(2) Ein Zusammenhang zwischen der Schädigung oder dem Verlust des Ehegatten, Elternteils, Kindes oder Enkelkinds und der Notwendigkeit der Leistung wird vermutet, sofern nicht das Gegenteil offenkundig oder nachgewiesen ist. Leistungen der Kriegsopferfürsorge können auch gewährt werden, wenn ein Zusammenhang zwischen der Schädigung oder dem Verlust des Ehegatten, Elternteils, Kindes oder Enkelkinds und der Notwendigkeit der Leistung nicht besteht, die Leistung jedoch im Einzelfall durch besondere Gründe der Billigkeit gerechtfertigt ist. Der Zusammenhang wird stets angenommen
1. bei Beschädigten, die Beschädigtenrente eines Erwerbsunfähigen und Berufsschadensausgleich oder die eine Pflegezulage erhalten; § 25 Abs. 3 Satz 2 gilt entsprechend,
2. bei Schwerbeschädigten, die das 60. Lebensjahr vollendet haben,
3. bei Hinterbliebenen, die voll erwerbsgemindert oder erwerbsunfähig im Sinne des Sechsten Buches Sozialgesetzbuch sind oder das 60. Lebensjahr vollendet haben.

§ 25 b [Leistungen] (1) Leistungen der Kriegsopferfürsorge sind
 1. Hilfen zur beruflichen Rehabilitation (§§ 26 und 26 a),
 2. Krankenhilfe (§ 26 b),
 3. Hilfe zur Pflege (§ 26 c),

4. Hilfe zur Weiterführung des Haushalts (§ 26 d),
5. Altenhilfe (§ 26 e),
6. Erziehungsbeihilfe (§ 27),
7. ergänzende Hilfe zum Lebensunterhalt (§ 27 a),
8. Erholungshilfe (§ 27 b),
9. Wohnungshilfe (§ 27 c),
10. Hilfen in besonderen Lebenslagen (§ 27 d).

Wird die Hilfe in einer Anstalt, einem Heim oder einer gleichartigen Einrichtung oder in einer Einrichtung zur teilstationären Betreuung gewährt, umfaßt sie auch den in der Einrichtung gewährten Lebensunterhalt einschließlich der darüber hinaus erforderlichen einmaligen Leistungen. Satz 2 findet auch Anwendung, wenn Hilfe zur Pflege nur deshalb nicht gewährt wird, weil entsprechende Leistungen nach dem Elften Buch Sozialgesetzbuch erbracht werden.

(2) Leistungsarten der Kriegsopferfürsorge sind persönliche Hilfe, Sach- und Geldleistungen.

(3) Zur persönlichen Hilfe gehören insbesondere die Beratung in Fragen der Kriegsopferfürsorge sowie die Erteilung von Auskünften in sonstigen sozialen Angelegenheiten, soweit sie nicht von anderen Stellen oder Personen wahrzunehmen sind.

(4) Geldleistungen werden als einmalige Beihilfen, laufende Beihilfen oder als Darlehen gewährt. Darlehen können gegeben werden, wenn diese Art der Hilfe zur Erreichung des Leistungszwecks ausreichend oder zweckmäßiger ist. Anstelle von Geldleistungen können Sachleistungen gewährt werden, wenn diese Art der Hilfe im Einzelfall zweckmäßiger ist.

(5) Art, Ausmaß und Dauer der Leistungen der Kriegsopferfürsorge richten sich nach der Besonderheit des Einzelfalls, vor allem nach der Person des Hilfesuchenden, der Art des Bedarfs und den örtlichen Verhältnissen. Dabei sind Art und Schwere der Schädigung, Gesundheitszustand und Lebensalter sowie die Lebensstellung vor Eintritt der Schädigung oder vor Auswirkung der Folgen der Schädigung oder vor dem Verlust des Ehegatten, Elternteils, Kindes oder Enkelkinds besonders zu berücksichtigen. Wünschen des Hilfesuchenden, die sich auf die Gestaltung der Hilfe richten, soll entsprochen werden, soweit sie angemessen sind und keine unvertretbaren Mehrkosten erfordern.

§ 25 c [Umfang der Leistungen] (1) Die Höhe der Geldleistungen bemißt sich nach dem Unterschied zwischen dem anzuerkennenden Bedarf und dem einzusetzenden Einkommen und Vermögen; § 26 Abs. 6 und § 26 a bleiben unberührt. Darüber hinaus können in begründeten Fällen Geldleistungen auch insoweit gewährt werden, als zur Deckung des Bedarfs Einkommen oder Vermögen des Hilfesuchenden einzusetzen oder zu verwerten ist; in diesem Umfang hat der Hilfeempfänger dem Träger der Kriegsopferfürsorge die Aufwendungen zu erstatten.

(2) Kommt eine Sachleistung in Betracht, hat der Hilfeempfänger den Aufwand für die Sachleistung in Höhe des einzusetzenden Einkommens und Vermögens zu tragen.

Bundesversorgungsgesetz § 25d BVG 3

(3) Einkommen ist insoweit nicht einzusetzen, als der Einsatz des Einkommens im Einzelfall bei Berücksichtigung der besonderen Lage der Beschädigten oder Hinterbliebenen vor allem nach Art und Schädigungsnähe des Bedarfs, Dauer und Höhe der erforderlichen Aufwendungen sowie nach der besonderen Belastung des Hilfesuchenden und seiner unterhaltsberechtigten Angehörigen unbillig wäre. Bei ausschließlich schädigungsbedingtem Bedarf ist Einkommen nicht einzusetzen.

(4) *(aufgehoben)*

§ 25 d [Einkommen] (1) Einkommen im Sinne der Vorschriften über die Kriegsopferfürsorge sind alle Einkünfte in Geld oder Geldeswert mit Ausnahme der Leistungen der Kriegsopferfürsorge; § 26a Abs. 9 bleibt unberührt. Als Einkommen gelten nicht die Grundrente und die Schwerstbeschädigtenzulage sowie ein Betrag in Höhe der Grundrente, soweit nach § 44 Abs. 5 Leistungen auf die Witwengrundrente angerechnet werden oder soweit die Grundrente nach § 65 ruht. Satz 2 gilt auch für den der Witwen- und Waisenbeihilfe nach § 48 zugrunde liegenden Betrag der Grundrente.

(2) Als Einkommen des Hilfesuchenden gilt auch das Einkommen seines nicht getrennt lebenden Ehegatten, soweit es die für den Hilfesuchenden maßgebende Einkommensgrenze des § 25e Abs. 1 übersteigt: Leistungen anderer auf Grund eines bürgerlich-rechtlichen Unterhaltsanspruchs sind insoweit Einkommen des Hilfesuchenden, als das Einkommen des Unterhaltspflichtigen die für ihn nach § 25e Abs. 1 zu ermittelnde Einkommensgrenze übersteigt; ist ein Unterhaltsbetrag gerichtlich festgesetzt, sind die darauf beruhenden Leistungen Einkommen des Hilfesuchenden. § 25e Abs. 2 bleibt unberührt.

(3) Vom Einkommen sind abzusetzen

1. auf das Einkommen entrichtete Steuern,
2. Pflichtbeiträge zur Sozialversicherung einschließlich der Arbeitslosenversicherung,
3. Beiträge zu öffentlichen oder privaten Versicherungen oder ähnlichen Einrichtungen, soweit diese Beiträge gesetzlich vorgeschrieben oder nach Grund und Höhe angemessen sind,
4. die mit der Erzielung des Einkommens verbundenen notwendigen Ausgaben.

(4) Leistungen, die auf Grund öffentlich-rechtlicher Vorschriften zu einem ausdrücklich genannten Zweck gewährt werden, sind nur insoweit Einkommen, als die Leistung der Kriegsopferfürsorge im Einzelfall demselben Zweck dient. Eine Entschädigung, die wegen eines Schadens, der nicht Vermögensschaden ist, nach § 847 des Bürgerlichen Gesetzbuchs geleistet wird, gilt nicht als Einkommen.

(5) Zuwendungen der Freien Wohlfahrtspflege gelten nicht als Einkommen, soweit sie nicht die Lage des Empfängers so günstig beeinflussen, daß daneben Leistungen der Kriegsopferfürsorge ungerechtfertigt wären. Zuwendungen, die ein anderer gewährt, ohne hierzu eine rechtliche oder sittliche Pflicht zu haben, sollen als Einkommen außer Betracht bleiben, soweit ihre Berücksichtigung für den Empfänger eine besondere Härte bedeuten würde.

(6) Vermögen im Sinne der Vorschriften über die Kriegsopferfürsorge ist das gesamte verwertbare Vermögen.

§ 25 e [Einsatz von Einkommen] (1) Einkommen der Hilfesuchenden ist zur Bedarfsdeckung nur einzusetzen, soweit es im Monat eine Einkommensgrenze übersteigt, die sich ergibt aus
1. einem Grundbetrag in Höhe von 2,65 vom Hundert des Bemessungsbetrags des § 33 Abs. 1 Satz 2 Buchstabe a (Bemessungsbetrag),
2. den Kosten der Unterkunft,
3. einem Familienzuschlag in Höhe von 40 vom Hundert des Grundbetrags für den vom Hilfesuchenden überwiegend unterhaltenen Ehegatten sowie für jede weitere vom Hilfesuchenden allein oder zusammen mit seinem Ehegatten überwiegend unterhaltene Person,

höchstens jedoch aus einem Betrag in Höhe von einem Zwölftel des Bemessungsbetrags zuzüglich eines Betrages in Höhe von 75 vom Hundert des jeweiligen Familienzuschlags.

(2) Bei minderjährigen unverheirateten Beschädigten ist zur Deckung des Bedarfs auch Einkommen der Eltern einzusetzen. Für den Einsatz des Einkommens gilt Absatz 1 entsprechend mit der Maßgabe, daß ein Familienzuschlag für einen Elternteil, wenn die Eltern zusammenleben, sowie für den Beschädigten und für jede Person anzusetzen ist, die von den Eltern oder dem Beschädigten bisher überwiegend unterhalten worden ist oder der sie nach der Entscheidung über die Gewährung der Kriegsopferfürsorge unterhaltspflichtig werden. Leben die Eltern nicht zusammen, richtet sich die Einkommensgrenze nach dem Elternteil, bei dem der Beschädigte lebt; leben die Eltern nicht zusammen und lebt der Beschädigte bei keinem Elternteil, bestimmt sich die Einkommensgrenze nach Absatz 1; § 25 d Abs. 2 Satz 2 ist anzuwenden.

(3) Die Absätze 1 und 2 gelten nicht in den Fällen der §§ 26a, 27 Abs. 2 Satz 4 sowie des § 27a; § 26 Abs. 6 Satz 2, § 26b Abs. 4, § 26c Abs. 11, § 27 Abs. 2 letzter Satz und § 27d Abs. 5 bleiben unberührt.

(4) Bei Aufenthalt in einer Anstalt, einem Heim oder einer gleichartigen Einrichtung oder in einer Einrichtung zur teilstationären Betreuung ist nach Ablauf von zwei Monaten nach Aufnahme in die Einrichtung Einkommen in Höhe der Aufwendungen, die für den häuslichen Lebensunterhalt erspart werden, auch insoweit einzusetzen, als es unter der maßgebenden Einkommensgrenze liegt und es unbillig wäre, vom Einsatz des Einkommens abzusehen; darüber hinaus kann der Einsatz von Einkommen, das unter der Einkommensgrenze liegt, verlangt werden, wenn der Hilfesuchende auf voraussichtlich längere Zeit der Pflege in einer Anstalt, einem Heim oder einer gleichartigen Einrichtung bedarf, solange er nicht einen anderen überwiegend unterhält.

(5) Soweit im Einzelfall Einkommen zur Deckung eines bestimmten Bedarfs einzusetzen ist, kann der Einsatz dieses Einkommens zur Deckung eines anderen, gleichzeitig bestehenden Bedarfs nicht verlangt werden. Sind unterschiedliche Einkommensgrenzen maßgebend, ist zunächst über die Hilfe zu entscheiden, für welche die niedrigere Einkommensgrenze maßgebend ist. Sind gleiche Einkommensgrenzen maßgebend und verschiedene Träger der Kriegsopferfürsorge zuständig, hat die Entscheidung über die Hilfe für den

zuerst eingetretenen Bedarf den Vorrang; treten die Bedarfsfälle gleichzeitig ein, ist das über der Einkommensgrenze liegende Einkommen zu gleichen Teilen bei den Bedarfsfällen zu berücksichtigen.

§ 25 f [Einsatz und Verwertung von Vermögen] (1) Für den Einsatz und für die Verwertung von Vermögen der Hilfesuchenden gelten § 88 Abs. 2 und 3, § 89 des Bundessozialhilfegesetzes und § 25 c Abs. 3 dieses Gesetzes entsprechend.

(2) Kleinere Barbeträge oder sonstige Geldwerte sind
1. bei der ergänzenden Hilfe zum Lebensunterhalt zehn vom Hundert, jedoch 20 vom Hundert bei Hilfesuchenden, die das sechzigste Lebensjahr vollendet haben, sowie bei voll Erwerbsgeminderten oder Erwerbsunfähigen im Sinne der gesetzlichen Rentenversicherung und den diesem Personenkreis vergleichbaren Invalidenrentnern,
2. bei den übrigen Hilfen 20 vom Hundert, in den Fällen des § 26 c Abs. 8 Satz 3 und des § 27 d Abs. 1 Nr. 7 sowie bei Sonderfürsorgeberechtigten (§ 27 e) 40 vom Hundert

des Bemessungsbetrags zuzüglich eines Betrages in Höhe von vier vom Hundert des Bemessungsbetrags für den überwiegend unterhaltenen Ehegatten und in Höhe von zwei vom Hundert für jede weitere vom Hilfesuchenden allein oder zusammen mit seinem Ehegatten überwiegend unterhaltene Person.

(3) Ein Familienheim im Sinne des § 7 des Zweiten Wohnungsbaugesetzes, das vom Hilfesuchenden ganz oder teilweise allein oder zusammen mit Angehörigen bewohnt wird, denen es nach dem Tode des Hilfesuchenden als Wohnung dienen soll, ist nicht zu verwerten.

(4) Bei minderjährigen unverheirateten Beschädigten ist zur Deckung des Bedarfs auch Vermögen der Eltern einzusetzen oder zu verwerten. Für den Einsatz und für die Verwertung von Vermögen gilt Absatz 2 entsprechend mit der Maßgabe, daß ein Betrag in Höhe von vier vom Hundert des Bemessungsbetrags für einen Elternteil, wenn die Eltern zusammenleben, sowie in Höhe von zwei vom Hundert für den Beschädigten und für jede Person, die von den Eltern oder dem Beschädigten überwiegend unterhalten wird, anzusetzen ist. Leben die Eltern nicht zusammen, ist nur Vermögen des Elternteils einzusetzen oder zu verwerten, bei dem der Beschädigte lebt. Leben die Eltern nicht zusammen und lebt der Beschädigte bei keinem Elternteil, gilt für den Einsatz und für die Verwertung von Vermögen Absatz 2.

(5) Ist der Beschädigte und sein Ehegatte oder sind beide Elternteile des minderjährigen unverheirateten Beschädigten blind oder behindert im Sinne des § 24 Abs. 1 Satz 2 oder Abs. 2 Satz 1 des Bundessozialhilfegesetzes, gelten die Absätze 2 und 4 mit der Maßgabe, daß für den Ehegatten des Beschädigten und für den Elternteil des minderjährigen unverheirateten Beschädigten ein Betrag in Höhe von zwölf vom Hundert des Bemessungsbetrags anzusetzen ist.

§ 26 [Hilfen zur beruflichen Rehabilitation] (1) Beschädigten sind als berufsfördernde Leistungen zur Rehabilitation alle Hilfen zu gewähren, die erforderlich sind, um die Erwerbsfähigkeit der Beschädigten entsprechend ihrer Leistungsfähigkeit zu erhalten, zu bessern, herzustellen oder wiederherzustellen und sie hierdurch möglichst auf Dauer beruflich einzugliedern. Dabei sind Eignung, Neigung und bisherige Tätigkeit angemessen zu berücksichtigen. Das Verfahren zur Auswahl der Hilfen schließt, soweit erforderlich, eine Berufsfindung oder Arbeitserprobung ein; dabei gelten Absatz 2 Satz 4 und 5 sowie Absatz 3 Nr. 3, 4 und 6 entsprechend. Hilfen sind auch zum beruflichen Aufstieg zu gewähren, wenn den Beschädigten erst hierdurch die Erlangung einer angemessenen Lebensstellung ermöglicht wird. Im übrigen können Hilfen zum beruflichen Aufstieg gewährt werden.

(2) Als Hilfen im Sinne des Absatzes 1 kommen insbesondere in Betracht

1. Hilfen zur Erhaltung oder Erlangung eines Arbeitsplatzes einschließlich Hilfen zur Förderung der Arbeitsaufnahme sowie Eingliederungshilfen an Arbeitgeber,
2. Berufsvorbereitung einschließlich einer wegen der Schädigung erforderlichen Grundausbildung,
3. berufliche Anpassung, Fortbildung, Ausbildung und Umschulung einschließlich eines zur Teilnahme an diesen Maßnahmen erforderlichen schulischen Abschlusses,
4. sonstige Hilfen der Arbeits- und Berufsförderung, um Beschädigten eine angemessene und geeignete Erwerbs- oder Berufstätigkeit auf dem allgemeinen Arbeitsmarkt oder in einer Werkstatt für Behinderte zu ermöglichen.

Leistungen für die Teilnahme an Maßnahmen in anerkannten Werkstätten für Behinderte im Sinne des Schwerbehindertengesetzes werden nur erbracht

1. im Eingangsverfahren bis zur Dauer von vier Wochen, um im Zweifelsfalle festzustellen, ob die Werkstatt die geeignete Einrichtung für die Eingliederung des Beschädigten in das Arbeitsleben ist, sowie welche Bereiche der Werkstatt und welche berufsfördernden und ergänzenden Maßnahmen zur Eingliederung für den Beschädigten in Betracht kommen,
2. im Arbeitstrainingsbereich bis zur Dauer von zwei Jahren, wenn die Maßnahmen erforderlich sind, um die Leistungsfähigkeit oder Erwerbsfähigkeit des Beschädigten soweit wie möglich zu entwickeln, zu erhöhen oder wiederzugewinnen und erwartet werden kann, daß der Beschädigte nach Teilnahme an diesen Maßnahmen in der Lage ist, wenigstens ein Mindestmaß wirtschaftlich verwertbarer Arbeitsleistung im Sinne des § 54 des Schwerbehindertengesetzes zu erbringen. Über ein Jahr hinaus werden Leistungen nur erbracht, wenn die Leistungsfähigkeit des Beschädigten weiterentwickelt oder wiedergewonnen werden kann.

Zu den Hilfen gehört auch die Übernahme der erforderlichen Kosten für Unterkunft und Verpflegung, wenn für die Teilnahme an der Maßnahme eine Unterbringung außerhalb des eigenen oder des elterlichen Haushalts wegen Art oder Schwere der Schädigung oder zur Sicherung des Erfolges der Rehabilitation notwendig ist. Maßnahmen in Einrichtungen der beruflichen Rehabilitation werden nur gefördert, wenn Art oder Schwere der Schädigung oder die Sicherung des Rehabilitationserfolgs die besonderen Hilfen dieser Einrichtungen erforderlich machen. Die Förderung setzt voraus, daß die Maßnahme

1. nach Dauer, Gestaltung des Lehrplans, Unterrichtsmethode, Ausbildung und Berufserfahrung des Leiters und der Lehrkräfte eine erfolgreiche berufliche Rehabilitation erwarten läßt,

Bundesversorgungsgesetz § 26 BVG 3

2. angemessene Teilnahmebedingungen bietet und schädigungsgerecht ist,
3. nach den Grundsätzen der Wirtschaftlichkeit und Sparsamkeit geplant ist und durchgeführt wird, insbesondere die Kostensätze angemessen sind.

Bei Unterbringung des Beschädigten in einer Einrichtung der beruflichen Rehabilitation werden dort entstehende Aufwendungen vom Träger der Kriegsopferfürsorge als Sachleistungen getragen.

(3) Die Hilfen nach Absatz 2 sollen durch folgende Hilfen ergänzt werden (ergänzende Hilfen):
1. Übergangsgeld und Unterhaltsbeihilfe nach Maßgabe des § 26a,
2. Entrichtung von Beiträgen zur gesetzlichen Rentenversicherung für Zeiten des Bezugs von Übergangsgeld, Erstattung der Aufwendungen zur Alterssicherung von nicht rentenversicherungspflichtigen Beschädigten für freiwillige Beiträge zur gesetzlichen Rentenversicherung, für Beiträge zu öffentlich-rechtlichen berufsständischen Versicherungs- und Versorgungseinrichtungen und zu öffentlichen oder privaten Versicherungsunternehmen auf Grund von Lebensversicherungsverträgen bis zur Höhe der Beiträge, die zur gesetzlichen Rentenversicherung für Zeiten des Bezugs von Übergangsgeld zu entrichten wären,
3. Übernahme der erforderlichen Kosten, die mit einer berufsfördernden Maßnahme in unmittelbarem Zusammenhang stehen, insbesondere für Prüfungsgebühren, Lernmittel, Arbeitskleidung und Arbeitsgerät sowie Ausbildungszuschüsse an Arbeitgeber, wenn die Maßnahme im Betrieb durchgeführt wird,
4. Haushaltshilfe, wenn der Beschädigte wegen der Teilnahme an einer berufsfördernden Maßnahme außerhalb des eigenen Haushalts untergebracht ist und ihm aus diesem Grunde die Weiterführung des Haushalts nicht möglich ist; Voraussetzung ist ferner, daß eine andere im Haushalt lebende Person den Haushalt nicht weiterführen kann und im Haushalt ein Kind lebt, das das zwölfte Lebensjahr noch nicht vollendet hat oder das behindert und auf Hilfe angewiesen ist. Als Haushaltshilfe ist eine Ersatzkraft zu stellen. Kann eine Ersatzkraft nicht gestellt werden oder besteht Grund, von der Gestellung einer Ersatzkraft abzusehen, so sind die Kosten für eine selbstbeschaffte Ersatzkraft in angemessener Höhe zu erstatten,
5. sonstige Hilfen, die unter Berücksichtigung von Art oder Schwere der Schädigung erforderlich sind, um das Ziel der Rehabilitation zu erreichen oder zu sichern,
6. Übernahme der im Zusammenhang mit der Teilnahme an einer berufsfördernden Maßnahme erforderlichen Fahr-, Verpflegungs- und Übernachtungskosten; hierzu gehören auch die Kosten für eine wegen der Schädigung erforderliche Begleitperson sowie des erforderlichen Gepäcktransports. Reisekosten werden auch übernommen für im Regelfall zwei Familienheimfahrten im Monat, wenn der Beschädigte an einer berufsfördernden Maßnahme teilnimmt. Anstelle der Kosten für eine Familienheimfahrt können die Fahrt eines Angehörigen vom Wohnort zum Aufenthaltsort des Beschädigten Reisekosten übernommen werden.

(4) Zu den Hilfen im Sinne des Absatzes 1 gehören auch Hilfen zur Gründung und Erhaltung einer selbständigen Existenz; Geldleistungen hierfür sollen in der Regel als Darlehen gewährt werden.

(5) Die Hilfen nach Absatz 2 sollen für die Zeit gewährt werden, die vorgeschrieben oder allgemein üblich ist, um das angestrebte Berufsziel zu erreichen; Leistungen für die berufliche Umschulung und Fortbildung sollen in der Regel nur gewährt werden, wenn die Maßnahme bei ganztägigem Unterricht nicht länger als zwei Jahre dauert, es sei denn, daß der Beschädigte nur über eine längerdauernde Maßnahme eingegliedert werden kann.

(6) Soweit nach Absatz 2 oder Absatz 3 Nr. 5 Hilfen zum Erreichen des Arbeitsplatzes oder des Ortes einer berufsfördernden Maßnahme, insbesondere Hilfen zur Beschaffung und Unterhaltung eines Kraftfahrzeugs, in Betracht kommen, kann zur Angleichung dieser Leistungen der beruflichen Rehabilitation im Rahmen einer Rechtsverordnung nach § 27f der Einsatz von Einkommen abweichend von § 25e Abs. 1 und 2 sowie § 27d Abs. 5 bestimmt und von Einsatz und Verwertung von Vermögen ganz oder teilweise abgesehen werden. Im übrigen ist bei den Hilfen nach Absatz 2 und nach Absatz 3 Nr. 1 bis 4 und 6 Einkommen und Vermögen nicht zu berücksichtigen; § 26a bleibt unberührt.

(7) Witwen, die zur Erhaltung oder zur Erlangung einer angemessenen Lebensstellung erwerbstätig sein wollen, sind in begründeten Fällen Hilfen in sinngemäßer Anwendung der Absätze 2 bis 6 mit Ausnahme des Absatzes 3 Nr. 5 zu gewähren.

§ 26a [Übergangsgeld bei Teilnahme an berufsfördernden Maßnahmen] (1) Übergangsgeld wird gewährt, wenn der Beschädigte wegen Teilnahme an einer berufsfördernden Maßnahme nach § 26 Abs. 2 keine ganztägige Erwerbstätigkeit ausüben kann oder wegen Teilnahme an einer Berufsfindung oder Arbeitserprobung kein oder ein geringeres Arbeitsentgelt erzielt.

(2) Der Berechnung des Übergangsgelds sind 80 vom Hundert des Regelentgelts, höchstens jedoch das entgangene regelmäßige Nettoarbeitsentgelt zugrunde zu legen. Das Übergangsgeld beträgt

1. bei einem Beschädigten, der mindestens ein Kind im Sinne von § 25 Abs. 4 Satz 2 Nr. 2 oder 3 hat, das die Voraussetzungen des § 33b Abs. 4 erfüllt, oder dessen Ehegatte, mit dem er in häuslicher Gemeinschaft lebt, eine Erwerbstätigkeit nicht ausüben kann, weil er den Beschädigten wegen der Schwere der Schädigung oder einer sonstigen Behinderung pflegt oder selbst der Pflege bedarf, 80 vom Hundert,

2. bei den übrigen Beschädigten 70 vom Hundert

des nach Satz 1 oder Absatz 4 maßgebenden Betrages; im übrigen gelten für die Berechnung des Übergangsgelds die §§ 16a, 16b und 16f entsprechend. War der Beschädigte gegen Entgelt beschäftigt und hat er unmittelbar vor Beginn der berufsfördernden Maßnahme kein Versorgungskrankengeld, Krankengeld, Verletztengeld oder Übergangsgeld bezogen, so ist für die Berechnung des Regelentgelts das von dem Beschädigten im letzten vor Beginn der Maßnahme abgerechneten Entgeltabrechnungszeitraum, mindestens während der letzten abgerechneten vier Wochen (Bemessungszeitraum) erzielte und um einmalig gezahltes Arbeitsentgelt verminderte Entgelt zugrunde zu legen; ist das Entgelt nach Monaten bemessen oder ist eine Berechnung des Regelentgelts nach dem vorangehenden Halbsatz nicht möglich, so gilt der 30. Teil des in dem letzten vor Beginn der Maßnahme abgerechneten

Kalendermonat erzielten und um einmalig gezahltes Arbeitsentgelt verminderten Entgelts als Regelentgelt. Hat der Beschädigte Einkünfte im Sinne von § 16b Abs. 1 erzielt und unmittelbar vor Beginn der berufsfördernden Maßnahme kein Versorgungskrankengeld, Krankengeld, Verletztengeld oder Übergangsgeld bezogen, so gilt für die Berechnung des Übergangsgelds § 16b Abs. 2 bis 4 und Abs. 6 entsprechend. Bei Beschädigten, die Versorgung auf Grund einer Wehrdienstbeschädigung oder einer Zivildienstbeschädigung erhalten, sind der Berechnung des Regelentgelts die vor der Beendigung des Wehrdienstes bezogenen Einkünfte (Geld- und Sachbezüge) als Soldat, für Soldaten, die Wehrsold bezogen haben, und für Zivildienstleistende, zehn Achtel der vor der Beendigung des Wehrdienstes oder Zivildienstes bezogenen Einkünfte (Geld- und Sachbezüge) als Soldat oder Zivildienstleistender zugrunde zu legen, wenn

a) der Beschädigte vor Beginn des Wehrdienstes oder Zivildienstes kein Arbeitseinkommen erzielt hat oder

b) das nach Satz 1, 3 oder 4 zu berücksichtigende Entgelt niedriger ist.

(3) Hat der Beschädigte Versorgungskrankengeld, Krankengeld, Verletztengeld oder Übergangsgeld bezogen und wird im Anschluß daran eine berufsfördernde Maßnahme durchgeführt, so ist bei der Berechnung des Übergangsgelds von dem bisher zugrunde gelegten Entgelt auszugehen.

(4) Sofern

1. der letzte Tag des Bemessungszeitraums zu Beginn der Maßnahme länger als drei Jahre zurückliegt oder

2. kein Entgelt nach Absatz 2 oder keine Einkünfte nach § 16b Abs. 1 erzielt worden sind oder

3. es unbillig hart wäre, das Entgelt nach Absatz 2 oder die Einkünfte nach § 16b Abs. 1 der Bemessung des Übergangsgelds zugrunde zu legen,

ist das Übergangsgeld aus 65 vom Hundert des auf ein Jahr bezogenen tariflichen oder, wenn es an einer tariflichen Regelung fehlt, des ortsüblichen Arbeitsentgelts zu berechnen, das für den Wohnsitz oder gewöhnlichen Aufenthaltsort des Beschädigten gilt. Maßgebend ist das Arbeitsentgelt in dem letzten Kalendermonat vor dem Beginn der Maßnahme (Bemessungszeitraum) für diejenige Beschäftigung, für die der Beschädigte ohne die Schädigung nach seinen beruflichen Fähigkeiten und nach seinem Lebensalter in Betracht käme. Für den Kalendertag ist der 360. Teil dieses Betrages anzusetzen.

(5) Beschädigte, die vor Beginn der berufsfördernden Maßnahme beruflich nicht tätig gewesen sind, erhalten anstelle des Übergangsgelds eine Unterhaltsbeihilfe; das gilt nicht für Beschädigte im Sinne des § 26a Abs. 2 Satz 5. Für die Bemessung der Unterhaltsbeihilfe sind die Vorschriften über Leistungen für den Lebensunterhalt bei Gewährung von Erziehungsbeihilfe entsprechend anzuwenden; § 25d Abs. 2 gilt nicht bei volljährigen Beschädigten. Unterhaltsbeihilfe wird nur bis zur Höhe des Übergangsgelds, das ein ehemaliger wehrpflichtiger Soldat der Wehrsoldgruppe 1 nach § 26a Abs. 2 Satz 5 erhält, gewährt. Bei Unterbringung des Beschädigten in einer Rehabilitationseinrichtung ist der Berechnung der Unterhaltsbeihilfe lediglich ein angemessener Betrag zur Abgeltung zusätzlicher weiterer Bedürfnisse und Aufwendungen aus weiterlaufenden unabweisbaren Verpflichtungen zugrunde zu legen.

3 BVG § 26b Bundesversorgungsgesetz

(6) Das Übergangsgeld erhöht sich jeweils nach Ablauf eines Jahres seit dem Ende des Bemessungszeitraums um den Vomhundertsatz, um den die Renten der gesetzlichen Rentenversicherungen zuletzt vor diesem Zeitpunkt ohne Berücksichtigung der Veränderung der Belastung bei Renten und der Veränderung der durchschnittlichen Lebenserwartung der 65jährigen anzupassen gewesen wären; es darf nach der Anpassung 80 vom Hundert der Leistungsbemessungsgrenze (§ 16a Abs. 3) nicht übersteigen. In der Zeit vom 1. Juli 2000 bis zum 30. Juni 2002 erfolgt die Erhöhung jeweils um den Vomhundertsatz, um den sich die Renten aus der gesetzlichen Rentenversicherung verändert haben.

(7) Kann der Beschädigte an einer berufsfördernden Maßnahme aus gesundheitlichen Gründen nicht weiter teilnehmen, werden das Übergangsgeld und die Unterhaltsbeihilfe bis zu sechs Wochen, längstens jedoch bis zum Tage der Beendigung der Maßnahme, weitergewährt.

(8) Ist der Beschädigte im Anschluß an eine abgeschlossene berufsfördernde Maßnahme arbeitslos, werden Übergangsgeld und Unterhaltsbeihilfe während der Arbeitslosigkeit bis zu drei Monate weitergewährt, wenn er sich beim Arbeitsamt arbeitslos gemeldet hat und einen Anspruch auf Arbeitslosengeld von mindestens drei Monaten nicht geltend machen kann; die Dauer von drei Monaten vermindert sich um die Anzahl von Tagen, für die der Beschädigte im Anschluß an die Maßnahme einen Anspruch auf Arbeitslosengeld geltend machen kann. In diesem Falle beträgt das Übergangsgeld
1. bei einem Beschädigten, bei dem die Voraussetzungen des Absatzes 2 Satz 2 Nr. 1 vorliegen, 67 vom Hundert,
2. bei den übrigen Beschädigten 60 vom Hundert

des sich aus Absatz 2 Satz 1 oder Absatz 4 ergebenden Betrages; zwischenzeitliche Erhöhungen des Übergangsgelds nach Absatz 6 sind zu berücksichtigen.

(9) Kommen neben Hilfen nach § 26 weitere Hilfen der Kriegsopferfürsorge in Betracht, gelten Übergangsgeld und Unterhaltsbeihilfe als Einkommen.

(10) Der Anspruch auf Übergangsgeld ruht, solange ein Anspruch auf Mutterschaftsgeld besteht.

§ 26b [Krankenhilfe] (1) Krankenhilfe erhalten Beschädigte und Hinterbliebene in Ergänzung der Leistungen der Heil- und Krankenbehandlung nach diesem Gesetz. Die §§ 10 bis 24a bleiben unberührt.

(2) Die Krankenhilfe umfaßt ärztliche und zahnärztliche Behandlung, Versorgung mit Arzneimitteln, Verbandmitteln und Zahnersatz, Krankenhausbehandlung sowie sonstige zur Genesung, zur Besserung oder zur Linderung der Krankheitsfolgen erforderliche Leistungen. Die Leistungen sollen in der Regel den Leistungen entsprechen, die nach den Vorschriften über die gesetzliche Krankenversicherung gewährt werden.

(3) Ärzte und Zahnärzte haben für ihre Leistungen Anspruch auf die Vergütung, welche die Ortskrankenkasse, in deren Bereich der Arzt oder der Zahnarzt niedergelassen ist, für ihre Mitglieder zahlt. Der Kranke hat die freie Wahl unter den Ärzten und Zahnärzten, die sich zur ärztlichen oder zahnärztlichen Behandlung im Rahmen der Krankenhilfe zu der in Satz 1 genannten Vergütung bereit erklären.

(4) Nachdem die Krankheit während eines zusammenhängenden Zeitraums von drei Monaten entweder dauerndes Krankenlager oder wegen ihrer

Bundesversorgungsgesetz § 26c BVG 3

besonderen Schwere ständige ärztliche Betreuung erfordert hat, ist bei der Festsetzung der Einkommensgrenze § 27 d Abs. 5 Satz 1 Buchstabe a entsprechend anzuwenden.

§ 26 c [Hilfe für Pflegebedürftige; Pflegegeld] (1) Beschädigten und Hinterbliebenen, die wegen einer körperlichen, geistigen oder seelischen Krankheit oder Behinderung für die gewöhnlichen und regelmäßig wiederkehrenden Verrichtungen im Ablauf des täglichen Lebens auf Dauer, voraussichtlich für mindestens sechs Monate, in erheblichem oder höherem Maße der Hilfe bedürfen, ist Hilfe zur Pflege zu gewähren. Hilfe zur Pflege ist auch Kranken und Behinderten zu gewähren, die voraussichtlich für weniger als sechs Monate der Pflege bedürfen oder einen geringeren Hilfebedarf als nach Satz 1 haben oder die der Hilfe für andere Verrichtungen als nach Absatz 5 bedürfen; für die Hilfe in einer Anstalt, einem Heim oder einer gleichartigen Einrichtung oder in einer Einrichtung zur teilstationären Betreuung gilt dies nur, wenn es nach der Besonderheit des Einzelfalles erforderlich ist, insbesondere ambulante oder teilstationäre Hilfen nicht zumutbar sind oder nicht ausreichen.

(2) Die Hilfe zur Pflege umfaßt häusliche Pflege, Hilfsmittel, teilstationäre Pflege, Kurzzeitpflege und vollstationäre Pflege. Der Inhalt der Hilfen nach Satz 1 bestimmt sich nach den Regelungen der Pflegeversicherung für die in § 28 Abs. 1 Nr. 1, 5 bis 8 des Elften Buches Sozialgesetzbuch aufgeführten Leistungen; § 28 Abs. 4 des Elften Buches Sozialgesetzbuch gilt entsprechend.

(3) Krankheiten oder Behinderungen im Sinne des Absatzes 1 sind:
1. Verluste, Lähmungen oder andere Funktionsstörungen am Stütz- und Bewegungsapparat,
2. Funktionsstörungen der inneren Organe oder der Sinnesorgane,
3. Störungen des Zentralnervensystems wie Antriebs-, Gedächtnis- oder Orientierungsstörungen sowie endogene Psychosen, Neurosen oder geistige Behinderungen,
4. andere Krankheiten oder Behinderungen, infolge derer Personen pflegebedürftig im Sinne des Absatzes 1 sind.

(4) Der Hilfebedarf im Sinne des Absatzes 1 besteht in der Unterstützung, in der teilweisen oder vollständigen Übernahme der Verrichtungen im Ablauf des täglichen Lebens oder in Beaufsichtigung oder Anleitung mit dem Ziel der eigenständigen Übernahme dieser Verrichtungen.

(5) Gewöhnliche und regelmäßig wiederkehrende Verrichtungen im Sinne des Absatzes 1 sind:
1. im Bereich der Körperpflege das Waschen, Duschen, Baden, die Zahnpflege, das Kämmen, Rasieren, die Darm- oder Blasenentleerung,
2. im Bereich der Ernährung das mundgerechte Zubereiten oder die Aufnahme der Nahrung,
3. im Bereich der Mobilität das selbständige Aufstehen und Zu-Bett-Gehen, An- und Auskleiden, Gehen, Stehen, Treppensteigen oder das Verlassen und Wiederaufsuchen der Wohnung,
4. im Bereich der hauswirtschaftlichen Versorgung das Einkaufen, Kochen, Reinigen der Wohnung, Spülen, Wechseln und Waschen der Wäsche und Kleidung oder das Beheizen.

3 BVG § 26c Bundesversorgungsgesetz

(6) Die Verordnung nach § 16 des Elften Buches Sozialgesetzbuch, die Richtlinien der Pflegekassen nach § 17 des Elften Buches Sozialgesetzbuch, die Verordnung nach § 30 des Elften Buches Sozialgesetzbuch, die Rahmenverträge und Bundesempfehlungen über die pflegerische Versorgung nach § 75 des Elften Buches Sozialgesetzbuch und die Vereinbarungen über die Qualitätssicherung nach § 80 des Elften Buches Sozialgesetzbuch finden zur näheren Bestimmung des Begriffs der Pflegebedürftigkeit, des Inhalts der Pflegeleistung, der Unterkunft und Verpflegung und zur Abgrenzung, Höhe und Anpassung der Pflegegelder nach Absatz 8 entsprechende Anwendung. Die Entscheidung der Pflegekasse über das Ausmaß der Pflegebedürftigkeit nach dem Elften Buch Sozialgesetzbuch ist auch der Entscheidung im Rahmen der Hilfe zur Pflege zugrunde zu legen, soweit sie auf Tatsachen beruht, die bei den Entscheidungen zu berücksichtigen sind.

(7) Reicht im Falle des Absatzes 1 häusliche Pflege aus, soll der Träger der Kriegsopferfürsorge darauf hinwirken, daß die Pflege einschließlich der hauswirtschaftlichen Versorgung durch Personen, die dem Pflegebedürftigen nahestehen, oder im Wege der Nachbarschaftshilfe übernommen werden. Das Nähere regeln die Absätze 8 bis 12. In einer Anstalt, einem Heim oder einer gleichartigen Einrichtung oder in einer Einrichtung zur teilstationären Betreuung erhalten Pflegebedürftige keine Hilfen zur häuslichen Pflege.

(8) Pflegebedürftige, die bei der Körperpflege, der Ernährung oder der Mobilität für wenigstens zwei Verrichtungen aus einem oder mehreren Bereichen mindestens einmal täglich der Hilfe bedürfen und zusätzlich mehrfach in der Woche Hilfe bei der hauswirtschaftlichen Versorgung benötigen (erheblich Pflegebedürftige), erhalten ein Pflegegeld in Höhe von 400 Deutsche Mark monatlich. Pflegebedürftige, die bei der Körperpflege, der Ernährung oder der Mobilität für mehrere Verrichtungen mindestens dreimal täglich zu verschiedenen Tageszeiten der Hilfe bedürfen und zusätzlich mehrfach in der Woche Hilfe bei der hauswirtschaftlichen Versorgung benötigen (Schwerpflegebedürftige), erhalten ein Pflegegeld in Höhe von 800 Deutsche Mark monatlich, Pflegebedürftige, die bei der Körperpflege, der Ernährung oder der Mobilität für mehrere Verrichtungen täglich rund um die Uhr, auch nachts, der Hilfe bedürfen und zusätzlich mehrfach in der Woche Hilfe bei der hauswirtschaftlichen Versorgung benötigen (Schwerstpflegebedürftige), erhalten ein Pflegegeld in Höhe von 1300 Deutsche Mark monatlich. Bei pflegebedürftigen Kindern ist der infolge Krankheit oder Behinderung gegenüber einem gesunden gleichaltrigen Kind zusätzliche Pflegebedarf maßgebend.

(9) Pflegebedürftigen im Sinne des Absatzes 1 sind die angemessenen Aufwendungen der Pflegeperson zu erstatten; auch können angemessene Beihilfen gewährt sowie Beiträge der Pflegeperson für eine angemessene Alterssicherung übernommen werden, wenn diese nicht anderweitig sichergestellt ist. Ist neben oder anstelle der Pflege nach Absatz 7 Satz 1 die Heranziehung einer besonderen Pflegekraft erforderlich oder eine Beratung oder zeitweilige Entlastung der Pflegeperson geboten, so sind die angemessenen Kosten zu übernehmen. Pflegebedürftigen, die Pflegegeld erhalten, sind zusätzlich die Aufwendungen für die Beiträge einer Pflegeperson oder einer besonderen Pflegekraft für eine angemessene Alterssicherung zu erstatten, wenn diese nicht anderweitig sichergestellt ist.

Bundesversorgungsgesetz §§ 26d, 26e BVG 3

(10) Leistungen nach Absatz 8 und Absatz 9 Satz 3 werden nicht gewährt, soweit der Pflegebedürftige gleichartige Leistungen nach anderen Rechtsvorschriften erhält. Auf das Pflegegeld sind Leistungen nach § 27d Abs. 1 Nr. 7 oder ihnen gleichartige Leistungen nach anderen Rechtsvorschriften mit 70 vom Hundert, Pflegegelder nach dem Elften Buch Sozialgesetzbuch jedoch in dem Umfang, in dem sie gewährt werden, anzurechnen. Die Leistungen nach Absatz 9 werden neben den Leistungen nach Absatz 8 gewährt. Werden Leistungen nach Absatz 9 Satz 1 oder 2 oder gleichartige Leistungen nach anderen Rechtsvorschriften gewährt, kann das Pflegegeld um bis zu zwei Drittel gekürzt werden. Bei teilstationärer Betreuung des Pflegebedürftigen kann das Pflegegeld angemessen gekürzt werden. Leistungen nach Absatz 9 Satz 1 und 2 werden insoweit nicht gewährt, als der Pflegebedürftige in der Lage ist, entsprechende Leistungen nach anderen Rechtsvorschriften in Anspruch zu nehmen. § 2 des Bundessozialhilfegesetzes bleibt unberührt.

(11) Bei der Festsetzung der Einkommensgrenze ist
a) bei Pflege in einer Anstalt, einem Heim oder einer gleichartigen Einrichtung, wenn sie voraussichtlich auf längere Zeit erforderlich ist, sowie bei häuslicher Pflege, wenn der in Absatz 8 Satz 1 oder 2 genannte Schweregrad der Hilflosigkeit besteht, § 27d Abs. 5 Satz 1 Buchstabe a und Satz 2,
b) bei dem Pflegegeld nach Absatz 8 Satz 3, § 27d Abs. 5 Satz 1 Buchstabe b sowie § 27d Abs. 5 Satz 2 und 3
entsprechend anzuwenden.

(12) Bei der Hilfe zur Pflege für ein Kind, das sein 21. Lebensjahr vollendet hat, soll davon abgesehen werden, Einkommen und Vermögen des Beschädigten einzusetzen.

§ 26d [Hilfe zur Weiterführung des Haushalts] (1) Hilfe zur Weiterführung des Haushalts soll Beschädigten und Hinterbliebenen mit eigenem Haushalt gewährt werden, wenn keiner der Haushaltsangehörigen den Haushalt führen kann und die Weiterführung des Haushalts geboten ist. Die Hilfe soll in der Regel nur vorübergehend gewährt werden, es sei denn, daß durch die Hilfe die Unterbringung in einem Alten- oder Pflegeheim vermieden oder verzögert werden kann.

(2) Die Hilfe umfaßt die persönliche Betreuung von Haushaltsangehörigen sowie die sonstige zur Weiterführung des Haushalts erforderliche Tätigkeit.

(3) § 26c Abs. 7 Satz 1 und Abs. 9 Satz 1 und 2 gilt entsprechend.

(4) Die Hilfe kann auch durch Übernahme der angemessenen Kosten für eine vorübergehende anderweitige Unterbringung von Haushaltsangehörigen gewährt werden, wenn diese Unterbringung in besonderen Fällen neben oder statt der Weiterführung des Haushalts geboten ist.

§ 26e [Altenhilfe] (1) Altenhilfe soll außer der Hilfe nach den übrigen Bestimmungen dieses Gesetzes Beschädigten und Hinterbliebenen gewährt werden. Sie soll dazu beitragen, Schwierigkeiten, die durch das Alter entstehen, zu verhüten, zu überwinden oder zu mildern und Beschädigten und Hinterbliebenen im Alter die Möglichkeit zu erhalten, am Leben in der Gemeinschaft teilzunehmen.

(2) Als Maßnahmen der Hilfe kommen vor allem in Betracht:
1. Hilfe bei der Beschaffung und zur Erhaltung einer Wohnung, die den Bedürfnissen des alten Menschen entspricht,
2. Hilfe in allen Fragen der Aufnahme in eine Einrichtung, die der Betreuung alter Menschen dient, insbesondere bei der Beschaffung eines geeigneten Heimplatzes,
3. Hilfe in allen Fragen der Inanspruchnahme altersgerechter Dienste,
4. Hilfe zum Besuch von Veranstaltungen oder Einrichtungen, die der Geselligkeit, der Unterhaltung, der Bildung oder den kulturellen Bedürfnissen alter Menschen dienen,
5. Hilfe, die alten Menschen die Verbindung mit nahestehenden Personen ermöglicht,
6. Hilfe zu einer Betätigung, wenn sie vom Hilfesuchenden gewünscht wird.

(3) Hilfe nach Absatz 1 soll auch gewährt werden, wenn sie der Vorbereitung auf das Alter dient.

(4) Altenhilfe soll ohne Rücksicht auf vorhandenes Einkommen oder Vermögen gewährt werden, soweit im Einzelfall persönliche Hilfe erforderlich ist.

§ 27 [Erziehungsbeihilfe] (1) Erziehungsbeihilfe erhalten
a) Waisen, die Rente oder Waisenbeihilfe nach diesem Gesetz beziehen, und
b) Beschädigte, die Grundrente nach § 31 beziehen, für ihre Kinder sowie für Kinder im Sinne von § 25 Abs. 4 Satz 2 Nr. 3.
§ 25 Abs. 3 Satz 2 gilt entsprechend.
Die Erziehungsbeihilfe soll eine Erziehung zu körperlicher, geistiger und sittlicher Tüchtigkeit sowie eine angemessene, den Anlagen und Fähigkeiten entsprechende allgemeine und berufliche Ausbildung sicherstellen.

(2) Erziehungsbeihilfe wird gewährt, soweit der angemessene Bedarf für Erziehung, Ausbildung und Lebensunterhalt durch das einzusetzende Einkommen und Vermögen des Hilfesuchenden sowie des Kindes des Beschädigten und des Elternteils der Waise nicht gedeckt ist. Bei der Ermittlung des Bedarfs für den Lebensunterhalt bleiben Kosten der Unterkunft in der Familie unberücksichtigt. § 25 e Abs. 1 ist mit der Maßgabe anzuwenden, daß für das Kind oder die Waise, für die Erziehungsbeihilfe beantragt ist oder gewährt wird, ein Familienzuschlag nicht anzusetzen ist; das gilt auch in den Fällen von Satz 5 erster Halbsatz sowie bei der Feststellung der Einkommensgrenze für den Ehegatten des Beschädigten und den Ehegatten der Waise nach § 25 d Abs. 2 Satz 1. Einkommen der Waise und des Kindes des Beschädigten ist uneingeschränkt einzusetzen mit Ausnahme des während der Ausbildung erzielten Arbeitseinkommens, soweit es nicht Ausbildungsvergütung ist und im Kalenderjahr sieben vom Hundert des Bemessungsbetrags nicht übersteigt. Als Einkommen des Kindes gilt auch das Einkommen seines Ehegatten, soweit es die für ihn nach § 25 e Abs. 1 zu ermittelnde Einkommensgrenze übersteigt; ist ein Unterhaltsbetrag gerichtlich festgesetzt, sind die darauf beruhenden Leistungen Einkommen des Kindes. Beschädigten, die eine Pflegezulage erhalten, ist Erziehungsbeihilfe mindestens in Höhe der Kosten der Erziehung und Ausbildung zu gewähren.

(3) Übersteigt das Einkommen des Elternteils der Waise, das Einkommen des Beschädigten, das Einkommen des Ehegatten der Waise oder das Einkommen des Ehegatten des Kindes des Beschädigten die für sie maßgebende Einkommensgrenze, ist der übersteigende Betrag auf
a) die Waise und die weiteren gegenüber dem Elternteil Unterhaltsberechtigten,
b) das Kind des Beschädigten und die weiteren gegenüber dem Beschädigten Unterhaltsberechtigten,
c) die Waise und die weiteren gegenüber dem Ehegatten der Waise Unterhaltsberechtigten,
d) das Kind des Beschädigten und die weiteren gegenüber dem Ehegatten des Kindes des Beschädigten Unterhaltsberechtigten
gleichmäßig aufzuteilen. Der auf die Waise oder das Kind des Beschädigten entfallende Anteil ist als Einkommen einzusetzen.

(4) Erziehungsbeihilfe ist Beschädigten längstens bis zur Vollendung des 27. Lebensjahrs des Kindes zu gewähren. Im Falle der Unterbrechung oder Verzögerung der Schul- oder Berufsausbildung durch Erfüllung der gesetzlichen Wehr- oder Zivildienstpflicht des Kindes ist die Erziehungsbeihilfe jedoch über das 27. Lebensjahr hinaus für einen der Zeit dieses Dienstes entsprechenden Zeitraum weiterzugewähren. Satz 2 gilt entsprechend für den auf den Grundwehrdienst anzurechnenden Wehrdienst, den ein Soldat auf Zeit auf Grund freiwilliger Verpflichtung für eine Dienstzeit von nicht mehr als drei Jahren geleistet hat, für einen diesem freiwilligen Wehrdienst entsprechenden Vollzugsdienst der Polizei bei Verpflichtung auf nicht mehr als drei Jahre sowie für die vom Wehr- und Zivildienst befreiende Tätigkeit als Entwicklungshelfer im Sinne des § 1 Abs. 1 des Entwicklungshelfer-Gesetzes für einen der Dauer des Grundwehrdienstes entsprechenden Zeitraum.

(5) Erziehungsbeihilfe kann gewährt werden, wenn anstelle der Beschädigtenrente, Waisenrente oder Waisenbeihilfe ein Ausgleich nach § 89 gezahlt wird.

(6) Kann die übliche Ausbildung aus Gründen, die der Beschädigte, das Kind des Beschädigten oder die Waise nicht zu vertreten haben, nicht mit Vollendung des 27. Lebensjahrs abgeschlossen werden, kann Erziehungsbeihilfe auch über diesen Zeitpunkt hinaus weitergewährt werden.

§ 27 a [Ergänzende Hilfe zum Lebensunterhalt]

Ergänzende Hilfe zum Lebensunterhalt ist Beschädigten und Hinterbliebenen zu gewähren, soweit der Lebensunterhalt nicht aus den übrigen Leistungen nach diesem Gesetz und dem einzusetzenden Einkommen und Vermögen bestritten werden kann. Für die ergänzende Hilfe zum Lebensunterhalt gelten die Bestimmungen des Abschnitts 2 des Bundessozialhilfegesetzes unter Berücksichtigung der besonderen Lage der Beschädigten oder Hinterbliebenen entsprechend. § 18 des Bundessozialhilfegesetzes gilt nicht für Empfänger einer Ausgleichsrente.

§ 27 b [Erholungshilfe]

(1) Erholungshilfe erhalten Beschädigte für sich und ihren Ehegatten sowie Hinterbliebene als Erholungsaufenthalt, wenn die Erholungsmaßnahme zur Erhaltung der Gesundheit oder Arbeitsfähigkeit notwendig, die beabsichtigte Form des Erholungsaufenthalts zweckmäßig und, soweit es sich um Beschädigte handelt, die Erholungsbedürftigkeit durch die anerkannten Schädigungsfolgen bedingt ist; bei Schwerbeschädigten wird

der Zusammenhang zwischen den anerkannten Schädigungsfolgen und der Erholungsbedürftigkeit stets angenommen.

(2) Die Dauer des Erholungsaufenthalts ist so zu bemessen, daß der Erholungserfolg möglichst nachhaltig ist; sie soll drei Wochen betragen, darf jedoch diesen Zeitraum in der Regel nicht übersteigen. Weitere Erholungshilfe soll in der Regel nicht vor Ablauf von zwei Jahren gewährt werden.

(3) Aufwendungen, die während des Erholungsaufenthalts für den häuslichen Lebensunterhalt erspart werden, sind als Einkommen des Hilfesuchenden einzusetzen. Zusätzliche kleinere Aufwendungen, die dem Erholungssuchenden durch den Erholungsaufenthalt entstehen, sind als besonderer Bedarf zu berücksichtigen und können durch Pauschbeträge abgegolten werden.

(4) Während der Durchführung der Erholungsmaßnahme ist sicherzustellen, daß für Kinder und solche Haushaltsangehörige, die der Pflege bedürfen, hinreichend gesorgt wird.

(5) Bedarf der Erholungssuchende einer ständigen Begleitung, umfaßt der Bedarf für die Erholungshilfe auch den Bedarf aus der Mitnahme der Begleitperson.

§ 27 c [Wohnungshilfe] Wohnungshilfe erhalten Beschädigte und Hinterbliebene. Die Wohnungshilfe besteht in der Beratung in Wohnungs- und Siedlungsangelegenheiten sowie in der Mitwirkung bei der Beschaffung und Erhaltung ausreichenden und gesunden Wohnraums. Geldleistungen werden nur gewährt, wenn die Wohnung eines Schwerbeschädigten mit Rücksicht auf Art und Schwere der Schädigung besonderer Ausgestaltung oder baulicher Veränderung bedarf oder wenn Schwerbeschädigte oder Witwen innerhalb von fünf Jahren nach ihrem erstmaligen Eintreffen im Geltungsbereich dieses Gesetzes Wohnungshilfe beantragen und eine Geldleistung durch die Besonderheit des Einzelfalls gerechtfertigt ist. Geldleistungen sollen in der Regel als Darlehen gewährt werden.

§ 27 d [Hilfe in besonderen Lebenslagen] (1) Als Hilfen in besonderen Lebenslagen erhalten Beschädigte und Hinterbliebene

1. Hilfen zum Aufbau oder zur Sicherung der Lebensgrundlage,
2. vorbeugende Gesundheitshilfe,
3. Hilfe bei Schwangerschaft oder bei Sterilisation,
4. Hilfe zur Familienplanung,
5. Hilfe für werdende Mütter und Wöchnerinnen,
6. Eingliederungshilfe für Behinderte,
7. Blindenhilfe,
8. Hilfe zur Überwindung besonderer sozialer Schwierigkeiten.

(2) Hilfe kann auch in anderen besonderen Lebenslagen gewährt werden, wenn sie den Einsatz öffentlicher Mittel unter Berücksichtigung des Zweckes der Kriegsopferfürsorge rechtfertigen.

(3) Für die Hilfen in besonderen Lebenslagen gilt Abschnitt 3 des Bundessozialhilfegesetzes unter Berücksichtigung der besonderen Lage der Beschädigten oder Hinterbliebenen entsprechend. Die §§ 10 bis 24a bleiben unberührt.

(4) Die Absätze 1 bis 3 gelten auch für Hinterbliebene, die wegen Behinderung der Hilfe bedürfen.

(5) Bei der Festsetzung der Einkommensgrenze tritt an die Stelle des Grundbetrags nach § 25 e Abs. 1 Nr. 1 ein Grundbetrag
a) in den Fällen des § 81 Abs. 1 des Bundessozialhilfegesetzes in Höhe von 4,25 vom Hundert,
b) in den Fällen des § 81 Abs. 2 des Bundessozialhilfegesetzes in Höhe von 8,5 vom Hundert
des Bemessungsbetrags. Der Familienzuschlag beträgt 40 vom Hundert des Grundbetrags des § 25 e Abs. 1 Nr. 1. Für den nicht getrennt lebenden Ehegatten beträgt der Familienzuschlag in den Fällen des Satzes 1 Buchstabe b die Hälfte des Grundbetrags des Satzes 1 Buchstabe a, wenn beide Ehegatten blind oder behindert im Sinne des § 24 Abs. 1 Satz 2 oder Abs. 2 des Bundessozialhilfegesetzes sind.

(6) Was größere orthopädische und größere andere Hilfsmittel im Sinne des § 81 Abs. 1 Nr. 3 des Bundessozialhilfegesetzes sind, bestimmt sich nach der auf Grund des § 81 Abs. 5 des Bundessozialhilfegesetzes erlassenen Rechtsverordnung.

(7) Bei der Eingliederungshilfe für ein behindertes Kind gilt § 26 c Abs. 12 entsprechend.

§ 27 e [Sonderfürsorge für Schwerstbeschädigte]
Kriegsblinden, Ohnhändern, Querschnittgelähmten, die eine Pflegezulage beziehen, und sonstigen Empfängern einer Pflegezulage sowie Hirnbeschädigten und Beschädigten, deren Minderung der Erwerbsfähigkeit allein wegen Erkrankung an Tuberkulose oder wegen einer Gesichtsentstellung wenigstens 50 vom Hundert beträgt, ist durch die Hauptfürsorgestellen eine wirksame Sonderfürsorge zu gewähren.

§ 27 f [Rechtsverordnungen der Bundesregierung]
Die Bundesregierung wird ermächtigt, mit Zustimmung des Bundesrates durch Rechtsverordnung Art, Ausmaß und Dauer der Leistungen der Kriegsopferfürsorge (§§ 25 bis 27 e) sowie das Verfahren zu bestimmen.[1)]

§ 27 g [Überleitung von Ansprüchen auf den Träger der Kriegsopferfürsorge]
(1) Haben Beschädigte oder Hinterbliebene für die Zeit, für die Leistungen der Kriegsopferfürsorge gewährt werden, einen Anspruch gegen einen anderen, der kein Leistungsträger im Sinne von § 12 des Ersten Buches Sozialgesetzbuch ist, kann der Träger der Kriegsopferfürsorge durch schriftliche Anzeige an den anderen bewirken, daß dieser Anspruch bis zur Höhe seiner Aufwendungen auf ihn übergeht. Der Übergang des Anspruchs darf nur insoweit bewirkt werden, als die Hilfe bei rechtzeitiger Leistung des anderen nicht gewährt worden wäre oder als der Hilfeempfänger nach § 25 c Abs. 1 Satz 2 oder Abs. 2 die Aufwendungen zu ersetzen oder zu tragen hat. Der Übergang ist nicht dadurch ausgeschlossen, daß die Ansprüche nicht übertragen, verpfändet oder gepfändet werden können. § 115 des Zehnten Buches Sozialgesetzbuch geht der Regelung des Absatzes 1 Satz 1 vor.

[1)] Vgl. Kraftfahrzeughilfe-VO (Nr. 6 a).

(2) Die schriftliche Anzeige bewirkt den Übergang der Ansprüche für die Zeit, für die den Beschädigten oder Hinterbliebenen Leistungen der Kriegsopferfürsorge ohne Unterbrechung gewährt werden; als Unterbrechung gilt ein Zeitraum von mehr als zwei Monaten.

§ 27 h [Überleitung von Ansprüchen nach bürgerlichem Recht]

(1) Haben Beschädigte und Hinterbliebene für die Zeit, für die Hilfe gewährt wird, nach bürgerlichem Recht einen Unterhaltsanspruch, geht dieser bis zur Höhe der geleisteten Aufwendungen zusammen mit dem unterhaltsrechtlichen Auskunftsanspruch auf den Träger der Kriegsopferfürsorge über. Der Übergang des Anspruchs ist ausgeschlossen, soweit der Unterhaltsanspruch durch laufende Zahlungen erfüllt wird. Gleiches gilt, wenn der Unterhaltspflichtige mit dem Beschädigten oder dem Hinterbliebenen im zweiten oder in einem entfernteren Grad verwandt ist, sowie für Unterhaltsansprüche gegen Verwandte ersten Grades einer Beschädigten oder Hinterbliebenen, die schwanger ist oder ihr leibliches Kind bis zur Vollendung des 6. Lebensjahres betreut. § 115 des Zehnten Buches Sozialgesetzbuch geht der Regelung des Absatzes 1 Satz 1 vor.

(2) Der Anspruch geht nur über, soweit ein Beschädigter und Hinterbliebener sein Einkommen und Vermögen nach den Bestimmungen des § 25 e Abs. 1, § 25 f Abs. 1 bis 4, § 26 b Abs. 4, § 26 c Abs. 11 sowie § 27 d Abs. 5 einzusetzen hat. Der Übergang des Anspruchs gegen einen nach bürgerlichem Recht Unterhaltspflichtigen ist ausgeschlossen, wenn dies eine unbillige Härte bedeuten würde; sie liegt in der Regel bei unterhaltspflichtigen Eltern vor, soweit einem Beschädigten oder Hinterbliebenen nach Vollendung des 21. Lebensjahres Hilfe zur Pflege nach § 26 c oder Eingliederungshilfe für Behinderte nach § 27 d gewährt wird.

(3) Für die Vergangenheit kann der Träger der Kriegsopferfürsorge den übergegangenen Unterhalt außer unter den Voraussetzungen des Bürgerlichen Rechts nur von der Zeit an fordern, zu welcher er dem Unterhaltspflichtigen die Gewährung der Hilfe schriftlich mitgeteilt hat. Wenn die Hilfe voraussichtlich auf längere Zeit gewährt werden muß, kann der Träger der Kriegsopferfürsorge bis zur Höhe der bisherigen monatlichen Aufwendungen auch auf künftige Leistungen klagen.

(4) Der Träger der Kriegsopferfürsorge kann den auf ihn übergegangenen Unterhaltsanspruch im Einvernehmen mit dem Hilfeempfänger auf diesen zur gerichtlichen Geltendmachung rückübertragen und sich den geltend gemachten Unterhaltsanspruch abtreten lassen. Kosten, mit denen der Hilfeempfänger dadurch selbst belastet wird, sind zu übernehmen. Über die Ansprüche nach den Absätzen 1 bis 3 ist im Zivilrechtsweg zu entscheiden.

§ 27 i [Rechte des Trägers der Kriegsopferfürsorge]
Der erstattungsberechtigte Träger der Kriegsopferfürsorge kann die Feststellung einer Sozialleistung betreiben sowie Rechtsmittel einlegen. Der Ablauf der Fristen, die ohne sein Verschulden verstrichen sind, wirkt nicht gegen ihn; dies gilt nicht für die Verfahrensfristen, soweit der Träger der Kriegsopferfürsorge das Verfahren selbst betreibt.

§ 27 j [Pflegegeld]
Pflegebedürftige, die bis zum 31. März 1995 nach § 26 c Abs. 6 in der bis zum 31. März 1995 geltenden Fassung Pflegegeld be-

zogen haben, erhalten das Pflegegeld insoweit weiter, als es den Pflegegeldanspruch nach § 37 des Elften Buches Sozialgesetzbuch übersteigt und die geltenden Vorschriften des Bundesversorgungsgesetzes ungeachtet des § 26 c den Leistungsbezug nicht ausschließen; dabei bleibt eine Anrechnung der Geldleistung nach § 57 des Fünften Buches Sozialgesetzbuch in der bis zum 31. März 1995 geltenden Fassung außer Betracht. Gleiches gilt, soweit Pflegebedürftige, die bis zum 31. März 1995 Pflegegeld nach § 26 c Abs. 6 in der bis zum 31. März 1995 geltenden Fassung und daneben Leistungen zur hauswirtschaftlichen Versorgung nach diesem Gesetz bezogen, deshalb geringere Leistungen für hauswirtschaftliche Versorgung nach diesem Gesetz erhalten, weil hierauf der auf die hauswirtschaftliche Versorgung entfallende Teil des Pflegegeldes nach dem Elften Buch Sozialgesetzbuch angerechnet wird.

§ 28 *(weggefallen)*

Beschädigtenrente

§ 29 [Erfolgversprechende Maßnahmen zur Rehabilitation] Sind Maßnahmen zur Rehabilitation erfolgversprechend und zumutbar, so entsteht ein Anspruch auf Höherbewertung der Minderung der Erwerbsfähigkeit nach § 30 Abs. 2, auf Berufsschadensausgleich sowie auf Ausgleichsrente frühestens in dem Monat, in dem diese Maßnahmen abgeschlossen werden.

§ 30 [Minderung der Erwerbsfähigkeit; Berufsschadensausgleich]
(1) Die Minderung der Erwerbsfähigkeit ist nach der körperlichen und geistigen Beeinträchtigung im allgemeinen Erwerbsleben zu beurteilen; dabei sind seelische Begleiterscheinungen und Schmerzen zu berücksichtigen. Für die Beurteilung ist maßgebend, um wieviel die Befähigung zur üblichen, auf Erwerb gerichteten Arbeit und deren Ausnutzung im wirtschaftlichen Leben durch die als Folgen einer Schädigung anerkannten Gesundheitsstörungen beeinträchtigt sind. Vorübergehende Gesundheitsstörungen sind nicht zu berücksichtigen. Als vorübergehend gilt ein Zeitraum bis zu sechs Monaten. Bei jugendlichen Beschädigten (§ 34) ist die Minderung der Erwerbsfähigkeit nach dem Grade zu bemessen, der sich bei Erwachsenen mit gleicher Gesundheitsstörung ergibt. Für erhebliche äußere Körperschäden können Mindestvomhundertsätze festgesetzt werden.

(2) Die Minderung der Erwerbsfähigkeit ist höher zu bewerten, wenn der Beschädigte durch die Art der Schädigungsfolgen in seinem vor der Schädigung ausgeübten oder begonnenen Beruf, in seinem nachweisbar angestrebten oder in dem Beruf besonders betroffen ist, den er nach Eintritt der Schädigung ausgeübt hat oder noch ausübt. Das ist besonders der Fall, wenn er
a) infolge der Schädigung weder seinen bisher ausgeübten, begonnenen oder den nachweisbar angestrebten noch einen sozial gleichwertigen Beruf ausüben kann,
b) zwar seinen vor der Schädigung ausgeübten oder begonnenen Beruf weiter ausübt oder den nachweisbar angestrebten Beruf erreicht hat, in diesem Beruf durch die Art der Schädigungsfolgen aber in einem wesentlich höheren Grade als im allgemeinen Erwerbsleben erwerbsgemindert ist, oder

c) infolge der Schädigung nachweisbar am weiteren Aufstieg in seinem Beruf gehindert ist.

(3) Rentenberechtigte Beschädigte, deren Einkommen aus gegenwärtiger oder früherer Tätigkeit durch die Schädigungsfolgen gemindert ist, erhalten nach Anwendung des Absatzes 2 einen Berufsschadensausgleich in Höhe von 42,5 vom Hundert des auf volle Deutsche Mark nach oben abgerundeten Einkommensverlustes (Absatz 4) oder, falls dies günstiger ist, einen Berufsschadensausgleich nach Absatz 6.

(4) Einkommensverlust ist der Unterschiedsbetrag zwischen dem derzeitigen Bruttoeinkommen aus gegenwärtiger oder früherer Tätigkeit zuzüglich der Ausgleichsrente (derzeitiges Einkommen) und dem höheren Vergleichseinkommen. Hat der Beschädigte Anspruch auf eine in der Höhe vom Einkommen beeinflußte Rente wegen Todes nach den Vorschriften anderer Sozialleistungsbereiche, ist abweichend von Satz 1 der Berechnung des Einkommensverlustes die Ausgleichsrente zugrunde zu legen, die sich ohne Berücksichtigung dieser Hinterbliebenenrente ergäbe. Ist die Rente aus der gesetzlichen Rentenversicherung gemindert, weil das Erwerbseinkommen in einem in der Vergangenheit liegenden Zeitraum, der nicht mehr als die Hälfte des Erwerbslebens umfaßt, schädigungsbedingt gemindert war, so ist die Rentenminderung abweichend von Satz 1 der Einkommensverlust. Das Ausmaß der Minderung wird ermittelt, indem der Rentenberechnung für den Beschädigten Entgeltpunkte zugrunde gelegt werden, die sich ohne Berücksichtigung der Zeiten ergäben, in denen das Erwerbseinkommen des Beschädigten schädigungsbedingt gemindert ist.

(5) Das Vergleichseinkommen errechnet sich nach den Sätzen 2 bis 6 aus dem monatlichen Durchschnittseinkommen der Berufs- oder Wirtschaftsgruppe, der der Beschädigte ohne die Schädigung nach seinen Lebensverhältnissen, Kenntnissen und Fähigkeiten und dem bisher betätigten Arbeits- und Ausbildungswillen wahrscheinlich angehört hätte. Zur Ermittlung des Durchschnittseinkommens sind die jeweils am 31. Dezember bekannten Werte der amtlichen Erhebungen des Statistischen Bundesamtes für das Bundesgebiet und die beamten- oder tarifrechtlichen Besoldungs-, Vergütungs- oder Lohngruppen des Bundes aus den drei letzten der Anpassung vorangegangenen Kalenderjahren heranzuziehen. Bis zur Angleichung der Löhne und Gehälter in dem in Artikel 3 des Einigungsvertrages genannten Gebiet an diejenigen im übrigen Bundesgebiet sind bei der jährlichen Ermittlung des Durchschnittseinkommens die amtlichen Erhebungen des Statistischen Bundesamtes für das Bundesgebiet nach dem Stand vom 2. Oktober 1990 heranzuziehen; entsprechendes gilt für die beamten- oder tarifrechtlichen Besoldungs-, Vergütungs- oder Lohngruppen des Bundes. Soweit Bruttowochenverdienste erhoben und bekanntgegeben werden, sind diese mit 4,345 zu vervielfältigen. Beträge des Durchschnittseinkommens bis 0,49 Deutsche Mark sind auf volle Deutsche Mark nach unten und von 0,50 Deutsche Mark an auf volle Deutsche Mark nach oben abzurunden. Der Mittelwert aus den drei Jahren ist um die Summe der Vomhundertsätze, um die sich das Durchschnittsentgelt der gesetzlichen Rentenversicherung in den beiden Kalenderjahren vor der Anpassung verändert hat, zu aktualisieren. Für die Feststellung des Bruttoarbeitsentgelts sind die Daten des Statistischen Bundesamtes zugrunde zu legen, die diesem jeweils zu Beginn des folgenden Jahres vorliegen. Das Vergleichseinkommen ist jeweils vom Zeitpunkt der Rentenanpas-

Bundesversorgungsgesetz § 30 BVG 3

sung an maßgebend. Es ist durch den Bundesminister für Arbeit und Sozialordnung zu ermitteln und im Bundesanzeiger bekanntzugeben; die Beträge sind auf volle Deutsche Mark nach oben abzurunden.

(6) Berufsschadensausgleich nach Absatz 3 letzter Satzteil ist der Nettobetrag (Absatz 7) des nach Absatz 5 letzter Satz bekanntgemachten Vergleichseinkommens abzüglich des Nettoeinkommens (Absatz 8) aus gegenwärtiger oder früherer Erwerbstätigkeit sowie der Ausgleichsrente und des Ehegattenzuschlags; Absatz 4 Satz 2 gilt entsprechend.

(7) Der Nettobetrag des Vergleichseinkommens wird bei Beschädigten, die nach dem 30. Juni 1927 geboren sind, für die Zeit bis zum Ablauf des Monats, in dem der Beschädigte auch ohne die Schädigung aus dem Erwerbsleben ausgeschieden wäre, längstens jedoch bis zum Ablauf des Monats, in dem der Beschädigte das 65. Lebensjahr vollendet, pauschal ermittelt, indem das Vergleichseinkommen

1. bei verheirateten Beschädigten um 18 vom Hundert, der 1 400 DM übersteigende Teil um 36 vom Hundert und der 3 500 DM übersteigende Teil um 40 vom Hundert,
2. bei nicht verheirateten Beschädigten um 18 vom Hundert, der 900 DM übersteigende Teil um 40 vom Hundert und der 2 700 DM übersteigende Teil um 49 vom Hundert

gemindert wird. Im übrigen gelten 50 vom Hundert des Vergleichseinkommens als dessen Nettobetrag.

(8) Das Nettoeinkommen aus gegenwärtiger oder früherer Erwerbstätigkeit wird pauschal aus dem derzeitigen Bruttoeinkommen ermittelt, indem

1. das Bruttoeinkommen aus gegenwärtiger Erwerbstätigkeit um die in Absatz 7 Satz 1 Nr. 1 und 2 genannten Vomhundertsätze gemindert wird,
2. Renten aus der gesetzlichen Rentenversicherung sowie die Altersrente, die Rente wegen Erwerbsminderung und die Landabgaberente nach dem Gesetz über die Alterssicherung der Landwirte um die Hälfte des Vomhundertsatzes gemindert werden, der jeweils für die Bemessung der Krankenversicherungsbeiträge aus Renten (§ 247 des Fünften Buches Sozialgesetzbuch) gilt,
3. sonstige Geldleistungen von Leistungsträgern (§ 12 des Ersten Buches Sozialgesetzbuch) mit dem Nettobetrag berücksichtigt werden und
4. das übrige Bruttoeinkommen um die Hälfte des in Nummer 2 genannten Vomhundertsatzes und zusätzlich um 19 vom Hundert des 1 100 Deutsche Mark übersteigenden Betrages gemindert wird.

In den Fällen des Absatzes 11 tritt an die Stelle des Nettoeinkommens im Sinne des Satzes 1 der nach Absatz 7 ermittelte Nettobetrag des Durchschnittseinkommens.

(9) Berufsschadensausgleich nach Absatz 6 wird in den Fällen einer Rentenminderung im Sinne des Absatzes 4 Satz 3 nur gezahlt, wenn die Zeiten des Erwerbslebens, in denen das Erwerbseinkommen nicht schädigungsbedingt gemindert war, von einem gesetzlichen oder einem gleichwertigen Alterssicherungssystem erfaßt sind.

(10) Der Berufsschadensausgleich wird ausschließlich nach Absatz 6 berechnet, wenn

3 BVG § 30

1. die Voraussetzungen des Absatzes 4 Satz 3 und des Absatzes 9 vorliegen und die Zahlung einer Rente aus der gesetzlichen Rentenversicherung nach dem 30. Juni 1990 beginnt oder
2. nach Vollendung des 65. Lebensjahres des Beschädigten ein Anspruch nach Absatz 6 ununterbrochen für mindestens zwölf Monate bestanden hat.

(11) Wird durch nachträgliche schädigungsunabhängige Einwirkungen oder Ereignisse, insbesondere durch das Hinzutreten einer schädigungsunabhängigen Gesundheitsstörung das Bruttoeinkommen aus gegenwärtiger Tätigkeit voraussichtlich auf Dauer gemindert (Nachschaden), gilt statt dessen als Einkommen das Durchschnittseinkommen der Berufs- oder Wirtschaftsgruppe, der der Beschädigte ohne den Nachschaden angehören würde; Arbeitslosigkeit oder altersbedingtes Ausscheiden aus dem Erwerbsleben gilt grundsätzlich nicht als Nachschaden. Tritt nach dem Nachschaden ein weiterer schädigungsbedingter Einkommensverlust ein, ist dieses Durchschnittseinkommen entsprechend zu mindern. Scheidet dagegen der Beschädigte schädigungsbedingt aus dem Erwerbsleben aus, wird der Berufsschadensausgleich nach den Absätzen 3 bis 8 errechnet.

(12) Rentenberechtigte Beschädigte, die einen gemeinsamen Haushalt mit ihrem Ehegatten, einem Verwandten oder einem Stief- oder Pflegekind führen oder ohne die Schädigung zu führen hätten, erhalten als Berufsschadensausgleich einen Betrag in Höhe der Hälfte der wegen der Folgen der Schädigung notwendigen Mehraufwendungen bei der Führung des gemeinsamen Haushalts.

(13) Ist die Grundrente wegen besonderen beruflichen Betroffenseins erhöht worden, so ruht der Anspruch auf Berufsschadensausgleich in Höhe des durch die Erhöhung der Grundrente nach § 31 Abs. 1 Satz 1 erzielten Mehrbetrags. Entsprechendes gilt, wenn die Grundrente nach § 31 Abs. 4 Satz 2 erhöht worden ist.

(14) Die Bundesregierung wird ermächtigt, durch Rechtsverordnung mit Zustimmung des Bundesrates zu bestimmen:
a) welche Vergleichsgrundlage und in welcher Weise sie zur Ermittlung des Einkommensverlustes heranzuziehen ist,
b) wie der Einkommensverlust bei einer vor Abschluß der Schulausbildung oder vor Beginn der Berufsausbildung erlittenen Schädigung zu ermitteln ist,
c) wie der Berufsschadensausgleich festzustellen ist, wenn der Beschädigte ohne die Schädigung neben einer beruflichen Tätigkeit weitere berufliche Tätigkeiten ausgeübt oder einen gemeinsamen Haushalt im Sinne des Absatzes 12 geführt hätte,
d) was als derzeitiges Bruttoeinkommen oder als Durchschnittseinkommen im Sinne des Absatzes 11 und des § 64c Abs. 2 Satz 2 und 3 gilt und welche Einkünfte bei der Ermittlung des Einkommensverlustes nicht berücksichtigt werden,
e) wie in besonderen Fällen das Nettoeinkommen abweichend von Absatz 8 Satz 1 Nr. 3 und 4 zu ermitteln ist.

(15) Ist vor dem 1. Juli 1989 bereits über den Anspruch auf Berufsschadensausgleich für die Zeit nach dem Ausscheiden aus dem Erwerbsleben entschieden worden, so verbleibt es hinsichtlich der Frage, ob Absatz 4 Satz 1 oder 3 anzuwenden ist, bei der getroffenen Entscheidung.

(16) Hatte eine schwerbeschädigte Hausfrau für den Monat Juni 1990 Anspruch auf Berufsschadensausgleich nach Maßgabe des § 30 Abs. 7 Satz 2 in der bis zum 30. Juni 1990 geltenden Fassung, ist diese Vorschrift weiter anzuwenden, solange dies günstiger ist als die Anwendung des Absatzes 12. Ergibt sich außerdem ein Anspruch auf Berufsschadensausgleich nach den Absätzen 3 bis 11, ist nur der höhere Berufsschadensausgleich zu zahlen. Der Berufsschadensausgleich nach Satz 1 wird jährlich mit dem in § 56 Satz 1, soweit die Jahre 2000 und 2001 betroffen sind, mit dem in § 56 Abs. 3 bestimmten Vomhundertsatz angepasst; dabei ist § 15 Satz 2 zweiter Halbsatz entsprechend anzuwenden.

§ 31 [**Höhe der Beschädigten-Grundrente; Schwerstbeschädigtenzulage**] (1) Beschädigte erhalten eine monatliche Grundrente bei einer Minderung der Erwerbsfähigkeit

um 30 vom Hundert	von 221 Deutsche Mark,
um 40 vom Hundert	von 299 Deutsche Mark,
um 50 vom Hundert	von 404 Deutsche Mark,
um 60 vom Hundert	von 510 Deutsche Mark,
um 70 vom Hundert	von 707 Deutsche Mark,
um 80 vom Hundert	von 856 Deutsche Mark,
um 90 vom Hundert	von 1026 Deutsche Mark,
bei Erwerbsunfähigkeit	von 1156 Deutsche Mark.

Die Grundrente erhöht sich für Schwerbeschädigte, die das 65. Lebensjahr vollendet haben, bei einer Minderung der Erwerbsfähigkeit

um 50 und 60 vom Hundert	um 44 Deutsche Mark,
um 70 und 80 vom Hundert	um 55 Deutsche Mark,
um 90 vom Hundert und bei Erwerbsunfähigkeit	um 69 Deutsche Mark.

(2) Die vorstehenden Vomhundertsätze stellen Durchschnittssätze dar; eine um fünf vom Hundert geringere Minderung der Erwerbsfähigkeit wird von ihnen mit umfaßt.

(3) Schwerbeschädigter ist, wer in seiner Erwerbsfähigkeit um mindestens 50 vom Hundert beeinträchtigt ist; Absatz 2 gilt entsprechend. Wer in seiner Erwerbsfähigkeit um mehr als 90 vom Hundert beeinträchtigt ist, gilt als erwerbsunfähig.

(4) Beschädigte, bei denen Blindheit als Folge einer Schädigung anerkannt ist, erhalten stets die Rente eines Erwerbsunfähigen. Beschädigte mit Anspruch auf eine Pflegezulage gelten stets als Schwerbeschädigte; sie erhalten mindestens eine Versorgung nach einer Minderung der Erwerbsfähigkeit um 50 vom Hundert.

(5) Erwerbsunfähige Beschädigte, die durch die anerkannten Schädigungsfolgen gesundheitlich außergewöhnlich betroffen sind, erhalten eine monatliche Schwerstbeschädigtenzulage, die in folgenden Stufen gewährt wird:

Stufe I	132 Deutsche Mark,
Stufe II	272 Deutsche Mark,
Stufe III	410 Deutsche Mark,
Stufe IV	547 Deutsche Mark,

3 BVG §§ 32, 33 Bundesversorgungsgesetz

Stufe V 682 Deutsche Mark,
Stufe VI 822 Deutsche Mark.

Die Bundesregierung wird ermächtigt, mit Zustimmung des Bundesrates durch Rechtsverordnung den Personenkreis, der durch seine Schädigungsfolgen außergewöhnlich betroffen ist, sowie seine Einordnung in die Stufen I bis VI näher zu bestimmen.

§ 32 [Ausgleichsrente für Schwerbeschädigte] (1) Schwerbeschädigte erhalten eine Ausgleichsrente, wenn sie infolge ihres Gesundheitszustands oder hohen Alters oder aus einem von ihnen nicht zu vertretenden sonstigen Grunde eine ihnen zumutbare Erwerbstätigkeit nicht oder nur in beschränktem Umfang oder nur mit überdurchschnittlichem Kräfteaufwand ausüben können.

(2) Die volle Ausgleichsrente beträgt monatlich bei einer Minderung der Erwerbsfähigkeit

um 50 oder 60 vom Hundert	707 Deutsche Mark,
um 70 oder 80 vom Hundert	856 Deutsche Mark,
um 90 vom Hundert	1026 Deutsche Mark,
bei Erwerbsunfähigkeit	1156 Deutsche Mark.

§ 33 [Anrechnung von Einkommen auf die Ausgleichsrente] (1) Die volle Ausgleichsrente ist um das anzurechnende Einkommen zu mindern. Dieses ist, ausgehend vom Bruttoeinkommen, nach der nach Absatz 6 zu erlassenden Rechtsverordnung stufenweise so zu ermitteln, daß

a) bei Einkünften aus gegenwärtiger Erwerbstätigkeit ein Betrag in Höhe von 1,5 vom Hundert sowie bei den übrigen Einkünften ein Betrag in Höhe von 0,65 vom Hundert des Bemessungsbetrags von 47 822 Deutsche Mark, jeweils auf volle Deutsche Mark nach oben abgerundet, freibleibt (Freibetrag)

und

b) dem erwerbsunfähigen Beschädigten Ausgleichsrente nur zusteht, wenn seine Einkünfte aus gegenwärtiger Erwerbstätigkeit niedriger sind als ein Betrag in Höhe von einem Zwölftel oder seine übrigen Einkünfte niedriger sind als ein Betrag in Höhe von einem Zwanzigstel des in Buchstabe a genannten Bemessungsbetrags, abgerundet auf volle Deutsche Mark nach oben (Einkommensgrenze); diese Einkommensgrenze schließt auch die Beträge des Bruttoeinkommens ein, die mit den genannten Beträgen die gleiche Stufe gemeinsam haben.

(2) Einkünfte aus gegenwärtiger Erwerbstätigkeit im Sinne des Absatzes 1 sind Einkünfte aus

a) nichtselbständiger Arbeit im Sinne des § 19 Abs. 1 Nr. 1 des Einkommensteuergesetzes,
b) Land- und Forstwirtschaft,
c) Gewerbebetrieb,
d) selbständiger Tätigkeit sowie

Versorgungskrankengeld, Krankengeld und Verletztengeld, sofern diese Leistungen nicht nach einem zuvor bezogenen Arbeitslosengeld oder Unterhaltsgeld nach dem Dritten Buch Sozialgesetzbuch bemessen sind. Bei Versorgungskrankengeld, Krankengeld und Verletztengeld gilt als Einkünfte aus gegenwärtiger Erwerbstätigkeit das Bruttoeinkommen, das der Berechnung

Bundesversorgungsgesetz §§ 33a, 33b BVG 3

dieser Leistung zugrunde liegt, gegebenenfalls vom Zeitpunkt einer Anpassung der Leistung an erhöht um den Vomhundertsatz, um den der Bemessungsbetrag zuletzt gemäß § 56 Abs. 1 Satz 2 angepaßt worden ist.

(3) Läßt sich das Einkommen zahlenmäßig nicht ermitteln, so ist es unter Berücksichtigung der Gesamtverhältnisse festzusetzen.

(4) Empfänger einer Pflegezulage erhalten wenigstens die Hälfte der vollen Ausgleichsrente, Empfänger einer Pflegezulage von mindestens Stufe III die volle Ausgleichsrente, auch wenn die Pflegezulage nach § 35 Abs. 4 nicht gezahlt wird oder nach § 65 Abs. 1 ruht.

(5) Die Bundesregierung wird ermächtigt, mit Zustimmung des Bundesrates durch Rechtsverordnung näher zu bestimmen,
a) was als Einkommen gilt und welche Einkünfte bei Feststellung der Ausgleichsrente unberücksichtigt bleiben,
b) wie das Bruttoeinkommen zu ermitteln ist.

(6) Der Bundesminister für Arbeit und Sozialordnung wird ermächtigt, mit Zustimmung des Bundesrates die Rechtsverordnung über das anzurechnende Einkommen nach Absatz 1 zu erlassen. Die anzurechnenden Beträge sind in einer Tabelle anzugeben, die für den erwerbsunfähigen Beschädigten in 200 Stufen gegliedert ist; die ermittelten Werte gelten auch für die übrigen Beschädigtengruppen. Der jeweilige Betrag, bis zu dem die einzelne Stufe reicht, ist zu ermitteln, indem die Stufenzahl mit dem zweihundertsten Teil des um den Freibetrag (Absatz 1 Buchstabe a) verminderten Betrages nach Absatz 1 Buchstabe b) multipliziert und dem auf volle Deutsche Mark nach unten abgerundeten Produkt der Freibetrag hinzugerechnet wird. Der jeder Stufe zugeordnete Betrag des anzurechnenden Einkommens ist zu ermitteln, indem die jeweilige Stufenzahl mit dem zweihundertsten Teil des Betrages der vollen Ausgleichsrente des erwerbsunfähigen Beschädigten multipliziert und das Produkt auf volle Deutsche Mark nach unten abgerundet wird. In der Rechtsverordnung kann ferner Näheres über die Anwendung der Tabelle bestimmt und können die jeweils zustehenden Beträge der Ausgleichsrente angegeben werden.

§ 33a [Zuschlag für Ehegatten] (1) Schwerbeschädigte erhalten für den Ehegatten einen Zuschlag von 127 Deutsche Mark monatlich. Den Zuschlag erhalten auch Schwerbeschädigte, deren Ehe aufgelöst oder für nichtig erklärt worden ist, wenn sie im eigenen Haushalt für ein Kind im Sinne des § 33b Abs. 1 bis 4 sorgen. Steht keine Ausgleichsrente zu, so gilt § 33 entsprechend mit folgender Maßgabe:
a) Das anzurechnende Einkommen ist nur insoweit zu berücksichtigen, als es nicht bereits zum Wegfall der Ausgleichsrente geführt hat.
b) § 33 Abs. 1 Satz 2 Buchstabe b ist nicht anzuwenden.

(2) Alle Empfänger einer Pflegezulage erhalten den vollen Zuschlag, auch wenn die Pflegezulage nach § 35 Abs. 4 nicht gezahlt wird oder nach § 65 Abs. 1 ruht.

§ 33b [Kinderzuschlag] (1) Schwerbeschädigte erhalten für jedes Kind einen Kinderzuschlag. Das gilt nicht, wenn für dasselbe Kind Anspruch auf Kindergeld oder auf Leistungen im Sinne des § 8 Abs. 1 Nr. 1 des Bundeskindergeldgesetzes besteht.

(2) Als Kinder gelten auch die in den Haushalt des Beschädigten aufgenommenen Stiefkinder. Kinder, die mit dem Ziel der Annahme als Kind in die Obhut des Annehmenden aufgenommen sind und für die die zur Annahme erforderliche Einwilligung der Eltern erteilt ist, gelten als Kinder des Annehmenden und nicht mehr als Kinder der leiblichen Eltern.

(3) Erfüllen mehrere Beschädigte für dasselbe Kind die Voraussetzungen der Absätze 1 und 2, ist der Kinderzuschlag nur einmal zu gewähren. Anspruchsberechtigt ist derjenige, der das Kind überwiegend unterhält. Unterhält keiner der Beschädigten das Kind überwiegend, erhält derjenige den Kinderzuschlag, der in der in § 3 Abs. 2 des Bundeskindergeldgesetzes bestimmten Rangfolge dem anderen vorgeht.

(4) Der Kinderzuschlag wird bis zur Vollendung des 16. Lebensjahrs gewährt. Er ist in gleicher Weise nach Vollendung des 16. Lebensjahrs für ein Kind zu gewähren, das
a) sich in einer Schul- oder Berufsausbildung befindet, die seine Arbeitskraft überwiegend in Anspruch nimmt und nicht mit der Zahlung von Dienstbezügen, Arbeitsentgelt oder sonstigen Zuwendungen in entsprechender Höhe verbunden ist, längstens bis zur Vollendung des 27. Lebensjahrs,
b) ein freiwilliges soziales Jahr im Sinne des Gesetzes zur Förderung eines freiwilligen sozialen Jahres oder ein freiwilliges ökologisches Jahr im Sinne des Gesetzes zur Förderung eines freiwilligen ökologischen Jahres leistet, längstens bis zur Vollendung des 27. Lebensjahrs,
c) infolge körperlicher oder geistiger Gebrechen spätestens bei Vollendung des 27. Lebensjahrs außerstande ist, sich selbst zu unterhalten, solange dieser Zustand dauert, über die Vollendung des 27. Lebensjahrs hinaus jedoch nur, wenn sein Ehegatte außerstande ist, es zu unterhalten.
Bei der Anwendung des Satzes 2 Buchstabe a gilt § 2 Abs. 2 Satz 2 bis 6 des Bundeskindergeldgesetzes entsprechend. Hatte ein Kind, das bei Vollendung des 27. Lebensjahrs körperlich oder geistig gebrechlich war, nach diesem Zeitpunkt eine Erwerbstätigkeit ausgeübt, so ist der Kinderzuschlag erneut zu gewähren, wenn und solange es wegen desselben körperlichen oder geistigen Gebrechens erneut außerstande ist, sich selbst zu unterhalten. Im Falle der Unterbrechung oder Verzögerung der Schul- oder Berufsausbildung durch Erfüllung der gesetzlichen Wehr- oder Zivildienstpflicht eines Kindes im Sinne des Satzes 2 Buchstabe a ist der Kinderzuschlag für einen der Zeit dieses Dienstes entsprechenden Zeitraum über das 27. Lebensjahr hinaus zu gewähren. Satz 5 gilt entsprechend für den auf den Grundwehrdienst anzurechnenden Wehrdienst, den ein Soldat auf Zeit auf Grund freiwilliger Verpflichtung für eine Dienstzeit von nicht mehr als drei Jahren geleistet hat, für einen diesem freiwilligen Wehrdienst entsprechenden Vollzugsdienst der Polizei bei Verpflichtung auf nicht mehr als drei Jahre sowie für die vom Wehr- und Zivildienst befreiende Tätigkeit als Entwicklungshelfer im Sinne des § 1 Abs. 1 des Entwicklungshelfer-Gesetzes für einen der Dauer des Grundwehrdienstes entsprechenden Zeitraum. Verzögert sich die Schul- oder Berufsausbildung aus einem Grunde, den weder der Beschädigte noch das Kind zu vertreten haben, so wird der Kinderzuschlag entsprechend dem Zeitraum der nachgewiesenen Verzögerung länger gewährt.

(5) Der Kinderzuschlag ist in Höhe des gesetzlichen Kindergelds zu gewähren. Der Zuschlag ist um Kinderzuschüsse oder ähnliche Leistungen, die

für das Kind gezahlt werden oder zu gewähren sind, zu kürzen. Steht keine Ausgleichsrente und kein Zuschlag nach § 33a zu, so gilt § 33 entsprechend mit folgender Maßgabe:
a) Das anzurechnende Einkommen ist nur insoweit zu berücksichtigen, als es nicht bereits zum Wegfall der Ausgleichsrente und des Zuschlags nach § 33a geführt hat.
b) § 33 Abs. 1 Satz 2 Buchstabe b ist nicht anzuwenden.

Werden Kinderzuschläge für mehrere Kinder gewährt, so ist das nach Satz 3 Buchstabe a anzurechnende Einkommen nach dem Verhältnis aufzuteilen, in dem die Beträge der einzelnen Kinderzuschläge zueinander stehen.

(6) Bei Empfängern einer Pflegezulage ist, auch wenn die Pflegezulage nach § 35 Abs. 4 nicht gezahlt wird oder nach § 65 Abs. 1 ruht, Absatz 5 Satz 2 und 3 nicht anzuwenden. Für jedes Kind, für das ihnen nach Absatz 1 kein Kinderzuschlag zusteht, erhalten sie einen Zuschlag in Höhe des gesetzlichen Kindergelds, das für das erste Kind vorgesehen ist.

(7) Steht die Vertretung in den persönlichen Angelegenheiten des Kindes nicht dem Beschädigten zu, so kann der gesetzliche Vertreter des Kindes die Zahlung des Kinderzuschlags an sich beantragen. Ist das Kind volljährig, so kann es die Zahlung an sich selbst beantragen.

§ 34 [Ausgleichsrente für jugendliche Schwerbeschädigte] (1) Die Ausgleichsrente beträgt für Schwerbeschädigte vor Vollendung des 14. Lebensjahrs bis zu 30 vom Hundert, vor Vollendung des 18. Lebensjahrs bis zu 50 vom Hundert der Sätze des § 32 Abs. 2; sie ist auf den vollen Satz zu erhöhen, wenn der Schwerbeschädigte seinen Lebensunterhalt allein bestreiten muß.

(2) Ausgleichsrente ist nur insoweit zu gewähren, als dies nach den wirtschaftlichen Verhältnissen des Beschädigten und seiner unterhaltspflichtigen Angehörigen gerechtfertigt ist. Lehrlingsvergütung bis zu 150 Deutsche Mark monatlich bleibt unberücksichtigt.

Pflegezulage

§ 35. (1) Solange der Beschädigte infolge der Schädigung hilflos ist, wird eine Pflegezulage von 488 Deutsche Mark (Stufe I) monatlich gezahlt. Hilflos im Sinne des Satzes 1 ist der Beschädigte, wenn er für eine Reihe von häufig und regelmäßig wiederkehrenden Verrichtungen zur Sicherung seiner persönlichen Existenz im Ablauf eines jeden Tages fremder Hilfe dauernd bedarf. Diese Voraussetzungen sind auch erfüllt, wenn die Hilfe in Form einer Überwachung oder Anleitung zu den in Satz 2 genannten Verrichtungen erforderlich ist oder wenn die Hilfe zwar nicht dauernd geleistet werden muß, jedoch eine ständige Bereitschaft zur Hilfeleistung erforderlich ist. Ist die Gesundheitsstörung so schwer, daß sie dauerndes Krankenlager oder dauernd außergewöhnliche Pflege erfordert, so ist die Pflegezulage je nach Lage des Falles unter Berücksichtigung des Umfangs der notwendigen Pflege auf 833, 1180, 1519, 1971 oder 2427 Deutsche Mark (Stufen II, III, IV, V und VI) zu erhöhen. Blinde erhalten mindestens die Pflegezulage nach Stufe III. Erwerbsunfähige Hirnbeschädigte erhalten eine Pflegezulage mindestens nach Stufe I.

3 BVG § 35 Bundesversorgungsgesetz

(2) Wird fremde Hilfe im Sinne des Absatzes 1 von Dritten aufgrund eines Arbeitsvertrages geleistet und übersteigen die dafür aufzuwendenden angemessenen Kosten den Betrag der pauschalen Pflegezulage nach Absatz 1, wird die Pflegezulage um den übersteigenden Betrag erhöht. Lebt der Beschädigte mit seinem Ehegatten oder einem Elternteil in häuslicher Gemeinschaft, ist die Pflegezulage so zu erhöhen, daß er nur ein Viertel der von ihm aufzuwendenden angemessenen Kosten aus der pauschalen Pflegezulage zu zahlen hat und ihm mindestens die Hälfte der pauschalen Pflegezulage verbleibt. In Ausnahmefällen kann der verbleibende Anteil bis zum vollen Betrag der pauschalen Pflegezulage erhöht werden, wenn der Ehegatte oder Elternteil eines Pflegezulageempfängers mindestens der Stufe V neben dem Dritten in außergewöhnlichem Umfang zusätzliche Hilfe leistet. Entstehen vorübergehend Kosten für fremde Hilfe, insbesondere infolge Krankheit der Pflegeperson, ist die Pflegezulage für jeweils höchstens sechs Wochen über Satz 2 hinaus so zu erhöhen, daß dem Beschädigten die pauschale Pflegezulage in derselben Höhe wie vor der vorübergehenden Entstehung der Kosten verbleibt. Die Sätze 2 und 3 gelten nicht, wenn der Ehegatte oder Elternteil nicht nur vorübergehend keine Pflegeleistungen erbringt; § 40a Abs. 3 Satz 2 gilt.

(3) Während einer stationären Behandlung wird die Pflegezulage nach den Absätzen 1 und 2 Empfängern von Pflegezulage nach den Stufen I und II bis zum Ende des ersten, den übrigen Empfängern von Pflegezulage bis zum Ablauf des zwölften auf die Aufnahme folgenden Kalendermonats weitergezahlt.

(4) Über den in Absatz 3 bestimmten Zeitpunkt hinaus wird die Pflegezulage während einer stationären Behandlung bis zum Ende des Kalendermonats vor der Entlassung nur weitergezahlt, soweit dies in den folgenden Sätzen bestimmt ist. Beschädigte erhalten ein Viertel der pauschalen Pflegezulage nach Absatz 1, wenn der Ehegatte oder der Elternteil bis zum Beginn der stationären Behandlung zumindest einen Teil der Pflege wahrgenommen hat. Daneben wird die Pflegezulage in Höhe der Kosten weitergezahlt, die aufgrund eines Pflegevertrages entstehen, es sei denn, die Kosten hätten durch ein dem Beschädigten bei Abwägung aller Umstände zuzumutendes Verhalten, insbesondere durch Kündigung des Pflegevertrages, vermieden werden können. Empfänger einer Pflegezulage mindestens nach Stufe III erhalten, soweit eine stärkere Beteiligung der schon bis zum Beginn der stationären Behandlung unentgeltlich tätigen Pflegeperson medizinisch erforderlich ist, abweichend von Satz 2 ausnahmsweise Pflegezulage bis zur vollen Höhe nach Absatz 1, in Fällen des Satzes 3 jedoch nicht über den nach Absatz 2 Satz 2 aus der pauschalen Pflegezulage verbleibenden Betrag hinaus.

(5) Tritt Hilflosigkeit im Sinne des Absatzes 1 Satz 1 gleichzeitig mit der Notwendigkeit stationärer Behandlung oder während einer stationären Behandlung ein, besteht für die Zeit vor dem Kalendermonat der Entlassung kein Anspruch auf Pflegezulage. Für diese Zeit wird eine Pflegebeihilfe gezahlt, soweit dies in den folgenden Sätzen bestimmt ist. Beschädigte, die mit ihrem Ehegatten oder einem Elternteil in häuslicher Gemeinschaft leben, erhalten eine Pflegebeihilfe in Höhe eines Viertels der pauschalen Pflegezulage nach Stufe I. Soweit eine stärkere Beteiligung des Ehegatten oder eines Elternteils oder die Beteiligung einer Person, die dem Beschädigten nahesteht, an der Pflege medizinisch erforderlich ist, kann in begründeten Ausnahmefäl-

len eine Pflegebeihilfe bis zur Höhe der pauschalen Pflegezulage nach Stufe I gezahlt werden.

(6) Für Beschädigte, die infolge der Schädigung dauernder Pflege im Sinne des Absatzes 1 bedürfen, werden, wenn geeignete Pflege sonst nicht sichergestellt werden kann, die Kosten der nicht nur vorübergehenden Heimpflege, soweit sie Unterkunft, Verpflegung und Betreuung einschließlich notwendiger Pflege umfassen, unter Anrechnung auf die Versorgungsbezüge übernommen. Jedoch ist dem Beschädigten von seinen Versorgungsbezügen zur Bestreitung der sonstigen Bedürfnisse ein Betrag in Höhe der Grundrente eines erwerbsunfähigen Beschädigten und den Angehörigen ein Betrag mindestens in Höhe der Hinterbliebenenbezüge zu belassen, die ihnen zustehen würden, wenn der Beschädigte an den Folgen der Schädigung gestorben wäre. Bei der Berechnung der Bezüge der Angehörigen ist auch das Einkommen des Beschädigten zu berücksichtigen, soweit es nicht ausnahmsweise für andere Zwecke, insbesondere die Erfüllung anderer Unterhaltspflichten, einzusetzen ist.

Bestattungsgeld

§ 36. (1) Beim Tode eines rentenberechtigten Beschädigten wird ein Bestattungsgeld gewährt. Es beträgt 2786 Deutsche Mark, wenn der Tod die Folge einer Schädigung ist, sonst 1395 Deutsche Mark. Der Tod gilt stets dann als Folge einer Schädigung, wenn ein Beschädigter an einem Leiden stirbt, das als Folge einer Schädigung rechtsverbindlich anerkannt und für das ihm im Zeitpunkt des Todes Rente zuerkannt war.

(2) Vom Bestattungsgeld werden zunächst die Kosten der Bestattung bestritten und an den gezahlt, der die Bestattung besorgt hat. Das gilt auch, wenn die Kosten der Bestattung aus öffentlichen Mitteln bestritten worden sind. Bleibt ein Überschuß, so sind nacheinander der Ehegatte, die Kinder, die Eltern, die Stiefeltern, die Pflegeeltern, die Enkel, die Großeltern, die Geschwister und die Geschwisterkinder bezugsberechtigt, wenn sie mit dem Verstorbenen zur Zeit des Todes in häuslicher Gemeinschaft gelebt haben. Fehlen solche Berechtigte, so wird der Überschuß nicht ausgezahlt.

(3) Stirbt ein nichtrentenberechtigter Beschädigter an den Folgen einer Schädigung, so ist ein Bestattungsgeld bis zu 2786 Deutsche Mark zu zahlen, soweit Kosten der Bestattung entstanden sind.

(4) Eine auf Grund anderer gesetzlicher Vorschriften für denselben Zweck zu gewährende Leistung ist auf das Bestattungsgeld anzurechnen.

(5) Stirbt ein Beschädigter an den Folgen einer Schädigung außerhalb seines ständigen Wohnsitzes, so sind die notwendigen Kosten für die Leichenüberführung dem zu erstatten, der sie getragen hat. Das gilt nicht, wenn der Tod während eines Aufenthalts im Ausland eingetreten ist, jedoch kann eine Beihilfe gewährt werden.

(6) Stirbt ein Beschädigter während einer nach den Vorschriften dieses Gesetzes durchgeführten stationären Heilbehandlung nicht an den Folgen einer Schädigung, so sind die notwendigen Kosten der Leichenüberführung nach dem früheren Wohnsitz des Verstorbenen dem zu erstatten, der sie getragen hat.

Sterbegeld

§ 37. (1) Beim Tode eines Beschädigten ist ein Sterbegeld in Höhe des Dreifachen der Versorgungsbezüge zu zahlen, die ihm für den Sterbemonat nach den §§ 30 bis 33, 34 und 35 zustanden, Pflegezulage jedoch höchstens nach Stufe II. Minderungen der nach Satz 1 maßgebenden Bezüge, die durch Sonderleistungen im Sinne des § 60a Abs. 4 bedingt sind, sowie Erhöhungen dieser Bezüge, die auf Einkommensminderungen infolge des Todes beruhen, bleiben unberücksichtigt.

(2) Anspruchsberechtigt sind in nachstehender Rangfolge der Ehegatte, die Kinder, die Eltern, die Stiefeltern, die Pflegeeltern, die Enkel, die Großeltern, die Geschwister und die Geschwisterkinder, wenn sie mit dem Verstorbenen zur Zeit des Todes in häuslicher Gemeinschaft gelebt haben. Hat der Verstorbene mit keiner dieser Personen in häuslicher Gemeinschaft gelebt, so ist das Sterbegeld in vorstehender Rangfolge dem zu zahlen, den der Verstorbene unterhalten hat.

(3) Sind Anspruchsberechtigte im Sinne des Absatzes 2 nicht vorhanden, kann das Sterbegeld dem gezahlt werden, der die Kosten der letzten Krankheit oder der Bestattung getragen oder den Verstorbenen bis zu seinem Tode gepflegt hat.

Hinterbliebenenrente

§ 38 [Anspruch auf Hinterbliebenenrente] (1) Ist ein Beschädigter an den Folgen einer Schädigung gestorben, so haben die Witwe, die Waisen und die Verwandten der aufsteigenden Linie Anspruch auf Hinterbliebenenrente. Der Tod gilt stets dann als Folge einer Schädigung, wenn ein Beschädigter an einem Leiden stirbt, das als Folge einer Schädigung rechtsverbindlich anerkannt und für das ihm im Zeitpunkt des Todes Rente zuerkannt war.

(2) Die Witwe hat keinen Anspruch, wenn die Ehe erst nach der Schädigung geschlossen worden ist und nicht mindestens ein Jahr gedauert hat, es sei denn, daß nach den besonderen Umständen des Falles die Annahme nicht gerechtfertigt ist, daß es der alleinige oder überwiegende Zweck der Heirat war, der Witwe eine Versorgung zu verschaffen.

§ 39. *(aufgehoben)*

§ 40 [Witwen-Grundrente] Die Witwe erhält eine Grundrente von 692 Deutsche Mark monatlich.

§ 40a [Schadensausgleich für Witwen] (1) Witwen, deren Einkommen geringer ist als die Hälfte des Einkommens, das der Ehemann ohne die Schädigung erzielt hätte, erhalten einen Schadensausgleich in Höhe von 42,5 vom Hundert des festgestellten, auf volle Deutsche Mark nach oben abgerundeten Unterschiedsbetrags (Absatz 2) oder, falls dies günstiger ist, einen Schadensausgleich nach Absatz 4. Ein Schadensausgleich ist nur zu gewähren, wenn die Witwe die Voraussetzungen des § 41 Abs. 1 Satz 1 erfüllt. § 41 Abs. 1 Satz 2 gilt entsprechend.

(2) Zur Feststellung des Schadensausgleichs ist das von der Witwe erzielte Bruttoeinkommen zuzüglich der Grundrente (§ 40), des Pflegeausgleichs (§ 40b) und der Ausgleichsrente (§ 41 oder §§ 32 und 33) der Hälfte des nach § 30 Abs. 5 ermittelten Vergleichseinkommens der Berufs- oder Wirtschaftsgruppe, der der Verstorbene angehört hat oder ohne die Schädigung nach seinen Lebensverhältnissen, Kenntnissen und Fähigkeiten wahrscheinlich angehört hätte, gegenüberzustellen.

(3) Hatte der Verstorbene im Zeitpunkt seines Todes Anspruch auf die Rente eines Erwerbsunfähigen und auf eine Pflegezulage mindestens nach Stufe III wegen nicht nur vorübergehender Hilflosigkeit (§ 35) oder auf entsprechende Leistungen nach früheren versorgungsrechtlichen Vorschriften, so ist, falls es günstiger ist, abweichend von Absatz 2 die Hälfte des nach § 30 Abs. 5 aus dem Endgrundgehalt der Besoldungsgruppe A 14 zuzüglich des Ortszuschlags nach Stufe 2 des Bundesbesoldungsgesetzes ermittelten Vergleichseinkommens zugrunde zu legen. Das gleiche gilt, wenn der Verstorbene diese Ansprüche nur deshalb nicht geltend machen konnte, weil er vor dem 1. Januar 1991 seinen Wohnsitz oder gewöhnlichen Aufenthalt in dem in Artikel 3 des Einigungsvertrages genannten Gebiet hatte. Als nicht nur vorübergehend gilt ein Zeitraum von mehr als sechs Monaten. Ein nach Satz 1 berechneter Schadensausgleich wird auch gezahlt, wenn die Voraussetzungen nach Absatz 1 Satz 1 nicht erfüllt sind.

(4) Der nach Absatz 1 Satz 1 letzter Satzteil zu zahlende Schadensausgleich beträgt 30 vom Hundert des nach § 30 Abs. 5 letzter Satz bekanntgemachten Vergleichseinkommens abzüglich des Nettoeinkommens der Witwe sowie der Grundrente (§ 40), des Pflegeausgleichs (§ 40b) und der Ausgleichsrente (§ 41 oder §§ 32 und 33). Dabei wird das Nettoeinkommen in entsprechender Anwendung des § 30 Abs. 8 Satz 1 ermittelt.

(5) Der Schadensausgleich wird ausschließlich nach Absatz 4 berechnet, wenn nach Ablauf des Monats, in dem der Verstorbene sein 65. Lebensjahr vollendet hätte, und nach Ablauf des Monats, in dem die Witwe das 65. Lebensjahr vollendet hat, der Anspruch nach Absatz 4 ununterbrochen für mindestens zwölf Monate bestanden hat.

(6) § 30 Abs. 14 gilt entsprechend.

§ 40b [Pflegeausgleich] (1) Die Witwe eines Beschädigten, der hilflos im Sinne des § 35 Abs. 1 war, erhält einen Pflegeausgleich, wenn sie den Beschädigten während ihrer Ehe länger als 10 Jahre gepflegt hat. Als Pflegezeit zählen die Kalendermonate, in denen der Beschädigte während der Ehe infolge der Schädigung mindestens in einem der Stufe II entsprechenden Umfang hilflos im Sinne des § 35 Abs. 1 war oder der Beschädigte infolge der Schädigung blind war. Kalendermonate, in denen die Ehefrau die Pflege nicht unentgeltlich geleistet hat, werden nicht mitgezählt. Dies gilt auch für Kalendermonate, in denen ein mehr als nur geringfügiger Teil der Pflege von Dritten erbracht worden ist, es sei denn, diese Pflegetätigkeit Dritter hat jeweils nicht länger als drei Monate gedauert. Die anzurechnende Gesamtpflegezeit wird auf volle Jahre aufgerundet.

(2) Der Pflegeausgleich beträgt für jedes Jahr der über 10 Jahre hinausgehenden Pflegezeit 0,5 vom Hundert des im Zeitpunkt des Leistungsbeginns geltenden Betrags der Pflegezulagestufe, nach der der Beschädigte jeweils

Anspruch auf Pflegezulage hatte oder die dem Umfang seiner Hilflosigkeit nach § 35 Abs. 1 entsprochen hätte. Bei einem Wechsel der Pflegezulagestufe wird für jeden Kalendermonat ein Zwölftel des Betrags nach Satz 1 angesetzt. Der Pflegeausgleich nach Satz 1 und 2 wird jährlich mit dem in § 56 Abs. 1 Satz 1, soweit die Jahre 2000 und 2001 betroffen sind, mit dem in § 56 Abs. 3 bestimmten Vomhundertsatz angepasst; dabei ist § 15 Satz 2 zweiter Halbsatz entsprechend anzuwenden.

(3) Die Absätze 1 und 2 gelten für den Elternteil im Sinne des § 35 Abs. 2 entsprechend.

(4) Ergibt sich ein Pflegeausgleich von weniger als 20 Deutsche Mark monatlich, wird er auf diesen Betrag erhöht.

§ 41 [Ausgleichsrente für Witwen] (1) Ausgleichsrente erhalten Witwen, die
a) durch Krankheit oder andere Gebrechen nicht nur vorübergehend wenigstens die Hälfte ihrer Erwerbsfähigkeit verloren haben oder
b) das 45. Lebensjahr vollendet haben oder
c) für mindestens ein Kind des Verstorbenen im Sinne des § 33b Abs. 2 oder ein eigenes Kind sorgen, das eine Waisenrente nach diesem Gesetz oder nach Gesetzen, die dieses Gesetz für anwendbar erklären, bezieht oder bis zur Erreichung der Altersgrenze oder bis zu seiner Verheiratung Waisenrente nach einem dieser Gesetze oder nach bisherigen versorgungsrechtlichen Vorschriften bezogen hat.
Ausgleichsrente kann auch gewährt werden, wenn einer Witwe aus anderen zwingenden Gründen die Ausübung einer Erwerbstätigkeit nicht möglich ist. Im Falle des Satzes 1 Buchstabe a gilt § 29 entsprechend.

(2) Die volle Ausgleichsrente der Witwe beträgt monatlich 765 Deutsche Mark.

(3) Die volle Ausgleichsrente ist um das anzurechnende Einkommen zu mindern. Dieses ist, ausgehend vom Bruttoeinkommen, nach der nach Satz 3 in Verbindung mit § 33 Abs. 6 zu erlassenden Rechtsverordnung stufenweise so zu ermitteln, daß
1. bei Einkünften aus gegenwärtiger Erwerbstätigkeit ein Betrag in Höhe von 1,1583 vom Hundert sowie bei den übrigen Einkünften ein Betrag in Höhe von 0,4325 vom Hundert des Bemessungsbetrags (§ 33 Abs. 1 Buchstabe a), jeweils auf volle Deutsche Mark nach oben abgerundet, freibleibt (Freibetrag) und
2. bei Einkünften von der Stufe 10 an der Betrag, bis zu dem die einzelne Stufe reicht, und die Einzelabstände zwischen den Beträgen des anzurechnenden Einkommens mit den entsprechenden Werten der Rechtsverordnung nach § 33 Abs. 6 von Stufe 0 an übereinstimmen.
Beim Zusammentreffen von Einkünften aus gegenwärtiger Erwerbstätigkeit mit übrigen Einkünften werden die beiden, für jede Einkommensgruppe getrennt ermittelten Stufenzahlen zusammengezählt und die Summe vom 1. April 1990 bis 30. Juni 1990 um 8, vom 1. Juli 1990 bis 30. Juni 1991 um 6 und vom 1. Juli 1991 bis 30. Juni 1992 um 3, höchstens jedoch um die jeweils niedrigere der beiden Stufenzahlen, vermindert. § 33 Abs. 2, 3, 5 und 6 gilt entsprechend.

Bundesversorgungsgesetz §§ 42–44 BVG 3

§ 42 [Witwenrente bei Ehescheidung] (1) Im Falle der Scheidung, Aufhebung oder Nichtigerklärung der Ehe steht der frühere Ehegatte des Verstorbenen einer Witwe gleich, wenn der Verstorbene zur Zeit seines Todes Unterhalt nach ehe- oder familienrechtlichen Vorschriften oder aus sonstigen Gründen zu leisten hatte oder im letzten Jahr vor seinem Tode geleistet hat. Eine Versorgung ist nur so lange zu leisten, als der frühere Ehegatte nach den ehe- oder familienrechtlichen Vorschriften unterhaltsberechtigt gewesen wäre oder sonst Unterhaltsleistungen erhalten hätte. Hat eine Unterhaltspflicht aus kriegs- oder wehrdienstbedingten Gründen nicht bestanden, so bleibt dies unberücksichtigt. Ist die Ehe im Zusammenhang mit einer Gesundheitsstörung des Verstorbenen, die Folge einer Schädigung im Sinne des § 1 war, geschieden, aufgehoben oder für nichtig erklärt worden, so steht der frühere Ehegatte auch ohne die Voraussetzungen des Satzes 1 einer Witwe gleich.

(2) Entsprechendes gilt, wenn beim Tode des Beschädigten die eheliche Gemeinschaft aufgehoben war.

§ 43 [Witwerrente] Der Witwer erhält Versorgung wie eine Witwe.

§ 44 [Wiederverheiratung einer Witwe] (1) Im Falle der Wiederverheiratung erhält die Witwe an Stelle des Anspruchs auf Rente eine Abfindung in Höhe des Fünfzigfachen der monatlichen Grundrente. Die Abfindung ist auch zu zahlen, wenn im Zeitpunkt der Wiederverheiratung mangels Antrags kein Anspruch auf Rente bestand.

(2) Wird die neue Ehe aufgelöst oder für nichtig erklärt, so lebt der Anspruch auf Witwenversorgung wieder auf.

(3) Ist die Ehe innerhalb von fünfzig Monaten nach der Wiederverheiratung aufgelöst oder für nichtig erklärt worden, so ist bis zum Ablauf dieses Zeitraums für jeden Monat ein Fünfzigstel der Abfindung (Absatz 1) auf die Witwenrente anzurechnen.

(4) Die Witwenversorgung beginnt mit dem Monat, in dem sie beantragt wird, frühestens jedoch mit dem auf den Tag der Auflösung oder Nichtigerklärung der Ehe folgenden Monat. Bei Nichtigerklärung, Aufhebung oder Scheidung der Ehe ist dies der Tag, an dem das Urteil rechtskräftig geworden ist.

(5) Versorgungs-, Renten- oder Unterhaltsansprüche, die sich aus der neuen Ehe herleiten, sind auf die Witwenrente (Absatz 2) anzurechnen, soweit sie zu verwirklichen sind, nicht schon zu Kürzung anderer wiederaufgelebter öffentlich-rechtlicher Leistungen geführt haben und nicht auf den Kostenträger der Kriegsopferversorgung übergeleitet sind. Die Anrechnung einer Versorgung nach diesem Gesetz auf eine wiederaufgelebte Leistung, die ebenfalls auf diesem Gesetz beruht, geht einer anderweitigen Anrechnung vor; das gilt auch, wenn die Versorgung oder die wiederaufgelebte Leistung auf einem Gesetz beruhen, das dieses Gesetz für entsprechend anwendbar erklärt. Hat die Witwe ohne verständigen Grund auf einen Anspruch im Sinne des Satzes 1 verzichtet, so ist der Betrag anzurechnen, den der frühere Ehegatte ohne den Verzicht zu leisten hätte.

(6) Hat eine Witwe keine Witwenrente nach diesem Gesetz bezogen und ist ihr früherer Ehegatte an den Folgen einer Schädigung (§ 1) gestorben, so finden die Absätze 2, 4 und 5 entsprechende Anwendung, wenn sie ohne die Wiederverheiratung einen Anspruch auf Versorgung hätte.

§ 45 [Anspruch auf Waisenrente]

(1) Waisenrente erhalten nach dem Tode des Beschädigten seine Kinder bis zur Vollendung des 18. Lebensjahres.

(2) Als Kinder gelten auch
1. Stiefkinder, die der Verstorbene in seinen Haushalt aufgenommen hatte,
2. Pflegekinder im Sinne des § 2 Abs. 1 Satz 1 Nr. 2 des Bundeskindergeldgesetzes.

(3) Die Waisenrente ist nach Vollendung des 18. Lebensjahrs für eine Waise zu gewähren, die
a) sich in einer Schul- oder Berufsausbildung befindet, die ihre Arbeitskraft überwiegend in Anspruch nimmt und nicht mit der Zahlung von Dienstbezügen, Arbeitsentgelt oder sonstigen Zuwendungen in entsprechender Höhe verbunden ist, längstens bis zur Vollendung des 27. Lebensjahrs,
b) ein freiwilliges soziales Jahr im Sinne des Gesetzes zur Förderung eines freiwilligen sozialen Jahres oder ein freiwilliges ökologisches Jahr im Sinne des Gesetzes zur Förderung eines freiwilligen ökologischen Jahres leistet, längstens bis zur Vollendung des 27. Lebensjahrs,
c) infolge körperlicher oder geistiger Gebrechen spätestens bei Vollendung des 27. Lebensjahrs außerstande ist, sich selbst zu unterhalten, solange dieser Zustand dauert, über die Vollendung des 27. Lebensjahrs hinaus jedoch nur, wenn ihr Ehegatte außerstande ist, sie zu unterhalten.

Bei der Anwendung des Satzes 1 Buchstabe a gilt § 2 Abs. 2 Satz 5 und 6 des Bundeskindergeldgesetzes entsprechend. Hatte eine Waise, die bei Vollendung des 27. Lebensjahrs körperlich oder geistig gebrechlich war, nach diesem Zeitpunkt eine Erwerbstätigkeit ausgeübt, so ist die Waisenrente erneut zu gewähren, wenn und solange sie wegen desselben körperlichen oder geistigen Gebrechens erneut außerstande ist, sich selbst zu unterhalten. Im Falle der Unterbrechung oder Verzögerung der Schul- oder Berufsausbildung durch Erfüllung der gesetzlichen Wehr- oder Zivildienstpflicht für eine Waise im Sinne des Satzes 1 Buchstabe a ist die Waisenrente für einen der Zeit dieses Dienstes entsprechenden Zeitraum über das 27. Lebensjahr hinaus zu leisten. Satz 3 gilt entsprechend für den auf den Grundwehrdienst anzurechnenden Wehrdienst, den ein Soldat auf Zeit auf Grund freiwilliger Verpflichtung für eine Dienstzeit von nicht mehr als drei Jahren geleistet hat, für einen diesem freiwilligen Wehrdienst entsprechenden Vollzugsdienst der Polizei bei Verpflichtung auf nicht mehr als drei Jahre sowie für die vom Wehr- und Zivildienst befreiende Tätigkeit als Entwicklungshelfer im Sinne des § 1 Abs. 1 des Entwicklungshelfer-Gesetzes für einen der Dauer des Grundwehrdienstes entsprechenden Zeitraum. Verzögert sich die Schul- oder Berufsausbildung aus einem Grunde, den die Waise nicht zu vertreten hat, so wird die Waisenrente entsprechend dem Zeitraum der nachgewiesenen Verzögerung länger gewährt.

(4) Durch die Annahme der Waise als Kind bleibt ein Anspruch auf Waisenrente, der bis zur Annahme entstanden ist, unberührt.

(5) Kommen für dieselbe Waise mehrere Waisenrenten nach diesem Gesetz oder Gesetzen, die dieses Gesetz für anwendbar erklären, in Betracht, so wird nur eine Rente gewährt.

§ 46 [Waisen-Grundrente]

Die Grundrente beträgt monatlich
bei Halbwaisen 196 Deutsche Mark,
bei Vollwaisen 365 Deutsche Mark.

Bundesversorgungsgesetz **§§ 47, 48 BVG 3**

§ 47 [**Ausgleichsrente für Waisen**] (1) Die volle Ausgleichsrente beträgt monatlich
bei Halbwaisen 341 Deutsche Mark,
bei Vollwaisen 477 Deutsche Mark.

(2) § 33 gilt mit Ausnahme von Absatz 1 Satz 2 Buchstabe b und Absatz 4 entsprechend.

§ 48 [**Witwen- und Waisenbeihilfe**] (1) Ist ein rentenberechtigter Beschädigter nicht an den Folgen der Schädigung gestorben, so ist der Witwe und den Waisen (§ 45) eine Witwen- und Waisenbeihilfe zu zahlen, wenn der Beschädigte durch die Folgen der Schädigung gehindert war, eine entsprechende Erwerbstätigkeit auszuüben, und dadurch die aus der Ehe mit dem Beschädigten hergeleitete Witwenversorgung insgesamt mindestens um den folgenden Vomhundertsatz gemindert ist:

Höhe der abgeleiteten Witwenversorgung insgesamt in v. H. eines Zwölftels des in § 33 Abs. 1 Buchstabe a genannten Bemessungsbetrags	Minderung um mindestens
36 und mehr	15 v. H.
34 bis unter 36	14 v. H.
32 bis unter 34	13 v. H.
30 bis unter 32	12 v. H.
28 bis unter 30	11 v. H.
unter 28	10 v. H.

Die Höhe der Witwenversorgung und der Betrag der Minderung sind unter Berücksichtigung der rentenversicherungsrechtlichen Vorschriften über die Anrechnung eigenen Einkommens der Witwe festzustellen. Der nach der Tabelle maßgebende Vomhundertsatz der Minderung ist auf die Witwenversorgung zu beziehen, die sich ohne die Minderung im Sinne des Satzes 1 und ohne die Anrechnung eigenen Einkommens der Witwe ergäbe. Wird keine Witwenrente gezahlt, ist eine fiktive Witwenrente zu berechnen und danach das Ausmaß der Minderung festzustellen. Die Voraussetzungen des Satzes 1 gelten als erfüllt, wenn der Beschädigte im Zeitpunkt seines Todes Anspruch auf die Beschädigtenrente eines Erwerbsunfähigen oder wegen nicht nur vorübergehender Hilflosigkeit Anspruch auf eine Pflegezulage hatte; § 40a Abs. 3 Satz 2 gilt. Die Voraussetzungen des Satzes 1 gelten auch als erfüllt, wenn der Beschädigte mindestens fünf Jahre Anspruch auf Berufsschadensausgleich wegen eines Einkommensverlustes im Sinne des § 30 Abs. 4 oder auf Berufsschadensausgleich nach § 30 Abs. 6 hatte.

(2) Die Witwen- und Waisenbeihilfen werden in Höhe von zwei Dritteln, bei Witwen und Waisen von Beschädigten mit Anspruch auf die Beschädigtenrente eines Erwerbsunfähigen oder auf eine Pflegezulage in voller Höhe der entsprechenden Witwen- oder Waisenrente (§§ 40, 40a, 41, 46 und 47) gezahlt. Übersteigt das monatliche Bruttoeinkommen der Hinterbliebenen von Beschädigten, die im Zeitpunkt des Todes einen Anspruch auf Rente nach einer Minderung der Erwerbsfähigkeit um 30 bis 90 vom Hundert hatten,
bei der Witwe ein Zwölftel,
bei der Halbwaise ein Vierundzwanzigstel,
bei der Vollwaise ein Achtzehntel

des in § 33 Abs. 1 Buchstabe a genannten Bemessungsbetrages, ist die zu gewährende Beihilfe um den übersteigenden Betrag zu kürzen; errechnet sich kein Zahlbetrag, entfällt der Anspruch auf Versorgung.

(3) Im Falle der Wiederverheiratung der Witwe gilt § 44 entsprechend. Als Abfindung wird der fünfzigfache Monatsbetrag der Grundrente einer Witwe gewährt, wenn Witwenbeihilfe in Höhe der vollen Rente bezogen worden ist, sonst werden zwei Drittel dieses Betrages gewährt.

(4) Die Absätze 1 bis 3 finden auf Witwer Anwendung.

(5) Für den Wegfall der Waisenbeihilfe gelten die Vorschriften für die Waisenrente.

(6) Die Absätze 1 bis 5 gelten entsprechend, wenn der Beschädigte die Ansprüche nur deshalb nicht geltend machen konnte, weil er vor dem 1. Januar 1991 seinen Wohnsitz oder gewöhnlichen Aufenthalt in dem in Artikel 3 des Einigungsvertrages genannten Gebiet hatte.

§ 48 a. (1) § 42 Abs. 1, § 43 und § 48 Abs. 4 in der vom 1. Januar 1986 an geltenden Fassung gelten nur, wenn der Beschädigte nach dem 31. Dezember 1985 gestorben ist.

(2) § 42 Abs. 1, § 43 und § 48 Abs. 4 in der bis zum 31. Dezember 1985 geltenden Fassung gelten hinsichtlich der Anspruchsvoraussetzungen für die Hinterbliebenenversorgung weiter, wenn der Beschädigte vor dem 1. Januar 1986 gestorben ist.

§ 49 [Elternrente] (1) Ist der Beschädigte an den Folgen einer Schädigung gestorben, so erhalten die Eltern Elternrente, frühestens jedoch von dem Monat an, in dem der Beschädigte das 18. Lebensjahr vollendet hätte.

(2) Den Eltern werden gleichgestellt

1. Adoptiveltern, wenn sie den Verstorbenen vor der Schädigung als Kind angenommen haben,
2. Stief- und Pflegeeltern, wenn sie den Verstorbenen vor der Schädigung unentgeltlich unterhalten haben,
3. Großeltern, wenn der Verstorbene ihnen Unterhalt geleistet hat oder hätte.

§ 50 [Voraussetzungen für Elternrente] Elternrente erhält, wer voll erwerbsgemindert oder erwerbsunfähig im Sinne des Sechsten Buches Sozialgesetzbuch ist oder aus anderen zwingenden Gründen eine zumutbare Erwerbstätigkeit nicht ausüben kann oder das 60. Lebensjahr vollendet hat.

§ 51 [Höhe der Elternrente] (1) Die volle Elternrente beträgt monatlich

bei einem Elternpaar	937 Deutsche Mark,
bei einem Elternteil	653 Deutsche Mark.

(2) Sind mehrere Kinder an den Folgen einer Schädigung gestorben, so erhöhen sich die in Absatz 1 genannten Beträge für jedes weitere Kind monatlich

bei einem Elternpaar um	171 Deutsche Mark,
bei einem Elternteil um	127 Deutsche Mark.

Die Erhöhung wird auch gewährt für Kinder, die
a) infolge einer Schädigung im Sinne von Gesetzen, die dieses Gesetz für anwendbar erklären, gestorben oder
b) infolge einer Schädigung im Sinne dieses Gesetzes oder von Gesetzen, die dieses Gesetz für anwendbar erklären, verschollen sind.

(3) Ist das einzige oder das letzte Kind oder sind alle oder mindestens drei Kinder an den Folgen einer Schädigung gestorben, so erhöhen sich, wenn es günstiger ist, die in Absatz 1 genannten Beträge monatlich

bei einem Elternpaar um 530 Deutsche Mark,
bei einem Elternteil um 386 Deutsche Mark.

Absatz 2 Satz 2 gilt entsprechend.

(4) § 41 Abs. 3 gilt entsprechend mit der Maßgabe, daß das anzurechnende Einkommen stets so zu ermitteln ist, als ob das Einkommen nicht zu den Einkünften aus gegenwärtiger Erwerbstätigkeit (§ 33 Abs. 2) gehörte; es ist auf die Erhöhung nach Absatz 2 oder 3 nur insoweit anzurechnen, als es nicht bereits zum Wegfall der Elternrente geführt hat.

(5) Ist von einem Ehepaar nur ein Ehegatte anspruchsberechtigt, ist die Elternrente für ein Elternpaar um das anzurechnende Einkommen beider Ehegatten zu mindern; die Rente darf jedoch die volle Rente für einen Elternteil einschließlich der Erhöhungen nach den Absätzen 2 und 3 nicht übersteigen.

(6) Ergeben sich Renten von weniger als fünf Deutsche Mark monatlich, so werden sie auf diesen Betrag erhöht.

(7) Als Kinder im Sinne der Absätze 2 und 3 gelten auch Stief- und Pflegekinder. Ob das an den Folgen einer Schädigung gestorbene Kind das einzige oder das letzte Kind ist, richtet sich nach den Verhältnissen im Zeitpunkt des Verlustes des Kindes.

(8) Kommen für ein Elternpaar oder einen Elternteil mehrere Elternrenten nach diesem Gesetz oder Gesetzen, die dieses Gesetz für anwendbar erklären, in Betracht, so wird nur die günstigere Rente gewährt.

(9) Stirbt bei Empfängern von Elternrente für ein Elternpaar ein Ehegatte, ist dem überlebenden Ehegatten die für den Sterbemonat zustehende Elternrente für ein Elternpaar anstelle der Rente für einen Elternteil für die folgenden drei Monate weiterzuzahlen, wenn dies günstiger ist. Minderungen der nach Satz 1 maßgebenden Rente für ein Elternpaar, die durch Sonderleistungen im Sinne des § 60a Abs. 4 bedingt sind, sowie Erhöhungen dieser Bezüge, die auf Einkommensminderungen infolge des Todes beruhen, bleiben unberücksichtigt.

§ 52 [Verschollenenrente] (1) Ist eine Person, deren Hinterbliebenen Versorgung zustehen würde, verschollen, so wird diesen Versorgung schon vor der Todeserklärung gewährt, wenn das Ableben des Verschollenen mit hoher Wahrscheinlichkeit anzunehmen ist. Stellt sich heraus, daß der Verschollene noch lebt, so gelten Leistungen nach Satz 1 als auch zur Erfüllung seiner gesetzlichen Unterhaltspflicht gewährt; er ist von dem Zeitpunkt an zum Ersatz nach den Vorschriften über die Geschäftsführung ohne Auftrag verpflichtet, von dem an er seinen gesetzlichen Unterhaltspflichten aus von ihm zu vertretenden Gründen nicht nachgekommen ist. Weitergehende Ansprüche bleiben unberührt.

(2) Ein Kind hat keinen Anspruch auf Rente, wenn der Ehemann der Mutter während der Dauer der Empfängniszeit verschollen war.

Bestattungsgeld beim Tode von Hinterbliebenen

§ 53. Beim Tode von versorgungsberechtigten Hinterbliebenen wird ein Bestattungsgeld nach Maßgabe der Vorschriften des § 36 gewährt. Es beträgt beim Tode einer Witwe, die mindestens ein waisenrenten- oder waisenbeihilfeberechtigtes Kind hinterläßt, 2786 Deutsche Mark, in allen übrigen Fällen 1395 Deutsche Mark.

§ 53 a [Beiträge zur Pflegeversicherung] Rentenberechtigten Beschädigten und Hinterbliebenen, die einen Anspruch auf Heil- oder Krankenbehandlung haben und die bei einem privaten Versicherungsunternehmen oder bei einer Pflegekasse nach § 20 Abs. 3 des Elften Buches Sozialgesetzbuch versichert sind, wird der Beitrag zur Pflegeversicherung erstattet.

(2) Der Erstattungsbetrag nach Absatz 1 darf den Betrag nicht übersteigen, der sich bei Zugrundelegung des Beitragssatzes nach § 55 Abs. 1 des Elften Buches Sozialgesetzbuch bei Beschädigten aus der Ausgleichsrente, dem Ehegattenzuschlag und dem Berufsschadensausgleich, bei Hinterbliebenen aus allen Rentenleistungen nach diesem Gesetz ergibt.

(3) § 61 Abs. 6 und 7 des Elften Buches Sozialgesetzbuch gilt entsprechend.

Zusammentreffen von Ansprüchen

§ 54 [Zusammentreffen mit Ansprüchen aus Unfallversicherung]
(1) Ist eine Schädigung im Sinne des § 1 zugleich ein Unfall im Sinne der gesetzlichen Unfallversicherung, so besteht nur Anspruch nach diesem Gesetz. Das gilt nicht, soweit das schädigende Ereignis vor dem 1. Januar 1942 oder nach dem 8. Mai 1945 eingetreten ist.

(2) Personen, bei denen eine Schädigung im Sinne des § 1 infolge einer Heranziehung zur Zwangsarbeit in der Zeit vom 8. Mai 1945 bis zum 5. Oktober 1955 im Beitrittsgebiet verursacht worden ist, sowie deren Hinterbliebene haben keinen Anspruch nach diesem Gesetz. Sie haben Anspruch auf Leistungen der gesetzlichen Unfallversicherung; die Tätigkeit nach Satz 1 gilt als versicherte Tätigkeit. Die Sätze 1 und 2 gelten nicht für Personen, die ihren gewöhnlichen Aufenthalt vor dem 19. Mai 1990 im damaligen Geltungsbereich dieses Gesetzes genommen haben.

§ 55 [Zusammentreffen von Versorgungsrenten] (1) Treffen nach diesem Gesetz zusammen
a) eine Beschädigtenrente mit einer Witwen- oder Waisenrente, ist neben den Grundrenten die günstigere Ausgleichsrente zu gewähren,
b) ein Berufsschadensausgleich mit einem Schadensausgleich, ist der Berufsschadensausgleich bei der Festsetzung des Schadensausgleichs als Einkommen zu berücksichtigen,

c) eine Beschädigten- oder Witwenrente mit einem Anspruch auf Elternrente, sind die Ausgleichsrente, der Ehegattenzuschlag, der Berufsschadensausgleich und der Schadensausgleich bei der Festsetzung der Elternrente als Einkommen zu berücksichtigen.
Ist nach Satz 1 Buchstabe a die Witwenausgleichsrente zu gewähren, zählt bei der Feststellung des Berufsschadensausgleichs die Ausgleichsrente nur mit dem Betrag, der ohne das Zusammentreffen als Beschädigtenausgleichsrente zu zahlen wäre, zum derzeitigen Bruttoeinkommen. Das gilt auch, wenn Leistungen nach den Sätzen 1 und 2 mit entsprechenden Leistungen nach anderen Gesetzen zusammentreffen, die dieses Gesetz für anwendbar erklären.

(2) Für Witwen- oder Waisenbeihilfen gilt Absatz 1 entsprechend.

Anpassung der Versorgungsbezüge

§ 56. (1) Die Leistungen für Blinde (§ 14), der Pauschbetrag als Ersatz für Kleider- und Wäscheverschleiß (§ 15), die Grundrenten und die Schwerstbeschädigtenzulage (§ 31 Abs. 1 und 5, §§ 40 und 46), die Ausgleichs- und Elternrenten (§§ 32, 41, 47 und 51), der Ehegattenzuschlag (§ 33a), die Pflegezulage (§ 35) und das Bestattungsgeld (§§ 36, 53) werden jährlich zum 1. Juli entsprechend dem Vomhundertsatz angepaßt, um den sich die Renten der gesetzlichen Rentenversicherung ohne Berücksichtigung der Veränderung der Belastung bei Renten verändern würden. Gleichzeitig wird der Bemessungsbetrag (§ 33 Abs. 1) entsprechend dem Vomhundertsatz angepaßt, um den sich die Bruttolohn- und -gehaltsumme je durchschnittlich beschäftigten Arbeitnehmer im Kalenderjahr vor der Anpassung gegenüber dem Vorjahr verändert hat; dabei sind die für die Bestimmung des aktuellen Rentenwerts in der gesetzlichen Rentenversicherung maßgebenden Daten zugrunde zu legen.

(2) Die Bundesregierung hat durch Rechtsverordnung mit Zustimmung des Bundesrates die in §§ 14, 15, 31 Abs. 1 und 5, 32, 33 Abs. 1, 33a, 35, 36, 40, 41, 46, 47, 51 und 53 bestimmten Beträge entsprechend Absatz 1 zum 1. Juli eines jeden Jahres zu ändern. Dabei sind in § 15 die dort genannten Pauschbeträge durch Multiplikation der niedrigsten und der höchsten Bewertungszahl mit dem Multiplikator zu ermitteln. Die sich ergebenden Beträge sind bis auf 0,49 Deutsche Mark nach unten, ab 0,50 Deutsche Mark nach oben auf volle Deutsche Mark zu runden. Abweichend hiervon ist der Multiplikator in § 15 auf 3 Dezimalstellen nach dem Komma zu runden.

(3) Die Leistungen für Blinde (§ 14), der Pauschbetrag als Ersatz für Kleider- und Wäscheverschleiß (§ 15), die Grundrenten und die Schwerstbeschädigtenzulage (§ 31 Abs. 1 und 5, §§ 40 und 46), die Ausgleichs- und Elternrenten (§§ 32, 41, 47 und 51), der Ehegattenzuschlag (§ 33a), die Pflegezulage (§ 35), das Bestattungsgeld (§§ 36, 53) und das Versorgungskrankengeld werden abweichend von Absatz 1 Satz 1 und von § 16c in den Jahren 2000 und 2001 jeweils zum 1. Juli entsprechend dem Vomhundertsatz angepasst, um den sich die Renten der gesetzlichen Rentenversicherung verändern.

(4)[1] *Bei der zum 1. Juli 2002 vorzunehmenden Anpassung sind für die in Absatz 1 genannten Leistungen und für den Bemessungsbetrag die jeweils nach § 66a Abs. 6 festgesetzten und bekannt gemachten Beträge anzupassen.*

§§ 57–59. *(weggefallen)*

Beginn, Änderung und Aufhören der Versorgung

§ 60 [Beginn und Änderung der Beschädigtenversorgung] (1) Die Beschädigtenversorgung beginnt mit dem Monat, in dem ihre Voraussetzungen erfüllt sind, frühestens mit dem Antragsmonat. Die Versorgung ist auch für Zeiträume vor der Antragstellung zu leisten, wenn der Antrag innerhalb eines Jahres nach Eintritt der Schädigung gestellt wird. War der Beschädigte ohne sein Verschulden an der Antragstellung verhindert, so verlängert sich diese Frist um den Zeitraum der Verhinderung. Für Zeiträume vor dem Monat der Entlassung aus der Kriegsgefangenschaft oder aus ausländischem Gewahrsam steht keine Versorgung zu.

(2) Absatz 1 Satz 1 gilt entsprechend, wenn eine höhere Leistung beantragt wird; war der Beschädigte jedoch ohne sein Verschulden an der Antragstellung verhindert, so beginnt die höhere Leistung mit dem Monat, von dem an die Verhinderung nachgewiesen ist, wenn der Antrag innerhalb von sechs Monaten nach Wegfall des Hinderungsgrunds gestellt wird. Die höhere Leistung beginnt jedoch wegen einer Minderung des Einkommens oder wegen einer Erhöhung der schädigungsbedingten Aufwendungen unabhängig vom Antragsmonat mit dem Monat, in dem die Voraussetzungen erfüllt sind, wenn der Antrag innerhalb von sechs Monaten nach Eintritt der Änderung oder nach Zugang der Mitteilung über die Änderung gestellt wird. Der Zeitpunkt des Zugangs ist vom Antragsteller nachzuweisen. Entsteht ein Anspruch auf Berufsschadensausgleich (§ 30 Abs. 3 oder 6) infolge Erhöhung des Vergleichseinkommens im Sinne des § 30 Abs. 5, so gilt Satz 2 entsprechend, wenn der Antrag innerhalb von sechs Monaten gestellt wird.

(3) Wird die höhere Leistung von Amts wegen festgestellt, beginnt sie mit dem Monat, in dem die anspruchsbegründenden Tatsachen einer Dienststelle der Kriegsopferversorgung bekanntgeworden sind. Ist die höhere Leistung durch eine Änderung des Familienstands, der Zahl zu berücksichtigender Kinder oder das Erreichen einer bestimmten Altersgrenze bedingt, so beginnt sie mit dem Monat, in dem das Ereignis eingetreten ist; das gilt auch, wenn ein höherer Berufsschadensausgleich (§ 30 Abs. 3 oder 6) auf einer Änderung des Vergleichseinkommens im Sinne des § 30 Abs. 5 beruht.

(4) Eine Minderung oder Entziehung der Leistungen tritt mit Ablauf des Monats ein, in dem die Voraussetzungen für ihre Gewährung weggefallen sind. Eine durch Besserung des Gesundheitszustands bedingte Minderung oder Entziehung der Leistungen tritt mit Ablauf des Monats ein, der auf die Bekanntgabe des die Änderung aussprechenden Bescheides folgt. Beruht die Minderung oder Entziehung von Leistungen, deren Höhe vom Einkommen beeinflußt wird, auf einer Erhöhung dieses Einkommens, so tritt die Minderung oder Entziehung mit dem Monat ein, in dem das Einkommen sich erhöht hat.

---

[1] § 56 Abs. 4 angefügt mit Wirkung zum 1. 1. 2002 (Gesetz vom 21. 12. 2000, BGBl. I S. 1983).

§ 60a [**Feststellung und Änderung der Ausgleichsrente**] (1) Die Ausgleichsrente (§§ 32, 33, 41 und 47) ist bei monatlich feststehenden Einkünften endgültig festzustellen. In den übrigen Fällen ist die Ausgleichsrente entsprechend den im Zeitpunkt der Bescheiderteilung bekannten Einkommensverhältnissen vorläufig festzusetzen und jeweils nachträglich endgültig festzustellen.

(2) Monatlich feststehende Einkünfte sind Einkünfte, bei denen sich ein bestimmter Monatsbetrag aus Gesetz, Tarif-, Arbeits- oder sonstigem Vertrag ergibt.

(3) Ist die vorläufig gezahlte Ausgleichsrente höher als die endgültig festgestellte, gilt nur der fünf Deutsche Mark monatlich übersteigende Betrag als überzahlt.

(4) Sonderleistungen, wie Weihnachtsgratifikationen, 13. Monatsgehälter und Erfolgsprämien, sind als Einkommen in den Monaten zu berücksichtigen, in denen sie gezahlt werden.

(5) Die Absätze 1 bis 4 gelten entsprechend für die Feststellung aller laufenden Versorgungsbezüge, deren Höhe vom Einkommen beeinflußt wird, soweit durch dieses Gesetz nichts anderes bestimmt ist. Absatz 3 ist beim Zusammentreffen mehrerer vorläufig gezahlter Leistungen so anzuwenden, daß die Gesamtbeträge einander gegenüberzustellen sind.

§ 61 [**Beginn und Änderung der Hinterbliebenenrente**] Für die Hinterbliebenenversorgung gilt § 60 mit folgender Maßgabe entsprechend:
a) Wird der Erstantrag vor Ablauf eines Jahres nach dem Tode gestellt, beginnt die Versorgung frühestens mit dem auf den Sterbemonat folgenden Monat.
b) An die Stelle des Berufsschadensausgleichs nach § 30 Abs. 3 oder 6 tritt bei Witwen der Schadensausgleich nach § 40a.
c) Der Änderung des Familienstands steht bei Waisen der Tod des Vaters oder der Mutter gleich.

§ 62 [**Neufeststellung der Versorgungsbezüge**] (1) Eine vom Einkommen beeinflußte Leistung ist nicht neu festzustellen, solange sich das Bruttoeinkommen seit der letzten Feststellung dieser Leistung insgesamt um weniger als zehn Deutsche Mark monatlich erhöht oder das Vergleichseinkommen im Sinne des § 30 Abs. 5 insgesamt um weniger als zehn Deutsche Mark monatlich gemindert hat, es sei denn, daß eine Neufeststellung einer dieser Leistungen aus anderem Anlaß notwendig wird.

(2) Die Minderung der Erwerbsfähigkeit des rentenberechtigten Beschädigten darf nicht vor Ablauf von zwei Jahren nach Bekanntgabe des Feststellungsbescheids niedriger festgesetzt werden. Ist durch Heilbehandlung eine wesentliche und nachhaltige Steigerung der Erwerbsfähigkeit erreicht worden, so ist die niedrigere Festsetzung schon früher zulässig, jedoch frühestens nach Ablauf eines Jahres nach Abschluß dieser Heilbehandlung.

(3) Bei Versorgungsberechtigten, die das 55. Lebensjahr vollendet haben, ist die Minderung der Erwerbsfähigkeit wegen Besserung des Gesundheitszustands nicht niedriger festzusetzen, wenn sie in den letzten zehn Jahren seit Feststellung nach diesem Gesetz unverändert geblieben ist. Entsprechendes gilt für die Schwerstbeschädigtenzulage, wenn deren Stufe in den letzten zehn

Jahren seit Feststellung unverändert geblieben ist. Veränderungen aus anderen als medizinischen Gründen bleiben bei der Berechnung der Frist unberücksichtigt.

(4) Wird der gemeinsame Haushalt, den eine Schwerbeschädigte oder ein Schwerbeschädigter mit den in § 30 Abs. 12 Satz 1 genannten Personen geführt hat, aufgelöst, so sind die Minderung der Erwerbsfähigkeit nach § 30 Abs. 2 und der Berufsschadensausgleich nach § 30 Abs. 16 von Amts wegen nur neu festzustellen, wenn der Schwerbeschädigten oder dem Schwerbeschädigten ohne die Schädigungsfolgen die Aufnahme eines anderen Berufs zuzumuten wäre oder nach Wegfall des Berufsschadensausgleichs nach § 30 Abs. 16 ein Berufsschadensausgleich nach § 30 Abs. 3 bis 11 zusteht.

§ 63. *(weggefallen)*

Besondere Vorschriften für Berechtigte außerhalb des Geltungsbereichs dieses Gesetzes

§ 64 [**Berechtigter Personenkreis**] (1) Deutsche und deutsche Volkszugehörige, die ihren Wohnsitz oder gewöhnlichen Aufenthalt in Staaten haben, mit denen die Bundesrepublik Deutschland diplomatische Beziehungen unterhält, erhalten Versorgung wie Berechtigte im Geltungsbereich dieses Gesetzes, soweit die §§ 64a bis 64f nichts Abweichendes bestimmen. Die Leistungen können mit Zustimmung des Bundesministers für Arbeit und Sozialordnung ganz oder teilweise versagt oder entzogen werden, wenn

1. der Leistungszweck nicht erreicht werden kann, insbesondere der fremde Staat Renten nach diesem Gesetz auf eigene Renten ganz oder teilweise anrechnet, oder

2. in der Person des Berechtigten ein von ihm zu vertretender wichtiger Grund, insbesondere eine gegen die Bundesrepublik Deutschland gerichtete Handlung des Berechtigten, vorliegt.

(2) Der Anspruch auf Versorgung von Kriegsopfern, die ihren Wohnsitz oder gewöhnlichen Aufenthalt nicht im Geltungsbereich dieses Gesetzes haben und nicht unter Absatz 1 fallen, ruht. Ihnen kann mit Zustimmung des Bundesministers für Arbeit und Sozialordnung Versorgung in angemessenem Umfange gewährt werden. Wird Versorgung gewährt, so ist sie nach Art, Höhe und Dauer festzulegen. Die Versorgung kann aus besonderen Gründen, insbesondere unter den in Absatz 1 Satz 2 genannten Voraussetzungen, wieder eingeschränkt oder entzogen werden. § 64c Abs. 5, §§ 64d und § 64f Abs. 1 und 2 gelten entsprechend.

§ 64a [**Heilbehandlung**] (1) Beschädigte führen die Heilbehandlung wegen der anerkannten Folgen einer Schädigung selbst durch, soweit sie nicht im Geltungsbereich dieses Gesetzes gewährt wird. Sie erhalten die nachgewiesenen notwendigen und angemessenen Kosten bis zur zweifachen Summe der Kosten einer entsprechenden Heilbehandlung im Geltungsbereich dieses Gesetzes erstattet; in besonders begründeten Fällen kann auch der darüber hinausgehende Betrag teilweise oder ganz erstattet werden. Die Kosten für Arznei- und Verbandmittel sowie Heilmittel können in voller Höhe ersetzt werden.

Bundesversorgungsgesetz § 64b BVG 3

(2) Versorgungskrankengeld und Beihilfe nach § 17 sind ausgeschlossen. Heilbehandlung für Gesundheitsstörungen, die nicht Folge einer Schädigung sind, Krankenbehandlung und Leistungen nach § 10 Abs. 6 Satz 1 und § 11 Abs. 4 sind ausgeschlossen, soweit sie nicht im Geltungsbereich dieses Gesetzes erbracht werden können. Anstelle der nach den Sätzen 1 und 2 ausgeschlossenen Leistungen kann eine Zuwendung bis zur zweifachen Höhe der Leistungen gegeben werden, die der Versorgungsberechtigte im Geltungsbereich dieses Gesetzes erhalten könnte; die Kosten für Arznei- und Verbandmittel sowie Heilmittel können in voller Höhe ersetzt werden. Eine Zuwendung kann auch bei Pflegebedürftigkeit gegeben werden.

(3) Für Kurmaßnahmen werden Kosten nur erstattet und Zuwendungen nur gegeben, wenn die zuständige Verwaltungsbehörde der Maßnahme vorher zugestimmt hat. Leistungen für Versehrtenleibesübungen außerhalb des Geltungsbereiches dieses Gesetzes sind ausgeschlossen.

(4) Ansprüche, die der Berechtigte gegen Träger gesetzlicher oder privater Versicherungen oder ähnlicher Einrichtungen hat, werden auf die Leistungen der Heil- und Krankenbehandlung nach diesem Gesetz angerechnet, soweit sie zu verwirklichen sind.

(5) Für die Erstattung der Reisekosten und den Ersatz entgangenen Arbeitsverdienstes ist § 24 entsprechend anzuwenden. Ersatz für entgangenen Arbeitsverdienst in angemessenem Umfang steht ferner zu,
a) bei der Durchführung einer von der Verwaltungsbehörde genehmigten ambulanten Behandlung und
b) bei der Anpassung und bei der Ausbildung im Gebrauch von Hilfsmitteln,
soweit keine Zuwendung nach Absatz 2 anstelle des ausgeschlossenen Versorgungskrankengelds gewährt wird oder gewährt werden könnte.

§ 64 b [**Leistungen der Kriegsopferfürsorge**] (1) Deutschen im Sinne des § 64 Abs. 1 sollen Leistungen der Kriegsopferfürsorge nach § 26 Abs. 2 bis 4 für berufliche Fortbildung, Umschulung, Ausbildung sowie Schulausbildung und nach den §§ 27 und 27a gewährt werden. Die übrigen Leistungen nach § 26 sowie die Leistungen nach den §§ 26b bis 26e und 27b bis 27d können ihnen in dringenden Fällen gewährt werden.

(2) Anderen Kriegsopfern im Sinne des § 64 können mit Zustimmung des Bundesministers für Arbeit und Sozialordnung die in Absatz 1 aufgeführten Leistungen gewährt werden, wenn sie
a) Deutsche, deutsche Volkszugehörige oder deren Hinterbliebene sind oder
b) während ihres militärischen oder militärähnlichen Dienstes die deutsche Staatsangehörigkeit besessen haben oder Hinterbliebene eines deutschen Staatsangehörigen sind,
oder in angemessenem Umfang, wenn ihnen nach § 64 Abs. 2 Satz 2 Versorgung gewährt wird.

(3) Leistungen der Kriegsopferfürsorge nach den Absätzen 1 und 2 werden nur insoweit gewährt, als der Beschädigte oder Hinterbliebene für denselben Zweck keine Leistungen erhält; das gilt nicht für fürsorgerische und karitative Zuwendungen.

(4) Art, Form und Maß der Leistungen der Kriegsopferfürsorge und der Einsatz des Einkommens und des Vermögens richten sich, wenn es sich um Deutsche handelt, nach den besonderen Verhältnissen des Aufenthaltsstaats

unter Berücksichtigung der notwendigen Lebensbedürfnisse eines dort lebenden Deutschen, bei Leistungen für andere Kriegsopfer nach den notwendigen Lebensbedürfnissen unter Berücksichtigung der örtlichen Verhältnisse; dabei ist bei Beschädigten im Sinne des § 27 e auf eine wirksame Gestaltung der Leistungen besonders Bedacht zu nehmen. Soweit das Gesetz oder Durchführungsbestimmungen hierzu bei Bemessung der Leistungen vom Doppelten des Regelsatzes nach dem Bundessozialhilfegesetz ausgehen, tritt an dessen Stelle das Einfache des nach Satz 1 ermittelten Betrages, der in besonders begründeten Fällen angemessen erhöht werden kann. Satz 2 gilt für den Grundbetrag nach § 25 e Abs. 1 Nr. 1 entsprechend.

(5) Bei der Anwendung des § 27 b Abs. 1 ist das Zeugnis eines amtlich bestellten Arztes oder des Vertrauensarztes der zuständigen deutschen Auslandsvertretung beizubringen.

§ 64 c [Anrechnung von Einkünften; Berufsschadensausgleich; Kapitalabfindung]
(1) Bei der Festsetzung der Versorgungsbezüge werden ausländische Einkünfte wie vergleichbare inländische Einkünfte berücksichtigt.

(2) Für die Festsetzung des Berufsschadensausgleichs gilt § 30 Abs. 3 bis 16. Bezieht der Beschädigte überwiegend ausländisches Einkommen, tritt an die Stelle seines tatsächlichen Einkommens aus gegenwärtiger oder früherer Tätigkeit (§ 30 Abs. 4 Satz 1) das Durchschnittseinkommen der Berufs- oder Wirtschaftsgruppe, der der Beschädigte im Inland angehören würde. Ist die Voraussetzung des Satzes 2 nicht gegeben und hat der Beschädigte nach dem 30. Juni 1984 seinen Wohnsitz oder gewöhnlichen Aufenthalt ins Ausland verlegt, tritt an die Stelle seines bisher erzielten Erwerbseinkommens das Durchschnittseinkommen der Berufs- oder Wirtschaftsgruppe, der der Beschädigte vor der Übersiedlung angehört hat. In den Fällen der Sätze 2 und 3 gilt § 30 Abs. 11 Satz 2 entsprechend.

(3) Für die Festsetzung des Schadensausgleichs gilt § 40 a.

(4) Bei Kriegsopfern im Sinne des § 64 Abs. 1, die nicht Deutsche sind, ruht der Anspruch auf Versorgungsbezüge, deren Höhe vom Einkommen beeinflußt wird. Ihnen können solche Versorgungsbezüge im Einvernehmen mit dem Bundesminister für Arbeit und Sozialordnung jedoch ganz oder teilweise gewährt werden. Die Gewährung soll nur versagt werden, soweit dies nach den Lebensverhältnissen im Aufenthaltsstaat oder aus anderen besonderen Gründen gerechtfertigt ist. Elternrenten sollen, wenn die übrigen Voraussetzungen erfüllt sind, nicht weniger als die Hälfte der vollen Rente betragen.

(5) Die §§ 60 bis 62 und 66 gelten, soweit nicht Besonderheiten der Versorgung von Kriegsopfern außerhalb des Bundesgebiets eine Abweichung bedingen. Eine Abweichung kann nur im Einvernehmen mit dem Bundesminister für Arbeit und Sozialordnung vorgenommen werden; er kann im Benehmen mit der zuständigen obersten Landesbehörde auch festlegen, wie die Versorgungsbezüge auszuzahlen sind.

(6) Kapitalabfindungen werden nicht gewährt.

§ 64 d [Zahlung der Versorgungsbezüge]
(1) Die Zahlung der Versorgungsbezüge richtet sich nach den devisenrechtlichen Vorschriften.

(2) Können dem Berechtigten die nach diesem Gesetz zustehenden Leistungen nicht zugeführt werden, so können mit Zustimmung des Bundesmi-

nisters für Arbeit und Sozialordnung Ersatzleistungen gewährt werden. Ein Anspruch auf nachträgliche Gewährung des Unterschieds zur vollen Versorgung besteht nicht.

§ 64e[1] **[Teilversorgung]** (1) Kriegsopfer, die ihren Wohnsitz oder gewöhnlichen Aufenthalt in einem durch Rechtsverordnung nach Absatz 5 bestimmten Staat haben, erhalten eine Teilversorgung nach den Absätzen 2 bis 4. Im übrigen ruht der Anspruch auf Versorgung.

(2) Die Teilversorgung umfaßt Grundrente einschließlich der Abfindung nach § 44 Abs. 1, Schwerstbeschädigtenzulage, Pflegezulage, Elternrente und Bestattungsgeld in Höhe eines Drittels der sich aus den §§ 31, 35, 36, 40, 46, 51 und 53 ergebenden Beträge sowie Sterbegeld nach § 37. Die Grundrente erhöht sich für Beschädigte um ein Drittel des Betrages, der in § 31 Abs. 1 Satz 1 als Grundrente für einen Beschädigten mit einer Minderung der Erwerbsfähigkeit um 40 vom Hundert festgelegt ist. Bei Rentenleistungen werden ausländische Einkünfte nur in den Fällen des § 48 berücksichtigt. Bei der Witwen- und Waisenbeihilfe ist in allen Fällen von der vollen Höhe der entsprechenden Witwen- und Waisenrente auszugehen sowie ein Drittel des in § 33 Abs. 1 Buchstabe a genannten Bemessungsbetrags zugrunde zu legen. Bei der Bemessung des Bestattungsgeldes ist in allen Fällen der in § 36 Abs. 1 Satz 2 und § 53 Satz 2 genannte höhere Betrag zugrunde zu legen.

(3) Die Teilversorgung umfaßt auch Leistungen der Heilbehandlung nach § 64a Abs. 1. Zuschüsse nach § 11 Abs. 3 werden nicht gezahlt; der Bundesminister für Arbeit und Sozialordnung kann Ausnahmen zulassen. Während eines vorübergehenden Aufenthalts außerhalb der durch Rechtsverordnung nach Absatz 5 bestimmten Staaten können Leistungen der Heil- und Krankenbehandlung nach § 64a Abs. 2 erbracht werden, soweit nach ärztlicher Beurteilung eine unverzügliche Behandlung erforderlich ist. Ansprüche nach den Sätzen 1 bis 3 sind ausgeschlossen, soweit gegen Träger gesetzlicher oder privater Versicherungen oder ähnlicher Einrichtungen ein Anspruch auf entsprechende Leistungen verwirklicht werden kann.

(4) Die in § 64b Abs. 1 genannten Leistungen der Kriegsopferfürsorge können mit Zustimmung des Bundesministers für Arbeit und Sozialordnung erbracht werden. § 27b Abs. 3 Satz 1 findet keine Anwendung.

(5) Die Bundesregierung wird ermächtigt, durch Rechtsverordnung mit Zustimmung des Bundesrates die Staaten zu bestimmen, in die aus besonderen Gründen, insbesondere wegen der im Vergleich zur Bundesrepublik Deutschland geringeren Durchschnittshöhe entsprechender Sozialleistungen sowie wegen der Lage und Entwicklung nach dem Zweiten Weltkrieg, eine Teilversorgung nach Absatz 1 geleistet wird. In der Rechtsverordnung können
a) der in Absatz 2 Satz 1 genannte Ableitungssatz von einem Drittel für einzelne Leistungen anders festgelegt sowie die Leistungsbemessung näher geregelt werden,
b) bei einer wesentlichen Änderung der für die Teilversorgung maßgebenden Verhältnisse (Satz 1) die Ableitungssätze in Absatz 2 Satz 1 und 2 entsprechend geändert werden.

---

[1] Siehe auch VO zur Auslandsversorgung nach § 64e des BVG (Auslandsversorgungsverordnung – AuslVersV) vom 30. 6. 1990 (BGBl. I S. 1321).

(6) In besonderen Fällen kann die Teilversorgung nach Absatz 2 Satz 1 und 2 sowie Absatz 5 Satz 2 mit Zustimmung des Bundesministers für Arbeit und Sozialordnung erweitert werden.

(7) Für die Zeit eines vorübergehenden Aufenthalts von mindestens einer Woche außerhalb der durch Rechtsverordnung nach Absatz 5 bestimmten Staaten können mit Zustimmung des Bundesministers für Arbeit und Sozialordnung die in Absatz 2 Satz 1 genannten Rentenleistungen, soweit sie die Beträge nach Absatz 2 Satz 1 und 2 übersteigen, und ein Drittel der Ausgleichsrente geleistet werden; Absatz 2 Satz 3 findet Anwendung. Zeiten einer stationären Behandlung nach diesem Gesetz oder einer Erholungsmaßnahme nach § 27b werden nur zu einem Drittel berücksichtigt.

§ 64 f [Verfahren] (1) Die jeweils maßgebenden verfahrensrechtlichen Vorschriften gelten, soweit nicht Besonderheiten der Versorgung von Kriegsopfern außerhalb des Bundesgebiets eine vereinfachte Regelung bedingen. Eine vereinfachte Regelung bedarf der Zulassung durch den Bundesminister für Arbeit und Sozialordnung. Das gilt insbesondere für die Begründung von Bescheiden und die Zuziehung Dritter zum Verfahren.

(2) Ist ein Bedürfnis vorhanden, kann unbeschadet der §§ 13 bis 15 des Zehnten Buches Sozialgesetzbuch ein besonderer Vertreter bestellt werden, wenn dieser und der Antragsteller oder Versorgungsberechtigte einverstanden sind. Das Einverständnis des Antragstellers oder Versorgungsberechtigten kann beim Vorliegen besonderer Gründe unterstellt werden. § 15 Abs. 3 des Zehnten Buches Sozialgesetzbuch gilt entsprechend.

(3) In den Fällen des Absatzes 1, des § 64 Abs. 2 Satz 4 und des § 64c Abs. 4 tritt eine Minderung oder Entziehung der Leistung erst mit Ablauf des dritten Monats nach Ablauf des Monats ein, in dem der Bescheid oder die Mitteilung bekanntgegeben worden ist. Eine Rückforderung ist ausgeschlossen.

Ruhen des Anspruchs auf Versorgung

§ 65. (1) Der Anspruch auf Versorgungsbezüge ruht, wenn beide Ansprüche auf derselben Ursache beruhen
1. in Höhe der Bezüge aus der gesetzlichen Unfallversicherung,
2. in Höhe des Unterschieds zwischen einer Versorgung nach allgemeinen beamtenrechtlichen Bestimmungen und aus der beamtenrechtlichen Unfallfürsorge.

Kinderzulagen zur Verletztenrente aus der gesetzlichen Unfallversicherung bleiben mit dem Betrag unberücksichtigt, in dessen Höhe ohne die Kinderzulage von anderen Leistungsträgern Kindergeld oder entsprechende Leistungen zu zahlen wären.

(2) Der Anspruch auf die Grundrente (§ 31) ruht in Höhe der neben Dienstbezügen gewährten Leistungen aus der beamtenrechtlichen Unfallfürsorge, wenn beide Ansprüche auf derselben Ursache beruhen.

(3) Der Anspruch auf Heilbehandlung (§ 10 Abs. 1) und auf den Pauschbetrag als Ersatz für Kleider- und Wäscheverschleiß (§ 15) ruht insoweit, als

Bundesversorgungsgesetz §§ 66, 66a BVG 3

1. aus derselben Ursache Ansprüche auf entsprechende Leistungen aus der gesetzlichen Unfallversicherung oder nach den beamtenrechtlichen Vorschriften über die Unfallfürsorge bestehen;
2. Ansprüche auf entsprechende Leistungen nach den Vorschriften über die Heilfürsorge für Angehörige des Bundesgrenzschutzes und für Soldaten (§ 69 Abs. 2, § 70 Abs. 2 Bundesbesoldungsgesetz und § 1 Abs. 1 Wehrsoldgesetz) und nach den landesrechtlichen Vorschriften für Polizeivollzugsbeamte der Länder bestehen.

(4) Das Ruhen wird mit dem Zeitpunkt wirksam, in dem seine Voraussetzungen eingetreten sind. Die Zahlung von Versorgungsbezügen wird mit Ablauf des Monats eingestellt oder gemindert, in dem das Ruhen wirksam wird, und wieder aufgenommen oder erhöht mit Beginn des Monats, in dem das Ruhen endet.

Zahlung

§ 66. (1) Die Versorgungsbezüge werden in Monatsbeträgen zuerkannt, auf volle Deutsche Mark nach oben abgerundet und monatlich im voraus gezahlt. Versorgungskrankengeld und Beihilfe nach § 17 werden tageweise zuerkannt und mit Ablauf jeder Woche gezahlt.

(2) Alle Geldleistungen werden kostenfrei auf ein Konto des Empfangsberechtigten oder eines mit diesem in häuslicher Gemeinschaft lebenden Dritten, das der Empfangsberechtigte angegeben hat, überwiesen. Wenn der Empfangsberechtigte es verlangt, sind sie ihm kostenfrei durch Zahlungsanweisung im Postscheckweg an seinem Wohnsitz oder gewöhnlichen Aufenthaltsort zu zahlen. In besonderen Fällen können sie bei der zuständigen Verwaltungsstelle bar gezahlt werden. § 118 Abs. 3 und 4 des Sechsten Buches Sozialgesetzbuch findet entsprechende Anwendung.

§ 66a Umstellung auf Euro.[1] *(1) Soweit in den nachfolgenden Absätzen nichts anderes bestimmt ist, wird in diesem Gesetz und in den zu seiner Durchführung erlassenen Verordnungen jeweils die Angabe „Deutsche Mark" durch die Angabe „Euro" ersetzt.*

(2) Soweit in diesem Gesetz und den zu seiner Durchführung erlassenen Verordnungen am 31. Dezember 2001 auf volle Deutsche Mark lautende Beträge bestimmt sind, werden diese, vorbehaltlich der Absätze 3 bis 5, in Euro umgerechnet. Die so ermittelten Beträge sind bis 0,49 Euro nach unten, ab 0,50 Euro nach oben zu runden; § 66 Abs. 1 Satz 1 gilt insoweit nicht.

(3) In § 15 ist zunächst der Multiplikator unter Anwendung des Euro-Umrechnungskurses auf drei Dezimalstellen zu berechnen; ergibt sich dabei in der vierten Dezimalstelle eine der Zahlen 5 bis 9, so ist die dritte Dezimalstelle um 1 zu erhöhen. Mit dem so ermittelten Multiplikator sind die Beträge in § 15 Satz 1 zu berechnen; § 15 Satz 2 zweiter Halbsatz gilt.

(4) Die nach § 30 Abs. 5 für die Zeit ab 1. Juli 2001 bekannt gemachten Vergleichseinkommen sind nach Maßgabe des Absatzes 2 umzurechnen. Sofern für die

---

[1] § 66a eingefügt mit Wirkung zum 1. 1. 2002 (Gesetz vom 21. 12. 2000, BGBl. I S. 1983).

Ermittlung der Vergleichseinkommen ab 1. Juli 2002 Durchschnittseinkommen im Sinne des § 30 Abs. 5 heranzuziehen sind, die in den Erhebungen des Statistischen Bundesamtes lediglich in Deutsche-Mark-Beträgen nachgewiesen werden, erfolgt deren Umrechnung in Euro gemäß Absatz 2.

(5) Die Beträge in der dem § 2 der Anrechnungs-Verordnung 2001/2002 als Anlage beigegebenen Tabelle sowie die in § 5 dieser Verordnung bestimmten Beträge sind ausgehend von den nach Absatz 2 in Euro umgerechneten Beträgen nach Maßgabe des § 33 neu zu ermitteln. Satz 1 gilt entsprechend für die am 1. Januar 2002 in dem in Artikel 3 des Einigungsvertrages genannten Gebiet geltende Anrechnungs-Verordnung.

(6) Die auf Grund der Absätze 2, 3, 4 Satz 1 und Absatz 5 zu ermittelnden Beträge werden durch das Bundesministerium für Arbeit und Sozialordnung errechnet, in Euro festgesetzt und im Bundesanzeiger bekannt gegeben. Dies gilt auch für die Beträge, die in dem in Artikel 3 des Einigungsvertrages genannten Gebiet ab 1. Januar 2002 gelten, mit Ausnahme der Beträge nach Absatz 4 Satz 1.

§ 66 b *Umstellung der laufenden Versorgungsbezüge.*[1] *(1) Die ab 1. Januar 2002 in Euro zu zahlenden monatlichen Versorgungsbezüge werden von den zuständigen Verwaltungsbehörden in der Form ermittelt, dass die für den Dezember 2001 zustehenden Einzelleistungen an laufenden Versorgungsbezügen nach Maßgabe des § 66a Abs. 2 umgerechnet und zu einem Gesamtbetrag addiert werden. Für die Umrechnung der dabei zu berücksichtigenden Tilgungs-, Ruhens- und Anrechnungsbeträge sowie für die Beträge an Kapitalabfindung und Rentenkapitalisierung gilt § 66a Abs. 2 entsprechend.*

(2) Der ab 1. Januar 2002 nach Anwendung von Absatz 1 monatlich in Euro zu zahlende Gesamtbetrag der Versorgungsbezüge ist mit dem in Deutsche Mark gezahlten und nach Maßgabe des § 66a Abs. 2 in Euro umgerechneten Gesamtbetrag der Versorgungsbezüge für Dezember 2001 zu vergleichen, wobei der Anspruch auf den in Euro umgerechneten Gesamtbetrag der Versorgungsbezüge für Dezember 2001 begrenzt ist. Ergibt sich beim Vergleich eine Umrechnungsdifferenz zu Ungunsten des Berechtigten, so ist diese spätestens mit der laufenden Zahlung für Juni 2002 auszugleichen.

§ 66 c *Erstentscheidungen, Neufeststellungen, endgültige Feststellungen.*[1]

(1) Sind die Versorgungsbezüge nach Anwendung des § 66b aus anderem Anlass rückwirkend frühestens ab 1. Januar 2002 neu oder erstmalig festzustellen, so erfolgt diese Feststellung unter Berücksichtigung der tatsächlichen Verhältnisse im Sinne des § 66a Abs. 6. Sind dabei Einkünfte des Berechtigten zu berücksichtigen, so erfolgt deren Umrechnung in Euro nach § 66a Abs. 2 Satz 1; es sei denn, der Euro-Betrag ist bereits verbindlich bekannt.

(2) Sind die Versorgungsbezüge nach Anwendung des § 66b aus anderem Anlass rückwirkend über den 1. Januar 2002 hinaus neu oder erstmalig festzustellen, so erfolgt die Abrechnung einer festgestellten Überzahlung oder Nachzahlung bis zum 31. Dezember 2001 in einem auf Deutsche Mark lautenden Betrag, der nach Maßgabe des § 66a Abs. 2 in Euro umzurechnen ist. Dabei gilt für die Zeit ab 1. Januar 2002 Absatz 1 entsprechend.

---

[1] §§ 66b und 66c eingefügt mit Wirkung zum 1. 1. 2002 (Gesetz vom 21. 12. 2000, BGBl. I S. 1983).

(3) Sind die Versorgungsbezüge bis einschließlich 31. Dezember 2001 endgültig festzustellen (§ 60a), so ist Absatz 2 Satz 1 entsprechend anzuwenden; § 60a Abs. 3 gilt. Werden dabei vorläufig zu zahlende Versorgungsbezüge ab 1. Januar 2002 vorläufig neu festgestellt, so gilt Absatz 1 entsprechend.

(4) Stehen ab 1. Januar 2002 keine Versorgungsbezüge mehr zu und bestehen für einen vorangegangenen Zeitraum noch Ansprüche für oder gegen den Berechtigten, seine Erben, Sonderrechtsnachfolger oder sonstige Berechtigte, so gilt Absatz 2 Satz 1 entsprechend.

§ 66d Umstellung auf Euro in dem in Artikel 3 des Einigungsvertrages genannten Gebiet.[1]) Die in Anlage I Kapitel VIII Sachgebiet K Abschnitt III Nummer 1 bis 21 des Einigungsvertrages vom 31. August 1990 in Verbindung mit Artikel 1 des Gesetzes vom 23. September 1990 (BGBl. 1990 II S. 885, 1067) genannten Maßgaben sind ab 1. Januar 2002 mit der Maßgabe anzuwenden, dass an die Stelle der Wörter „Deutsche Mark" jeweils das Wort „Euro" tritt.

§§ 67–70a. *(weggefallen)*

Versorgung bei Unterbringung

§ 71 [Unterbringung zum Vollzug einer Strafe oder freiheitsentziehenden Maßregel der Besserung und Sicherung] Bei Unterbringung des Leistungsberechtigten (§ 49 des Ersten Buches Sozialgesetzbuch) zum Vollzug einer Freiheitsstrafe oder einer freiheitsentziehenden Maßregel der Besserung und Sicherung sind der Bemessung der Versorgungsbezüge Einkünfte, die durch die Unterbringung gemindert werden, in der bis zur Unterbringung bezogenen Höhe zugrunde zu legen; sie sind im Zeitpunkt der Anpassung der Versorgungsbezüge (§ 56) um den Vomhundertsatz, um den die laufenden Rentenleistungen angepaßt werden, zu erhöhen. Schließt der Vollzug einer Freiheitsstrafe oder einer freiheitsentziehenden Maßregel der Besserung und Sicherung unmittelbar an eine Untersuchungshaft an, so ist Satz 1 mit der Maßgabe anzuwenden, daß durch die Untersuchungshaft geminderte Einkünfte in der bis zum Beginn der Untersuchungshaft bezogenen Höhe zugrunde zu legen sind.

§ 71a. *(weggefallen)*

Übertragung kraft Gesetzes

§ 71b [Übergang von Sozialversicherungsansprüchen] Hat die zuständige Verwaltungsbehörde Versorgungsbezüge geleistet, gelten, wenn der Versorgungsberechtigte Ansprüche gegen einen Träger der Sozialversicherung oder eine öffentlich-rechtliche Kasse hat, §§ 104 sowie 106 bis 114 des Zehnten Buches Sozialgesetzbuch und, wenn der Versorgungsberechtigte Ansprüche gegen einen öffentlich-rechtlichen Dienstherrn hat, § 115 des Zehnten Buches Sozialgesetzbuch mit der Maßgabe, daß die Ansprüche dem

---

[1]) § 66d eingefügt mit Wirkung zum 1. 1. 2002 (Gesetz vom 21. 12. 2000, BGBl. I S. 1983).

Kostenträger der Kriegsopferversorgung zustehen. Das gilt auch, wenn der Kostenträger der Kriegsopferversorgung auch diese Leistungen zu tragen hat.

Kapitalabfindung

§ 72 [Voraussetzungen und Zweck der Kapitalabfindung] (1) Beschädigten, die eine Rente erhalten, kann zum Erwerb oder zur wirtschaftlichen Stärkung eigenen Grundbesitzes eine Kapitalabfindung gewährt werden.

(2) Eine Kapitalabfindung kann auch gewährt werden

1. zum Erwerb oder zur wirtschaftlichen Stärkung eines Wohnungseigentums nach dem Wohnungseigentumsgesetz,
2. zur Finanzierung eines Kaufeigenheimes, einer Trägerkleinsiedlung oder einer Kaufeigentumswohnung (§ 9 Abs. 2, § 10 Abs. 3, § 12 Abs. 2 des Zweiten Wohnungsbaugesetzes), wenn die baldige Übertragung des Eigentums auf den Beschädigten sichergestellt wird,
3. zum Erwerb eines Dauerwohnrechts nach dem Wohnungseigentumsgesetz, wenn der Dauerwohnberechtigte wirtschaftlich einem Wohnungseigentümer gleichgestellt ist und das Fortbestehen des Dauerwohnrechts im Falle der Zwangsversteigerung nach § 39 des Wohnungseigentumsgesetzes vereinbart wird,
4. zum Erwerb der eigenen Mitgliedschaft in einem als gemeinnützig anerkannten Wohnungs- oder Siedlungsunternehmen, wenn hierdurch die Anwartschaft auf baldige Übereignung eines Familienheims, einer Eigentumswohnung oder einer Siedlerstelle sichergestellt wird,
5. zur Finanzierung eines eigenen Bausparvertrags mit einer Bausparkasse oder dem Beamtenheimstättenwerk für die Zwecke des Absatzes 1 und der Nummern 1 bis 3.

(3) Dem Eigentum an einem Grundstück steht das Erbbaurecht, dem Wohnungseigentum das Wohnungserbbaurecht gleich.

§ 73 [Voraussetzungen für die Gewährung] (1) Eine Kapitalabfindung kann nur gewährt werden, wenn

1. der Beschädigte im Zeitpunkt der Antragstellung das 55. Lebensjahr noch nicht vollendet hat,
2. der Versorgungsanspruch anerkannt ist,
3. nicht zu erwarten ist, daß innerhalb des Abfindungszeitraums die Rente wegfallen wird,
4. für eine nützliche Verwendung des Geldes Gewähr besteht.

(2) Eine Kapitalabfindung kann ausnahmsweise nach dem 55. Lebensjahr gewährt werden, jedoch nicht, wenn der Antrag erst nach Vollendung des 65. Lebensjahrs gestellt wird.

§ 74 [Höhe der Kapitalabfindung] (1) Die Kapitalabfindung kann einen Betrag bis zur Höhe der Grundrente (§ 31 Abs. 1 Satz 1) umfassen. Ist eine Herabsetzung der Minderung der Erwerbsfähigkeit innerhalb des Abfindungszeitraums zu erwarten, so kann der Kapitalabfindung nur die Rente zugrunde gelegt werden, die der zu erwartenden Minderung der Erwerbsfähigkeit entspricht.

(2) Die Abfindung ist auf die für einen Zeitraum von zehn Jahren zustehende Grundrente beschränkt. Als Abfindungssumme wird das Neunfache des der Kapitalabfindung zugrunde liegenden Jahresbetrags gezahlt. Der Anspruch auf die Bezüge, an deren Stelle die Abfindung tritt, erlischt für die Dauer von zehn Jahren mit Ablauf des Monats, der auf den Monat der Auszahlung folgt.

(3) Abweichend von Absatz 2 ist die Abfindung auf die für einen Zeitraum von fünf Jahren zustehende Grundrente beschränkt, wenn der Antrag erst nach Vollendung des sechzigsten Lebensjahres gestellt wird. Als Abfindungssumme wird das Siebenundfünfzigfache des der Kapitalabfindung zugrunde liegenden Monatsbetrages gezahlt. Der Anspruch auf die Bezüge, an deren Stelle die Abfindung tritt, erlischt für die Dauer von fünf Jahren mit Ablauf des Monats, der auf den Monat der Auszahlung folgt.

§ 75 [Sicherung des Verwendungszwecks] (1) Die bestimmungsgemäße Verwendung des Kapitals ist durch die Form der Auszahlung und in der Regel durch Maßnahmen zur Verhinderung alsbaldiger Veräußerung des Grundstücks, Erbbaurechts, Wohnungseigentums, Wohnungserbbaurechts oder Dauerwohnrechts zu sichern. Zu diesem Zweck kann insbesondere angeordnet werden, daß die Veräußerung und Belastung des mit der Kapitalabfindung erworbenen oder wirtschaftlich gestärkten Grundstücks, Erbbaurechts, Wohnungseigentums oder Wohnungserbbaurechts innerhalb einer Frist bis zu fünf Jahren nur mit Genehmigung der zuständigen Verwaltungsbehörde zulässig sind. Diese Anordnung wird mit der Eintragung in das Grundbuch wirksam. Die Eintragung erfolgt auf Ersuchen der zuständigen Verwaltungsbehörde.

(2) Ferner kann die Abfindung davon abhängig gemacht werden, daß die Eintragung einer Sicherungshypothek zur Sicherung der Forderung auf die Rückzahlung der Kapitalabfindung nach den §§ 76 und 77 bewilligt wird.

§ 76 [Rückzahlungspflicht] (1) Die Abfindung ist auf Erfordern insoweit zurückzuzahlen, als sie nicht innerhalb einer von der zuständigen Verwaltungsbehörde bemessenen Frist bestimmungsgemäß verwendet worden ist.

(2) Die Abfindung kann zurückgefordert werden, wenn der Verwendungszweck innerhalb des Abfindungszeitraums vereitelt worden ist.

(3) Dem Abgefundenen können vor Ablauf des Abfindungszeitraums auf Antrag die durch die Kapitalabfindung erloschenen Bezüge gegen Rückzahlung der Abfindungssumme wieder bewilligt werden, wenn wichtige Gründe vorliegen.

§ 77 [Beschränkung der Rückzahlung] (1) Die Pflicht zur Rückzahlung (§ 76) beschränkt sich im Falle der Abfindung nach § 74 Abs. 2 nach Ablauf des
ersten Jahres auf
91 vom Hundert der Abfindungssumme,

zweiten Jahres auf
  82 vom Hundert der Abfindungssumme,
dritten Jahres auf
  72 vom Hundert der Abfindungssumme,
vierten Jahres auf
  62 vom Hundert der Abfindungssumme,
fünften Jahres auf
  52 vom Hundert der Abfindungssumme,
sechsten Jahres auf
  42 vom Hundert der Abfindungssumme,
siebten Jahres auf
  32 vom Hundert der Abfindungssumme,
achten Jahres auf
  22 vom Hundert der Abfindungssumme,
neunten Jahres auf
  11 vom Hundert der Abfindungssumme.
Die Pflicht zur Rückzahlung beschränkt sich im Falle der Abfindung nach § 74 Abs. 3 nach Ablauf des
ersten Jahres auf
  81 vom Hundert der Abfindungssumme,
zweiten Jahres auf
  62 vom Hundert der Abfindungssumme,
dritten Jahres auf
  42 vom Hundert der Abfindungssumme,
vierten Jahres auf
  21 vom Hundert der Abfindungssumme.
Die Zeiten rechnen vom Ersten des auf die Auszahlung der Abfindungssumme folgenden zweiten Monats bis zum Ende des Monats, in dem die Abfindungssumme zurückgezahlt worden ist.

(2) Wird die Abfindungssumme nicht zum Schluß eines Jahres zurückgezahlt, so sind neben den Vomhundertsätzen für volle Jahre noch die Vomhundertsätze zu berücksichtigen, die auf die bis zum Rückzahlungszeitpunkt verstrichenen Monate des angefangenen Jahres entfallen. Entsprechendes gilt, wenn die Abfindungssumme vor Ablauf des ersten Jahres zurückgezahlt wird.

(3) Nach Rückzahlung der Abfindungssumme leben die der Abfindung zugrunde liegenden Bezüge mit dem Ersten des auf die Rückzahlung folgenden Monats wieder auf.

§ 78 [**Pfändungsverbot**] Innerhalb der in § 76 Abs. 1 vorgesehenen Frist ist ein der ausgezahlten Abfindungssumme gleichkommender Betrag an Geld, Wertpapieren und Forderungen der Pfändung nicht unterworfen.

§ 78a [**Kapitalabfindung für Hinterbliebene**] (1) Eine Kapitalabfindung kann auch Witwen mit Anspruch auf Rente oder Witwenbeihilfe (§ 48) und Ehegatten Verschollener (§ 52 Abs. 1) gewährt werden. Die Vorschriften der §§ 72 bis 80 gelten entsprechend.

(2) Schließt eine abgefundene Witwe erneut eine Ehe, so ist nach der Eheschließung die Abfindungssumme insoweit zurückzuzahlen, als sie die

Gesamtsumme der bis zu ihrer Wiederverheiratung erloschen gewesenen Versorgungsbezüge übersteigt. Auf den zurückzuzahlenden Betrag ist die Abfindung nach § 44 anzurechnen. Stellt sich heraus, daß der Verschollene noch lebt, so ist die Abfindung insoweit zurückzuzahlen, als sie die Summe der erloschenen Versorgungsbezüge übersteigt, die bis zur Rückkehr des Verschollenen nach diesem Gesetz und dem Gesetz über die Unterhaltsbeihilfe für Angehörige von Kriegsgefangenen zu zahlen wären.

§ 79. *(weggefallen)*

§ 80 [**Kapitalabfindungen bis zum 9. 5. 1945**] Kapitalabfindungen, die bis zum 9. Mai 1945 gewährt worden sind, bewirken keine Kürzung der nach diesem Gesetz festgestellten Renten.

Schadenersatz, Erstattung

§ 81 [**Ansprüche gegen den Bund**] Erfüllen Personen die Voraussetzungen des § 1 oder entsprechender Vorschriften anderer Gesetze, die dieses Gesetz für anwendbar erklären, so haben sie wegen einer Schädigung gegen den Bund nur die auf diesem Gesetz beruhenden Ansprüche; jedoch finden die Vorschriften der beamtenrechtlichen Unfallfürsorge, das Gesetz über die Erweiterte Zulassung von Schadenersatzansprüchen bei Dienstunfällen in der im Bundesgesetzblatt Teil III, Gliederungsnummer 2030-2-19, bereinigten Fassung, und § 82 des Beamtenversorgungsgesetzes Anwendung.

§ 81 a [**Übergang von Ersatzansprüchen**] (1) Soweit den Versorgungsberechtigten ein gesetzlicher Anspruch auf Ersatz des ihnen durch die Schädigung verursachten Schadens gegen Dritte zusteht, geht dieser Anspruch im Umfang der durch dieses Gesetz begründeten Pflicht zur Gewährung von Leistungen auf den Bund über. Das gilt nicht bei Ansprüchen, die aus Schwangerschaft und Niederkunft erwachsen sind. Der Übergang des Anspruchs kann nicht zum Nachteil des Berechtigten geltend gemacht werden.

(2) Absatz 1 gilt entsprechend, soweit es sich um Ansprüche nach diesem Gesetz handelt, die nicht auf einer Schädigung beruhen.

(3) Die Krankenkasse teilt der Verwaltungsbehörde Tatsachen mit, aus denen zu entnehmen ist, daß ein Dritter den Schaden verursacht hat. Auf Anfrage macht sie der Verwaltungsbehörde Angaben darüber, in welcher Höhe sie Heil- oder Krankenbehandlung erbracht hat; dies gilt nicht für nichtstationäre ärztliche Behandlung und Versorgung mit Arznei- und Verbandmitteln.

(4) § 116 Abs. 8 des Zehnten Buches Sozialgesetzbuch gilt entsprechend.

§ 81 b [**Ersatz von Leistungen durch verpflichteten Versicherungsträger**] Hat eine Verwaltungsbehörde oder eine andere Einrichtung der Kriegsopferversorgung Leistungen gewährt und stellt sich nachträglich heraus, daß statt ihrer eine andere öffentlich-rechtliche Stelle, die kein Leistungsträger im Sinne von § 12 des Ersten Buches Sozialgesetzbuch ist, zur Leistung verpflichtet gewesen wäre, hat die zur Leistung verpflichtete Stelle die Aufwendungen in dem Umfang zu erstatten, wie sie ihr nach den für sie geltenden Rechtsvorschriften oblagen.

§ 81 c [Überleitung von Ansprüchen auf den Kostenträger der Kriegsopferversorgung] Werden nach diesem Gesetz Leistungen erbracht, deren Höhe vom Umfang eines Anspruchs gegen einen Dritten, der kein Leistungsträger ist, beeinflußt wird, kann die Verwaltungsbehörde den zu berücksichtigenden Anspruch bis zur Höhe ihrer Leistung durch schriftliche Anzeige auf den Kostenträger der Kriegsopferversorgung überleiten.

Ausdehnung des Personenkreises

§ 82. (1) Dieses Gesetz ist entsprechend anzuwenden auf
1. Personen, denen für Schäden an Leib und Leben Leistungen zuerkannt worden waren
   a) auf Grund des § 18 des Gesetzes über den Ersatz der durch den Krieg verursachten Personenschäden (Kriegspersonenschädengesetz) in der Fassung der Bekanntmachung vom 22. Dezember 1927 (RGBl. I S. 515, 533)
   oder
   b) auf Grund des § 1 Nr. 2 des Gesetzes über den Ersatz der durch die Besetzung deutschen Reichsgebiets verursachten Personenschäden (Besatzungspersonenschädengesetz) in der Fassung der Bekanntmachung vom 12. April 1927 (RGBl. I S. 103);
2. Deutsche im Sinne des Artikels 116 des Grundgesetzes, die in der Zeit vom 18. Juli 1936 bis 31. März 1939 in Spanien auf republikanischer Seite gekämpft und dabei durch Unfall oder Kampfmitteleinwirkung eine gesundheitliche Schädigung erlitten haben, sowie deren Hinterbliebene.

(2) Versorgung nach diesem Gesetz kann auch an Vertriebene im Sinne des § 1 des Bundesvertriebenengesetzes, die Deutsche oder deutsche Volkszugehörige sind, gewährt werden, wenn sie nach dem 8. Mai 1945 in Erfüllung ihrer gesetzlichen Wehrpflicht nach den im Vertreibungsgebiet geltenden Vorschriften eine Schädigung im Sinne des § 1 Abs. 1 erlitten haben; das gilt nicht, wenn sie aus derselben Ursache einen Anspruch auf Versorgung gegen das Land, das die Dienstpflicht gefordert hat, haben und diesen Anspruch verwirklichen können. Satz 1 gilt auch für Spätaussiedler im Sinne des § 4 des Bundesvertriebenengesetzes.

Ausschluß der Anrechnung von Versorgungsbezügen auf das Arbeitsentgelt

§ 83. Bei der Bemessung des Arbeitsentgelts von Beschäftigten, die Versorgungsbezüge nach diesem Gesetz erhalten, dürfen diese Bezüge nicht zum Nachteil des Beschäftigten berücksichtigt werden; insbesondere ist es unzulässig, die Versorgungsbezüge ganz oder teilweise auf das Entgelt anzurechnen. Das gilt auch für Leistungen, die mit Rücksicht auf eine frühere Tätigkeit an den ehemals Erwerbstätigen oder seine Hinterbliebenen zur Erfüllung eines Rechtsanspruchs oder freiwillig erbracht werden.

Bundesversorgungsgesetz §§ 84–86 BVG 3

Übergangsvorschriften

§ 84 [**Übergangsvorschriften für Berechtigte im Ausland**] (1) Vor dem 1. Juli 1985 bewilligte Witwen- und Waisenbeihilfen bleiben von der am 1. Juli 1985 in Kraft getretenen Änderung des § 48 unberührt.

(2) Haben Berechtigte mit Wohnsitz oder gewöhnlichem Aufenthalt im Ausland im Monat Juni 1988 Anspruch auf Berufsschadensausgleich oder Schadensausgleich unter Zugrundelegung ausländischer Vergleichseinkommen, gilt § 64 c in der bis zum 30. Juni 1988 geltenden Fassung, solange dies günstiger ist. Dabei ist dem derzeitigen Einkommen das für den Monat Juli 1988 maßgebende ausländische Vergleichseinkommen gegenüberzustellen; dieses Vergleichseinkommen wird in den Folgejahren jeweils zum 1. Juli in dem gleichen Umfang wie der Bemessungsbetrag (§ 33 Abs. 1) verändert.

§ 84 a [**Übergangsvorschriften für Berechtigte im Gebiet der ehem. DDR**] Berechtigte, die am 18. Mai 1990 ihren Wohnsitz oder gewöhnlichen Aufenthalt in dem in Artikel 3 des Einigungsvertrages genannten Gebiet hatten, erhalten vom Zeitpunkt der Verlegung des Wohnsitzes oder gewöhnlichen Aufenthalts, frühestens vom 1. Januar 1991 an, Versorgung nach dem Bundesversorgungsgesetz mit den für dieses Gebiet nach dem Einigungsvertrag geltenden Maßgaben, auch wenn sie ihren Wohnsitz oder gewöhnlichen Aufenthalt in das Gebiet verlegen, in dem dieses Gesetz schon vor dem Beitritt gegolten hat. Satz 1 gilt entsprechend für Deutsche und deutsche Volkszugehörige aus den in § 1 der Auslandsversorgungsverordnung genannten Staaten, die nach dem 18. Mai 1990 ihren Wohnsitz oder gewöhnlichen Aufenthalt in dem in Artikel 3 des Einigungsvertrages genannten Gebiet begründet haben. Die Sätze 1 und 2 gelten ab dem 1. Januar 1999 nicht für die Beschädigtengrundrente nach § 31 Abs. 1 Satz 1 von Berechtigten nach § 1 sowie für die Beschädigtengrundrente von Berechtigten nach dem Häftlingshilfegesetz, dem Strafrechtlichen Rehabilitierungsgesetz und nach dem Verwaltungsrechtlichen Rehabilitierungsgesetz, die in entsprechender Anwendung des § 31 Abs. 1 Satz 1 gezahlt werden.

§ 85 [**Rechtsverbindlichkeit früherer Entscheidungen**] Soweit nach vor dem 1. Oktober 1950 geltenden versorgungsrechtlichen Vorschriften über die Frage des ursächlichen Zusammenhangs einer Gesundheitsstörung mit einer Schädigung im Sinne des § 1 entschieden worden ist, ist die Entscheidung auch nach diesem Gesetz rechtsverbindlich.

§ 86 [**Bemessung**] (1) Für Personen, denen im Dezember 1991 eine Kriegsbeschädigtenrente in Höhe von 889 Deutsche Mark gezahlt wurde und die nach den am 31. Dezember 1991 geltenden rentenrechtlichen Vorschriften des Beitrittsgebiets dem Grunde nach einen Rentenanspruch hatten, ist für Dezember 1991 ein Monatsbetrag einer Rente durch Anwendung des § 307 a des Sechsten Buches Sozialgesetzbuch zu ermitteln. Ist der so ermittelte und um 6,4 vom Hundert verminderte Monatsbetrag der Rente niedriger als 889 Deutsche Mark, wird der Differenzbetrag vom Träger der Rentenversicherung als Abschlag weitergezahlt. Besteht ein Anspruch auf einen Monatsbetrag einer Rente für Dezember 1991 nicht oder ist die Kriegsbeschädigtenrente im Dezember 1991 neben Einkommen oder neben einer Alters- oder Invalidenrente gezahlt worden, wird die im Dezember 1991 gezahlte Kriegsbeschädigtenrente vom Träger der Rentenversicherung als Abschlag weitergezahlt. Der Abschlag ist auf die in diesen Fällen von Amts wegen festzustellenden Versorgungsbezüge anzurechnen. Die Zahlung der Abschläge erfolgt durch den Träger der Rentenversicherung bis zum Beginn der laufenden Zahlung der Versorgungsbezüge.

(2) Sind die Versorgungsbezüge niedriger als der Abschlag, wird der jeweilige Unterschiedsbetrag zu den Versorgungsbezügen von der Versorgungsverwaltung vom Beginn der Aufnahme der laufenden Zahlung der Versorgungsbezüge an und nach Einstellung der Zahlung des Abschlags durch den Träger der Rentenversicherung so lange als Zuschlag gezahlt, bis die Versorgungsbezüge die Höhe des Abschlags erreicht haben. Die Versorgungsverwaltung stimmt mit dem Träger der Rentenversicherung den Zeitpunkt ab, zu dem die laufende Zahlung der Versorgungsbezüge aufzunehmen sowie die Zahlung des Abschlags einzustellen ist.

(3) Der Anspruch auf den Abschlag entfällt, sobald bindend entschieden ist, daß ein Anspruch auf Versorgungsbezüge nicht besteht. In diesem Fall wird der bisherige Abschlag als Ausgleichszahlung vom Träger der Rentenversicherung weitergezahlt.

(4) Für den Abschlag oder die Ausgleichszahlung gilt § 315a Satz 3 und 4 des Sechsten Buches Sozialgesetzbuch entsprechend. Wird neben dem Abschlag oder der Ausgleichszahlung ein Auffüllbetrag gezahlt, ist zunächst der Auffüllbetrag abzuschmelzen. Eine nach den Vorschriften des Sechsten Buches Sozialgesetzbuch berechnete Rente aus eigener Versicherung einschließlich des Rentenzuschlags nach § 319a des Sechsten Buches Sozialgesetzbuch oder des Übergangszuschlags nach § 319b des Sechsten Buches Sozialgesetzbuch, die nach dem 31. Dezember 1991 beginnt, oder eine Rente aus eigener Versicherung nach dem Übergangsrecht für Renten nach den Vorschriften des Beitrittsgebiets ist nach Abzug des Beitragsanteils zur Krankenversicherung der Rentner auf Abschläge oder Ausgleichszahlungen, die in Höhe von 889 Deutsche Mark gezahlt werden, anzurechnen. Für danach verbleibende Abschläge oder Ausgleichszahlungen gilt § 315a Satz 3 und 4 des Sechsten Buches Sozialgesetzbuch entsprechend. Eine nach den Vorschriften des Sechsten Buches Sozialgesetzbuch berechnete Rente aus eigener Versicherung, die nach dem 31. Dezember 1996 beginnt, ist nach Abzug des Beitragsanteils zur Krankenversicherung der Rentner auf alle Abschläge oder Ausgleichszahlungen anzurechnen.

(5) Der Bund erstattet dem Träger der Rentenversicherung die als Abschlag oder Ausgleichszahlung gezahlten Beträge.

(6) In den Fällen des Absatzes 1 Satz 1 und 2 ist für die Erfüllung der Aufgaben der Rentenversicherung die Bundesversicherungsanstalt für Angestellte zuständig. Die Zuständigkeit der Bundesknappschaft bleibt unberührt.

§§ 87, 88. *(weggefallen)*

Härteausgleich

§ 89 [Härteausgleich] (1) Sofern sich in einzelnen Fällen aus den Vorschriften dieses Gesetzes besondere Härten ergeben, kann mit Zustimmung des Bundesministers für Arbeit und Sozialordnung ein Ausgleich gewährt werden.

(2) Der Bundesminister für Arbeit und Sozialordnung kann der Gewährung von Härteausgleichen allgemein zustimmen.

(3) Zahlungen für Zeiträume vor dem Monat, in dem die Entscheidung für die Verwaltungsbehörde bindend wird, kommen in der Regel nicht in Betracht, wenn sie überwiegend zur Erfüllung von Erstattungsansprüchen anderer Leistungsträger führten.

Schlußvorschriften

§ 90 [Neufeststellung von Ansprüchen] (1) Führen ein Gesetz oder eine Verordnung, die das Bundesversorgungsgesetz ändern, zu einer Änderung laufend gewährter Versorgungsbezüge, Versorgungskrankengelder und Übergangsgelder, so sind diese von Amts wegen neu festzustellen. Ist nur die Grundrente (§ 31 Abs. 1, §§ 40 und 46) anzupassen (§ 56), kann von einer förmlichen Bescheiderteilung abgesehen werden.

(2) Im übrigen werden neue Ansprüche, die sich aus einem solchen Änderungsgesetz ergeben, nur auf Antrag festgestellt. Wird der Antrag binnen eines Jahres nach Verkündung des Änderungsgesetzes gestellt, so beginnt die Zahlung mit dem Wirksamwerden der entsprechenden Änderung des Bundesversorgungsgesetzes, frühestens mit dem Jahr, Monat oder Tag, in dem oder an dem die Voraussetzungen erfüllt sind. Sie beginnt mit demselben Zeitpunkt, wenn die neuen Ansprüche erst auf Grund einer noch zu erlassenden Rechtsverordnung festgestellt werden können und der Antrag binnen eines Jahres nach Verkündung der Rechtsverordnung gestellt wird.

(3) Die Absätze 1 und 2 gelten entsprechend, wenn Versorgung als Kannleistung oder im Wege des Härteausgleichs gewährt wird.

§ 91 [Ermächtigung zur Neubekanntmachung des BVG] Der Bundesminister für Arbeit und Sozialordnung wird ermächtigt, den Wortlaut des Gesetzes und der zu diesem Gesetz erlassenen Durchführungsverordnungen in der jeweils geltenden Fassung mit neuem Datum und in neuer Paragraphenfolge bekanntzumachen. Er kann dabei Unstimmigkeiten des Wortlauts beseitigen.

§ 92 [Geltung in Berlin] *(gegenstandslos)*

4. Gesetz über die Entschädigung für Opfer von Gewalttaten (Opferentschädigungsgesetz – OEG)

In der Fassung der Bekanntmachung vom 7. Januar 1985 (BGBl. I S. 1)

Zuletzt geändert durch Gesetz vom 6. Dezember 2000 (BGBl. I S. 1676)

BGBl. III/FNA 89-8

§ 1 Anspruch auf Versorgung. (1) Wer im Geltungsbereich dieses Gesetzes oder auf einem deutschen Schiff oder Luftfahrzeug infolge eines vorsätzlichen, rechtswidrigen tätlichen Angriffs gegen seine oder eine andere Person oder durch dessen rechtmäßige Abwehr eine gesundheitliche Schädigung erlitten hat, erhält wegen der gesundheitlichen und wirtschaftlichen Folgen auf Antrag Versorgung in entsprechender Anwendung der Vorschriften des Bundesversorgungsgesetzes. Die Anwendung dieser Vorschrift wird nicht dadurch ausgeschlossen, daß der Angreifer in der irrtümlichen Annahme von Voraussetzungen eines Rechtfertigungsgrundes gehandelt hat.

(2) Einem tätlichen Angriff im Sinne des Absatzes 1 stehen gleich

1. die vorsätzliche Beibringung von Gift,
2. die wenigstens fahrlässige Herbeiführung einer Gefahr für Leib und Leben eines anderen durch ein mit gemeingefährlichen Mitteln begangenes Verbrechen.

(3) Einer Schädigung im Sinne des Absatzes 1 stehen Schädigungen gleich, die durch einen Unfall unter den Voraussetzungen des § 1 Abs. 2 Buchstabe e oder f des Bundesversorgungsgesetzes herbeigeführt worden sind; Buchstabe e gilt auch für einen Unfall, den der Geschädigte bei der unverzüglichen Erstattung der Strafanzeige erleidet.

(4) Ausländer haben einen Anspruch auf Versorgung,

1. wenn sie Staatsangehörige eines Mitgliedstaates der Europäischen Gemeinschaften sind oder
2. soweit Rechtsvorschriften der Europäischen Gemeinschaften, die eine Gleichbehandlung mit Deutschen erforderlich machen, auf sie anwendbar sind oder
3. wenn die Gegenseitigkeit gewährleistet ist.

(5) Sonstige Ausländer, die sich rechtmäßig nicht nur für einen vorübergehenden Aufenthalt von längstens sechs Monaten im Bundesgebiet aufhalten, erhalten Versorgung nach folgenden Maßgaben:

1. Leistungen wie Deutsche erhalten Ausländer, die sich seit mindestens drei Jahren ununterbrochen rechtmäßig im Bundesgebiet aufhalten;
2. ausschließlich einkommensunabhängige Leistungen erhalten Ausländer, die sich ununterbrochen rechtmäßig noch nicht drei Jahre im Bundesgebiet aufhalten.

Rechtmäßiger Aufenthalt im Sinne dieses Gesetzes ist auch ein aus humanitären Gründen oder aus erheblichem öffentlichen Interesse geduldeter Aufenthalt. Die in Anlage I Kapitel VIII Sachgebiet K Abschnitt III Nr. 18 des Einigungsvertrages vom 31. August 1990 (BGBl. 1990 II S. 885, 1069) genannten Maßgaben gelten entsprechend für Ausländer, die eine Schädigung im Beitrittsgebiet erleiden, es sei denn, sie haben ihren Wohnsitz, ihren gewöhnlichen Aufenthalt oder ständigen Aufenthalt in dem Gebiet, in dem dieses Gesetz schon vor dem Beitritt gegolten hat.

(6) Versorgung wie die in Absatz 5 Nr. 2 genannten Ausländer erhalten auch ausländische Geschädigte, die sich rechtmäßig für einen vorübergehenden Aufenthalt von längstens sechs Monaten im Bundesgebiet aufhalten,

1. wenn sie mit einem Deutschen oder einem Ausländer, der zu den in Abs. 4 oder 5 bezeichneten Personen gehört, verheiratet oder in gerader Linie verwandt sind oder

2. wenn sie Staatsangehörige eines Vertragsstaates des Europäischen Übereinkommens vom 24. November 1983 über die Entschädigung für Opfer von Gewalttaten sind, soweit dieser keine Vorbehalte zum Übereinkommen erklärt hat.

(7) Wenn ein Ausländer, der nach Absatz 5 oder 6 anspruchsberechtigt ist,

1. ausgewiesen oder abgeschoben wird oder

2. das Bundesgebiet verlassen hat und seine Aufenthaltsgenehmigung erloschen ist oder

3. ausgereist und nicht innerhalb von sechs Monaten erlaubt wieder eingereist ist,

erhält er für jedes begonnene Jahr seines ununterbrochen rechtmäßigen Aufenthalts im Bundesgebiet eine Abfindung in Höhe des Dreifachen, insgesamt jedoch mindestens in Höhe des Zehnfachen, höchstens in Höhe des Dreißigfachen der monatlichen Grundrente. Dies gilt nicht, wenn er aus einem der in § 46 Nr. 1 bis 4 oder § 47 des Ausländergesetzes genannten Gründen ausgewiesen wird. Mit dem Entstehen des Anspruchs auf die Abfindung nach Satz 1 oder mit der Ausweisung nach Satz 2 erlöschen sämtliche sich aus den Absätzen 5 und 6 ergebenden weiteren Ansprüche; entsprechendes gilt für Ausländer, bei denen die Schädigung nicht zu einer rentenberechtigenden Minderung der Erwerbsfähigkeit geführt hat. Die Sätze 1 und 3 gelten auch für heimatlose Ausländer sowie für sonstige Ausländer, die im Bundesgebiet die Rechtsstellung nach dem Abkommen vom 28. Juli 1951 über die Rechtsstellung der Flüchtlinge (BGBl. 1953 II S. 559) oder nach dem Übereinkommen vom 28. September 1954 über die Rechtsstellung der Staatenlosen (BGBl. 1976 II S. 473) genießen, wenn die Tat nach dem 27. Juli 1993 begangen worden ist. Die Sätze 1 bis 4 gelten entsprechend auch für Hinterbliebene, die sich nicht im Geltungsbereich dieses Gesetzes aufhalten.

(8) Die Hinterbliebenen eines Geschädigten erhalten auf Antrag Versorgung in entsprechender Anwendung der Vorschriften des Bundesversorgungsgesetzes. Die in den Absätzen 5 bis 7 genannten Maßgaben sowie § 10 Satz 3 sind anzuwenden. Soweit dies günstiger ist, ist bei der Bemessung der Abfindung nach Absatz 7 auf den Aufenthalt der Hinterbliebenen abzustellen.

(9) Einer Schädigung im Sinne des Absatz 1 stehen Schädigungen gleich, die ein Berechtigter oder Leistungsempfänger nach Absatz 1 oder 8 in Verbindung mit § 10 Abs. 4 oder 5 des Bundesversorgungsgesetzes, eine Pflegeperson oder eine Begleitperson bei einer notwendigen Begleitung des Geschädigten durch einen Unfall unter den Voraussetzungen des § 8a des Bundesversorgungsgesetzes erleidet.

(10) Einer gesundheitlichen Schädigung im Sinne des Absatzes 1 steht die Beschädigung eines am Körper getragenen Hilfsmittels, einer Brille, von Kontaktlinsen oder von Zahnersatz gleich.

(11) Dieses Gesetz ist nicht anzuwenden auf Schäden aus einem tätlichen Angriff, die von dem Angreifer durch den Gebrauch eines Kraftfahrzeuges oder eines Anhängers verursacht worden sind.

(12) § 64 e des Bundesversorgungsgesetzes findet keine Anwendung. § 1 Abs. 3, die §§ 64 bis 64 d, 64 f sowie 89 des Bundesversorgungsgesetzes sind mit der Maßgabe anzuwenden, daß an die Stelle der Zustimmung des Bundesministeriums für Arbeit und Sozialordnung die Zustimmung der für die Kriegsopferversorgung zuständigen obersten Landesbehörde tritt, sofern ein Land Kostenträger ist (§ 4). Dabei sind die für deutsche Staatsangehörige geltenden Vorschriften auch für von diesem Gesetz erfaßte Ausländer anzuwenden.

(13) § 20 des Bundesversorgungsgesetzes ist mit den Maßgaben anzuwenden, daß an die Stelle der in Absatz 1 Satz 3 genannten Zahl die Zahl der rentenberechtigten Beschädigten und Hinterbliebenen nach diesem Gesetz im Vergleich zur Zahl des Vorjahres tritt, daß in Absatz 1 Satz 4 an die Stelle der dort genannten Ausgaben der Krankenkassen je Rentner die bundesweiten Ausgaben je Mitglied treten, daß Absatz 2 Satz 1 für die oberste Landesbehörde, die für die Kriegsopferversorgung zuständig ist, oder die von ihr bestimmte Stelle gilt und daß in Absatz 3 an die Stelle der in Satz 1 genannten Zahl die Zahl 1,3 tritt und die Sätze 2 bis 4 nicht gelten.

(14) Im Rahmen der Heilbehandlung sind auch heilpädagogische Behandlung, heilgymnastische und bewegungstherapeutische Übungen zu gewähren, wenn diese bei der Heilbehandlung notwendig sind.

§ 2 Versagungsgründe. (1) Leistungen sind zu versagen, wenn der Geschädigte die Schädigung verursacht hat oder wenn es aus sonstigen, insbesondere in dem eigenen Verhalten des Anspruchstellers liegenden Gründen unbillig wäre, Entschädigung zu gewähren. Leistungen sind auch zu versagen, wenn der Geschädigte oder Antragsteller

1. an politischen Auseinandersetzungen in seinem Heimatstaat aktiv beteiligt ist oder war und die Schädigung darauf beruht oder

2. an kriegerischen Auseinandersetzungen in seinem Heimatstaat aktiv beteiligt ist oder war und Anhaltspunkte dafür vorhanden sind, daß die Schädigung hiermit in Zusammenhang steht, es sei denn, er weist nach, daß dies nicht der Fall ist oder

3. in die organisierte Kriminalität verwickelt ist oder war oder einer Organisation, die Gewalttaten begeht, angehört oder angehört hat, es sei denn, er weist nach, daß die Schädigung hiermit nicht in Zusammenhang steht.

(2) Leistungen können versagt werden, wenn der Geschädigte es unterlassen hat, das ihm Mögliche zur Aufklärung des Sachverhalts und zur Verfolgung des Täters beizutragen, insbesondere unverzüglich Anzeige bei einer für die Strafverfolgung zuständigen Behörde zu erstatten.

§ 3 Zusammentreffen von Ansprüchen. (1) Treffen Ansprüche nach diesem Gesetz mit Ansprüchen aus einer Schädigung im Sinne des § 1 des

Bundesversorgungsgesetzes oder nach anderen Gesetzen, die eine entsprechende Anwendung des Bundesversorgungsgesetzes vorsehen, zusammen, so ist unter Berücksichtigung der durch die gesamten Schädigungsfolgen bedingten Minderung der Erwerbsfähigkeit eine einheitliche Rente festzusetzen.

(2) Die Ansprüche nach diesem Gesetz entfallen, soweit auf Grund der Schädigung Ansprüche nach dem Bundesversorgungsgesetz oder nach einem Gesetz, welches eine entsprechende Anwendung des Bundesversorgungsgesetzes vorsieht, bestehen.

(3) Trifft ein Versorgungsanspruch nach diesem Gesetz mit einem Schadensersatzanspruch auf Grund fahrlässiger Amtspflichtverletzung zusammen, so wird der Anspruch nach § 839 Abs. 1 des Bürgerlichen Gesetzbuchs nicht dadurch ausgeschlossen, daß die Voraussetzungen des § 1 vorliegen.

(4) Bei Schäden nach diesem Gesetz gilt § 4 Abs. 1 Nr. 2 des Siebten Buches Sozialgesetzbuch nicht.

§ 4 Kostenträger. (1) Zur Gewährung der Versorgung ist das Land verpflichtet, in dem die Schädigung eingetreten ist. Sind hierüber Feststellungen nicht möglich, so ist das Land Kostenträger, in dem der Geschädigte zur Tatzeit seinen Wohnsitz oder gewöhnlichen Aufenthalt hatte. Hatte er im Geltungsbereich dieses Gesetzes keinen Wohnsitz oder gewöhnlichen Aufenthalt, oder ist die Schädigung auf einem deutschen Schiff oder Luftfahrzeug außerhalb des Geltungsbereichs dieses Gesetzes eingetreten, so ist der Bund Kostenträger.

(2) Der Bund trägt vierzig vom Hundert der Ausgaben, die den Ländern durch Geldleistungen nach diesem Gesetz entstehen. Zu den Geldleistungen gehören nicht solche Geldbeträge, die zur Abgeltung oder an Stelle einer Sachleistung gezahlt werden.

(3) In den Fällen des § 3 Abs. 1 sind die Kosten, die durch das Hinzutreten der weiteren Schädigung verursacht werden, von dem Leistungsträger zu übernehmen, der für die Versorgung wegen der weiteren Schädigung zuständig ist.

§ 5 Übergang gesetzlicher Schadensersatzansprüche. (1) Ist ein Land Kostenträger (§ 4), so gilt § 81a des Bundesversorgungsgesetzes mit der Maßgabe, daß der gegen Dritte bestehende gesetzliche Schadensersatzanspruch auf das zur Gewährung der Leistungen nach diesem Gesetz verpflichtete Land übergeht.

(2) Die innerhalb eines Haushaltsjahres eingezogenen Beträge führt das Land jährlich bis zum 31. März des folgenden Jahres zu 7,5 vom Hundert an den Bund ab.

§ 6 Zuständigkeit und Verfahren. (1) Die Versorgung nach diesem Gesetz obliegt den für die Durchführung des Bundesversorgungsgesetzes zuständigen Behörden. Ist der Bund Kostenträger, so sind zuständig
1. wenn der Geschädigte seinen Wohnsitz oder gewöhnlichen Aufenthalt in einem Land hat, die Behörden dieses Landes,
2. wenn der Geschädigte seinen Wohnsitz oder gewöhnlichen Aufenthalt außerhalb des Geltungsbereiches dieses Gesetzes hat, die Behörden des

Landes, das die Versorgung von Kriegsopfern in dem Wohnsitz- oder Aufenthaltsland durchführt.

Abweichend von Satz 2 sind, wenn die Schädigung auf einem deutschen Schiff oder Luftfahrzeug eingetreten ist, die Behörden des Landes zuständig, in dem das Schiff in das Schiffsregister eingetragen ist oder in dem der Halter des Luftfahrzeugs seinen Sitz oder Wohnsitz hat.

(2) Die örtliche Zuständigkeit der Behörden bestimmt die Landesregierung durch Rechtsverordnung.

(3) Das Gesetz über das Verwaltungsverfahren der Kriegsopferversorgung, mit Ausnahme der §§ 3 bis 5, sowie die Vorschriften des Sozialgerichtsgesetzes über das Vorverfahren sind anzuwenden.

(4) Absatz 3 gilt nicht, soweit die Versorgung in der Gewährung von Leistungen besteht, die den Leistungen der Kriegsopferfürsorge nach den §§ 25 bis 27 h des Bundesversorgungsgesetzes entsprechen.

§ 7 Rechtsweg. (1) Für öffentlich-rechtliche Streitigkeiten in Angelegenheiten dieses Gesetzes ist, mit Ausnahme der Fälle des Absatzes 2, der Rechtsweg zu den Gerichten der Sozialgerichtsbarkeit gegeben. Soweit das Sozialgerichtsgesetz besondere Vorschriften für die Kriegsopferversorgung enthält, gelten diese auch für Streitigkeiten nach Satz 1.

(2) Soweit die Versorgung in der Gewährung von Leistungen besteht, die den Leistungen der Kriegsopferfürsorge nach den §§ 25 bis 27 h des Bundesversorgungsgesetzes entsprechen, ist der Verwaltungsrechtsweg gegeben.

§§ 8., 9. *(Änderung von Gesetzen)*

§ 10 Übergangsvorschriften. Dieses Gesetz gilt für Ansprüche aus Taten, die nach seinem Inkrafttreten begangen worden sind. Darüber hinaus gelten die §§ 1 bis 7 für Ansprüche aus Taten, die in der Zeit vom 23. Mai 1949 bis 15. Mai 1976 begangen worden sind, nach Maßgabe der §§ 10 a und 10 c. In den Fällen des § 1 Abs. 5 und 6 findet dieses Gesetz nur Anwendung auf Taten, die nach dem 30. Juni 1990 begangen worden sind; für Taten, die vor dem 1. Juli 1990 begangen worden sind, findet § 10 a unter Berücksichtigung von § 1 Abs. 7 entsprechende Anwendung.

§ 10 a Härteregelung. (1) Personen, die in der Zeit vom 23. Mai 1949 bis 15. Mai 1976 geschädigt worden sind, erhalten auf Antrag Versorgung, solange sie

1. allein infolge dieser Schädigung schwerbeschädigt sind und
2. bedürftig sind und
3. im Geltungsbereich dieses Gesetzes ihren Wohnsitz oder gewöhnlichen Aufenthalt haben.

§ 31 Abs. 4 Satz 2 erster Halbsatz des Bundesversorgungsgesetzes gilt.

(2) Bedürftig ist ein Anspruchsteller, wenn sein Einkommen im Sinne des § 33 des Bundesversorgungsgesetzes den Betrag, von dem an die nach der Anrechnungsverordnung (§ 33 Abs. 6 Bundesversorgungsgesetz) zu berechnenden Leistungen nicht mehr zustehen, zuzüglich des Betrages der jeweiligen Grundrente, der Schwerstbeschädigtenzulage sowie der Pflegezulage nicht übersteigt.

Opferentschädigungsgesetz §§ 10b–11 OEG 4

(3) Übersteigt das Einkommen den Betrag, von dem an die vom Einkommen beeinflußten Versorgungsleistungen nicht mehr zustehen, so sind die Versorgungsbezüge in der Reihenfolge Grundrente, Schwerstbeschädigtenzulage und Pflegezulage um den übersteigenden Betrag zu mindern. Bei der Berechnung des übersteigenden Betrages sind die Einkünfte aus gegenwärtiger Erwerbstätigkeit vor den übrigen Einkünften zu berücksichtigen. § 33 Abs. 4, § 33a Abs. 2 und § 33b Abs. 6 des Bundesversorgungsgesetzes gelten nicht.

(4) Die Hinterbliebenen eines Geschädigten erhalten auf Antrag Versorgung in entsprechender Anwendung der §§ 38 bis 52 des Bundesversorgungsgesetzes, solange sie bedürftig sind und im Geltungsbereich dieses Gesetzes ihren Wohnsitz oder ständigen Aufenthalt haben. Die Absätze 2 und 3 gelten entsprechend. Unabhängig vom Zeitpunkt des Todes des Beschädigten sind für die Witwenbeihilfe die Anspruchsvoraussetzungen des § 48 Abs. 1 Satz 1, 5 und 6 des Bundesversorgungsgesetzes in der im Zeitpunkt der Antragstellung geltenden Fassung maßgebend.

(5) Die Versorgung umfaßt alle nach dem Bundesversorgungsgesetz vorgesehenen Leistungen mit Ausnahme von Berufsschadens- und Schadensausgleich.

§ 10b Härteausgleich. Soweit sich im Einzelfall aus der Anwendung des § 1 Abs. 5 und 6 eine besondere Härte ergibt, kann mit Zustimmung der obersten Landesbehörde im Benehmen mit dem Bundesministerium für Arbeit und Sozialordnung ein Härteausgleich als einmalige Leistung bis zur Höhe des Zwanzigfachen der monatlichen Grundrente entsprechend einer Minderung der Erwerbsfähigkeit um 70 vom Hundert, bei Hinterbliebenen bis zur Höhe des Zehnfachen der Hinterbliebenengrundrente einer Witwe gewährt werden. Das gilt für einen Geschädigten nur dann, wenn er durch die Schädigung schwerbeschädigt ist.

§ 10c Übergangsregelung. Neue Ansprüche, die sich auf Grund einer Änderung dieses Gesetzes ergeben, werden nur auf Antrag festgestellt. Wird der Antrag binnen eines Jahres nach Verkündung des Änderungsgesetzes gestellt, so beginnt die Zahlung mit dem Zeitpunkt des Inkrafttretens, frühestens jedoch mit dem Monat, in dem die Voraussetzungen erfüllt sind.

§ 10d Übergangsvorschrift. (1) Am 1. Januar 1998 noch nicht gezahlte Erstattungen von Aufwendungen für Leistungen, die vor dem 1. Januar 1998 erbracht worden sind, werden nach den bis dahin geltenden Erstattungsregelungen abgerechnet.

(2) Für das Jahr 1998 wird der Pauschalbetrag wie folgt ermittelt: Aus der Summe der Erstattungen des Landes an die Krankenkassen nach diesem Gesetz in den Jahren 1995 bis 1997, abzüglich der Erstattungen für Leistungen bei Pflegebedürftigkeit nach § 11 Abs. 4 und § 12 Abs. 5 des Bundesversorgungsgesetzes in der bis zum 31. März 1995 geltenden Fassung und abzüglich der Erstattungen nach § 19 Abs. 4 des Bundesversorgungsgesetzes in der bis zum 31. Dezember 1993 geltenden Fassung, wird der Jahresdurchschnitt ermittelt.

§ 11. *(Inkrafttreten)*

5. Gesetz zur Verhütung und Bekämpfung übertragbarer Krankheiten beim Menschen (Bundes-Seuchengesetz)

In der Fassung der Bekanntmachung vom 18. Dezember 1979
(BGBl. I S. 2262, ber. 1980 S. 151)

Zuletzt geändert durch Gesetz vom 20. Juli 2000 (BGBl. I S. 1045)

BGBl. III/FNA 2126-1

– Auszug –

§ 51 [Versorgung bei Impfschäden] (1) Wer durch eine Impfung, die
1. gesetzlich vorgeschrieben oder
2. auf Grund dieses Gesetzes angeordnet oder
3. von einer zuständigen Behörde öffentlich empfohlen und in ihrem Bereich vorgenommen oder
4. auf Grund der Verordnungen zur Ausführung der Internationalen Gesundheitsvorschriften durchgeführt worden ist,

einen Impfschaden erlitten hat, erhält wegen der gesundheitlichen und wirtschaftlichen Folgen des Impfschadens auf Antrag Versorgung in entsprechender Anwendung der Vorschriften des Bundesversorgungsgesetzes, soweit dieses Gesetz nichts Abweichendes bestimmt. Satz 1 Nr. 4 gilt nur für Personen, die zum Zwecke der Wiedereinreise in den Geltungsbereich dieses Gesetzes geimpft wurden und die ihren Wohnsitz oder gewöhnlichen Aufenthalt in diesem Gebiet haben oder nur vorübergehend aus beruflichen Gründen oder zum Zwecke der Ausbildung aufgegeben haben, sowie deren Angehörige, die mit ihnen in häuslicher Gemeinschaft leben. Als Angehörige gelten die in § 205 Abs. 1 und 2 der Reichsversicherungsordnung genannten Personen.

(2) Versorgung im Sinne des Absatzes 1 erhält auch, wer als Deutscher außerhalb des Geltungsbereichs dieses Gesetzes einen Impfschaden durch eine Impfung erlitten hat, zu der er auf Grund des Impfgesetzes vom 8. April 1874 (RGBl. S. 31) bei einem Aufenthalt im Geltungsbereich dieses Gesetzes verpflichtet gewesen wäre. Die Versorgung wird nur gewährt, wenn der Geschädigte
1. nicht im Geltungsbereich dieses Gesetzes geimpft werden konnte,
2. von einem Arzt geimpft worden ist,
3. zur Zeit der Impfung in häuslicher Gemeinschaft mit einem Elternteil oder einem Sorgeberechtigten gelebt hat, der sich zur Zeit der Impfung aus beruflichen Gründen oder zur Ausbildung nicht nur vorübergehend außerhalb des Geltungsbereichs dieses Gesetzes aufgehalten hat.

(3) Versorgung im Sinne des Absatzes 1 erhält auch, wer außerhalb des Geltungsbereichs dieses Gesetzes einen Impfschaden erlitten hat infolge einer Pockenimpfung auf Grund des Impfgesetzes vom 8. April 1874 (RGBl. S. 31) oder infolge einer Pockenimpfung, die in den in § 1 Abs. 2 Nr. 3 des Bun-

desvertriebenengesetzes bezeichneten Gebieten, in der Deutschen Demokratischen Republik oder in Berlin (Ost) gesetzlich vorgeschrieben oder auf Grund eines Gesetzes angeordnet worden ist, soweit nicht auf Grund anderer gesetzlicher Vorschriften Entschädigung gewährt wird. Ansprüche nach Satz 1 kann nur geltend machen, wer

1. als Deutscher bis zum 8. Mai 1945,
2. als Berechtigter nach den §§ 1 bis 4 des Bundesvertriebenengesetzes oder des § 1 des Flüchtlingshilfegesetzes in der Fassung der Bekanntmachung vom 15. Mai 1971 (BGBl. I S. 681), zuletzt geändert durch Artikel 3b des Gesetzes vom 24. Juli 1992 (BGBl. I S. 1389),
3. als Ehegatte oder Abkömmling eines Spätaussiedlers im Sinne des § 7 Abs. 2 des Bundesvertriebenengesetzes oder
4. im Wege der Familienzusammenführung gemäß § 94 des Bundesvertriebenengesetzes in der vor dem 1. Januar 1993 geltenden Fassung

seinen ständigen Aufenthalt im Geltungsbereich dieses Gesetzes genommen hat oder nimmt.

(4) Die Hinterbliebenen eines Impfgeschädigten erhalten auf Antrag Versorgung in entsprechender Anwendung der Vorschriften des Bundesversorgungsgesetzes.

§ 52 [Impfschaden] (1) Ein Impfschaden ist ein über das übliche Ausmaß einer Impfreaktion hinausgehender Gesundheitsschaden. Ein Impfschaden liegt auch vor, wenn mit lebenden Erregern geimpft wurde und eine andere als die geimpfte Person durch diese Erreger einen Gesundheitsschaden erleidet. Als Impfschaden gilt ferner eine gesundheitliche Schädigung, die durch einen Unfall unter den Voraussetzungen des § 1 Abs. 2 Buchstabe e oder f oder des § 8a des Bundesversorgungsgesetzes herbeigeführt worden ist. Einer gesundheitlichen Schädigung im Sinne des Satzes 3 steht die Beschädigung eines am Körper getragenen Hilfsmittels, einer Brille, von Kontaktlinsen oder von Zahnersatz infolge eines Impfschadens im Sinne des § 51 Abs. 1 oder eines Unfalls im Sinne des Satzes 3 gleich.

(2) Zur Anerkennung eines Gesundheitsschadens als Folge einer Impfung genügt die Wahrscheinlichkeit des ursächlichen Zusammenhangs. Wenn diese Wahrscheinlichkeit nur deshalb nicht gegeben ist, weil über die Ursache des festgestellten Leidens in der medizinischen Wissenschaft Ungewißheit besteht, kann mit Zustimmung der für die Kriegsopferversorgung zuständigen obersten Landesbehörde der Gesundheitsschaden als Folge einer Impfung anerkannt werden. Die Zustimmung kann allgemein erteilt werden. Eine Anerkennung nach den Sätzen 1 und 2 und hierauf beruhende Verwaltungsakte können mit Wirkung für die Vergangenheit zurückgenommen werden, wenn unzweifelhaft feststeht, daß der Gesundheitsschaden nicht Folge einer Impfung ist; erbrachte Leistungen sind nicht zu erstatten.

6. Gesetz über die Angleichung der Leistungen zur Rehabilitation

Vom 7. August 1974 (BGBl. I S. 1881)

Zuletzt geändert durch Gesetz vom 20. Dezember 2000 (BGBl. I S. 1827)

BGBl. III/FNA 870-1

Der Bundestag hat mit Zustimmung des Bundesrates das folgende Gesetz beschlossen:

Erster Abschnitt. Allgemeine Vorschriften

§ 1 Aufgabe der Rehabilitation. (1) Die medizinischen, berufsfördernden und ergänzenden Maßnahmen und Leistungen zur Rehabilitation im Sinne dieses Gesetzes sind darauf auszurichten, körperlich, geistig oder seelisch Behinderte möglichst auf Dauer in Arbeit, Beruf und Gesellschaft einzugliedern.

(2) Den Behinderten stehen bei der Anwendung dieses Gesetzes diejenigen gleich, denen eine Behinderung droht.

§ 2 Anwendungsbereich. (1) Dieses Gesetz gilt für
1. die gesetzliche Krankenversicherung,
2. die gesetzliche Unfallversicherung,
3. die gesetzlichen Rentenversicherungen,
4. die Alterssicherung der Landwirte,
5. die Kriegsopferversorgung einschließlich der Kriegsopferfürsorge nach dem Bundesversorgungsgesetz und die Versorgung nach anderen Gesetzen, soweit diese das Bundesversorgungsgesetz für anwendbar erklären,
6. die Arbeitsförderung nach dem Dritten Buch Sozialgesetzbuch und nach anderen Gesetzen, soweit diese das Dritte Buch Sozialgesetzbuch für anwendbar erklären.

Die Vorschriften über Geldleistungen zum Lebensunterhalt für behinderte Jugendliche, die an berufsfördernden Maßnahmen zur Rehabilitation teilnehmen, bleiben unberührt.

(2) Rehabilitationsträger im Sinne dieses Gesetzes sind diejenigen Körperschaften, Anstalten und Behörden der in Absatz 1 genannten Sozialleistungsbereiche, die gesetzlich verpflichtet sind, Leistungen zur Rehabilitation zu erbringen.

(3) Die Bundesregierung hat den gesetzgebenden Körperschaften des Bundes bis zum 31. Dezember 1975 über die Möglichkeiten einer Einbeziehung von Leistungen nach dem Bundessozialhilfegesetz in dieses Gesetz zu berichten und Vorschläge für die danach zu treffenden Maßnahmen zu machen.

§ 3 Unterrichtung der Bevölkerung. Beratung der Behinderten.

(1) Die Rehabilitationsträger haben die Bevölkerung über die Hilfen und Maßnahmen zur Eingliederung der Behinderten in geeigneter Weise zu unterrichten.

(2) Die Rehabilitationsträger haben den Behinderten alle sachdienlichen Auskünfte über die Möglichkeiten zur Durchführung medizinischer, berufsfördernder und ergänzender Maßnahmen und über die Leistungen zur Rehabilitation zu erteilen und sie im Rahmen ihrer Zuständigkeit rechtzeitig und umfassend zu beraten.

§ 4 Einleitung der Maßnahmen zur Rehabilitation.

(1) Maßnahmen zur Rehabilitation bedürfen der Zustimmung des Behinderten. Er ist verpflichtet, bei ihrer Durchführung nach Kräften mitzuwirken. Die Vorschriften, nach denen bei nicht gerechtfertigter Weigerung, an Maßnahmen zur Rehabilitation teilzunehmen, Leistungen versagt oder entzogen werden können, bleiben unberührt.

(2) Die Rehabilitationsträger haben auf die frühzeitige Einleitung und die zügige Durchführung der gebotenen Maßnahmen zur Rehabilitation hinzuwirken. Unzuständige Träger sind verpflichtet, dem zuständigen Träger Mitteilung zu machen, wenn sie feststellen, daß im Einzelfall medizinische, berufsfördernde oder ergänzende Maßnahmen angezeigt erscheinen. Anträge auf Einleitung der Maßnahmen sind unverzüglich an den zuständigen Träger weiterzuleiten; der bei einem unzuständigen Träger eingegangene Antrag gilt als bei dem zuständigen Träger gestellt.

(3) Soweit es im Einzelfall geboten ist, hat der zuständige Träger gleichzeitig mit der Einleitung einer medizinischen Maßnahme zur Rehabilitation, während ihrer Durchführung und nach ihrem Abschluß zu prüfen, ob durch geeignete berufsfördernde Maßnahmen die Erwerbsfähigkeit des Behinderten erhalten, gebessert oder wiederhergestellt werden kann.

§ 5 Zusammenarbeit der Rehabilitationsträger.

(1) Die Rehabilitationsträger haben im Interesse einer raschen und dauerhaften Eingliederung der Behinderten eng zusammenzuarbeiten. Die umfassende Beratung der Behinderten ist durch die Einrichtung von Auskunfts- und Beratungsstellen zu gewährleisten; gemeinschaftliche Auskunfts- und Beratungsstellen sind anzustreben.

(2) Jeder Träger hat im Rahmen seiner Zuständigkeit unter Berücksichtigung der Grundsätze der Wirtschaftlichkeit und Sparsamkeit die nach Lage des Einzelfalles erforderlichen Leistungen so vollständig und umfassend zu erbringen, daß Leistungen eines anderen Trägers nicht erforderlich werden. Die §§ 10 Abs. 7 und 65 Abs. 3 des Bundesversorgungsgesetzes bleiben unberührt.

(3) In allen geeigneten Fällen, insbesondere wenn das Rehabilitationsverfahren mehrere Maßnahmen umfaßt oder andere Träger und Stellen daran beteiligt sind, hat der zuständige Träger einen Gesamtplan zur Rehabilitation aufzustellen. Der Gesamtplan soll alle Maßnahmen umfassen, die im Einzelfall erforderlich sind, um eine vollständige und dauerhafte Eingliederung zu erreichen; dabei ist sicherzustellen, daß die Maßnahmen nahtlos ineinandergreifen. Der Behinderte, auf sein Verlangen oder soweit erforderlich die behandeln-

den Ärzte sowie die am Rehabilitationsverfahren beteiligten Stellen wirken bei der Aufstellung des Gesamtplanes beratend mit.

(4) Die Bundesanstalt für Arbeit ist von den anderen Rehabilitationsträgern vor der Einleitung berufsfördernder Maßnahmen zur Rehabilitation, insbesondere bei der ersten Beratung des Behinderten, zu beteiligen, damit rechtzeitig Feststellungen über Notwendigkeit, Art und Umfang der Maßnahmen getroffen werden können. Das gilt auch, wenn sich der Behinderte in einem Krankenhaus, einer Kur- oder Spezialeinrichtung oder einer anderen Einrichtung der medizinischen Rehabilitation aufhält. Die Bundesanstalt für Arbeit hat anderen zuständigen Rehabilitationsträgern die erforderlichen berufsfördernden Maßnahmen vorzuschlagen.

(5) Stimmt ein Rehabilitationsträger dem beruflichen Eingliederungsvorschlag des Arbeitsamtes nach Absatz 4 nicht zu, so hat innerhalb einer Frist von vier Wochen nach Zugang des beruflichen Eingliederungsvorschlages unter Beteiligung des Landesarbeitsamtes ein Einigungsversuch stattzufinden.

(6) Im Rahmen der durch Gesetz, Rechtsverordnung oder allgemeine Verwaltungsvorschrift getroffenen Regelungen wirken die Rehabilitationsträger im Benehmen mit Bund und Ländern darauf hin, daß

1. das Rehabilitationsverfahren nahtlos und zügig verläuft und
2. die Leistungen zur Rehabilitation dem Umfang nach einheitlich erbracht werden.

Hierzu können im Einvernehmen aller Träger Gesamtvereinbarungen abgeschlossen werden; dabei sind die Kassenärztlichen Bundesvereinigungen zu beteiligen, soweit die Mitwirkung der Kassenärzte bei der Mitteilung von Behinderungen es erfordert.

§ 6 Zuständigkeit. (1) Die Zuständigkeit des Rehabilitationsträgers richtet sich nach den für ihn geltenden gesetzlichen Vorschriften.

(2) Ist ungeklärt, welcher der in § 2 genannten Rehabilitationsträger zuständig ist, oder ist die unverzügliche Einleitung der erforderlichen Maßnahmen aus anderen Gründen gefährdet, so hat

1. in Fällen medizinischer Maßnahmen zur Rehabilitation der Träger der gesetzlichen Rentenversicherung, bei dem der Behinderte versichert ist, im übrigen die nach dem Wohnsitz des Behinderten zuständige Landesversicherungsanstalt und
2. in Fällen berufsfördernder Maßnahmen zur Rehabilitation die Bundesanstalt für Arbeit

längstens nach Ablauf einer Frist von sechs Wochen vorläufig Leistungen zu erbringen. Die Frist beginnt mit dem Zeitpunkt, zu dem der vorleistungspflichtige Träger von dem Antrag und den die Vorleistungspflicht begründenden Tatsachen Kenntnis erlangt.

(3) *(aufgehoben)*

§ 7 Vorrang der Rehabilitation vor Rente. (1) Renten wegen verminderter Erwerbsfähigkeit sollen erst dann bewilligt werden, wenn zuvor Maßnahmen zur Rehabilitation durchgeführt worden sind oder wenn, insbesondere wegen Art oder Schwere der Behinderung, ein Erfolg solcher Maßnahmen nicht zu erwarten ist. Das gilt nicht für Renten nach dem Bundesversorgungsgesetz und nach Gesetzen, die dieses für anwendbar erklären, wenn die Renten unabhängig vom Einkommen zu erbringen sind.

(2) Wird eine Rente im Sinne des Absatzes 1 Satz 1 bezogen, so soll bei Nachuntersuchungen geprüft werden, ob Maßnahmen zur Rehabilitation zumutbar und geeignet sind, die Erwerbsfähigkeit des Behinderten wiederherzustellen oder zu bessern.

§ 8 Bestimmungen über die Durchführung. (1) Die Bundesregierung kann durch Rechtsverordnung mit Zustimmung des Bundesrates bestimmen,

1. in welchen Fällen und in welcher Weise ein Gesamtplan zur Rehabilitation aufzustellen ist (§ 5 Abs. 3),
2. in welcher Weise die Bundesanstalt für Arbeit von den übrigen Rehabilitationsträgern zu beteiligen ist (§ 5 Abs. 4),
3. nach welchem Verfahren vorläufig Leistungen zu erbringen sind (§ 6 Abs. 2),
4. in welcher Weise bei der Durchführung der Maßnahmen zur Rehabilitation die Grundsätze der Wirtschaftlichkeit und Sparsamkeit zu berücksichtigen sind (§ 5 Abs. 2).

(2) Die Bundesregierung macht von der Ermächtigung nach Absatz 1 erst Gebrauch, wenn die Rehabilitationsträger nicht innerhalb eines Jahres, nachdem die Bundesregierung sie dazu aufgefordert hat, entsprechende Regelungen getroffen haben oder eine unzureichend gewordene Regelung ändern. Im Falle des Absatzes 1 Nummer 4 erläßt die Bundesregierung die Rechtsverordnung, wenn die Rehabilitationsträger nicht bis zum 30. Juni 1982 ausreichende Regelungen getroffen haben.

§ 8a Koordinierung von Aufgaben. (1) Das Bundesministerium für Arbeit und Sozialordnung hat darauf hinzuwirken, daß die Maßnahmen der Arbeits- und Berufsförderung Behinderter aufeinander abgestimmt werden. Es hat die anderen Bundesministerien und die obersten Landesbehörden zu beteiligen.

(2) Die Träger von Einrichtungen und Maßnahmen der Arbeits- und Berufsförderung Behinderter erteilen die für die Durchführung des Absatzes 1 erforderlichen Auskünfte

1. dem Bundesministerium für Arbeit und Sozialordnung, soweit sie Bundesbehörden sind oder der Aufsicht des Bundes unterstehen,
2. der zuständigen obersten Landesbehörde, soweit sie Landesbehörden sind oder der Aufsicht eines Landes unterstehen oder in privatrechtlicher Form betrieben werden.

Das Bundesministerium für Arbeit und Sozialordnung und die zuständigen obersten Landesbehörden holen die für die Durchführung des Absatzes 1 erforderlichen Auskünfte ein und machen sie einander zugänglich.

Zweiter Abschnitt. Leistungen zur Rehabilitation

§ 9 Voraussetzungen, Art und Umfang der Leistungen. (1) Voraussetzungen, Art und Umfang der Leistungen eines Rehabilitationsträgers und deren Sicherstellung richten sich entsprechend den Grundsätzen der §§ 10 bis 20 dieses Gesetzes im einzelnen nach den für den Rehabilitationsträger geltenden besonderen Rechtsvorschriften.

(2) Zur Angleichung der medizinischen, berufsfördernden und ergänzenden Leistungen zur Rehabilitation erläßt die Bundesregierung nach den Grundsätzen der §§ 10 bis 20 dieses Gesetzes im Rahmen der für die Rehabilitationsträger geltenden besonderen gesetzlichen Vorschriften durch Rechtsverordnung mit Zustimmung des Bundesrates nähere Bestimmungen über Voraussetzungen, Art und Umfang der Leistungen.[1]) Bei der Angleichung von Hilfen zum Erreichen des Arbeitsplatzes oder des Ortes einer berufsfördernden Maßnahme kann die Berücksichtigung von Einkommen des Behinderten vorgesehen werden.

§ 10 Medizinische Leistungen. Die medizinischen Leistungen zur Rehabilitation sollen alle Hilfen umfassen, die erforderlich sind, um einer drohenden Behinderung vorzubeugen, eine Behinderung zu beseitigen, zu bessern oder eine Verschlimmerung zu verhüten, insbesondere

1. ärztliche und zahnärztliche Behandlung,
2. Arznei- und Verbandmittel,
3. Heilmittel einschließlich Krankengymnastik, Bewegungstherapie, Sprachtherapie und Beschäftigungstherapie,
4. Ausstattung mit Körperersatzstücken, orthopädischen und anderen Hilfsmitteln einschließlich der notwendigen Änderung, Instandsetzung und Ersatzbeschaffung sowie der Ausbildung im Gebrauch der Hilfsmittel,
5. Belastungserprobung und Arbeitstherapie,

auch in Krankenhäusern, Kur- und Spezialeinrichtungen einschließlich der erforderlichen Unterkunft und Verpflegung.

§ 11 Berufsfördernde Leistungen. (1) Die berufsfördernden Leistungen zur Rehabilitation sollen alle Hilfen umfassen, die erforderlich sind, um die Erwerbsfähigkeit des Behinderten entsprechend seiner Leistungsfähigkeit zu erhalten, zu bessern, herzustellen oder wiederherzustellen und ihn hierdurch möglichst auf Dauer beruflich einzugliedern. Bei Auswahl der berufsfördernden Maßnahmen sind Eignung, Neigung und bisherige Tätigkeit des Behinderten angemessen zu berücksichtigen. Das Verfahren zur Auswahl der Leistungen schließt, soweit erforderlich, eine Berufsfindung oder Arbeitserprobung ein; dabei gelten Absatz 2 Satz 2, Absätze 2a und 2b sowie § 12 Nr. 3, 4 und 6 entsprechend. Hilfen können auch zum beruflichen Aufstieg erbracht werden.

(2) Berufsfördernde Leistungen sind insbesondere

1. Hilfen zur Erhaltung oder Erlangung eines Arbeitsplatzes einschließlich Leistungen zur Förderung der Arbeitsaufnahme sowie Eingliederungshilfen an Arbeitgeber,
2. Berufsvorbereitung einschließlich einer wegen der Behinderung erforderlichen Grundausbildung,

---

[1]) Vgl. Kraftfahrzeughilfe-VO (Nr. **6a**).

3. berufliche Anpassung, Fortbildung, Ausbildung und Umschulung, einschließlich eines zur Teilnahme an diesen Maßnahmen erforderlichen schulischen Abschlusses,
4. sonstige Hilfen der Arbeits- und Berufsförderung, um Behinderten eine angemessene und geeignete Erwerbs- oder Berufstätigkeit auf dem allgemeinen Arbeitsmarkt oder in einer Werkstatt für Behinderte zu ermöglichen.

Zu den berufsfördernden Leistungen gehört auch die Übernahme der erforderlichen Kosten für Unterkunft und Verpflegung, wenn für die Teilnahme an der Maßnahme eine Unterbringung außerhalb des eigenen oder des elterlichen Haushalts wegen Art oder Schwere der Behinderung oder zur Sicherung des Erfolges der Rehabilitation notwendig ist.

(2a) Maßnahmen in Einrichtungen der beruflichen Rehabilitation werden nur gefördert, wenn Art oder Schwere der Behinderung oder die Sicherung des Rehabilitationserfolges die besonderen Hilfen dieser Einrichtungen erforderlich machen. Die Förderung setzt voraus, daß die Maßnahme

1. nach Dauer, Gestaltung des Lehrplans, Unterrichtsmethode, Ausbildung und Berufserfahrung des Leiters und der Lehrkräfte eine erfolgreiche berufliche Rehabilitation erwarten läßt,
2. angemessene Teilnahmebedingungen bietet und behinderungsgerecht ist,
3. nach den Grundsätzen der Wirtschaftlichkeit und Sparsamkeit geplant ist und durchgeführt wird, insbesondere die Kostensätze angemessen sind.

Die Kostensätze sind zwischen den Rehabilitationsträgern und den Trägern der Einrichtungen zu vereinbaren. Die Angemessenheit der Kostensätze muß für den Rehabilitationsträger anhand geeigneter Unterlagen feststellbar sein. Die Kostensätze können einvernehmlich angepaßt werden, wenn wesentliche Änderungen der Verhältnisse eintreten. Bei der Anpassung sind die Kostenentwicklung sowie die Haushaltssituation der Rehabilitationsträger zu berücksichtigen.

(2b) Die Bundesregierung kann durch Rechtsverordnung mit Zustimmung des Bundesrates bestimmen, welche Unterlagen die Rehabilitationsträger bei der Feststellung der Angemessenheit der Kostensätze für Maßnahmen in Einrichtungen der beruflichen Rehabilitation zu berücksichtigen haben und welche Kosten anerkannt werden können.

(3) Berufsfördernde Leistungen zur Rehabilitation sollen für die Zeit erbracht werden, die vorgeschrieben oder allgemein üblich ist, um das angestrebte Berufsziel zu erreichen; Leistungen für die berufliche Umschulung und Fortbildung sollen in der Regel nur erbracht werden, wenn die Maßnahme bei ganztägigem Unterricht nicht länger als zwei Jahre dauert, es sei denn, daß der Behinderte nur über eine längerdauernde Maßnahme eingegliedert werden kann.

(3a) Leistungen für die Teilnahme an Maßnahmen in anerkannten Werkstätten für Behinderte im Sinne des Schwerbehindertengesetzes werden nur erbracht,

1. im Eingangsverfahren bis zur Dauer von vier Wochen, um im Zweifelsfalle festzustellen, ob die Werkstatt die geeignete Einrichtung für die Eingliederung des Behinderten in das Arbeitsleben ist, sowie welche Bereiche der

Werkstatt und welche berufsfördernden und ergänzenden Maßnahmen zur Eingliederung für den Behinderten in Betracht kommen,

2. im Arbeitstrainingsbereich bis zur Dauer von zwei Jahren, wenn die Maßnahmen erforderlich sind, um die Leistungsfähigkeit oder Erwerbsfähigkeit des Behinderten soweit wie möglich zu entwickeln, zu erhöhen oder wiederzugewinnen und erwartet werden kann, daß der Behinderte nach Teilnahme an diesen Maßnahmen in der Lage ist, wenigstens ein Mindestmaß wirtschaftlich verwertbarer Arbeitsleistung im Sinne des § 54 des Schwerbehindertengesetzes zu erbringen. Über ein Jahr hinaus werden Leistungen nur erbracht, wenn die Leistungsfähigkeit des Behinderten weiterentwickelt oder wiedergewonnen werden kann.

§ 12 Ergänzende Leistungen. Als ergänzende Leistungen sollen erbracht werden

1. Krankengeld, Versorgungskrankengeld, Verletztengeld oder Übergangsgeld,
2. Beiträge zur gesetzlichen Kranken-, Pflege-, Unfall- und Rentenversicherung sowie zur Arbeitsförderung,
3. Übernahme der erforderlichen Kosten, die mit einer berufsfördernden Leistung nach § 11 Abs. 2 in unmittelbarem Zusammenhang stehen, insbesondere für Prüfungsgebühren, Lernmittel, Arbeitskleidung und Arbeitsgerät sowie Ausbildungszuschüsse an Arbeitgeber, wenn die Maßnahme im Betrieb durchgeführt wird,
4. Übernahme der erforderlichen Reisekosten, auch für Familienheimfahrten,
5. Behindertensport in Gruppen unter ärztlicher Betreuung,
6. Haushaltshilfe, wenn der Behinderte wegen der Teilnahme an einer Maßnahme zur Rehabilitation außerhalb des eigenen Haushalts untergebracht ist und ihm aus diesem Grunde die Weiterführung des Haushalts nicht möglich ist; Voraussetzung ist ferner, daß eine andere im Haushalt lebende Person den Haushalt nicht weiterführen kann und im Haushalt ein Kind lebt, das das zwölfte Lebensjahr noch nicht vollendet hat oder das behindert und auf Hilfe angewiesen ist,
7. sonstige Leistungen (§ 20).

§ 13 Krankengeld, Versorgungskrankengeld, Verletztengeld und Übergangsgeld. (1) Der Behinderte erhält

1. während medizinischer Maßnahmen zur Rehabilitation Krankengeld, Versorgungskrankengeld, Verletztengeld oder Übergangsgeld,
2. während berufsfördernder Maßnahmen zur Rehabilitation Übergangsgeld, wenn er arbeitsunfähig im Sinne der Vorschriften der gesetzlichen Krankenversicherung ist oder wegen Teilnahme an der Maßnahme keine ganztägige Erwerbstätigkeit ausüben kann. Das gilt auch für eine ärztlich verordnete Schonungszeit im Anschluß an eine stationäre medizinische Maßnahme.

Satz 1 Nr. 2 gilt auch für die Zeit, in der der Behinderte wegen Teilnahme an einer Berufsfindung oder Arbeitserprobung kein oder ein geringeres Arbeitsentgelt erzielt.

(2) Das Krankengeld, das Versorgungskrankengeld und das Verletztengeld betragen 80 vom Hundert des entgangenen regelmäßigen Arbeitsentgelts (Regelentgelt) und dürfen das entgangene regelmäßige Nettoarbeitsentgelt nicht übersteigen.

(3) Bei der Berechnung des Übergangsgeldes sind 80 vom Hundert des Regelentgelts, höchstens jedoch das entgangene regelmäßige Nettoarbeitsentgelt zugrunde zu legen. Das Übergangsgeld beträgt

1. bei einem Behinderten, der mindestens ein Kind hat, das nach den für den Rehabilitationsträger geltenden Rechtsvorschriften zu berücksichtigen ist, oder dessen Ehegatte, mit dem er in häuslicher Gemeinschaft lebt, eine Erwerbstätigkeit nicht ausüben kann, weil er den Behinderten pflegt oder selbst der Pflege bedarf, bei Maßnahmen zur Rehabilitation nach dem Arbeitsförderungsgesetz, dem Recht der gesetzlichen Rentenversicherung, dem Recht der gesetzlichen Unfallversicherung und dem Recht der sozialen Entschädigung 75 vom Hundert,
2. bei den übrigen Behinderten bei Maßnahmen zur Rehabilitation nach dem Arbeitsförderungsgesetz, dem Recht der gesetzlichen Rentenversicherung, dem Recht der gesetzlichen Unfallversicherung und dem Recht der sozialen Entschädigung 68 vom Hundert

des nach Satz 1 oder § 14 maßgebenden Betrages.

(4) Werden in einer Einrichtung der medizinisch-beruflichen Rehabilitation gleichzeitig medizinische und berufsfördernde Maßnahmen durchgeführt, bemißt sich das nach dem Recht der gesetzlichen Unfallversicherung, der gesetzlichen Rentenversicherung und der sozialen Entschädigung zu zahlende Übergangsgeld nach den für medizinische Maßnahmen zur Rehabilitation geltenden Sätzen.

(5) Das Krankengeld, das Versorgungskrankengeld, das Verletztengeld und das Übergangsgeld werden für Kalendertage gezahlt. Sind sie für einen ganzen Kalendermonat zu zahlen, so ist dieser mit dreißig Tagen anzusetzen.

(6) Für die Berechnung des Regelentgelts ist das von dem Behinderten im letzten vor Beginn der Maßnahme abgerechneten Entgeltabrechnungszeitraum, mindestens während der letzten abgerechneten vier Wochen (Bemessungszeitraum) erzielte und um einmalig gezahltes Arbeitsentgelt (§ 23a des Vierten Buches Sozialgesetzbuch) verminderte Arbeitsentgelt durch die Zahl der Stunden zu teilen, für die es gezahlt wurde. Das Ergebnis ist mit der Zahl der sich aus dem Inhalt des Arbeitsverhältnisses ergebenden regelmäßigen wöchentlichen Arbeitsstunden zu vervielfachen und durch sieben zu teilen. Ist das Arbeitsentgelt nach Monaten bemessen oder ist eine Berechnung des Regelentgelts nach den Sätzen 1 und 2 nicht möglich, so gilt der 30. Teil des in dem letzten vor Beginn der Maßnahme abgerechneten Kalendermonat erzielten und um einmalig gezahltes Arbeitsentgelt (§ 23a des Vierten Buches Sozialgesetzbuch) verminderten Arbeitsentgelts als Regellohn. Wenn mit einer Arbeitsleistung Arbeitsentgelt erzielt wird, das für Zeiten einer Freistellung vor oder nach dieser Arbeitsleistung fällig wird (Wertguthaben nach § 7 Abs. 1a des Vierten Buches Sozialgesetzbuch), ist für die Berechnung des Regelentgelts das im Bemessungszeitraum der Beitragsberechnung zugrundeliegende und um einmalig gezahltes Arbeitsentgelt verminderte Arbeitsentgelt maßgebend. Wertguthaben, die nicht gemäß einer Vereinbarung über flexible Arbeitszeitregelungen verwendet werden (§ 23b Abs. 2 des Vierten Buches

Sozialgesetzbuch), bleiben außer Betracht. Bei der Anwendung des Satzes 1 gilt als regelmäßige wöchentliche Arbeitszeit die Arbeitszeit, die dem gezahlten Arbeitsentgelt entspricht.

(7) Das Regelentgelt wird bis zur Höhe der für den Rehabilitationsträger jeweils geltenden Leistungsbemessungsgrenze berücksichtigt.

(8) Die Berechnung des Übergangsgeldes für Selbständige und für nicht Pflichtversicherte richtet sich nach den besonderen Vorschriften der einzelnen Leistungsgesetze.

(9) Der Anspruch auf Krankengeld, Versorgungskrankengeld, Verletztengeld und Übergangsgeld ruht, solange ein Anspruch auf Mutterschaftsgeld besteht.

§ 14 Anderweitige Berechnung des Übergangsgeldes. Sofern bei berufsfördernden Maßnahmen zur Rehabilitation

1. der letzte Tag des Bemessungszeitraums zu Beginn der Maßnahme länger als drei Jahre zurückliegt oder
2. kein Entgelt nach § 13 Abs. 6 erzielt worden ist oder
3. es unbillig hart wäre, das Entgelt nach § 13 Abs. 6 der Bemessung des Übergangsgeldes zugrunde zu legen,

ist das Übergangsgeld aus 65 vom Hundert des auf ein Jahr bezogenen tariflichen oder, wenn es an einer tariflichen Regelung fehlt, des ortsüblichen Arbeitsentgelts zu berechnen, das für den Wohnsitz oder gewöhnlichen Aufenthaltsort des Behinderten gilt. Maßgebend ist das Arbeitsentgelt in dem letzten Kalendermonat vor dem Beginn der Maßnahme (Bemessungszeitraum) für diejenige Beschäftigung, für die der Behinderte ohne die Behinderung nach seinen beruflichen Fähigkeiten und seinem Lebensalter in Betracht käme. Für den Kalendertag ist der 360. Teil dieses Betrages anzusetzen.

§ 15 Anpassung des Krankengeldes, Versorgungskrankengeldes, Verletztengeldes und des Übergangsgeldes. (1) Das Krankengeld, das Versorgungskrankengeld, das Verletztengeld und das Übergangsgeld erhöhen sich jeweils nach Ablauf eines Jahres seit dem Ende des Bemessungszeitraums um den Vomhundertsatz, um den die Renten der gesetzlichen Rentenversicherung zuletzt vor diesem Zeitpunkt ohne Berücksichtigung der Veränderung der Belastung bei Renten und der Veränderung der durchschnittlichen Lebenserwartung der 65jährigen anzupassen gewesen wären; sie dürfen nach der Anpassung 80 vom Hundert der für den Rehabilitationsträger jeweils geltenden Leistungsbemessungsgrenze nicht übersteigen.

(1 a) In der Zeit vom 1. Juli 2000 bis zum 30. Juni 2002 wird das Krankengeld, das Versorgungskrankengeld, das Verletztengeld und das Übergangsgeld jeweils nach Ablauf eines Jahres seit dem Ende des Bemessungszeitraums um den Vomhundertsatz erhöht, um den sich die Renten zuletzt vor dem Anpassungszeitpunkt verändert haben.

(2) Der Bundesminister für Arbeit und Sozialordnung gibt die Vomhundertsätze jährlich im Bundesanzeiger bekannt.

§ 16 Kontinuität der Leistungen. Hat der Behinderte Krankengeld, Versorgungskrankengeld, Verletztengeld oder Übergangsgeld bezogen und wird im Anschluß daran eine Maßnahme zur Rehabilitation durchgeführt, so ist bei der Berechnung der Geldleistungen im Sinne von § 12 Nr. 1 von dem bisher zugrunde gelegten Arbeitsentgelt auszugehen. Das gilt auch, wenn im Anschluß an den Bezug von Versorgungskrankengeld, Verletztengeld oder Übergangsgeld von einer Krankenkasse Krankengeld gezahlt wird.

§ 17 Weiterzahlung des Übergangsgeldes. (1) Sind nach Abschluß medizinischer Maßnahmen zur Rehabilitation berufsfördernde Maßnahmen erforderlich und können diese aus Gründen, die der Behinderte nicht zu vertreten hat, nicht unmittelbar anschließend durchgeführt werden, so sind das Versorgungskrankengeld, das Verletztengeld oder das Übergangsgeld für diese Zeit weiterzuzahlen, wenn der Behinderte arbeitsunfähig ist und ihm ein Anspruch auf Krankengeld nicht zusteht oder wenn ihm eine zumutbare Beschäftigung nicht vermittelt werden kann.

(2) Kann der Behinderte an einer berufsfördernden Maßnahme zur Rehabilitation aus gesundheitlichen Gründen nicht weiter teilnehmen, wird das Übergangsgeld bis zu sechs Wochen, längstens jedoch bis zum Tage der Beendigung der Maßnahme, weitergezahlt.

(3) Ist der Behinderte im Anschluß an eine abgeschlossene berufsfördernde Maßnahme zur Rehabilitation arbeitslos, so wird Übergangsgeld während der Arbeitslosigkeit bis zu drei Monate weitergezahlt, wenn er sich beim Arbeitsamt arbeitslos gemeldet hat und einen Anspruch auf Arbeitslosengeld von mindestens drei Monaten nicht geltend machen kann; die Dauer von drei Monaten vermindert sich um die Anzahl von Tagen, für die der Behinderte im Anschluß an die Maßnahme einen Anspruch auf Arbeitslosengeld geltend machen kann. In diesem Falle beträgt das Übergangsgeld
1. bei einem Behinderten, bei dem die Voraussetzungen des § 13 Abs. 3 Satz 2 Nr. 1 vorliegen, bei Maßnahmen zur Rehabilitation nach dem Arbeitsförderungsgesetz, dem Recht der gesetzlichen Rentenversicherung, dem Recht der gesetzlichen Unfallversicherung und dem sozialen Entschädigungsrecht 67 vom Hundert,
2. bei den übrigen Behinderten bei Maßnahmen zur Rehabilitation nach dem Arbeitsförderungsgesetz, dem Recht der gesetzlichen Rentenversicherung, dem Recht der gesetzlichen Unfallversicherung und dem Recht der sozialen Entschädigung 60 vom Hundert,

des sich aus § 13 Abs. 3 Satz 1 oder § 14 ergebenden Betrages; zwischenzeitliche Erhöhungen des Übergangsgeldes nach § 15 sind zu berücksichtigen.

§ 18 Einkommensanrechnung. (1) Erhält der Behinderte während des Bezuges vom Übergangsgeld Arbeitsentgelt, so ist das Übergangsgeld um das um die gesetzlichen Abzüge verminderte Arbeitsentgelt zu kürzen; einmalig gezahltes Arbeitsentgelt (§ 23a des Vierten Buches Sozialgesetzbuch) sowie Leistungen des Arbeitgebers zum Übergangsgeld, soweit sie zusammen mit dem Übergangsgeld das vor Beginn der Maßnahme erzielte, um die gesetzlichen Abzüge verminderte Arbeitsentgelt nicht übersteigen, bleiben außer Ansatz.

(2) Erhält der Behinderte durch eine Tätigkeit während des Bezuges von Übergangsgeld Arbeitseinkommen, so ist das Übergangsgeld um 80 vom Hundert des erzielten Arbeitseinkommens zu kürzen.

(3) Das Übergangsgeld ist ferner zu kürzen um den um gesetzliche Abzüge verminderten Betrag von

1. Geldleistungen, die eine öffentlich-rechtliche Stelle im Zusammenhang mit der Teilnahme an einer medizinischen oder berufsfördernden Maßnahme zur Rehabilitation erbringt,
2. Renten, wenn dem Übergangsgeld ein vor Beginn der Rentenzahlung erzieltes Arbeitsentgelt oder Arbeitseinkommen zugrunde liegt,
3. Renten, die aus demselben Anlaß wie die Maßnahmen zur Rehabilitation erbracht werden, wenn durch die Anrechnung eine unbillige Doppelleistung vermieden wird.

(4) Wird ein Anspruch des Behinderten auf Leistungen, um die das Übergangsgeld nach Absatz 3 Nr. 1 zu kürzen wäre, nicht erfüllt, geht der Anspruch des Behinderten insoweit mit Zahlung des Übergangsgeldes auf den Rehabilitationsträger über. Die §§ 104 und 115 des Zehnten Buches Sozialgesetzbuch bleiben unberührt.

§ 19 Reisekosten. (1) Als Reisekosten werden die im Zusammenhang mit der Teilnahme an einer medizinischen oder berufsfördernden Maßnahme zur Rehabilitation erforderlichen Fahr-, Verpflegungs- und Übernachtungskosten übernommen; hierzu gehören auch die Kosten für eine wegen der Behinderung erforderliche Begleitperson sowie des erforderlichen Gepäcktransports.

(2) Reisekosten werden auch übernommen für im Regelfall zwei Familienheimfahrten je Monat, wenn der Behinderte an einer berufsfördernden Maßnahme zur Rehabilitation teilnimmt; bei Teilnahme an einer medizinischen Maßnahme können Reisekosten übernommen werden, wenn die Maßnahme länger als acht Wochen dauert.

(3) An Stelle der Kosten für eine Familienheimfahrt können für die Fahrt eines Angehörigen vom Wohnort zum Aufenthaltsort des Behinderten Reisekosten übernommen werden.

§ 20 Sonstige Leistungen. Der Rehabilitationsträger soll sonstige Leistungen erbringen, die unter Berücksichtigung von Art oder Schwere der Behinderung erforderlich sind, um das Ziel der Rehabilitation zu erreichen oder zu sichern.

Dritter Abschnitt. Änderung gesetzlicher Vorschriften

§§ 21–37. *(nicht abgedruckt)*

Vierter Abschnitt. Übergangs- und Schlußvorschriften

§ 38. *(aufgehoben)*

§ 39 Umstellung von Leistungen. Soweit und solange eine Leistung, die auf Grund der bisherigen gesetzlichen Vorschriften festgestellt worden ist oder hätte festgestellt werden müssen, höher ist, ist die höhere Leistung zu gewähren.

§ 40 Übergangsregelung für die Berechnung des Übergangsgeldes und Krankengeldes.

(1) Bis zum Inkrafttreten des Einkommensteuerreformgesetzes beträgt das Übergangsgeld in Abweichung von § 13 Abs. 2 dieses Gesetzes 82 vom Hundert des Regellohnes, wenn der Behinderte für ein Kind einen Kinderfreibetrag nach § 32 Abs. 2 des Einkommensteuergesetzes erhält und 85 vom Hundert des Regellohnes, wenn der Behinderte für zwei oder mehr Kinder diesen Kinderfreibetrag erhält. Das Übergangsgeld darf das entgangene regelmäßige Nettoarbeitsentgelt nicht überschreiten.

(2) Absatz 1 gilt entsprechend für die Berechnung des Krankengeldes und des Übergangsgeldes nach den für den Rehabilitationsträger geltenden besonderen Rechtsvorschriften.

(3) § 13 Abs. 3 ist in der bis zum 31. Dezember 1982 geltenden Fassung weiter anzuwenden, wenn der Behinderte vor dem 1. Januar 1983 in eine Maßnahme eingetreten ist und ihm Leistungen ohne einen Hinweis auf die Änderungen in diesem Gesetz bewilligt wurden oder der Behinderte vor dem 27. Oktober 1982 in eine Maßnahme eingetreten ist und Leistungen beantragt hat. Diese Vorschrift ist mit der Maßgabe weiter anzuwenden, daß die Höhe der Leistungen für die Zeit nach dem 31. Dezember 1982 nach der ab 1. Januar 1983 geltenden Fassung festzusetzen ist, wenn

a) der Behinderte vor dem 1. Januar 1983 in eine Maßnahme eingetreten ist und ihm die Leistungen mit einem Hinweis auf die Änderungen in diesem Gesetz bewilligt wurden,
b) der Behinderte vor dem 1. Januar 1983 in eine Maßnahme eingetreten ist, Leistungen beantragt hat und ihm die Leistungen aus einem von ihm nicht zu vertretenden Grunde vor dem 1. Januar 1983 nicht bewilligt wurden,
c) dem Behinderten vor dem 1. Januar 1983 Leistungen bewilligt wurden, er aber erst nach dem 31. Dezember 1982 in eine Maßnahme eintritt.

(4) § 13 Abs. 3 und § 17 Abs. 3 Satz 2 in der vom 1. Januar 1984 an geltenden Fassung gelten von diesem Zeitpunkt an auch für Ansprüche, die vor diesem Zeitpunkt entstanden sind; insoweit ist über bereits zuerkannte Ansprüche neu zu entscheiden. Änderungsbescheide werden mit Wirkung vom 1. Januar 1984 an wirksam. Überzahlte Leistungen sind zu erstatten. Der Anspruch auf Erstattung kann gegen einen Anspruch auf laufende Geldleistungen in voller Höhe aufgerechnet werden, soweit der Leistungsberechtigte dadurch nicht hilfebedürftig im Sinne der Vorschriften des Bundessozialhilfegesetzes über die Hilfe zum Lebensunterhalt wird. Abweichend von Satz 1 erster Halbsatz ist § 13 Abs. 3 Satz 2

a) für die in Artikel 2 § 2 Satz 1 des Arbeitsförderungs-Konsolidierungsgesetzes vom 22. Dezember 1981 (BGBl. I S. 1497) genannten Behinderten in der bis zum 31. Dezember 1981 geltenden Fassung,
b) für die in Absatz 3 genannten Behinderten in der bis zum 31. Dezember 1982 geltenden Fassung

mit der Maßgabe weiter anzuwenden, daß für die Leistungen jeweils ein um fünf Prozentpunkte verminderter Vomhundertsatz gilt.

§ 41. *(aufgehoben)*

§ 42. *(aufgehoben)*

§ 42 a [Beitragserstattung für Behinderte] Für Personen, die in Einrichtungen für Behinderte an einer berufsfördernden Maßnahme teilnehmen und nach § 5 Abs. 1 Nr. 1, Nr. 6 des Fünften Buches Sozialgesetzbuch, § 1227 Abs. 1 Satz 1 Nr. 1, Nr. 3a Buchstabe b der Reichsversicherungsordnung, § 2 Abs. 1 Nr. 1, Nr. 2a Buchstabe b des Angestelltenversicherungsgesetzes oder § 26 Abs. 1 Nr. 1 des Dritten Buches Sozialgesetzbuch versichert sind, hat der Träger der Maßnahme die Aufwendungen der Einrichtungen für die Beiträge zu erstatten.

§ 43 Aufhebung von Vorschriften. *(nicht abgedruckt)*

§ 44 Berlin-Klausel. *(gegenstandslos)*

§ 45 Inkrafttreten. (1) Dieses Gesetz tritt am 1. Oktober 1974 in Kraft.

(2) Behinderte, die seit dem 1. Januar 1974 oder seit einem früheren Zeitpunkt an medizinischen oder berufsfördernden Maßnahmen zur Rehabilitation teilnehmen, erhalten für die Zeit vom 1. Juli 1974 an Übergangsgeld nach den Vorschriften dieses Gesetzes, wenn die Maßnahmen über diesen Zeitpunkt hinaus andauern. Satz 1 gilt entsprechend für die Bezieher von Krankengeld.

6a. Verordnung über Kraftfahrzeughilfe zur beruflichen Rehabilitation (Kraftfahrzeughilfe-Verordnung – KfzHV)

Vom 28. September 1987 (BGBl. I S. 2251)

Geändert durch VO vom 30. September 1991 (BGBl. I S. 1950)

BGBl. III/FNA 870-1-1

Auf Grund des § 9 Abs. 2 des Gesetzes über die Angleichung der Leistungen zur Rehabilitation vom 7. August 1974 (BGBl. I S. 1881), der durch Artikel 16 des Gesetzes vom 1. Dezember 1981 (BGBl. I S. 1205) geändert worden ist, auf Grund des § 27 f in Verbindung mit § 26 Abs. 6 Satz 1 des Bundesversorgungsgesetzes in der Fassung der Bekanntmachung vom 22. Januar 1982 (BGBl. I S. 21) und auf Grund des § 11 Abs. 3 Satz 3 des Schwerbehindertengesetzes in der Fassung der Bekanntmachung vom 26. August 1986 (BGBl. I S. 1421) verordnet die Bundesregierung mit Zustimmung des Bundesrates:

§ 1 Grundsatz. Kraftfahrzeughilfe zur Eingliederung Behinderter in das Arbeitsleben richtet sich bei den Trägern der gesetzlichen Unfallversicherung, der gesetzlichen Rentenversicherung, der Kriegsopferfürsorge und der Bundesanstalt für Arbeit sowie den Trägern der begleitenden Hilfe im Arbeits- und Berufsleben nach dieser Verordnung.

§ 2 Leistungen. (1) Die Kraftfahrzeughilfe umfaßt Leistungen

1. zur Beschaffung eines Kraftfahrzeugs,
2. für eine behinderungsbedingte Zusatzausstattung,
3. zur Erlangung einer Fahrerlaubnis.

(2) Die Leistungen werden als Zuschüsse und nach Maßgabe des § 9 als Darlehen erbracht.

§ 3 Persönliche Voraussetzungen. (1) Die Leistungen setzen voraus, daß

1. der Behinderte infolge seiner Behinderung nicht nur vorübergehend auf die Benutzung eines Kraftfahrzeugs angewiesen ist, um seinen Arbeits- oder Ausbildungsort oder den Ort einer sonstigen Maßnahme der beruflichen Bildung zu erreichen, und
2. der Behinderte ein Kraftfahrzeug führen kann oder gewährleistet ist, daß ein Dritter das Kraftfahrzeug für ihn führt.

(2) Absatz 1 gilt auch für in Heimarbeit Beschäftigte im Sinne des § 12 Abs. 2 des Vierten Buches Sozialgesetzbuch, wenn das Kraftfahrzeug wegen Art oder Schwere der Behinderung notwendig ist, um beim Auftraggeber die Ware abzuholen oder die Arbeitsergebnisse abzuliefern.

(3) Ist der Behinderte zur Berufsausbildung im Rahmen eines Arbeitsverhältnisses nicht nur vorübergehend auf ein Kraftfahrzeug angewiesen, wird Kraftfahrzeughilfe geleistet, wenn er infolge seiner Behinderung nur auf diese

Weise dauerhaft beruflich eingegliedert werden kann und die Übernahme der Kosten durch den Arbeitgeber nicht üblich oder nicht zumutbar ist.

(4) Sofern nach den für den Träger geltenden besonderen Vorschriften Kraftfahrzeughilfe für Behinderte, die nicht Arbeitnehmer sind, in Betracht kommt, sind die Absätze 1 und 3 entsprechend anzuwenden.

§ 4 Hilfe zur Beschaffung eines Kraftfahrzeugs. (1) Hilfe zur Beschaffung eines Kraftfahrzeugs setzt voraus, daß der Behinderte nicht über ein Kraftfahrzeug verfügt, das die Voraussetzungen nach Absatz 2 erfüllt und dessen weitere Benutzung ihm zumutbar ist.

(2) Das Kraftfahrzeug muß nach Größe und Ausstattung den Anforderungen entsprechen, die sich im Einzelfall aus der Behinderung ergeben und, soweit erforderlich, eine behinderungsbedingte Zusatzausstattung ohne unverhältnismäßigen Mehraufwand ermöglichen.

(3) Die Beschaffung eines Gebrauchtwagens kann gefördert werden, wenn er die Voraussetzungen nach Absatz 2 erfüllt und sein Verkehrswert mindestens 50 vom Hundert des seinerzeitigen Neuwagenpreises beträgt.

§ 5 Bemessungsbetrag. (1) Die Beschaffung eines Kraftfahrzeugs wird bis zu einem Betrag in Höhe des Kaufpreises, höchstens jedoch bis zu einem Betrag von 18 000 Deutsche Mark gefördert. Die Kosten einer behinderungsbedingten Zusatzausstattung bleiben bei der Ermittlung unberücksichtigt.

(2) Abweichend von Absatz 1 Satz 1 wird im Einzelfall ein höherer Betrag zugrundegelegt, wenn Art oder Schwere der Behinderung ein Kraftfahrzeug mit höherem Kaufpreis zwingend erfordert.

(3) Zuschüsse öffentlich-rechtlicher Stellen zu dem Kraftfahrzeug, auf die ein vorrangiger Anspruch besteht oder die vorrangig nach pflichtgemäßem Ermessen zu leisten sind, und der Verkehrswert eines Altwagens sind von dem Betrag nach Absatz 1 oder 2 abzusetzen.

§ 6 Art und Höhe der Förderung. (1) Hilfe zur Beschaffung eines Kraftfahrzeugs wird in der Regel als Zuschuß geleistet. Der Zuschuß richtet sich nach dem Einkommen des Behinderten nach Maßgabe der folgenden Tabelle:

Einkommen	Zuschuß
bis zu v. H. der monatlichen Bezugsgröße nach § 18 des Vierten Buches Sozialgesetzbuch	in v. H. des Bemessungsbetrags nach § 5
40	100
45	88
50	76
55	64
60	52
65	40
70	28
75	16

Die Beträge nach Satz 2 sind jeweils auf volle 10 Deutsche Mark aufzurunden.

Kraftfahrzeughilfe-Verordnung §§ 7–9 KfzHV 6a

(2) Von dem Einkommen des Behinderten ist für jeden von ihm unterhaltenen Familienangehörigen ein Betrag von 12 vom Hundert der monatlichen Bezugsgröße nach § 18 des Vierten Buches Sozialgesetzbuch abzusetzen; Absatz 1 Satz 3 gilt entsprechend.

(3) Einkommen im Sinne der Absätze 1 und 2 sind das monatliche Netto-Arbeitsentgelt, Netto-Arbeitseinkommen und vergleichbare Lohnersatzleistungen des Behinderten. Die Ermittlung des Einkommens richtet sich nach den für den zuständigen Träger maßgeblichen Regelungen.

(4) Die Absätze 1 bis 3 gelten auch für die Hilfe zur erneuten Beschaffung eines Kraftfahrzeugs. Die Hilfe soll nicht vor Ablauf von fünf Jahren seit der Beschaffung des zuletzt geförderten Fahrzeugs geleistet werden.

§ 7 Behinderungsbedingte Zusatzausstattung. Für eine Zusatzausstattung, die wegen der Behinderung erforderlich ist, ihren Einbau, ihre technische Überprüfung und die Wiederherstellung ihrer technischen Funktionsfähigkeit werden die Kosten in vollem Umfang übernommen. Dies gilt auch für eine Zusatzausstattung, die wegen der Behinderung eines Dritten erforderlich ist, der für den Behinderten das Kraftfahrzeug führt (§ 3 Abs. 1 Nr. 2). Zuschüsse öffentlich-rechtlicher Stellen, auf die ein vorrangiger Anspruch besteht oder die vorrangig nach pflichtgemäßem Ermessen zu leisten sind, sind anzurechnen.

§ 8 Fahrerlaubnis. (1) Zu den Kosten, die für die Erlangung einer Fahrerlaubnis notwendig sind, wird ein Zuschuß geleistet. Er beläuft sich bei Behinderten mit einem Einkommen (§ 6 Abs. 3)

1. bis 40 vom Hundert der monatlichen Bezugsgröße nach § 18 des Vierten Buches Sozialgesetzbuch (monatliche Bezugsgröße) auf die volle Höhe,
2. bis zu 55 vom Hundert der monatlichen Bezugsgröße auf zwei Drittel,
3. bis zu 75 vom Hundert der monatlichen Bezugsgröße auf ein Drittel

der entstehenden notwendigen Kosten; § 6 Abs. 1 Satz 3 und Abs. 2 gilt entsprechend. Zuschüsse öffentlich-rechtlicher Stellen für den Erwerb der Fahrerlaubnis, auf die ein vorrangiger Anspruch besteht oder die vorrangig nach pflichtgemäßen Ermessen zu leisten sind, sind anzurechnen.

(2) Kosten für behinderungsbedingte Untersuchungen, Ergänzungsprüfungen und Eintragungen in vorhandene Führerscheine werden in vollem Umfang übernommen.

§ 9 Leistungen in besonderen Härtefällen. (1) Zur Vermeidung besonderer Härten können Leistungen auch abweichend von § 2 Abs. 1, §§ 6 und 8 Abs. 1 erbracht werden, soweit dies

1. notwendig ist, um Leistungen der Kraftfahrzeughilfe von seiten eines anderen Leistungsträgers nicht erforderlich werden zu lassen, oder
2. unter den Voraussetzungen des § 3 zur Aufnahme oder Fortsetzung einer beruflichen Tätigkeit unumgänglich ist.

Im Rahmen von Satz 1 Nr. 2 kann auch ein Zuschuß für die Beförderung des Behinderten, insbesondere durch Beförderungsdienste, geleistet werden, wenn

1. der Behinderte ein Kraftfahrzeug nicht selbst führen kann und auch nicht gewährleistet ist, daß ein Dritter das Kraftfahrzeug für ihn führt (§ 3 Abs. 1 Nr. 2), oder

2. die Übernahme der Beförderungskosten anstelle von Kraftfahrzeughilfen wirtschaftlicher und für den Behinderten zumutbar ist;

dabei ist zu berücksichtigen, was der Behinderte als Kraftfahrzeughalter bei Anwendung des § 6 für die Anschaffung und die berufliche Nutzung des Kraftfahrzeugs aus eigenen Mitteln aufzubringen hätte.

(2) Leistungen nach Absatz 1 Satz 1 können als Darlehen erbracht werden, wenn die dort genannten Ziele auch durch ein Darlehen erreicht werden können; das Darlehen darf zusammen mit einem Zuschuß nach § 6 den nach § 5 maßgebenden Bemessungsbetrag nicht übersteigen. Das Darlehen ist unverzinslich und spätestens innerhalb von fünf Jahren zu tilgen; es können bis zu zwei tilgungsfreie Jahre eingeräumt werden. Auf die Rückzahlung des Darlehens kann unter den in Absatz 1 Satz 1 genannten Voraussetzungen verzichtet werden.

§ 10 Antragstellung. Leistungen sollen vor dem Abschluß eines Kaufvertrages über das Kraftfahrzeug und die behinderungsbedingte Zusatzausstattung sowie vor Beginn einer nach § 8 zu fördernden Maßnahme beantragt werden. Leistungen zur technischen Überprüfung und Wiederherstellung der technischen Funktionsfähigkeit einer behinderungsbedingten Zusatzausstattung sind spätestens innerhalb eines Monats nach Rechnungstellung zu beantragen.

§ 11 Änderung der Verordnung zur Kriegsopferfürsorge. *(hier nicht abgedruckt)*

§ 12 Änderung der Ausgleichsabgabeverordnung Schwerbehindertengesetz. *(unter Nr. 2b berücksichtigt)*

§ 13 Übergangsvorschriften. (1) Auf Beschädigte im Sinne des Bundesversorgungsgesetzes und der Gesetze, die das Bundesversorgungsgesetz für entsprechend anwendbar erklären, die vor Inkrafttreten dieser Verordnung Hilfe zur Beschaffung eines Kraftfahrzeugs im Rahmen der beruflichen Rehabilitation erhalten haben, sind die bisher geltenden Bestimmungen weiterhin anzuwenden, wenn sie günstiger sind und der Beschädigte es beantragt.

(2) Über Leistungen, die bei Inkrafttreten dieser Verordnung bereits beantragt sind, ist nach den bisher geltenden Bestimmungen zu entscheiden, wenn sie für den Behinderten günstiger sind.

(3) In dem in Artikel 3 des Einigungsvertrages genannten Gebiet richtet sich der Zuschuß gemäß § 6 nach dem Einkommen des Behinderten nach Maßgabe der folgenden Tabelle:

Einkommen bis	Zuschuß in v. H. des Bemessungsbetrages nach § 5
1350,– DM	100
1520,– DM	88
1680,– DM	76
1850,– DM	64
2020,– DM	52
2190,– DM	40
2360,– DM	28
2520,– DM	16

Abweichend von § 6 Abs. 2 ist in dem in Artikel 3 des Einigungsvertrages genannten Gebiet von dem Einkommen des Behinderten für jeden von ihm unterhaltenen Familienangehörigen ein Betrag von 410,– DM abzusetzen. Der Zuschuß zur Erlangung der Fahrerlaubnis gemäß § 8 beläuft sich in dem in Artikel 3 des Einigungsvertrages genannten Gebiet bei Behinderten mit einem Einkommen

1. bis 1350,– DM auf die volle Höhe,
2. bis 1850,– DM auf zwei Drittel,
3. bis 2520,– DM auf ein Drittel

der entstehenden notwendigen Kosten.

§ 14 Berlin-Klausel. *(gegenstandslos)*

§ 15 Inkrafttreten. Diese Verordnung tritt am 1. Oktober 1987 in Kraft.

7. Sozialgesetzbuch (SGB) Drittes Buch (III). Arbeitsförderung

Vom 24. März 1997 (BGBl. I S. 594)

Zuletzt geändert durch Gesetz vom 21. Dezember 2000 (BGBl. I S. 1983)

BGBl. III/FNA 860-3

– Auszug –

§ 22 Verhältnis zu anderen Leistungen. (1) Leistungen der aktiven Arbeitsförderung dürfen nur erbracht werden, wenn nicht andere Leistungsträger oder andere öffentlich-rechtliche Stellen zur Erbringung gleichartiger Leistungen gesetzlich verpflichtet sind.

(2) Allgemeine und besondere Leistungen zur beruflichen Eingliederung Behinderter einschließlich der Leistungen an Arbeitgeber und der Leistungen an Träger dürfen nur erbracht werden, sofern nicht ein anderer Rehabilitationsträger im Sinne des Gesetzes über die Angleichung der Leistungen zur Rehabilitation zuständig ist. Eingliederungszuschüsse nach § 222a und Zuschüsse zur Ausbildungsvergütung für Schwerbehinderte nach § 235a dürfen auch dann erbracht werden, wenn ein anderer Leistungsträger zur Erbringung gleichartiger Leistungen gesetzlich verpflichtet ist oder, ohne gesetzlich verpflichtet zu sein, Leistungen erbringt. In diesem Fall werden die Leistungen des anderen Leistungsträgers angerechnet.

(3) Soweit Leistungen zur Förderung der Berufsausbildung und zur Förderung der beruflichen Weiterbildung der Sicherung des Lebensunterhaltes dienen, gehen sie der Ausbildungsbeihilfe nach § 44 des Strafvollzugsgesetzes vor. Die Leistungen für Gefangene dürfen die Höhe der Ausbildungsbeihilfe nach § 44 des Strafvollzugsgesetzes nicht übersteigen. Sie werden den Gefangenen nach einer Förderzusage des Arbeitsamtes in Vorleistung von den Ländern erbracht und von der Bundesanstalt erstattet.

Fünftes Kapitel. Leistungen an Arbeitgeber

Erster Abschnitt. Eingliederung von Arbeitnehmern

Erster Unterabschnitt. Eingliederungszuschüsse

§ 217 Grundsatz. Arbeitgeber können zur Eingliederung von förderungsbedürftigen Arbeitnehmern Zuschüsse zu den Arbeitsentgelten zum Ausgleich von Minderleistungen erhalten. Förderungsbedürftig sind Arbeitnehmer, die ohne die Leistung nicht oder nicht dauerhaft in den Arbeitsmarkt eingegliedert werden können.

§ 218 Eingliederungszuschüsse. (1) Eingliederungszuschüsse können erbracht werden, wenn

Arbeitsförderung §§ 219–221 SGB III 7

1. Arbeitnehmer einer besonderen Einarbeitung zur Eingliederung bedürfen (Eingliederungszuschuß bei Einarbeitung),
2. Arbeitnehmer, insbesondere Langzeitarbeitslose, Schwerbehinderte oder sonstige Behinderte, wegen in ihrer Person liegender Umstände nur erschwert vermittelt werden können (Eingliederungszuschuß bei erschwerter Vermittlung) oder
3. Arbeitnehmer das 55. Lebensjahr vollendet haben und vor Beginn des Arbeitsverhältnisses langzeitarbeitslos oder innerhalb der letzten zwölf Monate mindestens sechs Monate beim Arbeitsamt arbeitslos gemeldet waren (Eingliederungszuschuß für ältere Arbeitnehmer).

(2) Der Eingliederungszuschuß bei Einarbeitung von Berufsrückkehrern ist zu erbringen, wenn sie einer besonderen Einarbeitung zur Eingliederung bedürfen.

(3) Für die Zuschüsse sind berücksichtigungsfähig
1. die vom Arbeitgeber regelmäßig gezahlten Arbeitsentgelte, soweit sie die tariflichen Arbeitsentgelte oder, wenn eine tarifliche Regelung nicht besteht, die für vergleichbare Tätigkeiten ortsüblichen Arbeitsentgelte und soweit sie die Beitragsbemessungsgrenze in der Arbeitsförderung nicht übersteigen,
2. der Anteil des Arbeitgebers am Gesamtsozialversicherungsbeitrag.

Arbeitsentgelt, das einmalig gezahlt wird, ist nicht berücksichtigungsfähig.

(4) Die Zuschüsse werden zu Beginn der Maßnahme in monatlichen Festbeträgen für die Förderungsdauer festgelegt. Die monatlichen Festbeträge werden nur angepaßt, wenn sich das berücksichtigungsfähige Arbeitsentgelt verringert. § 222 Abs. 2 bleibt unberührt.

§ 219 Umfang der Förderung. Höhe und Dauer der Förderung richten sich nach dem Umfang einer Minderleistung des Arbeitnehmers und den jeweiligen Eingliederungserfordernissen.

§ 220 Regelförderung. (1) Die Förderungshöhe darf im Regelfall
1. beim Eingliederungszuschuß bei Einarbeitung 30 Prozent,
2. beim Eingliederungszuschuß bei erschwerter Vermittlung und beim Eingliederungszuschuß für ältere Arbeitnehmer 50 Prozent,

des berücksichtigungsfähigen Arbeitsentgelts nicht übersteigen (Regelförderungshöhe).

(2) Die Förderungsdauer darf im Regelfall
1. beim Eingliederungszuschuß bei Einarbeitung sechs Monate,
2. beim Eingliederungszuschuß bei erschwerter Vermittlung zwölf Monate und
3. beim Eingliederungszuschuß für ältere Arbeitnehmer 24 Monate

nicht übersteigen (Regelförderungsdauer).

§ 221 Erhöhte Förderung. (1) Ist die Regelförderungshöhe nach dem Umfang der Minderleistung der Arbeitnehmer, der Eingliederungserfordernisse oder des Einarbeitungsaufwands nicht ausreichend, können die Eingliederungszuschüsse um bis zu 20 Prozentpunkte höher festgelegt werden.

(2) *(aufgehoben)*

§ **222 Verlängerte Förderung.** (1) In begründeten Fällen besonders schwerer Vermittelbarkeit kann bei den Eingliederungszuschüssen eine verlängerte Förderungsdauer festgelegt werden. Sie darf das Doppelte der Regelförderungsdauer und beim Eingliederungszuschuß für ältere Arbeitnehmer insgesamt 60 Monate nicht übersteigen.

(2) Nach der Regelförderungsdauer sind die Eingliederungszuschüsse entsprechend der zu erwartenden Zunahme der Leistungsfähigkeit des Arbeitnehmers und den abnehmenden Eingliederungserfordernissen gegenüber der bisherigen Förderungshöhe, mindestens aber um zehn Prozentpunkte, zu vermindern. Der Eingliederungszuschuß für ältere Arbeitnehmer ist nach der Regelförderungsdauer und jeweils nach Ablauf von zwölf Monaten um mindestens zehn Prozentpunkte zu vermindern.

§ **222 a Eingliederungszuschuss für besonders betroffene Schwerbehinderte.** (1) Eingliederungszuschüsse können auch für Schwerbehinderte im Sinne des § 33 Abs. 1 Nr. 3 Buchstabe a bis d des Schwerbehindertengesetzes erbracht werden.

(2) Die Förderungshöhe darf 70 Prozent des berücksichtigungsfähigen Arbeitsentgelts nicht übersteigen. Die Förderungsdauer darf 36 Monate, bei Schwerbehinderten, die das 55. Lebensjahr vollendet haben (ältere Schwerbehinderte), 96 Monate nicht übersteigen.

(3) Bei der Entscheidung über Höhe und Dauer der Förderung ist zu berücksichtigen, ob der Schwerbehinderte ohne gesetzliche Verpflichtung oder über die Beschäftigungspflicht nach dem Schwerbehindertengesetz hinaus eingestellt und beschäftigt wird.

(4) Nach Ablauf von zwölf Monaten ist der Eingliederungszuschuss entsprechend der zu erwartenden Zunahme der Leistungsfähigkeit des Arbeitnehmers und den abnehmenden Eingliederungserfordernissen gegenüber der bisherigen Förderungshöhe, mindestens aber um zehn Prozentpunkte jährlich, zu vermindern; er darf aber 30 Prozent nicht unterschreiten. Der Eingliederungszuschuss für ältere Schwerbehinderte ist erst nach Ablauf von 24 Monaten zu vermindern.

(5) Schwerbehinderte im Sinne dieses Gesetzes sind auch nach § 2 des Schwerbehindertengesetzes von den Arbeitsämtern gleichgestellte Behinderte.

§ **223 Förderungsausschluß und Rückzahlung.** (1) Eine Förderung ist ausgeschlossen, wenn

1. zu vermuten ist, daß der Arbeitgeber die Beendigung eines Beschäftigungsverhältnisses veranlaßt hat, um einen Eingliederungszuschuß zu erhalten oder

2. die Einstellung bei einem früheren Arbeitgeber erfolgt, bei dem der Arbeitnehmer während der letzten vier Jahre vor Förderungsbeginn mehr als drei Monate versicherungspflichtig beschäftigt war.

(2) Der Eingliederungszuschuß bei Einarbeitung und der Eingliederungszuschuß bei erschwerter Vermittlung sowie der Eingliederungszuschuss für besonders betroffene Schwerbehinderte mit Ausnahme des Eingliederungszuschusses für besonders betroffene ältere Schwerbehinderte nach § 222a Abs. 2 sind teilweise zurückzuzahlen, wenn das Beschäftigungsverhältnis während des Förderungszeitraums oder innerhalb eines Zeitraums, der der

Arbeitsförderung §§ 224–235a SGB III 7

Förderungsdauer entspricht, längstens jedoch von zwölf Monaten, nach Ende des Förderungszeitraums beendet wird. Dies gilt nicht, wenn

1. der Arbeitgeber berechtigt war, das Arbeitsverhältnis aus Gründen, die in der Person oder dem Verhalten des Arbeitnehmers liegen, oder aus dringenden betrieblichen Erfordernissen, die einer Weiterbeschäftigung in diesem Betrieb entgegenstehen, zu kündigen,
2. die Beendigung des Arbeitsverhältnisses auf das Bestreben des Arbeitnehmers hin erfolgt, ohne daß der Arbeitgeber den Grund hierfür zu vertreten hat, oder
3. der Arbeitnehmer das Mindestalter für den Bezug der gesetzlichen Altersrente erreicht hat.

Die Rückzahlung ist auf die Hälfte des Förderungsbetrages, höchstens aber den in den letzten zwölf Monaten vor der Beendigung des Beschäftigungsverhältnisses gewährten Förderungsbetrag begrenzt. Ungeförderte Nachbeschäftigungszeiten sind anteilig zu berücksichtigen.

§ 224 Anordnungsermächtigung und Verordnungsermächtigung. Die Bundesanstalt wird ermächtigt, durch Anordnung das Nähere über Voraussetzungen, Art, Umfang und Verfahren der Förderung zu bestimmen. Das Bundesministerium für Arbeit und Sozialordnung wird ermächtigt, durch Rechtsverordnung beim Eingliederungszuschuss für ältere Arbeitnehmer und beim Eingliederungszuschuss für besonders betroffene Schwerbehinderte die Altersgrenze auf bis zu 50 Jahre herabzusetzen, wenn dies nach Lage und Entwicklung des Arbeitsmarktes erforderlich ist, um die Arbeitslosigkeit älterer Arbeitnehmer zu beheben, sowie die Dauer der Förderung bei den besonders betroffenen älteren Schwerbehinderten im Alter vom vollendeten 50. bis zum vollendeten 55. Lebensjahr auf bis zu 60 Monate festzulegen.

(Zweiter und Dritter Unterabschnitt nicht abgedruckt)

Zweiter Abschnitt. Berufliche Ausbildung und Leistungen zur beruflichen Eingliederung Behinderter

Erster Unterabschnitt. Förderung der Berufsausbildung

§ 235 Zuschüsse zur Ausbildungsvergütung. (1) Arbeitgeber können für die berufliche Ausbildung von Auszubildenden durch Zuschüsse zur Ausbildungsvergütung gefördert werden, soweit vom Arbeitsamt geförderte ausbildungsbegleitende Hilfen während der betrieblichen Ausbildungszeit durchgeführt oder durch Abschnitte der Berufsausbildung in einer außerbetrieblichen Einrichtung ergänzt werden und die Ausbildungsvergütung weitergezahlt wird.

(2) Die Zuschüsse können in Höhe des Betrages erbracht werden, der sich als anteilige Ausbildungsvergütung einschließlich des darauf entfallenden Arbeitgeberanteils am Gesamtsozialversicherungsbeitrag errechnet.

§ 235a Zuschüsse zur Ausbildungsvergütung Schwerbehinderter. (1) Arbeitgeber können für die betriebliche Aus- oder Weiterbildung von Schwerbehinderten im Sinne des § 33 Abs. 1 Nr. 3 Buchstabe e des Schwerbehindertengesetzes in Ausbildungsberufen durch Zuschüsse zur Ausbildungsvergütung oder vergleichbaren Vergütung gefördert werden, wenn die Aus- oder Weiterbildung sonst nicht zu erreichen ist.

(2) Die Zuschüsse sollen regelmäßig 80 Prozent der monatlichen Ausbildungsvergütung für das letzte Ausbildungsjahr oder der vergleichbaren Vergütung einschließlich des darauf entfallenden Arbeitgeberanteils am Gesamtsozialversicherungsbeitrag nicht übersteigen. In begründeten Ausnahmefällen können Zuschüsse bis zur Höhe der Ausbildungsvergütung für das letzte Ausbildungsjahr erbracht werden.

(3) Bei Übernahme Schwerbehinderter in ein Arbeitsverhältnis durch den ausbildenden oder einen anderen Arbeitgeber im Anschluss an eine abgeschlossene Aus- oder Weiterbildung kann ein Eingliederungszuschuss in Höhe von bis zu 70 Prozent des berücksichtigungsfähigen Arbeitsentgelts (§ 218 Abs. 3) für die Dauer von einem Jahr erbracht werden, sofern während der Aus- oder Weiterbildung Zuschüsse erbracht wurden.

Zweiter Unterabschnitt. Förderung der beruflichen Eingliederung Behinderter

§ 236 Ausbildung Behinderter. (1) Arbeitgeber können für die betriebliche Aus- oder Weiterbildung von Behinderten in Ausbildungsberufen durch Zuschüsse zur Ausbildungsvergütung gefördert werden, wenn die Aus- oder Weiterbildung sonst nicht zu erreichen ist.

(2) Die Zuschüsse sollen regelmäßig 60 Prozent der monatlichen Ausbildungsvergütung für das letzte Ausbildungsjahr nicht übersteigen. In begründeten Ausnahmefällen können Zuschüsse bis zur Höhe der Ausbildungsvergütung für das letzte Ausbildungsjahr erbracht werden.

§ 237 Arbeitshilfen für Behinderte. Arbeitgebern können Zuschüsse für eine behindertengerechte Ausgestaltung von Ausbildungs- oder Arbeitsplätzen erbracht werden, soweit dies erforderlich ist, um die dauerhafte berufliche Eingliederung Behinderter zu erreichen oder zu sichern und eine entsprechende Verpflichtung des Arbeitgebers nach dem Schwerbehindertengesetz nicht besteht.

§ 238 Probebeschäftigung Behinderter. Arbeitgebern können die Kosten für eine befristete Probebeschäftigung Behinderter bis zu einer Dauer von drei Monaten erstattet werden, wenn dadurch die Möglichkeit einer beruflichen Eingliederung verbessert wird oder eine vollständige und dauerhafte berufliche Eingliederung zu erreichen ist.

§ 239 Anordnungsermächtigung. Die Bundesanstalt wird ermächtigt, durch Anordnung das Nähere über Voraussetzungen, Art, Umfang und Verfahren der Förderung zu bestimmen.

Sechstes Kapitel. Leistungen an Träger

Erster Abschnitt. Förderung der Berufsausbildung

(nicht abgedruckt)

Zweiter Abschnitt. Förderung von Einrichtungen der beruflichen Aus- oder Weiterbildung oder zur beruflichen Eingliederung Behinderter

§ 248 Grundsatz. (1) Träger von Einrichtungen der beruflichen Aus- oder Weiterbildung oder zur beruflichen Eingliederung Behinderter können durch Darlehen und Zuschüsse gefördert werden, wenn dies für die Erbringung von anderen Leistungen der aktiven Arbeitsförderung erforderlich ist und die Träger sich in angemessenem Umfang an den Kosten beteiligen. Leistungen können erbracht werden für

1. den Aufbau, die Erweiterung und die Ausstattung der Einrichtungen sowie den der beruflichen Bildung Behinderter dienenden begleitenden Dienste, Internate, Wohnheime und Nebeneinrichtungen und

2. Maßnahmen zur Entwicklung oder Weiterentwicklung von Lehrgängen, Lehrprogrammen und Lehrmethoden zur beruflichen Bildung Behinderter.

(2) In die Förderung von Trägern von Einrichtungen zur beruflichen Eingliederung Behinderter können nur Vorhaben einbezogen werden, die im Rahmen der überregionalen Planung mit dem Bundesministerium für Arbeit und Sozialordnung abgestimmt sind und bei deren Gestaltung und Durchführung der Bundesanstalt hinreichend Einfluß eingeräumt wird.

§ 249 Förderungsausschluß. Die Förderung ist ausgeschlossen, wenn die Einrichtung der beruflichen Aus- oder Weiterbildung in berufsbildenden Schulen oder die Einrichtung überwiegend den Zwecken eines Betriebes, mehrerer Betriebe, eines Verbandes oder zu Erwerbszwecken dient. Eine Förderung ist jedoch möglich, soweit Maßnahmen der Arbeitsförderung auf andere Weise nicht, nicht in ausreichendem Umfang oder nicht rechtzeitig durchgeführt werden können.

§ 250 Bundesanstalt als Träger von Einrichtungen. Die Bundesanstalt soll Einrichtungen der beruflichen Aus- oder Weiterbildung sowie zur beruflichen Eingliederung Behinderter mit anderen Trägern oder alleine errichten, wenn bei dringendem Bedarf geeignete Einrichtungen nicht zur Verfügung stehen. Die Bundesanstalt kann darüber hinaus alleine oder mit anderen Trägern Einrichtungen errichten, die als Modell für andere Träger dienen.

§ 251 Anordnungsermächtigung. Die Bundesanstalt wird ermächtigt, durch Anordnung das Nähere über Voraussetzungen, Art, Umfang und Verfahren der Förderung zu bestimmen.

(Dritter und Vierter Abschnitt nicht abgedruckt)

Fünfter Abschnitt. Förderung von Arbeitsbeschaffungsmaßnahmen

§ 260 Grundsatz. (1) Träger von Arbeitsbeschaffungsmaßnahmen können für die Beschäftigung von zugewiesenen Arbeitnehmern durch Zuschüsse und Darlehen gefördert werden, wenn

1. in den Maßnahmen zusätzliche und im öffentlichen Interesse liegende Arbeiten durchgeführt werden und

2. die Träger oder durchführenden Unternehmen Arbeitsverhältnisse mit vom Arbeitsamt zugewiesenen förderungsbedürftigen Arbeitnehmern begründen, die durch die Arbeit beruflich stabilisiert oder qualifiziert und deren Eingliederungsaussichten dadurch verbessert werden können.

(2) Maßnahmen sind bevorzugt zu fördern, wenn

1. durch sie die Voraussetzungen für die Schaffung von Dauerarbeitsplätzen erheblich verbessert werden,
2. durch sie Arbeitsgelegenheiten für Arbeitnehmer mit besonderen Vermittlungserschwernissen geschaffen werden oder
3. sie strukturverbessernde Arbeiten vorbereiten oder ergänzen, die soziale Infrastruktur verbessern oder der Verbesserung der Umwelt dienen.

§ 261 Förderungsfähige Maßnahmen. (1) Maßnahmen sind förderungsfähig, wenn die in ihnen verrichteten Arbeiten zusätzlich sind und im öffentlichen Interesse liegen.

(2) Arbeiten sind zusätzlich, wenn sie ohne die Förderung nicht oder erst zu einem späteren Zeitpunkt durchgeführt werden. Arbeiten, die auf Grund einer rechtlichen Verpflichtung durchzuführen sind oder die üblicherweise von juristischen Personen des öffentlichen Rechts durchgeführt werden, sind nur förderungsfähig, wenn sie ohne die Förderung voraussichtlich erst nach zwei Jahren durchgeführt werden.

(3) Arbeiten liegen im öffentlichen Interesse, wenn das Arbeitsergebnis der Allgemeinheit dient. Arbeiten, deren Ergebnis überwiegend erwerbswirtschaftlichen Interessen oder den Interessen eines begrenzten Personenkreises dient, liegen nicht im öffentlichen Interesse. Das Vorliegen des öffentlichen Interesses wird nicht allein dadurch ausgeschlossen, daß das Arbeitsergebnis auch den in der Maßnahme beschäftigten Arbeitnehmern zugute kommt, wenn sichergestellt ist, daß die Arbeiten nicht zu einer Bereicherung einzelner führen.

(4) Die Förderungsfähigkeit einer Maßnahme wird nicht dadurch ausgeschlossen, daß sie Zeiten einer begleitenden beruflichen Qualifizierung oder eines betrieblichen Praktikums enthält, wenn hierdurch die Eingliederungsaussichten der zugewiesenen Arbeitnehmer erheblich verbessert werden. Die Zeiten einer begleitenden beruflichen Qualifizierung dürfen 20 Prozent, die Zeiten eines betrieblichen Praktikums 40 Prozent und zusammen 50 Prozent der Zuweisungsdauer eines Arbeitnehmers nicht überschreiten.

§ 262 Vergabe von Arbeiten. (1) Maßnahmen im gewerblichen Bereich sind nur förderungsfähig, wenn sie an ein Wirtschaftsunternehmen vergeben werden. Eine Maßnahme kann jedoch in eigener Regie des Trägers durchgeführt werden, wenn

1. sie sinnvoll nur sozialpädagogisch betreut durchgeführt werden kann oder Qualifizierungs- oder Praktikumsanteile von mindestens 20 Prozent der Zuweisungsdauer enthält,
2. überwiegend Arbeitnehmer zugewiesen werden, die behindert sind oder bei Beginn der Maßnahme das 25. Lebensjahr noch nicht vollendet und die keine abgeschlossene Berufsausbildung haben oder die das 50. Lebensjahr vollendet haben, oder

Arbeitsförderung §§ 263, 264 SGB III 7

3. eine Vergabe an ein Wirtschaftsunternehmen aufgrund von fehlendem Interesse des in Frage kommenden Wirtschaftszweiges nicht möglich oder die Vergabe wirtschaftlich nicht zumutbar ist; dabei sind die für diesen Bereich nach Landesrecht zuständige Behörde und der jeweils zuständige Fachverband zu beteiligen.

Eine Maßnahme darf nicht in eigener Regie des Trägers durchgeführt werden, wenn in dem in Frage kommenden Wirtschaftszweig und dem regional betroffenen Arbeitsmarkt die Zahl der durch Arbeitsbeschaffungsmaßnahmen geförderten Arbeitnehmer bereits unverhältnismäßig hoch im Vergleich zu der Zahl der in dem Wirtschaftszweig tätigen nicht geförderten Arbeitnehmer ist.

(2) Ist bei der Durchführung einer Maßnahme die Vergabe eines öffentlichen Auftrags an ein Wirtschaftsunternehmen vorgesehen, kann die Zuweisung geförderter Arbeitnehmer nichtdiskriminierend für alle Bewerber als vertragliche Nebenbedingung aufgenommen werden.

§ 263 Förderungsbedürftige Arbeitnehmer. (1) Arbeitnehmer sind förderungsbedürftig, wenn sie

1. langzeitarbeitslos sind oder innerhalb der letzten zwölf Monate vor der Zuweisung mindestens sechs Monate beim Arbeitsamt arbeitslos gemeldet waren und

2. die Voraussetzungen für Entgeltersatzleistungen bei Arbeitslosigkeit, bei beruflicher Weiterbildung oder bei beruflicher Eingliederung Behinderter erfüllen.

(2) Das Arbeitsamt kann unabhängig vom Vorliegen der Voraussetzungen nach Absatz 1 die Förderungsbedürftigkeit von Arbeitnehmern feststellen, wenn

1. dadurch fünf Prozent der Zahl aller in dem Haushaltsjahr zugewiesenen Teilnehmer in Arbeitsbeschaffungsmaßnahmen nicht überschritten werden,

2. die Arbeitnehmer in den letzten sechs Monaten mindestens drei Monate beim Arbeitsamt arbeitslos gemeldet waren und ihre Zuweisung wegen der Wahrnehmung von Anleitungs- oder Betreuungsaufgaben für die Durchführung der Maßnahme notwendig ist,

3. die Arbeitnehmer bei Beginn der Maßnahme das 25. Lebensjahr noch nicht vollendet und keine abgeschlossene Berufsausbildung haben und die Maßnahme mit einer berufsvorbereitenden Bildungsmaßnahme verbunden ist oder

4. die Arbeitnehmer wegen Art oder Schwere ihrer Behinderung nur durch Zuweisung in die Maßnahme beruflich stabilisiert oder qualifiziert werden können.

§ 264 Zuschüsse. (1) Zuschüsse können zum berücksichtigungsfähigen Arbeitsentgelt eines zugewiesenen Arbeitnehmers erbracht werden.

(2) Der Zuschuß soll mindestens 30 Prozent des berücksichtigungsfähigen Arbeitsentgelts betragen und darf regelmäßig 75 Prozent des berücksichtigungsfähigen Arbeitsentgelts nicht übersteigen.

(3) Der Zuschuß darf 90 Prozent des berücksichtigungsfähigen Arbeitsentgelts betragen, wenn

1. der Arbeitnehmer besonders förderungsbedürftig ist und
2. der Träger finanziell nicht in der Lage ist, einen höheren Teil des berücksichtigungsfähigen Arbeitsentgelts zu übernehmen.

In besonderen Ausnahmefällen, insbesondere bei Maßnahmen, die bevorzugt zu fördern sind, darf der Zuschuß auch bis zu 100 Prozent des berücksichtigungsfähigen Arbeitsentgelts betragen. Ist eine Maßnahme auf die Beschäftigung besonders förderungsbedürftiger Arbeitnehmer ausgerichtet, kann der Zuschuß für alle zugewiesenen Arbeitnehmer nach einem einheitlichen Prozentsatz bemessen werden.

(4) Der Zuschuß kann zu Beginn der Maßnahme für jeweils ein Jahr oder für die Förderungsdauer, wenn diese kürzer als ein Jahr ist, in monatlichen Festbeträgen festgelegt werden. Sie werden nur angepaßt, wenn sich das berücksichtigungsfähige Arbeitsentgelt verringert.

(5) Bei der Beschäftigung eines Schwerbehinderten im Sinne des § 1 des Schwerbehindertengesetzes sind auch die Kosten einer notwendigen Arbeitsassistenz zu übernehmen. Die Bundesregierung wird ermächtigt, in der Rechtsverordnung nach § 31 Abs. 3a des Schwerbehindertengesetzes das Nähere über die Voraussetzungen des Anspruchs sowie Höhe und Dauer der Leistungen zu regeln.

§ 265 Berücksichtigungsfähiges Arbeitsentgelt. (1) Arbeitsentgelt ist berücksichtigungsfähig, soweit es 80 Prozent des bis zu einer Obergrenze von 150 Prozent der Bezugsgröße nach § 18 des Vierten Buches maßgeblichen Arbeitsentgelts für eine gleiche oder vergleichbare ungeförderte Tätigkeit, höchstens jedoch 80 Prozent des tariflichen Arbeitsentgelts, nicht übersteigt. Arbeitsentgelt, das auf Grundlage abgesenkter Einstiegstarife für Langzeitarbeitslose gezahlt wird, ist bis zu 90 Prozent dieses Betrages berücksichtigungsfähig. Arbeitsentgelt ist bis zu 100 Prozent des Arbeitsentgelts für eine gleiche oder vergleichbare ungeförderte Tätigkeit, höchstens jedoch 100 Prozent des tariflichen Arbeitsentgelts, berücksichtigungsfähig, soweit das nach Satz 1 und 2 berücksichtigungsfähige Arbeitsentgelt 50 Prozent der Bezugsgröße nach § 18 des Vierten Buches unterschreitet. Berücksichtigungsfähiges Arbeitsentgelt sind auch die hierauf entfallenden pauschalierten Beitragsanteile des Arbeitgebers zur Sozialversicherung und zur Arbeitsförderung sowie die pauschalierten Beiträge des Arbeitgebers, die er im Rahmen eines Ausgleichssystems für die Entgeltfortzahlung im Krankheitsfalle und für die Zahlung von Urlaubsentgelt zu leisten hat.

(2) Für Zeiten ohne Arbeitsleistung ist Arbeitsentgelt nur berücksichtigungsfähig, wenn der Arbeitnehmer

1. auf Grund einer gesetzlichen Vorschrift oder tarifvertraglichen Vereinbarung einen Anspruch auf Fortzahlung des Arbeitsentgelts für diese Zeiten hat oder
2. an einer im Rahmen der Arbeitsbeschaffungsmaßnahme förderungsfähigen begleitenden beruflichen Qualifizierung oder einem betrieblichen Praktikum teilnimmt.

Das berücksichtigungsfähige Arbeitsentgelt mindert sich um das Arbeitsentgelt, das dem Arbeitgeber auf Grund eines Ausgleichssystems erstattet wird.

§ 266 Verstärkte Förderung. (1) Zusätzliche Zuschüsse und Darlehen können erbracht werden, wenn

1. die Finanzierung einer Maßnahme auf andere Weise nicht erreicht werden kann,
2. an der Durchführung der Arbeiten ein besonderes arbeitsmarktpolitisches Interesse besteht und
3. das Land, in dem die Maßnahme durchgeführt wird, Darlehen und Zuschüsse in gleicher Höhe und zu vergleichbar günstigen Bedingungen erbringt

oder die zusätzliche Förderung zum Ausgleich von Mehraufwendungen des Trägers bei einer Vergabe der Arbeiten erforderlich ist. Die zusätzlichen Zuschüsse und Darlehen dürfen zusammen 30 Prozent der Gesamtkosten einer Maßnahme nicht übersteigen; hiervon kann im Einzelfall abgewichen werden, wenn die Arbeitsverhältnisse mit zugewiesenen Arbeitnehmern vor Ablauf der Förderungsdauer beendet werden, ohne daß der Träger dies zu vertreten hätte, und eine Ersatzzuweisung nicht möglich oder nicht sinnvoll ist.

(2) Im übrigen können Darlehen erbracht werden, wenn

1. die Maßnahme sonst nicht oder nicht in einem arbeitsmarktpolitisch erforderlichen Umfang durchgeführt werden kann,
2. in der Maßnahme überwiegend besonders förderungsbedürftige Arbeitnehmer beschäftigt werden und
3. sich der Träger oder ein Dritter angemessen an der Finanzierung der Gesamtkosten der Maßnahme beteiligt.

§ 267 Dauer der Förderung. (1) Die Förderung darf in der Regel nur zwölf Monate dauern.

(2) Die Förderung darf bis zur Gesamtdauer von 24 Monaten verlängert werden, wenn die Maßnahme bevorzugt zu fördern ist. In besonderen Ausnahmefällen darf die Förderungsdauer bereits zu Beginn der Maßnahme auf mehr als zwölf Monate festgesetzt werden.

(3) Die bevorzugt zu fördernde Maßnahme darf bis zur Gesamtdauer von 36 Monaten verlängert werden, wenn der Träger die Verpflichtung übernimmt, daß die zugewiesenen Arbeitnehmer anschließend in ein Dauerarbeitsverhältnis bei ihm oder dem durchführenden Unternehmen übernommen werden.

(4) Die Förderung von Maßnahmen für arbeitslose Ausbilder und Betreuer, die der beruflichen Ausbildung dienen, darf bis zum Ende der Ausbildungsverhältnisse dauern.

(5) Eine Maßnahme kann ohne zeitliche Unterbrechung wiederholt gefördert werden, wenn sie darauf ausgerichtet ist,

1. während einer längeren Dauer Arbeitsplätze für wechselnde besonders förderungsbedürftige Arbeitnehmer zu schaffen und
2. die Eingliederungsaussichten dieser Arbeitnehmer erheblich zu verbessern.

§ 268 Rückzahlung. Die im Rahmen der Verlängerung einer Förderung erbrachten Zuschüsse sind zurückzuzahlen, wenn die vom Träger bei Antragstellung abgegebene Verpflichtung zur Übernahme eines zugewiesenen Arbeitnehmers in ein Dauerarbeitsverhältnis nicht erfüllt wird oder das Arbeitsverhältnis innerhalb von zwölf Monaten nach Ende des Förderzeitraums beendet wird. Dies gilt nicht, wenn

1. der Arbeitgeber bei Beendigung des Beschäftigungsverhältnisses berechtigt war, das Arbeitsverhältnis aus wichtigem Grund ohne Einhaltung einer Kündigungsfrist zu kündigen,
2. die Beendigung des Arbeitsverhältnisses auf das Bestreben des Arbeitnehmers hin erfolgt, ohne daß der Arbeitgeber den Grund hierfür zu vertreten hat,
3. der Arbeitnehmer das für ihn maßgebliche Rentenalter für eine Altersrente erreicht hat oder
4. es für den Arbeitgeber bei einer Ersatzzuweisung während des dritten Förderjahres unter Würdigung der Umstände des Einzelfalles unzumutbar wäre, den zuletzt zugewiesenen Arbeitnehmer anstelle des zuvor zugewiesenen Arbeitnehmers im Anschluß an die Förderung in ein Dauerarbeitsverhältnis zu übernehmen.

§ 269 Zuweisung und Abberufung. (1) Das Arbeitsamt kann einen förderungsbedürftigen Arbeitnehmer für die Dauer der Förderung in die Maßnahme zuweisen.

(2) Das Arbeitsamt soll einen zugewiesenen Arbeitnehmer abberufen, wenn es ihm einen zumutbaren Ausbildungs- oder Arbeitsplatz vermitteln oder ihn durch eine zumutbare Berufsausbildung oder Maßnahme der beruflichen Weiterbildung fördern kann. Eine Abberufung soll jedoch nicht erfolgen, wenn

1. der zugewiesene Arbeitnehmer im Anschluß an die Förderung in ein Dauerarbeitsverhältnis beim Träger oder beim durchführenden Unternehmen übernommen wird oder
2. die Dauer der zu vermittelnden Arbeit kürzer als die Restdauer der Zuweisung oder kürzer als sechs Monate ist.

Das Arbeitsamt kann einen zugewiesenen Arbeitnehmer auch abberufen, wenn dieser einer Einladung zur Berufsberatung trotz Belehrung über die Rechtsfolgen ohne wichtigen Grund nicht nachkommt.

§ 270 Besondere Kündigungsrechte. (1) Das Arbeitsverhältnis kann vom Arbeitnehmer ohne Einhaltung einer Frist gekündigt werden, wenn er

1. eine Ausbildung oder Arbeit aufnehmen kann,
2. an einer Maßnahme der Berufsausbildung oder der beruflichen Weiterbildung teilnehmen kann oder
3. aus der Arbeitsbeschaffungsmaßnahme abberufen wird.

(2) Das Arbeitsverhältnis kann vom Arbeitgeber ohne Einhaltung einer Frist gekündigt werden, wenn der Arbeitnehmer abberufen wird.

§ 271 Anordnungsermächtigung. Die Bundesanstalt wird ermächtigt, durch Anordnung das Nähere über Voraussetzungen, Art, Umfang und Verfahren der Förderung zu bestimmen. Sie kann insbesondere für die Berücksichtigungsfähigkeit von Arbeitsentgelten eine niedrigere Obergrenze festsetzen und Leistungen zur Abgeltung nicht gewährten Urlaubs in die Förderung einbeziehen. Sie kann ferner zur pauschalen Abgeltung der Beitragsanteile und Beiträge nach § 265 Abs. 1 bundeseinheitlich Prozentsätze festsetzen und bekanntgeben.

Sechster Abschnitt.
Förderung von Strukturanpassungsmaßnahmen

§ 272 Grundsatz. Träger von Strukturanpassungsmaßnahmen können für die Beschäftigung von zugewiesenen Arbeitnehmern bis zum 31. Dezember 2006 durch Zuschüsse gefördert werden, wenn die Träger oder durchführenden Unternehmen Arbeitsverhältnisse mit vom Arbeitsamt zugewiesenen förderungsbedürftigen Arbeitnehmern begründen und

1. die Durchführung der Maßnahme dazu beiträgt, neue Arbeitsplätze zu schaffen, oder
2. dies zum Ausgleich von Arbeitsplatzverlusten erforderlich ist, die infolge von Personalanpassungsmaßnahmen in einem erheblichen Umfang entstanden sind oder entstehen und sich auf den örtlichen Arbeitsmarkt erheblich nachteilig auswirken.

§ 273 Förderungsfähige Maßnahmen. Förderungsfähig sind Maßnahmen zur

1. Erhaltung und Verbesserung der Umwelt,
2. Verbesserung des Angebots bei den sozialen Diensten und in der Jugendhilfe,
3. Erhöhung des Angebots im Breitensport und in der freien Kulturarbeit,
4. Vorbereitung und Durchführung der Denkmalpflege, der städtebaulichen Erneuerung und des städtebaulichen Denkmalschutzes,
5. Verbesserung des Wohnumfeldes und
6. Verbesserung der wirtschaftsnahen Infrastruktur einschließlich der touristischen Infrastruktur.

Die Maßnahmen nach Satz 1 Nr. 4 bis 6 sind mit Ausnahme der Maßnahmen zur Vorbereitung der Denkmalpflege und zur Verbesserung der touristischen Infrastruktur nur förderungsfähig, wenn die Arbeiten an ein Wirtschaftsunternehmen vergeben werden.

§ 274 Förderungsbedürftige Arbeitnehmer. Arbeitnehmer sind förderungsbedürftig, wenn sie

1. arbeitslos geworden oder von Arbeitslosigkeit bedroht sind,
2. vor der Zuweisung die Voraussetzungen für Arbeitslosengeld oder Arbeitslosenhilfe erfüllt haben oder bei Arbeitslosigkeit erfüllt hätten oder die Voraussetzungen für Anschlußunterhaltsgeld oder Anschlußübergangsgeld erfüllen und

3. ohne die Zuweisung auf absehbare Zeit nicht in Arbeit vermittelt werden können.

Arbeitnehmer, die unmittelbar vor der Zuweisung Arbeitslosenhilfe bezogen haben, sollen in angemessenem Umfang gefördert werden.

§ 275 Höhe der Förderung. (1) Der Zuschuss wird höchstens in Höhe von 2100 Deutsche Mark monatlich für jeden zugewiesenen Arbeitnehmer erbracht.

(2) Der Zuschuß darf die bei der Förderung von Arbeitsbeschaffungsmaßnahmen für die zugewiesenen Arbeitnehmer berücksichtigungsfähigen Arbeitsentgelte nicht übersteigen. Ist die Arbeitszeit eines zugewiesenen Arbeitnehmers gegenüber der Arbeitszeit eines vergleichbaren, mit voller Arbeitszeit beschäftigten Arbeitnehmers herabgesetzt, ist der Zuschuß entsprechend zu kürzen.

§ 276 Dauer der Förderung. (1) Die Förderung darf in der Regel nur 36 Monate dauern.

(2) Die Förderung darf bis zur Gesamtdauer von 48 Monaten verlängert werden, wenn der Träger die Verpflichtung übernimmt, daß die zugewiesenen Arbeitnehmer anschließend in ein Dauerarbeitsverhältnis bei ihm oder dem durchführenden Unternehmen übernommen werden.

§ 277 Zuweisung. Das Arbeitsamt kann einen förderungsbedürftigen Arbeitnehmer für die Dauer der Förderung in die Maßnahme zuweisen. Eine Zuweisung ist ausgeschlossen, soweit der Arbeitnehmer bereits in eine andere Strukturanpassungsmaßnahme oder in eine andere vergleichbare Maßnahme zugewiesen wurde und die für ihn maßgebliche Zuweisungshöchstdauer hierbei ausgeschöpft wurde.

§ 278 Anwendung anderer Vorschriften. Die Vorschriften zur Förderung von Arbeitsbeschaffungsmaßnahmen über die begleitende berufliche Qualifizierung oder betriebliche Praktika der zugewiesenen Arbeitnehmer, die Kündigung des Arbeitsverhältnisses, die Abberufung durch das Arbeitsamt, die Vergabe der Arbeiten, die Rückzahlung erbrachter Zuschüsse und die Übernahme der Kosten einer notwendigen Arbeitsassistenz (§ 264 Abs. 5) sind entsprechend anzuwenden.

§ 279 Anordnungsermächtigung. Die Bundesanstalt wird ermächtigt, durch Anordnung das Nähere über Voraussetzungen, Art, Umfang und Verfahren der Förderung zu bestimmen.

7a. Verordnung über die Altersgrenze beim Eingliederungszuschuß für ältere Arbeitnehmer (Eingliederungszuschußverordnung)

Vom 30. Dezember 1997 (BGBl. 1998 I S. 37)

Zuletzt geändert durch Gesetz vom 29. September 2000 (BGBl. I S. 1394)

BGBl. III/FNA 860–3–7

Auf Grund des § 224 Satz 2 des Dritten Buches Sozialgesetzbuch – Arbeitsförderung – (Artikel 1 des Gesetzes vom 24. März 1997, BGBl. I S. 594) verordnet das Bundesministerium für Arbeit und Sozialordnung:

§ 1. Die Altersgrenze beim Eingliederungszuschuss für ältere Arbeitnehmer und für besonders betroffene Schwerbehinderte wird für Förderungen, die bis zum 31. Dezember 2001 erstmals begonnen haben, auf die Vollendung des 50. Lebensjahres festgesetzt. Die Dauer der Förderung bei den besonders betroffenen älteren Schwerbehinderten im Alter vom vollendeten 50. bis zum vollendeten 55. Lebensjahr darf 60 Monate nicht übersteigen.

§ 2. Diese Verordnung tritt mit Wirkung vom 1. Januar 1998 in Kraft[1].

---

[1] § 1 in der Fassung des Gesetzes vom 29. 9. 2000 ist am 1. 10. 2000 in Kraft getreten.

8. Sozialgesetzbuch (SGB)
Sechstes Buch (VI)
Gesetzliche Rentenversicherung

Vom 18. Dezember 1989 (BGBl. I S. 2261, ber. 1990 S. 1337)

Zuletzt geändert durch Gesetz vom 21. Dezember 2000 (BGBl. I S. 1983)

BGBl. III/FNA 860-6

– Auszug –

§ 1 Beschäftigte. Versicherungspflichtig sind
1. Personen, die gegen Arbeitsentgelt oder zu ihrer Berufsausbildung beschäftigt sind; während des Bezuges von Kurzarbeiter- oder Winterausfallgeld nach dem Dritten Buch besteht die Versicherungspflicht fort,
2. Behinderte, die
    a) in nach dem Schwerbehindertengesetz anerkannten Werkstätten für Behinderte oder in nach dem Blindenwarenvertriebsgesetz anerkannten Blindenwerkstätten oder für diese Einrichtungen in Heimarbeit tätig sind,
    b) in Anstalten, Heimen oder gleichartigen Einrichtungen in gewisser Regelmäßigkeit eine Leistung erbringen, die einem Fünftel der Leistung eines voll erwerbsfähigen Beschäftigten in gleichartiger Beschäftigung entspricht; hierzu zählen auch Dienstleistungen für den Träger der Einrichtung,
3. Personen, die in Einrichtungen der Jugendhilfe oder in Berufsbildungswerken oder ähnlichen Einrichtungen für Behinderte für eine Erwerbstätigkeit befähigt werden sollen,
4. Mitglieder geistlicher Genossenschaften, Diakonissen und Angehörige ähnlicher Gemeinschaften während ihres Dienstes für die Gemeinschaft und während der Zeit ihrer außerschulischen Ausbildung.

Die Versicherungspflicht von Personen, die gegen Arbeitsentgelt oder zu ihrer Berufsausbildung beschäftigt sind, erstreckt sich auch auf Deutsche, die im Ausland bei einer amtlichen Vertretung des Bundes oder der Länder oder bei deren Leitern, deutschen Mitgliedern oder Bediensteten beschäftigt sind. Personen, die Wehrdienst leisten und nicht in einem Dienstverhältnis als Berufssoldat oder Soldat auf Zeit stehen, sind in dieser Beschäftigung nicht nach Satz 1 Nr. 1 versicherungspflichtig; sie gelten als Wehrdienstleistende im Sinne des § 3 Satz 1 Nr. 2 und Satz 4. Mitglieder des Vorstandes einer Aktiengesellschaft sind nicht versicherungspflichtig. Die in Satz 1 Nr. 2 bis 4 genannten Personen gelten als Beschäftigte im Sinne des Rechts der Rentenversicherung.

§ 9 Aufgabe der Rehabilitation. (1) Die Rentenversicherung erbringt medizinische, berufsfördernde und ergänzende Leistungen zur Rehabilitation, um

1. den Auswirkungen einer Krankheit oder einer körperlichen, geistigen oder seelischen Behinderung auf die Erwerbsfähigkeit der Versicherten entgegenzuwirken oder sie zu überwinden und
2. dadurch Beeinträchtigungen der Erwerbsfähigkeit der Versicherten oder ihr vorzeitiges Ausscheiden aus dem Erwerbsleben zu verhindern oder sie möglichst dauerhaft in das Erwerbsleben wiedereinzugliedern.

Die Leistungen zur Rehabilitation haben Vorrang vor Rentenleistungen, die bei erfolgreicher Rehabilitation nicht oder voraussichtlich erst zu einem späteren Zeitpunkt zu erbringen sind.

(2) Die Leistungen nach Absatz 1 können erbracht werden, wenn die persönlichen und versicherungsrechtlichen Voraussetzungen dafür erfüllt sind. Die Versicherten sind verpflichtet, an der Rehabilitation aktiv mitzuwirken.

§ 10 Persönliche Voraussetzungen. Für Leistungen zur Rehabilitation haben Versicherte die persönlichen Voraussetzungen erfüllt,
1. deren Erwerbsfähigkeit wegen Krankheit oder körperlicher, geistiger oder seelischer Behinderung erheblich gefährdet oder gemindert ist und
2. bei denen voraussichtlich
   a) bei erheblicher Gefährdung der Erwerbsfähigkeit eine Minderung der Erwerbsfähigkeit durch medizinische oder berufsfördernde Leistungen abgewendet werden kann,
   b) bei geminderter Erwerbsfähigkeit diese durch medizinische oder berufsfördernde Leistungen wesentlich gebessert oder wiederhergestellt oder hierdurch deren wesentliche Verschlechterung abgewendet werden kann,
   c) bei teilweiser Erwerbsminderung ohne Aussicht auf eine wesentliche Besserung der Erwerbsfähigkeit der Arbeitsplatz durch berufsfördernde Leistungen erhalten werden kann.

§ 11 Versicherungsrechtliche Voraussetzungen. (1) Für Leistungen zur Rehabilitation haben Versicherte die versicherungsrechtlichen Voraussetzungen erfüllt, die bei Antragstellung
1. die Wartezeit von 15 Jahren erfüllt haben oder
2. eine Rente wegen verminderter Erwerbsfähigkeit beziehen.

(2) Für die medizinischen Leistungen zur Rehabilitation haben Versicherte die versicherungsrechtlichen Voraussetzungen auch erfüllt, die
1. in den letzten zwei Jahren vor der Antragstellung sechs Kalendermonate mit Pflichtbeiträgen für eine versicherte Beschäftigung oder Tätigkeit haben,
2. innerhalb von zwei Jahren nach Beendigung einer Ausbildung eine versicherte Beschäftigung oder selbständige Tätigkeit aufgenommen und bis zum Antrag ausgeübt haben oder nach einer solchen Beschäftigung oder Tätigkeit bis zum Antrag arbeitsunfähig oder arbeitslos gewesen sind oder
3. vermindert erwerbsfähig sind oder bei denen dies in absehbarer Zeit zu erwarten ist, wenn sie die allgemeine Wartezeit erfüllt haben.
§ 38 Satz 2 ist anzuwenden.

(2a) Berufsfördernde Leistungen zur Rehabilitation werden an Versicherte auch erbracht,

1. wenn ohne diese Leistungen Rente wegen verminderter Erwerbsfähigkeit zu leisten wäre oder
2. wenn sie für eine voraussichtlich erfolgreiche Rehabilitation unmittelbar im Anschluß an medizinische Leistungen der Träger der Rentenversicherung erforderlich sind.

(3) Die versicherungsrechtlichen Voraussetzungen haben auch überlebende Ehegatten erfüllt, die Anspruch auf große Witwenrente oder große Witwerrente wegen verminderter Erwerbsfähigkeit haben. Sie gelten für die Vorschriften dieses Abschnitts als Versicherte.

§ 12 Ausschluß von Leistungen. (1) Leistungen zur Rehabilitation werden nicht für Versicherte erbracht, die

1. wegen eines Arbeitsunfalls, einer Berufskrankheit oder einer Schädigung im Sinne des sozialen Entschädigungsrechts gleichartige Leistungen eines anderen Rehabilitationsträgers erhalten können,
2. eine Rente wegen Alters von wenigstens zwei Dritteln der Vollrente beziehen oder beantragt haben,
3. eine Beschäftigung ausüben, aus der ihnen nach beamtenrechtlichen oder entsprechenden Vorschriften Anwartschaft auf Versorgung gewährleistet ist,
4. als Bezieher einer Versorgung wegen Erreichens einer Altersgrenze versicherungsfrei sind,
4 a. eine Leistung beziehen, die regelmäßig bis zum Beginn einer Rente wegen Alters gezahlt wird, oder
5. sich in Untersuchungshaft oder im Vollzug einer Freiheitsstrafe oder freiheitsentziehenden Maßregel der Besserung und Sicherung befinden oder einstweilig nach § 126 a Abs. 1 der Strafprozeßordnung untergebracht sind. Dies gilt nicht für Versicherte im erleichterten Strafvollzug bei berufsfördernden Leistungen.

(2) Medizinische Leistungen zur Rehabilitation werden nicht vor Ablauf von vier Jahren nach Durchführung solcher oder ähnlicher Leistungen zur Rehabilitation erbracht, deren Kosten aufgrund öffentlich-rechtlicher Vorschriften getragen oder bezuschußt worden sind. Dies gilt nicht, wenn vorzeitige Leistungen aus gesundheitlichen Gründen dringend erforderlich sind.

§ 15 Medizinische Leistungen zur Rehabilitation. (1) Die medizinischen Leistungen zur Rehabilitation umfassen insbesondere

1. Behandlung durch Ärzte und Angehörige anderer Heilberufe, soweit deren Leistungen unter ärztlicher Aufsicht oder auf ärztliche Anordnung durchgeführt werden, einschließlich der Anleitung der Versicherten, eigene Abwehr- und Heilungskräfte zu entwickeln,
2. Arznei- und Verbandmittel, Heilmittel einschließlich Krankengymnastik, Bewegungstherapie, Sprachtherapie und Beschäftigungstherapie,
3. Belastungserprobung und Arbeitstherapie,
4. Körperersatzstücke, orthopädische und andere Hilfsmittel einschließlich der notwendigen Änderung, Instandsetzung und Ersatzbeschaffung sowie der Ausbildung im Gebrauch der Hilfsmittel.

(2) Die stationären medizinischen Leistungen zur Rehabilitation werden einschließlich der erforderlichen Unterkunft und Verpflegung in Einrichtungen erbracht, die unter ständiger ärztlicher Verantwortung und unter Mitwirkung von besonders geschultem Personal entweder von dem Träger der Rentenversicherung selbst betrieben werden oder mit denen ein Vertrag besteht. Die Einrichtung braucht nicht unter ständiger ärztlicher Verantwortung zu stehen, wenn die Art der Behandlung dies nicht erfordert. Die Leistungen der Einrichtungen der medizinischen Rehabilitation müssen nach Art oder Schwere der Erkrankung erforderlich sein.

(3) Die stationären medizinischen Leistungen zur Rehabilitation sollen für längstens drei Wochen erbracht werden. Sie können für einen längeren Zeitraum erbracht werden, wenn dies erforderlich ist, um das Rehabilitationsziel zu erreichen.

§ 16 Berufsfördernde Leistungen zur Rehabilitation. (1) Die berufsfördernden Leistungen zur Rehabilitation umfassen insbesondere

1. Leistungen zur Erhaltung oder Erlangung eines Arbeitsplatzes, einschließlich der Leistungen zur Förderung der Arbeitsaufnahme,
2. Berufsvorbereitung, einschließlich der wegen einer Behinderung erforderlichen Grundausbildung,
3. berufliche Anpassung, Ausbildung und Weiterbildung, einschließlich eines zur Inanspruchnahme dieser Leistungen erforderlichen schulischen Abschlusses,
4. Arbeits- und Berufsförderung im Eingangsverfahren und im Arbeitstrainingsbereich einer anerkannten Werkstatt für Behinderte.

(2) Bei Auswahl der berufsfördernden Leistungen sind Eignung, Neigung und bisherige Tätigkeit angemessen zu berücksichtigen. Das Verfahren zur Auswahl der Leistungen schließt, soweit erforderlich, eine Berufsfindung oder Arbeitserprobung ein. Dabei gelten Absatz 3 sowie § 28 Nr. 1, 2 und 4 entsprechend. Leistungen können auch zum beruflichen Aufstieg erbracht werden.

(3) Die berufsfördernden Leistungen zur Rehabilitation werden stationär in Einrichtungen der beruflichen Rehabilitation erbracht, wenn dies wegen Art oder Schwere der Behinderung oder zur Sicherung des Erfolgs der Rehabilitation erforderlich ist und mit der Einrichtung ein Vertrag über die Ausführung der Leistungen besteht. Sie umfassen die erforderliche Unterkunft und Verpflegung, wenn die Inanspruchnahme der Leistung eine Unterbringung außerhalb des eigenen oder elterlichen Haushalts erfordert.

§ 17 Leistungen an Arbeitgeber. Berufsfördernde Leistungen zur Rehabilitation nach § 16 Abs. 1 Nr. 1 können auch Zuschüsse an Arbeitgeber umfassen, insbesondere für

1. eine dauerhafte berufliche Eingliederung,
2. eine befristete Probebeschäftigung,
3. eine Ausbildung oder Weiterbildung im Betrieb.

Die Zuschüsse können von Auflagen und Bedingungen abhängig gemacht werden.

§ 18 Leistungen in einer Werkstatt für Behinderte. Leistungen für die Teilnahme an Maßnahmen in anerkannten Werkstätten für Behinderte im Sinne des Schwerbehindertengesetzes werden nur erbracht,

1. im Eingangsverfahren bis zur Dauer von vier Wochen, wenn die Leistungen erforderlich sind, um im Zweifelsfalle festzustellen, ob die Werkstatt die geeignete Einrichtung für die Eingliederung des Behinderten in das Arbeitsleben ist, sowie welche Bereiche der Werkstatt und welche berufsfördernden und ergänzenden Maßnahmen zur Eingliederung für den Behinderten in Betracht kommen,

2. im Arbeitstrainingsbereich bis zur Dauer von zwei Jahren, wenn die Maßnahmen erforderlich sind, um die Leistungsfähigkeit oder Erwerbsfähigkeit des Behinderten soweit wie möglich zu entwickeln, zu erhöhen oder wiederzugewinnen und erwartet werden kann, daß der Behinderte nach Teilnahme an diesen Maßnahmen in der Lage ist, wenigstens ein Mindestmaß wirtschaftlich verwertbarer Arbeitsleistung im Sinne des § 54 des Schwerbehindertengesetzes zu erbringen. Über ein Jahr hinaus werden Leistungen nur erbracht, wenn die Leistungsfähigkeit des Behinderten weiterentwickelt oder wiedergewonnen werden kann.

§ 19 Dauer berufsfördernder Leistungen. (1) Die berufsfördernden Leistungen zur Rehabilitation werden für die Zeit erbracht, die vorgeschrieben oder allgemein üblich ist, um das angestrebte Berufsziel zu erreichen. Leistungen für die berufliche Weiterbildung sollen in der Regel nur erbracht werden, wenn die Leistung bei ganztägigem Unterricht nicht länger als zwei Jahre dauert, es sei denn, daß die Versicherten nur durch eine länger dauernde Leistung eingegliedert werden können.

(2) *(aufgehoben)*

§ 37 Altersrente für Schwerbehinderte. Versicherte haben Anspruch auf Altersrente, wenn sie

1. das 63. Lebensjahr vollendet haben,
2. bei Beginn der Altersrente als Schwerbehinderte (§ 1 Schwerbehindertengesetz) anerkannt sind und
3. die Wartezeit von 35 Jahren erfüllt haben.

Die vorzeitige Inanspruchnahme einer solchen Altersrente nach Vollendung des 60. Lebensjahres ist möglich.

§ 50 Wartezeiten. (1) Die Erfüllung der allgemeinen Wartezeit von fünf Jahren ist Voraussetzung für einen Anspruch auf

1. Regelaltersrente,
2. Rente wegen verminderter Erwerbsfähigkeit und
3. Rente wegen Todes.

Die allgemeine Wartezeit gilt als erfüllt für einen Anspruch auf

1. Regelaltersrente, wenn der Versicherte bis zur Vollendung des 65. Lebensjahres eine Rente wegen verminderter Erwerbsfähigkeit oder eine Erziehungsrente bezogen hat,
2. Hinterbliebenenrente, wenn der verstorbene Versicherte bis zum Tode eine Rente bezogen hat.

(2) *(aufgehoben)*

(3) Die Erfüllung der Wartezeit von 20 Jahren ist Voraussetzung für einen Anspruch auf Rente wegen voller Erwerbsminderung an Versicherte, die die allgemeine Wartezeit vor Eintritt der vollen Erwerbsminderung nicht erfüllt haben.

(4) Die Erfüllung der Wartezeit von 25 Jahren ist Voraussetzung für einen Anspruch auf Altersrente für langjährig unter Tage beschäftigte Bergleute.

(5) Die Erfüllung der Wartezeit von 35 Jahren ist Voraussetzung für einen Anspruch auf

1. Altersrente für langjährig Versicherte und
2. Altersrente für Schwerbehinderte.

§ 103 Absichtliche Minderung der Erwerbsfähigkeit. Anspruch auf Rente wegen verminderter Erwerbsfähigkeit, Altersrente für Schwerbehinderte oder große Witwenrente oder große Witwerrente besteht nicht für Personen, die die für die Rentenleistung erforderliche gesundheitliche Beeinträchtigung absichtlich herbeigeführt haben.

§ 104 Minderung der Erwerbsfähigkeit bei einer Straftat. (1) Renten wegen verminderter Erwerbsfähigkeit, Altersrenten für Schwerbehinderte oder große Witwenrenten oder große Witwerrenten können ganz oder teilweise versagt werden, wenn die Berechtigten sich die für die Rentenleistung erforderliche gesundheitliche Beeinträchtigung bei einer Handlung zugezogen haben, die nach strafgerichtlichem Urteil ein Verbrechen oder vorsätzliches Vergehen ist. Dies gilt auch, wenn aus einem in der Person der Berechtigten liegenden Grunde ein strafgerichtliches Urteil nicht ergeht. Zuwiderhandlungen gegen Bergverordnungen oder bergbehördliche Anordnungen gelten nicht als Vergehen im Sinne des Satzes 1.

(2) Soweit die Rente versagt wird, kann sie an unterhaltsberechtigte Ehegatten und Kinder geleistet werden. Die Vorschriften der §§ 48 und 49 des Ersten Buches über die Auszahlung der Rente an Dritte werden entsprechend angewendet.

9. Sozialgerichtsgesetz (SGG)

In der Fassung der Neubekanntmachung vom 23. September 1975
(BGBl. I S. 2535)

Zuletzt geändert durch Gesetz vom 21. Dezember 2000 (BGBl. I S. 1983)

BGBl. III/FNA 330-1

– Auszug –

Erster Teil. Gerichtsverfassung

Fünfter Abschnitt. Rechtsweg und Zuständigkeit

§ 51 [Sachliche Zuständigkeit; Generalklausel] (1) Die Gerichte der Sozialgerichtsbarkeit entscheiden über öffentlich-rechtliche Streitigkeiten in Angelegenheiten der Sozialversicherung, der Arbeitslosenversicherung und der übrigen Aufgaben der Bundesanstalt für Arbeit sowie der Kriegsopferversorgung. Die Gerichte der Sozialgerichtsbarkeit entscheiden auch über Streitigkeiten, die in Angelegenheiten nach dem Elften Buch Sozialgesetzbuch entstehen.

(2) Die Gerichte der Sozialgerichtsbarkeit entscheiden auch über Streitigkeiten, die in Angelegenheiten nach dem Fünften Buch Sozialgesetzbuch entstehen

1. auf Grund der Beziehungen zwischen Ärzten, Zahnärzten, Psychotherapeuten, Krankenhäusern und Krankenkassen einschließlich ihrer Vereinigungen und Verbände,
2. auf Grund von Entscheidungen der gemeinsamen Gremien von Ärzten, Zahnärzten, Psychotherapeuten, Krankenhäusern oder anderen Leistungserbringern und Krankenkassen oder
3. auf Grund von Entscheidungen oder Verträgen der Krankenkassen oder ihrer Verbände,

auch soweit durch diese Angelegenheiten Dritte betroffen werden; dies gilt nicht für Streitigkeiten, die in Angelegenheiten nach § 110 des Fünften Buches Sozialgesetzbuch auf Grund einer Kündigung von Versorgungsverträgen entstehen, die für Hochschulkliniken oder Plankrankenhäuser (§ 108 Nr. 1 und 2 des Fünften Buches Sozialgesetzbuch) gelten. §§ 87 und 96 des Gesetzes gegen Wettbewerbsbeschränkungen finden keine Anwendung. Zu den Angelegenheiten der Kriegsopferversorgung gehören nicht Maßnahmen auf dem Gebiet der sozialen Fürsorge nach den §§ 25 bis 27 des Bundesversorgungsgesetzes. Zu den Angelegenheiten der Sozialversicherung gehören nicht Streitigkeiten, die aufgrund der Überwachung von Arbeitsschutz und Unfallverhütung entstehen.

(3) Die Gerichte der Sozialgerichtsbarkeit entscheiden auch über öffentlich-rechtliche Streitigkeiten, die auf Grund des Lohnfortzahlungsgesetzes entstehen.

Sozialgerichtsgesetz §§ 52–56 SGG 9

(4) Die Gerichte der Sozialgerichtsbarkeit entscheiden ferner über sonstige öffentlich-rechtliche Streitigkeiten, für die durch Gesetz der Rechtsweg vor diesen Gerichten eröffnet wird.

§ 52. *(aufgehoben)*

§ 53 **[Rechtsschutzgewährung durch Klage]** Der Rechtsschutz wird auf Klage gewährt.

§ 54 **[Gegenstand der Klage]** (1) Durch Klage kann die Aufhebung eines Verwaltungsakts oder seine Abänderung sowie die Verurteilung zum Erlaß eines abgelehnten oder unterlassenen Verwaltungsakts begehrt werden. Soweit gesetzlich nichts anderes bestimmt ist, ist die Klage zulässig, wenn der Kläger behauptet, durch den Verwaltungsakt oder durch die Ablehnung oder Unterlassung eines Verwaltungsakts beschwert zu sein.

(2) Der Kläger ist beschwert, wenn der Verwaltungsakt oder die Ablehnung oder Unterlassung eines Verwaltungsakts rechtswidrig ist. Soweit die Behörde, Körperschaft oder Anstalt des öffentlichen Rechts ermächtigt ist, nach ihrem Ermessen zu handeln, ist Rechtswidrigkeit auch gegeben, wenn die gesetzlichen Grenzen dieses Ermessens überschritten sind oder von dem Ermessen in einer dem Zweck der Ermächtigung nicht entsprechenden Weise Gebrauch gemacht ist.

(3) Eine Körperschaft oder eine Anstalt des öffentlichen Rechts kann mit der Klage die Aufhebung einer Anordnung der Aufsichtsbehörde begehren, wenn sie behauptet, daß die Anordnung das Aufsichtsrecht überschreite.

(4) Betrifft der angefochtene Verwaltungsakt eine Leistung, auf die ein Rechtsanspruch besteht, so kann mit der Klage neben der Aufhebung des Verwaltungsakts gleichzeitig die Leistung verlangt werden.

(5) Mit der Klage kann die Verurteilung zu einer Leistung, auf die ein Rechtsanspruch besteht, auch dann begehrt werden, wenn ein Verwaltungsakt nicht zu ergehen hatte.

§ 55 **[Feststellungsklage]** (1) Mit der Klage kann begehrt werden
1. die Feststellung des Bestehens oder Nichtbestehens eines Rechtsverhältnisses,
2. die Feststellung, welcher Versicherungsträger der Sozialversicherung zuständig ist,
3. die Feststellung, ob eine Gesundheitsstörung oder der Tod die Folge eines Arbeitsunfalls, einer Berufskrankheit oder einer Schädigung im Sinne des Bundesversorgungsgesetzes ist,
4. die Feststellung der Nichtigkeit eines Verwaltungsakts,

wenn der Kläger ein berechtigtes Interesse an der baldigen Feststellung hat.

(2) Unter Absatz 1 Nr. 1 fällt auch die Feststellung, in welchem Umfange Beiträge zu berechnen oder anzurechnen sind.

§ 56 **[Klagenhäufung]** Mehrere Klagebegehren können vom Kläger in einer Klage zusammen verfolgt werden, wenn sie sich gegen denselben Beklagten richten, im Zusammenhang stehen und dasselbe Gericht zuständig ist.

§ 57 [Örtliche Zuständigkeit] (1) Örtlich zuständig ist das Sozialgericht, in dessen Bezirk der Kläger zur Zeit der Klageerhebung seinen Sitz oder Wohnsitz oder in Ermangelung dessen seinen Aufenthaltsort hat; steht er in einem Beschäftigungsverhältnis, so kann er auch vor dem für den Beschäftigungsort zuständigen Sozialgericht klagen. Klagt eine Körperschaft oder Anstalt des öffentlichen Rechts, in Angelegenheiten nach dem Elften Buch Sozialgesetzbuch ein Unternehmen der privaten Pflegeversicherung oder in Angelegenheiten der Kriegsopferversorgung ein Land, so ist der Sitz oder Wohnsitz oder Aufenthaltsort des Beklagten maßgebend, wenn dieser eine natürliche Person oder eine juristische Person des Privatrechts ist.

(2) Ist die erstmalige Bewilligung einer Hinterbliebenenrente streitig, so ist der Wohnsitz oder in Ermangelung dessen der Aufenthaltsort der Witwe oder des Witwers maßgebend. Ist eine Witwe oder ein Witwer nicht vorhanden, so ist das Sozialgericht örtlich zuständig, in dessen Bezirk die jüngste Waise im Geltungsbereich dieses Gesetzes ihren Wohnsitz oder in Ermangelung dessen ihren Aufenthaltsort hat; sind nur Eltern oder Großeltern vorhanden, so ist das Sozialgericht örtlich zuständig, in dessen Bezirk die Eltern oder Großeltern ihren Wohnsitz oder in Ermangelung dessen ihren Aufenthaltsort haben. Bei verschiedenem Wohnsitz oder Aufenthaltsort der Eltern- oder Großelternteile gilt der im Geltungsbereich dieses Gesetzes gelegene Wohnsitz oder Aufenthaltsort des anspruchberechtigten Ehemannes oder geschiedenen Mannes.

(3) Hat der Kläger seinen Sitz oder Wohnsitz oder Aufenthaltsort außerhalb des Geltungsbereichs dieses Gesetzes, so ist örtlich zuständig das Sozialgericht, in dessen Bezirk der Beklagte seinen Sitz oder Wohnsitz oder in Ermangelung dessen seinen Aufenthaltsort hat.

(4) In Angelegenheiten des § 51 Abs. 2 Satz 1, die auf Bundesebene festgesetzte Festbeträge betreffen, ist das Sozialgericht örtlich zuständig, in dessen Bezirk die Bundesregierung ihren Sitz hat, in Angelegenheiten, die auf Landesebene festgesetzte Festbeträge betreffen, und in Angelegenheiten nach § 122 des Fünften Buches Sozialgesetzbuch das Sozialgericht, in dessen Bezirk die Landesregierung ihren Sitz hat.

§ 57a [Kassenarztangelegenheiten] (1) In Angelegenheiten des § 51 Abs. 2 Satz 1 ist, wenn es sich um Fragen der Kassenarztzulassung (Kassenzahnarztzulassung) handelt, das Sozialgericht zuständig, in dessen Bezirk die Kassenarztstelle (Kassenzahnarztstelle) liegt, in den anderen Angelegenheiten des Kassenarztrechts das Sozialgericht, in dessen Bezirk die Kassenärztliche (Kassenzahnärztliche) Vereinigung ihren Sitz hat, jedoch in Angelegenheiten, die Entscheidungen oder Verträge auf Bundesebene betreffen, das Sozialgericht, in dessen Bezirk die Kassenärztliche Bundesvereinigung ihren Sitz hat, und im übrigen, soweit durch Landesrecht nichts Abweichendes bestimmt ist, das Sozialgericht, in dessen Bezirk die Landesregierung ihren Sitz hat. In Angelegenheiten, die Anordnungen der Aufsichtsbehörden zu Beziehungen, Verträgen oder Entscheidungen nach § 51 Abs. 2 Satz 1 betreffen, gilt § 57 Abs. 1.

(2) In Angelegenheiten, die Maßnahmen des Bundesversicherungsamtes bei der Durchführung des Risikostrukturausgleichs betreffen, ist das Sozialgericht Köln zuständig.

Sozialgerichtsgesetz §§ 57b–61 SGG 9

§ 57 b [Zuständigkeit in Wahlangelegenheiten] In Angelegenheiten, die die Wahlen zu den Selbstverwaltungsorganen der Sozialversicherungsträger und ihrer Verbände oder die Ergänzung der Selbstverwaltungsorgane betreffen, ist das Sozialgericht zuständig, in dessen Bezirk der Versicherungsträger oder der Verband den Sitz hat.

§ 58 [Bestimmung des zuständigen Gerichts] (1) Das zuständige Gericht innerhalb der Sozialgerichtsbarkeit wird durch das gemeinsam nächsthöhere Gericht bestimmt,

1. wenn das an sich zuständige Gericht in einem einzelnen Falle an der Ausübung der Gerichtsbarkeit rechtlich oder tatsächlich verhindert ist,
2. wenn mit Rücksicht auf die Grenzen verschiedener Gerichtsbezirke ungewiß ist, welches Gericht für den Rechtsstreit zuständig ist,
3. wenn in einem Rechtsstreit verschiedene Gerichte sich rechtskräftig für zuständig erklärt haben,
4. wenn verschiedene Gerichte, von denen eines für den Rechtsstreit zuständig ist, sich rechtskräftig für unzuständig erklärt haben,
5. wenn eine örtliche Zuständigkeit nach § 57 nicht gegeben ist.

(2) Zur Feststellung der Zuständigkeit kann jedes mit dem Rechtsstreit befaßte Gericht und jeder am Rechtsstreit Beteiligte das im Rechtszug höhere Gericht anrufen, das ohne mündliche Verhandlung entscheiden kann.

§ 59 [Keine Zuständigkeitsvereinbarungen] Vereinbarungen der Beteiligten über die Zuständigkeit haben keine rechtliche Wirkung. Eine Zuständigkeit wird auch nicht dadurch begründet, daß die Unzuständigkeit des Gerichts nicht geltend gemacht wird.

Zweiter Teil. Verfahren

Erster Abschnitt. Gemeinsame Verfahrensvorschriften

Erster Unterabschnitt. Allgemeine Vorschriften

§ 60 [Ausschließung und Ablehnung von Gerichtspersonen] (1) Für die Ausschließung und Ablehnung der Gerichtspersonen gelten die §§ 41 bis 44, 45 Abs. 2 Satz 2, §§ 47 bis 49 der Zivilprozeßordnung entsprechend. Über die Ablehnung entscheidet außer im Falle des § 171 das Landessozialgericht durch Beschluß.

(2) Von der Ausübung des Amtes als Richter ist auch ausgeschlossen, wer bei dem vorausgegangenen Verwaltungsverfahren mitgewirkt hat.

(3) Die Besorgnis der Befangenheit nach § 42 der Zivilprozeßordnung gilt stets als begründet, wenn der Richter dem Vorstand einer Körperschaft oder Anstalt des öffentlichen Rechts angehört, deren Interessen durch das Verfahren unmittelbar berührt werden.

§ 61 [Öffentlichkeit, Sitzungspolizei, Gerichtssprache, Beratung, Abstimmung] (1) Für die Öffentlichkeit, Sitzungspolizei und Gerichtssprache gelten die §§ 169, 171 b bis 191 des Gerichtsverfassungsgesetzes entsprechend.

(2) Für die Beratung und Abstimmung gelten die §§ 192 bis 198 des Gerichtsverfassungsgesetzes entsprechend.

§ 62 [Rechtliches Gehör] Vor jeder Entscheidung ist den Beteiligten rechtliches Gehör zu gewähren; die Anhörung kann schriftlich geschehen.

§ 63 [Zustellungen] (1) Anordnungen und Entscheidungen, durch die eine Frist in Lauf gesetzt wird, sowie Terminbestimmungen und Ladungen sind den Beteiligten zuzustellen, bei Verkündung jedoch nur, wenn es ausdrücklich vorgeschrieben ist.

(2) Zugestellt wird von Amts wegen nach den §§ 2 bis 15 des Verwaltungszustellungsgesetzes.

(3) Wer nicht im Inland wohnt, hat auf Verlangen einen Zustellungsbevollmächtigten zu bestellen.

§ 64 [Berechnung der Fristen] (1) Der Lauf einer Frist beginnt, soweit nichts anderes bestimmt ist, mit dem Tage nach der Zustellung oder, wenn diese nicht vorgeschrieben ist, mit dem Tage nach der Eröffnung oder Verkündung.

(2) Eine nach Tagen bestimmte Frist endet mit dem Ablauf ihres letzten Tages, eine nach Wochen oder Monaten bestimmte Frist mit dem Ablauf desjenigen Tages der letzten Woche oder des letzten Monats, welcher nach Benennung oder Zahl dem Tage entspricht, in den das Ereignis oder der Zeitpunkt fällt. Fehlt dem letzten Monat der entsprechende Tag, so endet die Frist mit dem Monat.

(3) Fällt das Ende einer Frist auf einen Sonntag, einen gesetzlichen Feiertag oder einen Sonnabend, so endet die Frist mit Ablauf des nächsten Werktages.

§ 65 [Richterliche Fristen, Abkürzung und Verlängerung] Auf Antrag kann der Vorsitzende richterliche Fristen abkürzen oder verlängern. Im Falle der Verlängerung wird die Frist von dem Ablauf der vorigen Frist an berechnet.

§ 66 [Rechtsbehelfsbelehrung] (1) Die Frist für ein Rechtsmittel oder einen anderen Rechtsbehelf beginnt nur dann zu laufen, wenn der Beteiligte über den Rechtsbehelf, die Verwaltungsstelle oder das Gericht, bei denen der Rechtsbehelf anzubringen ist, den Sitz und die einzuhaltende Frist schriftlich belehrt worden ist.

(2) Ist die Belehrung unterblieben oder unrichtig erteilt, so ist die Einlegung des Rechtsbehelfs nur innerhalb eines Jahres seit Zustellung, Eröffnung oder Verkündung zulässig, außer wenn die Einlegung vor Ablauf der Jahresfrist infolge höherer Gewalt unmöglich war oder eine schriftliche Belehrung dahin erfolgt ist, daß ein Rechtsbehelf nicht gegeben sei. § 67 Abs. 2 gilt für den Fall höherer Gewalt entsprechend.

§ 67 [Wiedereinsetzung in den vorigen Stand] (1) Wenn jemand ohne Verschulden verhindert war, eine gesetzliche Verfahrensfrist einzuhalten, so ist ihm auf Antrag Wiedereinsetzung in den vorigen Stand zu gewähren.

(2) Der Antrag ist binnen eines Monats nach Wegfall des Hindernisses zu stellen. Die Tatsachen zur Begründung des Antrages sollen glaubhaft gemacht

Sozialgerichtsgesetz   §§ 68–72   SGG 9

werden. Innerhalb der Antragsfrist ist die versäumte Rechtshandlung nachzuholen. Ist dies geschehen, so kann die Wiedereinsetzung auch ohne Antrag gewährt werden.

(3) Nach einem Jahr seit dem Ende der versäumten Frist ist der Antrag unzulässig, außer wenn der Antrag vor Ablauf der Jahresfrist infolge höherer Gewalt unmöglich war.

(4) Über den Wiedereinsetzungsantrag entscheidet das Gericht, das über die versäumte Rechtshandlung zu befinden hat. Der Beschluß, der die Wiedereinsetzung bewilligt, ist unanfechtbar.

§ 68. *(weggefallen)*

§ 69 **[Beteiligte]** Beteiligte am Verfahren sind

1. der Kläger,

2. der Beklagte,

3. der Beigeladene.

§ 70 **[Beteiligtenfähigkeit]** Fähig, am Verfahren beteiligt zu sein, sind

1. natürliche und juristische Personen,

2. nichtrechtsfähige Personenvereinigungen,

3. Behörden, sofern das Landesrecht dies bestimmt,

4. die in § 51 Abs. 2 Satz 1 genannten Entscheidungsgremien.

§ 71 **[Prozeßfähigkeit]** (1) Ein Beteiligter ist prozeßfähig, soweit er sich durch Verträge verpflichten kann.

(2) Minderjährige sind in eigener Sache prozeßfähig, soweit sie durch Vorschriften des bürgerlichen oder öffentlichen Rechts für den Gegenstand des Verfahrens als geschäftsfähig anerkannt sind. Zur Zurücknahme eines Rechtsbehelfs bedürfen sie der Zustimmung des gesetzlichen Vertreters.

(3) Für rechtsfähige und nichtrechtsfähige Personenvereinigungen sowie für Behörden handeln ihre gesetzlichen Vertreter, Vorstände oder besonders Beauftragte.

(4) Für den Berufungsausschuß und das Schiedsamt (§ 70 Nr. 4) handelt der Vorsitzende.

(5) In Angelegenheiten der Kriegsopferversorgung wird das Land durch das Landesversorgungsamt vertreten.

(6) Die §§ 53 bis 56 der Zivilprozeßordnung gelten entsprechend.

§ 72 **[Bestellung eines besonderen Vertreters]** (1) Für einen nicht prozeßfähigen Beteiligten ohne gesetzlichen Vertreter kann der Vorsitzende bis zum Eintritt eines Vormundes, Betreuers oder Pflegers für das Verfahren einen besonderen Vertreter bestellen, dem alle Rechte, außer dem Empfang von Zahlungen, zustehen.

(2) Die Bestellung eines besonderen Vertreters ist mit Zustimmung des Beteiligten oder seines gesetzlichen Vertreters auch zulässig, wenn der Aufenthaltsort eines Beteiligten oder seines gesetzlichen Vertreters vom Sitz des Gerichts weit entfernt ist.

§ 73 [Prozeßbevollmächtigter; Beistand]

(1) Die Beteiligten können sich in jeder Lage des Verfahrens durch prozeßfähige Bevollmächtigte vertreten lassen. Personen, die als ärztliche Gutachter für Beteiligte tätig gewesen sind, können in diesem Verfahren nicht als Bevollmächtigte auftreten.

(2) Die Vollmacht ist schriftlich zu erteilen und zu den Akten bis zur Verkündung der Entscheidung einzureichen; sie kann auch zur Niederschrift des Gerichts erteilt werden. Bei Ehegatten und Verwandten in gerader Linie kann die Bevollmächtigung unterstellt werden.

(3) Ist ein Bevollmächtigter bestellt, so sind die Mitteilungen des Gerichts an ihn zu richten. Der Beteiligte muß die Prozeßführung gegen sich gelten lassen, auch wenn er nur mündlich Vollmacht erteilt oder die Prozeßführung ausdrücklich oder stillschweigend genehmigt hat.

(4) Für den Umfang und die Wirkungen der Vollmacht gelten im übrigen die §§ 81, 84 bis 86 der Zivilprozeßordnung entsprechend. Eine Vollmacht kann auch für einzelne Prozeßhandlungen erteilt werden.

(5) In der mündlichen Verhandlung können die Beteiligten mit Beiständen erscheinen. Für Beistände gilt Absatz 1 Satz 2 entsprechend. Das von dem Beistand Vorgetragene gilt als von der Partei vorgebracht, soweit es nicht von dieser sofort widerrufen oder berichtigt wird.

(6) Für die Zurückweisung von Bevollmächtigten und Beiständen gilt § 157 der Zivilprozeßordnung entsprechend. Ist die Zurückweisung dem Beteiligten nicht rechtzeitig vorher angekündigt worden, so ist, falls der Beteiligte nicht erschienen ist oder falls er es beim Erscheinen auf Befragen beantragt, die Verhandlung zu vertagen. § 157 Abs. 1 der Zivilprozeßordnung gilt nicht für Bevollmächtigte, die Mitglieder und Angestellte von Gewerkschaften, von selbständigen Vereinigungen von Arbeitnehmern mit sozial- oder berufspolitischer Zwecksetzung, von Vereinigungen von Arbeitgebern, von berufsständischen Vereinigungen der Landwirtschaft und von Vereinigungen der Kriegsopfer sind, sofern sie kraft Satzung oder Vollmacht zur Prozeßvertretung befugt sind. Gleiches gilt für Bevollmächtigte, die als Angestellte juristischer Personen, deren Anteile sämtlich im wirtschaftlichen Eigentum einer der in Satz 3 genannten Organisationen stehen, handeln, wenn die juristische Person ausschließlich die Rechtsberatung und Prozeßvertretung der Mitglieder der Organisation entsprechend deren Satzung durchführt und wenn die Organisation für die Tätigkeit der Bevollmächtigten haftet.

§ 73a [Prozeßkostenhilfe]

(1) Die Vorschriften der Zivilprozeßordnung über die Prozeßkostenhilfe gelten entsprechend. Macht der Beteiligte, dem Prozeßkostenhilfe bewilligt ist, von seinem Recht, einen Rechtsanwalt zu wählen, nicht Gebrauch, wird auf Antrag des Beteiligten der beizuordnende Rechtsanwalt vom Gericht ausgewählt.

(2) Prozeßkostenhilfe wird nicht bewilligt, wenn der Beteiligte durch einen Bevollmächtigten im Sinne des § 73 Abs. 6 Satz 3 vertreten ist.

(3) § 109 Abs. 1 Satz 2 bleibt unberührt.

§ 74 [Streitgenossenschaft; Hauptintervention]

Die §§ 59 bis 65 der Zivilprozeßordnung über die Streitgenossenschaft und die Hauptintervention gelten entsprechend.

Sozialgerichtsgesetz §§ 75–78 SGG 9

§ 75 [Beiladung] (1) Das Gericht kann von Amts wegen oder auf Antrag andere, deren berechtigte Interessen durch die Entscheidung berührt werden, beiladen. In Angelegenheiten der Kriegsopferversorgung ist die Bundesrepublik Deutschland auf Antrag beizuladen.

(2) Sind an dem streitigen Rechtsverhältnis Dritte derart beteiligt, daß die Entscheidung auch ihnen gegenüber nur einheitlich ergehen kann oder ergibt sich im Verfahren, daß bei der Ablehnung des Anspruchs ein anderer Versicherungsträger oder in Angelegenheiten der Kriegsopferversorgung ein Land als leistungspflichtig in Betracht kommt, so sind sie beizuladen.

(3) Der Beiladungsbeschluß ist allen Beteiligten zuzustellen. Dabei sollen der Stand der Sache und der Grund der Beiladung angegeben werden. Der Beschluß, den Dritten beizuladen, ist unanfechtbar.

(4) Der Beigeladene kann innerhalb der Anträge der anderen Beteiligten selbständig Angriffs- und Verteidigungsmittel geltend machen und alle Verfahrenshandlungen wirksam vornehmen. Abweichende Sachanträge kann er nur dann stellen, wenn eine Beiladung nach Absatz 2 vorliegt.

(5) Ein Versicherungsträger oder in Angelegenheiten der Kriegsopferversorgung ein Land kann nach Beiladung verurteilt werden.

Zweiter Unterabschnitt. Beweissicherungsverfahren

§ 76 [Beweissicherungsverfahren] (1) Auf Gesuch eines Beteiligten kann die Einnahme des Augenscheins und die Vernehmung von Zeugen und Sachverständigen zur Sicherung des Beweises angeordnet werden, wenn zu besorgen ist, daß das Beweismittel verlorengehe oder seine Benutzung erschwert werde, oder wenn der gegenwärtige Zustand einer Person oder einer Sache festgestellt werden soll und der Antragsteller ein berechtigtes Interesse an dieser Feststellung hat.

(2) Das Gesuch ist bei dem für die Hauptsache zuständigen Sozialgericht anzubringen. In Fällen dringender Gefahr kann das Gesuch bei einem anderen Sozialgericht oder einem Amtsgericht angebracht werden, in dessen Bezirk sich die zu vernehmenden Personen aufhalten oder sich der in Augenschein zu nehmende Gegenstand befindet.

(3) Für das Verfahren gelten die §§ 487, 490 bis 494 der Zivilprozeßordnung entsprechend.

Dritter Unterabschnitt. Vorverfahren

§ 77 [Bindender Verwaltungsakt] Wird der gegen einen Verwaltungsakt gegebene Rechtsbehelf nicht oder erfolglos eingelegt, so ist der Verwaltungsakt für die Beteiligten in der Sache bindend, soweit durch Gesetz nichts anderes bestimmt ist.

§ 78 [Vorverfahren als Klagevoraussetzung] (1) Vor Erhebung der Anfechtungsklage sind Rechtmäßigkeit und Zweckmäßigkeit des Verwaltungsaktes in einem Vorverfahren nachzuprüfen. Eines Vorverfahrens bedarf es nicht, wenn

1. ein Gesetz dies für besondere Fälle bestimmt oder
2. der Verwaltungsakt von einer obersten Bundesbehörde, einer obersten Landesbehörde oder von dem Präsidenten der Bundesanstalt für Arbeit er-

lassen worden ist, außer wenn ein Gesetz die Nachprüfung vorschreibt, oder

3. ein Land oder ein Versicherungsträger klagen will.

(2) *(gestrichen)*

(3) Für die Verpflichtungsklage gilt Absatz 1 entsprechend, wenn der Antrag auf Vornahme des Verwaltungsaktes abgelehnt worden ist.

§§ 79–82. *(weggefallen)*

§ 83 [Widerspruch] Das Vorverfahren beginnt mit der Erhebung des Widerspruchs.

§ 84 [Frist und Form des Widerspruchs] (1) Der Widerspruch ist binnen eines Monats, nachdem der Verwaltungsakt dem Beschwerten bekanntgegeben worden ist, schriftlich oder zur Niederschrift bei der Stelle einzureichen, die den Verwaltungsakt erlassen hat.

(2) Die Frist zur Erhebung des Widerspruchs gilt auch dann als gewahrt, wenn die Widerspruchsschrift bei einer anderen inländischen Behörde oder bei einem Versicherungsträger oder bei einer deutschen Konsularbehörde oder, soweit es sich um die Versicherung von Seeleuten handelt, auch bei einem deutschen Seemannsamt eingegangen ist. Die Widerspruchsschrift ist unverzüglich der zuständigen Behörde oder dem zuständigen Versicherungsträger zuzuleiten, der sie der für die Entscheidung zuständigen Stelle vorzulegen hat. Im übrigen gelten die §§ 66 und 67 entsprechend.

§ 84a [Geltung des § 25 Abs. 4 SGB X] Für das Vorverfahren gilt § 25 Abs. 4 des Zehnten Buches Sozialgesetzbuch nicht.

§ 85 [Abhilfe oder Widerspruchsbescheid] (1) Wird der Widerspruch für begründet erachtet, so ist ihm abzuhelfen.

(2) Wird dem Widerspruch nicht abgeholfen, so erläßt den Widerspruchsbescheid

1. die nächsthöhere Behörde oder, wenn diese eine oberste Bundes- oder eine oberste Landesbehörde ist, die Behörde, die den Verwaltungsakt erlassen hat,
2. in Angelegenheiten der Sozialversicherung die von der Vertreterversammlung bestimmte Stelle,
3. in Angelegenheiten der Bundesanstalt für Arbeit die von dem Verwaltungsrat bestimmte Stelle.

(3) Der Widerspruchsbescheid ist schriftlich zu erlassen, zu begründen und den Beteiligten bekanntzugeben. Die Beteiligten sind hierbei über die Zulässigkeit der Klage, die einzuhaltende Frist und den Sitz des zuständigen Gerichts zu belehren.

§ 86 [Neuer Bescheid, aufschiebende Wirkung des Widerspruchs]
(1) Wird während des Vorverfahrens der Verwaltungsakt abgeändert, so wird auch der neue Verwaltungsakt Gegenstand des Vorverfahrens; er ist der Stelle, die über den Widerspruch entscheidet, unverzüglich mitzuteilen.

Sozialgerichtsgesetz §§ 87–91 SGG 9

(2) Der Widerspruch gegen Verwaltungsakte, welche die Kapitalabfindung von Versicherungsansprüchen oder die Rückforderung von Beiträgen oder sonstigen Leistungen betreffen oder in der Sozialversicherung eine laufende Leistung entziehen, hat aufschiebende Wirkung.

(3) Wird in Angelegenheiten der Kriegsopferversorgung oder der Bundesanstalt für Arbeit gegen einen Verwaltungsakt, der eine laufende Leistung entzieht, Widerspruch erhoben, so können die in § 85 Abs. 2 Nr. 1 und 3 genannten Verwaltungsbehörden und Stellen auf Antrag des Beschwerten den Vollzug einstweilen ganz oder teilweise aussetzen. Wird die Aussetzung abgelehnt, so wird dieser Verwaltungsakt Gegenstand des Vorverfahrens.

(4) Absatz 3 gilt entsprechend, wenn eine Erlaubnis nach Artikel 1 § 1 des Gesetzes zur Regelung der gewerbsmäßigen Arbeitnehmerüberlassung zurückgenommen, widerrufen oder nicht verlängert wird.

Vierter Unterabschnitt. Verfahren im ersten Rechtszug

§ 87 [Klagefrist] (1) Die Klage ist binnen eines Monats nach Zustellung oder, wenn nicht zugestellt wird, nach Bekanntgabe des Verwaltungsakts zu erheben. Die Frist beträgt bei Zustellung oder Bekanntgabe außerhalb des Geltungsbereichs dieses Gesetzes drei Monate.

(2) Hat ein Vorverfahren stattgefunden, so beginnt die Frist mit der Bekanntgabe des Widerspruchsbescheids.

§ 88 [Verpflichtungsklage, Frist] (1) Ist ein Antrag auf Vornahme eines Verwaltungsakts ohne zureichenden Grund in angemessener Frist sachlich nicht beschieden worden, so ist die Klage nicht vor Ablauf von sechs Monaten seit dem Antrag auf Vornahme des Verwaltungsakts zulässig. Liegt ein zureichender Grund dafür vor, daß der beantragte Verwaltungsakt noch nicht erlassen ist, so setzt das Gericht das Verfahren bis zum Ablauf einer von ihm bestimmten Frist aus, die verlängert werden kann. Wird innerhalb dieser Frist dem Antrag stattgegeben, so ist die Hauptsache für erledigt zu erklären.

(2) Das gleiche gilt, wenn über einen Widerspruch nicht entschieden worden ist, mit der Maßgabe, daß als angemessene Frist in Angelegenheiten der Krankenversicherung und der Bundesanstalt für Arbeit eine Frist von einem Monat, im übrigen eine solche von drei Monaten gilt.

§ 89 [Keine Klagefrist] Die Klage ist an keine Frist gebunden, wenn die Feststellung der Nichtigkeit eines Verwaltungsakts oder die Feststellung des zuständigen Versicherungsträgers oder die Vornahme eines unterlassenen Verwaltungsakts begehrt wird.

§ 90 [Klageerhebung] Die Klage ist bei dem zuständigen Gericht der Sozialgerichtsbarkeit schriftlich oder zur Niederschrift des Urkundsbeamten der Geschäftsstelle zu erheben.

§ 91 [Fristwahrung bei Unzuständigkeit] (1) Die Frist für die Erhebung der Klage gilt auch dann als gewahrt, wenn die Klageschrift innerhalb der Frist statt bei dem zuständigen Gericht der Sozialgerichtsbarkeit, bei einer anderen inländischen Behörde oder bei einem Versicherungträger oder bei einer deutschen Konsularbehörde oder, soweit es sich um die Versicherung von Seeleuten handelt, auch bei einem deutschen Seemannsamt im Ausland eingegangen ist.

(2) Die Klageschrift ist unverzüglich an das zuständige Gericht der Sozialgerichtsbarkeit abzugeben.

§ 92 [Klageschrift] Die Klage soll die Beteiligten und den Streitgegenstand bezeichnen und einen bestimmten Antrag enthalten. Sie soll den angefochtenen Verwaltungsakt oder den Widerspruchsbescheid bezeichnen und die zur Begründung dienenden Tatsachen und Beweismittel angeben und von dem Kläger oder einer zu seiner Vertretung befugten Person mit Orts- und Tagesangabe unterzeichnet sein.

§ 93 [Einreichung von Abschriften] Der Klageschrift, den sonstigen Schriftsätzen und nach Möglichkeit den Unterlagen sind Abschriften für die Beteiligten beizufügen. Sind die erforderlichen Abschriften nicht eingereicht, so fordert das Gericht sie nachträglich an oder fertigt sie selbst an. Die Kosten für die Anfertigung können von dem Kläger eingezogen werden.

§ 94 [Rechtshängigkeit] (1) Durch die Erhebung der Klage wird die Streitsache rechtshängig.

(2), (3) *(aufgehoben)*

§ 95 [Gegenstand der Anfechtungsklage] Hat ein Vorverfahren stattgefunden, so ist Gegenstand der Klage der ursprüngliche Verwaltungsakt in der Gestalt, die er durch den Widerspruchsbescheid gefunden hat.

§ 96 [Neuer Bescheid nach Klageerhebung] (1) Wird nach Klageerhebung der Verwaltungsakt durch einen neuen abgeändert oder ersetzt, so wird auch der neue Verwaltungsakt Gegenstand des Verfahrens.

(2) Eine Abschrift des neuen Verwaltungsakts ist dem Gericht mitzuteilen, bei dem das Verfahren anhängig ist.

§ 97 [Aufschiebende Wirkung der Klage] (1) Die Klage hat aufschiebende Wirkung

1. bei Kapitalabfindungen von Versicherungsansprüchen,
2. bei der Rückforderung von Leistungen,
3. wenn die Feststellung der Nichtigkeit eines Verwaltungsakts begehrt wird,
4. wenn die Aufhebung einer Entscheidung in Zulassungssachen (§ 96 Abs. 4 des Fünften Buches Sozialgesetzbuch) begehrt wird und die sofortige Vollziehung von dem Berufungsausschuß nicht angeordnet worden ist,
5. wenn die Aufhebung eines Beschlusses über die Entbindung vom Amt oder die Amtsenthebung des Mitglieds eines Organs, eines Stellvertreters eines Organmitglieds, eines Geschäftsführers oder des Stellvertreters eines Geschäftsführers begehrt wird; eine von dem zuständigen Organ angeordnete sofortige Vollziehung wird von der aufschiebenden Wirkung nicht berührt,
6. wenn die Aufhebung einer Entscheidung der Aufsichtsbehörde begehrt wird, durch die der Versicherungsträger verpflichtet worden ist, eine

Rechtsverletzung zu beheben (§ 89 Abs. 1 des Vierten Buches Sozialgesetzbuch); die aufschiebende Wirkung entfällt in den Fällen, in denen die sofortige Vollziehung im öffentlichen Interesse oder im überwiegenden Interesse eines Beteiligten von der Behörde, die den Verwaltungsakt erlassen oder über den Widerspruch zu entscheiden hat, besonders angeordnet wird.

(2) Wird ein Verwaltungsakt angefochten, der eine laufende Leistung herabsetzt oder entzieht, so kann das Gericht auf Antrag des Klägers nach Anhörung des Beklagten anordnen, daß der Vollzug des Verwaltungsakts einstweilen ganz oder teilweise ausgesetzt wird. Dasselbe gilt, wenn ein Verwaltungsakt angefochten wird, mit dem eine Erlaubnis nach Artikel 1 § 1 des Gesetzes zur Regelung der gewerbsmäßigen Arbeitnehmerüberlassung zurückgenommen, widerrufen oder nicht verlängert wird. Die Anordnung kann von einer Sicherheitsleistung abhängig gemacht und jederzeit aufgehoben werden. Sie kann nur mit der Entscheidung in der Hauptsache angefochten werden.

(3) Im Falle des Absatzes 1 Nr. 4 kann das Gericht auf Antrag nach Anhörung der übrigen Beteiligten die Vollziehung der angefochtenen Entscheidung anordnen oder eine angeordnete Vollziehung aussetzen. Absatz 2 Satz 4 gilt entsprechend.

(4) Im Falle des Absatzes 1 Nr. 5 kann das Gericht auf Antrag nach Anhörung der Beteiligten eine angeordnete Vollziehung aussetzen. Absatz 2 Satz 4 gilt entsprechend.

(5) Im Falle des Absatzes 1 Nr. 6 ist das besondere Interesse an der sofortigen Vollziehung des Verwaltungsakts schriftlich zu begründen. Auf Antrag kann das Gericht der Hauptsache die aufschiebende Wirkung ganz oder teilweise wiederherstellen. Der Antrag ist schon vor Erhebung der Anfechtungsklage zulässig. Ist der Verwaltungsakt im Zeitpunkt der Entscheidung schon vollzogen, so kann das Gericht die Aufhebung der Vollziehung anordnen. Die Wiederherstellung der aufschiebenden Wirkung kann von der Leistung einer Sicherheit oder von anderen Auflagen abhängig gemacht werden. Beschlüsse über solche Anträge können jederzeit geändert oder aufgehoben werden.

§ 98 [Zuständigkeit] Für die sachliche und örtliche Zuständigkeit gelten die §§ 17, 17a und 17b Abs. 1, Abs. 2 Satz 1 des Gerichtsverfassungsgesetzes entsprechend. Beschlüsse entsprechend § 17a Abs. 2 und 3 des Gerichtsverfassungsgesetzes sind unanfechtbar.

§ 99 [Klageänderung] (1) Eine Änderung der Klage ist nur zulässig, wenn die übrigen Beteiligten einwilligen oder das Gericht die Änderung für sachdienlich hält.

(2) Die Einwilligung der Beteiligten in die Änderung der Klage ist anzunehmen, wenn sie sich, ohne der Änderung zu widersprechen, in einem Schriftsatz oder in einer mündlichen Verhandlung auf die abgeänderte Klage eingelassen haben.

(3) Als eine Änderung der Klage ist es nicht anzusehen, wenn ohne Änderung des Klagegrundes

1. die tatsächlichen oder rechtlichen Ausführungen ergänzt oder berichtigt werden,
2. der Klageantrag in der Hauptsache oder in bezug auf Nebenforderungen erweitert oder beschränkt wird,
3. statt der ursprünglich geforderten Leistung wegen einer später eingetretenen Veränderung eine andere Leistung verlangt wird.

(4) Die Entscheidung, daß eine Änderung der Klage nicht vorliege oder zuzulassen sei, ist unanfechtbar.

§ 100 [Widerklage] Bei dem Gericht der Klage kann eine Widerklage erhoben werden, wenn der Gegenanspruch mit dem in der Klage geltend gemachten Anspruch oder mit den gegen ihn vorgebrachten Verteidigungsmitteln zusammenhängt.

§ 101 [Vergleich; Anerkenntnis] (1) Um den geltend gemachten Anspruch vollständig oder zum Teil zu erledigen, können die Beteiligten zur Niederschrift des Gerichts oder des Vorsitzenden oder des beauftragten oder ersuchten Richters einen Vergleich schließen, soweit sie über den Gegenstand der Klage verfügen können.

(2) Das angenommene Anerkenntnis des geltend gemachten Anspruchs erledigt insoweit den Rechtsstreit in der Hauptsache.

§ 102 [Klagerücknahme] Der Kläger kann die Klage bis zum Schluß der mündlichen Verhandlung zurücknehmen. Die Klagerücknahme erledigt den Rechtsstreit in der Hauptsache. Auf Antrag ist diese Wirkung durch Beschluß auszusprechen und, soweit Kosten entstanden sind, über diese zu entscheiden.

§ 103 [Untersuchungsmaxime] Das Gericht erforscht den Sachverhalt von Amts wegen; die Beteiligten sind dabei heranzuziehen. Es ist an das Vorbringen und die Beweisanträge der Beteiligten nicht gebunden.

§ 104 [Mitteilung der Klageschrift, Gegenäußerung] Der Vorsitzende übersendet eine Abschrift der Klage an die übrigen Beteiligten. Zugleich mit der Zustellung oder Mitteilung ergeht die Aufforderung, sich schriftlich zu äußern. Für die Äußerung kann eine Frist gesetzt werden, die nicht kürzer als ein Monat sein soll. Die Aufforderung muß den Hinweiß enthalten, daß auch verhandelt und entschieden werden kann, wenn die Äußerung nicht innerhalb der Frist eingeht.

§ 105 [Vorbescheid] (1) Das Gericht kann ohne mündliche Verhandlung durch Gerichtsbescheid entscheiden, wenn die Sache keine besonderen Schwierigkeiten tatsächlicher oder rechtlicher Art aufweist und der Sachverhalt geklärt ist. Die Beteiligten sind vorher zu hören. Die Vorschriften über Urteile gelten entsprechend.

(2) Die Beteiligten können innerhalb eines Monats nach Zustellung des Gerichtsbescheids das Rechtsmittel einlegen, das zulässig wäre, wenn das Gericht durch Urteil entschieden hätte. Ist die Berufung nicht gegeben, kann mündliche Verhandlung beantragt werden. Wird sowohl ein Rechtsmittel eingelegt als auch mündliche Verhandlung beantragt, findet mündliche Verhandlung statt.

(3) Der Gerichtsbescheid wirkt als Urteil; wird rechtzeitig mündliche Verhandlung beantragt, gilt er als nicht ergangen.

(4) Wird mündliche Verhandlung beantragt, kann das Gericht in dem Urteil von einer weiteren Darstellung des Tatbestandes und der Entscheidungsgründe absehen, soweit es der Begründung des Gerichtsbescheids folgt und dies in seiner Entscheidung feststellt.

§ 106 [Aufklärungspflicht des Vorsitzenden] (1) Der Vorsitzende hat darauf hinzuwirken, daß Formfehler beseitigt, unklare Anträge erläutert, sachdienliche Anträge gestellt, ungenügende Angaben tatsächlicher Art ergänzt sowie alle für die Feststellung und Beurteilung des Sachverhalts wesentlichen Erklärungen abgegeben werden.

(2) Der Vorsitzende hat bereits vor der mündlichen Verhandlung alle Maßnahmen zu treffen, die notwendig sind, um den Rechtsstreit möglichst in einer mündlichen Verhandlung zu erledigen.

(3) Zu diesem Zweck kann er insbesondere
1. um Mitteilung von Urkunden ersuchen,
2. Krankenpapiere, Aufzeichnungen, Krankengeschichten, Sektions- und Untersuchungsbefunde sowie Röntgenbilder beiziehen,
3. Auskünfte jeder Art einholen,
4. Zeugen und Sachverständige in geeigneten Fällen vernehmen oder, auch eidlich, durch den ersuchten Richter vernehmen lassen,
5. die Einnahme des Augenscheins sowie die Begutachtung durch Sachverständige anordnen und ausführen,
6. andere beiladen,
7. einen Termin anberaumen, das persönliche Erscheinen der Beteiligten hierzu anordnen und den Sachverhalt mit diesen erörtern.

(4) Für die Beweisaufnahme gelten die §§ 116, 118 und 119 entsprechend.

§ 107 [Mitteilung von Beweisergebnissen] Den Beteiligten ist nach Anordnung des Vorsitzenden entweder eine Abschrift der Niederschrift der Beweisaufnahme oder deren Inhalt mitzuteilen.

§ 108 [Vorbereitende Schriftsätze] Die Beteiligten können zur Vorbereitung der mündlichen Verhandlung Schriftsätze einreichen. Die Schriftsätze sind den übrigen Beteiligten von Amts wegen mitzuteilen.

§ 109 [Anhörung eines bestimmten Arztes] (1) Auf Antrag des Versicherten, des Versorgungsberechtigten oder Hinterbliebenen muß ein bestimmter Arzt gutachtlich gehört werden. Die Anhörung kann davon abhängig gemacht werden, daß der Antragsteller die Kosten vorschießt und vorbehaltlich einer anderen Entscheidung des Gerichts endgültig trägt.

(2) Das Gericht kann einen Antrag ablehnen, wenn durch die Zulassung die Erledigung des Rechtsstreits verzögert werden würde und der Antrag nach der freien Überzeugung des Gerichts in der Absicht, das Verfahren zu verschleppen oder aus grober Nachlässigkeit nicht früher vorgebracht worden ist.

§ 110 [Terminbestimmung, Ladung, Sitzungsort] (1) Der Vorsitzende bestimmt Ort und Zeit der mündlichen Verhandlung und teilt sie den Beteiligten in der Regel zwei Wochen vorher mit. Die Beteiligten sind darauf hinzuweisen, daß im Falle ihres Ausbleibens nach Lage der Akten entschieden werden kann.

(2) Das Gericht kann Sitzungen auch außerhalb des Gerichtssitzes abhalten, wenn dies zur sachdienlichen Erledigung notwendig ist.

(3) § 227 Abs. 3 Satz 1 der Zivilprozeßordnung ist nicht anzuwenden.

§ 111 [Anordnung des persönlichen Erscheinens, Ladung von Zeugen, Vertreter von Behörden] (1) Der Vorsitzende kann das persönliche Erscheinen eines Beteiligten zur mündlichen Verhandlung anordnen sowie Zeugen und Sachverständige laden. Auf die Folgen des Ausbleibens ist dabei hinzuweisen.

(2) Die Ladung von Zeugen und Sachverständigen ist den Beteiligten bei der Mitteilung des Termins zur mündlichen Verhandlung bekanntzugeben.

(3) Das Gericht kann einem Beteiligten, der keine natürliche Person ist, aufgeben, zur mündlichen Verhandlung einen nach § 81 der Zivilprozeßordnung schriftlich bevollmächtigten und über die Sach- und Rechtslage ausreichend unterrichteten Beamten oder Angestellten zu entsenden.

§ 112 [Leitung und Gang der mündlichen Verhandlung] (1) Der Vorsitzende eröffnet und leitet die mündliche Verhandlung. Sie beginnt nach Aufruf der Sache mit der Darstellung des Sachverhalts.

(2) Sodann erhalten die Beteiligten das Wort. Der Vorsitzende hat das Sach- und Streitverhältnis mit den Beteiligten zu erörtern und dahin zu wirken, daß sie sich über erhebliche Tatsachen vollständig erklären sowie angemessene und sachdienliche Anträge stellen.

(3) Die Anträge können ergänzt, berichtigt oder im Rahmen des § 99 geändert werden.

(4) Der Vorsitzende hat jedem Beisitzer auf Verlangen zu gestatten, sachdienliche Fragen zu stellen. Wird eine Frage von einem Beteiligten beanstandet, so entscheidet das Gericht endgültig.

§ 113 [Verbindung und Trennung mehrerer Rechtsstreitigkeiten]
(1) Das Gericht kann durch Beschluß mehrere bei ihm anhängige Rechtsstreitigkeiten derselben Beteiligten oder verschiedener Beteiligter zur gemeinsamen Verhandlung und Entscheidung verbinden, wenn die Ansprüche, die den Gegenstand dieser Rechtsstreitigkeiten bilden, in Zusammenhang stehen oder von vornherein in einer Klage hätten geltend gemacht werden können.

(2) Die Verbindung kann, wenn es zweckmäßig ist, auf Antrag oder von Amts wegen wieder aufgehoben werden.

§ 114 [Aussetzung wegen Vorfragen] (1) Hängt die Entscheidung eines Rechtsstreits von einem familien- oder erbrechtlichen Verhältnis ab, so kann das Gericht das Verfahren so lange aussetzen, bis dieses Verhältnis im Zivilprozeß festgestellt worden ist.

Sozialgerichtsgesetz **§§ 115–119 SGG 9**

(2) Hängt die Entscheidung des Rechtsstreits ganz oder zum Teil vom Bestehen oder Nichtbestehen eines Rechtsverhältnisses ab, das den Gegenstand eines anderen anhängigen Rechtsstreits bildet oder von einer Verwaltungsstelle festzustellen ist, so kann das Gericht anordnen, daß die Verhandlung bis zur Erledigung des anderen Rechtsstreits oder bis zur Entscheidung der Verwaltungsstelle auszusetzen sei. Auf Antrag kann das Gericht die Verhandlung zur Heilung von Verfahrens- und Formfehlern aussetzen, soweit dies im Sinne der Verfahrenskonzentration sachdienlich ist.

(3) Das Gericht kann, wenn sich im Laufe eines Rechtsstreits der Verdacht einer Straftat ergibt, deren Ermittlung auf die Entscheidung von Einfluß ist, die Aussetzung der Verhandlung bis zur Erledigung des Strafverfahrens anordnen.

§ 115 [Folgen sitzungspolizeilicher Maßnahmen] Ist ein bei der Verhandlung Beteiligter zur Aufrechterhaltung der Ordnung von dem Ort der Verhandlung entfernt worden, so kann gegen ihn in gleicher Weise verfahren werden, als wenn er sich freiwillig entfernt hätte. Das gleiche gilt im Falle des § 73 Abs. 6, sofern die Zurückweisung bereits in einer früheren Verhandlung geschehen war.

§ 116 [Ladung zu Beweisterminen, Fragerecht] Die Beteiligten werden von allen Beweisaufnahmeterminen benachrichtigt und können der Beweisaufnahme beiwohnen. Sie können an Zeugen und Sachverständige sachdienliche Fragen richten lassen. Wird eine Frage beanstandet, so entscheidet das Gericht.

§ 117 [Beweiserhebung vor Prozeßgericht] Das Gericht erhebt Beweis in der mündlichen Verhandlung, soweit die Beweiserhebung nicht einen besonderen Termin erfordert.

§ 118 [Durchführung der Beweisaufnahme] (1) Soweit dieses Gesetz nichts anderes bestimmt, sind auf die Beweisaufnahme die §§ 358 bis 363, 365 bis 378, 380 bis 386, 387 Abs. 1 und 2, §§ 388 bis 390, 392 bis 444, 478 bis 484 der Zivilprozeßordnung entsprechend anzuwenden. Die Entscheidung über die Rechtmäßigkeit der Weigerung nach § 387 der Zivilprozeßordnung ergeht durch Beschluß.

(2) Zeugen und Sachverständige werden nur beeidigt, wenn das Gericht dies im Hinblick auf die Bedeutung des Zeugnisses oder Gutachtens für die Entscheidung des Rechtsstreits für notwendig erachtet.

(3) Der Vorsitzende kann das Auftreten eines Prozeßbevollmächtigten untersagen, solange die Partei trotz Anordnung ihres persönlichen Erscheinens unbegründet ausgeblieben ist und hierdurch der Zweck der Anordnung vereitelt wird.

§ 119 [Vorlage von Urkunden durch Behörden] (1) Eine Behörde ist zur Vorlage von Urkunden oder Akten und zu Auskünften nicht verpflichtet, wenn die zuständige oberste Aufsichtsbehörde erklärt, daß das Bekanntwerden des Inhalts dieser Urkunden, Akten oder Auskünfte dem Wohl des Bundes oder eines deutschen Landes nachteilig sein würde oder daß die Vorgänge nach einem Gesetz oder ihrem Wesen nach geheimgehalten werden müssen.

(2) Handelt es sich um Urkunden oder Akten und um Auskünfte einer obersten Bundesbehörde, so darf die Vorlage der Urkunden oder Akten und die Erteilung der Auskunft nur unterbleiben, wenn die Erklärung nach Absatz 1 von der Bundesregierung abgegeben wird. Die Landesregierung hat die Erklärung abzugeben, wenn diese Voraussetzungen bei einer obersten Landesbehörde vorliegen.

§ 120 [Akteneinsicht; Erteilung von Abschriften] (1) Die Beteiligten haben das Recht der Einsicht in die Akten, soweit die übersendende Behörde dieses nicht ausschließt.

(2) Die Beteiligten können sich durch die Geschäftsstelle auf ihre Kosten Abschriften erteilen lassen. Sind die Akten zur Ersetzung der Urschrift auf einem Bildträger verkleinert wiedergegeben worden, gilt § 299a der Zivilprozeßordnung entsprechend.

(3) Der Vorsitzende kann aus besonderen Gründen die Einsicht in die Akten oder in Aktenteile sowie die Fertigung oder Erteilung von Auszügen und Abschriften versagen oder beschränken. Gegen die Versagung oder die Beschränkung der Akteneinsicht kann das Gericht angerufen werden; es entscheidet endgültig.

(4) Die Entwürfe zu Urteilen, Beschlüssen und Verfügungen, die zu ihrer Vorbereitung angefertigten Arbeiten sowie die Schriftstücke, welche Abstimmungen betreffen, werden weder vorgelegt noch abschriftlich mitgeteilt.

§ 121 [Schließung der mündlichen Verhandlung] Nach genügender Erörterung der Streitsache erklärt der Vorsitzende die mündliche Verhandlung für geschlossen. Das Gericht kann die Wiedereröffnung beschließen.

§ 122 [Sitzungsniederschrift, Schriftführer] Für die Niederschrift gelten die §§ 159 bis 165 der Zivilprozeßordnung entsprechend.

Fünfter Unterabschnitt. Urteile und Beschlüsse

§ 123 [Grundlage] Das Gericht entscheidet über die vom Kläger erhobenen Ansprüche, ohne an die Fassung der Anträge gebunden zu sein.

§ 124 [Grundsatz der mündlichen Verhandlung] (1) Das Gericht entscheidet, soweit nichts anderes bestimmt ist, auf Grund mündlicher Verhandlung.

(2) Mit Einverständnis der Beteiligten kann das Gericht ohne mündliche Verhandlung durch Urteil entscheiden.

(3) Entscheidungen des Gerichts, die nicht Urteile sind, können ohne mündliche Verhandlung ergehen, soweit nichts anderes bestimmt ist.

§ 125 [Urteil] Über die Klage wird, soweit nichts anderes bestimmt ist, durch Urteil entschieden.

§ 126 [Entscheidung nach Aktenlage] Das Gericht kann, sofern in der Ladung auf diese Möglichkeit hingewiesen worden ist, nach Lage der Akten entscheiden, wenn in einem Termin keiner der Beteiligten erscheint oder beim Ausbleiben von Beteiligten die erschienenen Beteiligten es beantragen.

§ 127 [Urteil nach Beweisaufnahme] Ist ein Beteiligter nicht benachrichtigt worden, daß in der mündlichen Verhandlung eine Beweiserhebung stattfindet, und ist er in der mündlichen Verhandlung nicht zugegen oder vertreten, so kann in diesem Termin ein ihm ungünstiges Urteil nicht erlassen werden.

§ 128 [Grundlagen des Urteils] (1) Das Gericht entscheidet nach seiner freien, aus dem Gesamtergebnis des Verfahrens gewonnenen Überzeugung. In dem Urteil sind die Gründe anzugeben, die für die richterliche Überzeugung leitend gewesen sind.

(2) Das Urteil darf nur auf Tatsachen und Beweisergebnisse gestützt werden, zu denen sich die Beteiligten äußern konnten.

§ 129 [Mitwirkende Richter] Das Urteil kann nur von den Richtern gefällt werden, die an der dem Urteil zugrunde liegenden Verhandlung teilgenommen haben.

§ 130 [Grundurteil] Wird gemäß § 54 Abs. 4 oder 5 eine Leistung in Geld begehrt, auf die ein Rechtsanspruch besteht, so kann auch zur Leistung nur dem Grunde nach verurteilt werden. Hierbei kann im Urteil eine einmalige oder laufende vorläufige Leistung angeordnet werden. Die Anordnung der vorläufigen Leistung ist nicht anfechtbar.

§ 131 [Urteilsformel] (1) Wird ein Verwaltungsakt oder ein Widerspruchsbescheid, der bereits vollzogen ist, aufgehoben, so kann das Gericht aussprechen, daß und in welcher Weise die Vollziehung des Verwaltungsakts rückgängig zu machen ist. Dies ist nur zulässig, wenn die Verwaltungsstelle rechtlich dazu in der Lage und diese Frage ohne weiteres in jeder Beziehung spruchreif ist. Hat sich der Verwaltungsakt vorher durch Zurücknahme oder anders erledigt, so spricht das Gericht auf Antrag durch Urteil aus, daß der Verwaltungsakt rechtswidrig ist, wenn der Kläger ein berechtigtes Interesse an dieser Feststellung hat.

(2) Hält das Gericht die Verurteilung zum Erlaß eines abgelehnten Verwaltungsakts für begründet und diese Frage in jeder Beziehung für spruchreif, so ist im Urteil die Verpflichtung auszusprechen, den beantragten Verwaltungsakt zu erlassen.

(3) Hält das Gericht die Unterlassung eines Verwaltungsakts für rechtswidrig, so ist im Urteil die Verpflichtung auszusprechen, den Kläger unter Beachtung der Rechtsauffassung des Gerichts zu bescheiden.

(4) Hält das Gericht eine Wahl im Sinne des § 57b oder eine Wahl zu den Selbstverwaltungsorganen der Kassenärztlichen Vereinigungen oder der Kassenärztlichen Bundesvereinigungen ganz oder teilweise oder eine Ergänzung der Selbstverwaltungsorgane für ungültig, so spricht es dies im Urteil aus und bestimmt die Folgerungen, die sich aus der Ungültigkeit ergeben.

§ 132 [Urteilsverkündung] (1) Das Urteil ergeht im Namen des Volkes. Es wird grundsätzlich in dem Termin verkündet, in dem die mündliche Verhandlung geschlossen wird. Ausnahmsweise kann das Urteil in einem sofort anzuberaumenden Termin, der nicht über zwei Wochen hinaus angesetzt werden soll, verkündet werden. Eine Ladung der Beteiligten ist nicht erforderlich.

(2) Das Urteil wird durch Verlesen der Urteilsformel verkündet. Bei der Verkündung soll der wesentliche Inhalt der Entscheidungsgründe mitgeteilt werden, wenn Beteiligte anwesend sind.

§ 133 [Verkündung durch Zustellung] Bei Urteilen, die nicht auf Grund mündlicher Verhandlung ergehen, wird die Verkündung durch Zustellung ersetzt. Dies gilt für die Verkündung von Beschlüssen entsprechend.

§ 134 [Unterschrift; Übergabe an die Geschäftsstelle] Das Urteil nebst Tatbestand und Entscheidungsgründen ist vom Vorsitzenden zu unterschreiben. War es bei der Verkündung noch nicht vollständig schriftlich niedergelegt, so soll es binnen drei Tagen nach der Verkündung in vollständiger Abfassung der Geschäftsstelle übergeben werden.

§ 135 [Zustellung verkündeter Urteile] Das Urteil ist den Beteiligten zuzustellen; dies soll binnen zwei Wochen nach seiner Verkündung geschehen.

§ 136 [Inhalt des Urteils] (1) Das Urteil enthält
1. die Bezeichnung der Beteiligten, ihrer gesetzlichen Vertreter und der Bevollmächtigten nach Namen, Stand oder Gewerbe, Wohnort und ihrer Stellung im Verfahren,
2. die Bezeichnung des Gerichts und die Namen der Mitglieder, die bei der Entscheidung mitgewirkt haben,
3. den Ort und Tag der mündlichen Verhandlung,
4. die Urteilsformel,
5. die gedrängte Darstellung des Tatbestandes,
6. die Entscheidungsgründe,
7. die Rechtsmittelbelehrung.

(2) Die Darstellung des Tatbestandes kann durch eine Bezugnahme auf den Inhalt der vorbereitenden Schriftsätze und auf die zur Sitzungsniederschrift erfolgten Feststellungen ersetzt werden, soweit sich aus ihnen der Sach- und Streitstand richtig und vollständig ergibt. In jedem Falle sind jedoch die erhobenen Ansprüche genügend zu kennzeichnen und die dazu vorgebrachten Angriffs- und Verteidigungsmittel ihrem Wesen nach hervorzuheben.

(3) Das Gericht kann von einer weiteren Darstellung der Entscheidungsgründe absehen, soweit es der Begründung des Verwaltungsaktes oder des Widerspruchsbescheides folgt und dies in seiner Entscheidung feststellt.

§ 137 [Urteilsausfertigung] Die Ausfertigungen des Urteils sind von dem Urkundsbeamten der Geschäftsstelle zu unterschreiben und mit dem Gerichtssiegel in der Form des Prägesiegels zu versehen.

§ 138 [Berichtigung des Urteils] Schreibfehler, Rechenfehler und ähnliche offenbare Unrichtigkeiten im Urteil sind jederzeit von Amts wegen zu berichtigen. Der Vorsitzende entscheidet hierüber durch Beschluß. Der Berichtigungsbeschluß wird auf dem Urteil und den Ausfertigungen vermerkt.

Sozialgerichtsgesetz §§ 139–143 SGG 9

§ 139 [Berichtigung des Tatbestandes] (1) Enthält der Tatbestand des Urteils andere Unrichtigkeiten oder Unklarheiten, so kann die Berichtigung binnen zwei Wochen nach Zustellung des Urteils beantragt werden.

(2) Das Gericht entscheidet ohne Beweisaufnahme durch Beschluß. Der Beschluß ist unanfechtbar. Bei der Entscheidung wirken nur die Richter mit, die beim Urteil mitgewirkt haben. Ist ein Richter verhindert, so entscheidet bei Stimmengleichheit die Stimme des Vorsitzenden. Der Berichtigungsbeschluß wird auf dem Urteil und den Ausfertigungen vermerkt.

§ 140 [Ergänzung des Urteils] (1) Hat das Urteil einen von einem Beteiligten erhobenen Anspruch oder den Kostenpunkt ganz oder teilweise übergangen, so wird es auf Antrag nachträglich ergänzt. Die Entscheidung muß binnen eines Monats nach Zustellung des Urteils beantragt werden.

(2) Über den Antrag wird in einem besonderen Verfahren entschieden. Die Entscheidung ergeht, wenn es sich nur um den Kostenpunkt handelt, durch Beschluß, der lediglich mit der Entscheidung in der Hauptsache angefochten werden kann, im übrigen durch Urteil, das mit dem bei dem übergangenen Anspruch zulässigen Rechtsmittel angefochten werden kann.

(3) Die mündliche Verhandlung hat nur den nicht erledigten Teil des Rechtsstreits zum Gegenstand.

(4) Die ergänzende Entscheidung wird auf der Urschrift des Urteils und den Ausfertigungen vermerkt.

§ 141 [Rechtskraftwirkungen] (1) Rechtskräftige Urteile binden die Beteiligten und ihre Rechtsnachfolger, soweit über den Streitgegenstand entschieden worden ist.

(2) Hat der Beklagte die Aufrechnung einer Gegenforderung geltend gemacht, so ist die Entscheidung, daß die Gegenforderung nicht besteht, bis zur Höhe des Betrags der Rechtskraft fähig, für den die Aufrechnung geltend gemacht worden ist.

§ 142 [Beschlüsse, Form und Inhalt] (1) Für Beschlüsse gelten § 128 Abs. 1 Satz 1, die §§ 134 und 138, nach mündlicher Verhandlung auch die §§ 129, 132, 135 und 136 entsprechend.

(2) Beschlüsse sind zu begründen, wenn sie durch Rechtsmittel angefochten werden können oder über ein Rechtsmittel entscheiden.

(3) Ausfertigungen der Beschlüsse sind von dem Urkundsbeamten der Geschäftsstelle zu unterschreiben.

2. Abschnitt. Rechtsmittel

Erster Unterabschnitt. Berufung

§ 143 [Zulässigkeit der Berufung] Gegen die Urteile der Sozialgerichte findet die Berufung an das Landessozialgericht statt, soweit sich aus den Vorschriften dieses Unterabschnitts nichts anderes ergibt.

§ 144 [Zulassung der Berufung] (1) Die Berufung bedarf der Zulassung in dem Urteil des Sozialgerichts oder auf Beschwerde durch Beschluß des Landessozialgerichts, wenn der Wert des Beschwerdegegenstandes

1. bei einer Klage, die eine Geld- oder Sachleistung oder einen hierauf gerichteten Verwaltungsakt betrifft, 1 000 Deutsche Mark *(ab 1. 1. 2002: 500 Euro)* oder

2. bei einer Erstattungsstreitigkeit zwischen juristischen Personen des öffentlichen Rechts oder Behörden 10 000 Deutsche Mark *(ab 1. 1. 2002: 5000 Euro)*

nicht übersteigt. Das gilt nicht, wenn die Berufung wiederkehrende oder laufende Leistungen für mehr als ein Jahr betrifft.

(2) Die Berufung ist zuzulassen, wenn

1. Die Rechtssache grundsätzliche Bedeutung hat,

2. das Urteil von einer Entscheidung des Landessozialgerichts, des Bundessozialgerichts oder des Gemeinsamen Senats der obersten Gerichtshöfe des Bundes abweicht und auf dieser Abweichung beruht oder

3. ein der Beurteilung des Berufungsgerichts unterliegender Verfahrensmangel geltend gemacht wird und vorliegt, auf dem die Entscheidung beruhen kann.

(3) Das Landessozialgericht ist an die Zulassung gebunden.

(4) Die Berufung ist ausgeschlossen, wenn es sich um die Kosten des Verfahrens handelt.

§ 145 [Nichtzulassungsbeschwerde] (1) Die Nichtzulassung der Berufung durch das Sozialgericht kann durch Beschwerde angefochten werden. Die Beschwerde ist bei dem Gericht, gegen dessen Urteil Berufung eingelegt werden soll, innerhalb eines Monats nach Zustellung des vollständigen Urteils schriftlich oder zur Niederschrift des Urkundsbeamten der Geschäftsstelle einzulegen. Die Beschwerdefrist ist auch gewahrt, wenn die Beschwerde innerhalb der Frist bei dem Landessozialgericht schriftlich oder zur Niederschrift des Urkundsbeamten der Geschäftsstelle eingelegt wird.

(2) Die Beschwerde soll das angefochtene Urteil bezeichnen und die zur Begründung dienenden Tatsachen und Beweismittel angeben.

(3) Die Einlegung der Beschwerde hemmt die Rechtskraft des Urteils.

(4) Wird der Beschwerde nicht abgeholfen, entscheidet das Landessozialgericht durch Beschluß. Die Zulassung der Berufung bedarf keiner Begründung. Der Ablehnung der Beschwerde soll eine kurze Begründung beigefügt werden. Mit der Ablehnung der Beschwerde durch das Landessozialgericht wird das Urteil rechtskräftig.

(5) Wird der Beschwerde abgeholfen oder läßt das Landessozialgericht die Berufung zu, wird das Beschwerdeverfahren als Berufungsverfahren fortgesetzt; der Einlegung einer Berufung durch den Beschwerdeführer bedarf es nicht. Darauf ist in dem Beschluß hinzuweisen.

§§ 146–150. *(aufgehoben)*

§ 151 [Berufungseinlegung, Frist, Form] (1) Die Berufung ist bei dem Landessozialgericht innerhalb eines Monats nach Zustellung des Urteils

Sozialgerichtsgesetz **§§ 152–155 SGG 9**

schriftlich oder zur Niederschrift des Urkundsbeamten der Geschäftsstelle einzulegen.

(2) Die Berufungsfrist ist auch gewahrt, wenn die Berufung innerhalb der Frist bei dem Sozialgericht schriftlich oder zur Niederschrift des Urkundsbeamten der Geschäftsstelle eingelegt wird. In diesem Falle legt das Sozialgericht die Berufungsschrift oder die Niederschrift mit seinen Akten unverzüglich dem Landessozialgericht vor.

(3) Die Berufungsschrift soll das angefochtene Urteil bezeichnen, einen bestimmten Antrag enthalten und die zur Begründung dienenden Tatsachen und Beweismittel angeben.

§ 152 [Aktenanforderung] (1) Die Geschäftsstelle des Landessozialgerichts hat unverzüglich, nachdem die Berufungsschrift eingereicht ist, von der Geschäftsstelle des Sozialgerichts die Prozeßakten anzufordern.

(2) Nach Erledigung der Berufung sind die Akten der Geschäftsstelle des Sozialgerichts nebst einer beglaubigten Abschrift des in der Berufungsinstanz erlassenen Urteils zurückzusenden.

§ 153 [Verfahren in der Berufung] (1) Für das Verfahren vor den Landessozialgerichten gelten die Vorschriften über das Verfahren im ersten Rechtszug mit Ausnahme der §§ 91 bis 105 entsprechend, soweit sich aus diesem Unterabschnitt nichts anderes ergibt.

(2) Das Landessozialgericht kann in dem Urteil über die Berufung von einer weiteren Darstellung der Entscheidungsgründe absehen, soweit es die Berufung aus den Gründen der angefochtenen Entscheidung als unbegründet zurückweist.

(3) Das Urteil ist von den Mitgliedern des Senats zu unterschreiben. Ist ein Mitglied verhindert, so vermerkt der Vorsitzende, bei dessen Verhinderung der dienstälteste beisitzende Berufsrichter, dies unter dem Urteil mit Angabe des Hinderungsgrundes.

(4) Das Landessozialgericht kann, außer in den Fällen des § 105 Abs. 2 Satz 1, die Berufung durch Beschluß zurückweisen, wenn es sie einstimmig für unbegründet und eine mündliche Verhandlung nicht für erforderlich hält. Die Beteiligten sind vorher zu hören. § 158 Satz 3 und 4 gilt entsprechend.

§ 154 [Aufschiebende Wirkung der Berufung] (1) Die Berufung und die Beschwerde nach § 144 Abs. 1 haben in den Fällen des § 97 Abs. 1 und bei der Rückforderung von Beiträgen aufschiebende Wirkung.

(2) Die Berufung und die Beschwerde nach § 144 Abs. 1 eines Versicherungsträgers oder in der Kriegsopferversorgung eines Landes bewirken Aufschub, soweit es sich um Beträge handelt, die für die Zeit vor Erlaß des angefochtenen Urteils nachgezahlt werden sollen.

§ 155 [Berichterstatter] (1) Der Vorsitzende kann seine Aufgaben nach den §§ 104, 106 bis 108 und 120 einem Berufsrichter des Senats übertragen. Er kann einen Berufsrichter zum Berichterstatter ernennen.

(2) Der Vorsitzende entscheidet, wenn die Entscheidung im vorbereitenden Verfahren ergeht,

1. über die Aussetzung und das Ruhen des Verfahrens;

2. bei Zurücknahme der Klage oder der Berufung, Verzicht auf den geltend gemachten Anspruch oder Anerkenntnis des Anspruchs;
3. bei Erledigung des Rechtsstreits in der Hauptsache;
4. über den Streitwert;
5. über Kosten.

(3) Im Einverständnis der Beteiligten kann der Vorsitzende auch sonst anstelle des Senats entscheiden.

(4) Ist ein Berichterstatter bestellt, so entscheidet dieser anstelle des Vorsitzenden.

§ 156 [Berufungsrücknahme]
(1) Die Berufung kann bis zum Schluß der mündlichen Verhandlung zurückgenommen werden.

(2) Die Zurücknahme bewirkt den Verlust des Rechtsmittels. Über die Kosten entscheidet das Gericht auf Antrag durch Beschluß.

§ 157 [Umfang der Prüfung, neue Tatsachen und Beweismittel]
Das Landessozialgericht prüft den Streitfall im gleichen Umfang wie das Sozialgericht. Es hat auch neu vorgebrachte Tatsachen und Beweismittel zu berücksichtigen.

§ 158 [Unzulässige Berufung]
Ist die Berufung nicht statthaft oder nicht in der gesetzlichen Frist oder nicht schriftlich oder nicht zur Niederschrift des Urkundsbeamten der Geschäftsstelle eingelegt, so ist sie als unzulässig zu verwerfen. Die Entscheidung kann durch Beschluß ergehen. Gegen den Beschluß steht den Beteiligten das Rechtsmittel zu, das zulässig wäre, wenn das Gericht durch Urteil entschieden hätte. Die Beteiligten sind über dieses Rechtsmittel zu belehren.

§ 159 [Zurückverweisung an das Sozialgericht]
(1) Das Landessozialgericht kann durch Urteil die angefochtene Entscheidung aufheben und die Sache an das Sozialgericht zurückverweisen, wenn

1. dieses die Klage abgewiesen hat, ohne in der Sache selbst zu entscheiden,
2. das Verfahren an einem wesentlichen Mangel leidet,
3. nach dem Erlaß des angefochtenen Urteils neue Tatsachen oder Beweismittel bekannt werden, die für die Entscheidung wesentlich sind.

(2) Das Sozialgericht hat die rechtliche Beurteilung, die der Aufhebung zugrunde gelegt ist, seiner Entscheidung zugrunde zu legen.

Zweiter Unterabschnitt. Revision

§ 160 [Zulassung der Revision]
(1) Gegen das Urteil eines Landessozialgerichts steht den Beteiligten die Revision an das Bundessozialgericht nur zu, wenn sie in dem Urteil des Landessozialgerichts oder in dem Beschluß des Bundessozialgerichts nach § 160a Abs. 4 Satz 2 zugelassen worden ist.

(2) Sie ist nur zuzulassen, wenn

1. die Rechtssache grundsätzliche Bedeutung hat oder

Sozialgerichtsgesetz **§§ 160a, 161 SGG 9**

2. das Urteil von einer Entscheidung des Bundessozialgerichts, des Gemeinsamen Senats der obersten Gerichtshöfe des Bundes oder des Bundesverfassungsgerichts abweicht und auf dieser Abweichung beruht oder

3. ein Verfahrensmangel geltend gemacht wird, auf dem die angefochtene Entscheidung beruhen kann; der geltend gemachte Verfahrensmangel kann nicht auf eine Verletzung der §§ 109 und 128 Abs. 1 Satz 1 und auf eine Verletzung des § 103 nur gestützt werden, wenn er sich auf einen Beweisantrag bezieht, dem das Landessozialgericht ohne hinreichende Begründung nicht gefolgt ist.

(3) Das Bundessozialgericht ist an die Zulassung gebunden.

§ 160a [Nichtzulassungsbeschwerde] (1) Die Nichtzulassung der Revision kann selbständig durch Beschwerde angefochten werden. Die Beschwerde ist bei dem Bundessozialgericht innerhalb eines Monats nach Zustellung des Urteils einzulegen. Der Beschwerdeschrift soll eine Ausfertigung oder beglaubigte Abschrift des Urteils, gegen das die Revision eingelegt werden soll, beigefügt werden.

(2) Die Beschwerde ist innerhalb von zwei Monaten nach Zustellung des Urteils zu begründen. Die Begründungsfrist kann auf einen vor ihrem Ablauf gestellten Antrag von dem Vorsitzenden einmal bis zu einem Monat verlängert werden. In der Begründung muß die grundsätzliche Bedeutung der Rechtssache dargelegt oder die Entscheidung, von der das Urteil des Landessozialgerichts abweicht, oder der Verfahrensmangel bezeichnet werden.

(3) Die Einlegung der Beschwerde hemmt die Rechtskraft des Urteils.

(4) Das Landessozialgericht kann der Beschwerde nicht abhelfen. Das Bundessozialgericht entscheidet unter Zuziehung der ehrenamtlichen Richter durch Beschluß. Dem Beschluß soll eine kurze Begründung beigefügt werden; von einer Begründung kann abgesehen werden, wenn sie nicht geeignet ist, zur Klärung der Voraussetzungen der Revisionszulassung beizutragen. Mit der Ablehnung der Beschwerde durch das Bundessozialgericht wird das Urteil rechtskräftig. Wird der Beschwerde stattgegeben, so beginnt mit der Zustellung dieser Entscheidung der Lauf der Revisionsfrist.

§ 161 [Sprungrevision] (1) Gegen das Urteil eines Sozialgerichts steht den Beteiligten die Revision unter Übergehung der Berufungsinstanz zu, wenn der Gegner schriftlich zustimmt und wenn sie von dem Sozialgericht im Urteil oder auf Antrag durch Beschluß zugelassen wird. Der Antrag ist innerhalb eines Monats nach Zustellung des Urteils schriftlich zu stellen. Die Zustimmung des Gegners ist dem Antrag oder, wenn die Revision im Urteil zugelassen ist, der Revisionsschrift beizufügen.

(2) Die Revision ist nur zuzulassen, wenn die Voraussetzungen des § 160 Abs. 2 Nr. 1 oder 2 vorliegen. Das Bundessozialgericht ist an die Zulassung gebunden. Die Ablehnung der Zulassung ist unanfechtbar.

(3) Lehnt das Sozialgericht den Antrag auf Zulassung der Revision durch Beschluß ab, so beginnt mit der Zustellung dieser Entscheidung der Lauf der Berufungsfrist oder der Frist für die Beschwerde gegen die Nichtzulassung der Berufung von neuem, sofern der Antrag in der gesetzlichen Form und Frist gestellt und die Zustimmungserklärung des Gegners beigefügt war. Läßt das

Sozialgericht die Revision durch Beschluß zu, so beginnt mit der Zustellung dieser Entscheidung der Lauf der Revisionsfrist.

(4) Die Revision kann nicht auf Mängel des Verfahrens gestützt werden.

(5) Die Einlegung der Revision und die Zustimmung des Gegners gelten als Verzicht auf die Berufung, wenn das Sozialgericht die Revision zugelassen hat.

§ 162 [Revisionsgrund] Die Revision kann nur darauf gestützt werden, daß das angefochtene Urteil auf der Verletzung einer Vorschrift des Bundesrechts oder einer sonstigen im Bezirk des Berufungsgerichts geltenden Vorschrift beruht, deren Geltungsbereich sich über den Bezirk des Berufungsgerichts hinaus erstreckt.

§ 163 [Bindung an die tatsächlichen Feststellungen] Das Bundessozialgericht ist an die in dem angefochtenen Urteil getroffenen tatsächlichen Feststellungen gebunden, außer wenn in bezug auf diese Feststellungen zulässige und begründete Revisionsgründe vorgebracht sind.

§ 164 [Revisionseinlegung, Frist, Begründung] (1) Die Revision ist bei dem Bundessozialgericht innerhalb eines Monats nach Zustellung des Urteils oder des Beschlusses über die Zulassung der Revision (§ 160 a Abs. 4 Satz 2 oder § 161 Abs. 3 Satz 2) schriftlich einzulegen. Die Revision muß das angefochtene Urteil angeben; eine Ausfertigung oder beglaubigte Abschrift des angefochtenen Urteils soll beigefügt werden, sofern dies nicht schon nach § 160 a Abs. 1 Satz 3 geschehen ist.

(2) Die Revision ist innerhalb von zwei Monaten nach Zustellung des Urteils oder des Beschlusses über die Zulassung der Revision zu begründen. Die Begründungsfrist kann auf einen vor ihrem Ablauf gestellten Antrag von dem Vorsitzenden verlängert werden. Die Begründung muß einen bestimmten Antrag enthalten, die verletzte Rechtsnorm und, soweit Verfahrensmängel gerügt werden, die Tatsachen bezeichnen, die den Mangel ergeben.

§ 165 [Verfahren in der Revision] Für die Revision gelten die Vorschriften über die Berufung entsprechend, soweit sich aus diesem Unterabschnitt nichts anderes ergibt. § 153 Abs. 2 und 4 sowie § 155 Abs. 2 bis 4 finden keine Anwendung.

§ 166 [Vertretungszwang] (1) Vor dem Bundessozialgericht müssen sich die Beteiligten, soweit es sich nicht um Behörden oder Körperschaften des öffentlichen Rechts oder Anstalten des öffentlichen Rechts handelt, durch Prozeßbevollmächtigte vertreten lassen.

(2) Als Prozeßbevollmächtigte sind die Mitglieder und Angestellten von Gewerkschaften, von selbständigen Vereinigungen von Arbeitnehmern mit sozial- oder berufspolitischer Zwecksetzung, von Vereinigungen von Arbeitgebern, von berufsständischen Vereinigungen der Landwirtschaft und von Vereinigungen der Kriegsopfer zugelassen, sofern sie kraft Satzung oder Vollmacht zur Prozeßvertretung befugt sind. Gleiches gilt für Bevollmächtigte, die als Angestellte juristischer Personen, deren Anteile sämtlich im wirtschaftlichen Eigentum einer der in Satz 1 genannten Organisationen stehen, handeln, wenn die juristische Person ausschließlich die Rechtsberatung und Prozeßvertretung der Mitglieder der Organisation entsprechend deren Satzung

Sozialgerichtsgesetz §§ 167–170a SGG 9

durchführt und wenn die Vereinigung für die Tätigkeit der Bevollmächtigten haftet. Jeder bei einem deutschen Gericht zugelassene Rechtsanwalt ist ebenfalls als Prozeßbevollmächtigter vor dem Bundessozialgericht zugelassen.

§ 167. *(aufgehoben)*

§ 168 [**Klageänderung; Beiladung**] Klageänderungen und Beiladungen sind im Revisionsverfahren unzulässig. Dies gilt nicht für die Beiladung der Bundesrepublik Deutschland in Angelegenheiten der Kriegsopferversorgung nach § 75 Abs. 1 Satz 2 und, sofern der Beizuladende zustimmt, für Beiladungen nach § 75 Abs. 2.

§ 169 [**Unzulässige Revision**] Das Bundessozialgericht hat zu prüfen, ob die Revision statthaft und ob sie in der gesetzlichen Form und Frist eingelegt und begründet worden ist. Mangelt es an einem dieser Erfordernisse, so ist die Revision als unzulässig zu verwerfen. Die Verwerfung ohne mündliche Verhandlung erfolgt durch Beschluß ohne Zuziehung der ehrenamtlichen Richter.

§ 170 [**Entscheidung über zulässige Revision**] (1) Ist die Revision unbegründet, so weist das Bundessozialgericht die Revision zurück. Ergeben die Entscheidungsgründe zwar eine Gesetzesverletzung, stellt sich die Entscheidung selbst aber aus anderen Gründen als richtig dar, so ist die Revision ebenfalls zurückzuweisen.

(2) Ist die Revision begründet, so hat das Bundessozialgericht in der Sache selbst zu entscheiden. Sofern dies untunlich ist, kann es das angefochtene Urteil mit den ihm zugrunde liegenden Feststellungen aufheben und die Sache zur erneuten Verhandlung und Entscheidung an das Gericht zurückverweisen, welches das angefochtene Urteil erlassen hat.

(3) Die Entscheidung über die Revision braucht nicht begründet zu werden, soweit das Bundessozialgericht Rügen von Verfahrensmängeln nicht für durchgreifend erachtet. Dies gilt nicht für Rügen nach § 202 in Verbindung mit § 551 der Zivilprozeßordnung und, wenn mit der Revision ausschließlich Verfahrensmängel geltend gemacht werden, für Rügen, auf denen die Zulassung der Revision beruht.

(4) Verweist das Bundessozialgericht die Sache bei der Sprungrevision nach § 161 zur anderweitigen Verhandlung und Entscheidung zurück, so kann es nach seinem Ermessen auch an das Landessozialgericht zurückverweisen, das für die Berufung zuständig gewesen wäre. Für das Verfahren vor dem Landessozialgericht gelten dann die gleichen Grundsätze, wie wenn der Rechtsstreit auf eine ordnungsgemäß eingelegte Berufung beim Landessozialgericht anhängig geworden wäre.

(5) Das Gericht, an das die Sache zur erneuten Verhandlung und Entscheidung zurückverwiesen ist, hat seiner Entscheidung die rechtliche Beurteilung des Revisionsgerichts zugrunde zu legen.

§ 170a [**Äußerungsrecht der ehrenamtlichen Richter**] Eine Abschrift des Urteils ist den ehrenamtlichen Richtern, die bei der Entscheidung mitgewirkt haben, vor Übergabe an die Geschäftsstelle zuzuleiten. Die ehrenamtlichen Richter können sich dazu innerhalb von zwei Wochen gegenüber dem Vorsitzenden des erkennenden Senats äußern.

§ 171 [Ablehnung von Gerichtspersonen; neuer Bescheid] (1) Über die Ablehnung einer Gerichtsperson (§ 60) entscheidet der Senat.

(2) Wird während des Revisionsverfahrens der angefochtene Verwaltungsakt durch einen neuen abgeändert oder ersetzt, so gilt der neue Verwaltungsakt als mit der Klage beim Sozialgericht angefochten, es sei denn, daß der Kläger durch den neuen Verwaltungsakt klaglos gestellt oder dem Klagebegehren durch die Entscheidung des Revisionsgerichts zum ersten Verwaltungsakt in vollem Umfange genügt wird.

Dritter Unterabschnitt. Beschwerde

§ 172 [Zulässigkeit] (1) Gegen die Entscheidungen der Sozialgerichte mit Ausnahme der Urteile und gegen Entscheidungen der Vorsitzenden dieser Gerichte findet die Beschwerde an das Landessozialgericht statt, soweit nicht in diesem Gesetz anderes bestimmt ist.

(2) Prozeßleitende Verfügungen, Aufklärungsanordnungen, Vertagungsbeschlüsse, Fristbestimmungen, Beweisbeschlüsse, Beschlüsse über Ablehnung von Beweisanträgen, über Verbindung und Trennung von Verfahren und Ansprüchen können nicht mit der Beschwerde angefochten werden.

§ 173 [Frist, Form] Die Beschwerde ist binnen eines Monats nach Bekanntgabe der Entscheidung beim Sozialgericht schriftlich oder zur Niederschrift des Urkundsbeamten der Geschäftsstelle einzulegen; § 181 des Gerichtsverfassungsgesetzes bleibt unberührt. Die Belehrung über das Beschwerderecht ist auch mündlich möglich; sie ist dann aktenkundig zu machen.

§ 174 [Abhilferecht] Hält das Sozialgericht oder der Vorsitzende, dessen Entscheidung angefochten wird, die Beschwerde für begründet, so ist ihr abzuhelfen; sonst ist sie unverzüglich unter Benachrichtigung der Beteiligten dem Landessozialgericht vorzulegen.

§ 175 [Aufschiebende Wirkung] Die Beschwerde hat aufschiebende Wirkung, wenn sie die Festsetzung eines Ordnungs- oder Zwangsmittels zum Gegenstand hat. Soweit dieses Gesetz auf Vorschriften der Zivilprozeßordnung und des Gerichtsverfassungsgesetzes verweist, regelt sich die aufschiebende Wirkung nach diesen Gesetzen. Das Gericht oder der Vorsitzende, dessen Entscheidung angefochten wird, kann bestimmen, daß der Vollzug der angefochtenen Entscheidung einstweilen auszusetzen ist.

§ 176 [Entscheidung] Über die Beschwerde entscheidet das Landessozialgericht durch Beschluß.

Dritter Abschnitt. Wiederaufnahme des Verfahrens und besondere Verfahrensvorschriften

§ 177 [Ausschluß der Beschwerde] Entscheidungen des Landessozialgerichts, seines Vorsitzenden oder des Berichterstatters können vorbehaltlich des § 160a Abs. 1 dieses Gesetzes und des § 17a Abs. 4 Satz 4 des Gerichtsverfassungsgesetzes nicht mit der Beschwerde an das Bundessozialgericht angefochten werden.

§ 178 [Beschwerde bei Entscheidungen des beauftragten oder ersuchten Richters oder des Urkundsbeamten] Gegen die Entscheidungen des ersuchten oder beauftragten Richters oder des Urkundsbeamten kann binnen eines Monats nach Bekanntgabe das Gericht angerufen werden, das endgültig entscheidet. Die §§ 173 bis 175 gelten entsprechend.

§ 179 [Zulässigkeit] (1) Ein rechtskräftig beendetes Verfahren kann entsprechend den Vorschriften des Vierten Buches der Zivilprozeßordnung wieder aufgenommen werden.

(2) Die Wiederaufnahme des Verfahrens ist ferner zulässig, wenn ein Beteiligter strafgerichtlich verurteilt worden ist, weil er Tatsachen, die für die Entscheidung der Streitsache von wesentlicher Bedeutung waren, wissentlich falsch behauptet oder vorsätzlich verschwiegen hat.

(3) Auf Antrag kann das Gericht anordnen, daß die gewährten Leistungen zurückzuerstatten sind.

§ 180 [Weitere Zulässigkeit] (1) Eine Wiederaufnahme des Verfahrens ist auch zulässig, wenn

1. mehrere Versicherungsträger denselben Anspruch endgültig anerkannt haben oder wegen desselben Anspruchs rechtskräftig zur Leistung verurteilt worden sind,
2. ein oder mehrere Versicherungsträger denselben Anspruch endgültig abgelehnt haben oder wegen desselben Anspruchs rechtskräftig von der Leistungspflicht befreit worden sind, weil ein anderer Versicherungsträger leistungspflichtig sei, der seine Leistung bereits endgültig abgelehnt hat oder von ihr rechtskräftig befreit worden ist.

(2) Das gleiche gilt im Verhältnis zwischen Versicherungsträgern und einem Land, wenn streitig ist, ob eine Leistung aus der Sozialversicherung oder Kriegsopferversorgung zu gewähren ist.

(3) Der Antrag auf Wiederaufnahme des Verfahrens ist bei einem der gemäß § 179 Abs. 1 für die Wiederaufnahme zuständigen Gerichte der Sozialgerichtsbarkeit zu stellen. Dieses verständigt die an dem Wiederaufnahmeverfahren Beteiligten und die Gerichte, die über den Anspruch entschieden haben. Es gibt die Sache zur Entscheidung an das gemeinsam nächsthöhere Gericht ab.

(4) Das zur Entscheidung berufene Gericht bestimmt unter Aufhebung der entgegenstehenden Bescheide oder richterlichen Entscheidungen den Leistungspflichtigen.

(5) Für die Durchführung des Verfahrens nach Absatz 4 gelten im übrigen die Vorschriften über die Wiederaufnahme des Verfahrens entsprechend.

(6) Der Vorsitzende des nach Absatz 3 zuerst angegangenen oder des für die Entscheidung zuständigen Gerichts kann durch einstweilige Anordnung einen Versicherungsträger oder in der Kriegsopferversorgung ein Land zur vorläufigen Leistung verpflichten. § 97 Abs. 2 gilt entsprechend.

§ 181 [Gemeinsames nächsthöheres Gericht] Will das Gericht die Klage gegen einen Versicherungsträger ablehnen, weil es einen anderen Versicherungsträger für leistungspflichtig hält, obwohl dieser bereits den Anspruch endgültig abgelehnt hat oder in einem früheren Verfahren rechtskräftig befreit worden ist, so verständigt es den anderen Versicherungsträger und das Gericht, das über den Anspruch rechtskräftig entschieden hat, und gibt die Sache zur Entscheidung an das gemeinsam nächsthöhere Gericht ab. Im übrigen gilt § 180 Abs. 2 und Abs. 4 bis 6.

§ 182 [Negativer Zuständigkeitskonflikt] (1) Hat das Bundessozialgericht oder ein Landessozialgericht die Leistungspflicht eines Versicherungsträgers rechtskräftig verneint, weil ein anderer Versicherungsträger verpflichtet sei, so kann der Anspruch gegen den anderen Versicherungsträger nicht abgelehnt werden, weil der im früheren Verfahren befreite Versicherungsträger leistungspflichtig sei.

(2) Das gleiche gilt im Verhältnis zwischen einem Versicherungsträger und einem Land, wenn die Leistungspflicht der Kriegsopferversorgung streitig ist.

§ 182 a [Mahnverfahren] (1) Beitragsansprüche von Unternehmen der privaten Pflegeversicherung nach dem Elften Buch Sozialgesetzbuch können nach den Vorschriften der Zivilprozeßordnung im Mahnverfahren vor dem Amtsgericht geltend gemacht werden. In dem Antrag auf Erlaß des Mahnbescheids können mit dem Beitragsanspruch Ansprüche anderer Art nicht verbunden werden. Der Widerspruch gegen den Mahnbescheid kann zurückgenommen werden, solange die Abgabe an das Sozialgericht nicht verfügt ist.

(2) Mit Eingang der Akten beim Sozialgericht ist nach den Vorschriften dieses Gesetzes zu verfahren. Für die Entscheidung des Sozialgerichts über den Einspruch gegen den Vollstreckungsbescheid gelten § 700 Abs. 1 und § 343 der Zivilprozeßordnung entsprechend.

Vierter Abschnitt. Kosten und Vollstreckung

Erster Unterabschnitt. Kosten

§ 183 [Kostenfreiheit] Das Verfahren vor den Gerichten der Sozialgerichtsbarkeit ist kostenfrei, soweit nichts anderes bestimmt ist.

§ 184 [Pauschgebühr] (1) Die Körperschaften oder Anstalten des öffentlichen Rechts sowie Unternehmen der privaten Pflegeversicherung haben für jede Streitsache, an der sie beteiligt sind, eine Gebühr zu entrichten. Die Gebühr entsteht, sobald die Streitsache rechtshängig geworden ist; sie ist für jeden Rechtszug zu zahlen. Soweit wegen derselben Streitsache ein Mahnverfahren (§ 182 a) vorausgegangen ist, wird die Gebühr für das Verfahren über den Antrag auf Erlaß eines Mahnbescheids nach dem Gerichtskostengesetz angerechnet.

(2) Die Bundesregierung setzt die Höhe der Gebühr durch Rechtsverordnung fest, die der Zustimmung des Bundesrates bedarf.

§ 185 [Fälligkeit der Pauschgebühr] Die Gebühr wird fällig, sobald die Streitsache durch Zurücknahme des Rechtsbehelfs, durch Vergleich, Anerkenntnis, Beschluß oder durch Urteil erledigt ist.

§ 186 [Ermäßigung der Pauschgebühr] Wird eine Sache nicht durch Urteil erledigt, so ermäßigt sich die Gebühr auf die Hälfte. Die Gebühr entfällt, wenn die Erledigung auf einer Rechtsänderung beruht.

§ 187 [Mehrere Gebührenschuldner] Sind an einer Streitsache mehrere Körperschaften oder Anstalten des öffentlichen Rechts beteiligt, so haben sie die Gebühr zu gleichen Teilen zu entrichten.

§ 188 [Pauschgebühr bei Wiederaufnahme] Wird ein durch rechtskräftiges Urteil abgeschlossenes Verfahren wieder aufgenommen, so ist das neue Verfahren eine besondere Streitsache.

§ 189 [Feststellung der Pauschgebühr, Verzeichnis] (1) Die Gebühren für die Streitsachen werden in einem Verzeichnis zusammengestellt. Die Mitteilung eines Auszuges aus diesem Verzeichnis an die Körperschaften oder Anstalten des öffentlichen Rechts gilt als Feststellung der Gebührenschuld und als Aufforderung, den Gebührenbetrag binnen eines Monats an die in der Mitteilung angegebene Stelle zu zahlen.

(2) Die Feststellung erfolgt durch den Urkundsbeamten der Geschäftsstelle. Gegen diese Feststellung kann binnen eines Monats nach Mitteilung das Gericht angerufen werden, das endgültig entscheidet.

§ 190 [Niederschlagung der Pauschgebühr] Die Präsidenten und die aufsichtführenden Richter der Gerichte der Sozialgerichtsbarkeit sind befugt, eine Gebühr, die durch unrichtige Behandlung der Sache ohne Schuld der gebührenpflichtigen Beteiligten entstanden ist, niederzuschlagen. Sie können von der Einziehung absehen, wenn sie mit Kosten oder Verwaltungsaufwand verknüpft ist, die in keinem Verhältnis zu der Einnahme stehen.

§ 191 [Auslagenvergütung für Beteiligte] Ist das persönliche Erscheinen eines Beteiligten angeordnet worden, so werden ihm auf Antrag bare Auslagen und Zeitverlust wie einem Zeugen vergütet; sie können vergütet werden, wenn er ohne Anordnung erscheint und das Gericht das Erscheinen für geboten hält.

§ 192 [Mutwillenkosten] Hat ein Beteiligter, dessen Vertreter oder Bevollmächtigter durch Mutwillen, Verschleppung oder Irreführung dem Gericht oder einem Beteiligten Kosten verursacht, so kann sie das Gericht dem Beteiligten im Urteil ganz oder teilweise auferlegen. § 193 Abs. 1 gilt entsprechend.

§ 193 [Entscheidung über Kostenerstattung] (1) Das Gericht hat im Urteil zu entscheiden, ob und in welchem Umfange die Beteiligten einander Kosten zu erstatten haben. Ist ein Mahnverfahren vorausgegangen (§ 182a) entscheidet das Gericht auch, welcher Beteiligte die Gerichtskosten zu tragen hat. Das Gericht entscheidet auf Antrag durch Beschluß, wenn das Verfahren anders beendet wird.

(2) Kosten sind die zur zweckentsprechenden Rechtsverfolgung oder Rechtsverteidigung notwendigen Aufwendungen der Beteiligten.

(3) Die gesetzlichen Gebühren und die notwendigen Auslagen eines Rechtsanwalts (§§ 25 bis 30 Bundesgebührenordnung für Rechtsanwälte) oder eines Rechtsbeistandes sind stets erstattungsfähig.

(4) Nicht erstattungsfähig sind die Aufwendungen der Behörden, der Körperschaften und Anstalten des öffentlichen Rechts. Dies gilt nicht für als Kläger oder Beklagte Beteiligte in den § 116 Abs. 2 Satz 1 Nr. 1 und 4 der Bundesgebührenordnung für Rechtsanwälte genannten Verfahren, soweit es sich um Streitigkeiten in Angelegenheiten nach dem Fünften Buch Sozialgesetzbuch handelt.

§ 194 [Mehrere Kostenpflichtige] Sind mehrere Beteiligte kostenpflichtig, so gilt § 100 der Zivilprozeßordnung entsprechend. Die Kosten können ihnen als Gesamtschuldnern auferlegt werden, wenn das Streitverhältnis ihnen gegenüber nur einheitlich entschieden werden kann.

§ 195 [Kostentragung bei Vergleich] Wird der Rechtsstreit durch gerichtlichen Vergleich erledigt und haben die Beteiligten keine Bestimmung über die Kosten getroffen, so trägt jeder Beteiligte seine Kosten.

§ 196. *(weggefallen)*

§ 197 [Kostenfestsetzung] (1) Auf Antrag der Beteiligten oder ihrer Bevollmächtigten setzt der Urkundsbeamte des Gerichts des ersten Rechtszugs den Betrag der zu erstattenden Kosten fest. § 104 Abs. 2 der Zivilprozeßordnung findet entsprechende Anwendung.

(2) Gegen die Entscheidung des Urkundsbeamten der Geschäftsstelle kann binnen eines Monats nach Bekanntgabe das Gericht angerufen werden, das endgültig entscheidet.

Zweiter Unterabschnitt. Vollstreckung

§ 198 [Geltung der ZPO] (1) Für die Vollstreckung gilt das Achte Buch der Zivilprozeßordnung entsprechend, soweit sich aus diesem Gesetz nichts anderes ergibt.

(2) Die Vorschriften über die vorläufige Vollstreckbarkeit, den Arrest und die einstweilige Verfügung sind nicht anzuwenden.

(3) An die Stelle der sofortigen Beschwerde tritt die Beschwerde (§§ 172 bis 177).

§ 199 [Vollstreckungstitel] (1) Vollstreckt wird
1. aus gerichtlichen Entscheidungen, soweit nach den Vorschriften dieses Gesetzes kein Aufschub eintritt,
2. aus Anerkenntnissen und gerichtlichen Vergleichen,
3. aus Kostenfestsetzungsbeschlüssen,
4. aus Vollstreckungsbescheiden.

(2) Hat ein Rechtsmittel keine aufschiebende Wirkung, so kann der Vorsitzende des Gerichts, das über das Rechtsmittel zu entscheiden hat, die Voll-

streckung durch einstweilige Anordnung aussetzen. Er kann die Aussetzung und Vollstreckung von einer Sicherheitsleistung abhängig machen; die §§ 108, 109, 113 der Zivilprozeßordnung gelten entsprechend. Die Anordnung ist unanfechtbar; sie kann jederzeit aufgehoben werden.

(3) Absatz 2 Satz 1 gilt entsprechend, wenn ein Urteil nach § 131 Abs. 4 bestimmt hat, daß eine Wahl oder eine Ergänzung der Selbstverwaltungsorgane zu wiederholen ist. Die einstweilige Anordnung ergeht dahin, daß die Wiederholungswahl oder die Ergänzung der Selbstverwaltungsorgane für die Dauer des Rechtsmittelverfahrens unterbleibt.

(4) Für die Vollstreckung können den Beteiligten auf ihren Antrag Ausfertigungen des Urteils ohne Tatbestand und ohne Entscheidungsgründe erteilt werden, deren Zustellung in den Wirkungen der Zustellung eines vollständigen Urteils gleichsteht.

§ 200 [Vollstreckung zugunsten der öffentlichen Hand] (1) Soll zugunsten einer Bundesbehörde oder einer bundesunmittelbaren Körperschaft des öffentlichen Rechts oder einer bundesunmittelbaren Anstalt des öffentlichen Rechts vollstreckt werden, so richtet sich die Vollstreckung nach dem Verwaltungsvollstreckungsgesetz.

(2) Bei der Vollstreckung zugunsten einer Behörde, die nicht Bundesbehörde ist, sowie zugunsten einer nicht bundesunmittelbaren Körperschaft oder Anstalt des öffentlichen Rechts gelten die Vorschriften des Verwaltungsvollstreckungsgesetzes entsprechend. In diesem Falle bestimmt das Land die Vollstreckungsbehörde.

§ 201 [Vollstreckung aus Verpflichtungsurteil] (1) Kommt die Behörde in den Fällen des § 131 der im Urteil auferlegten Verpflichtung nicht nach, so kann das Gericht des ersten Rechtszugs auf Antrag unter Fristsetzung ein Zwangsgeld bis zu zweitausend Deutsche Mark *(ab 1. 1. 2002: tausend Euro)* durch Beschluß androhen und nach vergeblichem Fristablauf festsetzen. Das Zwangsgeld kann wiederholt festgesetzt werden.

(2) Für die Vollstreckung gilt § 200.

Dritter Teil. Übergangs- und Schlußvorschriften

§§ 202–223. *(Vom Abdruck wurde abgesehen)*

10. Einkommensteuergesetz 1997 (EStG 1997)

In der Fassung der Bekanntmachung vom 16. April 1997
(BGBl. I S. 821)

Zuletzt geändert durch Gesetz vom 21. Dezember 2000 (BGBl. I S. 1978)

BGBl. III/FNA 611-1

– Auszug –

§ 33a Außergewöhnliche Belastung in besonderen Fällen. (1) Erwachsen einem Steuerpflichtigen Aufwendungen für den Unterhalt und eine etwaige Berufsausbildung einer dem Steuerpflichtigen oder seinem Ehegatten gegenüber gesetzlich unterhaltsberechtigten Person, so wird auf Antrag die Einkommensteuer dadurch ermäßigt, daß die Aufwendungen bis zu 14040 Deutsche Mark *(ab 1. 1. 2002:* 7188 Euro*)* im Kalenderjahr vom Gesamtbetrag der Einkünfte abgezogen werden. Der gesetzlich unterhaltsberechtigten Person gleichgestellt ist eine Person, soweit bei ihr zum Unterhalt bestimmte inländische öffentliche Mittel mit Rücksicht auf die Unterhaltsleistungen des Steuerpflichtigen gekürzt werden. Voraussetzung ist, daß weder der Steuerpflichtige noch eine andere Person Anspruch auf einen Freibetrag nach § 32 Abs. 6 oder auf Kindergeld für die unterhaltene Person hat und die unterhaltene Person kein oder nur ein geringes Vermögen besitzt. Hat die unterhaltene Person andere Einkünfte oder Bezüge, die zur Bestreitung des Unterhalts bestimmt oder geeignet sind, so vermindert sich der Betrag von 14040 Deutsche Mark *(ab 1. 1. 2002:* 7188 Euro*)* um den Betrag, um den diese Einkünfte und Bezüge den Betrag von 1200 Deutsche Mark im Kalenderjahr übersteigen, sowie um die von der unterhaltenen Person als Ausbildungshilfe aus öffentlichen Mitteln oder von Förderungseinrichtungen, die hierfür öffentliche Mittel erhalten, bezogenen Zuschüsse. Ist die unterhaltene Person nicht unbeschränkt einkommensteuerpflichtig, so können die Aufwendungen nur abgezogen werden, soweit sie nach den Verhältnissen des Wohnsitzstaats der unterhaltenen Person notwendig und angemessen sind, höchstens jedoch der Betrag, der sich nach den Sätzen 1 bis 4 ergibt; ob der Steuerpflichtige zum Unterhalt gesetzlich verpflichtet ist, ist nach inländischen Maßstäben zu beurteilen. Werden die Aufwendungen für eine unterhaltene Person von mehreren Steuerpflichtigen getragen, so wird bei jedem der Teil des sich hiernach ergebenden Betrags abgezogen, der seinem Anteil am Gesamtbetrag der Leistungen entspricht.

(2) Erwachsen einem Steuerpflichtigen Aufwendungen für die Berufsausbildung eines Kindes, für das er einen Freibetrag nach § 32 Abs. 6 oder Kindergeld erhält, so wird auf Antrag vom Gesamtbetrag der Einkünfte je Kalenderjahr ein Ausbildungsfreibetrag wie folgt abgezogen:

1. für ein Kind, das das 18. Lebensjahr noch nicht vollendet hat, in Höhe von 1800 Deutsche Mark *(ab 1. 1. 2002:* 924 Euro*)*, wenn das Kind auswärtig untergebracht ist;
2. für ein Kind, das das 18. Lebensjahr vollendet hat, in Höhe von 2400 Deutsche Mark *(ab 1. 1. 2002:* 1236 Euro*)*. Dieser Betrag erhöht sich auf

Einkommensteuergesetz §33a EStG 10

4200 Deutsche Mark *(ab 1. 1. 2002: 2148 Euro)*, wenn das Kind auswärtig untergebracht ist.

Die Ausbildungsfreibeträge vermindern sich jeweils um die eigenen Einkünfte und Bezüge des Kindes, die zur Bestreitung seines Unterhalts oder seiner Berufsausbildung bestimmt oder geeignet sind, soweit diese 3600 Deutsche Mark *(ab 1. 1. 2002: 1848 Euro)* im Kalenderjahr übersteigen, sowie um die von dem Kind als Ausbildungshilfe aus öffentlichen Mitteln oder von Förderungseinrichtungen, die hierfür öffentliche Mittel erhalten, bezogenen Zuschüsse. Für ein nicht unbeschränkt einkommensteuerpflichtiges Kind mindern sich die vorstehenden Beträge nach Maßgabe des Absatzes 1 Satz 5. Erfüllen mehrere Steuerpflichtige für dasselbe Kind die Voraussetzungen für einen Ausbildungsfreibetrag, so kann dieser insgesamt nur einmal abgezogen werden. Jedem Elternteil steht grundsätzlich die Hälfte des Abzugsbetrags nach den Sätzen 1 bis 3 zu. Auf gemeinsamen Antrag der Eltern ist eine andere Aufteilung möglich.

(3) Erwachsen einem Steuerpflichtigen Aufwendungen durch die Beschäftigung einer Hilfe im Haushalt, so können sie bis zu den folgenden Höchstbeträgen vom Gesamtbetrag der Einkünfte abgezogen werden:

1. 1200 Deutsche Mark *(ab 1. 1. 2002: 624 Euro)* im Kalenderjahr, wenn
   a) der Steuerpflichtige oder sein nicht dauernd getrennt lebender Ehegatte das 60. Lebensjahr vollendet hat oder
   b) wegen Krankheit des Steuerpflichtigen oder seines nicht dauernd getrennt lebenden Ehegatten oder eines zu seinem Haushalt gehörigen Kindes im Sinne des §32 Abs. 1 oder 6 Satz 8 oder einer anderen zu seinem Haushalt gehörigen unterhaltenen Person, für die eine Ermäßigung nach Absatz 1 gewährt wird, die Beschäftigung einer Hilfe im Haushalt erforderlich ist,
2. 1800 Deutsche Mark *(ab 1. 1. 2002: 924 Euro)* im Kalenderjahr, wenn eine der in Nummer 1 Buchstabe b genannten Personen hilflos im Sinne des §33b oder schwer behindert ist.

Erwachsen einem Steuerpflichtigen wegen der Unterbringung in einem Heim oder zur dauernden Pflege Aufwendungen, die Kosten für Dienstleistungen enthalten, die mit denen einer Hilfe im Haushalt vergleichbar sind, so können sie bis zu den folgenden Höchstbeträgen vom Gesamtbetrag der Einkünfte abgezogen werden:

1. 1200 Deutsche Mark *(ab 1. 1. 2002: 624 Euro)*, wenn der Steuerpflichtige oder sein nicht dauernd getrennt lebender Ehegatte in einem Heim untergebracht ist, ohne pflegebedürftig zu sein,
2. 1800 Deutsche Mark *(ab 1. 1. 2002: 924 Euro)*, wenn die Unterbringung zur dauernden Pflege erfolgt.

Die jeweiligen Höchstbeträge der Sätze 1 und 2 können auch bei Ehegatten, bei denen die Voraussetzungen des §26 Abs. 1 vorliegen, insgesamt nur einmal abgezogen werden, es sei denn, die Ehegatten sind wegen Pflegebedürftigkeit eines der Ehegatten an einer gemeinsamen Haushaltsführung gehindert.

(4) Für jeden vollen Kalendermonat, in dem die in den Absätzen 1 bis 3 bezeichneten Voraussetzungen nicht vorgelegen haben, ermäßigen sich die dort bezeichneten Beträge um je ein Zwölftel. Eigene Einkünfte und Bezüge

der unterhaltenen Person oder des Kindes, die auf diese Kalendermonate entfallen, vermindern die nach Satz 1 ermäßigten Höchstbeträge und Freibeträge nicht. Als Ausbildungshilfe bezogene Zuschüsse mindern nur die zeitanteiligen Höchstbeträge und Freibeträge der Kalendermonate, für die die Zuschüsse bestimmt sind.

(5) In den Fällen der Absätze 1 bis 3 kann wegen der in diesen Vorschriften bezeichneten Aufwendungen der Steuerpflichtige eine Steuerermäßigung nach § 33 nicht in Anspruch nehmen.

§ 33 b[1]) Pauschbeträge für Behinderte, Hinterbliebene und Pflegepersonen.

(1) Wegen der außergewöhnlichen Belastungen, die einem Behinderten unmittelbar infolge seiner Behinderung erwachsen, kann er anstelle einer Steuerermäßigung nach § 33 einen Pauschbetrag nach Absatz 3 geltend machen (Behinderten-Pauschbetrag).

(2) Die Pauschbeträge erhalten

1. Behinderte, deren Grad der Behinderung auf mindestens 50 festgestellt ist;
2. Behinderte, deren Grad der Behinderung auf weniger als 50, aber mindestens auf 25 festgestellt ist, wenn
    a) dem Behinderten wegen seiner Behinderung nach gesetzlichen Vorschriften Renten oder andere laufende Bezüge zustehen, und zwar auch dann, wenn das Recht auf die Bezüge ruht oder der Anspruch auf die Bezüge durch Zahlung eines Kapitals abgefunden worden ist, oder
    b) die Behinderung zu einer dauernden Einbuße der körperlichen Beweglichkeit geführt hat oder auf einer typischen Berufskrankheit beruht.

[Fassung des Abs. 3 bis 31. 12. 2001:]

(3) Die Höhe des Pauschbetrags richtet sich nach dem dauernden Grad der Behinderung. Als Pauschbeträge werden gewährt bei einem Grad der Behinderung

von 25 und 30	600 Deutsche Mark
von 35 und 40	840 Deutsche Mark
von 45 und 50	1110 Deutsche Mark
von 55 und 60	1410 Deutsche Mark
von 65 und 70	1740 Deutsche Mark
von 75 und 80	2070 Deutsche Mark
von 85 und 90	2400 Deutsche Mark
von 95 und 100	2760 Deutsche Mark.

Für Behinderte, die hilflos im Sinne des Absatzes 6 sind, und für Blinde erhöht sich der Pauschbetrag auf 7200 Deutsche Mark.

[Fassung des Abs. 3 ab 1. 1. 2002:]

(3) Die Höhe des Pauschbetrags richtet sich nach dem dauernden Grad der Behinderung. Als Pauschbeträge werden gewährt bei einem Grad der Behinderung

von 25 und 30	310 Euro
von 35 und 40	430 Euro
von 45 und 50	570 Euro

---

[1]) Zu § 33 b vgl. § 65 EStDV; Nr. **10 a**.

Einkommensteuergesetz **§ 33b EStG 10**

von 55 und 60	720 Euro
von 65 und 70	890 Euro
von 75 und 80	1060 Euro
von 85 und 90	1230 Euro
von 95 und 100	1420 Euro

Für Behinderte, die hilflos im Sinne des Absatzes 6 sind, und für Blinde erhöht sich der Pauschbetrag auf 3700 Euro.

(4) Personen, denen laufende Hinterbliebenenbezüge bewilligt worden sind, erhalten auf Antrag einen Pauschbetrag von 720 Deutsche Mark *(ab 1. 1. 2002: 370 Euro)* (Hinterbliebenen-Pauschbetrag), wenn die Hinterbliebenenbezüge geleistet werden

1. nach dem Bundesversorgungsgesetz oder einem anderen Gesetz, das die Vorschriften des Bundesversorgungsgesetzes über Hinterbliebenenbezüge für entsprechend anwendbar erklärt, oder

2. nach den Vorschriften über die gesetzliche Unfallversicherung oder

3. nach den beamtenrechtlichen Vorschriften an Hinterbliebene eines an den Folgen eines Dienstunfalls verstorbenen Beamten oder

4. nach den Vorschriften des Bundesentschädigungsgesetzes über die Entschädigung für Schäden an Leben, Körper oder Gesundheit.

Der Pauschbetrag wird auch dann gewährt, wenn das Recht auf die Bezüge ruht oder der Anspruch auf die Bezüge durch Zahlung eines Kapitals abgefunden worden ist.

(5) Steht der Behinderten-Pauschbetrag oder der Hinterbliebenen-Pauschbetrag einem Kind zu, für das der Steuerpflichtige einen Freibetrag nach § 32 Abs. 6 oder Kindergeld erhält, so wird der Pauschbetrag auf Antrag auf den Steuerpflichtigen übertragen, wenn ihn das Kind nicht in Anspruch nimmt. Dabei ist der Pauschbetrag grundsätzlich auf beide Elternteile je zur Hälfte aufzuteilen. Auf gemeinsamen Antrag der Eltern ist eine andere Aufteilung möglich. In diesen Fällen besteht für Aufwendungen, für die der Behinderten-Pauschbetrag gilt, kein Anspruch auf eine Steuerermäßigung nach § 33.

(6) Wegen der außergewöhnlichen Belastungen, die einem Steuerpflichtigen durch die Pflege einer Person erwachsen, die nicht nur vorübergehend hilflos ist, kann er an Stelle einer Steuerermäßigung nach § 33 einen Pauschbetrag von 1800 Deutsche Mark *(ab 1. 1. 2002: 924 Euro)* im Kalenderjahr geltend machen (Pflegepauschbetrag), wenn er dafür keine Einnahmen erhält. Hilflos im Sinne des Satzes 1 ist eine Person, wenn sie für eine Reihe von häufig und regelmäßig wiederkehrenden Verrichtungen zur Sicherung ihrer persönlichen Existenz im Ablauf eines jeden Tages fremder Hilfe dauernd bedarf. Diese Voraussetzungen sind auch erfüllt, wenn die Hilfe in Form einer Überwachung oder einer Anleitung zu den in Satz 2 genannten Verrichtungen erforderlich ist oder wenn die Hilfe zwar nicht dauernd geleistet werden muß, jedoch eine ständige Bereitschaft zur Hilfeleistung erforderlich ist. Voraussetzung ist, daß der Steuerpflichtige die Pflege im Inland entweder in seiner Wohnung oder in der Wohnung des Pflegebedürftigen persönlich durchführt. Wird ein Pflegebedürftiger von mehreren Steuerpflichtigen im Veranlagungszeitraum gepflegt, wird der Pauschbetrag nach der Zahl der Pflegepersonen, bei denen die Voraussetzungen der Sätze 1 bis 4 vorliegen, geteilt.

(7) Die Bundesregierung wird ermächtigt, durch Rechtsverordnung mit Zustimmung des Bundesrates zu bestimmen, wie nachzuweisen ist, daß die Voraussetzungen für die Inanspruchnahme der Pauschbeträge vorliegen.

[Fassung von § 52 bis 31. 12. 2001:]

§ 52 Anwendungsvorschriften. (1) Diese Fassung des Gesetzes ist, soweit in den folgenden Absätzen nichts anderes bestimmt ist, erstmals für den Veranlagungszeitraum 2001 anzuwenden. Beim Steuerabzug vom Arbeitslohn gilt Satz 1 mit der Maßgabe, dass diese Fassung erstmals auf den laufenden Arbeitslohn anzuwenden ist, der für einen nach dem 31. Dezember 2000 endenden Lohnzahlungszeitraum gezahlt wird, und auf sonstige Bezüge, die nach dem 31. Dezember 2000 zufließen.

(2)–(45) ...

(46) § 33a Abs. 1 Satz 1 und 4 ist ab dem Veranlagungszeitraum 2002 mit der Maßgabe anzuwenden, dass jeweils an die Stelle des Betrags von 13 500 Deutsche Mark der Betrag von 14 040 Deutsche Mark tritt.

(47)–(63) ...

[Fassung von § 52 ab 1. 1. 2002:]

§ 52 Anwendungsvorschriften. (1) Diese Fassung des Gesetzes ist, soweit in den folgenden Absätzen nichts anderes bestimmt ist, erstmals für den Veranlagungszeitraum 2002 anzuwenden. Beim Steuerabzug vom Arbeitslohn gilt Satz 1 mit der Maßgabe, dass diese Fassung erstmals auf den laufenden Arbeitslohn anzuwenden ist, der für einen nach dem 31. Dezember 2001 endenden Lohnzahlungszeitraum gezahlt wird, und auf sonstige Bezüge, die nach dem 31. Dezember 2001 zufließen.

(2)–(45) ...

(46) § 33a Abs. 1 Satz 1 ist anzuwenden

1. für die Veranlagungszeiträume 2003 und 2004 mit der Maßgabe, dass jeweils an die Stelle des Betrags von 7188 Euro der Betrag von 7428 Euro tritt, und
2. ab dem Veranlagungszeitraum 2005 mit der Maßgabe, dass jeweils an die Stelle des Betrags von 7188 Euro der Betrag von 7680 Euro tritt.

(47)–(63) ...

§ 56 Sondervorschriften für Steuerpflichtige in dem in Artikel 3 des Einigungsvertrages genannten Gebiet. Bei Steuerpflichtigen, die am 31. Dezember 1990 einen Wohnsitz oder ihren gewöhnlichen Aufenthalt in dem in Artikel 3 des Einigungsvertrages genannten Gebiet und im Jahre 1990 keinen Wohnsitz oder gewöhnlichen Aufenthalt im bisherigen Geltungsbereich dieses Gesetzes hatten, gilt folgendes:

1. § 7 Abs. 5 ist auf Gebäude anzuwenden, die in dem Artikel 3 des Einigungsvertrages genannten Gebiet nach dem 31. Dezember 1990 angeschafft oder hergestellt worden sind.

2. *(aufgehoben)*

10a. Einkommensteuer-Durchführungsverordnung 2000 (EStDV 2000)

In der Fassung der Bekanntmachung vom 10. Mai 2000 (BGBl. I S. 717)

Zuletzt geändert durch Gesetz vom 19. Dezember 2000 (BGBl. I S. 1790)

BGBl. III/FNA 611-1-1

– Auszug –

Zu § 33b des Gesetzes

§ 65 Nachweis der Behinderung. (1) Den Nachweis einer Behinderung hat der Steuerpflichtige zu erbringen:

1. bei einer Behinderung, deren Grad auf mindestens 50 festgestellt ist, durch Vorlage eines Ausweises nach dem Schwerbehindertengesetz oder eines Bescheides der für die Durchführung des Bundesversorgungsgesetzes zuständigen Behörde,
2. bei einer Behinderung, deren Grad auf weniger als 50, aber mindestens 25 festgestellt ist,
    a) durch eine Bescheinigung der für die Durchführung des Bundesversorgungsgesetzes zuständigen Behörde auf Grund eines Feststellungsbescheids nach § 4 Abs. 1 des Schwerbehindertengesetzes, die eine Äußerung darüber enthält, ob die Behinderung zu einer dauernden Einbuße der körperlichen Beweglichkeit geführt hat oder auf einer typischen Berufskrankheit beruht, oder,
    b) wenn ihm wegen seiner Behinderung nach den gesetzlichen Vorschriften Renten oder andere laufende Bezüge zustehen, durch den Rentenbescheid oder den die anderen laufenden Bezüge nachweisenden Bescheid.

(2) Die gesundheitlichen Merkmale „blind" und „hilflos" hat der Steuerpflichtige durch einen Ausweis nach dem Schwerbehindertengesetz, der mit den Merkzeichen „Bl" oder „H" gekennzeichnet ist, oder durch einen Bescheid der für die Durchführung des Bundesversorgungsgesetzes zuständigen Behörde, der die entsprechenden Feststellungen enthält, nachzuweisen. Dem Merkzeichen „H" steht die Einstufung als Schwerstpflegebedürftiger in Pflegestufe III nach dem Elften Buch Sozialgesetzbuch, dem Bundessozialhilfegesetz oder diesen entsprechenden gesetzlichen Bestimmungen gleich; dies ist durch Vorlage des entsprechenden Bescheides nachzuweisen.

(3) Der Steuerpflichtige hat die Unterlagen nach den Absätzen 1 und 2 zusammen mit seiner Steuererklärung oder seinem Antrag auf Lohnsteuerermäßigung der Finanzbehörde vorzulegen.

(4) Ist der Behinderte verstorben und kann sein Rechtsnachfolger die Unterlagen nach den Absätzen 1 und 2 nicht vorlegen, so genügt zum Nachweis eine gutachtliche Stellungnahme von Seiten der für die Durchführung des Bundesversorgungsgesetzes zuständigen Behörde. Diese Stellungnahme hat die Finanzbehörde einzuholen.

11. Umsatzsteuergesetz 1999
(UStG 1999)

In der Fassung der Bekanntmachung vom 9. Juni 1999 (BGBl. I S. 1270)

Zuletzt geändert durch Gesetz vom 19. Dezember 2000 (BGBl. I S. 1790)

BGBl. III/FNA 611-10-14

– Auszug –

§ 12 Steuersätze. (1) Die Steuer beträgt für jeden steuerpflichtigen Umsatz sechzehn vom Hundert der Bemessungsgrundlage (§§ 10, 11, 25 Abs. 3 und § 25a Abs. 3 und 4).

(2) Die Steuer ermäßigt sich auf sieben vom Hundert für die folgenden Umsätze:

1. die Lieferungen, die Einfuhr und den innergemeinschaftlichen Erwerb der in der Anlage bezeichneten Gegenstände;
2. die Vermietung der in der Anlage bezeichneten Gegenstände;
3.–10. ...

Anlage
(zu § 12 Abs. 2 Nr. 1 und 2)

Liste der dem ermäßigten Steuersatz unterliegenden Gegenstände

Lfd. Nr.	Warenbezeichnung	Zolltarif (Kapitel, Position, Unterposition)
1–50	...	
51	Rollstühle und andere Fahrzeuge für Kranke und Körperbehinderte, auch mit Motor oder anderer Vorrichtung zur mechanischen Fortbewegung	Position 87.13
52	Körperersatzstücke, orthopädische Apparate und andere orthopädische Vorrichtungen sowie Vorrichtungen zum Beheben von Funktionsschäden oder Gebrechen, für Menschen, und zwar	
	a) künstliche Gelenke, ausgenommen Teile und Zubehör,	aus Unterposition 9021.11
	b) orthopädische Apparate und andere orthopädische Vorrichtungen einschließlich Krücken sowie medizinisch-chirurgischer Gürtel und Bandagen, ausgenommen Teile und Zubehör,	aus Unterposition 9021.19

Einkommensteuer-DurchführungsVO   **Anlage   UStG 11**

Lfd. Nr.	Warenbezeichnung	Zolltarif (Kapitel, Position, Unterposition)
	c) Prothesen, ausgenommen Teile und Zubehör,	aus Unterpositionen 9021.21, 9021.29 und 9021.30
53, 54	d) Schwerhörigengeräte, Herzschrittmacher und andere Vorrichtungen zum Beheben von Funktionsschäden oder Gebrechen, zum Tragen in der Hand oder am Körper oder zum Einpflanzen in den Organismus, ausgenommen Teile und Zubehör	Unterpositionen 9021.40 und 9021.50, aus Unterposition 9021.90

12. Kraftfahrzeugsteuergesetz (KraftStG 1994)

In der Fassung vom 24. Mai 1994 (BGBl. I S. 1102)

Zuletzt geändert durch Gesetz vom 19. Dezember 2000 (BGBl. I S. 1790)

BGBl. III/FNA 611-17

– Auszug –

§ 3a Vergünstigungen für Schwerbehinderte. (1) Von der Steuer befreit ist das Halten von Kraftfahrzeugen, solange die Fahrzeuge für Schwerbehinderte zugelassen sind, die durch einen Ausweis im Sinne des Schwerbehindertengesetzes oder des Artikels 3 des Gesetzes über die unentgeltliche Beförderung Schwerbehinderter im öffentlichen Personenverkehr vom 9. Juli 1979 (BGBl. I S. 989) mit dem Merkzeichen „H", „Bl" oder „aG" nachweisen, daß sie hilflos, blind oder außergewöhnlich gehbehindert sind.

(2) Die Steuer ermäßigt sich um 50 vom Hundert für Kraftfahrzeuge, solange die Fahrzeuge für Schwerbehinderte zugelassen sind, die durch einen Ausweis im Sinne des Schwerbehindertengesetzes oder des Artikels 3 des Gesetzes über die unentgeltliche Beförderung Schwerbehinderter im öffentlichen Personenverkehr mit orangefarbenen Flächenaufdruck nachweisen, daß sie die Voraussetzungen des § 59 Abs. 1 Satz 1 des Schwerbehindertengesetzes erfüllen. Die Steuerermäßigung wird nicht gewährt, solange der Schwerbehinderte das Recht zur unentgeltlichen Beförderung nach § 59 des Schwerbehindertengesetzes in Anspruch nimmt. Die Inanspruchnahme der Steuerermäßigung ist vom Finanzamt auf dem Schwerbehindertenausweis zu vermerken. Der Vermerk ist vom Finanzamt zu löschen, wenn die Steuerermäßigung entfällt.

(3) Die Steuervergünstigung der Absätze 1 und 2 steht dem Behinderten nur für ein Fahrzeug und nur auf Antrag zu. Sie entfällt, wenn das Fahrzeug zur Beförderung von Gütern – ausgenommen Handgepäck –, zur entgeltlichen Beförderung von Personen – ausgenommen die gelegentliche Mitbeförderung – oder durch andere Personen zu Fahrten benutzt wird, die nicht im Zusammenhang mit der Fortbewegung oder der Haushaltsführung des Behinderten stehen.

§ 17 Sonderregelung für bestimmte Behinderte. Behinderte, denen die Kraftfahrzeugsteuer im Zeitpunkt des Inkrafttretens des Gesetzes zur Änderung des Kraftfahrzeugsteuergesetzes vom 22. Dezember 1978 (BGBl. I S. 2063) nach § 3 Abs. 1 Nr. 1 des Kraftfahrzeugsteuergesetzes in der Fassung der Bekanntmachung vom 1. Dezember 1972 (BGBl. I S. 2209) erlassen war, gelten im Sinne des § 3a Abs. 1 dieses Gesetzes ohne weiteren Nachweis als außergewöhnlich gehbehindert, solange sie in ihrer Erwerbsfähigkeit nicht nur vorübergehend um mindestens 50 vom Hundert gemindert sind.

12a. Kraftfahrzeugsteuer-Durchführungsverordnung (KraftStDV 1994)

Vom 24. Mai 1994 (BGBl. I S. 1144)

Zuletzt geändert durch Gesetz vom 19. Dezember 2000 (BGBl. I S. 1790)

BGBl. III/FNA 611-17-2

– Auszug –

§ 7 Steuervergünstigungen. (1) Steht einem Steuerpflichtigen eine Steuerbefreiung oder Steuerermäßigung zu und will er hiervon oder von der Nichterhebung der Steuer bei einem Kraftfahrzeuganhänger (§ 10 Abs. 1 des Gesetzes) Gebrauch machen, so hat er dies unter Angabe der Gründe geltend zu machen. Fallen die Voraussetzungen für eine Steuervergünstigung weg, so hat der Steuerpflichtige dies dem Finanzamt unverzüglich anzuzeigen. Der Antrag und die Anzeige sind Steuererklärung im Sinne der Abgabenordnung. Falls nach § 3 eine Steuererklärung abzugeben ist, genügt zum Geltendmachen der Vergünstigung oder zur Anzeige über den Wegfall der Voraussetzungen ein entsprechender Hinweis in der Steuererklärung. Die Anträge und Anzeigen sind bei der Zulassungsstelle einzureichen, wenn sie bei der Zulassung des Fahrzeugs gestellt werden oder wenn ein Personenkraftwagen nachträglich als schadstoffarm anerkannt wird, andernfalls beim Finanzamt.

(2) Als Zeitraum, für den jeweils Steuerbefreiung nach § 3 Nr. 6 des Gesetzes beansprucht werden kann, kommt jeder Zeitraum in Betracht, der im Falle der Steuerpflicht als Entrichtungszeitraum zulässig wäre.

(3) Die Vergünstigungen nach § 3a des Gesetzes sind, wenn der Fahrzeugschein noch nicht ausgehändigt ist, von der Zulassungsbehörde, in allen anderen Fällen vom Finanzamt auf dem Fahrzeugschein zu vermerken. Der Vermerk ist vom Finanzamt zu löschen, wenn die Voraussetzungen für die Steuerbefreiung nicht nur vorübergehend wegfallen.

13. GdB/MdE-Tabelle[1]

26.1 Allgemeine Hinweise GdB/MdE-Tabelle

(1) Die nachstehend genannten *GdB/MdE-Sätze* sind *Anhaltswerte*. Es ist unerläßlich, alle leistungsmindernden Störungen auf körperlichem, geistigem und seelischem Gebiet in jedem Einzelfall zu berücksichtigen. Die Beurteilungsspannen tragen den Besonderheiten des Einzelfalles Rechnung. Auf die Nummern 18 und 19, Seiten 28–35, wird verwiesen.

(2) Bei Gesundheitsstörungen, die im folgenden nicht aufgeführt sind, ist der GdB/MdE-Grad in *Analogie* zu vergleichbaren Gesundheitsstörungen zu beurteilen.

(3) Nach Transplantationen innerer Organe und nach der Behandlung bestimmter Krankheiten, die zu Rezidiven neigen, ist bei der GdB/MdE-Bemessung eine *Heilungsbewährung* abzuwarten (siehe Nummer 18 Absatz 7, Seite 32 und Nummer 24 Absatz 3, Seite 46).

Insbesondere gilt dies bei *malignen Geschwulstkrankheiten*. Für die häufigsten und wichtigsten solcher Krankheiten sind im folgenden GdB/MdE-Anhaltswerte angegeben. Sie sind auf den Zustand nach operativer oder anderweitiger Beseitigung der Geschwulst bezogen. Der Zeitraum des Abwartens einer Heilungsbewährung beträgt in der Regel fünf Jahre. Ein Zeitraum von zwei bzw. drei Jahren kommt nur bei bestimmten, in der GdB/MdE-Tabelle besonders genannten Tumorformen in Betracht, bei denen medizinisch-wissenschaftlich gesichert ist, daß zwei bzw. drei Jahre nach Beseitigung der Geschwulst die Rezidivgefahr nur noch sehr gering ist. Maßgeblicher Bezugspunkt für den Beginn der Heilungsbewährung ist der Zeitpunkt, an dem die Geschwulst durch Operation oder andere Primärtherapie als beseitigt angesehen werden kann; eine zusätzliche adjuvante Therapie hat keinen Einfluß auf den Beginn der Heilungsbewährung. Die aufgeführten GdB/MdE-Werte beziehen den regelhaft verbleibenden Organ- oder Gliedmaßenschaden ein. Außergewöhnliche Folgen oder Begleiterscheinungen der Behandlung – z.B. langdauernde schwere Auswirkungen einer wiederholten Chemotherapie – sind gegebenenfalls zusätzlich zu berücksichtigen. Bei den im folgenden *nicht genannten malignen Geschwulstkrankheiten* ist von folgenden Grundsätzen auszugehen: Bis zum Ablauf der Heilungsbewährung – in der Regel bis zum Ablauf des fünften Jahres nach der Geschwulstbeseitigung – ist in den Fällen, in denen der verbliebene Organ- oder Gliedmaßenschaden für sich allein keinen GdB/MdE-Grad von wenigstens 50 bedingt, im allgemeinen nach Geschwulstbeseitigung im Frühstadium ein GdB/MdE-Grad von 50 und nach Geschwulstbeseitigung in anderen Stadien ein GdB/MdE-Grad von 80 angemessen. Bedingen der verbliebene Organ- oder Gliedmaßenschaden und/oder außergewöhnliche Folge- oder Begleiterscheinungen der Behandlung einen GdB/MdE-Grad von 50 oder mehr, ist der bis zum Ablauf der Hei-

---

[1] Entnommen aus: Anhaltspunkte für die ärztliche Gutachtertätigkeit im sozialen Entschädigungsrecht und nach dem Schwerbehindertengesetz; Hrsg.: Bundesministerium für Arbeit und Sozialordnung, Bonn November 1996.

lungsbewährung anzusetzende GdB/MdE-Grad entsprechend höher zu bewerten.

26.2 Kopf und Gesicht

Substanzverluste am knöchernen Schädel und Schädelbrüche sind selten isoliert, vielmehr meist im Zusammenhang mit den Störungen durch die vom Schädel eingeschlossenen Organe zu bewerten.

GdB/MdE-Grad

Narben nach Warzenfortsatzaufmeißelung 0

Einfache Schädelbrüche ohne Komplikationen im Heilverlauf 0

Kleinere Knochenlücken, Substanzverluste (auch größere gedeckte) am knöchernen Schädel 0–10

Schädelnarben am Hirnschädel mit erheblichem Verlust von Knochenmasse ohne Funktionsstörung des Gehirns (einschließlich entstellender Wirkung) 30

    Hierzu gehören insbesondere alle traumatisch entstandenen erheblichen (nicht gedeckten) Substanzverluste am Hirnschädel, die auch das innere Knochenblatt betreffen.

Einfache Gesichtsentstellung
  nur wenig störend 10
  sonst 20–30
  (Zu den Entstellungen siehe auch Nummer 26.17, Seite 129)

Abstoßend wirkende Entstellung des Gesichts 50

    Eine abstoßend wirkende Gesichtsentstellung liegt vor, wenn die Entstellung bei Menschen, die nur selten Umgang mit Behinderten haben, üblicherweise Mißempfindungen wie Erschrecken oder Abscheu oder eine anhaltende Abneigung gegenüber dem Behinderten auszulösen vermag.

    Bei hochgradigen Gesichtsentstellungen mit außergewöhnlichen psychoreaktiven Störungen kommen entsprechend höhere Werte in Betracht.

Sensibilitätsstörungen im Gesichtsbereich
  leicht 0–10
  ausgeprägt, den oralen Bereich einschließend 20–30

Gesichtsneuralgien
(z. B. Trigeminusneuralgie)
  leicht
  (seltene, leichte Schmerzen) 0–10

13 GdB/MdE-Tabelle

Nervensystem und Psyche

GdB/MdE-Grad

mittelgradig
(häufigere, leichte bis mittelgradige Schmerzen, schon
durch geringe Reize auslösbar) 20–40

schwer
(häufige, mehrmals im Monat auftretende starke
Schmerzen bzw. Schmerzattacken) 50–60

besonders schwer
(starker Dauerschmerz oder Schmerzattacken mehrmals
wöchentlich).. 70–80

Echte Migräne
je nach Häufigkeit und Dauer der Anfälle und Ausprägung der Begleiterscheinungen (vegetative Störungen, Augensymptome, andere zerebrale Reizerscheinungen)

    leichte Verlaufsform
    (Anfälle durchschnittlich einmal monatlich) 0–10

    mittelgradige Verlaufsform
    (häufigere Anfälle, jeweils einen oder mehrere Tage
    anhaltend) 20–40

    schwere Verlaufsform
    (langdauernde Anfälle mit stark ausgeprägten Begleiterscheinungen, Anfallspausen von nur wenigen Tagen) 50–60

Periphere Fazialisparese
    einseitig
        kosmetisch nur wenig störende Restparese 0–10
        ausgeprägtere Restparese oder Kontrakturen 20–30
        komplette Lähmung oder entstellende Kontraktur 40
    beidseitig komplette Lähmung 50

26.3 Nervensystem und Psyche

Hirnschäden

Hirnbeschädigte sind Behinderte, bei denen das Gehirn in seiner Entwicklung gestört wurde oder durch äußere Gewalteinwirkung, Krankheit, toxische Einflüsse oder Störungen der Blutversorgung organische Veränderungen erlitten und nachweisbar behalten hat.

Als *nachgewiesen* ist ein solcher *Hirnschaden* anzusehen, wenn Symptome einer organischen Veränderung des Gehirns – nach Verletzung oder Krankheit nach dem Abklingen der akuten Phase – festgestellt worden sind; dies gilt auch, wenn bei späteren Untersuchungen keine hirnorganischen Funktionsstörungen und Leistungsbeeinträchtigungen mehr zu erkennen sind (GdB/MdE-Grad dann – auch unter Einschluß geringer z.B. vegetativer Beschwerden – 20; nach offenen Hirnverletzungen nicht unter 30).

Bestimmend für die Beurteilung des GdB/MdE-Grades ist das Ausmaß der bleibenden Ausfallserscheinungen. Dabei sind der neurologische Befund, die Ausfallserscheinungen im psychischen Bereich unter Würdigung der prämor-

Nervensystem und Psyche **GdB/MdE-Tabelle 13**

biden Persönlichkeit und ggf. das Auftreten von zerebralen Anfällen zu beachten. Bei der Mannigfaltigkeit der Folgezustände von Hirnschädigungen kommen für die GdB/MdE-Beurteilung Sätze zwischen 20 und 100 in Betracht.

Bei *Kindern* ist zu berücksichtigen, daß sich die Auswirkungen eines Hirnschadens abhängig vom Reifungsprozeß sehr verschieden (Besserung oder Verschlechterung) entwickeln können, so daß in der Regel Nachprüfungen in Abständen von wenigen Jahren angezeigt sind.

Bei einem mit Ventil versorgten Hydrozephalus ist ein GdB/MdE-Grad von wenigstens 30 anzusetzen.

Nicht nur vorübergehende vegetative Störungen nach *Gehirnerschütterung* (reversible und morphologisch nicht nachweisbare Funktionsstörung des Gesamthirns) rechtfertigen im ersten Jahr nach dem Unfall einen GdB/MdE-Grad von 10–20.

Bei der folgenden GdB/MdE-Tabelle der Hirnschäden soll die Gesamtbewertung (**A.**) im Vordergrund stehen. Die unter **B.** angeführten *isoliert vorkommenden* bzw. *führenden* Syndrome stellen eine ergänzende Hilfe zur Beurteilung dar.

GdB/MdE-Grad

A. Grundsätze der Gesamtbewertung von Hirnschäden

1. Hirnschäden mit geringer Leistungsbeeinträchtigung 30– 40
2. Hirnschäden mit mittelschwerer Leistungsbeeinträchtigung 50– 60
3. Hirnschäden mit schwerer Leistungsbeeinträchtigung 70–100

B. Bewertung von Hirnschäden mit isoliert vorkommenden bzw. führenden Syndromen (bei Begutachtungen im sozialen Entschädigungsrecht auch zur Feststellung der Schwerstbeschädigtenzulage):

Organisch-psychische Störungen
Hierbei wird zwischen hirnorganischen Allgemeinsymptomen, intellektuellem Abbau (Demenz) und hirnorganischen Persönlichkeitsveränderungen unterschieden, die jedoch oft kombiniert sind und fließende Übergänge zeigen können.

Zu den *hirnorganischen Allgemeinsymptomen („Hirnleistungsschwäche")* werden vor allem Beeinträchtigungen der Merkfähigkeit und der Konzentration, Reizbarkeit, Erregbarkeit, vorzeitige Ermüdbarkeit, Einbuße an Überschau- und Umstellungsvermögen und psychovegetative Labilität (z.B. Kopfschmerzen, vasomotorische Störungen, Schlafstörungen, affektive Labilität) gerechnet.

Die *hirnorganische Persönlichkeitsveränderung („hirnorganische Wesensänderung")* wird von einer Verarmung und Vergröberung der Persönlichkeit mit Störungen des Antriebs, der Stimmungslage und der Emotionalität, mit Einschränkung des Kritikvermögens und des Umweltkontaktes sowie mit Akzentuierungen besonderer Persönlichkeitseigenarten bestimmt.

Auf der Basis der organisch-psychischen Veränderungen entwickeln sich nicht selten zusätzliche *psychoreaktive* Störungen.

13 GdB/MdE-Tabelle

Nervensystem und Psyche

GdB/MdE-Grad

Hirnschäden mit psychischen Störungen
(je nach vorstehend beschriebener Art)

    leicht (im Alltag sich gering auswirkend) 30– 40

    mittelgradig (im Alltag sich deutlich auswirkend) 50– 60

    schwer 70–100

Zentrale vegetative Störungen als Ausdruck eines Hirndauerschadens (z. B. Störungen des Schlaf-Wach-Rhythmus, der Vasomotorenregulation oder der Schweißregulation)

    leicht 30

    mittelgradig, auch mit vereinzelten synkopalen Anfällen 40

    mit häufigeren Anfällen oder erheblichen Auswirkungen auf den Allgemeinzustand 50

Koordinations- und Gleichgewichtsstörungen (spino-)zerebellarer Ursache je nach dem Ausmaß der Störung der Ziel- und Feinmotorik einschließlich der Schwierigkeiten beim Gehen und Stehen (siehe hierzu auch Nummer 26.5, Seite 73 f) 30–100

Hirnschäden mit kognitiven Leistungsstörungen (z. B. Aphasie, Apraxie, Agnosie)

    leicht (z B. Restaphasie) 30– 40

    mittelgradig (z. B. Aphasie mit deutlicher bis sehr ausgeprägter Kommunikationsstörung) 50– 80

    schwer (z. B. globale Aphasie) 90–100

Zerebral bedingte Teillähmungen und Lähmungen

    leichte Restlähmungen und Tonusstörungen der Gliedmaßen 30

    bei ausgeprägteren Teillähmungen und vollständigen Lähmungen ist der GdB/MdE-Grad aus Vergleichen mit den nachfolgend aufgeführten Gliedmaßenverlusten, peripheren Lähmungen und anderen Funktionseinbußen der Gliedmaßen abzuleiten

    vollständige Lähmung von Arm und Bein (Hemiplegie) 100

Parkinson-Syndrom

    ein- oder beidseitig, geringe Störung der Bewegungsabläufe, keine Gleichgewichtsstörung, geringe Verlangsamung 30– 40

    deutliche Störung der Bewegungsabläufe, Gleichgewichtsstörungen, Unsicherheit beim Umdrehen, stärkere Verlangsamung 50– 70

Nervensystem und Psyche **GdB/MdE-Tabelle 13**

GdB/MdE-Grad

schwere Störung der Bewegungsabläufe bis zur Immobilität 80–100

Andere extrapyramidale Syndrome – auch mit Hyperkinesen – sind analog nach Art und Umfang der gestörten Bewegungsabläufe und der Möglichkeit ihrer Unterdrückung zu bewerten; bei lokalisierten Störungen (z. B. Torticollis spasmodicus) sind niedrigere GdB/MdE-Grade als bei generalisierten (z. B. choreatische Syndrome) in Betracht zu ziehen.

GdB/MdE-Grad

Epileptische Anfälle
je nach Art, Schwere, Häufigkeit und tageszeitlicher Verteilung
sehr selten
(generalisierte [große] und komplexfokale Anfälle mit Pausen von mehr als einem Jahr; kleine und einfach-fokale Anfälle mit Pausen von Monaten) 40
selten
(generalisierte [große] und komplexfokale Anfälle mit Pausen von Monaten; kleine und einfach-fokale Anfälle mit Pausen von Wochen)..................... 50– 60
mittlere Häufigkeit
(generalisierte [große] und komplexfokale Anfälle mit Pausen von Wochen; kleine und einfach-fokale Anfälle mit Pausen von Tagen) 60– 80
häufig
(generalisierte [große] oder komplexfokale Anfälle wöchentlich oder Serien von generalisierten Krampfanfällen, von fokal betonten oder von multifokalen Anfällen; kleine und einfach-fokale Anfälle täglich) 90–100
nach drei Jahren Anfallsfreiheit bei weiterer Notwendigkeit antikonvulsiver Behandlung........................ 30

Ein Anfallsleiden gilt als abgeklungen, wenn ohne Medikation drei Jahre Anfallsfreiheit besteht. Ohne nachgewiesenen Hirnschaden ist dann kein GdB/MdE-Grad mehr anzunehmen.

Narkolepsie

Je nach Häufigkeit, Ausprägung und Kombination der Symptome (Tagesschläfrigkeit, Schlafattacken, Kataplexien, automatisches Verhalten im Rahmen von Ermüdungserscheinungen, Schlaflähmungen – häufig verbunden mit hypnagogen Halluzinationen) sind im allgemeinen GdB/MdE-Grade von 50 bis 80 anzusetzen. Selten kommen auch GdB/MdE-Grade von 40 (z. B. bei gering ausgeprägter Tagesschläfrigkeit in Kombination mit seltenen Schlaflähmungen und hypnagogen Halluzinationen) oder auch über 80 (bei ungewöhnlich starker Ausprägung) in Betracht.

13 GdB/MdE-Tabelle

Hirntumoren

Die GdB/MdE-Bewertung von *Hirntumoren* ist vor allem von der Art und Dignität und von der Ausdehnung und Lokalisation mit ihren Auswirkungen abhängig.

Nach der Entfernung *gutartiger Tumoren* (z. B. Meningeom, Neurinom) richtet sich der GdB/MdE-Grad allein nach dem verbliebenen Schaden.

Bei Tumoren wie Oligodendroglium, Ependymom, Astrozytom II, ist der GdB/MdE-Grad, wenn eine vollständige Tumorentfernung nicht gesichert ist, nicht niedriger als 50 anzusetzen.

Bei *malignen Tumoren* (z. B. Astrozytom III, Glioblastom, Medulloblastom) ist der GdB/MdE-Grad mit wenigstens 80 zu bewerten.

Das Abwarten einer Heilungsbewährung (von *fünf* Jahren) kommt in der Regel nur nach der *Entfernung* eines malignen Kleinhirntumors des Kindesalters (z. B. Medulloblastom) in Betracht; GdB/MdE-Grad während dieser Zeit (im Frühstadium) bei geringer Leistungsbeeinträchtigung 50.

Beeinträchtigungen der geistigen Entwicklung

Die GdB/MdE-Beurteilung der Beeinträchtigungen der geistigen Entwicklung darf nicht allein vom Ausmaß der Intelligenzminderung und von diesbezüglichen Testergebnissen ausgehen, die immer nur Teile der Behinderung zu einem bestimmten Zeitpunkt erfassen können. Daneben muß stets auch die Persönlichkeitsentwicklung auf affektivem und emotionalem Gebiet, wie auch im Bereich des Antriebs und der Prägung durch die Umwelt mit allen Auswirkungen auf die sozialen Einordnungsmöglichkeiten berücksichtigt werden.

GdB/MdE-Grad

Kognitive Teilleistungsschwächen
(z. B. Lese-Rechtschreib-Schwäche [Legasthenie], isolierte Rechenstörung)

    leicht, ohne wesentliche Beeinträchtigung der Schulleistungen 0–10

    sonst – auch unter Berücksichtigung von Konzentrations- und Aufmerksamkeitsstörungen – bis zum Ausgleich 20–40

    bei besonders schwerer Ausprägung (selten) 50

Einschränkung der geistigen Leistungsfähigkeit mit einem Intelligenzrückstand entsprechend einem I.A. von etwa 10 bis 12 Jahren bei Erwachsenen (I.Q. von etwa 70 bis 60)

– wenn *während des Schulbesuchs* nur geringe Störungen, insbesondere der Auffassung, der Merkfähigkeit, der psychischen Belastbarkeit, der sozialen Einordnung, des Sprechens, der Sprache, oder anderer kognitiver Teilleistungen vorliegen,
oder
wenn sich *nach Abschluß der Schule* noch eine weitere Bildungsfähigkeit gezeigt hat und keine wesentlichen,

Nervensystem und Psyche **GdB/MdE-Tabelle 13**

GdB/MdE-Grad

die soziale Einordnung erschwerenden Persönlichkeitsstörungen bestehen,
oder
wenn ein *Ausbildungsberuf* unter Nutzung der Sonderregelungen für Behinderte erreicht werden kann 30– 40
– wenn *während des Schuldbesuchs* die oben genannten Störungen stark ausgeprägt sind oder mit einem Schulversagen zu rechnen ist,
oder
wenn *nach Abschluß der Schule* auf eine Beeinträchtigung der Fähigkeit zu selbständiger Lebensführung oder sozialer Einordnung geschlossen werden kann,
oder
wenn der Behinderte wegen seiner Behinderung trotz beruflicher Fördermöglichkeiten (z. B. in besonderen Rehabilitationseinrichtungen) nicht in der Lage ist, sich auch unter Nutzung der Sonderregelungen für Behinderte beruflich zu qualifizieren 50– 70

Schwerer Intelligenzmangel mit stark eingeengter Bildungsfähigkeit, erheblichen Mängeln im Spracherwerb, Intelligenzrückstand entsprechend einem I. A. unter 10 Jahren bei Erwachsenen (I. Q. unter 60)
– bei relativ günstiger Persönlichkeitsentwicklung und sozialer Anpassungsmöglichkeit (Teilerfolg in einer Sonderschule, selbständige Lebensführung in einigen Teilbereichen und Einordnung im allgemeinen Erwerbsleben mit einfachen motorischen Fertigkeiten noch möglich) 80– 90
– bei stärkerer Einschränkung der Eingliederungsmöglichkeiten mit hochgradigem Mangel an Selbständigkeit und Bildungsfähigkeit, fehlender Sprachentwicklung, unabhängig von der Arbeitsmarktlage und auf Dauer Beschäftigungsmöglichkeit nur in einer Werkstatt für Behinderte 100

Besondere im Kindesalter beginnende psychische Behinderungen

Autistische Syndrome
leichte Formen (z. B. Typ Asperger) 50– 80
sonst 100

Andere emotionale und psychosoziale Störungen („Verhaltensstörungen")
mit langdauernden erheblichen Einordnungsschwierigkeiten (z. B. Integration in der Normalschule nicht möglich) 50– 80

13 GdB/MdE-Tabelle

Nervensystem und Psyche

GdB/MdE-Grad

Schizophrene und affektive Psychosen

Langdauernde (über ein halbes Jahr anhaltende) Psychose
im floriden Stadium je nach Einbuße beruflicher und
sozialer Anpassungsmöglichkeiten 50–100

Schizophrener Residualzustand (z. B. Konzentrationsstörung, Kontaktschwäche, Vitalitätseinbuße, affektive Nivellierung)
    mit geringen und einzelnen Restsymptomen ohne soziale Anpassungsschwierigkeiten 10– 20
    mit leichten sozialen Anpassungsschwierigkeiten 30– 40
    mit mittelgradigen sozialen Anpassungsschwierigkeiten 50– 70
    mit schweren sozialen Anpassungsschwierigkeiten 80–100

Affektive Psychose mit relativ kurzdauernden, aber häufig wiederkehrenden Phasen
    bei 1 bis 2 Phasen im Jahr von mehrwöchiger Dauer je nach Art und Ausprägung 30– 50
    bei häufigeren Phasen von mehrwöchiger Dauer 60–100

Nach dem Abklingen langdauernder psychotischer Episoden ist im allgemeinen (Ausnahme siehe unten) eine Heilungsbewährung von *zwei* Jahren abzuwarten.
GdB/MdE-Grad während dieser Zeit
    wenn bereits mehrere manische oder manische und depressive Phasen vorangegangen sind 50
    sonst 30

Eine Heilungsbewährung braucht nicht abgewartet zu werden, wenn eine monopolar verlaufene depressive Phase vorgelegen hat, die als erste Krankheitsphase oder erst mehr als zehn Jahre nach einer früheren Krankheitsphase aufgetreten ist.

Neurosen, Persönlichkeitsstörungen, Folgen psychischer Traumen

Leichtere psychovegetative oder psychische Störungen 0– 20

Stärker behindernde Störungen
    mit wesentlicher Einschränkung der Erlebnis- und Gestaltungsfähigkeit (z. B. ausgeprägtere depressive, hypochondrische, asthenische oder phobische Störungen, Entwicklungen mit Krankheitswert, somatoforme Störungen) 30– 40

Schwere Störungen (z. B. schwere Zwangskrankheit)
    mit mittelgradigen sozialen Anpassungsschwierigkeiten 50– 70
    mit schweren sozialen Anpassungsschwierigkeiten 80–100

Nervensystem und Psyche **GdB/MdE-Tabelle 13**

Alkoholkrankheit, -abhängigkeit

Eine *Alkoholkrankheit* liegt vor, wenn ein chronischer Alkoholkonsum zu körperlichen und/oder psychischen Schäden geführt hat.

Die GdB/MdE-Bewertung wird vom Ausmaß des Organschadens und seiner Folgen (z.B. Leberschaden, Polyneuropathie, organisch-psychische Veränderung, hirnorganische Anfälle) und/oder vom Ausmaß der Abhängigkeit und der suchtspezifischen Persönlichkeitsänderung bestimmt. Bei nachgewiesener *Abhängigkeit* mit Kontrollverlust und erheblicher Einschränkung der Willensfreiheit ist der Gesamt GdB/MdE-Grad aufgrund der Folgen des chronischen Alkoholkonsums nicht niedriger als 50 zu bewerten.

Ist bei nachgewiesener Abhängigkeit eine *Entziehungsbehandlung* durchgeführt worden, muß eine *Heilungsbewährung* abgewartet werden (im allgemeinen *zwei* Jahre). Während dieser Zeit ist in der Regel ein GdB/MdE-Grad von 30 anzunehmen, es sei denn, daß der Organschaden noch einen höheren GdB/MdE-Grad bedingt.

Drogenabhängigkeit

Eine *Drogenabhängigkeit* liegt vor, wenn ein chronischer Gebrauch von Rauschmitteln zu einer körperlichen und/oder psychischen Abhängigkeit mit entsprechender *psychischer Veränderung* und *sozialen Einordnungsschwierigkeiten* geführt hat.

Der GdB/MdE-Grad ist je nach psychischer Veränderung und sozialen Anpassungsschwierigkeiten auf mindestens 50 einzuschätzen.

Ist bei nachgewiesener Abhängigkeit eine Entziehungsbehandlung durchgeführt worden, muß eine *Heilungsbewährung* abgewartet werden (im allgemeinen *zwei* Jahre). Während dieser Zeit ist in der Regel ein GdB/MdE-Grad von 30 anzunehmen.

GdB/MdE-Grad

Rückenmarkschäden

Unvollständige, leichte Halsmarkschädigung mit beiderseits geringen motorischen und sensiblen Ausfällen, ohne Störungen der Blasen- und Mastdarmfunktion	30– 60
Unvollständige Brustmark-, Lendenmark- oder Kaudaschädigung mit Teillähmung beider Beine, ohne Störungen der Blasen- und Mastdarmfunktion	30– 60
Unvollständige Brustmark-, Lendenmark- oder Kaudaschädigung mit Teillähmung beider Beine und Störungen der Blasen- und/oder Mastdarmfunktion	60– 80
Unvollständige Halsmarkschädigung mit gewichtigen Teillähmungen beider Arme und Beine und Störungen der Blasen- und/oder Mastdarmfunktion	100
Vollständige Halsmarkschädigung mit vollständiger Lähmung beider Arme und Beine und Störungen der Blasen- und/oder Mastdarmfunktion	100
Vollständige Brustmark-, Lendenmark- oder Kaudaschädigung mit vollständiger Lähmung der Beine und Störungen der Blasen- und/oder Mastdarmfunktion	100

Die Bezeichnung „Querschnittslähmung" ist den Fällen vorzubehalten, in denen quer durch das Rückenmark *alle Bahnen* in einer bestimmten Höhe *vollkommen* unterbrochen sind.

Multiple Sklerose

Der GdB/MdE-Grad richtet sich vor allem nach den zerebralen und spinalen Ausfallserscheinungen. Zusätzlich ist die aus dem klinischen Verlauf sich ergebende Krankheitsaktivität zu berücksichtigen. Bei *gesicherter* Diagnose ist im akuten Stadium und für *zwei* Jahre danach in jedem Fall im Sinne einer Heilungsbewährung ein GdB/MdE-Grad von mindestens 50 anzunehmen.

Polyneuropathien

Bei den Polyneuropathien können sich Funktionsbeeinträchtigungen – zum Teil abhängig von der Ursache – überwiegend aus motorischen Ausfällen (mit Muskelatrophien) oder mehr oder allein aus sensiblen Störungen und schmerzhaften Reizerscheinungen ergeben. Der GdB/MdE-Grad *motorischer* Ausfälle ist in Analogie zu den peripheren Nervenschäden (siehe Nummer 26.18, Seiten 147f und 154) einzuschätzen. Bei den *sensiblen* Störungen und Schmerzen ist zu berücksichtigen, daß schon leichte Störungen zu Beeinträchtigungen – z.B. bei Feinbewegungen – führen können.

Spina bifida

Der GdB/MdE-Grad wird durch das Ausmaß des Rückenmarkschadens (siehe oben) bestimmt. Daneben sind häufig ein Hydrozephalus und eine entsprechende Hirnschädigung zu berücksichtigen.

26.4 Sehorgan

Die *Sehbehinderung* umfaßt alle Störungen des Sehvermögens. Für die Beurteilung ist in erster Linie die *korrigierte Sehschärfe* (Prüfung mit Gläsern) maßgebend; daneben sind u.a. Ausfälle des *Gesichtsfeldes* und des *Blickfeldes* zu berücksichtigen.

Neben den Funktionen des Sehvermögens sind auch nachweisbare Reizerscheinungen, Tränenträufeln, Empfindlichkeit gegen äußere Einwirkungen (Licht, Staub, Chemikalien usw.) sowie andere Erkrankungen des Auges und seiner Umgebung zu beachten.

Die *Sehschärfe* ist grundsätzlich den Empfehlungen der Deutschen Ophthalmologischen Gesellschaft (DOG) entsprechend nach DIN 58220 zu prüfen, Abweichungen hiervon sind nur in Ausnahmefällen (z.B. bei Bettlägerigkeit oder Kleinkindern) zulässig. Die übrigen Partialfunktionen des Sehvermögens sind nur mit Geräten und Methoden zu prüfen, die den Richtlinien der DOG entsprechend eine gutachtenrelevante einwandfreie Beurteilung erlauben. Bei Nystagmus richtet sich der GdB/MdE-Wert nach der Sehschärfe, die bei einer Lesezeit von maximal einer Sekunde pro Landoltring festgestellt wird.

Hinsichtlich der Gesichtsfeldbestimmung bedeutet dies, daß nur Ergebnisse der manuell-kinetischen Perimetrie entsprechend der Marke Goldmann III/4 verwertet werden dürfen.

Bei der Beurteilung von Störungen des Sehvermögens ist darauf zu achten, daß der morphologische Befund die Sehstörungen erklärt.

Die Grundlage für die GdB/MdE-Beurteilung bei Herabsetzung der *Sehschärfe* bildet die „MdE-Tabelle der DOG" auf Seite 65.

Sehorgan **GdB/MdE-Tabelle 13**

GdB/MdE-Grad

Verlust eines Auges mit dauernder, einer Behandlung
nicht zugänglichen Eiterung der Augenhöhle 40

Linsenverlust
   eines Auges
   (korrigiert durch intraokulare Kunstlinse oder Kontakt-
   linse)
      Sehschärfe 0,4 und mehr 10
      Sehschärfe 0,1 bis weniger als 0,4 20
      Sehschärfe weniger als 0,1 25–30
   beider Augen
   der sich aus der Sehschärfe ergebende GdB/MdE-
   Grad ist um 10 zu erhöhen.

Die GdB/MdE-Werte setzen die Verträglichkeit der
Linsen voraus. Maßgebend ist der objektive Befund.
Bei Unkorrigierbarkeit richtet sich der GdB/MdE-
Grad nach der Restsehschärfe.

MdE-Tabelle der DOG

RA Sehschärfe		1,0	0,8	0,63	0,5	0,4	0,32	0,25	0,2	0,16	0,1	0,08	0,05	0,02	0
LA		5/5	5/6	5/8	5/10	5/12	5/15	5/20	5/25	5/30	5/50	1/12	1/20	1/50	0
1,0	5/5	0	0	0	5	5	10	10	10	15	20	20	25	25	★25
0,8	5/6	0	0	5	5	10	10	10	15	20	20	25	30	30	30
0,63	5/8	0	5	10	10	10	10	15	20	20	25	30	30	30	40
0,5	5/10	5	5	10	10	10	15	20	20	25	30	30	35	40	40
0,4	5/12	5	10	10	10	20	20	25	25	30	30	35	40	50	50
0,32	5/15	10	10	10	15	20	30	30	30	40	40	40	50	50	50
0,25	5/20	10	10	15	20	25	30	40	40	40	50	50	50	60	60
0,2	5/25	10	15	20	20	25	30	40	50	50	50	60	60	70	70
0,16	5/30	15	20	20	25	30	40	40	50	60	60	60	70	80	80
0,1	5/50	20	20	25	30	30	40	50	50	60	70	70	80	90	90
0,08	1/12	20	25	30	30	35	40	50	60	60	70	80	90	90	90
0,05	1/20	25	30	30	35	40	50	50	60	70	80	90	100	100	100
0,02	1/50	25	30	30	40	50	50	60	70	80	90	90	100	100	100
0	0	★25	30	40	40	50	50	60	70	80	90	90	100	100	100

Anmerkungen
1. Die augenärztliche Untersuchung der Sehschärfe soll einäugig und beidäugig erfolgen.
   Sind die Ergebnisse beider Prüfungsarten unterschiedlich, so ist bei der Bewertung die
   beidäugige Sehschärfe als Sehschärfewert des besseren Auges anzusetzen.
2. An die Stelle der mit ★ gekennzeichneten Werte tritt nach der Verwaltungsvorschrift
   Nummer 5 zu § 30 BVG ein GdB/MdE-Grad von 30.

13 GdB/MdE-Tabelle

Sehorgan

GdB/MdE-Grad

Augenmuskellähmungen, Strabismus
wenn ein Auge wegen der Doppelbilder vom Sehen
ausgeschlossen werden muß 30

bei Doppelbildern nur in einigen Blickfeldbereichen
bei sonst normalem Binokularsehen ergibt sich der
GdB/MdE-Grad aus dem nachstehenden Schema von
Haase und Steinhorst:

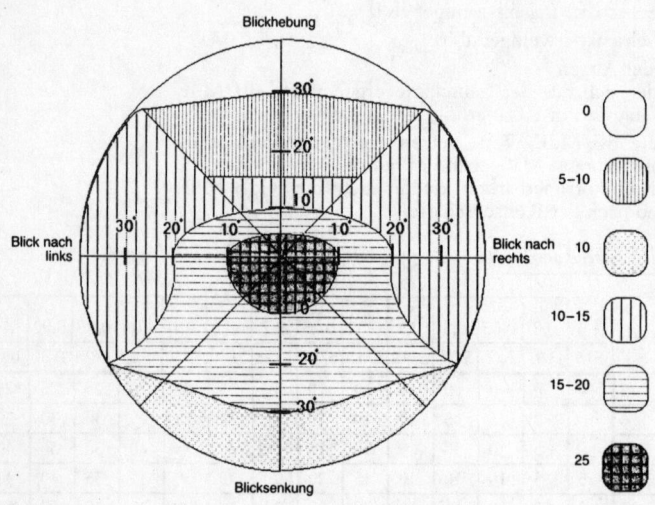

bei einseitiger Bildunterdrückung durch Gewöhnung
(Exklusion) und entsprechendem Verschwinden der
Doppelbilder 10
Einschränkungen der Sehschärfe (z.B. Amblyopie)
oder eine erheblich entstellende Wirkung sind ggf.
zusätzlich zu berücksichtigen.

Lähmung des Oberlides mit nicht korrigierbarem vollständigen Verschluß des Auges 30
sonst 10–20

Fehlstellungen der Lider, Verlegung der Tränenwege mit
Tränenträufeln
einseitig 0–10
beidseitig 10–20

Gesichtsfeldausfälle
Vollständige Halbseiten- und Quadrantenausfälle
Homonyme Hemianopsie 40

GdB/MdE-Tabelle 13

GdB/MdE-Grad

Bitemporale Hemianopsie	30
Binasale Hemianopsie	
bei beidäugigem Sehen	10
bei Verlust des beidäugigen Sehens	30
Homonymer Quadrant oben	20
Homonymer Quadrant unten	30
Vollständiger Ausfall beider unterer Gesichtsfeldhälften	60
Ausfall einer Gesichtsfeldhälfte (lateral) bei Verlust oder Blindheit des anderen Auges	60–70

Bei unvollständigen Halbseiten- und Quadrantenausfällen sind die GdB/MdE-Sätze entsprechend niedriger anzusetzen.

Gesichtsfeldeinengungen

Allseitige Einengung bei normalem Gesichtsfeld des anderen Auges

auf 10° Abstand vom Zentrum	10
auf 5° Abstand vom Zentrum	25

Allseitige Einengung doppelseitig

auf 50° Abstand vom Zentrum	10
auf 30° Abstand vom Zentrum	30
auf 10° Abstand vom Zentrum	70
auf 5° Abstand vom Zentrum	100

Allseitige Einengung bei Fehlen des anderen Auges

auf 50° Abstand vom Zentrum	40
auf 30° Abstand vom Zentrum	60
auf 10° Abstand vom Zentrum	90
auf 5° Abstand vom Zentrum	100

Unregelmäßige Gesichtsfeldausfälle, Skotome im 50°-Gesichtsfeld unterhalb des horizontalen Meridians, binokular

mindestens 1/3 ausgefallene Fläche	20
mindestens 2/3 ausgefallene Fläche	50

Bei Fehlen eines Auges sind die Skotome entsprechend höher zu bewerten.

Ausfall des Farbensinns	0
Einschränkung der Dunkeladaptation (Nachtblindheit) oder des Dämmerungssehens	0–10

Bei Erkrankung des Auges (z.B. Glaukom, Netzhauterkrankungen) hängt der GdB/MdE-Grad vor allem vom

13 GdB/MdE-Tabelle Hör- und Gleichgewichtsorgan

GdB/MdE-Grad

Ausmaß der Sehbehinderung (z.B. Sehschärfe, Gesichtsfeld) ab. Darüber hinausgehende GdB/MdE-Werte kommen nur in Betracht, wenn zusätzlich über die Einschränkung des Sehvermögens hinausgehende erhebliche Beeinträchtigungen vorliegen.

Nach Hornhauttransplantationen richtet sich der GdB/MdE-Grad allein nach dem Sehvermögen.

Nach Entfernung eines *malignen Augentumors* (z.B. Melanom, Retinoblastom) ist in den ersten *fünf* Jahren eine Heilungsbewährung abzuwarten; GdB/MdE-Grad während dieser Zeit

    bei Tumorbegrenzung auf den Augapfel (auch bei Augapfelentfernung) 50

    sonst .... wenigstens 80

26.5 Hör- und Gleichgewichtsorgan

Maßgebend für die Bewertung des GdB/MdE-Grades bei *Hörstörungen* ist die Herabsetzung des Sprachgehörs, deren Umfang durch Prüfung ohne Hörhilfen zu bestimmen ist. Der Beurteilung ist die von der Deutschen Gesellschaft für Hals-Nasen-Ohrenheilkunde, Kopf- und Hals-Chirurgie empfohlene Tabelle (s. Tab. D, S. 72) zugrunde zu legen. Nach Durchführung eines Ton- und Sprachaudiogramms ist der Prozentsatz des Hörverlustes aus entsprechenden Tabellen abzuleiten (s. S. 70 ff und Nummer 8 Absatz 16, Seite 18).

Die in der GdB/MdE-Tabelle enthaltenen GdB/MdE-Werte zur Schwerhörigkeit berücksichtigen die Möglichkeit eines Teilausgleichs durch Hörhilfen mit.

Sind mit der Hörstörung andere Erscheinungen (z.B. Ohrgeräusche, Gleichgewichtsstörungen, Artikulationsstörungen, außergewöhnliche psychoreaktive Störungen [siehe Nummer 18 Absatz 8, Seite 32]), verbunden, so kann der GdB/MdE-Grad entsprechend höher bewertet werden.

GdB/MdE-Grad

Angeborene oder in der Kindheit erworbene Taubheit oder an Taubheit grenzende Schwerhörigkeit mit Sprachstörungen

    angeboren oder bis zum 7. Lebensjahr erworben (wegen der schweren Störung des Spracherwerbs) 100
    (in der Regel lebenslang)

    später erworben (im 8. bis 18. Lebensjahr) mit schweren Sprachstörungen (schwer verständliche Lautsprache, geringer Sprachschatz) 100

    sonst je nach Sprachstörung 80–90

Hör- und Gleichgewichtsorgan **GdB/MdE-Tabelle 13**

Tabelle A
zur Ermittlung des prozentualen Hörverlustes aus den Werten der *sprachaudiometrischen* Untersuchung (nach Boenninghaus u. Röser 1973) – siehe Seite 71.

Tabelle B
zur Ermittlung des prozentualen Hörverlustes aus dem *Tonaudiogramm* bei unregelmäßigem Verlauf der Tongehörskurve. Der prozentuale Hörverlust ergibt sich durch Addition der vier Teilkomponenten (4-Frequenztabelle nach Röser 1973) – siehe Seite 71.

Tabelle C
3-Frequenztabelle nach Röser 1980
für die Beurteilung bei *Hochtonverlusten* vom Typ Lärmschwerhörigkeit – siehe Seite 72.

Tabelle D
zur Ermittlung des *GdB/MdE-Grades* aus den Schwerhörigkeitsgraden für beide Ohren – siehe Seite 72.

Tabelle A

		Hörverlust für Zahlen in dB											
		ab 20	ab 20	ab 25	ab 30	ab 35	ab 40	ab 45	ab 50	ab 55	ab 60	ab 65	ab 70
Gesamtwortverstehen	20	100	100	100	100	100	100	100	100	100	100	100	100
	ab 20	95	95	95	95	95	95	95	95	95	95	95	100
	ab 35	90	90	90	90	90	90	90	90	90	90	95	100
	ab 50	80	80	80	80	80	80	80	80	80	90	95	100
	ab 75	70	70	70	70	70	70	70	70	80	90	95	100
	ab 100	60	60	60	60	60	60	60	70	80	90	95	
	ab 125	50	50	50	50	50	50	60	70	80	90		
	ab 150	40	40	40	40	40	50	60	70	80			
	ab 175	30	30	30	30	40	50	60	70				
	ab 200	20	20	20	30	40	50	60					
	ab 225	10	10	20	30	40	50						
	ab 250	0	10	20	30	40							

Das Gesamtwortverstehen wird aus der Wortverständniskurve errechnet. Es entsteht durch Addition der Verständnisquoten bei 60, 80 und 100 dB Lautstärke (*einfaches* Gesamtwortverstehen).

Bei der Ermittlung von Schwerhörigkeiten bis zu einem Hörverlust von 40% ist das *gewichtete* Gesamtwortverstehen (Feldmann 1988) anzuwenden: 3 × Verständnisquote bei 60 dB + 2 × Verständnisquote bei 80 dB + 1 × Verständnisquote bei 100 dB, Summe dividiert durch 2.

Tabelle B

Tonhörverlust dB	500 Hz	1000 Hz	2000 Hz	4000 Hz
10	0	0	0	0
15	2	3	2	1
20	3	5	5	2
25	4	8	7	4
30	6	10	9	5
35	8	13	11	6
40	9	16	13	7
45	11	18	16	8
50	12	21	18	9
55	14	24	20	10
60	15	26	23	11
65	17	29	25	12
70	18	32	27	13
75	19	32	28	14
80	19	33	29	14
ab 85	20	35	30	15

Tabelle C

		Tonverlust bei 1 kHz										
	dB von		5	15	25	35	45	55	65	75	85	95
	bis	0	10	20	30	40	50	60	70	80	90	100
Summe bei 2 und 3 kHz	0 – 15	0	0	0	0	5	15			Hörverlust		
	20 – 35	0	0	0	5	10	20	30		in %		
	40 – 55	0	0	0	10	20	25	35	45			
	60 – 75	0	0	10	15	25	35	40	50	60		
	80 – 95	0	5	15	25	30	40	50	60	70	80	
	100 – 115	5	15	20	30	40	45	55	70	80	90	100
	120 – 135	10	20	30	35	45	55	65	75	90	100	100
	140 – 155	20	25	35	45	50	60	75	85	95	100	100
	160 – 175	25	35	40	50	60	70	80	95	100	100	100
	180 – 195	30	40	50	55	70	80	90	100	100	100	100
	ab 200	40	45	55	65	75	90	100	100	100	100	100

Hör- und Gleichgewichtsorgan **GdB/MdE-Tabelle 13**

Tabelle D

Rechtes Ohr		Hörverlust in Prozent	0–20	20–40	40–60	60–80	80–95	100
	Normalhörigkeit	0 – 20	0	0	10	10	15	20
	Geringgradige Schwerhörigkeit	20 – 40	0	15	20	20	30	30
	Mittelgradige Schwerhörigkeit	40 – 60	10	20	30	30	40	40
	Hochgradige Schwerhörigkeit	60 – 80	10	20	30	50	50	50
	An Taubheit grenzende Schwerhörigkeit	80 – 95	15	30	40	50	70	70
	Taubheit	100	20	30	40	50	70	80
			Normalhörigkeit	Geringgradige Schwerhörigkeit	Mittelgradige Schwerhörigkeit	Hochgradige Schwerhörigkeit	An Taubheit grenzende Schwerhörigkeit	Taubheit
		Linkes Ohr						

GdB/MdE-Grad

Gleichgewichtsstörungen

(Normabweichungen in den apparativ erhobenen neurootologischen Untersuchungsbefunden bedingen für sich allein noch keinen GdB/MdE-Grad)

ohne wesentliche Folgen

- beschwerdefrei, allenfalls Gefühl der Unsicherheit bei *alltäglichen Belastungen* (z.B. Gehen, Bücken, Aufrichten, Kopfdrehungen, leichte Arbeiten in wechselnder Körperhaltung)
- leichte Unsicherheit, geringe Schwindelerscheinungen (Schwanken) bei *höheren Belastungen* (z.B. Heben von Lasten, Gehen im Dunkeln, abrupte Körperbewegungen)
- stärkere Unsicherheit mit Schwindelerscheinungen (Fallneigung, Ziehen nach einer Seite) erst bei *außergewöhnlichen Belastungen* (z.B. Stehen und Gehen auf Gerüsten, sportliche Übungen mit raschen Körperbewegungen)
- keine nennenswerten Abweichungen bei den Geh- und Stehversuchen 0–10

13 GdB/MdE-Tabelle Hör- und Gleichgewichtsorgan

GdB/MdE-Grad

mit leichten Folgen
- leichte Unsicherheit, geringe Schwindelerscheinungen wie Schwanken, Stolpern, Ausfallschritte bei *alltäglichen Belastungen,*
- stärkere Unsicherheit und Schwindelerscheinungen bei *höheren Belastungen*
- leichte Abweichungen bei den Geh- und Stehversuchen erst auf *höherer Belastungsstufe* 20

mit mittelgradigen Folgen
- stärkere Unsicherheit, Schwindelerscheinungen mit Fallneigung bereits bei *alltäglichen Belastungen,*
- heftiger Schwindel (mit vegetativen Erscheinungen, gelegentlich Übelkeit, Erbrechen) bei *höheren* und *außergewöhnlichen Belastungen,*
- deutliche Abweichungen bei den Geh- und Stehversuchen bereits auf *niedriger Belastungsstufe* 30–40

mit schweren Folgen
- heftiger Schwindel, erhebliche Unsicherheit und Schwierigkeiten bereits bei Gehen und Stehen im Hellen und anderen *alltäglichen Belastungen,* teilweise Gehhilfe erforderlich 50–70
- bei Unfähigkeit, ohne Unterstützung zu gehen oder zu stehen 50–70

Ohrgeräusche (Tinnitus)
ohne nennenswerte psychische Begleiterscheinungen 0–10
mit erheblichen psychovegetativen Begleiterscheinungen 20
mit wesentlicher Einschränkung der Erlebnis- und Gestaltungsfähigkeit (z.B. ausgeprägte depressive Störungen) 30–40
mit schweren psychischen Störungen und sozialen Anpassungsschwierigkeiten .... mindestens 50

Menière-Krankheit
ein bis zwei Anfälle im Jahr 0–10
häufigere Anfälle, je nach Schweregrad 20–40
mehrmals monatlich schwere Anfälle 50
Bleibende Hörstörungen und Ohrgeräusche (Tinnitus) sind zusätzlich zu bewerten.

Chronische Mittelohrentzündung
ohne Sekretion oder einseitige zeitweise Sekretion 0
einseitige andauernde Sekretion oder zeitweise beidseitige Sekretion 10
andauernd beidseitige Sekretion 20

Mundhöhle, Rachenraum u. obere Luftwege **GdB/MdE-Tabelle 13**

GdB/MdE-Grad

Radikaloperationshöhle
- reizlos 0
- bei unvollständiger Überhäutung und ständiger Sekretion
  - einseitig 10
  - beidseitig 20

Verlust einer Ohrmuschel 20

Verlust beider Ohrmuscheln 30

26.6 Nase

Völliger Verlust der Nase 50

Teilverlust der Nase, Sattelnase
- wenig störend 10
- sonst 20–30

Stinknase (Ozaena), je nach Ausmaß der Borkenbildung und des Foetors 20–40

Verengung der Nasengänge
- einseitig je nach Atembehinderung 0–10
- doppelseitig mit leichter bis mittelgradiger Atembehinderung 10
- doppelseitig mit starker Atembehinderung 20

Chronische Nebenhöhlenentzündung
- leichteren Grades
  (ohne wesentliche Neben- und Folgeerscheinungen) ... 0–10
- schweren Grades
  (ständige erhebliche Eiterabsonderung, Trigeminusreizerscheinungen, Polypenbildung) 20–40

Völliger Verlust des Riechvermögens mit der damit verbundenen Beeinträchtigung der Geschmackswahrnehmung 15

Völliger Verlust des Geschmackssinns 10

26.7 Mundhöhle, Rachenraum und obere Luftwege

Verletzungs- und Erkrankungsfolgen an den Kiefern, Kiefergelenken und Weichteilen der Mundhöhle, einschließlich der Zunge und der Speicheldrüsen, sind nach dem Grad ihrer Auswirkung auf Sprech-, Kau- und Schluckvermögen zu beurteilen. Eine Gesichtsentstellung ist gesondert zu berücksichtigen.

13 GdB/MdE-Tabelle — Mundhöhle, Rachenraum u. obere Luftwege

GdB/MdE-Grad

Lippendefekt mit ständigem Speichelfluß 20–30

Äußere Speichelfistel, Frey-Syndrom
- geringe Sekretion 10
- sonst 20

Störung der Speichelsekretion
(vermehrter Speichelfluß, Mundtrockenheit) 0–20

Schwere Funktionsstörung der Zunge durch Gewebsverlust, narbige Fixierung oder Lähmung je nach Umfang und Artikulationsstörung 30–50

Behinderung der Mundöffnung
(Schneidekantendistanz zwischen 5 und 25 mm) mit deutlicher Auswirkung auf die Nahrungsaufnahme 20–40

Kieferklemme mit Notwendigkeit der Aufnahme flüssiger oder passierter Nahrung und entsprechenden Sprechstörungen 50

Verlust eines Teiles des Unterkiefers mit schlaffer Pseudarthrose
- ohne wesentliche Beeinträchtigung der Kaufunktion und Artikulation 0–10
- mit erheblicher Beeinträchtigung der Kaufunktion und Artikulation 20–50

Verlust eines Teiles des Oberkiefers
- ohne wesentliche kosmetische und funktionelle Beeinträchtigung 0–10
- mit entstellender Wirkung, wesentlicher Beeinträchtigung der Nasen- und Nebenhöhlen (Borkenbildung, ständige Sekretion) 20–40

Umfassender Zahnverlust
über ½ Jahr hinaus prothetisch nur unzureichend zu versorgen 10–20

Verlust erheblicher Teile des Alveolarfortsatzes mit wesentlicher, prothetisch nicht voll ausgleichbarer Funktionsbehinderung 20

Ausgedehnter Defekt des Gaumens mit gutsitzender Defektprothese 30

Verlust des Gaumens ohne Korrekturmöglichkeit durch geeignete Prothese (Störung der Nahrungsaufnahme) 50

Lippen-, Kiefer-, Gaumen- und Segelspalten bei Kindern, bis zum Abschluß der Behandlung
- Isolierte voll ausgebildete Lippenspalte (ein- oder beidseitig)

Mundhöhle, Rachenraum u. obere Luftwege **GdB/MdE-Tabelle 13**

GdB/MdE-Grad

bis zum Abschluß der Behandlung (in der Regel ein Jahr nach der Operation) je nach Trinkstörung, Beeinträchtigung der mimischen Muskulatur und Störung der Lautbildung 30– 50

Lippen-Kieferspalte
bis zum Abschluß der Erstbehandlung (in der Regel ein Jahr nach der Operation) 60– 70
bis zum Verschluß der Kieferspalte (im Regelfall 8. bis 12. Lebensjahr) 50

Lippen-Kiefer-Gaumenspalte
bis zum Abschluß der Erstbehandlung (in der Regel 5. Lebensjahr) unter Mitberücksichtigung der regelhaft damit verbundenen Hörstörung (Tubenfehlbelüftung) und der Störung der Nasenatmung 100
bis zum Verschluß der Kieferspalte (im Regelfall 8. bis 12. Lebensjahr) 50

Komplette Gaumen- und Segelspalte ohne Kieferspalte wegen der bis zum 5. Lebensjahr bestehenden, mit der Lippen-Kiefer-Gaumenspalte vergleichbaren Auswirkungen 100

Isolierte Segelspalte, submuköse Gaumenspalte
bis zum Abschluß der Behandlung je nach Ausmaß der Artikulationsstörung 0– 30
Ausgeprägte Hörstörungen sind ggf. zusätzlich zu berücksichtigen.

Nach Ablauf der vorstehend jeweils genannten Behandlungszeiträume richtet sich der GdB/MdE-Grad immer nach der verbliebenen Funktionsstörung.

Schluckstörungen
ohne wesentliche Behinderung der Nahrungsaufnahme je nach Beschwerden 0– 10
mit erheblicher Behinderung der Nahrungsaufnahme je nach Auswirkung (Einschränkung der Kostform, verlängerte Eßdauer) 20– 40
mit häufiger Aspiration und erheblicher Beeinträchtigung des Kräfte- und Ernährungszustandes 50– 70

Verlust des Kehlkopfes
bei guter Ersatzstimme und ohne Begleiterscheinungen, unter Mitberücksichtigung der Beeinträchtigung der körperlichen Leistungsfähigkeit (fehlende Bauchpresse) 70
in allen anderen Fällen 80
Anhaltende schwere Bronchitiden und Beeinträchtigungen durch Nervenlähmungen im Hals- und Schulterbereich sind zusätzlich zu berücksichtigen.

13 GdB/MdE-Tabelle Mundhöhle, Rachenraum u. obere Luftwege

GdB/MdE-Grad

Bei Verlust des *Kehlkopfes* wegen eines *malignen Tumors* ist in den ersten *fünf* Jahren eine Heilungsbewährung abzuwarten; GdB/MdE-Grad während dieser Zeit 100

Teilverlust des Kehlkopfes
je nach Sprechfähigkeit und Beeinträchtigung der körperlichen Leistungsfähigkeit 20– 50
Bei Teilverlust des Kehlkopfes wegen eines *malignen Tumors* ist in den ersten *fünf* Jahren eine Heilungsbewährung abzuwarten; GdB/MdE-Grad während dieser Zeit
bei Geschwulstentfernung im Frühstadium (T1 N0 M0) 50– 60
sonst 80

Tracheostoma
reizlos oder mit geringen Reizerscheinungen (Tracheitis, Bronchitis), gute Sprechstimme 40
mit erheblichen Reizerscheinungen und/oder erheblicher Beeinträchtigung der Sprechstimme bis zum Verlust der Sprechfähigkeit (z.B. bei schweren Kehlkopfveränderungen) 50– 80
Einschränkungen der Atemfunktion sind ggf. zusätzlich zu berücksichtigen.

Trachealstenose ohne Tracheostoma
Der GdB/MdE-Grad ist je nach Atembehinderung analog der dauernden Einschränkung der Lungenfunktion (siehe Nummer 26.8, Seite 83) zu beurteilen.

Funktionelle und organische Stimmstörungen (z.B. Stimmbandlähmung)
mit guter Stimme 0– 10
mit dauernder Heiserkeit 20– 30
nur Flüsterstimme 40
mit völliger Stimmlosigkeit 50
Atembehinderungen sind ggf. zusätzlich zu bewerten (analog der dauernden Einschränkung der Lungenfunktion, siehe Nummer 26.8, Seite 83).

Artikulationsstörungen
durch Lähmungen oder Veränderungen in Mundhöhle oder Rachen
mit gut verständlicher Sprache 10
mit schwer verständlicher Sprache 20– 40
mit unverständlicher Sprache 50

Stottern
leicht 0

GdB/MdE-Grad

mittelgradig
  auf bestimmte Situationen begrenzt 10
  nicht situationsabhängig 20
schwer, auffällige Mitbewegungen 30–40
  mit unverständlicher Sprache 50

Außergewöhnliche psychoreaktive Störungen (einschl. somatoformer Störungen) sind ggf. zusätzlich zu berücksichtigen (siehe Nummer 18 Absatz 8, Seite 32).

26.8 Brustkorb, tiefere Atemwege und Lungen

Bei chronischen Krankheiten der Bronchien und des Lungenparenchyms sowie bei Brustfellschwarten richtet sich der GdB/MdE-Grad vor allem nach der klinischen Symptomatik mit ihren Auswirkungen auf den Allgemeinzustand. Außerdem sind die Einschränkung der Lungenfunktion, die Folgeerscheinungen an anderen Organsystemen (z.B. Cor pulmonale), bei allergisch bedingten Krankheiten auch die Vermeidbarkeit der Allergene zu berücksichtigen.

Veränderungen der Form und Dynamik des Brustkorbs und des Zwerchfells infolge von Krankheiten, Verletzungen oder Operationen sind selten für sich allein, sondern meist zusammen mit der Beeinträchtigung der inneren Brustorgane zu beurteilen.

GdB/MdE-Grad

Brüche und Defekte der Knochen des Brustkorbs (Rippen, Brustbein, Schlüsselbein)
  ohne Funktionsstörungen verheilt, je nach Ausdehnung des Defektes 0–10

Rippendefekte mit Brustfellschwarten
  ohne wesentliche Funktionsstörung 0–10
  bei sehr ausgedehnten Defekten einschließlich entstellender Wirkung 20

Brustfellverwachsungen und -schwarten
  ohne wesentliche Funktionsstörung 0–10

Fremdkörper im Lungengewebe oder in der Brustkorbwand
  reaktionslos eingeheilt 0

Chronische Bronchitis
  (in zwei oder mehr aufeinanderfolgenden Jahren je Jahr mindestens drei Monate Husten und/oder Auswurf),

Bronchiektasen
  – als eigenständige Krankheiten – *ohne* dauernde Einschränkung der Lungenfunktion,

13 GdB/MdE-Tabelle Brustkorb, tiefere Atemwege und Lungen

GdB/MdE-Grad

leichte Form
(symptomfreie Intervalle über mehrere Monate, wenig Husten, geringer Auswurf) 0– 10

schwere Form
(fast kontinuierlich ausgiebiger Husten und Auswurf, häufige akute Schübe) 20– 30

Pneumokoniosen (z. B. Silikose, Asbestose)
ohne wesentliche Einschränkung der Lungenfunktion 0– 10

Krankheiten der Atmungsorgane
(z. B. Brustfellschwarten, chronisch-obstruktive – auch „spastische" oder „asthmoide" – Bronchitis, Bronchiektasen, Lungenemphysem, Pneumokoniosen, Lungenfibrosen, inaktive Lungentuberkulose)

mit dauernder Einschränkung der Lungenfunktion

– geringen Grades
das gewöhnliche Maß übersteigende Atemnot bei mittelschwerer Belastung (z. B. forsches Gehen [5–6 km/h], mittelschwere körperliche Arbeit); statische und dynamische Meßwerte der Lungenfunktionsprüfung bis zu $1/3$ niedriger als die Sollwerte (siehe Nummer 8 Absatz 4, Seite 10), Blutgaswerte im Normbereich 20– 40

– mittleren Grades
das gewöhnliche Maß übersteigende Atemnot bereits bei alltäglicher leichter Belastung (z. B. Spazierengehen [3–4 km/h], Treppensteigen bis zu einem Stockwerk, leichte körperliche Arbeit); statische und dynamische Meßwerte der Lungenfunktionsprüfung bis zu $2/3$ niedriger als die Sollwerte, respiratorische Partialinsuffizienz 50– 70

– schweren Grades
Atemnot bereits bei leichtester Belastung oder in Ruhe; statische und dynamische Meßwerte der Lungenfunktionsprüfung um mehr als $2/3$ niedriger als die Sollwerte, respiratorische Globalinsuffizienz 80–100

Verletzungsfolgen und Folgen lungenchirurgischer Eingriffe sind entsprechend zu bewerten.

Nach *Lungentransplantation* ist eine Heilungsbewährung abzuwarten (im allgemeinen *zwei* Jahre); während dieser Zeit ist ein GdB/MdE-Wert von 100 anzusetzen. Danach ist der GdB/MdE-Grad selbst bei günstigem Heilungsverlauf unter Mitberücksichtigung der erforderlichen Immunsuppression nicht niedriger als 70 zu bewerten.

Nach Entfernung eines *malignen Lungentumors* oder eines *nichtkleinzelligen Bronchialtumors* ist in den ersten *fünf* Jahren eine Heilungsbewährung abzuwarten. GdB/MdE-Grad während dieser Zeit .... wenigstens 80

Brustkorb, tiefere Atemwege und Lungen **GdB/MdE-Tabelle 13**

GdB/MdE-Grad

bei Einschränkung der Lungenfunktion mittleren bis
schweren Grades 90–100

Kleinzelliges Bronchialkarzinom und Mesotheliom 100

Bronchialasthma
ohne dauernde Einschränkung der Lungenfunktion,
Hyperreagibilität mit seltenen (saisonalen) und/oder
leichten Anfällen 0– 20
Hyperreagibilität mit häufigen (mehrmals pro Monat) und/oder schweren Anfällen 30– 40
Hyperreagibilität mit Serien schwerer Anfälle 50

Eine dauernde Einschränkung der Lungenfunktion ist
zusätzlich zu berücksichtigen.

Bronchialasthma bei Kindern
– geringen Grades
(Hyperreagibilität mit seltenen [saisonalen] und/oder
leichten Anfällen, keine dauernde Einschränkung der
Atemfunktion, nicht mehr als sechs Wochen Bronchitis
im Jahr) 20– 40
– mittleren Grades
(Hyperreagibilität mit häufigeren und/oder schweren
Anfällen, leichte bis mittelgradige ständige Einschränkung der Atemfunktion, etwa 2 bis 3 Monate kontinuierliche Bronchitis im Jahr) 50– 70
– schweren Grades
(Hyperreagibilität mit *Serien* schwerer Anfälle, schwere
Beeinträchtigung der Atemfunktion, mehr als 3 Monate kontinuierliche Bronchitis im Jahr) 80–100

Obstruktives oder gemischtförmiges Schlaf-Apnoe-Syndrom (Nachweis durch Untersuchung im Schlaflabor)
ohne Notwendigkeit einer kontinuierlichen nasalen
Überdruckbeatmung 0– 10
mit Notwendigkeit einer kontinuierlichen nasalen
Überdruckbeatmung 20
bei nicht durchführbarer nasaler Überdruckbeatmung .... wenigstens 50

Folgeerscheinungen oder Komplikationen (z.B. Herzrhythmusstörungen, Hypertonie, Cor pulmonale) sind
zusätzlich zu berücksichtigen.

Tuberkulose

Tuberkulöse Pleuritis
Der GdB/MdE-Grad richtet sich nach den Folgeerscheinungen.

Lungentuberkulose
ansteckungsfähig (mehr als 6 Monate andauernd) 100

13 GdB/MdE-Tabelle

GdB/MdE-Grad

nicht ansteckungsfähig
  ohne Einschränkung der Lungenfunktion 0
  mit Einschränkung der Lungenfunktion .... siehe Seite 83
Extrapulmonale Tuberkuloseformen sind analog zu bewerten.

Sarkoidose

Der GdB/MdE-Grad richtet sich nach der Aktivität mit ihren Auswirkungen auf den Allgemeinzustand und nach den Auswirkungen an den verschiedenen Organen (vor allem thorakale Lymphknoten und Lunge, aber auch weitere Organe wie z. B. Leber, Milz, Herz, Augen, ZNS, Haut).

Bei *chronischem* Verlauf mit klinischen Aktivitätszeichen und Auswirkungen auf den Allgemeinzustand ist ohne Funktionseinschränkung von betroffenen Organen ein GdB/MdE-Grad von 30 anzunehmen. Funktionseinschränkungen betroffener Organe sind zusätzlich zu berücksichtigen.

Bei Defektzuständen kommt es allein auf die funktionellen Ausfallserscheinungen an.

26.9 Herz und Kreislauf

Für die Bemessung des GdB/MdE-Grades ist weniger die Art einer Herz- oder Kreislaufkrankheit maßgeblich als die je nach dem vorliegenden Stadium des Leidens unterschiedliche Leistungseinbuße. Bei der Beurteilung des GdB/MdE-Grades ist zunächst grundsätzlich von dem klinischen Bild und von den Funktionseinschränkungen im Alltag auszugehen. Ergometerdaten und andere Parameter stellen lediglich Richtwerte dar, die das klinische Bild ergänzen. Elektrokardiographische Abweichungen allein gestatten in der Regel keinen Rückschluß auf die Leistungseinbuße.

Auswirkungen des Leidens auf andere Organe (z. B. Lungen, Leber, Gehirn, Nieren) sind zu beachten.

Krankheiten des Herzens

GdB/MdE-Grad

(Herzklappenfehler, koronare Herzkrankheit, Kardiomyopathien, angeborene Herzfehler u. a.)

1. *ohne* wesentliche Leistungsbeeinträchtigung (keine Insuffizienzerscheinungen wie Atemnot, anginöse Schmerzen) selbst bei gewohnter stärkerer Belastung (z. B. sehr schnelles Gehen [7–8 km/h], schwere körperliche Arbeit), keine Einschränkung der Solleistung bei Ergometerbelastung;

   bei Kindern und Säuglingen (je nach Alter) beim Strampeln, Krabbeln, Laufen, Treppensteigen keine wesentliche Leistungsbeeinträchtigung, keine Tachypnoe, kein Schwitzen 0–10

Herz und Kreislauf **GdB/MdE-Tabelle 13**

GdB/MdE-Grad

2. mit Leistungsbeeinträchtigung bei mittelschwerer Belastung (z.B. forsches Gehen [5–6 km/h], mittelschwere körperliche Arbeit), Beschwerden und Auftreten pathologischer Meßdaten bei Ergometerbelastung mit 75 Watt (wenigstens 2 Minuten);

    bei Kindern und Säuglingen Trinkschwierigkeiten, leichtes Schwitzen, leichte Tachy- und Dyspnoe, leichte Zyanose, keine Stauungsorgane, Beschwerden und Auftreten pathologischer Meßdaten bei Ergometerbelastung mit 1 Watt/kg Körpergewicht 20– 40

3. mit Leistungsbeeinträchtigung bereits bei alltäglicher leichter Belastung (z.B. Spazierengehen [3–4 km/h], Treppensteigen bis zu einem Stockwerk, leichte körperliche Arbeit), Beschwerden und Auftreten pathologischer Meßdaten bei Ergometerbelastung mit 50 Watt (wenigstens 2 Minuten);

    bei Kindern und Säuglingen deutliche Trinkschwierigkeiten, deutliches Schwitzen, deutliche Tachy- und Dyspnoe, deutliche Zyanose, rezidivierende pulmonale Infekte, kardial bedingte Gedeihstörungen, Beschwerden und Auftreten pathologischer Meßdaten bei Ergometerbelastung mit 0,75 Watt/kg Körpergewicht 50– 70

    mit gelegentlich auftretenden vorübergehenden schweren Dekompensationserscheinungen 80

4. mit Leistungsbeeinträchtigung bereits in Ruhe (Ruheinsuffizienz, z.B. auch bei fixierter pulmonaler Hypertonie);

    bei Kindern und Säuglingen auch hypoxämische Anfälle, deutliche Stauungsorgane, kardiale Dystrophie 90–100

(die für Erwachsene angegebenen Wattzahlen sind auf mittleres Lebensalter und Belastung im Sitzen bezogen)

Liegen weitere objektive Parameter zur Leistungsbeurteilung vor, sind diese entsprechend zu berücksichtigen. Notwendige körperliche Leistungsbeschränkungen (z.B. bei höhergradiger Aortenklappenstenose, hypertrophischer obstruktiver Kardiomyopathie) sind wie Leistungsbeeinträchtigungen zu bewerten.

Nach operativen und anderen therapeutischen *Eingriffen am Herzen* (z.B. Ballondilatation) ist der GdB/MdE-Grad von der bleibenden Leistungsbeeinträchtigung abhängig. Bei Herzklappenprothesen ist der GdB/MdE-Grad nicht niedriger als 30 zu bewerten; dieser Wert schließt eine Dauerbehandlung mit Antikoagulantien ein.

Nach einem *Herzinfarkt* ist die GdB/MdE-Bewertung von der bleibenden Leistungsbeeinträchtigung abhängig.

Nach *Herztransplantation* ist eine Heilungsbewährung abzuwarten (im allgemeinen *zwei* Jahre); während dieser Zeit ist ein GdB/MdE-Wert von 100

13 GdB/MdE-Tabelle

anzusetzen. Danach ist der GdB/MdE-Grad selbst bei günstigem Heilungsverlauf unter Mitberücksichtigung der erforderlichen Immunsuppression nicht niedriger als 70 zu bewerten.

GdB/MdE-Grad

Fremdkörper im Herzmuskel oder Herzbeutel

    reaktionslos eingeheilt 0

    mit Beeinträchtigung der Herzleistung .... siehe oben

Rhythmusstörungen

    Die Beurteilung des GdB/MdE-Grades richtet sich vor allem nach der Leistungsbeeinträchtigung des Herzens.

    Anfallsweise auftretende hämodynamisch relevante Rhythmusstörungen (z.B. paroxysmale Tachykardien) je nach Häufigkeit, Dauer und subjektiver Beeinträchtigung

    – bei fehlender andauernder Leistungsbeeinträchtigung des Herzens 10–30

    – bei bestehender andauernder Leistungsbeeinträchtigung des Herzens sind sie entsprechend zusätzlich zu bewerten.

    nach Implantation eines *Herzschrittmachers* 10

    nach Implantation eines *Kardioverter-Defibrillators* .... wenigstens 50

    bei ventrikulären tachykarden Rhythmusstörungen im *Kindesalter* ohne Implantation eines Kardioverter-Defibrillators .... wenigstens 60

Gefäßkrankheiten

Arterielle Verschlußkrankheiten, Arterienverschlüsse an den Beinen (auch nach rekanalisierenden Maßnahmen)

– mit ausreichender Restdurchblutung, Pulsausfall ohne Beschwerden oder mit geringen Beschwerden (Mißempfindungen in Wade und Fuß bei raschem Gehen) ein- oder beidseitig 0–10

– mit eingeschränkter Restdurchblutung (Claudicatio intermittens) Stadium II

    schmerzfreie Gehstrecke in der Ebene über 500 m ein- oder beidseitig 20

    schmerzfreie Gehstrecke in der Ebene über 100–500 m ein- oder beidseitig 30–40

    schmerzfreie Gehstrecke in der Ebene 50 bis 100 m ein- oder beidseitig 50–60

    schmerzfreie Gehstrecke unter 50 m ohne Ruheschmerz ein- oder beidseitig 70–80

– Gehstrecke unter 50 m mit Ruheschmerz (Stadium III) einschl. trophischer Störungen (Stadium IV)

Herz und Kreislauf **GdB/MdE-Tabelle 13**

GdB/MdE-Grad

einseitig	80
beidseitig	90–100

Apparative Meßmethoden (z. B. Dopplerdruck) können nur eine allgemeine Orientierung über den Schweregrad abgeben.

Bei Arterienverschlüssen an den Armen wird die GdB/MdE-Beurteilung ebenfalls durch das Ausmaß der Beschwerden und Funktionseinschränkungen – im Vergleich mit anderen Schäden an den Armen – bestimmt.

Nach größeren gefäßchirurgischen Eingriffen (z. B. Prothesenimplantation) mit vollständiger Kompensation einschließlich Dauerbehandlung mit Antikoagulantien 20

Arteriovenöse Fisteln

Der GdB/MdE-Grad richtet sich nach den hämodynamischen Auswirkungen am Herzen und/oder in der Peripherie.

Aneurysmen (je nach Sitz und Größe)

ohne lokale Funktionsstörung und ohne Einschränkung der Belastbarkeit 0– 10

ohne oder mit nur geringer lokaler Funktionsstörung mit Einschränkung der Belastbarkeit 20– 40

große Aneurysmen .... wenigstens 50

Hierzu gehören immer die dissezierenden Aneurysmen der Aorta und die großen Aneurysmen der Aorta abdominalis und der großen Beckenarterien.

Unkomplizierte Krampfadern 0

Chronisch-venöse Insuffizienz (z. B. bei Krampfadern), postthrombotisches Syndrom

mit geringem belastungsabhängigem Ödem, nicht ulzerösen Hautveränderungen, ohne wesentliche Stauungsbeschwerden
ein- oder beidseitig 0– 10

mit erheblicher Ödembildung, häufig (mehrmals im Jahr) rezidivierenden Entzündungen
ein- oder beidseitig 20– 30

mit chronischen rezidivierenden Geschwüren, je nach Ausdehnung und Häufigkeit (einschließlich arthrogenes Stauungssyndrom)
ein- oder beidseitig 30– 50

Bei postthrombotischen Syndromen im Becken- oder Hohlvenenbereich kommen selten höhere GdB/MdE-Werte in Betracht.

13 GdB/MdE-Tabelle

GdB/MdE-Grad

Lymphödem
  an einer Gliedmaße
    ohne wesentliche Funktionsbehinderung, Erfordernis
    einer Kompressionsbandage 0– 10
    mit stärkerer Umfangsvermehrung (mehr als 3 cm) je
    nach Funktionseinschränkung 20– 40
    mit erheblicher Beeinträchtigung der Gebrauchsfähigkeit der betroffenen Gliedmaße, je nach Ausmaß 50– 70
    bei Gebrauchsunfähigkeit der ganzen Gliedmaße 80
    Entstellungen bei sehr ausgeprägten Formen sind ggf.
    zusätzlich zu berücksichtigen.

Hypertonie (Bluthochdruck)
  leichte Form
    keine oder geringe Leistungsbeeinträchtigung (höchstens leichte Augenhintergrundveränderungen) 0– 10
  mittelschwere Form
    mit Organbeteiligung leichten bis mittleren Grades
    (Augenhintergrundveränderungen – Fundus hypertonicus I–II – und/oder Linkshypertrophie des Herzens und/oder Proteinurie), diastolischer Blutdruck
    mehrfach über 100 mmHg trotz Behandlung, je nach
    Leistungsbeeinträchtigung 20– 40
  schwere Form
    mit Beteiligung mehrerer Organe (schwere Augenhintergrundveränderungen und Beeinträchtigung der
    Herzfunktion, der Nierenfunktion und/oder der
    Hirndurchblutung) je nach Art und Ausmaß der
    Leistungsbeeinträchtigung 50–100
  maligne Form
    diastolischer Blutdruck konstant über 130 mmHg;
    Fundus hypertonicus III–IV (Papillenödem, Venenstauung, Exsudate, Blutungen, schwerste arterielle
    Gefäßveränderungen); unter Einschluß der Organbeteiligung (Herz, Nieren, Gehirn) 100

Funktionelle kardiovaskuläre Syndrome (z.B. orthostatische Fehlregulation)
  mit leichten Beschwerden 0
  mit stärkeren Beschwerden und Kollapsneigung 10– 20

26.10 Verdauungsorgane

Speiseröhrenkrankheiten

Traktionsdivertikel
  je nach Größe und Beschwerden 0–10

Verdauungsorgane **GdB/MdE-Tabelle 13**

GdB/MdE-Grad

Pulsionsdivertikel

    ohne wesentliche Behinderung der Nahrungsaufnahme je nach Größe und Beschwerden 0– 10

    mit erheblicher Behinderung der Nahrungsaufnahme je nach Auswirkung auf den Allgemeinzustand 20– 40

Funktionelle Stenosen der Speiseröhre (Ösophagospasmus, Achalasie)

    ohne wesentliche Behinderung der Nahrungsaufnahme 0– 10

    mit deutlicher Behinderung der Nahrungsaufnahme 20– 40

    mit erheblicher Beeinträchtigung des Kräfte- und Ernährungszustandes, häufige Aspiration 50– 70

    Auswirkungen auf Nachbarorgane (z.B. durch Aspiration) sind zusätzlich zu bewerten.

Organische Stenose der Speiseröhre (z.B. angeboren, nach Laugenverätzung, Narbenstenose, peptische Striktur)

    ohne wesentliche Behinderung der Nahrungsaufnahme je nach Größe und Beschwerden 0– 10

    mit deutlicher Behinderung der Nahrungsaufnahme je nach Auswirkung (Einschränkung der Kostform, verlängerte Eßdauer) 20– 40

    mit erheblicher Beeinträchtigung des Kräfte- und Ernährungszustandes 50– 70

Refluxkrankheit der Speiseröhre

    mit anhaltenden Refluxbeschwerden je nach Ausmaß 10– 30

    Auswirkungen auf Nachbarorgane sind zusätzlich zu bewerten.

Nach Entfernung eines *malignen Speiseröhrentumors* ist in den ersten *fünf* Jahren eine Heilungsbewährung abzuwarten. GdB/MdE-Grad während dieser Zeit

    je nach Beeinträchtigung des Kräfte- und Ernährungszustandes 80–100

Speiseröhrenersatz

    Der GdB/MdE-Grad ist nach den Auswirkungen (z.B. Schluckstörungen, Reflux, Narben) jedoch nicht unter 20 zu bewerten.

Magen- und Darmkrankheiten

Bei organischen und funktionellen Krankheiten des Magen-Darmkanals ist der GdB/MdE-Grad nach dem Grad der Beeinträchtigung des Allgemeinzustandes, der Schwere der Organstörung und nach der Notwendigkeit beson-

13 GdB/MdE-Tabelle

Verdauungsorgane

derer Diätkost zu beurteilen. Bei allergisch bedingten Krankheiten ist auch die Vermeidbarkeit der Allergene von Bedeutung.

GdB/MdE-Grad

Magen- oder Zwölffingerdarmgeschwürsleiden (chronisch rezidivierende Geschwüre, Intervallbeschwerden)
    mit Rezidiven in Abständen von zwei bis drei Jahren 0– 10
    mit häufigeren Rezidiven und Beeinträchtigung des Ernährungs- und Kräftezustandes 20– 30
    mit erheblichen Komplikationen (z.B. Magenausgangsstenose) und andauernder erheblicher Minderung des Ernährungs- und Kräftezustandes 40– 50

Nach einer selektiven proximalen *Vagotomie* kommt ein GdB/MdE-Grad nur in Betracht, soweit postoperative Darmstörungen oder noch Auswirkungen des Grundleidens vorliegen.

Chronische Gastritis (histologisch gesicherte Veränderung der Magenschleimhaut) 0– 10

Reizmagen (funktionelle Dyspepsie) 0– 10

Teilentfernung des Magens, Gastroenterostomie
    mit guter Funktion, je nach Beschwerden 0– 10
    mit anhaltenden Beschwerden (z.B. Dumping-Syndrom, rezidivierendes Ulcus jejuni pepticum) 20– 40

Totalentfernung des Magens
    ohne Beeinträchtigung des Kräfte- und Ernährungszustandes
    je nach Beschwerden 20– 30
    bei Beeinträchtigung des Kräfte- und Ernährungszustandes und/oder Komplikationen (z.B. Dumping-Syndrom) 40– 50

Nach Entfernung eines *malignen Magentumors* ist eine Heilungsbewährung abzuwarten.

GdB/MdE-Grad während einer Heilungsbewährung von *zwei* Jahren
    nach Entfernung eines Magenfrühkarzinoms 50

GdB/MdE-Grad während einer Heilungsbewährung von *fünf* Jahren
    nach Entfernung aller anderen malignen Magentumoren je nach Stadium und Auswirkung auf den Allgemeinzustand 80–100

Chronische Darmstörungen (irritabler Darm, Divertikulose, Divertikulitis, Darmteilresektion)
    ohne wesentliche Beschwerden und Auswirkungen 0– 10

Verdauungsorgane **GdB/MdE-Tabelle 13**

GdB/MdE-Grad

mit stärkeren und häufig rezidivierenden oder anhaltenden Symptomen (z. B. Durchfälle, Spasmen) 20– 30

mit erheblicher Minderung des Kräfte- und Ernährungszustandes 40– 50

Angeborene Motilitätsstörungen des Darmes (z. B. Hirschsprung-Krankheit, neuronale Dysplasie)

ohne wesentliche Gedeih- und Entwicklungsstörung 10– 20

mit geringer Gedeih- und Entwicklungsstörung 30– 40

mit mittelgradiger Gedeih- und Entwicklungsstörung 50

mit schwerer Gedeih- und Entwicklungsstörung 60– 70

Kurzdarmsyndrom im Kindesalter

mit mittelschwerer Gedeih- und Entwicklungsstörung 50– 60

mit schwerer Gedeih- und Entwicklungsstörung (z. B. Notwendigkeit künstlicher Ernährung) 70– 100

Folgeschäden nach Abschluß der Entwicklung (z. B. Kleinwuchs) sind zusätzlich zu berücksichtigen.

Nachprüfungen in Abständen von zwei bis drei Jahren sind angezeigt.

Colitis ulcerosa,
Crohn-Krankheit (Enteritis regionalis)

mit geringer Auswirkung (geringe Beschwerden, keine oder geringe Beeinträchtigung des Kräfte- und Ernährungszustandes, selten Durchfälle) 10– 20

mit mittelschwerer Auswirkung (häufig rezidivierende oder länger anhaltende Beschwerden, geringe bis mittelschwere Beeinträchtigung des Kräfte- und Ernährungszustandes, häufige Durchfälle) 30– 40

mit schwerer Auswirkung (anhaltende oder häufig rezidivierende erhebliche Beschwerden, erhebliche Beeinträchtigung des Kräfte- und Ernährungszustandes, häufige, tägliche, auch nächtliche Durchfälle) 50– 60

mit schwerster Auswirkung (häufig rezidivierende oder anhaltende schwere Beschwerden, schwere Beeinträchtigung des Kräfte- und Ernährungszustandes, ausgeprägte Anämie) 70– 80

Fisteln, Stenosen, postoperative Folgezustände (z. B. Kurzdarmsyndrom, Stomakomplikationen), extraintestinale Manifestationen (z. B. Arthritiden), bei Kindern auch Wachstums- und Entwicklungsstörungen, sind zusätzlich zu bewerten.

Zöliakie, Sprue

ohne wesentliche Folgeerscheinungen unter diätetischer Therapie 20

bei andauerndem, ungenügendem Ansprechen auf glutenfreie Kost (selten) sind – je nach Beeinträchtigung des Kräfte- und Ernährungszustandes – höhere Werte angemessen.

Nach Entfernung *maligner Darmtumoren* ist eine Heilungsbewährung abzuwarten.

GdB/MdE-Grad während einer Heilungsbewährung von *zwei* Jahren

    nach Entfernung eines malignen Dickdarmtumors im Frühstadium (DUKES A) oder von lokalisierten Darmkarzinoiden 50

        mit künstlichem After (nicht nur vorübergehend angelegt) 70– 80

GdB/MdE-Grad während einer Heilungsbewährung von *fünf* Jahren

    nach Entfernung anderer maligner Darmtumoren .... wenigstens 80

    mit künstlichem After (nicht nur vorübergehend angelegt) 100

Bauchfellverwachsungen

    ohne wesentliche Auswirkung 0– 10

    mit erheblichen Passagestörungen 20– 30

    mit häufiger rezidivierenden Ileuserscheinungen 40– 50

Hämorrhoiden

    ohne erhebliche Beschwerden, geringe Blutungsneigung 0– 10

    mit häufigen rezidivierenden Entzündungen, Thrombosierungen oder stärkeren Blutungen 20

Mastdarmvorfall

    klein, reponierbar 0– 10

    sonst 20– 40

Afterschließmuskelschwäche

    mit seltenem, nur unter besonderen Belastungen auftretendem unwillkürlichen Stuhlabgang 10

    sonst 20– 40

Funktionsverlust des Afterschließmuskels .... wenigstens 50

Fistel in der Umgebung des Afters

    geringe, nicht ständige Sekretion 10

    sonst 20– 30

Künstlicher After

    mit guter Versorgungsmöglichkeit 50

    sonst (z.B. bei Bauchwandhernie, Stenose, Retraktion, Prolaps, Narben, ungünstige Position) 60– 80

Verdauungsorgane **GdB/MdE-Tabelle 13**

Bei ausgedehntem Mastdarmvorfall, künstlichem After oder stark sezernierenden Kotfisteln, die zu starker Verschmutzung führen, sind ggf. außergewöhnliche seelische Begleiterscheinungen zusätzlich zu berücksichtigen.

Krankheiten der Leber, Gallenwege und Bauchspeicheldrüse

Der GdB/MdE-Grad für Krankheiten der Leber, der Gallenwege und der Bauchspeicheldrüse wird bestimmt durch die Art und Schwere der Organveränderungen sowie der Funktionseinbußen, durch das Ausmaß der Beschwerden, die Beeinträchtigung des Allgemeinzustandes und die Notwendigkeit einer besonderen Kostform. Der serologische Nachweis einer durchgemachten Infektion (z. B. Hepatitis) rechtfertigt allein noch keinen GdB/MdE-Grad.

GdB/MdE-Grad

Chronische Hepatitis ohne Progression (chronisch-persistierende Hepatitis) 20

Chronische Hepatitis mit Progression (chronisch-aktive Hepatitis)
  geringe entzündliche Aktivität 30
  mäßige entzündliche Aktivität 40
  starke entzündliche Aktivität je nach Funktionsstörung 50– 70

Fibrose der Leber
  ohne Komplikationen 0– 10

Leberzirrhose
  kompensiert
    inaktiv 30
    gering aktiv 40
    stärker aktiv 50
  dekompensiert (Aszites, portale Stauung, hepatische Enzephalopathie) 60–100

Fettleber (auch nutritiv-toxisch)
  ohne Mesenchymreaktion 0– 10

Toxischer Leberschaden
  Der GdB/MdE-Grad ist je nach Aktivität und Verlauf analog zur chronischen Hepatitis oder Leberzirrhose zu beurteilen.

Zirkulatorische Störungen der Leber (z. B. Pfortaderthrombose)
  Der GdB/MdE-Grad ist analog zur dekompensierten Leberzirrhose zu beurteilen.

Nach *Leberteilresektion* ist der GdB/MdE-Grad allein davon abhängig, ob und wieweit Funktionsbeeinträchtigungen verblieben sind.

13 GdB/MdE-Tabelle

Verdauungsorgane

GdB/MdE-Grad

Nach Entfernung eines *malignen primären Lebertumors* ist in den ersten *fünf* Jahren eine Heilungsbewährung abzuwarten; GdB/MdE-Grad während dieser Zeit 100

Nach *Lebertransplantation* ist eine Heilungsbewährung abzuwarten (im allgemeinen *zwei* Jahre); GdB/MdE-Grad während dieser Zeit 100

Danach selbst bei günstigem Heilungsverlauf unter Mitberücksichtigung der erforderlichen Immunsuppression ..... wenigstens 60

Primäre biliäre Zirrhose, primäre sklerosierende Cholangitis

    Der GdB/MdE-Grad ist je nach Aktivität und Verlauf analog zur chronischen Hepatitis oder Leberzirrhose zu beurteilen.

Gallenblasen- und Gallenwegskrankheiten (Steinleiden, chronisch rezidivierende Entzündungen)

    mit Koliken in Abständen von mehreren Monaten, Entzündungen in Abständen von Jahren 0– 10

    mit häufigeren Koliken und Entzündungen sowie mit Intervallbeschwerden 20– 30

    mit langanhaltenden Entzündungen oder mit Komplikationen 40– 50

Angeborene intra- und extrahepatische Transportstörungen der Galle (z.B. intra-, extrahepatische Gallengangsatresie), metabolische Defekte (z.B. Meulengracht-Krankheit)

    ohne Funktionsstörungen, ohne Beschwerden 0– 10

    mit Beschwerden (Koliken, Fettunverträglichkeit, Juckreiz), ohne Leberzirrhose 20– 40

    mit Leberzirrhose 50

    mit dekompensierter Leberzirrhose 60–100

Folgezustände sind zusätzlich zu bewerten.

Verlust der Gallenblase

    ohne wesentliche Störungen 0

    bei fortbestehenden Beschwerden .... wie bei Gallenwegskrankheiten

Nach Entfernung eines *malignen Gallenblasen-, Gallenwegs- oder Papillentumors* ist in den ersten *fünf* Jahren eine Heilungsbewährung abzuwarten; GdB/MdE-Grad während dieser Zeit

    bei Gallenblasen- und Gallenwegstumor 100

    bei Papillentumor 80

Brüche (Hernien) **GdB/MdE-Tabelle 13**

GdB/MdE-Grad

Chronische Krankheit der Bauchspeicheldrüse (exkretorische Funktion) je nach Auswirkung auf den Allgemeinzustand, Häufigkeit und Ausmaß der Schmerzen

 ohne wesentliche Beschwerden, keine Beeinträchtigung des Kräfte- und Ernährungszustandes 0– 10

 geringe bis erhebliche Beschwerden, geringe bis mäßige Beeinträchtigung des Kräfte- und Ernährungszustandes 20– 40

 starke Beschwerden, Fettstühle, deutliche bis ausgeprägte Herabsetzung des Kräfte- und Ernährungszustandes 50– 80

Nach teilweiser oder vollständiger Entfernung der Bauchspeicheldrüse sind ggf. weitere Funktionsbeeinträchtigungen (z.B. bei Diabetes mellitus, Osteopathie, oder infolge chronischer Entzündungen der Gallenwege, Magenteilentfernung und Milzverlust) zusätzlich zu berücksichtigen.

Nach Entfernung eines *malignen Bauchspeicheldrüsentumors* ist in den ersten *fünf* Jahren eine Heilungsbewährung abzuwarten; GdB/MdE-Grad während dieser Zeit 100

26.11 Brüche (Hernien)

Leisten- oder Schenkelbruch je nach Größe und Reponierbarkeit

 ein- oder beidseitig 0– 10

 bei erheblicher Einschränkung der Belastungsfähigkeit 20

Nabelbruch oder Bruch in der weißen Linie 0– 10

Bauchnarbenbruch, angeborene Bauchwandbrüche und -defekte

 ohne wesentliche Beeinträchtigung, je nach Größe 0– 10

 mit ausgedehnter Bauchwandschwäche und fehlender oder stark eingeschränkter Bauchpresse 20

 mit Beeinträchtigung der Bauchorgane
  bei Passagestörungen ohne erhebliche Komplikationen 20– 30
  bei häufigen rezidivierenden Ileuserscheinungen 40– 50

Bei schweren angeborenen Bauchwanddefekten mit entsprechender Beeinträchtigung der Bauch- und Brustorgane kommen auch höhere GdB/MdE-Werte in Betracht.

Zwerchfellbrüche (einschl. Zwerchfellrelaxation)
 Speiseröhrengleithernie 0– 10

	GdB/MdE-Grad
andere kleine Zwerchfellbrüche ohne wesentliche Funktionsstörung	0– 10
größere Zwerchfellbrüche je nach Funktionsstörung	20– 30

Komplikationen sind zusätzlich zu bewerten.

Angeborene Zwerchfelldefekte mit Verlagerung von inneren Organen in den Brustkorb und Minderentwicklung von Lungengewebe

mit geringer Einschränkung der Lungenfunktion	40
sonst je nach Funktionsbeeinträchtigung der betroffenen Organe	50–100

26.12 Harnorgane

Die Beurteilung des GdB/MdE-Grades bei Schäden der Harnorgane richtet sich nach dem Ausmaß der Störungen der inkretorischen und exkretorischen Nierenfunktion und/oder des Harntransportes, das durch spezielle Untersuchungen (siehe Nummer 8 Absatz 4, Seite 11) zu erfassen ist.

Daneben sind die Beteiligung anderer Organe (z. B. Herz/Kreislauf, Zentralnervensystem, Skelettsystem), die Aktivität eines Entzündungsprozesses, die Auswirkungen auf den Allgemeinzustand und die notwendige Beschränkung in der Lebensführung zu berücksichtigen.

Unter dem im folgenden verwendeten Begriff „Funktionseinschränkung der Nieren" ist die Retention harnpflichtiger Substanzen zu verstehen.

	GdB/MdE-Grad
Nierenschäden	
Verlust, Ausfall oder Fehlen einer Niere bei Gesundheit der anderen Niere	25
Nierenfehlbildung (z. B. Erweiterung des Nierenhohlsystems bei Ureterabgangsstenose, Nierenhypoplasie, Zystennieren, Nierenzysten, Beckennieren), Nephroptose	
ohne wesentliche Beschwerden und ohne Funktionseinschränkung	0– 10
mit wesentlichen Beschwerden und ohne Funktionseinschränkung	20– 30
Nierensteinleiden ohne Funktionseinschränkung der Niere	
mit Koliken in Abständen von mehreren Monaten	0– 10
mit häufigeren Koliken, Intervallbeschwerden und wiederholten Harnwegsinfekten	20– 30
Nierenschäden *ohne* Einschränkung der Nierenfunktion (z. B. Glomerulopathien, tubulointerstitielle Nephropathien, vaskuläre Nephropathien), ohne Beschwerden, mit krankhaftem Harnbefund (Eiweiß und/oder Erythrozyten- bzw. Leukozytenausscheidung)	0– 10

Harnorgane **GdB/MdE-Tabelle 13**

GdB/MdE-Grad

Nierenschäden *ohne* Einschränkung der Nierenfunktion,
mit Beschwerden

    rezidivierende Makrohämaturie, je nach Häufigkeit 10– 30

    nephrotisches Syndrom
        kompensiert (keine Ödeme) 20– 30
        dekompensiert (mit Ödemen) 40– 50
        bei Systemerkrankungen mit Notwendigkeit einer
        immunsuppressiven Behandlung 50

Verlust, Ausfall oder Fehlen einer Niere bei Schaden der
anderen Niere, ohne Einschränkung der Nierenfunktion,
mit krankhaftem Harnbefund 30

Nierenschäden *mit* Einschränkung der Nierenfunktion

    Eine geringfügige Einschränkung der Kreatininclearance auf 50–80 ml/min bei im Normbereich liegenden Serumkreatininwerten bedingt keinen meßbaren GdB/MdE-Grad.

Nierenfunktionseinschränkung

    leichten Grades
        (Serumkreatininwerte unter 2 mg/dl [Kreatininclearance ca. 35–50 ml/min], Allgemeinbefinden nicht oder nicht wesentlich reduziert, keine Einschränkung der Leistungsfähigkeit) 20– 30
        (Serumkreatininwerte andauernd zwischen 2 und 4 mg/dl erhöht, Allgemeinbefinden wenig reduziert, leichte Einschränkung der Leistungsfähigkeit) 40

    mittleren Grades
        (Serumkreatininwerte andauernd zwischen 4 und 8 mg/dl erhöht, Allgemeinbefinden stärker beeinträchtigt, mäßige Einschränkung der Leistungsfähigkeit) 50– 70

    schweren Grades
        (Serumkreatininwerte dauernd über 8 mg/dl, Allgemeinbefinden stark gestört, starke Einschränkung der Leistungsfähigkeit, bei Kindern keine normalen Schulleistungen mehr) 80–100

Verlust, Ausfall oder Fehlen einer Niere mit Funktionseinschränkung der anderen Niere

    leichten Grades 40– 50
    mittleren Grades 60– 80
    schweren Grades 90–100

Notwendigkeit der Dauerbehandlung mit *Blutreinigungsverfahren* (z. B. Hämodialyse, Peritonealdialyse) 100

Bei allen Nierenschäden mit Funktionseinschränkungen sind Sekundärleiden (z. B. Hypertonie, ausgeprägte An-

13 GdB/MdE-Tabelle

ämie [Hb-Wert unter 8 g/dl], Polyneuropathie, Osteopathie) zusätzlich zu bewerten; sie sind bei Kindern häufiger als bei Erwachsenen.

Nach *Nierentransplantation* ist eine Heilungsbewährung abzuwarten (im allgemeinen *zwei* Jahre); während dieser Zeit ist ein GdB/MdE-Grad von 100 anzusetzen. Danach ist der GdB/MdE-Grad entscheidend abhängig von der verbliebenen Funktionsstörung; unter Mitberücksichtigung der erforderlichen Immunsuppression ist jedoch der GdB/MdE-Grad nicht niedriger als 50 zu bewerten.

GdB/MdE-Grad

Nach Entfernung eines *malignen Nierentumors* oder *Nierenbeckentumors* ist eine Heilungsbewährung abzuwarten; GdB/MdE-Grad während einer Heilungsbewährung von *zwei* Jahren

    nach Entfernung eines Nierenzellkarzinoms (Hypernephrom)
    im Stadium T1 N0 M0 (Grading G1) 50

    nach Entfernung eines Nierenbeckentumors
    im Stadium TA N0 M0 (Grading G1) 50

GdB/MdE-Grad während einer Heilungsbewährung von *fünf* Jahren

    nach Entfernung eines Nierenzellkarzinoms (Hypernephrom) mit Entfernung der Niere
    im Stadium T1 (Grading ab G2), T2 N0 M0 60
    in anderen Stadien .... wenigstens 80

    nach Entfernung eines Nierenbeckentumors einschließlich Niere und Harnleiter
    im Stadium T1–2 N0 M0 60
    in anderen Stadien .... wenigstens 80

    nach Entfernung eines Nephroblastoms
    im Stadium I und II 60
    in anderen Stadien .... wenigstens 80

Schäden der Harnwege

Chronische Harnwegsentzündungen (insbesondere chronische Harnblasenentzündung)

    leichten Grades (ohne wesentliche Miktionsstörungen) 0–10

    stärkeren Grades (mit erheblichen und häufigen Miktionsstörungen) 20–40

    chronische Harnblasenentzündung mit Schrumpfblase (Fassungsvermögen unter 100 ml, Blasentenesmen) 50–70

Bei den nachfolgenden Gesundheitsstörungen sind Begleiterscheinungen (z.B. Hautschäden, Harnwegsentzündungen) ggf. zusätzlich zu bewerten.

Harnorgane **GdB/MdE-Tabelle 13**

GdB/MdE-Grad

Entleerungsstörungen der Blase (auch durch Harnröhrenverengung)
  leichten Grades
    (z.B. geringe Restharnbildung, längeres Nachträufeln) 10
  stärkeren Grades
    (z.B. Notwendigkeit manueller Entleerung, Anwendung eines Blasenschrittmachers, erhebliche Restharnbildung, schmerzhaftes Harnlassen) 20– 40
  mit Notwendigkeit regelmäßigen Katheterisierens, eines Dauerkatheters, eines suprapubischen Blasenfistelkatheters oder Notwendigkeit eines Urinals, ohne wesentliche Begleiterscheinungen 50

Nach Entfernung eines *malignen Blasentumors* ist eine Heilungsbewährung abzuwarten.

GdB/MdE-Grad während einer Heilungsbewährung von *zwei* Jahren
  nach Entfernung des Tumors im Frühstadium unter Belassung der Harnblase (TA-1 N0 M0, Grading G1) 50

GdB/MdE-Grad während einer Heilungsbewährung von *fünf* Jahren
  nach Entfernung im Stadium Tis 50
  nach Entfernung in den Stadien T2–3a N0 M0 60
  mit Blasenentfernung einschließlich künstlicher Harnableitung 80
  nach Entfernung in anderen Stadien 100

Harninkontinenz
  relative
    leichter Harnabgang bei Belastung (z.B. Streßinkontinenz Grad I) 0– 10
    Harnabgang tags und nachts (z.B. Streßinkontinenz Grad II–III) 20– 40
  völlige Harninkontinenz 50
    bei ungünstiger Versorgungsmöglichkeit 60– 70
  nach Implantation einer Sphinkterprothese mit guter Funktion 20

Harnröhren-Hautfistel der vorderen Harnröhre bei Harnkontinenz 10

Harnweg-Darmfistel bei Analkontinenz, je nach Luft- und Stuhlentleerung über die Harnröhre 30– 50

Künstliche Harnableitung (ohne Nierenfunktionsstörung)
  in den Darm 30

	GdB/MdE-Grad
nach außen	
mit guter Versorgungsmöglichkeit	50
sonst (z.B. bei Stenose, Retraktion, Abdichtungsproblemen)	60–80
Darmneoblase mit ausreichendem Fassungsvermögen, ohne Harnstau, ohne wesentliche Entleerungsstörungen	30

26.13 Männliche Geschlechtsorgane

Verlust des Penis	50
Teilverlust des Penis	
Teilverlust der Eichel	10
Verlust der Eichel	20
sonst	30–40
Nach Entfernung eines *malignen Penistumors* ist in den ersten *fünf* Jahren eine Heilungsbewährung abzuwarten; GdB/MdE-Grad während dieser Zeit	
nach Entfernung im Frühstadium (T1–2 N0 M0)	
bei Teilverlust des Penis	50
bei Verlust des Penis	60
mit vollständiger Entfernung der Corpora cavernosa	80
nach Entfernung in anderen Stadien	90–100
Unterentwicklung, Verlust oder Schwund eines Hodens bei intaktem anderen Hoden	0
Unterentwicklung, Verlust oder vollständiger Schwund beider Hoden	
in höherem Lebensalter (etwa ab 8. Lebensjahrzehnt)	10
sonst je nach Ausgleichbarkeit des Hormonhaushalts durch Substitution	20–30
vor Abschluß der körperlichen Entwicklung	20–40
Außergewöhnliche psychoreaktive Störungen (siehe Nummer 18 Absatz 8, Seite 32) und zusätzliche körperliche Störungen sind ggf. zusätzlich zu berücksichtigen.	
Verlust oder Schwund eines Nebenhodens	0
Verlust oder vollständiger Schwund beider Nebenhoden und/oder Zeugungsunfähigkeit (Impotentia generandi)	0
in jüngerem Lebensalter bei noch bestehendem Kinderwunsch	20
Impotentia coeundi bei nachgewiesener erfolgloser Behandlung und nicht altersbedingt	20

Männliche Geschlechtsorgane **GdB/MdE-Tabelle 13**

GdB/MdE-Grad

Außergewöhnliche psychoreaktive Störungen sind ggf. zusätzlich zu berücksichtigen (siehe Nummer 18 Absatz 8, Seite 32).

Hydrozele (sog. Wasserbruch) 0–10

Varikozele (sog. Krampfaderbruch) 0–10

Nach Entfernung eines *malignen Hodentumors* ist eine Heilungsbewährung abzuwarten.

GdB/MdE-Grad während einer Heilungsbewährung von *zwei* Jahren

    nach Entfernung eines Seminoms oder nichtseminomatösen Tumors im Stadium T1–2 N0 M0 50

GdB/MdE-Grad während einer Heilungsbewährung von *fünf* Jahren

    nach Entfernung eines Seminoms im Stadium T1–2 N1 M0 bzw. T3 N0 M0 50

    nach Entfernung eines nichtseminomatösen Tumors im Stadium T1–2 N1 M0 bzw. T3 N0 M0 60

    sonst 80

Chronische bakterielle Entzündung der Vorsteherdrüse oder abakterielle Prostatopathie

    ohne wesentliche Miktionsstörung 0–10

    mit andauernden Miktionsstörungen und Schmerzen 20

Prostataadenom

    Der GdB/MdE-Grad richtet sich nach den Harnentleerungsstörungen und der Rückwirkung auf die Nierenfunktion.

Nach Entfernung eines *malignen Prostatatumors* ist eine Heilungsbewährung abzuwarten.

GdB/MdE-Grad während einer Heilungsbewährung von *zwei Jahren*

    nach Entfernung im Stadium T1a N0 M0 (Grading G1) (auch sog. inzidentelles Karzinom) 50

GdB/MdE-Grad während einer Heilungsbewährung von *fünf* Jahren

    nach Entfernung in den Stadien T1a (Grading ab G2) T1b–2 N0 M0 50

    nach Entfernung in anderen Stadien .... wenigstens 80

Maligner Prostatatumor

    ohne Notwendigkeit einer Behandlung 50

    auf Dauer hormonbehandelt .... wenigstens 60

26.14 Weibliche Geschlechtsorgane

GdB/MdE-Grad

Verlust der Brust (Mastektomie)
- einseitig 30
- beidseitig 40

Segment- oder Quadrantenresektion der Brust 0–20

Funktionseinschränkungen im Schultergürtel, des Armes oder der Wirbelsäule als Operations- oder Bestrahlungsfolgen (z. B. Lymphödem, Muskeldefekte, Nervenläsionen, Fehlhaltung) sowie außergewöhnliche psychoreaktive Störungen (siehe Nummer 18 Absatz 8, Seite 32) sind ggf. zusätzlich zu berücksichtigen.

Aufbauplastik zur Wiederherstellung der Brust mit Prothese je nach Ergebnis (z.B. Kapselfibrose, Dislokation der Prothese, Symmetrie)

nach Mastektomie
- einseitig 10–30
- beidseitig 20–40

nach subkutaner Mastektomie
- einseitig 10–20
- beidseitig 20–30

Nach Aufbauplastik zur Wiederherstellung der Brust mit Eigengewebe kommen niedrigere GdB/MdE-Werte in Betracht.

Nach Entfernung eines *malignen Brustdrüsentumors* ist in den ersten *fünf* Jahren eine Heilungsbewährung abzuwarten (Ausnahme: Carcinoma in situ); GdB/MdE-Grad während dieser Zeit (einschl. Operationsfolgen und ggf. anderer Behandlungsfolgen, sofern diese für sich allein keinen GdB/MdE-Grad von wenigstens 50 bedingen)

- bei Entfernung im Stadium T1–2 pN0 M0 50
- bei Entfernung im Stadium T1–2 pN1 M0 60
- in anderen Stadien .... wenigstens 80

Bedingen die Folgen der Operation und ggf. anderer Behandlungsmaßnahmen einen GdB/MdE-Grad von 50 oder mehr, ist der während der Heilungsbewährung anzusetzende GdB/MdE-Grad entsprechend höher zu bewerten.

Verlust der Gebärmutter und/oder Sterilität 0
in jüngerem Lebensalter bei noch bestehendem Kinderwunsch 20

Weibliche Geschlechtsorgane **GdB/MdE-Tabelle 13**

GdB/MdE-Grad

Außergewöhnliche psychoreaktive Störungen sind ggf. zusätzlich zu berücksichtigen (siehe Nummer 18 Absatz 8, Seite 32).

Nach Entfernung eines *malignen Gebärmuttertumors* ist eine Heilungsbewährung abzuwarten (Ausnahme: Carcinoma in situ).

GdB/MdE-Grad während einer Heilungsbewährung von *zwei* Jahren
nach Entfernung eines Zervixtumors (Mikrokarzinom) im Stadium T1a N0 M0 50
nach Entfernung eines Korpustumors im Frühstadium (Grading G1, Infiltration des inneren Drittels des Myometrium) 50

GdB/MdE-Grad während einer Heilungsbewährung von *fünf* Jahren
nach Entfernung eines Zervixtumors
im Stadium T1b–2a NX M0 50
im Stadium T2b NX M0 60
sonst 80
nach Entfernung eines Korpustumors
im Stadium T1 NX M0 (Grading G2–3, Infiltration über das innere Drittel des Myometrium hinaus) 50
im Stadium T2 NX M0 60
sonst 80

Verlust eines Eierstockes 0

Unterentwicklung, Verlust oder Ausfall beider Eierstöcke,
ohne Kinderwunsch und ohne wesentliche Auswirkung auf den Hormonhaushalt – immer in der Postmenopause 10
im jüngeren Lebensalter bei noch bestehendem Kinderwunsch oder bei unzureichender Ausgleichbarkeit des Hormonausfalls durch Substitution 20–30
vor Abschluß der körperlichen Entwicklung je nach Ausgleichbarkeit des Hormonausfalls 20–40
Außergewöhnliche psychoreaktive Störungen (siehe Nummer 18 Absatz 8, Seite 32) und zusätzliche körperliche Störungen sind ggf. zusätzlich zu berücksichtigen.

Endokrin bedingte Funktionsstörungen der Eierstöcke sind gut behandelbar, so daß im allgemeinen anhaltende Beeinträchtigungen nicht zu erwarten sind. Selten auftretende Komplikationen (z.B. Sterilität, abnormer Haarwuchs) sind gesondert zu beurteilen.

Nach Entfernung eines *malignen Eierstocktumors* ist in den ersten *fünf* Jahren eine Heilungsbewährung abzuwarten; GdB/MdE-Grad während dieser Zeit

13 GdB/MdE-Tabelle — Weibliche Geschlechtsorgane

GdB/MdE-Grad

nach Entfernung im Stadium T1 NX M0	50
in anderen Stadien	80

Chronischer oder chronisch-rezidivierender entzündlicher Prozeß der Adnexe und/oder der Parametrien je nach Art, Umfang und Kombination der Auswirkungen (z.B. Adhäsionsbeschwerden, chronische Schmerzen, Kohabitationsbeschwerden) ... 10– 40

Endometriose
  leichten Grades
    (geringe Ausdehnung, keine oder nur geringe Beschwerden) ... 0– 10
  mittleren Grades ... 20– 40
  schweren Grades
    (z.B. Übergreifen auf die Nachbarorgane, starke Beschwerden, erhebliche Beeinträchtigung des Allgemeinzustandes, Sterilität) ... 50– 60

Scheidenfisteln
  Harnweg-Scheidenfistel ... 50– 60
  Mastdarm-Scheidenfistel ... 60– 70
  Harnweg-Mastdarm-Scheidenfistel („Kloakenbildung") ... 100
  Fisteln mit geringer funktioneller Beeinträchtigung sind entsprechend niedriger zu bewerten.

Senkung der Scheidenwand, Vorfall der Scheide und/oder der Gebärmutter
  ohne Harninkontinenz oder mit geringer Streßinkontinenz (Grad I) ... 0– 10
  mit stärkerer Harninkontinenz und/oder stärkeren Senkungsbeschwerden ... 20– 40
  mit völliger Harninkontinenz ... 50– 60
  bei ungünstiger Versorgungsmöglichkeit ... 70
  Ulzerationen sind ggf. zusätzlich zu bewerten.

Isolierte Senkung der Scheidenhinterwand
  mit leichten Defäkationsstörungen ... 0– 10
  mit stärkeren Funktionseinschränkungen siehe Nummer 26.10, Seite 99.

Scheiden-Gebärmutteraplasie, ohne Plastik, nach Vollendung des 14. Lebensjahres (einschließlich Sterilität) ... 40

Kraurosis vulvae
  geringen Grades (keine oder nur geringe Beschwerden) ... 0– 10
  mäßigen Grades (erhebliche Beschwerden, keine Sekundärveränderungen) ... 20– 30

Stoffwechsel, innere Sekretion **GdB/MdE-Tabelle 13**

GdB/MdE-Grad

stärkeren Grades (starke Beschwerden, therapeutisch
schwer beeinflußbare Sekundärveränderungen) 40

Vollständige Entfernung der Vulva 40

Nach Beseitigung eines *malignen Scheidentumors* ist in den
ersten *fünf* Jahren eine Heilungsbewährung abzuwarten
(Ausnahme: Carcinoma in situ); GdB/MdE-Grad während dieser Zeit

nach Beseitigung im Stadium T1 N0 M0 60

sonst 80

Folgezustände der Behandlung (insbesondere nach
Strahlenbehandlung) sind ggf. zusätzlich zu bewerten.

Nach Entfernung eines *malignen Tumors der äußeren Geschlechtsteile* ist in den ersten *fünf* Jahren eine Heilungsbewährung abzuwarten (Ausnahme: Carcinoma in situ);
GdB/MdE-Grad während dieser Zeit

nach Entfernung im Stadium T1–2 N0 M0 50

sonst 80

26.15 Stoffwechsel, innere Sekretion

Der GdB/MdE-Grad bei Störungen des Stoffwechsels und der inneren Sekretion ist von den Auswirkungen dieser Störungen abhängig. In diesem Abschnitt nicht erwähnte angeborene Stoffwechselstörungen sind analog und unter Berücksichtigung ihrer vielfältigen Auswirkungen zu beurteilen.

Normabweichungen der Laborwerte bedingen für sich allein noch keinen Gdb/MdE-Grad.

GdB/MdE-Grad

Diabetes mellitus
  durch Diät allein (ohne blutzuckerregulierende Medikation) oder
  durch Diät
  – und Kohlenhydratresorptionsverzögerer oder Biguanide (d. h. orale Antidiabetika, die allein nicht zur Hypoglykämie führen) ausreichend einstellbar 10
  – und Sulfonylharnstoffe (auch bei zusätzlicher Gabe anderer oraler Antidiabetika) ausreichend einstellbar 20
  – und orale Antidiabetika und ergänzende Insulininjektionen ausreichend einstellbar 30
  durch Diät und alleinige Insulinbehandlung
  – gut einstellbar 40
  – schwer einstellbar (häufig bei Kindern), auch gelegentliche, ausgeprägte Hypoglykämien 50

Häufige, ausgeprägte Hypoglykämien sowie Organkomplikationen sind ihren Auswirkungen entsprechend zusätzlich zu bewerten.

13 GdB/MdE-Tabelle Stoffwechsel, innere Sekretion

GdB/MdE-Grad

Gicht

Bei der GdB/MdE-Beurteilung sind die Funktionseinschränkungen der betroffenen Gelenke, Schmerzen, Häufigkeit und Schwere der entzündlichen Schübe und eine Beteiligung der inneren Organe zu berücksichtigen.

Fettstoffwechselkrankheit

Der GdB/MdE-Grad ist grundsätzlich abhängig von dem Ausmaß der Folgekrankheiten.
Bei Notwendigkeit einer LDL-Apherese 30

Alimentäre Fettsucht, Adipositas

Die Adipositas allein bedingt keinen GdB/MdE-Grad. Nur Folge- und Begleitschäden (insbesondere am kardiopulmonalen System oder am Stütz- und Bewegungsapparat) können die Annahme eines GdB/MdE-Grades begründen. Gleiches gilt für die besonderen funktionellen Auswirkungen einer Adipositas permagna.

GdB/MdE-Grad

Phenylketonurie
 ohne faßbare Folgeerscheinungen
  im Kindesalter bis zur Vollendung des 16. Lebensjahres 30
   danach bei Notwendigkeit weiterer Diäteinnahme 10

Beim Vorliegen eines Hirnschadens ist der GdB/MdE-Grad vor allem vom Ausmaß der geistigen Behinderung und weiterer Folgen (z.B. hirnorganische Anfälle) abhängig.

Mukoviszidose (zystische Fibrose)
 unter Therapie Aktivitäten, Gedeihen und Ernährung altersgemäß 20
 unter Therapie Aktivitäten und Lungenfunktion leicht eingeschränkt, Gedeihen und Ernährung noch altersgemäß 30– 40
 Aktivitäten und Lungenfunktion deutlich eingeschränkt, häufig Gedeih- und Entwicklungsstörungen, Schulbesuch und Erwerbstätigkeit in der Regel noch möglich 50– 60
 schwere bis schwerste Einschränkung der Aktivitäten, der Lungenfunktion und des Ernährungszustandes 70–100

Schilddrüsenkrankheiten

Die Beurteilung einer Schilddrüsenfunktionsstörung setzt in der Regel – insbesondere in leichteren Fällen – voraus, daß die Diagnose durch moderne Untersuchungsmethoden gesichert ist.
Schilddrüsenfunktionsstörungen (Überfunktion und Unterfunktion [auch nach Schilddrüsenresektion]) sind gut behandelbar, so daß in der Regel an-

haltende Beeinträchtigungen nicht zu erwarten sind. Selten auftretende Organkomplikationen (z. B. Exophthalmus, Trachealstenose) sind gesondert zu beurteilen.

Bei der nicht operativ behandelten Struma richtet sich der GdB/MdE-Grad nach den funktionellen Auswirkungen.

GdB/MdE-Grad

Nach Entfernung eines *malignen Schilddrüsentumors* ist in den ersten *fünf* Jahren eine Heilungsbewährung abzuwarten; GdB/MdE-Grad während dieser Zeit

    nach Entfernung eines papillären oder folikulären Tumors, ohne Lymphknotenbefall 50

    sonst 80

Bedingt der nach der Entfernung verbliebene Organschaden einen GdB/MdE-Grad von 50 oder mehr, ist der während der Heilungsbewährung anzusetzende GdB/MdE-Grad entsprechend höher zu bewerten.

Tetanie

Sie ist gut behandelbar, so daß in der Regel dauernde Beeinträchtigungen nicht zu erwarten sind.

Chronische Nebennierenrindeninsuffizienz
(Addison-Syndrom)

Sie ist gut behandelbar, so daß in der Regel dauernde Beeinträchtigungen nicht zu erwarten sind. Selten auftretende Funktionsstörungen sind analogen funktionellen Beeinträchtigungen (z. B. orthostatische Fehlregulation) entsprechend zu beurteilen.

Cushing-Syndrom

Der GdB/MdE-Grad wird bestimmt von der Muskelschwäche und den Auswirkungen an den verschiedenen Organsystemen (Hypertonie, Herzinsuffizienz, Diabetes mellitus, Osteoporose, psychische Veränderungen).

GdB/MdE-Grad

Porphyrien

  Erythropoetische Porphyrie (Günther-Krankheit) 100

  Hepatische Porphyrien

    akut-intermittierende Porphyrie 30

    Porphyria cutanea tarda ohne wesentliche Beschwerden 10

  Organkomplikationen sind jeweils zusätzlich zu berücksichtigen.

26.16 Blut, blutbildende Organe, Immunsystem

Die Höhe des GdB/MdE-Grades bei Krankheiten des Blutes, der blutbildenden Organe und des Immunsystems richtet sich nach der Schwere der hämatologischen Veränderungen, nach den Organfunktionsstörungen, nach

13 GdB/MdE-Tabelle
Blut, blutbildende Organe, Immunsystem

den Rückwirkungen auf andere Organe, nach der Auswirkung auf den Allgemeinzustand und der Häufigkeit von Infektionen.

GdB/MdE-Grad

Verlust der Milz
   bei Verlust im frühen Kindesalter, dann bis zur Vollendung des 8. Lebensjahres 20
   danach oder bei späterem Verlust 10
   Die selten auftretenden Komplikationen (z.B. Thrombosen) sind zusätzlich zu berücksichtigen.

Hodgkin-Krankheit
   im Stadium I–IIIA
      bei langdauernder (mehr als sechs Monate andauernder) Therapie, bis zum Ende der Therapie je nach Auswirkung auf den Allgemeinzustand 60–100
      nach Vollremission für die Dauer von *drei* Jahren (Heilungsbewährung) 50
   Nach Ablauf der Heilungsbewährung richtet sich der GdB/MdE-Grad nach dem verbliebenen Organschaden.

   im Stadium IIIB und IV
      bis zum Ende der Therapie 100
      nach Vollremission für die Dauer von *drei* Jahren (Heilungsbewährung) 60
   Nach Ablauf der Heilungsbewährung richtet sich der GdB/MdE-Grad nach dem verbliebenen Organschaden.

Non-Hodgkin-Lymphome
   Chronische lymphatische Leukämie und andere generalisierte niedrigmaligne Non-Hodgkin-Lymphome
      mit geringen Auswirkungen
      (keine wesentlichen Beschwerden, keine Allgemeinsymptome, keine Behandlungsbedürftigkeit, keine wesentliche Progredienz) 30– 40
      mit mäßigen Auswirkungen (Behandlungsbedürftigkeit) 50– 70
      mit starken Auswirkungen, starke Progredienz (z.B. schwere Anämie, ausgeprägte Thrombozytopenie, rezidivierende Infektionen, starke Milzvergrößerung) 80–100
   Lokalisierte niedrigmaligne Non-Hodgkin-Lymphome nach Vollremission (Beseitigung des Tumors) für die Dauer von *drei* Jahren (Heilungsbewährung) 50
   Nach Ablauf der Heilungsbewährung richtet sich der GdB/MdE-Grad nach dem verbliebenen Organschaden.

Blut, blutbildende Organe, Immunsystem **GdB/MdE-Tabelle 13**

GdB/MdE-Grad

Hochmaligne Non-Hodgkin-Lymphome
bis zum Ende der Therapie 100
danach bei Vollremission für die Dauer von *drei*
Jahren (Heilungsbewährung) 80
Nach Ablauf der Heilungsbewährung richtet sich der
GdB/MdE-Grad nach dem verbliebenen Organschaden.

Plasmozytom (Myelom)
mit geringen Auswirkungen
(keine wesentliche Auswirkung auf den Allgemeinzustand, keine Behandlungsbedürftigkeit, ohne Beschwerden, keine wesentliche Progredienz) 30– 40
mit mäßigen Auswirkungen (Behandlungsbedürftigkeit) 50– 70
mit starken Auswirkungen
(z.B. schwere Anämie, starke Schmerzen, Nierenfunktionseinschränkung) 80–100

Chronische myeloische Leukämie
chronische Phase
je nach Auswirkung – auch der Behandlung – auf
den Allgemeinzustand, Ausmaß der Milzvergrößerung 50– 80
akute Phase (Akzeleration, Blastenschub) 100

Andere chronische myeloproliferative Erkrankungen
(z.B. Polycythaemia vera, essentielle Thrombozythämie, Osteomyelosklerose)
mit geringen Auswirkungen (keine Behandlungsbedürftigkeit) 10– 20
mit mäßigen Auswirkungen (Behandlungsbedürftigkeit) 30– 40
mit stärkeren Auswirkungen (z.B. mäßige Anämie, geringe Thrombozytopenie) 50– 70
mit starken Auswirkungen
(z.B. schwere Anämie, ausgeprägte Thrombozytopenie, starke Milzvergrößerung, Blutungs- und/oder
Thromboseneigung) 80–100

Akute Leukämien
bis zum Ende der Therapie 100
danach für die Dauer von *drei* Jahren (Heilungsbewährung) 60

Myelodysplastische Syndrome
mit geringen Auswirkungen
(ausgeglichen und ohne wesentliche Allgemeinstörungen) 10– 20

13 GdB/MdE-Tabelle Blut, blutbildende Organe, Immunsystem

GdB/MdE-Grad

mit mäßigen Auswirkungen (z. B. gelegentliche Transfusionen) 30– 40

mit stärkeren Auswirkungen (z. B. andauernde Transfusionsbedürftigkeit, rezidivierende Infektionen) 50– 80

mit starken Auswirkungen
(z. B. andauernde Transfusionsbedürftigkeit, häufige Infektionen, Blutungsneigung, leukämische Transformation) 100

Aplastische Anämie (auch Panmyelopathie), Agranulozytose

Der GdB/MdE-Grad bei *aplastischer Anämie* oder *Agranulozytose* ist auch nach Therapie analog zu den myelodysplastischen Syndromen zu bewerten.

Knochenmarktransplantation

Nach autologer Knochenmark- oder Blutstammzelltransplantation ist der GdB/MdE-Grad entsprechend der Grundkrankheit zu beurteilen.

Nach allogener Knochenmarktransplantation für die Dauer von *drei* Jahren (Heilungsbewährung) 100

Danach ist der GdB/MdE-Grad nach den verbliebenen Auswirkungen und dem eventuellen Organschaden, jedoch nicht niedriger als 30, zu bewerten.

Anämien

Symptomatische Anämien (z. B. Eisenmangelanämie, vitaminabhängige Anämien) sind in der Regel gut behandelbar und nur vorübergehender Natur.

Therapierefraktäre Anämien (z. B. bestimmte hämolytische Anämien, Thalassämie, Erythrozytenenzymdefekte)

mit geringen Auswirkungen (ausgeglichen und ohne wesentliche Allgemeinstörungen) 0– 10

mit mäßigen Auswirkungen (z. B. gelegentliche Transfusionen) 20– 40

mit starken Auswirkungen (z. B. andauernde Transfusionsbedürftigkeit) 50– 70

Organkomplikationen sind zusätzlich zu bewerten.

Hämophilie und entsprechende plasmatische Blutungskrankheiten (je nach Blutungsneigung)

leichte Form
mit Restaktivität von antihämophilem Globulin (AHG) über 5% 20

mittelschwere Form – mit 1–5% AHG
mit seltenen Blutungen 30– 40

Blut, blutbildende Organe, Immunsystem **GdB/MdE-Tabelle 13**

GdB/MdE-Grad

mit häufigen (mehrfach jährlich) ausgeprägten Blutungen 50– 80
schwere Form – mit weniger als 1% AHG 80–100
Folgen von Blutungen sind zusätzlich zu bewerten.

Sonstige Blutungsleiden
ohne wesentliche Auswirkungen 10
mit mäßigen Auswirkungen 20– 40
mit starken Auswirkungen (starke Blutungen bereits bei leichten Traumen) 50– 70
mit ständiger klinisch manifester Blutungsneigung (Spontanblutungen, Gefahr lebensbedrohlicher Blutungen) 80–100

Eine Behandlung mit Antikoagulantien ist bei der Grundkrankheit (z. B. bei Herzklappen- und Gefäßprothesen, Thrombophilie) berücksichtigt. Wenn die Grundkrankheit nicht mehr besteht, bzw. keinen GdB/MdE-Grad mehr bedingt, aber eine Weiterbehandlung mit Antikoagulantien erforderlich ist, kann – analog den sonstigen Blutungsleiden – in der Regel ein GdB/MdE-Grad von 10 angenommen werden.

Immundefekte
Angeborene Defekte der humoralen und zellulären Abwehr (z. B. Adenosindesaminase-Defekt, DiGeorge-Syndrom, permanente B-Zell-Defekte, septische Granulomatose)
ohne klinische Symptomatik 0
trotz Therapie erhöhte Infektanfälligkeit, aber keine außergewöhnlichen Infektionen 20– 40
trotz Therapie neben erhöhter Infektanfälligkeit auch außergewöhnliche Infektionen (ein bis zwei pro Jahr) 50
Bei schwereren Verlaufsformen kommen höhere GdB/MdE-Werte in Betracht.

Erworbenes Immunmangelsyndrom (HIV-Infektion)
HIV-Infektion ohne klinische Symptomatik 10
HIV-Infektion mit klinischer Symptomatik
geringe Leistungsbeeinträchtigung (z. B. bei Lymphadenopathiesyndrom [LAS]) 30– 40
stärkere Leistungsbeeinträchtigung (z. B. bei AIDS-related complex [ARC]) 50– 80
schwere Leistungsbeeinträchtigung (AIDS-Vollbild) 100
Außergewöhnliche seelische Begleiterscheinungen sind ggf. zusätzlich zu berücksichtigen.

26.17 Haut

Bei der Beurteilung des GdB/MdE-Grades von Hautkrankheiten sind Art, Ausdehnung, Sitz, Auswirkungen auf den Allgemeinzustand, Begleiterscheinungen (wie Jucken, Nässen, Brennen, unangenehme und abstoßende Gerüche) und die Rezidivbereitschaft bzw. die Chronizität sowie die Notwendigkeit wiederholter stationärer Behandlung zu berücksichtigen. Bei Hautkrankheiten mit stark schwankendem Leidensverlauf kommt ein Durchschnitts-GdB/MdE-Grad (siehe Nummer 18 Absatz 5, Seite 31) in Betracht. Häufig sind außergewöhnliche psychoreaktive Störungen (siehe Nummer 18 Absatz 8, Seite 32) zusätzlich zu berücksichtigen. Bei Kindern können sich Hautkrankheiten schwerer auswirken als bei Erwachsenen.

Narben können durch Ausdehnung, Beschaffenheit (z. B. Verhärtung, Verdünnung, Narbenzüge), Sitz oder Einwirkung auf ihre Umgebung zu Störungen führen. Bei flächenhaften Narben nach Verbrennungen, Verätzungen u. ä. muß außerdem die Beeinträchtigung der Haut als Schutz-, Ausscheidungs- und Sinnesorgan berücksichtigt werden. Diese Störungen bestimmen die Höhe des GdB/MdE-Grades.

Bei Entstellungen ist zu berücksichtigen, daß sich Schwierigkeiten im Erwerbsleben, Unannehmlichkeiten im Verkehr mit fremden Menschen sowie seelische Konflikte ergeben können. Besonders gilt dies bei Entstellung des Gesichts.

GdB/MdE-Grad

Ekzeme

    Kontaktekzeme (z. B. irritatives und allergisches Kontaktekzem)

        geringe Ausdehnung und bis zu zweimal im Jahr für wenige Wochen auftretend 0–10

        sonst 20–30

    Atopisches Ekzem („Neurodermitis constitutionalis", „endogenes Ekzem")

        geringe, auf die Prädilektionsstellen begrenzte Ausdehnung

            bis zu zweimal im Jahr für wenige Wochen auftretend 0–10

            bei länger dauerndem Bestehen 20–30

        mit generalisierten Hauterscheinungen, insbesondere Gesichtsbefall 40

        mit klinischer oder vergleichbar intensiver ambulanter Behandlungsnotwendigkeit mehrmals im Jahr 50

    Eine Beteiligung anderer Organe, insbesondere bei Atopiesyndrom (z. B. allergisches Asthma, allergische Rhinitis/Konjunktivitis) ist ggf. zusätzlich zu bewerten.

Haut GdB/MdE-Tabelle 13

GdB/MdE-Grad

Seborrhoisches Ekzem
  geringe Ausdehnung und Beschränkung auf die Prädilektionsstellen 0–10
  sonst, je nach Ausdehnung 20–30

Chronisch rezidivierende Urtikaria/Quincke-Ödem
  selten, bis zu zweimal im Jahr auftretend, leicht vermeidbare Noxen oder Allergene 0–10
  häufiger auftretende Schübe, schwer vermeidbare Noxen und Allergene 20–30
  schwerer chronischer, über Jahre sich hinziehender Verlauf 40–50
  Eine systemische Beteiligung (z.B. des Gastrointestinaltraktes oder des Kreislaufs) ist ggf. zusätzlich zu berücksichtigen.

Akne
  Acne vulgaris
    leichteren bis mittleren Grades 0–10
    schweren Grades mit vereinzelter Abszeß- und Knotenbildung und entsprechender erheblicher kosmetischer Beeinträchtigung 20–30

  Acne conglobata
    auf die Prädilektionsstellen begrenzte häufige Abszeß- und Fistelbildungen und lokalisationsbedingte Beeinträchtigungen 30–40
    schwerste Formen
    mit rezidivierenden eitrigen, vernarbenden axilläringuinalen und nuchalen Abszessen (Acne triade) und ggf. zusätzlicher Beteiligung des Pilonidalsinus (Acne tetrade) .... wenigstens 50

Rosazea, Rhinophym
  geringe Ausdehnung, kosmetisch nur wenig störend 0–10
  stärkere Ausdehnung, entstellende Wirkung 20–30

Hautveränderungen bei Autoimmunkrankheiten des Bindegewebes (z.B. Lupus erythematodes, Dermatomyositis, progressive systemische Sklerodermie)
  auf die Prädilektionsstellen begrenzt bei geringer Ausdehnung 0–10
  auf die Prädilektionsstellen begrenzt bei stärkerer Ausdehnung, je nach kosmetischer und funktioneller Auswirkung 20–40

13 GdB/MdE-Tabelle Haut

GdB/MdE-Grad

über die Prädilektionsstellen hinausgehend, ggf. Ulzerationen 50–70
Bewegungseinschränkungen in Gelenken und Beteiligungen anderer Organe sind zusätzlich zu berücksichtigen.

Blasenbildende Hautkrankheiten (z.B. Pemphigus, Pemphigoide)
  bei begrenztem Haut- und Schleimhautbefall mit geringer Ausdehnung 10
  sonst 20–40
  bei generalisiertem Haut- und Schleimhautbefall 50–80
  in fortgeschrittenen Stadien bei schwerer Beeinträchtigung des Allgemeinzustandes auch höher.

Psoriasis vulgaris
  auf die Prädilektionsstellen (mit Ausnahme des behaarten Kopfes) beschränkt 0–10
  ausgedehnter, aber erscheinungsfreie Intervalle von Monaten 20
  bei andauerndem ausgedehnten Befall oder stark beeinträchtigendem lokalen Befall (z.B. an den Händen) 30–50
  Eine außergewöhnliche Nagelbeteiligung (mit Zerstörung der Nagelplatten) sowie eine Gelenk- und Wirbelsäulenbeteiligung sind zusätzlich zu bewerten.

Erythrodermien
  bei leichter Intensität des Krankheitsprozesses 40
  bei mittlerer Intensität des Krankheitsprozesses ohne wesentliche Auswirkung auf den Allgemeinzustand 50–60
  mit stärkerer Auswirkung auf den Allgemeinzustand 70–80

Ichthyosis
  leichte Form
  auf Stamm und Extremitäten weitgehend begrenzt, mit trockener Haut, mäßiger Schuppung, ohne wesentliche Verfärbung 0–10
  mittlere Form
  auf Stamm und Extremitäten weitgehend begrenzt, mit stärkerer Schuppung und Verfärbung 20–40
  schwere Form
  mit ausgeprägter Schuppung und Verfärbung der gesamten Haut, insbesondere der Gelenkbeugen und des Gesichts 50–80

Mykosen
  bei begrenztem Hautbefall 0–10

Haut **GdB/MdE-Tabelle 13**

GdB/MdE-Grad

bei Befall aller Finger- und Fußnägel ggf. mit Zerstörung von Nagelplatten 20

Bei Systemmykosen ist die Beteiligung innerer Organe zusätzlich zu berücksichtigen.

Chronisch rezidivierendes Erysipel
ohne bleibendes Lymphödem 10
sonst, je nach Ausprägung des Lymphödems 20–40

Chronisch rezidivierender Herpes simplex
geringe Ausdehnung, bis zu dreimal im Jahr rezidivierend 0–10
größere Ausdehnung, häufiger rezidivierend 20

Totaler Haarausfall
(mit Fehlen von Augenbrauen und Wimpern) 30

Außergewöhnliche psychoreaktive Störungen sind ggf. zusätzlich zu berücksichtigen (siehe Nummer 18 Absatz 8, Seite 32).

Naevus

Der GdB/MdE-Grad richtet sich allein nach dem Ausmaß einer eventuellen Entstellung.

Pigmentstörungen (z. B. Vitiligo)
an Händen und/oder Gesicht
    gering 10
    ausgedehnter 20
sonst 0

Außergewöhnliche psychoreaktive Störungen sind ggf. zusätzlich zu berücksichtigen (siehe Nummer 18 Abs. 8 S. 32).

Nach Entfernung eines *malignen Tumors der Haut* ist in den ersten *fünf* Jahren eine Heilungsbewährung abzuwarten (Ausnahmen: z. B. kleine Basalzellkarzinome, Bowen-Krankheit, Melanoma in situ); GdB/MdE-Grad während dieser Zeit

nach Entfernung eines Melanoms im Stadium I a (pT1–2 pN0 M0)
oder eines anderen Hauttumors in den Stadien pT1–2 pN0–2 M0 50
in anderen Stadien 80

Bedingt der nach der Entfernung verbliebene Organschaden ein GdB/MdE-Grad von 50 oder mehr, ist der während der Heilungsbewährung anzusetzende GdB/MdE-Grad entsprechend höher zu bewerten.

26.18 Haltungs- und Bewegungsorgane, rheumatische Krankheiten

Allgemeines

Dieser Abschnitt umfaßt Haltungsschäden, degenerative Veränderungen, osteopenische Krankheiten, posttraumatische Zustände, chronische Osteomyelitis, entzündlich-rheumatische Krankheiten, Kollagenosen und Vaskulitiden sowie nicht-entzündliche Krankheiten der Weichteile.

Der GdB/MdE-Grad für angeborene und erworbene Schäden an den Haltungs- und Bewegungsorganen wird entscheidend bestimmt durch die Auswirkungen der Funktionsbeeinträchtigungen (Bewegungsbehinderung, Minderbelastbarkeit) und die Mitbeteiligung anderer Organsysteme. Die üblicherweise auftretenden Beschwerden sind dabei mitberücksichtigt.

Außergewöhnliche Schmerzen sind ggf. zusätzlich zu berücksichtigen (siehe Nummer 18 Absatz 8, Seite 33). Schmerzhafte Bewegungseinschränkungen der Gelenke können schwerwiegender als eine Versteifung sein.

Bei *Haltungsschäden* und/oder *degenerativen Veränderungen* an Gliedmaßengelenken und an der Wirbelsäule (z. B. Arthrose, Osteochondrose) sind auch Gelenkschwellungen, muskuläre Verspannungen, Kontrakturen oder Atrophien zu berücksichtigen.

Mit bildgebenden Verfahren festgestellte Veränderungen (z. B. degenerativer Art) allein rechtfertigen noch nicht die Annahme eines GdB/MdE-Grades. Ebenso kann die Tatsache, daß eine Operation an einer Gliedmaße oder an der Wirbelsäule (z. B. Meniskusoperation, Bandscheibenoperation, Synovialektomie) durchgeführt wurde, für sich allein nicht die Annahme eines GdB/MdE-Grades begründen.

Fremdkörper beeinträchtigen die Funktion nicht, wenn sie in Muskel oder Knochen reaktionslos eingeheilt sind und durch ihre Lage keinen ungünstigen Einfluß auf Gelenke, Nerven oder Gefäße ausüben.

Der GdB/MdE-Grad bei *Weichteilverletzungen* richtet sich nach der Funktionseinbuße und der Beeinträchtigung des Blut- und Lymphgefäßsystems. Bei Faszienverletzungen können Muskelbrüche auftreten, die nur in seltenen Fällen einen GdB/MdE-Grad bedingen.

Bei den *entzündlich-rheumatischen Krankheiten* sind unter Beachtung der Krankheitsentwicklung neben der strukturellen und funktionellen Einbuße die Aktivität mit ihren Auswirkungen auf den Allgemeinzustand und die Beteiligung weiterer Organe zu berücksichtigen. Entsprechendes gilt für Kollagenosen und Vaskulitiden.

Bei ausgeprägten *osteopenischen Krankheiten* (z. B. Osteoporose, Osteopenie bei hormonellen Störungen, gastrointestinalen Resorptionsstörungen, Nierenschäden) ist der GdB/MdE-Grad vor allem von der Funktionsbeeinträchtigung und den Schmerzen abhängig. Eine ausschließlich meßtechnisch nachgewiesene Minderung des Knochenmineralgehalts rechtfertigt noch nicht die Annahme eines GdB/MdE-Grades.

GdB/MdE-Grad

Entzündlich-rheumatische Krankheiten der Gelenke und/oder der Wirbelsäule (z. B. Bechterew-Krankheit)

Haltungs- und Bewegungsorgane **GdB/MdE-Tabelle 13**

GdB/MdE-Grad

ohne wesentliche Funktionseinschränkung mit leichten
Beschwerden 10

mit geringen Auswirkungen
(leichtgradige Funktionseinbußen und Beschwerden, je
nach Art und Umfang des Gelenkbefalls, geringe
Krankheitsaktivität) 20–40

mit mittelgradigen Auswirkungen
(dauernde erhebliche Funktionseinbußen und Beschwerden, therapeutisch schwer beeinflußbare Krankheitsaktivität) 50–70

mit schweren Auswirkungen
(irreversible Funktionseinbußen, hochgradige Progredienz) 80–100

Auswirkungen über sechs Monate anhaltender aggressiver Therapien sind ggf. zusätzlich zu berücksichtigen.

Kollagenosen

(z. B. systemischer Lupus erythematodes, progressiv-systemische Sklerose, Polymyositis/Dermatomyositis)

Vaskulitiden

(z. B. Panarteriitis nodosa, Riesenzellarteriitis/Polymyalgia rheumatica)

Die Beurteilung des GdB/MdE-Grades bei Kollagenosen und Vaskulitiden richtet sich nach Art und Ausmaß der jeweiligen Organbeteiligung sowie den Auswirkungen auf den Allgemeinzustand, wobei auch eine Analogie zu den Muskelkrankheiten in Betracht kommen kann. Für die Dauer einer über sechs Monate anhaltenden aggressiven Therapie (z. B. hochdosierte Cortison-Behandlung in Verbindung mit Zytostatika) soll ein GdB/MdE-Grad von 50 nicht unterschritten werden.

Auch bei der Beurteilung nicht-entzündlicher Krankheiten der Weichteile (lokalisierte Formen oder generalisierte Formen [z. B. angeborene Störungen der Bindegewebsentwicklung, sog. Fibromyalgiesyndrom]) kommt es auf Art und Ausmaß der jeweiligen Organbeteiligung sowie auf die Auswirkungen auf den Allgemeinzustand an.

Chronische Osteomyelitis

Bei der GdB/MdE-Beurteilung sind die aus der Lokalisation und Ausdehnung des Prozesses sich ergebende Funktionsstörung, die dem Prozeß innewohnende Aktivität und ihre Auswirkungen auf den Allgemeinzustand und außerdem etwaige Folgekrankheiten (z. B. Anämie, Amyloidose) zu berücksichtigen. Bei ausgeprägt schubförmigem Verlauf ist ein Durchschnitts-GdB/MdE-Grad zu bilden.

GdB/MdE-Grad

Ruhende Osteomyelitis (Inaktivität wenigstens 5 Jahre) 0–10

Chronische Osteomyelitis
  geringen Grades

13 GdB/MdE-Tabelle Haltungs- und Bewegungsorgane

GdB/MdE-Grad

(eng begrenzt, mit geringer Aktivität, geringe Fisteleiterung) .... mindestens 20

mittleren Grades
(ausgedehnterer Prozeß, häufige oder ständige Fisteleiterung, Aktivitätszeichen auch in Laborbefunden) .... mindestens 50

schweren Grades
(häufige schwere Schübe mit Fieber, ausgeprägter Infiltration der Weichteile, Eiterung und Sequesterabstoßung, erhebliche Aktivitätszeichen in den Laborbefunden) .... mindestens 70

Eine wesentliche Besserung wegen Beruhigung des Prozesses kann erst angenommen werden, wenn nach einem Leidensverlauf von mehreren Jahren seit wenigstens *zwei* Jahren – nach jahrzehntelangem Verlauf seit *fünf* Jahren – keine Fistel mehr bestanden hat und auch aus den weiteren Befunden (einschl. Röntgenbildern und Laborbefunden) keine Aktivitätszeichen mehr erkennbar gewesen sind. Dabei ist in der Regel der GdB/MdE-Grad nur um 20 bis 30 Punkte niedriger einzuschätzen und *zwei* bis *vier* Jahre lang noch eine weitere Heilungsbewährung abzuwarten, bis der GdB/MdE-Grad nur noch von dem verbliebenen Schaden bestimmt wird.

GdB/MdE-Grad

Muskelkrankheiten
Bei der Beurteilung des GdB/MdE-Grades ist von folgenden Funktionsbeeinträchtigungen auszugehen:

Muskelschwäche

mit geringen Auswirkungen (vorzeitige Ermüdung, gebrauchsabhängige Unsicherheiten) 20– 40

mit mittelgradigen Auswirkungen (zunehmende Gelenkkontrakturen und Deformitäten, Aufrichten aus dem Liegen nicht mehr möglich, Unmöglichkeit des Treppensteigens) 50– 80

mit schweren Auswirkungen (bis zur Geh- und Stehunfähigkeit und Gebrauchsunfähigkeit der Arme) 90–100

Zusätzlich sind bei einzelnen Muskelkrankheiten Auswirkungen auf innere Organe (z.B. Einschränkung der Lungenfunktion und/oder der Herzleistung durch Brustkorbdeformierung) oder Augenmuskel-, Schluck- oder Sprechstörungen (z.B. bei der Myasthenie) zu berücksichtigen.

GdB/MdE-Grad

Kleinwuchs

Körpergröße nach Abschluß des Wachstums

über 130 bis 140 cm 30– 40

über 120 bis 130 cm 50

bei 120 cm und darunter kommen entsprechend höhere Werte in Betracht.

Haltungs- und Bewegungsorgane **GdB/MdE-Tabelle 13**

Diese GdB/MdE-Werte sind auf harmonischen Körperbau bezogen.
Zusätzlich zu berücksichtigen sind (z. B. bei Achondroplasie, bei Osteogenesis imperfecta) mit dem Kleinwuchs verbundene Störungen wie
- mangelhafte Körperproportionen,
- Verbildungen der Gliedmaßen,
- Störungen der Gelenkfunktionen,
  Muskelfunktionen und Statik,
- neurologische Störungen,
- Einschränkungen der Sinnesorgane,
- endokrine Ausfälle und
- außergewöhnliche psychoreaktive Störungen (siehe Nummer 18, Absatz 8, Seite 32)

Großwuchs

Großwuchs allein rechtfertigt noch nicht die Annahme eines GdB/MdE-Grades. Auf psychoreaktive Störungen ist besonders zu achten.

Wirbelsäulenschäden

Der GdB/MdE-Grad bei *angeborenen* und *erworbenen Wirbelsäulenschäden* (einschl. Bandscheibenschäden, Scheuermann-Krankheit, Spondylolisthesis, Spinalkanalstenose und sog. Postdiskotomiesyndrom) ergibt sich primär aus dem Ausmaß der Bewegungseinschränkung, der Wirbelsäulenverformung und -instabilität sowie aus der Anzahl der betroffenen Wirbelsäulenabschnitte.

Der Begriff *Instabilität* beinhaltet die abnorme Beweglichkeit zweier Wirbel gegeneinander unter physiologischer Belastung und die daraus resultierenden Weichteilveränderungen und Schmerzen. Sogenannte Wirbelsäulensyndrome (wie Schulter-Arm-Syndrom, Lumbalsyndrom, Ischialgie, sowie andere Nerven- und Muskelreizerscheinungen) können bei Instabilität und bei Einengungen des Spinalkanals oder der Zwischenwirbellöcher auftreten.

Für die Bewertung von *chronisch-rezidivierenden Bandscheibensyndromen* sind aussagekräftige anamnestische Daten und klinische Untersuchungsbefunde über einen ausreichend langen Zeitraum von besonderer Bedeutung. Im beschwerdefreien Intervall können die objektiven Untersuchungsbefunde nur gering ausgeprägt sein.

GdB/MdE-Grad

Wirbelsäulenschäden

ohne Bewegungseinschränkung oder Instabilität 0

mit geringen funktionellen Auswirkungen
(Verformung, rezidivierende oder anhaltende Bewegungseinschränkung oder Instabilität geringen Grades, seltene und kurzdauernd auftretende leichte Wirbelsäulensyndrome) 10

mit mittelgradigen funktionellen Auswirkungen in einem Wirbelsäulenabschnitt
(Verformung, häufig rezidivierende oder anhaltende Bewegungseinschränkung oder Instabilität mittleren Grades, häufig rezidivierende und Tage andauernde Wirbelsäulensyndrome) 20

GdB/MdE-Grad

mit schweren funktionellen Auswirkungen in einem Wirbelsäulenabschnitt
(Verformung, häufig rezidivierende oder anhaltende Bewegungseinschränkung oder Instabilität schweren Grades, häufig rezidivierende und Wochen andauernde ausgeprägte Wirbelsäulensyndrome) 30

mit mittelgradigen bis schweren funktionellen Auswirkungen in zwei Wirbelsäulenabschnitten 40

mit besonders schweren Auswirkungen
(z. B. Versteifung großer Teile der Wirbelsäule; anhaltende Ruhigstellung durch Rumpforthese, die drei Wirbelsäulenabschnitte umfaßt [z. B. Milwaukee-Korsett]; schwere Skoliose [ab ca. 70° nach Cobb]) 50–70

bei schwerster Belastungsinsuffizienz bis zur Geh- und Stehunfähigkeit 80–100

Anhaltende Funktionsstörungen infolge Wurzelkompression mit motorischen Ausfallserscheinungen – oder auch die intermittierenden Störungen bei der Spinalkanalstenose – sowie Auswirkungen auf die inneren Organe (z. B. Atemfunktionsstörungen) sind zusätzlich zu berücksichtigen.

Bei außergewöhnlichen Schmerzsyndromen (siehe Nummer 18 Absatz 8, Seite 33) können auch ohne nachweisbare neurologische Ausfallserscheinungen (z. B. Postdiskotomiesyndrom) GdB/MdE-Werte über 30 in Betracht kommen.

Das *neurogene Hinken* ist etwas günstiger als vergleichbare Einschränkungen des Gehvermögens bei arteriellen Verschlußkrankheiten zu bewerten.

Beckenschäden

ohne funktionelle Auswirkungen 0

mit geringen funktionellen Auswirkungen (z. B. stabiler Beckenring, degenerative Veränderungen der Kreuz-Darmbeingelenke) 10

mit mittelgradigen funktionellen Auswirkungen (z. B. instabiler Beckenring einschl. Sekundärarthrose) 20

mit schweren funktionellen Auswirkungen und Deformierung 30–40

Neurologische, gynäkologische und urologische Funktionsbeeinträchtigungen sowie Hüftgelenksveränderungen sind ggf. zusätzlich zu berücksichtigen.

Gliedmaßenschäden, Allgemeines

Der GdB/MdE-Grad bei *Gliedmaßenschäden* ergibt sich aus dem Vergleich mit den GdB/MdE-Werten für entsprechende Gliedverluste. Trotz erhaltener Extremität kann gelegentlich der Zustand ungünstiger sein als der Verlust.

Haltungs- und Bewegungsorgane **GdB/MdE-Tabelle 13**

Die aufgeführten GdB/MdE-Sätze für *Gliedmaßenverluste* gehen – soweit nichts anderes erwähnt ist – von günstigen Verhältnissen des Stumpfes und der benachbarten Gelenke aus. Bei ausgesprochen ungünstigen Stumpfverhältnissen, bei nicht nur vorübergehenden Stumpfkrankheiten sowie bei nicht unwesentlicher Funktionsbeeinträchtigung des benachbarten Gelenkes sind diese Sätze im allgemeinen um 10 zu erhöhen, unabhängig davon, ob Körperersatzstücke getragen werden oder nicht.

Körperersatzstücke, orthopädische und *andere Hilfsmittel* erleichtern bei Verlust und Funktionsstörung der Gliedmaßen sowie bei Funktionseinschränkungen des Rumpfes die Auswirkungen der Behinderung, ohne daß dadurch der durch den Schaden allein bedingte GdB/MdE-Grad eine Änderung erfährt.

Zur Beurteilung von *Arthrosen* wird auf Seite 134 verwiesen.

Bei der GdB/MdE-Bewertung von *Pseudarthrosen* ist zu berücksichtigen, daß *straffe* Pseudarthrosen günstiger sind als *schlaffe*.

Bei *habituellen Luxationen* richtet sich die Höhe des GdB/MdE-Grades außer nach der Funktionsbeeinträchtigung der Gliedmaße nach der Häufigkeit der Ausrenkungen.

GdB/MdE-Grad

Bei *Endoprothesen* der Gelenke ist der GdB/MdE-Grad abhängig von der verbliebenen Bewegungseinschränkung und Belastbarkeit. Folgende Mindest-GdB/MdE-Sätze sind angemessen:

Hüftgelenk
  einseitig 20
  beidseitig 40
Kniegelenk
  einseitig 30
  beidseitig 50

Endoprothesen anderer großer Gelenke sind entsprechend den Kniegelenksendoprothesen zu bewerten.

Aseptische Nekrosen

Hüftkopfnekrosen (z. B. Perthes-Krankheit)
während der notwendigen Entlastung 70

Lunatum-Malazie
während der notwendigen Immobilisierung 30

Danach richtet sich der GdB/MdE-Grad jeweils nach der verbliebenen Funktionsbeeinträchtigung.

Schäden der oberen Gliedmaßen

Verlust beider Arme oder Hände 100

Verlust eines Armes und Beines 100

Verlust eines Armes im Schultergelenk oder mit sehr kurzem Oberarmstumpf 80

Unter einem sehr kurzen Oberarmstumpf ist ein Stumpf zu verstehen, der eine gleiche Funktionseinbuße wie der Verlust des Armes im Schultergelenk bedingt. Das ist im-

13 GdB/MdE-Tabelle — Haltungs- und Bewegungsorgane

GdB/MdE-Grad

mer dann der Fall, wenn die Absetzungsebene in Höhe des Collum chirurgicum liegt.

Verlust eines Armes im Oberarm oder im Ellenbogengelenk	70
Verlust eines Armes im Unterarm	50
Verlust eines Armes im Unterarm mit einer Stumpflänge bis 7 cm	60
Verlust der ganzen Hand	50
Versteifung des Schultergelenks in günstiger Stellung bei gut beweglichem Schultergürtel	30

Eine Versteifung im Schultergelenk in einem Abspreizwinkel um ca. 45° und leichter Vorhalte gilt als funktionell günstig.

Versteifung des Schultergelenks in ungünstiger Stellung oder bei gestörter Beweglichkeit des Schultergürtels	40– 50
Bewegungseinschränkung des Schultergelenks (einschließlich Schultergürtel)	
Arm nur um 120° zu erheben, mit entsprechender Einschränkung der Dreh- und Spreizfähigkeit	10
Arm nur um 90° zu erheben, mit entsprechender Einschränkung der Dreh- und Spreizfähigkeit	20
Instabilität des Schultergelenks	
geringen Grades, auch seltene Ausrenkung (in Abständen von 1 Jahr und mehr)	10
mittleren Grades, auch häufigere Ausrenkung	20– 30
schweren Grades (auch Schlottergelenk), auch ständige Ausrenkung	40
Schlüsselbeinpseudarthrose	
straff	0– 10
schlaff	20
Verkürzung des Armes bis zu 4 cm bei freier Beweglichkeit der großen Armgelenke	0
Oberarmpseudarthrose	
straff	20
schlaff	40
Riß der langen Bizepssehne	0– 10
Versteifung des Ellenbogengelenks einschließlich Aufhebung der Unterarmdrehbewegung	
in günstiger Stellung	30
in ungünstiger Stellung	40– 50

Versteifung in einem Winkel zwischen 80° und 100° (Neutral-0-Methode) bei mittlerer Pronationsstellung des

Haltungs- und Bewegungsorgane **GdB/MdE-Tabelle 13**

GdB/MdE-Grad

Unterarms ist als günstige Gebrauchsstellung aufzufassen.

Bewegungseinschränkung im Ellenbogengelenk
  geringen Grades
  (Streckung/Beugung bis 0–30–120 bei freier Unterarmdrehbeweglichkeit) 0– 10
  stärkeren Grades
  (insbesondere der Beugung einschließlich Einschränkung der Unterarmdrehbeweglichkeit) 20– 30

Isolierte Aufhebung der Unterarmdrehbeweglichkeit
  in günstiger Stellung (mittlere Pronationsstellung) 10
  in ungünstiger Stellung 20
  in extremer Supinationsstellung 30

Ellenbogen-Schlottergelenk 40

Unterarmpseudarthrose
  straff 20
  schlaff 40

Pseudarthrose der Elle oder Speiche 10– 20

Versteifung des Handgelenks
  in günstiger Stellung (leichte Dorsalextension) 20
  in ungünstiger Stellung 30

Bewegungseinschränkung des Handgelenks
  geringen Grades (z.B. Streckung/Beugung bis 30–0–40) 0–10
  stärkeren Grades 20– 30

Mit Deformierung oder nicht verheilte Brüche oder Luxationen der Handwurzelknochen oder eines oder mehrerer Mittelhandknochen mit sekundärer Funktionsbeeinträchtigung 10– 30

Versteifung eines Daumengelenks in günstiger Stellung 0– 10

Versteifung beider Daumengelenke und des Mittelhand-Handwurzelgelenks in günstiger Stellung 20

Versteifung eines Fingers in günstiger Stellung (mittlere Gebrauchsstellung) 0– 10

Versteifungen der Finger in Streck- oder starker Beugestellung sind oft störender als ein glatter Verlust.

Verlust des Daumenendgliedes 0

Verlust des Daumenendgliedes und des halben Grundgliedes 10

Verlust eines Daumens 25

13 GdB/MdE-Tabelle

Haltungs- und Bewegungsorgane

GdB/MdE-Grad

Verlust beider Daumen	40
Verlust eines Daumens mit Mittelhandknochen	30
Verlust des Zeigefingers, Mittelfingers, Ringfingers oder Kleinfingers, auch mit Teilen des dazugehörigen Mittelhandknochens	10
Verlust von zwei Fingern	
mit Einschluß des Daumens	30
II + III, II + IV	30
sonst	25
Verlust von drei Fingern	
mit Einschluß des Daumens	40
II + III + IV	40
sonst	30
Verlust von vier Fingern	
mit Einschluß des Daumens	50
sonst	40
Verlust der Finger II bis V an beiden Händen	80
Verlust aller fünf Finger einer Hand	50
Verlust aller zehn Finger	100

Obige Sätze gelten für den Gesamtverlust der Finger bei reizlosen Stumpfverhältnissen. Bei Verlust einzelner Fingerglieder sind sie herabzusetzen, bei schlechten Stumpfverhältnissen zu erhöhen.

Fingerstümpfe im Mittel- und Endgelenk können schmerzhafte Narbenbildung und ungünstige Weichteildeckung zeigen. Empfindungsstörungen an den Fingern, besonders an Daumen und Zeigefinger, können die Gebrauchsfähigkeit der Hand wesentlich beeinträchtigen.

GdB/MdE-Grad

Nervenausfälle (vollständig)	
Armplexus	80
oberer Armplexus	50
unterer Armplexus	60
N. axillaris	30
N. thoracicus longus	20
N. musculocutaneus	20
N. radialis	
ganzer Nerv	30
mittlerer Bereich oder distal	20
N. ulnaris	
proximal oder distal	30

Haltungs- und Bewegungsorgane **GdB/MdE-Tabelle 13**

GdB/MdE-Grad

N. medianus	
proximal	40
distal	30
Nn. radialis und axillaris	50
Nn. radialis und ulnaris	50
Nn. radialis und medianus	50
Nn. ulnaris und medianus	50
Nn. radialis, ulnaris und medianus im Vorderarmbereich	60

Trophische Störungen sind zusätzlich zu berücksichtigen; Teilausfälle der genannten Nerven sind entsprechend geringer zu bewerten.

Schäden der unteren Gliedmaßen

Verlust beider Beine im Oberschenkel	100
Verlust eines Beines im Oberschenkel und eines Beines im Unterschenkel	100
Verlust eines Beines und Armes	100
Verlust eines Beines im Hüftgelenk oder mit sehr kurzem Oberschenkelstumpf	80

Unter einem sehr kurzen Oberschenkelstumpf ist ein Stumpf zu verstehen, der eine gleiche Funktionseinbuße wie der Verlust des Beines im Hüftgelenk bedingt. Das ist immer dann der Fall, wenn die Absetzungsebene in Höhe des Trochanter minor liegt.

Verlust eines Beines im Oberschenkel (einschl. Absetzung nach Gritti)	70
Notwendigkeit der Entlastung des ganzen Beines (z.B. Sitzbeinabstützung)	70
Verlust eines Beines im Unterschenkel bei genügender Funktionstüchtigkeit des Stumpfes und der Gelenke	50
Notwendigkeit der Entlastung eines Unterschenkels (z.B. Schienbeinkopfabstützung)	50
Verlust eines Beines im Unterschenkel bei ungenügender Funktionstüchtigkeit des Stumpfes und der Gelenke	60
Verlust beider Beine im Unterschenkel	80
bei einseitig ungünstigen Stumpfverhältnissen	90
bei beidseitig ungünstigen Stumpfverhältnissen	100
Teilverlust eines Fußes, Absetzung	
nach Pirogow	
einseitig, guter Stumpf	40

13 GdB/MdE-Tabelle — Haltungs- und Bewegungsorgane

GdB/MdE-Grad

beidseitig	70
nach Chopart	
einseitig, guter Stumpf	30
einseitig, mit Fußfehlstellung	30– 50
beidseitig	60
nach Lisfranc oder im Bereich der Mittelfußknochen nach Sharp	
einseitig, guter Stumpf	30
einseitig, mit Fußfehlstellung	30– 40
beidseitig	50
Verlust einer Zehe	0
Verlust einer Großzehe	10
Verlust einer Großzehe mit Verlust des Köpfchens des I. Mittelfußknochens	20
Verlust der Zehen II bis V oder I bis III	10
Verlust aller Zehen an einem Fuß	20
Verlust aller Zehen an beiden Füßen	30
Versteifung beider Hüftgelenke je nach Stellung	80–100
Versteifung eines Hüftgelenks	
in günstiger Stellung	40
in ungünstiger Stellung	50– 60

Die Versteifung eines Hüftgelenks in leichter Abspreizstellung von ca. 10°, mittlerer Drehstellung und leichter Beugestellung gilt als günstig.

Ungünstig sind Hüftgelenksversteifungen in stärkerer Adduktions-, Abduktions- oder Beugestellung.

Bewegungseinschränkung der Hüftgelenke	
geringen Grades	
(z. B. Streckung/Beugung bis zu 0–10–90 mit entsprechender Einschränkung der Dreh- und Spreizfähigkeit)	
einseitig	10– 20
beidseitig	20– 30
mittleren Grades	
(z. B. Streckung/Beugung bis zu 0–30–90 mit entsprechender Einschränkung der Dreh- und Spreizfähigkeit)	
einseitig	30
beidseitig	50
stärkeren Grades	
einseitig	40
beidseitig	60–100

Haltungs- und Bewegungsorgane **GdB/MdE-Tabelle 13**

GdB/MdE-Grad

Hüftdysplasie (einschl. sog. angeborene Hüftluxation)
 für die Dauer der vollständigen Immobilisierung 100
 danach bis zum Abschluß der Spreizbehandlung 50
 Anschließend und bei unbehandelten Fällen richtet sich der GdB/MdE-Grad nach der Instabilität und der Funktionsbeeinträchtigung.

Hüftgelenksresektion je nach Funktionsstörung 50–80

Schnappende Hüfte 0–10

Beinverkürzung
 bis 2,5 cm 0
 über 2,5 cm bis 4 cm 10
 über 4 cm bis 6 cm 20
 über 6 cm.. wenigstens 30

Oberschenkelpseudarthrose
 straff 50
 schlaff 70

Faszienlücke (Muskelhernie) am Oberschenkel 0–10

Versteifung beider Kniegelenke 80

Versteifung eines Kniegelenks
 in günstiger Stellung (Beugestellung von 10–15°) 30
 in ungünstiger Stellung 40–60

Lockerung des Kniebandapparates
 muskulär kompensierbar 10
 unvollständig kompensierbar, Gangunsicherheit 20
 Versorgung mit einem Stützapparat, je nach Achsenfehlstellung 30–50

Kniescheibenbruch
 nicht knöchern verheilt ohne Funktionseinschränkung des Streckapparates 10
 nicht knöchern verheilt mit Funktionseinschränkung des Streckapparates 20–40

Habituelle Kniescheibenverrenkung
 seltene Ausrenkung (in Abständen von 1 Jahr und mehr) 0–10
 häufiger 20

Bewegungseinschränkung im Kniegelenk
 geringen Grades (z. B. Streckung/Beugung bis 0–0–90)
  einseitig 0–10
  beidseitig 10–20

13 GdB/MdE-Tabelle

Haltungs- und Bewegungsorgane

GdB/MdE-Grad

mittleren Grades (z. B. Streckung/Beugung 0–10–90)
  einseitig 20
  beidseitig 40

stärkeren Grades (z. B. Streckung/Beugung 0–30–90)
  einseitig 30
  beidseitig 50

Ausgeprägte Knorpelschäden der Kniegelenke (z. B. Chondromalacia patellae Stadium II–IV) mit anhaltenden Reizerscheinungen
  einseitig
    ohne Bewegungseinschränkung 10–30
    mit Bewegungseinschränkung 20–40

Schienbeinpseudarthrose
  straff 20–30
  schlaff 40–50

Teilverlust oder Pseudarthrose des Wadenbeins 0–10

Versteifung des oberen Sprunggelenks in günstiger Stellung (Plantarflexion um 5° bis 15°) 20

Versteifung des unteren Sprunggelenks in günstiger Stellung (Mittelstellung) 10

Versteifung des oberen und unteren Sprunggelenks
  in günstiger Stellung 30
  in ungünstiger Stellung 40

Bewegungseinschränkung im oberen Sprunggelenk
  geringen Grades 0
  mittleren Grades (Heben/Senken 0–0–30) 10
  stärkeren Grades 20

Bewegungseinschränkung im unteren Sprunggelenk 0–10

Klumpfuß je nach Funktionsstörung
  einseitig 20–40
  beidseitig 30–60

Andere Fußdeformitäten
  ohne wesentliche statische Auswirkungen (z. B. Senk-Spreizfuß, Hohlfuß, Knickfuß, auch posttraumatisch) 0
  mit statischer Auswirkung je nach Funktionsstörung
    geringen Grades 10
    stärkeren Grades 20

Versteifung aller Zehen eines Fußes
  in günstiger Stellung 10
  in ungünstiger Stellung 20

Haltungs- und Bewegungsorgane **GdB/MdE-Tabelle 13**

GdB/MdE-Grad

Versteifung oder Verkrümmung von Zehen außer der Großzehe	0
Versteifung der Großzehengelenke	
in günstiger Stellung	0–10
in ungünstiger Stellung (z. B. Plantarflexion im Grundgelenk über 10°)	20
Narben nach größeren Substanzverlusten an Ferse und Fußsohle	
mit geringer Funktionsbehinderung	10
mit starker Funktionsbehinderung	20–30
Nervenausfälle (vollständig)	
Plexus lumbosacralis	80
N. glutaeus superior	20
N. glutaeus inferior	20
N. cutaneus femoralis lat.	10
N. femoralis	40
N. ischiadicus	
proximal	60
distal (Ausfall der Nn. peronaeus communis und tibialis)	50
N. peronaeus communis oder profundus	30
N. peronaeus superficialis	20
N. tibialis	30

Trophische Störungen sind zusätzlich zu berücksichtigen. Teilausfälle der genannten Nerven sind entsprechend geringer zu bewerten.

Völlige Gebrauchsunfähigkeit eines Beines	80

Sachverzeichnis

Die fetten Ziffern bezeichnen die Nummern, unter denen die Gesetze und Verordnungen in dieser Ausgabe abgedruckt sind. Die mageren Ziffern bedeuten die Paragraphen.

Abfindung bei Wiederverheiratung einer Witwe **3** 44; für Witwenbeihilfe bei Wiederverheiratung **3** 48; s. a. **Kapitalabfindung**
Abführung der Einnahmen durch Wertmarken an den Bund **1** 66
Abhilfe des Widerspruchs **9** 85
Abhilferecht bei Beschwerde **9** 174
Abkürzung von Fristen **9** 65
Ablehnung des Erlasses eines Verwaltungsakts, Vorverfahren **9** 79; von Gerichtspersonen **9** 60, 171; der Mitglieder der Ausschüsse wegen Befangenheit **1** 40
Ablehnungsgründe für die Übernahme des Amtes als ehrenamtlicher Richter **9** 18
Abschriften, Erteilung von – **9** 120; der Klage an Beteiligte **9** 104; der Klageschrift **9** 93; Mitteilung der – der Niederschrift der Beweisaufnahme **9** 107
Abstimmung in der Sozialgerichtsbarkeit **9** 61
Akten, Vorlage von – durch Behörde **9** 119
Aktenanforderung bei Berufung **9** 152
Akteneinsicht, Recht auf – **9** 120
Aktenlage, Entscheidung nach – **9** 110, 126; Zustellung des Urteils bei Entscheidung nach – **9** 133
Altenhilfe 3 26 e
Altersgrenze beim Eingliederungszuschuß **7 a**; für Elternrente **3** 50
Amtsbetrieb 9 103, 106
Amtszeit der Mitglieder der Beratenden Ausschüsse und des Beirats **1** 36; der Mitglieder des Widerspruchsausschusses **1** 41; der Schwerbehindertenvertretung **1** 24
Änderung der Ausgleichsrente **3** 60 a; der Beschädigtenversorgung **3** 60; der Hinterbliebenenrente **3** 61
Anerkenntnis 9 101; Vollstreckung **9** 199
Anerkennung von Sonderfällen militärischen oder militärähnlichen Dienstes **3** 6
Anerkennungsverfahren für Behindertenwerkstätten **1** 56, 57
Anfechtung eines Verwaltungsakts durch Klage **9** 54
Anfechtungsklage im Sozialgerichtsverfahren **9** 54
Angleichung der Leistungen zur Rehabilitation **6**

Anhörung von Arbeitgeber und Schwerbehinderten im Widerspruchsverfahren **1** 43; des Schwerbehinderten vor Entziehung des Schwerbehindertenschutzes **1** 39; des Schwerbehinderten bei Kündigung **1** 17; der Schwerbehindertenvertretung **1** 25; des Vertrauensmannes bei Entlassung von schwerbehinderten Beamten **1** 50
Anmeldung des Ersatzanspruchs durch Krankenkassen **3** 21
Anpassung der Versorgungsbezüge **3** 56; der Leistungen zur Rehabilitation **6** 15
Anrechnung von ausländischen Einkommen auf Ausgleichsrente **3** 64 c; Ausschluß der – von Versorgungsbezügen auf Arbeitsentgelt **3** 83; der Beschäftigung Schwerbehinderter in Heimarbeit **1** 49; von Einkommen auf Ausgleichsrente **3** 33, 41, 47; auf Pflichtplätze **1** 9
Ansprüche, Übergang von Versorgungsansprüchen kraft Gesetzes **3** 71–71 b; auf Versorgung **3** 1
Anspruchsberechtigte für Hinterbliebenenrente **3** 38
Anstalt des öffentlichen Rechts, Pauschgebühr im Sozialgerichtsverfahren **9** 184
Anstaltspflege, Übernahme der Kosten **3** 35
Antrag, Beginn der Beschädigtenversorgung **3** 60; Bindung des Gerichts an – **9** 123; Feststellung der Minderung der Erwerbsfähigkeit auf – **1** 4; auf Heil- oder Krankenbehandlung **3** 18 a; auf Hinterbliebenenrente **3** 61; auf Zustimmung zur Kündigung von Schwerbehinderten **1** 17
Anwaltskosten, Erstattung **9** 193
Anzeige der Einstellung von Schwerbehinderten auf Probe **1** 20; der Überleitung von Ansprüchen bei Kriegsopferfürsorge **3** 27 g
Arbeitsamt, Beteiligung bei Kündigung von Schwerbehinderten **1** 17
Arbeitsassistenz, Anspruch auf Übernahme der Kosten **1** 31, **2 b** 17, **7** 264, **7** 278
Arbeitsbeschaffungsmaßnahmen, Förderung **7** 260 ff.
Arbeitsentgelt, Ausschluß der Anrechnung von Versorgungsbezügen auf – **3** 83; kei-

335

Sachverzeichnis

Fette Ziffern = Gesetzesnummern

ne Berücksichtigung anderer Leistungen **1** 45; Erstattung von – an private Arbeitgeber **3** 16 g

Arbeitgeber, Beschäftigungspflicht von Schwerbehinderten **1** 5; Integrationsvereinbarung **1** 14 b; Kostentragung der Tätigkeit des Vertrauensmannes **1** 26; Leistungen an – zur Schaffung von Arbeitsplätzen **2 b** 2 ff., 15; der öffentlichen Hand i. S. des SchwBG **1** 5; Pflichten gegenüber Schwerbehinderten **1** 14–14 c; Prävention **1** 14 c; Vertretung des – in Angelegenheiten der Schwerbehinderten **1** 28

Arbeitgebervereinigungen, Vertretung durch – vor dem Bundessozialgericht **9** 166

Arbeitslosenversicherung, Ausschluß der Berufung **9** 147; Erlaß des Widerspruchsbescheids in Angelegenheiten der – **9** 85; Zuständigkeit in Angelegenheiten der – **9** 51

Arbeitnehmervereinigungen, Vertretung durch – vor dem Bundessozialgericht **9** 166

Arbeitshilfen 2 b 5, 7 237

Arbeitsplatz, Begriff **1** 7; Förderung **2 b** 14 ff.; Sicherung eines anderen – **1** 19

Arbeitsräume, Einrichtung **1** 14

Arbeitsunfähigkeit, Einkommensausgleich **3** 17

Arbeitsverdienst, Ersatz für entgangenen – bei Heil- oder Krankenbehandlung **3** 24

Art der Beschäftigung für Schwerbehinderte **1** 14

ärztliche Behandlung, Heilbehandlung **3** 11

Arzneimittel, Ersatz bei Heilbehandlung im Ausland **3** 64 a; als Krankenbehandlung **3** 12; Versorgung als Heilbehandlung **3** 11

Arzt, Anhörung eines – im Sozialgerichtsverfahren **9** 109

Aufenthalt im Ausland, Ruhen der Versorgung **3** 64

Aufenthaltsort, Gerichtsstand **9** 57

Aufgaben des Beirats für die Rehabilitation Behinderter **1** 35; des Beratenden Ausschusses für Behinderte **1** 32; des Beratenden Ausschusses für Behinderte bei der BA **1** 34; der Bundesanstalt für Arbeit **1** 33; des Gesamt-, Haupt-, Bezirksvertrauensmannes **1** 27; der Hauptfürsorgestelle **1** 31; der Schwerbehindertenvertretung **1** 25

Aufhebung der ehelichen Gemeinschaft, Voraussetzungen für Witwenrente bei – **3** 42

Aufklärungspflicht des Vorsitzenden **9** 106, 112

Aufrechnung im Sozialgerichtsverfahren **9** 141

aufschiebende Wirkung der Berufung **9** 154; der Beschwerde **9** 175; der Klage **9** 97; des Widerspruchs **9** 86

Aufwendungen, Erstattung **9** 193; Festsetzung der – der Beteiligten **9** 197

Aufwendungsersatz für Leistungen durch andere Behörden **3** 81 b

Augenschein, Einnahme des – **9** 76

Ausbildung, Berufsfürsorge **3** 26; für Deutsche im Ausland **3** 64 b

Ausfertigung des Urteils **9** 134, 137

Ausgleich des Berufsschadens bei Minderung der Erwerbsfähigkeit '**3** 30; von Härten des BVG **3** 89

Ausgleichsabgabe 1 11, **2 b**; Erhebung, Verwendung **1** 31, **1 b** 6, 8; Höhe, Fälligkeit **1** 11; Statistik der geschuldeten – **1** 13; Übergangsregelung **1** 72; Überweisung an Ausgleichsfonds **2**; Vergabe **1** 32; Verrechnung von Aufträgen auf die – **1** 55

Ausgleichsabgabeverordnung 2 b

Ausgleichsfonds 2 b 35 ff.; Vergabe der Mittel **1** 35; Verwendungszwecke **2 b** 14

Ausgleichsrente, Anrechnung von Einkommen **3** 33; Feststellung und Änderung **3** 60 a; für jugendliche Schwerbeschädigte **3** 34; Minderung oder Entziehung **3** 62; für Schwerbeschädigte **3** 32; für Witwen **3** 41; für Waisen **3** 47; bei Zusammentreffen von Versorgungsrenten **3** 55; Zuschlag für Ehegatten **3** 33 a; s. a. **Rente**

Auskünfte, Einholung von amtlichen – **4** 12

Auslagen, Erstattung **9** 193

Auslagenvergütung für Beteiligte **9** 191

Ausland, Versorgung bei Wohnsitz im – **3** 64; Zahlung von Versorgungsbezügen **3** 64 d

Ausländer, Anwendung des BVG **3** 7

Auslandsdeutsche, Anwendung des BVG **3** 7, 64 ff.

Ausschließung von Gerichtspersonen **9** 60

Ausschluß des Anspruchs auf Heil- oder Krankenbehandlung **3** 10; der Berufung **9** 144–150; der Beschwerde **9** 177; der ehrenamtlichen Richter an den Sozialgerichten **9** 23; weitergehender Ansprüche von Beschädigten gegen den Bund **3** 81

außerordentliche Kündigung von Schwerbehinderten **1** 21

Aussetzung von Beschlüssen des Personal-, Betriebsrats **1** 25; des Verfahrens **9** 68; des Verfahrens bei Verpflichtungsklage **9** 88; der Vollstreckung **9** 199; des Vollzugs bei

Magere Ziffern = Paragraphen **Sachverzeichnis**

Einreichung der Klage **9** 97; des Vollzugs der VA **9** 86; wegen Vorfragen **9** 114
Aussperrung, Kündigung eines Schwerbehinderten anläßlich einer – **1** 21
Ausstattung der Arbeitsräume, Maschinen, Gerätschaften **1** 14
Ausstellung von Schwerbehindertenausweisen **1** 4, 64, **1 a**
Ausweis, Schwerbehinderten-, Ausstellung **1** 4, 59, 67, **1 a**, **1 b** 5, **2 d**
Ausweisverordnung, SchwbG **2 d**

Badekur, Einkommensausgleich **3** 17; Ersatz von Unkosten **3** 24; Gewährung für Pflegende von Beschädigten **3** 12; Wegfall der Pflegezulage **3** 35
Baustab Speer/Osteinsatz, Dienst als militärähnlicher Dienst **3** 3
Beamte der Militärverwaltung, militärähnlicher Dienst **3** 3; schwerbehinderte –, Förderung der Beschäftigung **1** 50; der Zivilverwaltung, militärähnlicher Dienst **3** 3
Beauftragter des Arbeitgebers in Angelegenheiten der Schwerbehinderten **1** 28
Beauftragter Richter, Beschwerde bei Entscheidungen des – **9** 178
Bedürftigkeit, Begriff **13** 53; für Erziehungsbeihilfen **3** 27
Beeidigung von Zeugen und Sachverständigen **9** 118
Beendigung des Arbeitsverhältnisses infolge Berufsunfähigkeit **1** 22
Befangenheit, Ablehnung wegen – **1** 43; des Richters **9** 60
Beförderung, unentgeltliche – Schwerbehinderter im öffentlichen Personenverkehr **1** 59ff., **1 a**
Befreiung des Vertrauensmannes von der beruflichen Tätigkeit **1** 26
Beginn der Beschädigtenversorgung **3** 60; von Heil- und Krankenbehandlung **3** 18a; der Hinterbliebenenrente **3** 61
Begleitpersonen, Reisekostenersatz **3** 24
Begründung der Berufung **9** 151; der Revision **9** 164; des Urteils **9** 128; des Widerspruchsbescheids **9** 85
Begünstigung des Vertrauensmannes der Schwerbehinderten **1** 26
Behinderte, Statistik **1** 53
Behindertenwerkstätten 2 c; Förderung **1** 54 ff.
Behinderung 1 3; Feststellung **1** 4, **1 b** 5; des Vertrauensmannes der Schwerbehinderten **1** 26
behördliche Maßnahmen bei Kampfhandlungen als unmittelbare Kriegseinwirkung **3** 5

Beiblatt zum Ausweis für Steuerbehinderte **2 d** 3 a
Beihilfe bei Heilbehandlung **3** 17 a; als Leistung der Kriegsopferfürsorge **3** 25 a ff.
Beiladung 9 75; im Revisionsverfahren **9** 168
Beirat für die Rehabilitation Behinderter **1** 35; Geheimhaltungspflicht für die Vertreter des – **1** 52
Beisitzer, Fragerecht **9** 112
Beistand im Sozialgerichtsverfahren **9** 73
Beitragsstreit im Sozialgerichtsverfahren **9** 55; Vorverfahren bei – in der Unfallversicherung und Rentenversicherungen der Arbeiter und Angestellten **9** 80
Belehrung über Beschwerderecht **9** 173; über Rechtsbehelf **9** 66
Benachteiligung des Vertrauensmannes der Schwerbehinderten **1** 26
Beratender Ausschuß für Behinderte **1** 32; für Behinderte bei der BA **1** 34
Beratung im Sozialgerichtsverfahren **9** 61
Beratungsstellen bei der BA **1** 33
Berechnung der Pflichtplätze **1** 8
Berechtigte für Kinderzuschlag **3** 33 b
Bergmannsversorgungsschein, Anrechnung auf Pflichtplätze für Schwerbehinderte **1** 9
Berichterstatter am Landessozialgericht **9** 155
Berichtigung des Tatbestands im Urteil **9** 139; des Urteils **9** 138
berufliche Bildung, Berücksichtigung von Schwerbehinderten **1** 14
berufsfördernde Leistungen zur Rehabilitation **6** 11
Berufsfortbildung, Deutsche im Ausland **3** 64 b
Berufsfürsorge, Anspruch, Art der Maßnahmen, Zweck und Dauer **3** 26
Berufsschaden, Berücksichtigung eines besonderen – bei Minderung der Erwerbsfähigkeit **3** 30
Berufsschadensausgleich, Kriegsopfer im Ausland **3** 64 c; Minderung oder Entziehung **3** 60; bei Minderung der Erwerbsfähigkeit **3** 30
Berufsunfähigkeit, Rente wegen – **8** 43, 240; Zustimmung der Hauptfürsorgestelle **1** 22
Besatzungspersonenschädengesetz, entsprechende Anwendung des BVG **3** 82
Beschädigte, Anspruch der Angehörigen auf Hinterbliebenenrente **3** 38; Beginn der Versorgung **3** 60; Berufsfürsorge **3** 26; Bestattungsgeld **3** 36; Erholungs- und Wohnungsfürsorge **3** 27 b, 27 c; Grundrente **3** 31; Heilbehandlung **3** 10; Kapi-

337

Sachverzeichnis

Fette Ziffern = Gesetzesnummern

talabfindung **3** 72, 73; Kriegsopferfürsorge **3** 25 ff.; Sterbegeld **3** 37
Beschädigtenrente 3 9, 30–34; Minderung oder Entziehung **3** 60, 62, 63; Zusammentreffen mit anderen Versorgungsrenten **3** 55
Beschäftigungspflicht der Arbeitgeber **1** 5 ff.
Bescheid, Abänderung des – nach Klageerhebung **9** 96; Abänderung des – während des Revisionsverfahrens **9** 171; Abänderung des – während des Vorverfahrens **9** 86; bindende Wirkung des – **9** 77
Beschluß, Aussetzung **1** 25; Entscheidung über Beschwerde durch – **9** 176; bei Ergänzung des Urteils **9** 140; Form und Inhalt **9** 142; Tatbestandsberichtigung durch – **9** 139; Urteilsberichtigung durch – **9** 138; Verkündung durch Zustellung **9** 133; Verweisung durch – an zuständiges Gericht **9** 98; Verwerfung der Revision durch – **9** 169
Beschlußfähigkeit der Beratenden Ausschüsse und des Beirats **1** 36
Beschlußverfahren, Wegfall des – **9** 213
Beschränkung der Rückzahlung der Kapitalabfindung **3** 77
Beschwerde, Verfahren **9** 172–178
besondere Lebenslagen, Hilfe **3** 27 d
besondere Pflichten der öffentlichen Arbeitgeber im Bundesbereich **1** 14 a
Bestattungsgeld beim Tode von Beschädigten **3** 9; beim Tode von Hinterbliebenen **3** 53; Voraussetzung, Höhe, Verwendungszweck und Bezugsberechtigung **3** 36
Beteiligte, Einwilligung der – bei Klageänderung **9** 99; Ladung zu Beweistermin **9** 116; Ladung zur mündlichen Verhandlung **9** 111; im Sozialgerichtsverfahren **9** 69–75
Betriebsgeheimnis, Geheimhaltungspflicht des Vertrauensmannes **1** 26
Betriebsrat, Beteiligung bei Kündigung von Schwerbehinderten **1** 17; Forderung der Eingliederung Schwerbehinderter **1** 23; Teilnahme des Vertrauensmannes an Sitzungen des – **1** 25
Betriebsversammlung der Schwerbehinderten **1** 25
Betriebsvorrichtungen, Einrichtung **1** 14
Beweisaufnahme, Sitzungsniederschrift **9** 122; im Sozialgerichtsverfahren **9** 116–120; Urteil nach – **9** 127
Beweisaufnahmetermin, Ladung der Beteiligten **9** 116
Beweiserhebung 9 117

Beweissicherung im Sozialgerichtsverfahren **9** 76
Beweiswürdigung, freie – **9** 128
Bewerbung von Schwerbehinderten **1** 14
Bewertung der Minderung der Erwerbsfähigkeit **3** 30
Bezirksschwerbehindertenvertretung, Wahl, Aufgaben **1** 27
Bezirksvertrauensmann, Wahl, Aufgaben **1** 27
Bezugsberechtigte für Bestattungsgeld **3** 36; für Sterbegeld **3** 37
Bildungsmaßnahmen, Durchführung von – Aufgabe der Hauptfürsorgestelle **1** 31; **2 b** 29
Bildungsveranstaltungen, Teilnahme des Vertrauensmannes der Schwerbehinderten **1** 26
Bindung an Verwaltungsakt **9** 77
Blinde, Anspruch auf Rente eines Erwerbsunfähigen **3** 31; Führhund **3** 13, 14; Hilfe **3** 27 d; Höhe der Pflegezulage **3** 35; Pauschbeträge **10 a** 65; Sonderfürsorge **3** 27 c
Blindenwerkstätten, Anerkennung **1** 58
Bundesanstalt für Arbeit, Aufgaben **1** 33; Auskunftspflicht des Arbeitgebers **1** 13; Förderung aus Mitteln der Ausgleichsabgabe durch – **2 b** 1 ff., Geheimhaltungspflicht für Vertreter der – **1** 52
Bundesbehandlungsschein für Heil- oder Krankenbehandlung **3** 18 b
Bundesnachrichtendienst, Sonderregelungen für Schwerbehinderte **1** 71
Bundes-Seuchengesetz 5
Bundessozialgericht 9 38–50; Großer Senat **9** 41
Bundessozialhilfegesetz, Anwendung bei Kriegsopferfürsorge **3** 27 d
Bundesversorgungsgesetz 3
Bundeswehr, Wahl des Vertrauensmannes der Schwerbehinderten **1** 24

Darlehen als Leistung der Kriegsopferfürsorge **3** 25 b; Übertragung, Verpfändung und Pfändung der Rente **3** 67
Dauer der Gewährung von Erziehungsbeihilfen **3** 27; des Kinderzuschlags **3** 33 b; der Heil- oder Krankenbehandlung **3** 18 a; der Waisenrente **3** 45; des Zusatzurlaubs für Schwerbehinderte **1** 47
dauernde Beschäftigung von Schwerbehinderten **1** 14
Dauerwohnrecht, Kapitalabfindung zum Erwerb von – **3** 72
Deutsche im Ausland, Versorgung nach BVG **3** 64–64 f

Magere Ziffern = Paragraphen **Sachverzeichnis**

Dienstbezüge, keine Berücksichtigung anderer Leistungen **1** 45
Dienstleistung, freiwillige und unfreiwillige – als militärähnlicher Dienst **3** 3
Durchführung von Heil- oder Krankenbehandlung **3** 18a; des Schwerbehindertengesetzes **1** 30 ff.

Ehegatte, Zuschlag bei Schwerbeschädigten auf Ausgleichsrente **3** 33 a
Ehrenamt, Amt der Mitglieder der Beratenden Ausschüsse und des Beirats **1** 36; Amt des Vertrauensmannes der Schwerbehinderten **1** 26
Eignungsprüfung als militärähnlicher Dienst **3** 3
Einberufung, Dienstleistung auf Grund einer – als militärähnlicher Dienst **3** 3
Eingliederung Schwerbehinderter 1 23, **3** 27d; Beteiligung der Integrationsfachdienste **1** 37b; Förderung durch die BA **1** 33; Kraftfahrzeughilfe zur – **6a**
Eingliederungszuschüsse 7 217 ff.; Altersgrenze **7a**; – für besonders betroffene Schwerbehinderte **7** 222a; Verhältnis zu anderen Leistungen **7** 22
Eingliederungszuschußverordnung 7a
Einkommen, Anrechnung auf Ausgleichsrente **3** 33, 47; anzurechnendes – bei Elternrente **3** 51; – bei Übergangsgeld zur Rehabilitation **6** 18
Einkommensausgleich bei Arbeitsunfähigkeit bei Heilbehandlung **3** 17, 18 a
Einkommensgrenze, Berücksichtigung der – für Leistungen aus der Kriegsopferfürsorge **3** 25 d
Einkommensteuer, Ermäßigung für Körperbehinderte **10** 9, 10b, 33 a, 33 b
Einkommensverlust, Berufsschadensausgleich **3** 30
Einkünfte, Anrechnung auf Ausgleichsrente **3** 33
Einlegung der Berufung **9** 151; der Revision **9** 164
Einnahmen aus Wertmarken, Abführung an den Bund **1** 66
Einrichtungen zur Eingliederung Schwerbehinderter in das Arbeits- und Berufsleben, Leistungen für – **2 b** 30 ff.
Einschiffung von Zivilpersonen als militärähnlicher Dienst **3** 3
Einwilligung der Beteiligten bei Klageänderung **9** 99
Einziehung der Ausgleichsabgabe **1** 11
Elternrente 3 49–51; Anspruch **3** 49; Höhe **3** 51; Voraussetzungen **3** 50; Zusammentreffen mit Beschädigten- oder Witwenrente **3** 55

Ende der Heil- oder Krankenbehandlung **3** 18a
Entlassung von Schwerbehinderten **1** 15 ff.; von Schwerbehinderten aus Witterungsgründen **1** 20
Entschädigung für Opfer von Gewalttaten **4**
Entscheidung der Hauptfürsorgestelle bei Kündigung von Schwerbehinderten **1** 18; über die Kosten **9** 193; durch Urteil **9** 125
Entscheidungsgründe, Inhalt des Urteils **9** 136
Entziehung der Beschädigtenrente **3** 60, 62, 63; des Schwerbehindertenschutzes **1** 39
ergänzende Hilfe zum Lebensunterhalt **3** 27 a
ergänzende Leistungen zur Rehabilitation **6** 12
Ergänzung des Urteils **9** 140
Erhebung der Klage **9** 90
Erhöhung von Leistungen, Beginn **3** 61; der Versorgungsleistungen, Beginn **3** 60
Erholungsfürsorge für Beschädigte und Hinterbliebene **3** 27 a ff.
Erlaß des Ausgleichsbetrags **1** 11; des Widerspruchsbescheids **1** 40, **9** 85
Erlöschen des Amts des Vertrauensmannes der Schwerbeschädigten **1** 24; des Schwerbehindertenschutzes **1** 38
Ermäßigung der Pauschgebühr **9** 186
Ermessensanspruch, Vorverfahren **9** 79
Erstattung der Auslagen Beteiligte **9** 191; der Fahrgeldausfälle **1** 62 ff.; der Kosten **9** 193
Erstattungsstreitigkeiten, Ausschluß der Berufung **9** 149
Erstattungsverfahren, Fahrgeldausfälle **1** 64
erster Rechtszug, Verfahren **9** 87–122
Ersuchter Richter, Beschwerde bei Entscheidungen des – **9** 178
Erwerbsfähigkeit, Nachweis der Minderung **1** 4, 8; Ausweis **2 d**; s. a. **Minderung der Erwerbsfähigkeit**
Erwerbsunfähigkeit, Ausgleichsrente **3** 32; Begriff bei Beschädigten **3** 31; Elternrente **3** 50; Grundrente für Beschädigte **3** 31, **8** 44, 50, 241
Erziehungsbeihilfen für Waisen und Kinder von Beschädigten **3** 27

Fahrgeldausfälle, Erstattung **1** 59 ff., **1 a**
Fälligkeit der Ausgleichsabgabe **1** 11
Familienplanung, Hilfe zur **3** 27 d
Feldgendarmerie als militärischer Dienst **3** 2
Festsetzung der Kosten **9** 197

339

Sachverzeichnis

Fette Ziffern = Gesetzesnummern

Feststellung der Ausgleichsrente **3** 60 a; der Behinderung **1** 4; des Schadensausgleichs für Witwen **3** 40 a
Feststellungsbescheid bei rückständigen Beträgen der Ausgleichsabgaben **1** 11
Feststellungsklage im Sozialgerichtsverfahren **9** 55; im Sozialgerichtsverfahren, Frist **9** 89
Feststellungszeitraum für Ausgleichsrente **3** 60 a
Flucht, Schäden durch – als unmittelbare Kriegseinwirkung **3** 5
Förderung von Arbeitsbeschaffungsmaßnahmen **7** 260 ff.; der beruflichen Eingliederung Behinderter **1** 32, **2 b** 14; der Eingliederung Schwerbehinderter **1** 23; des Arbeits- und Ausbildungsplatzangebots **2 b** 15 ff.; von Strukturanpassungsmaßnahmen **7** 272 ff.
Förderungsmaßnahmen bei Berufsfürsorge **3** 26
Form der Berufung **9** 151; der Beschwerde **9** 173; der Klage **9** 92; der Revisionsbegründung **9** 164; des Widerspruchs **9** 84
Fortbildung im Beruf, Kriegsopferfürsorge **3** 26; für Deutsche im Ausland **3** 64 b
Fragerecht der Beisitzer in der mündlichen Verhandlung **9** 112; der Beteiligten im Beweistermin **9** 116
freifahrtberechtigte Personen 1 a; Ausweise **2 d**
Freiheitsstrafe, gesetzlicher Forderungsübergang der Versorgungsbezüge **3** 71
Freistellung von Schwerbehinderten von Mehrarbeit **1** 46; des Vertrauensmannes von der beruflichen Tätigkeit **1** 26
Frist bei Antrag auf mündliche Verhandlung gegen Vorbescheid **9** 105; Berechnung **9** 64; für Berichtigung des Tatbestands **9** 139; für Berufung **9** 151; für Beschwerde **9** 173; für Klageerhebung im ersten Rechtszug **9** 87–91; für Kündigung von Schwerbehinderten **1** 16, 18; bei der Ladung zur mündlichen Verhandlung **9** 110; für Revision **9** 164; richterliche – **9** 65; für Urteilsabfassung **9** 134; für Urteilsverkündung **9** 132; für Widerspruch **9** 84; bei Wiedereinsetzung in den vorigen Stand **9** 67; für Zustellung des Urteils **9** 135
fristlose Kündigung von Schwerbehinderten **1** 21
Fristwahrung bei Klageeinreichung an unzuständiger Stelle **9** 91
Führhund, Beschaffung, Ersatz und Unterhalt **3** 13
funktionelle Zuständigkeit des Bundessozialgerichts **9** 39; der Landessozialgerichte **9** 29; der Sozialgerichte **9** 8

GdB/MdE-Tabelle 13
Gebühren, Erstattung der gesetzlichen – **9** 193; im Sozialgerichtsverfahren **9** 183–197
Gefallene, Hinterbliebenenversorgung **3** 1
Gegenäußerung, Aufforderung **9** 104
Geheimhaltungspflicht nach dem SchwbG **1** 52; des Vertrauensmannes der Schwerbehinderten **1** 26
Geheimnisverrat 1 58
Geldleistungen, Gewährung von – zur Hilfe im Arbeitsleben **3** 31; als Leistung der Kriegsopferfürsorge **3** 25 a ff.
Geltungsbereich, persönlicher – des BVG **3** 7, 8
gemeinnützige Zwecke, Steuerbegünstigung **10** 10 b
Gemeinnützigkeit, Steuerbegünstigung **10 a** 48
Gerätschaften, Einrichtung **1** 14
Gerichtsentscheidung, Feststellung der Behinderung **1** 4
Gerichtspersonen, Ablehnung und Ausschließung von – **9** 60
Gerichtssprache 9 61
Gerichtsstand 9 57; Vereinbarung über – **9** 59
Gesamtbetriebsrat, Wahl eines Gesamtvertrauensmannes **1** 27
Gesamtpersonalrat, Wahl eines Gesamtvertrauensmannes **1** 27
Gesamtschuldner hinsichtlich der Kosten **9** 194
Gesamtschwerbehindertenvertretung, Wahl, Aufgaben **1** 27
Gesamtvertrauensmann, Wahl, Aufgaben **1** 27
Geschäftsgeheimnis, Geheimhaltungspflicht des Vertrauensmannes **1** 26
Gewährung von Kapitalabfindung **3** 73; von Leistungen der Kriegsopferfürsorge **3** 25 a
Gewerkschaften, Vertretung durch – vor dem Bundessozialgericht **9** 166
Gewinnbegriff 10 4
Gleichgestellte, den Schwerbehinderten – **1** 2, **1 b** 5; Statistik u. beschäftigte – **1** 13
Grad der Minderung der Erwerbsfähigkeit, Feststellung **1** 4
Grundrente für Beschädigte, Höhe **3** 31; Minderung oder Entziehung **3** 62; Ruhen des Anspruchs **3** 65; Waisenrente **3** 46; für Witwen **3** 40; s. a. **Rente**
Grundurteil 9 130
Gutachter, Anhörung eines – im Sozialgerichtsverfahren **9** 109
gütliche Einigung, Hinwirken der Hauptfürsorgestelle auf – **1** 17

Magere Ziffern = Paragraphen **Sachverzeichnis**

Halbwaisen, Ausgleichsrente 3 47; Grundrente 3 46
Härteausgleich 3 89, 4 10 a
Hauptfürsorgestelle, Abführung der Ausgleichsabgabe **1** 11; Aufgaben **1** 31; Auskunftspflicht des Arbeitgebers **1** 13; Entscheidung bei Kündigung von Schwerbehinderten **1** 18; Erteilung der Zustimmung zur Kündigung von Schwerbehinderten **1** 19; Geheimhaltungspflicht für Vertreter der – **1** 52; Verwendung der Ausgleichsabgabe durch – **2 b** 14 ff.; Widerspruchsausschuß **1** 41; Zustimmung zur Kündigung von Schwerbehinderten **1** 15
Hauptintervention 9 74
Hauptschwerbehindertenvertretung, Wahl, Aufgaben **1** 27
Hauptvertrauensmann, Wahl, Aufgaben **1** 27
häusliche Krankenpflege 3 11
Hauspflege als Heilbehandlung 3 11
Heilbehandlung 3 9; bei Auslandsaufenthalt 3 64 a; Bundesbehandlungsschein 3 18 b; Einkommensausgleich 3 17; Ersatz von Unkosten 3 24; Gewährung von Beihilfe 3 17 a; Kostenersatz an Krankenkassen 3 19, 20; Ruhen des Anspruchs 3 65; Umfang 3 11; Voraussetzungen 3 10
Heilmittel, Ersatz bei Heilbehandlung im Ausland 3 64 a; als Krankenbehandlung 3 12
Heilstättenbehandlung 3 11; Einkommensausgleich 3 17; Wegfall der Pflegezulage 3 35
Heimarbeit, Beschäftigung von Schwerbehinderten **1** 49
Heimatflakbatterien, Dienst als militärischer Dienst 3 2
Herabsetzung der Ausgleichsabgaben **1** 11
Hilfe im Arbeitsleben, Aufgabe der Hauptfürsorgestelle **1** 31; **2 b** 19 ff.; – zur beruflichen Rehabilitation 3 26, 26 a; zur Beschaffung eines Kfz. **6 a** 4;– in besonderen Lebenslagen 3 27 d;– zur Pflege 3 26 c; – zur Weiterführung des Haushalts 3 26 d
Hilflosigkeit, Pflegezulage bei – 3 35
Hinterbliebene, Anspruch auf Rente 3 38; Bestattungsgeld beim Tod von rentenberechtigten – 3 53; Erholungs- und Wohnungsfürsorge 3 27 a; Kapitalabfindung 3 78 a; Kriegsopferfürsorge 3 25 ff., Verschollenenrente 3 52
Hinterbliebenenanspruch bei Tod des Beschädigten 3 1
Hinterbliebenenrente 3 9, 38–52; Anspruchsberechtigte und Voraussetzung 3 38; Beginn und Änderung 3 61; Minderung oder Entziehung 3 63
Hirnbeschädigte, Höhe der Pflegezulage 3 35; Sonderfürsorge 3 27 c
Höhe der Ausgleichsabgabe **1** 11; der Ausgleichsrente 3 32; der Ausgleichsrente für jugendliche Schwerbeschädigte 3 34; des Bestattungsgeldes 3 36; der Elternrente 3 51; zur Grundrente 3 31; der Kapitalabfindung 3 74; des Kinderzuschlages 3 33 b; der Pflegezulage 3 35; der Waisengrundrente 3 46; der Witwenausgleichsrente 3 41; der Witwengrundrente 3 40; der Witwen- und Waisenbeihilfe 3 48

Impfschaden, Versorgung 5 51, 52
Inhalt der Berufungsschrift 9 151; der Revision 9 164; des Urteils 9 136
Instanzenzug der Sozialgerichtsbarkeit 9 2
Integrationsabteilungen, Begriff **1** 53 a
Integrationsbetriebe, Begriff **1** 53 a
Integrationsfachdienste 1 37 a ff.
Integrationsfachdienste, Aufgaben **1** 37 b; Beauftragung und Verantwortlichkeit **1** 37 c; Begriff und Personenkreis **1** 37 a; Ergebnisbeobachtung **1** 37 d; fachliche Anforderungen **1** 37 f; finanzielle Leistungen **1** 37 e
Integrationsprojekte 1 53 a ff.; Aufgaben **1** 53 b; Begriff und Personenkreis **1** 53 a; finanzielle Leistungen **1** 53 c
Integrationsunternehmen, Begriff **1** 53 a
Integrationsvereinbarung 1 14 b
Internierte, Heimweg als militärischer oder militärähnlicher Dienst 3 4

Jugendliche, Höhe der Ausgleichsrente für schwerbeschädigte – 3 34
Jungmatrosen, militärähnlicher Dienst 3 3
Jungschützen, militärähnlicher Dienst 3 3

Kampfhandlungen als unmittelbare Kriegseinwirkung 3 5
Kapitalabfindung nach früherem Recht 3 80; für Hinterbliebene 3 78 a; Höhe 3 74; für Kriegsopfer im Ausland 3 64 c; Pfändungsverbot 3 78; Rückzahlungspflicht 3 76, 77; Sicherung des Verwendungszwecks 3 75; Voraussetzung und Zweck 3 72
Kaufeigenheim, Kapitalabfindung zur Finanzierung 3 72
Kausalzusammenhang zwischen Gesundheitsstörung und Schädigung, Rechtskraft früherer Entscheidungen 3 85
Kinder, Begriff für Elternrente 3 51; Begriff bei Kinderzuschlag 3 33 b; von Beschädigten, Erziehungsbeihilfen 3 27

Sachverzeichnis

Fette Ziffern = Gesetzesnummern

Kinderzuschlag für Schwerbeschädigte 3 33 b

Klage, Abweisung der – 9 105; aufschiebende Wirkung 9 97; im ersten Rechtszug 9 87–122; Rechtsschutz durch – 9 53; im Sozialgerichtsverfahren 9 53 ff.

Klageänderung in der mündlichen Verhandlung 9 112; im Revisionsverfahren 9 168; Zulässigkeit 9 99

Klagearten im Sozialgerichtsverfahren 9 54, 55

Klagebegehren im Sozialgerichtsverfahren 9 54, 55

Klageerhebung 9 90

Klagefristen im ersten Rechtszug 9 87–91

Klagenhäufung im Sozialgerichtsverfahren 9 56

Klagerücknahme 9 102

Klageschrift, Abschriften 9 93; Inhalt 9 92

Klagevoraussetzung der Anfechtungs- und Verpflichtungsklage 9 54; der Feststellungsklage 9 55; Vorverfahren als – 9 78

Kleiderverschleiß, angemessener Ersatz für – 3 15, 24 a, 65

Knappschaftsversicherung, Vorverfahren in Angelegenheiten der – 9 80

Kompetenzkonflikte 9 52

Konsularbehörde, Fristwahrung durch Einreichung der Klage bei der – 9 91

Konzernschwerbehindertenvertretung, Wahl, Aufgaben 1 27; 2 a 22

Körperbehinderte, Pauschbeträge 10 33 b; Steuerermäßigung 10 33 a, 11 12 Anl. 1, 12 3 a, 12 a 13; Werbungskosten 10 9

Körperersatzstücke, Gewährung 3 13; Steuerermäßigung 11 Anlage 1, 11 a 3

Körperschaft des öffentl. Rechts, Pauschgebühr im Sozialgerichtsverfahren 9 184

Kosten, Abschrift auf – der Beteiligten 9 120; bei Berufungsrücknahme 9 156; im Sozialgerichtsverfahren 9 183–197; der Tätigkeit des Vertrauensmannes 1 26; Vorschuß der – für Gutachter 9 109; Zulässigkeit der Berufung wegen – des Verfahrens 9 144

Kostenentscheidung 9 193

Kostenersatz für Nichtversicherte 3 20, 21; für Versicherte 3 19, 21

Kostenfestsetzungsbeschluß, Vollstreckung 9 199

Kostenfreiheit vor den Gerichten der Sozialgerichtsbarkeit 9 183

Kostenverursachung durch Mutwillen, Irreführung oder Verschleppung des Gerichts 9 192

Kraftfahrzeughilfe zur beruflichen Rehabilitation 6 a

Kraftfahrzeugsteuer, Vergünstigungen für Schwerbehinderte 12 3 a, 12 a 7

Krankenbehandlung 3 9, 10; Bundesbehandlungsschein 3 18 b; Ersatz von Unkosten 3 24; Umfang 3 12

Krankengeld 3 26 a; zur Rehabilitation 6 13 ff., 40

Krankenhausbehandlung, Einkommensausgleich 3 17; als Heilbehandlung 3 11; Wegfall der Pflegezulage 3 35

Krankenhilfe 3 26 b

Krankenkassen, Kostenersatz für Versicherte 3 19, 21; Zuständigkeit bei Gewährung von Leistungen 3 18 c

Krankenpflegepersonal, militärähnlicher Dienst 3 3

Krankenversicherung, Vorverfahren in Angelegenheiten der – 9 80

Kriegsblinde, Sonderfürsorge 3 27 e

Kriegseinwirkung, Begriff 3 5

Kriegsgefangenschaft, Heimweg aus der – als militärischer Dienst 3 4

Kriegsopferfürsorge 3 9, 25–27 h; Aufgaben 3 25; für Deutsche im Ausland 3 64 b; Leistungsvoraussetzungen 3 25 a

Kriegsopfervereinigungen, Vertretung durch – vor dem Bundessozialgericht 9 166; Vorschlagsrecht bei der Berufung der ehrenamtlichen Richter 9 14, 46

Kriegsopferversorgung, aufschiebende Wirkung des Verwaltungsakts in Angelegenheiten der – 9 86; Ausschluß der Berufung 9 148; Beiladung des Bundes in Angelegenheiten der – 9 75; Erlaß des Widerspruchsbescheids in Angelegenheiten der – 9 85; Vertretung des Landes in Angelegenheiten der – durch das Landesversorgungsamt 9 71; Vorverfahren in Angelegenheiten der – 9 80

Kriegspersonenschädengesetz, entsprechende Anwendung des BVG 3 82

Kündigung, außerordentliche – von Schwerbehinderten 1 21; eines Schwerbehinderten 1 15, 41; Schwerbehinderter aus Witterungsgründen 1 20; des Vertrauensmannes der Schwerbehinderten 1 26

Kündigungsfrist für Kündigung von Schwerbehinderten 1 16

Kündigungsschutz, Aufgabe der Hauptfürsorgestelle 1 31; für in Heimarbeit beschäftigte Schwerbeschädigte 1 49

Ladung zu Beweisterminen 9 116; zur mündlichen Verhandlung 9 110; im Sozialgerichtsverfahren 9 63; von Zeugen und Sachverständigen 9 111

Landesarbeitsamt, Widerspruchsausschuß 1 42

Magere Ziffern = Paragraphen

Sachverzeichnis

Landessozialgerichte Beschwerde gegen Entscheidungen des – **9** 177
Landesversorgungsamt, Vertretung des Landes in Angelegenheiten der Kriegsopferversorgung **9** 71
Lebensunterhalt, ergänzende Hilfe zum – **3** 27 a
Leistungen der Kriegsopferfürsorge **3** 25 ff.; zur Förderung des Arbeits- und Ausbildungsplatzangebots für Schwerbehinderte **2 b** 15 ff.; an Schwerbehinderte **2 b** 19 ff.; zur Rehabilitation **6** 9 ff., 8
Lohnfortzahlungsstreitigkeiten, Vorverfahren bei – **9** 80; Zulässigkeit der Berufung **9** 144
Luftschutzdienst als militärähnlicher Dienst **3** 3
Luftwaffenhelfer, militärischer Dienst **3** 2

Mahnverfahren 9 182 a
Maschinen, Einrichtung **1** 14
Maßregel der Sicherung und Besserung, Rechtsübergang der Versorgungsbezüge beim Vollzug **3** 71
materielle Rechtskraft 9 141
MdE-Tabelle 13
medizinische Leistungen zur Rehabilitation **6** 10
Mehrarbeit, Freistellung von Schwerbehinderten von – **1** 46
Mehrfachanrechnung 1 10; Statistik **1** 13
Mehrheitswahlrecht bei Wahl des Vertrauensmannes der Schwerbehinderten **1** 24
Meldepflicht s. Stellenmeldepflicht
mildtätige Zwecke, Begriff **25** 53; Sonderausgaben **10** 10; Steuerbegünstigung **10** 10 b
Mildtätigkeit, Steuerbegünstigung **10 a** 48
militärähnlicher Dienst, Begriff **3** 3
militärischer Dienst, Begriff **3** 2
militärische Maßnahmen als unmittelbare Kriegseinwirkungen **3** 5
Militärverwaltung, Dienst in der – militärähnlicher Dienst **3** 3
Minderjährige, Prozeßfähigkeit **9** 71
Minderung der Beschädigtenrente **3** 60, 62, 63; der Elternrente **3** 51; der Erwerbsfähigkeit **3** 30; Ausweis **2 d**; der Hinterbliebenenrente **3** 61; der Waisenausgleichsrente **3** 47
Mindestalter für Bundesrichter am Bundessozialgericht **9** 38; für ehrenamtliche Richter am Bundessozialgericht **9** 47; für ehrenamtliche Richter am Landessozialgericht **9** 35; für ehrenamtliche Richter am Sozialgericht **9** 16

Motorfahrzeuge, Gewährung von Zuschüssen **3** 11
mündliche Verhandlung, Antrag auf – bei Vorbescheid **9** 105; Gang der – **9** 112; Schließung und Wiedereröffnung **9** 121; Sitzungsniederschrift **9** 122; Urteil auf Grund – **9** 124; Urteilsspruch in – **9** 129
Musterung als militärähnlicher Dienst **3** 3

Nachteilsausgleich 1 48
Nah- und Fernverkehr, unentgeltliche Beförderung **1** 59 ff.
Nahverkehrszügeverordnung, Schwerbehindertengesetz **2 e**
neues Vorbringen in Berufungsinstanz **9** 157
Neufestsetzung der Ausgleichsrente **3** 60 a
Neufeststellung von Versorgungsansprüchen **3** 90; der Versorgungsbezüge wegen wesentlicher Änderung der Verhältnisse **3** 62
Nichtigkeitsklage im Sozialgerichtsverfahren, Frist **9** 89
Nichtversicherte, Kostenersatz an Krankenkassen **3** 20
Niederlegung des Amts des Vertrauensmannes der Schwerbehinderten **1** 24
Niederschlagung der Pauschgebühr **9** 190
NotdienstVO, Dienst auf Grund der – als militärähnlicher Dienst **3** 3
notwendige Beiladung 9 75

öffentliche Hand, Vergabe von Aufträgen der – an Behindertenwerkstätten **1** 56; Vollstreckung zugunsten der – **9** 190
öffentliche Verkehrsmittel, unentgeltliche Beförderung Schwerbehinderter **1** 59 ff., **1 a**
Öffentlichkeit der Gerichtsverhandlungen **9** 61
Offizialmaxime 9 103, 106
Ohnhänder, Sonderfürsorge **3** 27 c
Opfer von Gewalttaten, Entschädigung **4**
Ordnungsstrafe gegen ehrenamtlichen Richter **9** 21
Ordnungswidrigkeiten nach dem SchwbG **1** 68
Organisation Todt, Dienst als militärähnlicher Dienst **3** 3
orthopädische Hilfsmittel, Umfang der Gewährung **3** 13
orthopädische Versorgung als Heilbehandlung **3** 11
örtliche Unzuständigkeit des Gerichts **9** 98
örtliche Zuständigkeit der Gerichte der Sozialgerichtsbarkeit **9** 57–57 b
Österreich, Dienst in österreichischer Wehrmacht **3** 2

343

Sachverzeichnis

Fette Ziffern = Gesetzesnummern

Parteifähigkeit im Sozialgerichtsverfahren **9** 70
Pauschbetrag für Kleider- und Wäscheverschleiß **3** 15, 24 a, 65; für Körperbehinderte **10** 33 a, 33 b, **10 a** 65
Pauschgebühr im Sozialgerichtsverfahren **9** 184–190
Personalakte, Einsicht **1** 25
Personalrat, Beteiligung bei Kündigungen von Schwerbehinderten **1** 17; Förderung der Eingliederung Schwerbehinderter **1** 23; Teilnahme des Vertrauensmannes an Sitzungen des – **1** 25
Personenverkehr, öffentlicher, unentgeltliche Beförderung Schwerbehinderter **1** 59 ff., **1 a**
persönliche Hilfe als Leistung der Kriegsopferfürsorge **3** 25 a
persönliche Voraussetzungen für das Amt des ehrenamtlichen Richters **9** 16, 35
persönliches Erscheinen, Anordnung des – eines Beteiligten **9** 111
Pfändung, Unzulässigkeit **3** 78
Pferdebeschaffungskommission, Dienst der Mitglieder als militärähnlicher Dienst **3** 3
Pflegebedürftige, Hilfe **3** 26 c
Pflegezulage 3 9, 26 c, 56; Ausgleichsrente **3** 33; Voraussetzung und Höhe **3** 35
Pflichten des Arbeitgebers **1** 14 ff.; persönliche – des Vertrauensmannes der Schwerbehinderten **1** 26
Pflichtplätze, Anrechnung der Beschäftigung Schwerbehinderter in Heimarbeit **1** 49; Berechnung der – für Schwerbehinderte **1** 8; für Schwerbehinderte **1** 5; Übergangsregelung für öffentliche Arbeitgeber des Bundes **1** 72
Präsidialrat, Förderung der Eingliederung Schwerbehinderter **1** 23; Teilnahme des Vertrauensmannes an Sitzungen des – **1** 25
Prävention bei Gefahr für das Arbeitsverhältnis **1** 14 c
Prothesen, Gewährung **3** 13
Prozeßbevollmächtigte im Revisionsverfahren **9** 166; im Sozialgerichtsverfahren **9** 73; Untersagung des Auftretens **9** 118
Prozeßfähigkeit im Sozialgerichtsverfahren **9** 71
Prozeßunfähige, Vertretung von – **9** 72
Prozeßverschleppung durch Hinzuziehung eines Gutachters **9** 109; Kostenfolge **9** 192
Prozeßvollmacht 9 73

Querschnittgelähmte, Sonderfürsorge **3** 27 e

Rechenfehler, Berichtigung von – im Urteil **9** 138
Rechte des Schwerbehinderten **1** 14; persönliche – des Vertrauensmannes der Schwerbehinderten **1** 26
rechtliches Gehör des Prozeßunfähigen **9** 72; im Sozialgerichtsverfahren **9** 62
Rechtsbehelf, Belehrung über – **9** 66; Zurücknahme eines – durch Minderjährige **9** 71
Rechtsbeistand im Sozialgerichtsverfahren **9** 73
Rechtshängigkeit der Klage **9** 94; bei Verweisung an zuständiges Gericht **9** 98
Rechtshilfe 9 5
Rechtskraft, früherer Entscheidungen **3** 85; von Urteilen **9** 141
Rechtsmittel, aufschiebende Wirkung **9** 86, 97
Rechtsmittelbelehrung 9 66; in Urteilen **9** 136
Rechtsschutz, Gewährung durch Klage **9** 53
Rechtsstellung des Vertrauensmannes der Schwerbehinderten **1** 26
Rechtsstreit, Verzögerung **9** 109
Rechtsweg bei Streitigkeiten über Schwerbeschädigteneigenschaft **1** 4
Rehabilitation Behinderter, Beirat **1** 35; Statistik über Maßnahmen der – **1** 53; Hilfen zur beruflichen – **3** 26; Leistungen zur – **6**, **8**; Kraftfahrzeughilfe **6 a**
Reichsarbeitsdienst als militärähnlicher Dienst **3** 3
Reichsbahnbedienstete, militärähnlicher Dienst **3** 3
Reisekosten, Ersatz von – an die Beteiligten **9** 191; Ersatz bei Heil- oder Krankenbehandlung **3** 24, 64 a; bei Maßnahmen zur Rehabilitation **6** 19
Rente, keine Anrechnung bei der Bemessung des Arbeitsentgelts **1** 45; Kapitalabfindung **3** 72 ff.
Rentenbescheid, Feststellung der Behinderung **1** 4
Rentenversicherung, Ausschluß der Berufung **9** 146; – Behinderter **8**; –sbeiträge an Pflegepersonen, Erstattung **6** 38
Rentenversicherungen der Arbeiter und Angestellten, Vorverfahren bei Beitragsstreitigkeiten der – **9** 80
Rentenzahlung 3 66
Revision, Verfahren **9** 160–171

344

Magere Ziffern = Paragraphen   **Sachverzeichnis**

Richter, schwerbehinderte **1** 14; schwerbehinderte, Förderung der Beschäftigung **1** 50
Rot-Kreuz-Schwestern, militärähnlicher Dienst **3** 3
Rücknahme der Anerkennung als Behindertenwerkstatt **1** 57; der Berufung **9** 156; der Gleichstellung mit Schwerbehinderten **1** 38; der Klage **9** 102
Rückzahlungspflicht bei Kapitalabfindung der Rente **3** 76
Ruhen des Anspruchs auf Versorgung **3** 65; der Versorgung bei Wohnsitz im Ausland **3** 64

Sachdienlichkeit der Anträge **9** 106, 112; der Klageänderung **9** 99
Sachleistungen als Leistung der Kriegsopferfürsorge **3** 25 b ff.
sachliche Unzuständigkeit des Gerichts **9** 98
sachliche Zuständigkeit 9 204; im Sozialgerichtsverfahren **9** 51
Sachverständige, Beeidigung **9** 118; Ladung zur mündlichen Verhandlung **9** 111; Vernehmung **9** 76
Schadensausgleich für Witwen **3** 40 a, 61, 64 c
Schadensersatzansprüche, Übergang auf den Bund **3** 81 a
Scheidung, Voraussetzungen für Witwenrente bei – **3** 42
Schließung der mündlichen Verhandlung **9** 121
Schreibfehler, Berichtigung von – im Urteil **9** 138
Schriftführer 9 122
schriftlicher Antrag auf Zustimmung zur Kündigung von Schwerbehinderten **1** 17
Schriftsatz, Abschriften **9** 93
Schulausbildung für Deutsche im Ausland **3** 64 b; Kriegsopferfürsorge **3** 26
Schulungsmaßnahmen, Durchführung von – Aufgabe der Hauptfürsorgestelle **1** 31
Schulungsveranstaltungen, Teilnahme des Vertrauensmannes der Schwerbehinderten **1** 26
Schwerbehinderte, Begriff, Voraussetzungen **1** 1, **1 b** 5; besonders betroffene – **1** 6; Kündigungsschutz **1** 15 ff.; Pauschbetrag **10 a** 65; Statistik über beschäftigte – **1** 13; Steuerermäßigung **11** 12 Anl. 1, **12** 3 a, **12 a** 7; unentgeltliche Beförderung im öffentlichen Personenverkehr **1** 59 ff., **1 a;** Vorrang **1** 44; Werbungskosten **10** 9; Werkstätten **2 c**

Schwerbehindertenausweis, Ausstellung **1** 4, **2 d**
Schwerbehindertengesetz 1
Schwerbehindertenschutz, Entziehung **1** 39; Entziehung des –, Aufgabe der Hauptfürsorgestelle **1** 31; Erlöschen **1** 38
Schwerbehindertenvertretung, Amtszeit **1** 24; Aufgaben **1** 23 ff.; Wahl **1** 24
Schwerbeschädigte, Ausgleichsrente **2** 32; Betriebe für – **1 b** 7; Heilbehandlung **3** 10; Höhe der Ausgleichsrente für schwerbeschädigte Jugendliche **3** 34; Kinderzuschlag **3** 33 b; Zuschlag auf Ausgleichsrente für Ehegatten **3** 33 a; s. a. **Beschädigte** und **Schwerbehinderte**
Schwerstbeschädigte, Sonderfürsorge **3** 27 c; Zulage zur Grundrente **3** 31
Schwerstbeschädigtenzulage zur Grundrente **3** 31
Schwierigkeiten im Arbeitsverhältnis, Beseitigung **1** 14 c
Seemannsamt, Fristwahrung durch Einreichung der Klage beim – **9** 91
Selbständigkeit, berufliche, Zuschüsse **2 b** 21
Sicherung eines angemessenen Arbeitsplatzes **1** 19; des Verwendungszwecks bei Kapitalabfindung der Rente **3** 75
Sitzungen des Vertrauensmannes der Schwerbehinderten **1** 26
Sitzungsniederschrift 9 122
Sitzungspolizei 9 61; Folgen bei Maßnahmen der – **9** 115
Sonderausgaben für steuerbegünstigte Zwecke **10** 10, **10 b**
Sonderfälle militärischen oder militärähnlichen Dienstes, Anerkennung **3** 6
Sonderfürsorge für Schwerstbeschädigte **3** 27 e
Sozialgerichtsgesetz 9
Sozialgesetzbuch, 8
Sozialhilfe 7; Anwendung bei Kriegsopferfürsorge **3** 27 b
Sozialversicherung, Erlaß des Widerspruchsbescheids in Angelegenheiten der – **9** 85
Sozialversicherungsansprüche, gesetzlicher Forderungsübergang der Versorgungsbezüge **3** 71 b
Sprechstunden des Vertrauensmannes der Schwerbehinderten **1** 26
Spruchverfahren, Wegfall des – **9** 213
Sprungrevision 9 161
Staatsanwaltsrat, Aufgaben **1** 23 ff.
Statistik über Behinderte **1** 53; über Zahl der beschäftigten Schwerbehinderten **1** 13

345

Sachverzeichnis

Fette Ziffern = Gesetzesnummern

Stellenmeldepflicht öffentlicher Arbeitgeber im Bundesbereich **1** 14 a
Stellungnahme des Arbeitsamts, Betriebsrats, Personalrats bei Kündigung von Schwerbehinderten **1** 17
Sterbegeld 3 9; Voraussetzung, Höhe und Bezugsberechtigung **3** 37
Steuerbegünstigung bei Ausgaben zur Förderung mildtätiger Zwecke **10** 10 b
Steuererlaß für Schwerbehinderte **12** 3 a, 17, **12 a** 7
Steuerermäßigung für Körperbehinderte **10** 33 a; für Körperersatzstücke **11** Anlage 1; Umsatzsteuer **11** 12
Strafvorschrift nach dem SchwbG **1** 69
Streik, Kündigung eines Schwerbehinderten anläßlich eines – **1** 21
Streitgegenstand bei stattgefundenem Vorverfahren **9** 95
Streitgenossenschaft 9 74
Stufenvertretungen bei der Deutschen Bundespost **1** 27 a
Suspensiveffekt der Berufung **9** 154; der Beschwerde **9** 175; der Klage **9** 97; des Widerspruchs **9** 86

Tatbestand, Berichtigung des – im Urteil **9** 139
tatsächliche Feststellungen, Bindung des Bundessozialgerichts an – **9** 163
Teilarbeitsplätze, Förderung von – für Schwerbehinderte **1** 14
Teilnahme des Vertrauensmannes der Schwerbehinderten an Sitzungen **1** 25
Teilversorgung für Kriegsopfer außerhalb der Bundesrepublik Deutschland **3** 64 e
Teilzeitbeschäftigte, Schwerbehinderte als – **1** 9
Termin im Sozialgerichtsverfahren **9** 63; für die Urteilsverkündung **9** 132
Terminbestimmung 9 110
Tod des Beschädigten, Bestattungsgeld **3** 36; Hinterbliebenenversorgung **3** 1
Todeserklärung, Rentengewährung vor – **3** 52
Trennung mehrerer Rechtsstreitigkeiten **9** 113
Tschechoslowakei, Dienst in tschechoslowakischer Wehrmacht **3** 2
Tuberkulose-Heilstätte, Heilstättenbehandlung **3** 11
Tuberkulosekranke, Sonderfürsorge **3** 27 e, 27 h

Übergang von Leistungen der Kriegsopferfürsorge **3** 27 g; von Schadensersatzansprüchen gegen Dritte **3** 81 a; von Versorgungsansprüchen kraft Gesetzes **3** 71, 71 b
Übergangsgeld bei Arbeitsunfähigkeit **3** 26 a; zur Rehabilitation **6** 13 ff., 40
Überprüfungsregelung 1 73
Übertragung von Aufgaben nach dem SchwbG **1** 34; von Versorgungsansprüchen kraft Gesetzes **3** 71, 71 b
Umfang der Beschäftigungspflicht **1** 5; der Heilbehandlung **3** 11; der Krankenbehandlung **3** 12; der Kriegsopferfürsorge **3** 25
Umsatzsteuer, Ermäßigung für Körperbehinderte **11** 12
Umschulung, Berufsfürsorge **3** 26; für Deutsche im Ausland **3** 64 b
Umsiedlung, Schädigungen bei zwangsweiser – als unmittelbare Kriegseinwirkung **3** 5
unentgeltliche Beförderung Schwerbehinderter im öffentlichen Personenverkehr **1** 59 ff., **1 a**; Ausweis **2 d**
Unfallfürsorge für Beamte, Ruhen des Anspruchs auf Versorgung **3** 65
Unfallrenten, Zusammentreffen mit Versorgungsrenten **3** 54
Unfallversicherung, Ausschluß der Berufung **9** 145; Ruhen des Anspruchs auf Versorgung **3** 65; Vorverfahren in Angelegenheiten der – **9** 80
Unrichtigkeiten, Berichtigung von – im Urteil **9** 138
Untätigkeit der Verwaltung, Klage **9** 88
Unterbrechung des Verfahrens **9** 68
Unterhalt von Führhund für Blinde **3** 14
Unteroffiziersschüler der Luftwaffe, militärähnlicher Dienst **3** 3
Unterrichtung des Vertrauensmannes der Schwerbehinderten **1** 25
Unterschrift im Berufungsurteil **9** 153; des Urkundsbeamten **9** 137; des Vorsitzenden beim Urteil **9** 134
Untersuchungsmaxime 9 103
Unzulässigkeit der Berufung **9** 144–149, **9** 158; der Klage wegen Rechtshängigkeit **9** 94; von Klageänderung und Beiladung im Revisionsverfahren **9** 168; der Revision **9** 169; der Wiedereinsetzung in den vorigen Stand **9** 67
Unzuständigkeit des Gerichts **9** 98; des Gerichts, Fristwahrung **9** 91
Urkunden, Vorlage von – durch Behörde **9** 119
Urkundsbeamter, Beschwerde gegen Entscheidungen des – **9** 178; Kostenfestsetzung **9** 197; Unterschrift **9** 137
Urlaub, zusätzlicher – für in Heimarbeit beschäftigte Schwerbehinderte **1** 49

Magere Ziffern = Paragraphen **Sachverzeichnis**

ursächlicher Zusammenhang zwischen Gesundheitsstörung und Schädigung, Rechtskraft früherer Entscheidung 3 85
Urteil, Entscheidung durch – 9 125; Feststellung der Behinderung 1 4; im Sozialgerichtsverfahren 9 123–141; Vollstreckung 9 199
Urteilsformel 9 131; Inhalt des Urteils 9 136
Urteilsverkündung 9 132

Verbandmittel, Ersatz bei Heilbehandlung im Ausland 3 64a; als Heilbehandlung 3 11; als Krankenbehandlung 3 12
Verbindung mehrerer Rechtsstreitigkeiten 9 113
Verdienstausfall, Ersatz bei Heil- oder Krankenbehandlung 3 24
Verfahren in der Berufung 9 143–159; im Beschwerdeverfahren 9 172–178; im ersten Rechtszug 9 87–122; in der Kriegsopferversorgung 4; in der Revision 9 160–171; bei Versorgung von Kriegsopfern im Ausland 3 64
Verfahrensmangel als Berufungsgrund 9 150; als Revisionsgrund 9 162
Vergleich 9 101; Kosten 9 195; Vollstreckung 9 199
Vergünstigungen für Schwerbehinderte 12 3a
Verhütung und Bekämpfung übertragbarer Krankheiten 5 51, 52
Verjährung von Kostenersatzansprüchen der Krankenkassen 3 21
Verkündung des Urteils 9 132
Verlängerung von Fristen 9 65
Verletztengeld zur Rehabilitation 6 13ff.
Vermißte, Verschollenenrente 3 52
Vermögen, Berücksichtigung bei Kriegsopferfürsorge 3 25a
Vernehmung von Zeugen und Sachverständigen 9 76
Verpflichtungsklage im Sozialgerichtsverfahren 9 54; im Sozialgerichtsverfahren, Frist 9 88
Verpflichtungsurteil 9 131; Vollstreckung 9 201
Versammlung der Schwerbehinderten im Betrieb 1 25
Verschleppte, Heimweg als militärischer oder militärähnlicher Dienst 3 4
Verschleppung als unmittelbare Kriegseinwirkung 3 5
Verschollenenrente, Voraussetzung 3 52
Versehrtenleibesübungen 3 9; Durchführung 3 11a

Versehrtensportgemeinschaften, Durchführung von Versehrtenleibesübungen 3 11a
Versetzung des Vertrauensmannes der Schwerbehinderten 1 26
Versicherte, Kostenersatz an Krankenkassen 3 19
Versicherungsträger, Fristwahrung durch Einreichung der Klage bei einem – 9 91; Vorverfahren bei Klage eines – 9 81
Versorgung, Beginn, Änderung, Aufhören 3 60ff.; als Krankenbehandlung 3 12; Ruhen des Anspruchs 3 65; Umfang 3 9; Voraussetzungen der – 3 1; wegen Impfschaden 5 51, 52; für Opfer von Gewalttaten 4
Versorgungsanspruch, Ausschluß 3 7, 8; Voraussetzungen des – 3 1
Versorgungsbezüge, Ausschluß der Anrechnung auf das Arbeitsentgelt 3 83; Neufeststellung 3 62; Zahlung 3 66; Zahlung ins Ausland 3 64d
Versorgungskrankengeld bei Arbeitsunfähigkeit 3 16ff., 18f., 21, 64a, 66; zur Rehabilitation 6 13ff.
Vertrauensmann, Anhörung des – bei Entlassung von schwerbehinderten Beamten 1 50; der Schwerbehinderten, Aufgaben 1 25; der Schwerbehinderten, Beteiligung bei Kündigung von Schwerbehinderten 1 17; der Schwerbehinderten, Durchführung von Bildungs- und Schulungsmaßnahmen für – 1 31; der Schwerbehinderten, Erörterung von Bewerbungen 1 14; der Schwerbehinderten, Rechte und Pflichten 1 26; der Schwerbehinderten, Wahl und Amtszeit 1 24, 1b 9
Vertreter, Bestellung eines – für Prozeßunfähige 9 72
Vertretung des Arbeitgebers in Angelegenheiten der Schwerbehinderten 1 28; vor dem Bundessozialgericht 9 166, 167; der Interessen der Schwerbehinderten 1 22; im Sozialgerichtsverfahren 9 71–73
Vertretungszwang vor dem Bundessozialgericht 9 166
Vertriebene, Anwendung des BVG 3 82; militärischer Dienst in fremder Wehrmacht 3 2
Verwaltung der Ausgleichsabgaben 1 11
Verwaltungsakt, Abänderung des – nach Klageerhebung 9 96; Abänderung des – während des Revisionsverfahrens 9 171; Abänderung des – während des Vorverfahrens 9 86; bindende Wirkung des – 9 77
Verwaltungsbehörde, Zuständigkeit bei Gewährung von Leistungen 3 18c

347

Sachverzeichnis

Fette Ziffern = Gesetzesnummern

Verwaltungsentscheidung, Feststellung der Behinderung **1** 4

Verweisung an Gericht der Sozialgerichtsbarkeit **9** 52; bei Unzuständigkeit des Gerichts **9** 98

Verwendungszweck der Ausgleichsabgabe **1** 11

Verwerfung der Berufung **9** 158; der Revision **9** 169

Verzeichnis der anerkannten Behindertenwerkstätten **1** 57; der beschäftigten Schwerbehinderten **1** 13; der Pauschgebühren **9** 189

Verzicht auf mündliche Verhandlung **9** 124

Volksdeutsche im Ausland, Versorgung nach BVG **3** 64–64 f.; Dienst in Wehrmacht des Herkunftslandes als militärischer Dienst **3** 2

Volkssturm als militärischer Dienst **3** 2

Vollmacht, für Vertreter im Sozialgerichtsverfahren **9** 73

Vollstreckung von Entscheidungen, Anerkenntnissen, gerichtlichen Vergleichen und Kostenfestsetzungsbeschlüssen **9** 198–201

Vollwaisen, Ausgleichsrente **3** 47; Grundrente **3** 46

Voraussetzungen für Elternrente **3** 50; für die Erteilung der Zustimmung der Hauptfürsorgestelle zur Kündigung von Schwerbehinderten **1** 19; für Gewährung von Erziehungsbeihilfen **3** 27; für Heilbehandlung **3** 10; für Kapitalabfindung **3** 72, 73; für Leistungen aus der Kriegsopferfürsorge **3** 25 a; für Leistungen zur Rehabilitation **6** 9; für Schwerbehinderteneigenschaft **1** 1; der Wahl des Vertrauensmannes der Schwerbeschädigten **1** 24; für Witwenausgleichsrente **3** 41

vorbereitende Schriftsätze 9 108

Vorbescheid, Abweisung der Klage durch – **9** 105; Verwerfung der Berufung durch – **9** 158

Vorfragen, Aussetzung wegen – **9** 114

vorläufige Festsetzung einer Ausgleichsrente **3** 60 a

Vorrang der Rehabilitation vor Rente **6** 7; der Schwerbehinderten **1** 44

Vorruhestandsleistungen 3 18 a, **7** 19 a

Vorschlagslisten für die Berufung der ehrenamtlichen Richter **9** 13, 14, 45, 46

Vorschlagsrecht der Verbände bei Berufung der ehrenamtlichen Richter **9** 14

Vorsitzender, Aufklärungspflicht **9** 106; Leitung der mündlichen Verhandlung **9** 112; Unterschrift des – beim Urteil **9** 134; Vertretung am Sozialgericht **9** 27

Vorverfahren im Sozialgerichtsverfahren **9** 77–86

Wahl der Schwerbehindertenvertretungen **2 a**; des Vertrauensmannes der Schwerbehinderten **1** 24, **1 a** 9, **2 a**; des Vorsitzenden der Beratenden Ausschüsse und des Beirats **1** 36, **2 a**

Wahlen zu Selbstverwaltungsorganen, örtliche Zuständigkeit **9** 57 b

Wahlkosten bei Wahl des Vertrauensmannes der Schwerbehinderten **1** 24

Wahlordnung Schwerbehindertengesetz **2 a**

Wahlschutz bei Wahl des Vertrauensmannes der Schwerbehinderten **1** 24, **2 a**

Wahlverfahren bei Wahl des Vertrauensmannes der Schwerbehinderten **1** 24, **2 a**

Wahlvorstand 2 a

Waisen, Begriff **3** 45; Erziehungsbeihilfen **3** 27; Höhe der Ausgleichsrente **3** 47; Höhe der Grundrente **3** 46

Waisenbeihilfen, Voraussetzungen und Höhe **3** 48; Zusammentreffen mit Versorgungsrenten **3** 55

Waisenrente, Anspruch **3** 45; Beginn **3** 61; Grundrente **3** 46; Zusammentreffen mit Beschädigtenrente **3** 55

Wartezeit bei Altersrente für Schwerbehinderte **8** 50

Wäscheverschleiß, angemessener Ersatz für – **3** 15, 24 a, 65

Wehrertüchtigungslager, Dienst im – militärähnlicher Dienst **3** 3

Wehrmachtbeamter, militärischer Dienst **3** 2

Wehrmachthelfer, militärähnlicher Dienst **3** 3

Wehrpflicht, Erfüllung in fremder Wehrmacht als militärischer Dienst **3** 2

Wehrtauglichkeitsprüfung als militärähnlicher Dienst **3** 3

Wehrüberwachung als militärähnlicher Dienst **3** 3

Weiterentwicklung des Schwerbeschädigtenrechts, Gesetz zur – **1 b**

Weiterführung des Haushalts **3** 26 c

Weiterzahlung des Übergangsgeldes zur Rehabilitation **6** 17

Werbungskosten, Körperbehinderte **10** 9

Werkstatt für Behinderte, Begriff **1** 54, **2 c**

WerkstättenVO SchwbG **2 c**

Wertmarke, Behindertenausweis **1** 59, 60; Abführung der Einnahmen an den Bund **1** 66

Widerklage 9 100

Magere Ziffern = Paragraphen **Sachverzeichnis**

Widerruf der Anerkennung als Behindertenwerkstatt **1** 57; der Gleichstellung mit Schwerbehinderten **1** 38
Widerspruch 9 83–86
Widerspruchsausschuß, Beschluß des Erlöschens des Amts eines Vertrauensmannes **1** 24; bei der Hauptfürsorgestelle **1** 41; beim Landesarbeitsamt **1** 42
Widerspruchsbescheid, Erlaß **1** 41
Wiederaufnahme des Verfahrens, Pauschgebühr bei – **9** 188; des Verfahrens, Verfahren **9** 179–182
Wiedereinsetzung in den vorigen Stand **9** 67
Wiedereröffnung der mündlichen Verhandlung **9** 121
Wiederverheiratung, Abfindung der Witwe bei – **3** 44, 48
Wirtschaftsplan 2 b 21 ff.
Witwen, Bestattungsgeld **3** 53; Schadensausgleich **3** 40 a
Witwenausgleichsrente, Voraussetzung, Höhe, Anrechnung von sonstigen Einkommen **3** 41, **1 b** 8
Witwenbeihilfen, Voraussetzungen und Höhe **3** 48; Zusammentreffen mit Versorgungsrenten **3** 55
Witwengrundrente, Höhe **3** 40
Witwenrente, Abfindung bei Wiederverheiratung **3** 44; Beginn und Änderung **3** 61; Entziehung **3** 63; bei Scheidung, Aufhebung der Ehe oder Aufhebung der ehelichen Lebensgemeinschaft **3** 42; Zusammentreffen mit Beschädigtenrente **3** 55
Witwerrente 3 43
Wohnsitz im Ausland, Ruhen der Versorgung **3** 64; Gerichtsstand **9** 57
Wohnung, Hilfe zur Beschaffung behinderungsgerechter – **2 b** 22
Wohnungseigentum, Kapitalabfindung zum Erwerb **3** 72
Wohnungsfürsorge für Beschädigte und Hinterbliebene **3** 27 c

Zahlung der Versorgungsbezüge **3** 66; von Versorgungsbezügen ins Ausland **3** 64 d
zahnärztliche Behandlung, Heilbehandlung 3 11; Krankenbehandlung **3** 12
Zeugen, Beeidigung **9** 118; Ladung zur mündlichen Verhandlung **9** 111; Vernehmung **9** 76
Zivilverwaltung, Dienst in der – als militärähnlicher Dienst **3** 3
Zulässigkeit der Berufung **9** 143–150; der Beschwerde **9** 172; der Klageänderung **9** 99; des Rechtsbehelfs **9** 66; der Revision **9** 160–162; der Wiederaufnahme des Verfahrens **9** 179–182
Zulassung der Berufung **9** 150; bevorzugte Erteilung **1** 51; der Revision **9** 162
Zurücknahme eines Rechtsbehelfs durch Minderjährige **9** 71
Zurückweisung von Bevollmächtigten und Beiständen **9** 73; der Revision wegen Unbegründetheit **9** 170; eines zumutbaren Arbeitsplatzes durch Schwerbehinderten **1** 39
Zurückverweisung im Berufungsverfahren **9** 159; im Revisionsverfahren **9** 170
Zurückzahlung einer Kapitalabfindung **3** 76, 77
Zusammenarbeit von Arbeitgeber und Vertretungen der Schwerbehinderten **1** 29; der Hauptfürsorgestellen und der Bundesanstalt für Arbeit **1** 30; der Rehabilitationsträger **6** 5
Zusammensetzung des Beratenden Ausschusses für Behinderte **1** 32; des Beratenden Ausschusses für Behinderte bei der BA **1** 34; des Beirats für die Rehabilitation Behinderter **1** 35; des Widerspruchsausschusses bei der Hauptfürsorgestelle **1** 41; des Widerspruchsausschusses beim Landesarbeitsamt **1** 42
Zusammentreffen von Versorgungsbezügen mit Unfallrenten **3** 65
Zusatzurlaub für in Heimarbeit beschäftigte Schwerbehinderte **1** 49; für Schwerbehinderte **1** 47
Zuschüsse zum Arbeitsentgelt eines zugewiesenen Arbeitnehmers **7** 264 ff.; zur Ausbildungsvergütung Schwerbehinderter **7** 235 a; für Fahrzeuge **3** 11, **6 a** 6; Verhältnis zu anderen Leistungen **7** 22; s. a. Eingliederungszuschüsse
Zuständigkeit, Bestimmung der – durch das nächsthöhere Gericht **9** 58; funktionelle – des Bundessozialgerichts **9** 39; funktionelle – der Landessozialgerichte **9** 29; funktionelle – der Sozialgerichte **9** 8; örtliche – der Gerichte der Sozialgerichtsbarkeit **9** 57–57 b; des Rehabilitationsträgers **6** 6; sachliche – **9** 204
Zuständigkeitsvereinbarung über Gerichtsstand **9** 59
Zustellung des Beiladungsbeschlusses **9** 75; der Entscheidung der Hauptfürsorgestelle bei Kündigung von Schwerbehinderten **1** 18; bei Prozeßvertretung – an Vertreter **9** 75; im Sozialgerichtsverfahren **9** 63; des Urteils **9** 133, 135; von Urteilen und Beschlüssen **9** 133; des Widerspruchsbescheids **9** 85

349

Sachverzeichnis

Fette Ziffern = Gesetzesnummern

Zustimmung der Hauptfürsorgestelle bei Kündigung von Schwerbehinderten **1** 15; der Hauptfürsorgestelle bei Berufsunfähigkeit **1** 22

Zuwendungen, mildtätige – **10** 10 b; Steuerbegünstigung für mildtätige – **10 a** 48

Zwangsvollstreckung, Eintreibung der Ausgleichsabgabe **1** 11; im Sozialgerichtsverfahren **9** 198–201

Zweck der Heilbehandlung **3** 10; der Kriegsopferfürsorge **3** 25